Bernhard Gill

Streitfall Natur

Bernhard Gill

Streitfall Natur

*Weltbilder in Technik-
und Umweltkonflikten*

Springer Fachmedien Wiesbaden GmbH

Bibliografische Information Der Deutschen Bibliothek
Die Deutsche Bibliothek verzeichnet diese Publikation in der Deutschen Nationalbibliografie;
detaillierte bibliografische Daten sind im Internet über <http://dnb.ddb.de> abrufbar.

Als Habilitationsschrift auf Empfehlung der Sozialwissenschaftlichen Fakultät der Universität München gedruckt mit freundlicher Unterstützung der Deutschen Forschungsgemeinschaft.

1. Auflage Februar 2003

Alle Rechte vorbehalten
© Springer Fachmedien Wiesbaden 2003
Ursprünglich erschienen bei Westdeutscher Verlag GmbH, Wiesbaden 2003
Lektorat: Frank Engelhardt

Der Westdeutsche Verlag ist ein Unternehmen der Fachverlagsgruppe BertelsmannSpringer.
www.westdeutscher-verlag.de

Das Werk einschließlich aller seiner Teile ist urheberrechtlich geschützt. Jede Verwertung außerhalb der engen Grenzen des Urheberrechtsgesetzes ist ohne Zustimmung des Verlags unzulässig und strafbar. Das gilt insbesondere für Vervielfältigungen, Übersetzungen, Mikroverfilmungen und die Einspeicherung und Verarbeitung in elektronischen Systemen.

Die Wiedergabe von Gebrauchsnamen, Handelsnamen, Warenbezeichnungen usw. in diesem Werk berechtigt auch ohne besondere Kennzeichnung nicht zu der Annahme, dass solche Namen im Sinne der Warenzeichen- und Markenschutz-Gesetzgebung als frei zu betrachten wären und daher von jedermann benutzt werden dürften.

Umschlaggestaltung: Horst Dieter Bürkle, Darmstadt

Gedruckt auf säurefreiem und chlorfrei gebleichtem Papier

ISBN 978-3-531-13838-1   ISBN 978-3-663-07784-8 (eBook)
DOI 10.1007/978-3-663-07784-8

Inhaltverzeichnis

Danksagung 11

Einleitung 13

Kapitel 1: Theoretische Grundlagen 22
    1.1   Umweltkrise und technologische Dynamik – materielle Veränderung oder wachsende gesellschaftliche Sensibilität? 23
    1.2   Zur Kontroverse über Realismus und Konstruktivismus 25
    1.3   Cultural Theory als Ausgangspunkt 29
    1.4   Kritikpunkte und notwendige Modifikationen an der Cultural Theory 31
    1.4.1   Verengung des Naturkonzepts auf materielle Risiken 31
    1.4.2   Fragwürdiger Universalismus der Grid/Group-Typologie 32
    1.4.3   Zu starke Kopplung von Sozialstruktur und Kosmologie 33
    1.4.4   Verwechselung von Idealtypen und Realtypen 35
    1.4.5   Die Natur sollte hinter den Naturkonzepten nicht in Vergessenheit geraten 35
    1.5   'Natur' in der Soziologie – zur sozialtheoretischen Verortung meines eigenen Ansatzes 38
    1.5.1   Der Strukturbegriff der Soziologie als Anknüpfungspunkt 38
    1.5.2   Gegensatz zwischen idealistisch-regelorientierten und materialistisch-ressourcenorientierten Ansätzen 41
    1.5.3   Verknüpfung von Natur und Sozialstruktur unter dem Aspekt der 'Ressourcenverteilung' 43
    1.5.4   Verknüpfung von Natur und Sozialstruktur unter dem Aspekt der 'symbolisch vermittelten Ordnung' 47

Kapitel 2: Typologie der Naturvorstellungen und der korrespondierenden gesellschaftlichen Orientierungen 50
    2.1   Die Typologie im Überblick 52
    2.2   Identitätsorientierte Naturvorstellung – Prinzip Herkunft 55
    2.3   Utilitätsorientierte Naturvorstellung – Prinzip Nutzen 65
    2.4   Alteritätsorientierte Naturvorstellung – Prinzip Sehnsucht 75

2.4.1	Exkurs: Wertkonservativismus und rückwärtsgewandte Romantik – nostalgische Ganzheitlichkeit	76
2.5	Mischtypen: Zum Beispiel der ökologische Neo-Utilitarismus	90
2.6	Exkurs: Zur Methodik der Typenbildung	98
2.6.1	Typenbildung und die Gefahren der Schematisierung	98
2.6.2	Verfahrensweise bei der Bildung der vorliegenden Idealtypen	100
2.6.3	Vorzüge eines Modells mit mehreren gleichberechtigten Idealtypen	101
2.7	Fazit – die Logik der Typologie	103
2.8	Überleitung zu den empirischen Fallstudien – Technik- und Umweltkonflikte als Konflikte um Identität, Utilität und Alterität	104

Kapitel 3: Wo und wie sind Naturvorstellungen *empirisch* zu erfassen? – Ein methodologischer Prolog zu den Fallstudien ... 107

3.1	Naturvorstellungen und soziale Milieus – bisherige empirische Ergebnisse	107
3.2	Naturvorstellungen in Diskursen und Praxen	109
3.3	Zum Umgang mit strategisch verstellten Diskursen	115

Kapitel 4: Biotechnische Eingriffe in die innere Natur als Infragestellung personaler Identität ... 118

4.1	Naturalisierung und Entnaturalisierung von Institutionen	119
4.1.1	Naturbasierte Institutionen	119
4.1.2	Entnaturalisierung durch materielle Veränderung oder dekonstruktivistischen Diskurs	120
4.1.3	Fragwürdig gewordene und weiterhin selbstverständliche Naturalisierungen	122
4.2	Die moderne Medizin zwischen Heiligung und Entheiligung des menschlichen Körpers	123
4.2.1	Durchsetzung und Dominanz der klinisch-paternalistischen Phase	125
4.2.2	Vom ärztlichen Paternalismus zum klientenzentrierten Liberalismus	129
4.3	Ankunft der Neuen Biomedizin: die ethisch reflektierten Stellungnahmen	130
4.3.1	Die wertkonservative Position	131
4.3.2	Die utilitaristische Position	134

4.3.3 Die liberale Position 136
4.4 Der Alltagsdiskurs zur Biomedizin: spontane Abwehr von
'Manipulation', aber euphorische Einwilligung in 'Therapie' 137
4.5 Alteritätsorientiertes Lager ohne alteritätsorientierten
Diskurs? 142
4.6 Emergenz eines defensiven Liberalismus 149
4.7 Politische Steuerung und rechtliche Regulierung der
Biomedizin im In- und Ausland 152
4.8 Exkurs: Wir sind natürlich Cyborgs – aber welche Variante
der Selbstgestaltung sollen wir wählen? 157
4.9 Zusammenfassung 159

Kapitel 5: Konflikte um die äußere Natur – Der Widerstand gegen 'Genfood' in Großbritannien 163

5.1 Alteritätsorientierung und Utilitarismus als Grundlagen der
britischen Umweltbewegung 164
5.1.1 Romantische Traditionen und Alteritätsorientierung in
Großbritannien 166
5.1.2 Alteritätsorientierter Naturschutz 169
5.1.3 Utilitaristisches Ressourcenmanagement 172
5.1.4 Seit den 1970er Jahren: Explosive Synergien 174
5.2 Entwicklung der Ernährungsgewohnheiten und das
Aufkommen von Nahrungsmittelskandalen in
Großbritannien 178
5.2.1 Markierung von Identität in der Wahl der Ernährung –
bedeutsam im Gentechnikin Großbritannien konflikt? 178
5.2.2 Die Fortentwicklung utilitaristischer Motive: Vom Ideal
reichhaltiger Ernährung zum Schlankheits- und
Gesundheitsideal 180
5.2.3 Die Konstruktion von Alterität: Natur, Tradition und Exotik
des Essens 182
5.2.4 Gesundheit als Schutzgut in utilitaristischer und
alteritätsorientierter Deutung 186
5.2.5 Neo-utilitaristische und alteritätsorientierte Motive im
britischen Food-Diskurs: Times und Guardian 188
5.2.6 Die Ungleichzeitigkeit der Denkweisen in Produktion und
Konsum 193
5.3 Überblick: Der bisherige Konfliktverlauf 195
5.4 Die Diffusion des alteritätsorientierten Diskurses 207
5.4.1 Bewegungsbohème 207
5.4.2 Medienöffentlichkeit 217

5.5	Überschreitung der Artgrenzen als Provokation des identitätsorientierten Diskurses	225
5.6	Institutionelle Veränderungen als neo-utilitaristische Adaption der Kritik	227
5.6.1	Die Erweiterung des administrativen Schadensbegriffs	228
5.6.2	Ökonomischer Domino-Effekt und die Segregation transgener Nährstoffe	235
5.6.3	Handelsketten als Herolde des Boykotts	239
5.6.4	Bedingungen der institutionellen Responsivität	241
5.7	Zusammenfassung	244

Kapitel 6: Naturkonflikte als Ausdruck einer anderen Moderne? 251

6.1	Synopse der Fallstudien zur Biomedizin und zu transgenen Lebensmitteln	253
6.1.1	Biomedizin	253
6.1.2	Transgene Lebensmittel	255
6.1.3	Wie ist der offensichtliche Unterschied zwischen den Reaktionsweisen zur Biomedizin und zu transgenen Lebensmitteln zu erklären?	257
6.1.4	Hintergründige Gemeinsamkeiten I: Emanzipation der Laien von der Expertenherrschaft	258
6.1.5	Hintergründige Gemeinsamkeiten II: Wertkonflikte statt Interessenkonflikte	260
6.1.6	Hintergründige Gemeinsamkeiten III: Kein 'Ende der Natur' – die Grenzen zwischen Natur und Technik werden nicht aufgelöst, sondern immer wieder neu erfunden.	259
6.1.7	Hintergründige Gemeinsamkeiten IV: Der Kopf ist rund, damit das Denken die Richtung ändern kann – Naturvorstellungen in Diskursen und Praxen	261
6.2	Synchrone Perspektive – Die Theorie kommunikativen Handelns (Jürgen Habermas)	262
6.2.1	Soziale Welt, objektive Welt, innere Welt – und die Trias der Weltbilder	263
6.2.2	Naturzerstörung als 'Kolonialisierung der Lebenswelt'	265
6.2.3	Kommunikative Rationalität oder kultureller Eigensinn?	267
6.2.4	Die Marginalisierung der ästhetisch-expressiven Wertsphäre und die Vernachlässigung der Konflikte um die äußere Natur	268
6.3	Diachrone Perspektive I – Die Theorie reflexiver Modernisierung (Ulrich Beck)	270
6.3.1	Erste Moderne, Zweite Moderne, Gegenmoderne – und die Trias der Weltbilder	271

6.3.2	Individualisierung als Selbstverwirklichung und Alteritätsorientierung	273
6.3.3	Subpolitische Demokratisierung und die Durchsetzung ästhetisch-expressiver Handlungsziele	274
6.3.4	Kosmopolitisierung, ökologische Globalität und die Achtung der Anderen (als Verschiedene und nicht nur als Gleiche)	276
6.3.5	Risiko als Umwertung: der Natur, der Ungewissheit und des Schicksals der Anderen	277
6.4	Diachrone Perspektive II – Postmaterialismus, Postindustrialismus, Postfordismus	279
6.4.1	Postmaterialismus – Wohlstandssteigerung und Wertewandel	280
6.4.2	Postindustrielle Dienstleistungsgesellschaft – Vom 'Spiel gegen die technisierte Natur' zum 'Spiel zwischen Personen'	284
6.4.3	Postfordismus – Von der Quantität zur Qualität: Kulturalisierung und Immaterialisierung des Konsums	290
6.4.4	Resümee der diachronen Perspektive (I + II)	293
6.5	Alteritätsorientierung – ein ökologischer Hoffnungsschimmer?	296

Literaturverzeichnis **299**

Danksagung

Warum schreibt man Danksagungen? Nur ein Ritual? Abgesehen davon, dass auch Rituale wichtig sind: Danksagungen haben einen gewissen Informationswert über die Situation des Autors oder der Autorin. Denn natürlich entspringen die 'Werke' nicht einfach aus einsamen und genialen Köpfen. Sie entstehen in sozialen Situationen, die die Arbeiten nicht etwa nur fördern, sondern auch inhaltlich prägen. Insofern ist die Danksagung auch eine Referenz an die kollektive Autorenschaft.

Angeregt und gefördert wurde die vorliegende Arbeit von Christoph Lau und Ulrich Beck, meinen Mentoren in Erlangen und München. Wenn ich auch nicht immer mit ihnen einer Meinung war, so wird mir heute, mit etwas mehr zeitlicher Distanz doch klar, dass die Differenzen im Hinblick auf den Gegenstand 'Natur' und eine diesbezüglich angemessene Auslegung der Theorie reflexiver Modernisierung nicht so groß sind, wie sie bisweilen schienen. In jedem Fall haben mich meine beiden Mentoren immer unterstützt und mir damit ein Maß von Freiheit eingeräumt, wie es gerade für Habilitationen eher ungewöhnlich ist.

Hilfreich war die Unterstützung und Kritik vieler Freund/e und Kolleg/innen, die einzelne Kapitel gelesen und mich auf einschlägige Fachliteratur aufmerksam gemacht haben. Erwähnen möchte ich hier insbesondere Peter Wehling, Cordula Kropp, Martina Blum, Rainer Keller, Stefan Böschen, Werner Schneider, Stefan May, Irmhild Saake und Birgit Suhrbier. Les Levidow von der Open University in Milton Keynes hat mir durch seine Gastfreundschaft und Hilfe in London den Zugang zur britischen Szene der Gentechnikkritiker/innen ermöglicht und damit erheblich zum Gelingen der Feldarbeit für das fünfte Kapitel beigetragen. Birgit Heimerl hat die Mühe des Korrekturlesens auf sich genommen. T. – ein Akronym das anonym bleiben will – hat durch geduldige Lektüre und Kritik, gerade als fachlich nicht involvierte Person, viel zur Lesbarkeit dieser Arbeit beigetragen.

Einen mittelbaren Einfluss auf die Arbeit hatte aber auch eine ganze Anzahl von 'sozialen Kreisen', in denen ich mich in den letzten zehn bis fünfzehn Jahren bewegt habe: Das Gen-ethische Netzwerk in Berlin, das als NGO die demokratische Kritik der Gen- und Biotechnologie fördert. Das Interdisziplinäre Institut für Wissenschaftstheorie und Wissenschaftsgeschichte in Erlangen, an dem ich zeitweilig gearbeitet habe. Einige Freunde, die Ethnologen sind, und mir die Naturvorstellungen fremder Kulturen näher gebracht haben. Der Arbeitskreis 'Forschung Reflexiv' (FORE), der sich interdisziplinär aus Natur- und Geisteswissenschaftlern zusammensetzt und sich um ein wissenschaftskritisches Selbstverständnis bemüht. Die Lehre im Fach Soziologie in relativ großer Breite, die mir viele Aspekte und Nuancen nahegelegt hat, die ich aus einem ganz auf die Umwelt- und Techniksoziologie fokussierten

Blickwinkel nicht wahrgenommen hätte. Und nicht zuletzt die Studierenden, die mich mit ihren Fragen und Einwänden aus den Lüften hochfliegender Theorie immer wieder auf den Boden des Common Sense zurückholen.

Ohne die Unterstützung durch die Deutsche Forschungsgemeinschaft wäre die vorliegende Arbeit wohl niemals entstanden. Die DFG hat mir ein Habilitationsstipendium gewährt, mit dem es mir von 1998 bis 2001 möglich war, meine umfangreichen Lehrverpflichtungen als Akademischer Rat am Institut für Soziologie der Universität München um die Hälfte zu reduzieren. Außerdem hat die DFG auch die Drucklegung finanziell unterstützt .

Allen beteiligten Personen, Kreisen und Institutionen gilt mein herzlicher Dank! Für verbleibende Fehler und Ungereimtheiten zeichne ich natürlich selbst verantwortlich.

Bernhard Gill
München im Mai 2002

Einleitung

Weltbilder oder Kosmologien sind vorwissenschaftlich und vormodern und werden durch die Aufklärung entzaubert. Die Natur und der Kosmos geben uns keinen Anhaltspunkt mehr, wie wir leben sollen. Im modernen Denkverkehr sind Kosmologien entsprechend kaum mehr bedeutsam und stellen allenfalls noch einen Gegenstand entlegener Fachgebiete dar, die sich mit Ursprung und Gestalt von Zeit und Raum sowie anderen 'letzten Dingen' befassen. – So die verbreitete Vorstellung. Dagegen will ich zeigen, dass Kosmologien *als verborgene Hintergrundannahmen* auch in der modernen Gesellschaft das Denken und Handeln bestimmen – und zwar in ganz alltäglichen Diskursen und Praktiken. Es liegen hier divergierende Weltbilder und Naturvorstellungen zugrunde und aus ihrer Divergenz entsteht Streit, wie ich hier insbesondere anhand von Konflikten um medizinische und landwirtschaftliche Praktiken darlegen möchte.

Zum Beispiel: Ist AIDS eine Strafe Gottes für Unzucht, Promiskuität und den Kontakt mit Fremden? Oder kommt es von einem Virus, das irgendwann in Afrika von Affen auf den Menschen übersprang und sich von dort endemisch über die Welt ausbreitete? Oder ist das Virus in US-amerikanischen oder europäischen Laboratorien bei gentechnologischen Experimenten zufällig entstanden? Ich will hier nicht diskutieren, wer Recht hat, sondern fragen, warum gerade diese Behauptungen – so oder so ähnlich – aufgestellt wurden und warum sie sich so hartnäckig halten. Meine These lautet: In jeder dieser drei Ursprungsmythen zur Entstehung der Immunschwäche-Krankheit verkörpert sich beispielhaft eine eigene Kosmologie mit bestimmten Vorstellungen über die äußere Natur, über die Natur des Menschen und über die erwünschten Formen des gesellschaftlichen Zusammenlebens.

Betrachten wir die erste Ursprungslegende: Die Welt ist hier in erster Linie ein moralischer Kosmos, in der jedes Wesen seinen festen Platz und einen vorgeschriebenen Wirkungskreis hat. Die Wirkungen sind harmonisch aufeinander abgestimmt; aber gelegentlich oder sogar häufig wird die Ordnung dadurch gestört, dass einige Wesen ihre Rechte und Pflichten verletzen oder ihre angestammten Plätze verlassen und in fremde Wirkungskreise eindringen. Weil die natürliche Ordnung – oder Gott als ihr Lenker – aber weise und allmächtig ist, werden die Übeltäter durch Krankheit und Tod bestraft und von weiteren Übertretungen abgehalten – so wird auch die Ordnung wiederhergestellt. Ende der 1970er, Anfang der 1980er Jahre war der Höhepunkt der Sittenlosigkeit – AIDS war die Folge dieses perversen Treibens. Mit AIDS infiziert sind folgerichtig die Homosexuellen, die Fixer, die Prostituierten und die 'Asylanten' – *widernatürliche* Wesen, die uns ins Verderben locken wollen. Aus dieser Ursachenanalyse ergibt sich logisch die Therapie – eigene Tugendhaftigkeit und/oder die Stigmatisierung, Isolierung und Abschiebung des Bösen. Als die AIDS-Debatte Mitte der 1980er Jahre durch die Republik fegte, stand diese Deutung und dieses Handlungsprogramm, vor allem vertreten von dem CSU-Politiker Peter Gauweiler, auch öffentlich zur Debatte.

Wenden wir uns nun der zweiten Ursprungslegende zu, die insbesondere von Wissenschaftlern vertreten wird: Es gibt keine harmonisch prästabilisierte Ordnung. Von Anbeginn ist die Evolution Kampf ums Dasein und so sind wir permanent von wilder, feindlicher Natur umstellt. Die Welt muss daher unablässig technologisch kultiviert und kontrolliert werden. AIDS, die tödliche Bedrohung, kommt daher, wo die Natur am wildesten und am gefährlichsten ist: aus den Tropen, aus Afrika. Von dort kommen ohnehin immer wieder neue, bis dato unbekannte Erreger wie auch das Ebola- oder das Marburg-Virus, weil bei den heißen Temperaturen viel mehr Lebewesen sich auf kleinstem Raum drängen und die Uhr der Evolution schneller tickt – Mutation und Selektion daher schneller ablaufen, oder anders ausgedrückt: der Kampf ums Dasein härter ist.[1] Hier springen auch immer wieder Viren von tierischen Wirten, die schon längere Zeit damit ohne besondere Folgen infiziert sind, auf Menschen über, die zunächst noch keine Immunantwort auf die neuen Erreger kennen und deswegen schwer erkranken. Hier, wo die Natur so gewalttätig und grausam ist, grassieren auch am stärksten die emotionalen und sexuellen Leidenschaften, die sich der Rationalität und Zivilisation entgegenstellen. Da es unrealistisch ist, die moderne Gesellschaft unter Quarantäne zu stellen, helfen gegen AIDS nur wissenschaftliche Forschung (am besten mit gentechnischen Methoden), Tests und hilfsweise Kondome – solange die Wissenschaft noch keine wirksame Therapie gefunden hat, wie seinerzeit das Penicillin gegen die Syphilis.

Was steckt nun hinter der dritten Legende, die vor allem in libertären Kreisen kursiert: Die äußere Natur und die Natur des Menschen sind von sich aus weder böse noch schädlich. Aber die Natur des Menschen wird durch zuviel Moral und Sozialtechnik unterdrückt, so wie die äußere Natur durch zuviel Industrie und Ökonomie an ihrer Entfaltung gehindert wird. Aus den Fugen gerät die Welt zum einen, weil psychische Verdrängung die Menschen – auch sich selbst gegenüber – unberechenbar und heimtückisch macht. Und zweitens, weil die Wechselwirkungen in der Welt niemals vollständig zu überschauen und zu begrenzen sind und Technologie daher als Kontrollversuch gegenüber der Natur ihrerseits niemals kontrollierbar ist. AIDS ist also nicht Strafe Gottes, sondern Hemmnis der sexuellen Befreiung. Es stammt auch nicht aus dem tropischen Regenwald, der in dieser Kosmologie nicht als Bedrohung, sondern als bunter, freundlicher und schützenswerter Hort biologischer Vielfalt wahrgenommen wird. Es ist Ende der 1970er Jahre entstanden, als die Gentechnologie entdeckt wurde. Also kommt es aus dem Genlabor und ist bei dem Versuch entstanden, die Natur mittels der Gentechnik – als Feingriff in das Lebendige – bis in ihre molekularen Strukturen hinein unter Kontrolle zu bringen. Man sollte daher die Finger von der Gentechnik lassen, um ähnlichen, oder noch viel

---

[1] Deshalb konnten die Tropen auch nie von den Europäern richtiggehend kolonialisiert und zivilisiert werden, so wie es mit fast allen gemäßigten Zonen auf der Erde geschehen ist (Crosby 1986).

schlimmeren Unglücken in Zukunft vorzubeugen. AIDS verbreitet sich vor allem dort, wo kolonial und neokolonial erzeugte Armut grassiert. Die Aufklärung über AIDS und die Nutzung von Kondomen wird zudem durch Tabuierung, Verdrängung und patriarchale Ausübung der Sexualität behindert. Im Übrigen kann man nur hoffen, dass die Menschen, wie bei allen anderen Seuchen zuvor, auf natürlichem Wege eine Immunantwort ausbilden werden.

Drei gänzlich verschiedene Weltbilder – ich will sie vorläufig mit I, II und III bezeichnen, bevor sie im weiteren Verlauf der Darlegung selbstverständlich auch Namen erhalten – und drei entsprechend unterschiedliche Vorstellungen von Natur. Entsprechend ist auch den divergierenden Ursprungslegenden zu AIDS nicht einfach mit vernünftiger Argumentation und rationaler Beweisführung zu begegnen, denn was 'Argumentation' und was 'Beweisführung' ist, bestimmt wiederum jedes Weltbild für sich unterschiedlich – oder weist die Forderung nach 'Vernunft und Rationalität' gänzlich als von Weltbild II einseitig ins Spiel gebrachte Regel zurück. Freilich sind diese Weltbilder in der Realität nicht immer so schematisch ausgebildet, wie ich sie hier bewusst stilisiert habe. Viele Diskurse und Praktiken im Zusammenhang mit der Entstehung und dem Umgang mit AIDS bewegen sich zwischen den hier idealtypisch aufgespannten Polen. Die Kosmologien sind auch nicht so hermetisch, als dass sie sich vom Wandel der Welt und ihren Ereignissen nicht beeindrucken ließen. So wird der Streit um die AIDS-Entstehung zwar wohl kaum unter dem einen oder anderen wissenschaftlich zusammengetragenen Datengebirge zu begraben sein – wie jüngst etwa unter der mit Supercomputern in Los Alamos durchgeführten Stammbaumberechnung, die die Abspaltung des HIV-Virus vom SIV-Affenvirus auf ca. 1930 und damit vor dem Aufkommen der in Rede stehenden Gen- und Zellkulturtechniken datiert. Aber wechselseitig mit empirischen Evidenzen konfrontiert sind die Kosmologien doch gezwungen zu reagieren – indem sie die Evidenzen umdeuten und als Bausteine in das eigene Denkgebäude einverleiben, indem sie andernfalls ihre Bedeutung herunterspielen, oder indem sie sie hartnäckig leugnen.[2] Die gegenwärtig allgemein akzeptierte Ursprungslegende von BSE – um ein anderes, aber verwandtes Beispiel zu gebrauchen – wurde zunächst ignoriert, weil es sich nicht um eine natürlich vorkommende, sondern eine technisch induzierte Krankheit handelt. Dass Technik nicht Heilsbringer, sondern Schadensstifter ist, passt nicht in Weltbild II. Sie wurde dann lange Zeit unter der Schirmherrschaft von Weltbild I besonders hartnäckig in Bayern geleugnet, weil BSE ausländisch war und weil in Bayern dank bäuerlicher Familienbetriebe die Welt noch in Ordnung ist. Gegenwärtig, im Januar 2001, da BSE gerade in Bayern überproportional häufig gemeldet

---

[2] Die neuste Adaption der dritten Ursprungslegende stammt von Edward Hooper, einem ehemaligen BBC-Korrespondenten in Afrika: Das Wistar-Institut in Philadelphia habe zwischen 1957 und 1960 im damaligen Belgisch-Kongo großflächige Versuche an ahnungslosen Probanden mit einem Polio-Impfstoff angestellt, der auf Affenzellen gezüchtet worden war, die mit dem SI-Virus verseucht waren. Dadurch sei das Virus von Affen auf Menschen übertragen worden. Hooper reagiert damit auf den Fund von ca. 50 nachträglich als HIV-positiv getesteten Blutproben aus dem Kongogebiet, die vor 1981 abgenommen worden waren und die den meisten Wissenschaftlern als Beweis für die zweite These gelten (Die Zeit v. 14.9.2000: 45).

wird, hat Weltbild III die Deutungshoheit. Ursache ist jetzt nicht mehr die Betriebsgröße, sondern der Technisierungs- und Chemisierungsgrad der Landwirtschaft – bis in Zukunft vielleicht auch von Biohöfen die ersten BSE-Fälle gemeldet werden.

Wie immer sich die Deutungsgeschichte im einzelnen Fall – in Wechselwirkung mit der praktischen Handhabung der Krankheit entsprechend einem Maßnahmenmix aus einem oder mehreren Weltbildern – stabilisiert, die beschriebene Konfliktkonstellation wird so oder so ähnlich in anderen Zusammenhängen immer wieder auftauchen, weil sie auf kognitiven Deutungsmustern beruht, die tief in der europäischen Kultur verankert sind. Allgemeiner betrachtet lautet meine These also: *Technik- und Umweltkonflikte resultieren häufig nicht aus Interessendivergenzen oder unterschiedlichen Risikoaversionen – jedenfalls nicht im Sinn von materiell verstandenen Interessen und Risiken, um die sich Weltbild II zentriert. Das gilt insbesondere dann, wenn sie öffentlich kontrovers und hartnäckig anhaltend thematisiert werden. Sie resultieren dann sehr wahrscheinlich aus dem Konflikt zwischen verschiedenen Weltbildern, die – jedenfalls in ihrem idealtypischen Reinformat – ganz unterschiedliche Konzeptionen davon entfalten können, was als Nutzen oder Schaden und dementsprechend als Interesse und als Risiko zu gelten hat.* In der Öffentlichkeit halten sich diese Konflikte vor allem deshalb, weil die bestehenden institutionellen Routinen eher auf Interessenausgleich und Risikoabfederung (mittels Versicherungslogik) als auf die Handhabung von Wertedissens eingerichtet sind.

Vielfach wird bei diesen Konflikten zwar die Rhetorik von Nutzen und Schaden als eine Art Lingua franca im Verkehr zwischen den Weltbildern verwendet. Aber man sitzt empiristisch einem Oberflächenphänomen auf, wenn man – wie das in der Wissenschafts-, Technik-, Umwelt- und Risikosoziologie vielfach geschieht – von dieser Rhetorik auf das tieferliegende Selbstverständnis *aller* Kontrahenten schließt. Technologische Projekte werden häufig angegriffen und ihre Nebenfolgen werden vielfach aufgegriffen, weil sie in Weltbild I und/oder Weltbild III Bedeutungen haben, die man aus der Perspektive von Weltbild II gar nicht versteht. Da aber Weltbild II in vielen Diskurs- und Praxisfeldern derzeit hegemonial ist, müssen Motive aus Weltbild I und III eben in diese Rhetorik übersetzt werden und treten daher seltener unverstellt auf.

Das bedeutet zugleich aber auch: *Diese Kontroversen und Widerstände sind nicht einfach als Konflikte zwischen letztlich zu überwindenden – oder jedenfalls zum Absterben verurteilten – Traditionen auf der einen und dem wissenschaftlichen und industriellen Fortschritt auf der anderen Seite zu verstehen. Auch das wäre eine Darstellung, die die Hegemonie von Weltbild II bloß reproduziert (wenn auch vielleicht kulturpessimistisch-zähneknirschend).* Zum einen ist Weltbild III nicht traditionell, sondern eher 'postmodern', auch wenn hier gelegentlich Diskurskoalitionen oder Mischtypen mit Weltbild I auftreten. Es ist kaum zu übersehen, dass gerade bei der Einschätzung individueller Emanzipation gegenüber kollektiver Integration ein diametraler Unterschied zwischen den beiden 'nicht-rationalen', dezidiert transzendentalen Weltbildern besteht. Zum zweiten hält sich Weltbild I gegen allen wissenschaftlichen, technischen und ökonomischen Fortschritt so hartnäckig, dass man fragen muss, inwieweit es als *aktive* Gegenreaktion auf den von Innovationen ausgehenden Veränderungsdruck zu verstehen ist und sich daher auch immer wieder neu bilden kann. Es scheint sich um den Ausdruck anthropologisch tiefsitzender Bedürfnisse zu handeln, die dann überhaupt nicht zu überwinden, sondern allenfalls zu kultivieren, d.h. je nach Ausdrucksform gegebenenfalls in politisch weniger regressive und partikularistische Bahnen zu lenken wären.

Soweit holzschnittartig die leitende These – in aller vorab gebotenen Kürze. Im ersten Kapitel sollen dafür die theoretischen Grundlagen diskutiert werden. Zunächst wird hier eine praktische Ausgangsfrage gestellt: Haben die Umweltgefahren zugenommen, hat die technologische Dynamik sich beschleunigt? Oder sind wir nur sensibler geworden? Die Frage lässt sich indes nicht einfach beantworten, sondern führt uns mitten hinein in die Problematik von Realismus und Konstruktivismus. Die Soziologie, so wird zu argumentieren sein, ist hier auch nicht schlauer als die Akteure, die sich darüber streiten. Sie wird diesen Streit daher nicht entscheiden können, zumal sie zu diesen Fragen ohnehin keine eigene Fachkompetenz beanspruchen kann. Sie kann also etwas darüber in Erfahrung bringen, warum viele Menschen fossile Energieträger verfeuern und warum einige Menschen über den Anstieg der Temperaturen besorgt sind (und andere nicht) – nicht aber darüber, ob und wenn ja in welchem Maße zwischen dem Ausstoß von Kohlendioxid und den klimatischen Verhältnissen ein Zusammenhang besteht.

Von ihrer eigenen Kompetenz her muss sie sich hier auf indirekte Beobachtung, auf Beobachtung zweiter Ordnung beschränken. Sie kann daher lediglich Diskurse über Natur und naturbezogene Praxen beobachten, nicht Natur selbst. Aber das sollte sie nicht dazu verleiten, Natur als nebensächlich und den Realismus der Akteure als naiv abzutun. Insofern ist es auch gut möglich, dass z.B. die Umweltgefahren steigen *und* wir gleichzeitig sensibler werden. Ich will also an einen moderaten Konstruktivismus anschließen, der die Einheit der Natur und die beobachtungsunabhängige Wirksamkeit physischer Prozesse nicht leugnet, gleichwohl aber zwischen physischer und sozialer Ebene differenziert und gemäß dem Thomas-Theorem davon ausgeht, dass Naturvorstellungen 'hier drinnen' eine Wirklichkeit eigener Art hervorrufen, die es sozialwissenschaftlich zu beschreiben gilt, ohne dass man darauf Rekurs nehmen könnte oder müsste, ob die Naturvorstellungen mit der Natur 'dort draußen' übereinstimmen oder nicht: "If men define situations as real they are real in their consequences" (W.J.Thomas). Entsprechend haben Naturvorstellungen aufgrund des damit einhergehenden praktischen Naturumgangs für die Natur 'dort draußen' Folgen, aber diese Folgen werden wiederum im Rahmen von Naturvorstellungen 'hier drinnen' wahrgenommen und interpretiert.

Absetzen möchte ich mich jedoch von denjenigen Strömungen im sozialwissenschaftlichen Konstruktivismus, die von der Ethnomethodologie ausgehend die Konstruierbarkeit und Verhandelbarkeit der Naturvorstellungen *im individuellen und situativen Handlungskontext* betonen. Hier schließe ich stärker an den Strukturalismus der Cultural Theory an, der von kollektiven und relativ stabilen Deutungsmustern ausgeht, so wie ich sie eingangs bereits beschrieben habe. Allerdings sind hier auch einige überzogene Ansprüche der Cultural Theory vorab zurückzunehmen – die Strukturen sind weder universal, noch scharf abgrenzbar, noch überzeitlich stabil. Wichtiger für mein eigenes Konzept ist allerdings, auf einen *zu schwachen* Anspruch der Cultural Theory (in ihrer bisherigen Form) hinzuweisen: Aus unterschiedlichen Weltbildern und Naturkonzeptionen resultieren nicht nur quantitative Unterschiede der Euphorie, Skepsis oder Aversion gegenüber angekündigtem Nutzen und erwartbaren Risiken, sondern – wie oben schon dargelegt – eine ganz unterschiedliche Vorstellung davon, was als Nutzen oder Schaden überhaupt gelten soll. Wenn man in dieser Form den Begriff der Kosmologie stark macht und von dem modern-utilitaristischen Naturbegriff (der Weltbild II entstammt) ablöst, dann werden auch die Verbindungen deutlich, die zwischen Naturkonzeptionen, Menschenbild und gesellschaftlichen Ordnungsvorstellungen bestehen. Es gibt also tatsächlich eine Verbindung, aber nicht, wie die Cultural Theory bisher behauptet, von Naturkonzeptionen mit Sozialstrukturen, sondern mit gesellschaftlichen Orientierungen. Von dieser Annahme ausgehend sollte es auch möglich werden, die Wissenschafts-, Technik-, Umwelt- und Risikosoziologie aus ihrem Nischendasein zu befreien und gegenüber der philosophischen Ideengeschichte und der allgemeinen Soziologie zu öffnen.

Diesem Anliegen widmet sich insbesondere das zweite Kapitel. Hier werden nun die oben knapp skizzierten Weltbilder in verschiedene Richtungen entfaltet. Zum einen wird die zugrundeliegende Ideengeschichte aufgerollt, zum anderen ihre gegenwärtige Geltung umrissen. Die Verbindung zwischen Naturkonzeptionen und gesellschaftlichen Ordnungsvorstellungen ergibt sich, wie dort gezeigt werden soll, aus dem Menschenbild, der Vorstellung über den Bezug des Menschen zur äußeren Natur und aus der darauf letztlich beruhenden allgemeinen Objektkonstitution des Denkstils, der der jeweiligen Kosmologie zugrunde liegt. Weltbild I wird dann als ‚Prinzip Herkunft', als identitätsorientierte Kosmologie entschlüsselt, die Tradition, die Einheit des Kollektivs und die Stellung der Person als vorgegebene Essenzien auffasst, und in der der Naturbegriff vor allem auf Wesensart und nicht so sehr auf physische Erscheinung abhebt. Weltbild II wird als ‚Prinzip Nutzen', als utilitätsorientierte Kosmologie ausbuchstabiert, in der die innere und äußere Natur mittels Rationalität unter Kontrolle gebracht und mit dem Ziel von Selbsterhaltung und wirtschaftlichem Wohlstand instrumentalisiert wird. Weltbild III wird als ‚Prinzip Sehnsucht', als alteritätsorientierte Kosmologie expliziert, in der sich das Begehren weder auf das Eigene (wie in Weltbild I) noch das Nützliche (wie in Weltbild II) konzentriert, sondern auf das Fremde richtet – auf die bisher verdrängten Wünsche des Ichs wie die noch unbekannte Seite des Anderen. Innere wie äußere Natur werden daher gerade in ihrer Wildheit als Gegenbild zur herrschenden Ordnung aufgewertet. Um schon in diesem Kapitel aber einer zu schematischen Verwendung dieser Idealtypen entgegenzuwirken, soll beispielhaft auch ein Mischtyp beschrieben werden: Die gegenwärtige Umweltbewegung ist demnach nicht als unmittelbare Verkörperung von einer der drei Kosmologien zu verstehen. Sie lässt sich besser als Synergieeffekt beschreiben, der aus Vermischung entsteht – eines alteritätsorientierten Denkstils, der von der Wertschätzung wilder Natur und der Möglichkeit noch unbekannter Gefahren inspiriert ist, mit Überlebens-Rhetorik und szientistischer Rechenhaftigkeit, also Denkfiguren aus dem utilitaristischen Formenkreis. In einem methodologischen Exkurs soll das Vorgehen bei der Erarbeitung näher erläutert werden. Hier ist besonders hervorzuheben, dass mit *mehreren gleichberechtigten* Idealtypen gearbeitet wird. Dadurch lässt sich – im Unterschied zur häufig geübten und sogar von Max Weber gelegentlich sanktionierten Praxis – vermeiden, empirische Erscheinungen spontan unter dem jeweils bevorzugten Idealtyp (z.B. dem des rationalen Handelns) einzugemeinden und alles, was auf den ersten Blick nicht deutbar erscheint, mit der Residualkategorie der 'Irrationalität' zu belegen und folglich zu marginalisieren und abzuwerten. Vielmehr soll der sozialwissenschaftliche Interpret durch den Gleichberechtigungsgrundsatz dazu angehalten werden, sein eigenes Selbst-, Welt- und Naturverständnis – das die eigenen Vernünftigkeitsmaßstäbe konstituiert – in Zaum zu halten und von vorschneller Vereinnahmung oder Aussonderung Abstand zu nehmen.

Im dritten Kapitel soll dann die methodologische Vermittlung von Idealtypen und empirisch vorfindlichen Diskursen und Praxen systematischer reflektiert werden. Die Idealtypen übernehmen nämlich im Rahmen des vorgestellten Ansatzes eine Scharnierfunktion: Sie sollen die empirische Forschung heuristisch anleiten und umgekehrt deren Ergebnisse wiederum für Theoriedebatten anschlussfähig machen. In empirischer Hinsicht ist es also wichtig zu klären, wo und in welcher Form die in Kapitel 2 vorwiegend idealtypisch beschriebenen Naturvorstellungen anzutreffen sind. Es gilt also insbesondere das Verhältnis von Diskursen und Praxen – die bei mir das vornehmliche Untersuchungsmaterial darstellen – zu Akteuren, Institutionen und Praxen zu reflektieren und dabei auch zur herkömmlichen Untersuchung von individuellen Einstellungen mit ihrem Rekurs auf Sozialstrukturen in Beziehung zu setzen. Hier wird entsprechend auf einige aktuelle Meinungsumfragen zur Biotechnologie Bezug genommen, in denen interessante Parallelen zu meiner Typologie der Naturvorstellungen aufscheinen.

Im vierten und fünften Kapitel soll dann mit der in Kapitel 2 vorgestellten Typologie empirienah gearbeitet werden. In beiden Kapiteln geht es um die Anwendung der Gen- und Biotechnologie, wie sie auf der Grundlage von Weltbild II als wissenschaftlich-technisch induzierte Umgestaltung der Natur vorangetrieben wird – einmal im Rahmen der Biomedizin als Wiederherstellung oder Neugestaltung des (kranken) Körpers, zum zweiten um Anbau und Herstellung transgener Nahrungspflanzen und Nahrungsmittel als Eingriff in die Umwelt des Menschen. Im einen Fall handelt es sich also um den Umgang mit innerer, im anderen Fall um den Umgang mit äußerer Natur. Da in modernen säkularisierten Gesellschaften – wie im Prinzip auch schon in allen Hochreligionen – die äußere Natur nicht mehr als beseelt gilt, sind hier andere Begründungsformen zu erwarten als im Hinblick auf die innere Natur, die man in Gestalt des Körpers zwar analytisch von der Person (oder Seele) *abspalten* kann, die aber empirisch immer mit der Person verbunden bleibt, solange mensch lebt. Die Bio- und Gentechnologie ist eine derzeit sehr dynamisch sich entwickelnde und zugleich eine sehr umstrittene Technologie. Sie besitzt ein sehr breites und vielfältiges Anwendungsspektrum – daher sind Praxis und Begründung des Umgangs mit äußerer und innerer Natur hier relativ direkt vergleichbar.

Im vierten Kapitel wird also diskutiert werden, wie die Kritik und die Widerstände gegen die Biomedizin im Humanbereich zu verstehen sind. Ich werde darlegen, dass sie vor allem von Weltbild I ausgehen, das hier die Identität von Person und Körper in Gefahr sieht und deswegen vor allem gegen Embryonenforschung, Reagenzglasbefruchtung, vorgeburtliche Diagnose, neue Todesdefinitionen zur Förderung der Organtransplantation etc. Einspruch erhebt. Interessant ist dabei vor allem, wie sich hier wertkonservative Denkfiguren ausbreiten und weit über den Kreis der im engeren Sinne religiös Gläubigen hinaus selbst in links-liberalen Kreisen noch Anklang finden. Die aus Weltbild III gespeiste Kritik, die sich vor allem gegen eine von Staat und Industrie autoritär vorangetriebene Umgestaltung des Lebendigen richtete, ist dagegen in die Defensive geraten, seit sich in der Öffentlichkeit der Eindruck durchsetzt, dass entsprechende Eingriffe von den Betroffenen vielfach selbst aktiv gefordert und gefördert werden. Allerdings entwickelt sich hier – als Mischtypus von Weltbild I und Weltbild III – ein defensiver Liberalismus, der die Technik zwar nicht verbieten, aber die angebotsgetriebene Überrumpelung und Überredung der Klientinnen und Klienten zum Technikeinsatz verhindern will, etwa indem er hinsichtlich der humangenetischen Diagnostik ein 'Recht auf Nicht-Wissen' fordert.

Im fünften Kapitel werden Widerstand und Kritik gegen die Einführung transgener Lebensmittel in Großbritannien untersucht. Im Unterschied zur sekundäranalytischen Verfahrensweise in Kapitel 4 soll hier die Brauchbarkeit der Typologie auch primäranalytisch erprobt werden. Ich verfolge hier die These, dass die öffentliche Kritik überwiegend von Weltbild III inspiriert ist, wobei die breite Resonanz in der Bevölkerung eventuell auch damit zusammenhängt, dass der Einsatz der Gentechnik selbst im Bereich äußerer Natur identitätsorientiertes Unbehagen erzeugt, indem durch die Überschreitung der Artgrenzen die 'Seinsgewissheit' (Giddens) vieler Menschen erschüttert wird. Überraschend ist vor allem, in wie starkem Maße sich ausgerechnet in Großbritannien, das bei vielen bis dato als feste Heimstatt des Utilitarismus galt, in Bezug auf transgene Nahrungsmittel ein alteritätsorientierter Diskurs – also Weltbild III – durchsetzen konnte. Transgene Lebensmittel und transgener Mais wurden zuerst von britischen Supermarktketten boykottiert, bevor auch der übrige europäische Handel nachzog. Die Regierung, die die Einführung transgener Pflanzen und Lebensmittel zunächst vehement unterstützt hatte, machte unter dem Druck der Öffentlichkeit eine Kehrtwendung und rang sich zu einer Politik durch, die man als eine bestimmte Art von 'ökologischem Neo-Utilitarismus' beschreiben kann. In diesem Kapitel wird also auch zu zeigen sein, wie kulturkritische Diskurse (aus Weltbild III) auf dominante Institutionen – staatliche Administration und Wirtschaft – einwirken und graduelle Anpassungsreaktionen erzwingen.

Im sechsten und letzten Kapitel sollen zunächst die empirischen Ergebnisse zusammenfassend erörtert und die Logik der Typologie nach diesem Durchgang durch das Material noch einmal zugespitzt diskutiert werden – und zwar unter der Fragestellung, ob sich hier ein wie auch immer gearteter Weg in eine 'andere' Moderne andeutet. Zum einen will ich hier Anknüpfungsmöglichkeiten an die kritische Modernisierungstheorie von Jürgen Habermas skizzieren – aus dieser Perspektive wird offenbar, dass in Weltbild I und Weltbild III wesentliche menschliche Ansprüche zum Ausdruck kommen, die in Weltbild II tendenziell verdrängt werden. Zum zweiten will ich dann diskutieren, inwieweit auch historisch-empirisch mit einer Verlagerung der Hegemonie zwischen den Weltbildern zu rechnen ist. In dieser diachronen Perspektive soll die Frage erörtert werden, ob der Übergang von der industriellen zur postindustriellen Gesellschaft mit einer wachsenden Deutungsmacht der alteritätsorientierten Kosmologie (Weltbild III) verbunden sein könnte, so wie seinerzeit der Übergang von der Agrargesellschaft zur Industriegesellschaft mit der Schwächung religiöser Deutungsmacht (Weltbild I) und der Durchsetzung der utilitätsorientierten Kosmologie (Weltbild II) einherging. Hier kann man zum einen an Ulrichs Becks Theorie reflexiver Modernisierung anknüpfen – interessante Parallelen zwischen der alteritätsorientierten Kosmologie und der 'Zweiten Moderne' eröffnen sich insbesondere im Hinblick auf den Prozess der Individualisierung, der subpolitischen Demokratisierung, der kosmopolitischen Öffnung des Horizonts sowie der verstärkten Thematisierung von Risiken. Allerdings ist fraglich, ob nicht-intendierte Nebenfolgen allein einen Wandel bewirken können. Gesellschaftliche Veränderungen finden nämlich gerade auch aufgrund von *intendierten* Handlungsfolgen statt: Im Zuge der Industrialisierung und Rationalisierung wird die Gesellschaft reicher. Immer weniger menschliche Arbeitskraft ist erforderlich, um industrielle Güter herzustellen. Weitere Reichtumssteigerung verlagert sich immer mehr von der Quantität zur Qualität, in die mehr oder weniger immateriellen und imaginativen Aspekte der Waren. Es soll daher im Anschluss an die Theorie vom postmaterialistischen Wertewandel (Inglehart), die Theorie der postindustriellen Gesellschaft (Bell) und die Theorie des Postfordismus (Harvey) überlegt werden, inwieweit die dort beschriebenen Prozesse zugleich mit einer verstärkten Alteritätsorientierung einhergehen. Damit diese Überlegungen nicht nur auf das Terrain theoretischer Plausibilität beschränkt bleiben, ist aber auch zu fragen, wie ein solcher Wandel zwischen den Weltbildern – über den in dieser Arbeit erfolgten Nachweis anhand eines Fallbeispiels (Kapitel 5) hinaus – empirisch-systematisch, also quantitativ zu messen wäre. Und abschließend stellt sich auch noch einmal die normative Frage, ob dieser Wandel denn wünschenswert wäre – ob also eine verstärkte Alteritätsorientierung auch zur Überwindung der ökologischen Krise beitragen könnte, in die die Industrialisierung auf globalem Niveau offensichtlich hineintreibt.

Kapitel 1: Theoretische Grundlagen

Was bedeutet es, wenn man Umwelt- und Technikkonflikte als Konsequenz divergierender Natur*vorstellungen* betrachtet? Heißt das, die Realität von Natur und Technik zu leugnen? Die Cultural Theory, auf die mein eigener Ansatz aufbaut, gibt hier eine relativ eindeutige Antwort: Selbstverständlich sind Natur und Technik – und entsprechende Bedrohungen – nicht bloß virtuell, aber wenn sich die Akteure selbst darüber streiten, was faktisch wahr und was normativ angemessen ist und was nicht, dann können wir *als Sozialwissenschaftler* auch keine bessere Antwort auf diese Fragen liefern; wir können allerdings untersuchen, welche kulturellen Grundlagen und Motive dazu führen, Deutungsspielräume, wie sie zumindest bei einer komplexen, widersprüchlichen und inkonklusiven Faktenlage – also fast immer – gegeben sind, in die eine oder andere Richtung auszudehnen und welche (oft hinter 'Sachrationalität' versteckten) Werte und Normen darüber entscheiden, was als wünschenswert und was als bedrohlich thematisiert wird.

Allerdings ist die Cultural Theory in vielerlei Hinsicht zu kritisieren und entsprechend zu modifizieren. Ein zentraler Punkt ist, dass sie Naturvorstellungen zu sehr in Sozialstrukturen und in den Köpfen der Menschen verankert sieht, anstatt in Diskursen und Handlungspraxen. Zudem verkürzt sie den Begriff der Naturvorstellungen bzw. Kosmologien zu stark auf die in Risikokonflikten empirisch unmittelbar vorfindbaren Argumente und verfehlt damit den viel tieferen und weiteren Bedeutungshorizont, der sich hier eröffnet – auch jenseits des Bereichs der Wissenschafts-, Technik-, Umwelt- und Risikosoziologie. Mit der Öffnung dieses Horizonts soll nicht nur die Cultural Theory radikalisiert werden – im Sinne des 'an die Wurzeln Gehens'. Wenn meine sozialtheoretische Überlegung richtig ist, dass 'Natur' in Bezug auf 'soziales Handeln' ähnlich wie 'Struktur' verstanden werden kann – und zwar im Doppelsinn von symbolisch vermittelter Ordnung und instrumentell wirksamen Ressourcen – dann ergeben sich auf der Basis eines entsprechend umfassenden Begriffs der Naturvorstellungen breite Anschlussmöglichkeiten an die gesamte sozialtheoretische Debatte und die verschiedenen Teildisziplinen. 'Natur' wäre dann nicht mehr jener merkwürdige Fremdkörper, der bisher fast ausschließlich im Ghetto der einschlägigen Bindestrich-Soziologien, und dort meistens auch nur mit der 'Gänsefüßchen-Zange' angefasst wird.

1.1 Umweltkrise und technologische Dynamik – materielle Veränderung oder wachsende gesellschaftliche Sensibilität?

Nehmen die Gefahren in fortgeschrittenen Industriegesellschaften tatsächlich zu, oder sind wir nur ängstlicher geworden: "Are dangers really increasing or are we more afraid"? So lautet die Frage, mit der zu Beginn der 1980er Jahre die soziologische Umweltdebatte eingeleitet wurde. Sie stammte von Mary Douglas und Aaron Wildavsky (1983: 1) und sie war ganz deutlich gegen die Umweltbewegung gerichtet, die seit den 1970er Jahren in den westlichen Industrienationen immer stärker geworden war. Denn 'natürlich' nahmen Umweltverschmutzung und technische Gefahren mit der wachsenden Industrieproduktion zu, ebenso wie die verfügbaren natürlichen Ressourcen abnahmen – das war nach der Ölpreiskrise von 1973 und dem zeitgleich erschienenen Bericht des Club of Rome über die 'Grenzen des Wachstums' fast schon Common Sense in der öffentlichen Meinung. Auch viele Sozialwissenschaftler hatten sich dieser Auffassung angeschlossen und suchten – im Rahmen von Umweltpolitik, Umweltökonomie, Umweltpädagogik – entsprechend nach Wegen, wie man die entwickelten Gesellschaften von ihrem längerfristig verheerenden Kurs abbringen könnte.

Der Einwand gegen diese 'realistische' Auffassung von Umweltgefahren beruhte vor allem auf der Beobachtung, dass es offenbar verschiedene Sensibilitätsschwellen gegenüber Gefahren gibt. Wie statistisch vielfach gezeigt wurde, reagieren Menschen gegenüber Schäden oder auch nur potentiellen Schäden in manchen Bereichen, z.B. bei der Kernkraft, sehr viel heftiger als in anderen Bereichen, wie z.B. dem Autoverkehr, wo sie eine hohe Zahl von Toten, Verletzten und Sachschäden relativ gelassen hinnehmen (Bechmann 1993). Außerdem sind die Unterschiede zwischen verschiedenen Nationalstaaten erheblich, wie sich z.B. an den Reaktionen auf die Reaktorkatastrophe von Tschernobyl zeigte – in vielen Regionen, die sehr unmittelbar betroffen waren, wurde der radioaktive Fallout kaum registriert, während in weiter entfernten Gebieten, wie z.B. in Westdeutschland, peinlich genau gemessen, ausgiebig debattiert und vergleichsweise einschneidende Maßnahmen ergriffen wurden – Volker von Prittwitz (1990) spricht hier von einem 'Katastrophenparadox'. Diese Beobachtungen widersprechen jedenfalls der einfachen Intuition, dass zwischen materiellen Bedrohungen und gesellschaftlichen Reaktionen eine lineare Beziehung besteht – dass viel Feuer auch viel Rauch erzeugt bzw. umgekehrt zunehmende Umweltkonflikte in einer Gesellschaft auf eine Zunahme der Wirtschaftsleistungen und der damit einhergehenden Beeinträchtigungen zurückzuführen seien.

In ähnlicher Weise kann man – im Sinne von Douglas und Wildavsky – fragen: Hat tatsächlich die technologische Innovationsdynamik zugenommen oder sind lediglich öffentliche Aufmerksamkeit und Skepsis stärker geworden? Auch hier sagt uns unsere alltagsweltliche Intuition, dass sich heute alles viel schneller als früher *ändert* – angesichts von Robotern in der 'menschenleeren Fabrik'; von Computern, die circa alle zwei Jahre ihre Rechenleistung verdoppeln und sich weltweit immer stärker vernetzen; angesichts der Erfolge der Biotechnologie, die neben Retortenbabys, Klonschafen und Designerfood auch Organersatz, maßgeschneiderte Erbausstattung und letztlich das ewige Leben in Aussicht stellen; oder auch nur angesichts von Telefonanlagen, die sehr selbstständig agieren und vielleicht sogar intelligenter sind als wir selbst. Menschen werden also teils von innen künstlich verbessert, teils von außen durch Maschinen ersetzt. In diesem Zusammenhang sprechen Sozialwissenschaftler und Philosophen wie Ulrich Beck (1986), Gernot Böhme (1992), Anthony Giddens (1996) oder Bruno Latour (1995) vom 'Ende der Natur' – jedenfalls in dem Sinn, dass am Ende der (Industrie-)Moderne die menschliche und nichtmenschliche Natur nicht mehr als von der Gesellschaft unabhängig vorzustellen sei.[3] Aber haben nicht schon zuvor Automobil, Antibiotika und Atombombe – um einmal bei Innovationen mit A anzufangen – unser Leben extrem verändert? Haben wir uns vielleicht an die meisten Innovationen der letzten 150 Jahre schon so sehr gewöhnt, dass wir unser in der Industriemoderne längst schon künstlich gewordenes Leben unterdessen als natürlich empfinden? Sind dann nicht auch hier die gewachsene Aufmerksamkeit und Skepsis statt auf materielle Beschleunigung eher auf immaterielle Faktoren, z.B. veränderte Naturvorstellungen – und damit einhergehend: nachlassende Fortschrittseuphorie und geschwundenes Expertenvertrauen – zurückzuführen?

Bevor wir uns hier schon auf die eine oder andere Seite in der Realismus-Konstruktivismus-Kontroverse[4] schlagen, zunächst eine Gegenfrage: Warum der Suggestionskraft des 'oder' aufsitzen? Tatsächlich mögen ja einige herkömmliche Formen der Umweltverschmutzung hierzulande abgenommen haben – der 'Himmel über der Ruhr' ist sauberer geworden. Aber es handelt sich dabei weniger um Problemlösung als um Problemverschiebung – vor allem in die Schwellenländer, in die sich die schmutzigen Schwerindustrien vornehmlich wegen Lohnkostenvorteilen verlagert haben. 'Ökologische Modernisierung' bedeutet im Kern Verschiebung – von Nahfolgen zu Fernfolgen, und von alten Technologien mit bekannten zu neuen Technologien mit noch unbekannten Folgen (Gill 1999).

Können nicht Umweltbedrohungen sowie technische Innovationen zunehmen *und* gegenwärtig kritischer beobachtet werden, ohne dass zwischen den beiden Ebenen – physischer Veränderung einerseits und gesellschaftlicher Wahrnehmung andererseits – eine direkte Kopplung bestehen müsste? Es könnte demnach sein, dass z.B. der Treibhauseffekt zunimmt und dass in Teilen der Europäischen Union die Besorgnis über den Treibhauseffekt steigt – aber eben nicht allein wegen der realen Zunahme, sondern auch wegen gewachsener Sensibilitäten, etwa im Unterschied zu den USA, wo man die Zunahme entweder leugnet oder ihr überwiegend gelassen ins

---

[3] Latour differenziert hier: Eigentlich gab es einen wechselseitig sich bedingenden Zusammenhang zwischen Gesellschaft und Natur schon immer. Aber in letzter Zeit sei er wieder offensichtlich geworden, während er in der Moderne ausgeblendet und verdrängt worden sei.

[4] Vgl dazu und im Folgenden: Alexander/Smith 1996, Beck 1996, Callon/Latour 1992, Catton/Dunlap 1978, Dunlap/Mertig 1996, Gill 1999, Hannigan 1995, Hayles 1995, Krohn/Krücken 1993, Luhmann 1986, Renn 1996, Rosa 1998, Scharping/Görg 1994, Soper 1995, van den Daele 1996a, Wehling 1989, Wynne 1996.

Auge sieht und verbindliche internationale Abkommen über die Reduzierung von Klimagasen entsprechend verweigert.

1.2 Zur Kontroverse über Realismus und Konstruktivismus

Warum kann man dieses Problem nicht einfach mittels empirischer Forschung lösen? Warum entfalten sich hier hochgradig verästelte theoretische Debatten? Ich will diese Debatte hier nicht im Einzelnen nachzeichnen, weil ich dazu nichts Originelles beizutragen habe, sondern nur eine knappe Positionsbestimmung vornehmen: Das Problem liegt aus meiner Sicht darin, dass niemand mehr glaubhaft einen privilegierten Beobachterstandpunkt reklamieren kann, von dem aus sich beide Seiten unabhängig voneinander beobachten lassen – gleichsam einem Feldherrnhügel, von dem aus sich entscheiden ließe, inwieweit materielle Entwicklungen und gesellschaftliche Wahrnehmung zueinander passen. Eine objektive, kulturunabhängige Sicht auf die materiellen Prozesse beanspruchten seit dem 17. Jahrhundert die modernen Naturwissenschaften, und die positivistischen Wissenschaftstheorien vom Vorrang des westlichen Universalismus bestätigten sie in dieser Ansicht. Die Sozialwissenschaften waren hier im Glauben an die instrumentellen und moralischen Vorzüge von Wissenschaft, Technik und Industrie lange Zeit kritiklos gefolgt. Was es hier einzig zu erklären galt, war die mehr oder weniger große Bereitschaft von gesellschaftlichen Gruppen zur Förderung, Anerkennung und Verwendung wissenschaftlicher Erkenntnisse. Wo es daran *noch* haperte, wurde soziale Rückständigkeit gepaart mit magischen oder religiösen Glaubensvorstellungen diagnostiziert; als Therapie schien nachholende Modernisierung angezeigt (Ogburn 1967, Merton 1985, Shils 1972).[5] In realmarxistischer Perspektive stellte sich das Problem kaum anders dar: Die Kritik galt den kapitalistischen Produktionsverhältnissen, nicht den Produktivkräften; Wissenschaft und Technik waren ausdrücklich vom Ideologieverdacht ausgenommen (anders: Marcuse 1968; vgl. Habermas 1973). In dieser Zeit war der 'Realismus' unbestritten und daher auch noch kein Topos.

Seit dem Beginn der 'ökologischen Krise' in den 1970er Jahren sind die Naturwissenschaften aber selbst öffentlichkeitswirksam zerstritten – über die Wirkungen von DDT, die Existenz des Ozonlochs, die Havarieanfälligkeit von Kernkraftwerken, die Übertragungswege von Rinderwahnsinn etc. Auch in der Wissenschaftstheorie wurde seit dieser Zeit der universalistische Wahrheitsanspruch nachhaltig bestritten (Fleck 1980,[6] Kuhn 1981, Feyerabend 1976, Rorty 1981). Zwar wird in Technik- und Umweltkonflikten ein herausgehobener Beobachterstandpunkt von beiden Seiten beansprucht. Indem aber Wissenschaftler im Namen der Wissenschaft

---

[5] Vgl. zum Überblick über die Entwicklung der Wissenschaftssoziologie hier und im Folgenden: Jasanoff et al. 1994, Felt et al. 1995, Schimank 1995, Hasse et al. 1994. Zur wissenssoziologischen Einordnung *der soziologischen Gesellschaftstheorien der Nachkriegszeit* vgl. Alexander 1994.

[6] Ludwik Flecks Buch 'Entstehung und Entwicklung einer wissenschaftlichen Tatsache' ist zwar in den 1930er Jahren entstanden, wurde aber seinerzeit kaum rezipiert und ist erst in den 1960er Jahren namentlich von Thomas Kuhn wiederentdeckt worden.

völlig Gegenteiliges behaupten, verliert ihr Objektivitätsanspruch auch vor dem gemeinen Publikum seine Glaubwürdigkeit. Die Naturwissenschaftler geraten in Verdacht, 'Hysterie' oder 'interessierte Ignoranz' mit allen übrigen Zeitgenossen zu teilen – oder anders ausgedrückt: Wissenschaft wird faktisch demokratisiert. Da Sozialwissenschaften ihrerseits für die materiellen Aspekte der Konflikte keine eigenständige, die naturwissenschaftliche Expertise überbietende Kompetenz beanspruchen können, kann 'Realismus' nur bedeuten, dass manche Sozialwissenschaftler entsprechend ihrer politischen Leidenschaft Partei ergreifen für die eine oder andere Seite, für die Warner oder Entwarner in der ökologischen Krise, die Befürworter oder Gegner eines technologischen Projekts. Sozialwissenschaftliche Expertise wird dann in praktischer Absicht eingebracht, etwa im Sinne der Umwelterziehung (z.B. Catton/Dunlap 1978) oder zur Unterstützung von umstrittenen technologischen Projekten (z.B. van den Daele 1996).

Dagegen verzichten die 'Konstruktivisten' unter den Sozialwissenschaftlern zumindest vordergründig auf ein eigenes Urteil über materielle Prozesse und versuchen stattdessen zu verstehen, aufgrund welcher *sozialen und kulturellen* Umstände Naturwissenschaftler und Laien als Akteure zu ihren jeweiligen Anschauungen, Zielsetzungen und Durchsetzungsformen gelangen (Jasanoff et al. 1994, Felt et al. 1995). Parteinahme und Allianzen, Dissenseröffnung wie Konfliktschließung werden dann nicht als Konsequenz von argumentativer Einsicht in die materiellen Prozesse 'dort draußen' verstanden, sondern als Ergebnis von Weltbildern, Wertideen, Überredung, Interessenartikulation und Machtressourcen in den gesellschaftlichen Arenen selbst beschrieben. Die Sozialwissenschaften nehmen damit einen Beobachterstandpunkt ein, von dem aus sie eine eigenständige wissenschaftliche Kompetenz beanspruchen können, ohne dabei über die konfligierenden Wahrheitsansprüche urteilen zu müssen.

Dennoch sind auch Konstruktivisten nicht unbedingt neutral in den Konflikten, sondern folgen ihrerseits politischen Leidenschaften, indem sie nur die 'Konstruktionen' *einer* Seite eingehender analysieren und damit relativieren – also auf außerhalb der Sache selbst liegende Umstände zurückführen. Die andere, bevorzugte Seite wird dagegen eher beiläufig behandelt und kann daher unter der Hand einen rationalen Nimbus wahren, für den es in einem konsequent ansetzenden Konstruktivismus keine theoretische Deckung gibt. So wenden etwa Douglas und Wildavsky das Verfahren vornehmlich auf die Umweltgruppen an, deren apokalyptische Vorstellungen demzufolge aus sektenähnlichen Sozialformen resultieren sollen. Umgekehrt gibt es zahllose Beispiele dafür, die Ignoranz und Leugnung von Umweltgefahren als Resultat von Macht- oder Verwertungsinteressen auf Seiten von Wissenschaft, Industrie und Politik zu deuten (z.B. Gill 1991).

Das Problem der politischen Einseitigkeit ist allerdings relativ leicht zu kontrollieren, weil sie im Allgemeinen leicht zu erkennen und durch die Lektüre oder Anfertigung anderer Studien auszugleichen ist. Schwerer wiegt der Umstand, dass viele sozialkonstruktivistische und kulturalistische Untersuchungen in ad-hoc-Typisierungen auf induktiv-empirischer Basis stecken bleiben oder sich in diffus moralischer

1.2 Zur Kontroverse über Realismus und Konstruktivismus

Anklage gegen 'weiße, westliche, männliche Wissenschaft' ergehen, ohne gegenüber der angeblichen 'Totalität des Macht-Wissens' Entwicklungsalternativen aufzuzeigen.

Im 'Strong programme' der 1970er Jahre war noch versucht worden, in Abkehr vom orthodoxen Marxismus zwischen 'bürgerlicher' und 'revolutionärer' Wissenschaft zu unterscheiden – 'Science for the people' war die daraus resultierende Losung (Bloor 1976, Harwood 1989).[7] Die politischen Widerstände gegen dieses Programm liegen auf der Hand und brauchen hier nicht zu interessieren. Für die sozialwissenschaftliche Entwicklung wichtiger war das Problem, dass sich die anvisierte Unterscheidung als empirisch nicht besonders fruchtbar erwies: Zwar ließ sich anhand einer Vielzahl von wissenschaftshistorischen Studien zeigen, dass die neuzeitliche Naturwissenschaft insgesamt auf einem instrumentellen Apriori beruhte, das für die Entwicklung des Kapitalismus hilfreich, wenn nicht sogar notwendig war. Aber für die aktuelle wissenschaftliche Entwicklung konnte dann nur noch konstatiert werden, was nun ohnehin von vornherein klar war: Dass es sich um mehr vom selben handelte – kapitalistische Wissenschaft eben (vgl. z.B. Yoxen 1978 zur Entwicklung der Molekularbiologie und Gentechnologie). Für den Entwurf einer revolutionären Wissenschaft fehlten aber andererseits die Ansatzpunkte innerhalb der Wissenschaft. Eine Vielzahl von alternativen Naturvorstellungen wurde zwar in den Blick genommen, aber alle blieben umstritten – vielen galten sie als esoterisch oder reaktionär (vgl. van den Daele 1987; Böhme 1980).

Als empirisch fruchtbarer erwies sich der 'Laborkonstruktivismus', der mittels teilnehmender Beobachtung vor Ort die Entstehung naturwissenschaftlicher Forschungsergebnisse verfolgte (Latour/Woolgar 1979, Knorr-Cetina 1984; vgl. Hasse et al. 1994). Diese erschienen nun abhängig von situativen Interaktionen und laborspezifischen Gelegenheitsstrukturen, Erkenntnis mithin 'fabriziert'. Die weiten Felder der gegenwärtigen Naturwissenschaft – vom molekularbiologischen Labor bis zum Teilchenbeschleuniger – werden somit sozialwissenschaftlich sichtbar gemacht, verschwimmen aber zugleich wieder in der mikrosoziologischen Fülle der Details. Auch in der Aktor-Netzwerk-Theorie von Bruno Latour (1995, 1996) – der in jüngerer Zeit insofern vom *Sozial*konstruktivismus Abstand nimmt, als er nichtmenschliche Aktoren ausdrücklich mit einbezieht – wird auf ausgreifendere Typisierungen vollkommen verzichtet. Man muss sich hier meines Erachtens fragen: Ist diese 'Unübersichtlichkeit' tatsächlich einer *völlig* heterogenen Wirklichkeit geschuldet, oder handelt es sich um 'mangelnden Durchblick' aufgrund methodologisch verordneter Kurzsichtigkeit (vgl. Gingras 1995)? Wenn man sich einmal an

---

[7] Im Starnberger 'Finalisierungsprojekt' war zu dieser Zeit – mit eher sozialdemokratischem, administrativ-planerischem Impetus – zwischen freischwebender Grundlagenforschung und zielgerichteter Anwendungsforschung unterschieden worden; letztere könnte man, anstatt sie dem Markt zu überlassen, gezielt für sozialstaatlich legitimierte Zwecke einsetzen (Böhme et al. 1978). Nachdem das Starnberger Projekt vornehmlich aufgrund politischen Widerstands gescheitert war, wurden seine *Lehren in der Forschungspolitik* der christ-liberalen Koalition der 1980er Jahre gleichwohl beherzigt: Die Grundlagenforschung wurde ausgedünnt zugunsten einer politisch ausgerichteten Anwendungsforschung – letztere wurde nur eben nicht an demokratisch legitimierten, sondern an privatwirtschaftlichen Belangen orientiert.

die mit dem Konstruktivismus verbundene Idee gewöhnt hat, dass unsere Erfahrung der Wirklichkeit nicht unmittelbar mit der Wirklichkeit 'an sich' korrespondiert, sondern auf Konventionen beruht, und sich insofern auch nicht mehr an den mit konstruktivistischen Studien verbundenen Provokationen reibt, sondern stattdessen nach verallgemeinerungsfähigen Aussagen sucht, wird man bei den mikrosoziologisch-akteurszentrierten Varianten – wie dem Laborkonstruktivismus – allerdings enttäuscht: Alles verliert sich im Klein-Klein voluntaristisch herbeigeführter, kontingenter Ereignisse.

Die vordergründige Anziehung des Konstruktivismus speist sich aus seiner inkonsequenten Anwendung oder Rezeption, die nach irgend einer Seite die Ahnung einer wahren (nicht-konstruierten) Wirklichkeit offen lässt. Sobald er nur konsequent genug angewandt und rezipiert wird und dann *alles* konstruiert erscheint, muss man sich am Ende doch wieder fragen, *welche* Konstruktionen in Zeit und Raum einigermaßen verbreitet und dauerhaft, und welche bloß situativ und flüchtig sind – mit welchen Konstruktionen man im Allgemeinen rechnen kann und mit welchen eher nicht. Selbst im Alltag brauchen wir als Akteure Typisierungen und Daumenregeln, um uns zurechtfinden zu können (vgl. Kap. 2.6). Anders ausgedrückt: Es ist vielleicht nicht so sehr die Frage, ob unser Alltag von der Natur vorgegeben oder kulturell sedimentiert ist, sondern: ob er relativ stabil und verlässlich (gleichgültig aus welchem Grund) oder völlig an unvorhersehbare Situationsdefinitionen ausgeliefert ist.

Meines Erachtens muss man hier – im Sinne von Anthony Giddens' (1988) Theorie der Strukturierung – stärker von kollektiv geteilten, räumlich übergreifenden und zeitlich relativ stabilen Deutungsstrukturen ausgehen. Situationen erfordern und erlauben zwar kreative Modifikationen der Deutungsstrukturen – soweit ist der Ethnomethodologie in der Tat zu folgen –, aber das bedeutet nicht, dass wir als Akteure die Welt in jeder Situation *im Ganzen* neu erschaffen könnten oder müssten. Konventionen darüber, wie die Natur, die Technik, die Umwelt zu deuten ist, werden vom einzelnen Akteur zunächst einmal ganz automatisch berücksichtigt, gleichgültig ob ihre relative Stabilität mit der Natur 'dort draußen' korrespondiert oder nur ein kollektives 'Hirngespinst' ist. Modifikationen von Deutungsstrukturen sind kulturell auch nur dann überlebensfähig, wenn sie nicht allzu offensichtlich gegen menschliche Erfahrungen oder direkt wirksame materielle Reproduktionserfordernisse verstoßen.[8] Insofern propagiere ich hier einen *strukturell gebändigten Konstruktivismus,* der gegenüber den mikrosoziologisch-akteurszentrierten Ansätzen die Spielräume des individuellen und situativen Voluntarismus begrenzt. Gebändigt wohlgemerkt durch *kognitive* und nicht durch materielle Strukturen – insofern handelt es sich doch um einen Konstruktivismus und eben nicht um einen Realismus.

Zudem ist es nur auf der Basis von *vorab* typisierbaren Deutungsstrukturen möglich, die eigene sozialwissenschaftliche Deutung (als Deutung zweiter Ordnung)

---

[8] Die Idee etwa, dass menschliche Körper nicht der Schwerkraft unterliegen, würde sich relativ schnell selbst eliminieren, weil ihre Träger in den nächstbesten *physischen* Abgrund fielen (vgl. unten, Kap. 1.4.5).

methodologisch kontrollierbar zu machen. Denn hier ist auch an das Problem vermeintlicher Vorurteilslosigkeit des Empirismus zu erinnern: Während theoretisch angeleitete Untersuchungen ihre wichtigsten Vorannahmen ausweisen und damit kontrollierbar machen, gehen in (vermeintlich) rein induktive Untersuchungen die – für jegliche Form der Wahrnehmung und Erkenntnis unvermeidlichen – Vor-Urteile unreflektiert ein. So gerät dem Laborkonstruktivismus die Deutung häufig zur macchiavellistischen Karikatur: In dem Bemühen zu zeigen, dass Wissenschaftler nicht (nur) der Wahrheit der Natur folgen, wird ihnen dann sehr häufig ein Motiv unterstellt, das der Alltagsverstand spontan als mindestens ebenso 'hartes' Faktum anerkennt wie die äußere, natürliche Realität – Konkurrenz um Macht und Geld als Gesetzmäßigkeit der äußeren, gesellschaftlichen Welt. Dadurch wird im Bemühen, die empirische Dynamik und Vielfalt nicht durch *theoretisch vorgefasste* Kategorien zu verstellen und zu beschneiden, unter der Hand genau das, was vermieden werden sollte, getan – nur eben mit *unreflektiert vorgefassten* Kategorien. Dagegen wird hier – wie in der Einleitung schon angedeutet – der Versuch unternommen, in der sozialwissenschaftlichen Deutung im Wesentlichen nur mit solchen Denkfiguren und Handlungszielen zu arbeiten, die auch theoretisch expliziert werden – nämlich im Rahmen der in Kapitel 2 ausgeführten Typologie.[9] Damit soll erreicht werden, dass für die Deutung ein breiterer und besser reflektierter Suchhorizont erschlossen wird.

1.3 Cultural Theory als Ausgangspunkt

Auf dauerhafte Konstruktionsprinzipien rekurriert dagegen die Cultural Theory, wie sie von Douglas und Wildavsky Anfang der 1980er Jahre begründet und bis zu Beginn der 1990er Jahre in verschiedenen personellen Konstellationen weitergeführt wurde. In den späteren Werken zeigt sich, dass der polemische Bias gegenüber den Umweltgruppen nicht dem Theorieansatz selbst geschuldet ist, sondern auf persönlichen Leidenschaften insbesondere von Wildavsky beruht (vgl. etwa Rayner 1984 oder Schwarz/Thompson 1990 mit Wildavsky 1991). Die Cultural Theory geht davon aus, dass sich in Risikokonflikten drei resp. vier Lager gegenüber stehen, die aufgrund ihrer sozialen Binnenstrukturen unterschiedliche Bilder von der Welt entwerfen – und der darin vorfindlichen Gefahren. Durch die Rückführung auf Sozialstrukturen wird es dementsprechend möglich, das verstärkte Auftreten von Umwelt- und Technikkonflikten zu erklären – dafür soll die Zunahme postindustrieller Dienstleistungsberufe und entsprechend 'egalitärer' Milieus verantwortlich sein. Da es sich um recht stabile Lager handelt, wird Politik wieder nötig: Zum einen, weil nicht damit zu rechnen ist, durch mehr Wissenschaft und 'Aufklärung' die jeweils

---

[9] Selbstverständlich soll damit nicht die Theorie gegen die Empirie abgedichtet werden. In der 'Zirkularität' *des qualitativen Forschungsprozesses* soll die Theorie selbstverständlich auch durch den induktiven Umgang mit Empirie angereichert werden. Aber indem von Deutungs*strukturen* und einer überschaubaren Zahl von Typen ausgegangen wird, werden die verwendeten Deutungsmuster explizierbar gemacht (vgl. Kap. 2.6.3).

entgegengesetzten Lager zu überzeugen, worauf 'Realisten' immer noch hoffen; zum anderen, weil die angestammten Eliten die Umweltbewegung nicht mehr marginalisieren können und deswegen auf institutionelle Kompromisse angewiesen sind (Schwarz/Thompson 1990). Weil mir diese Grundannahmen konstruktiv und weiterführend erscheinen, soll nun eine genauere Auseinandersetzung mit der Cultural Theory erfolgen.

Douglas hat basierend auf ihren ethnologischen Arbeiten eine Typologie von sozialen Binnenstrukturen entwickelt, die in allen Gesellschaften gelten soll (vgl. Keller/Poferl 1998). Diese Typologie ist der Kern der Cultural Theory. Sie entfaltet sich in zwei Dimensionen – 'grid' und 'group'. 'Grid' bezeichnet den Grad der Dichte und Rigidität von Regeln, denen das Individuum in seinem Verhalten anderen gegenüber unterworfen ist. Mit 'group' ist der Grad der Geschlossenheit des Gruppenlebens gemeint. Die Typen sozialer Umwelten bestimmen sich aus der Kombination von 'grid' und 'group': 'Hierarchie' zeichnet sich aus durch hohe Regeldichte und starke Gruppenorientierung, 'Individualismus' dagegen durch hohe Verhaltensautonomie und fehlende Orientierung am Kollektiv, 'Sekte'/'Egalitarismus' durch starken Kollektivgeist bei niedriger Regeldichte, und 'Fatalismus' schließlich durch hohe Verhaltensrigidität und schwache Gruppenorientierung (vgl. Tabelle 1.1). Weil die 'Fatalisten' in den Konflikten keine Rolle spielen, werden sie nur aus systematischen Gründen und beiläufig erwähnt. 'Hierarchie' und 'Individualismus' entsprechen in modernen Umweltkonflikten Behörden und Unternehmern; sie bilden gemeinsam das 'Zentrum'. Ihnen stehen in der 'Peripherie' die Umweltgruppen gegenüber, die zunächst, bei Douglas/Wildavsky (1983) noch polemisch als 'Sekten', später dagegen als 'Egalitäre' beschrieben werden.

Tabelle 1.1: Grid/Group-Typologie der sozialen Binnenstrukturen und Positionierung in Umweltkonflikten

grid/group	Sozialer Kontext (way of life)	entsprechende Akteure in Umweltkonflikten	Naturkonzept
Niedrig/niedrig	Individualism	Unternehmer (Zentrum)	Natur ist berechenbar und robust – Eingriffsfreiheit legitim
hoch/hoch	Hierarchy	Staatliche Behörden (Zentrum)	Eingriffe in den staatlich gesetzten Grenzen verantwortbar
niedrig/hoch	Egalitarianism	Umweltschützer (Peripherie)	Natur ist äußerst verletzlich – Eingriffe stark beschränken
hoch/niedrig	Fatalism	(entfällt)	Unberechenbares Schicksal

Mit der sozialen Binnenstruktur korrespondiert jeweils eine eigenständige 'Kosmologie', durch die soziale Ordnung legitimiert und aufrecht erhalten werden soll. Entsprechend kommt es auch zu unterschiedlichen Ausprägungen von Naturkonzepten in Umweltkonflikten: Für die Unternehmer ist die Natur – geschickt genutzt – ein überquellendes Füllhorn. Sie ist robust und verträgt menschliche Eingriffe. Behördenvertreter folgen dieser Sicht nur mit Einschränkungen. Entsprechend der Maßgaben von Wissenschaft und Technik sind hier entsprechende Grenzen zu setzen. Den Umweltgruppen dagegen erscheint die Natur als äußerst fragil, weshalb naturfremde Eingriffe auf ein Minimum reduziert werden sollten. Den Fatalisten schließlich erscheint die Welt insgesamt unberechenbar und unkontrollierbar.

Entsprechend dieser Naturkonzepte werden Informationen selektiv aufgenommen und arrangiert; Argumente der Gegenseite stoßen auf taube Ohren:

"They will never agree, said Sidney Smith about two Edinburgh women hurling insults at each other from the top windows of their tenements; they are arguing from different premises. According to our theory of culture, center and border are doing just that. (...) So long as their loyalties are turned toward centers or borders, people will buy a whole package of political judgements about nature, human and physical, that go with center or border views. (...) Having chosen for the sect they slide their decisions onto the arguments that feed sectarian life; having chosen for the center, they slide their decisions onto center-supporting institutions. Then they are immune to reason from the other side, since center and border are structured by mutual opposition." (Douglas/Wildavsky 1983: 174)

1.4 Kritikpunkte und notwendige Modifikationen an der Cultural Theory

An dieser Sicht ist vielfältige Kritik geübt worden (zusammenfassend: Keller/Poferl 1998). Mir erscheinen für die Entwicklung meines eigenen Ansatzes folgende Punkte erwähnenswert: 1) Die Analyse der in Umweltkonflikten wirksamen Naturkonzepte wird auf die Aspekte von Robustheit vs. Fragilität verengt. 2) Die grid/group-Typologie basiert empirisch auf Untersuchungen über außereuropäische und überwiegend vormoderne Sozialbeziehungen. Sie ist auf moderne Sozialstrukturen nicht anwendbar. 3) Es ist daher auch nicht plausibel, dass Sozialstrukturen zu ihrer Rechtfertigung immer einer spezifischen Kosmologie bedürften. Die Verbreitung der Kosmologie kann auch auf kognitiver Ansteckung beruhen, wie sie sich aufgrund sozialer Nähe ergibt, ohne notwendigerweise zur Sozialstruktur in einer funktionalen Beziehung zu stehen. 4) In der Cultural Theory werden Idealtypen gebildet und dann als Realtypen verwendet – entsprechend wird ein zu starres Bild von scharf abgegrenzten Lagern und korrespondierenden Denkweisen gezeichnet.

1.4.1 Verengung des Naturkonzepts auf materielle Risiken

Wie wir gerade gesehen haben, unterscheidet die Cultural Theory verschiedene 'Naturkonzepte'. Diese Unterscheidung bleibt allerdings selbst noch einer allzu rationalistisch-modernen Sichtweise und damit dem kulturellen Mainstream der Gegenwart verhaftet. Die Naturkonzepte zeichnen sich in erster Linie dadurch aus, dass sie die Wahrscheinlichkeit und das Ausmaß von Umweltkatastrophen unterschiedlich einschätzen. Natur wird dabei durchgehend als materielle Ressource konzipiert.[10] Entsprechend wird als Risiko ganz konventionell die potentielle Beeinträchtigung von Leben und ökonomischen Besitz angesehen. Die Fragen müssen aber tiefer ansetzen: Was interessiert die jeweiligen Akteure an der Natur? Was verstehen sie dementsprechend unter einem 'Schaden' bzw. einem 'Risiko'? Wie in der Einleitung angedeutet und im nächsten Kapitel genauer ausgeführt, werde ich von viel stärker differierenden Naturkonzepten ausgehen: In meinem ersten Naturkonzept interessiert Natur als Basis sozialer Ordnung und Identität; die entsprechenden 'Risiken' sind dementsprechend nicht materieller, sondern moralischer Art – der größte mögliche Schaden wäre die Zerstörung von Ordnung und Identität. Im dritten Naturkonzept interessiert Natur als Quelle der Überraschung und als kontemplativer Rückzugsort in einer durchgängig kontrollierten Welt. Als Schaden gilt hier Vereinheitlichung und Langeweile. Nur im zweiten, in der Industriemoderne vorherrschenden Naturkonzept, wird Natur als materielle Ressource angesehen und ein Schaden rein materiell beurteilt. Obwohl die Cultural Theory selbst von 'Kosmologien' spricht, verfehlt sie deren umfassenderen, über bloß materielle Aspekte hinausreichenden Bedeutungshorizont (vgl. Alexander/Smith 1996: 257). Geschuldet ist diese Verengung einer verkürzten Analyse des Technik- und Umweltdiskurses: Tatsächlich wird ja, vordergründig betrachtet, sehr häufig um materielle Risiken gestritten. Das liegt aber, aus meiner Perspektive, daran, dass der materielle, utilitaristische Diskurs hegemonial ist und die abweichenden Diskurse deshalb ihre Anliegen häufig in die Denkweise und Rhetorik des Utilitarismus übersetzen, um im öffentlichen Raum breiteres Gehör zu finden (vgl. Kap. 3.3). Authentischer kommen die abweichenden Diskurse dagegen in den etwas abgelegeneren Foren und Diskussionsmedien zum Ausdruck, in denen es weniger um die Überzeugung größerer Zuhörerschaften, als um die Motivation eines engeren Kreises von Aktivisten geht. Indem sie also empirisch zu stark an Oberflächeneffekten klebt, verfehlt die Cultural Theory – in ihrer bisherigen Form – eine sensiblere Interpretation der kulturellen Tiefenströmungen.

1.4.2 Fragwürdiger Universalismus der Grid/Group-Typologie

So nah die Cultural Theory einerseits an Oberflächeneffekten klebt, so ist andererseits ihre Grid/Group-Typologie 'weit hergeholt' – im wörtlichen Sinne: Douglas hat sie vor allem in Auseinandersetzung mit außereuropäischen und vormodernen Sozialstrukturen gewonnen und behauptet ihre Anwendbarkeit auf alle existierenden Gesellschaftsformationen. Im Hinblick auf die Group-Kategorie ist jedoch fraglich, ob sie überhaupt auf individualisierte und funktional differenzierte Gesellschaften sinnvoll anzuwenden ist, weil hier die Einzelnen täglich in verschiedenen Rollen mit

---

[10] Dies gilt für die in der Risiko- und Umweltsoziologie breiter rezipierten Texte. In Mary Douglas ethnologischen Texten (z.B. Douglas 1982) findet sich ein breiter angelegte Diskussion der Kosmologien, die allerdings auf Natur und Umwelt kaum Bezug nimmt.

unterschiedlichen Bezugsgruppen in Kontakt treten und daher Gruppenidentifikationen und Gruppensolidaritäten im Allgemeinen sehr viel abstrakter oder sehr viel instabiler sind als etwa im indischen Kastenwesen oder der mittelalterlichen Ständegesellschaft.[11] Eine so weite Übertragbarkeit, wie in der Cultural Theory postuliert, setzt also zumindest eine extrem hohe Interpretationsoffenheit der beiden Kategorien Grid und Group voraus, die aber dann mit mangelnder empirischer Überprüfbarkeit erkauft wird. Bisher ist die Cultural Theory in empirischer Hinsicht immer schon an ihren Operationalisierungsproblemen gescheitert (Keller/Poferl 1998: 127f.).

1.4.3 Zu starke Kopplung von Sozialstruktur und Kosmologie

Explizit findet sich der Gedanke der Entsprechung von Sozialstruktur und Bewusstsein – in Form von Ideologien, Religionen, Denkstilen, Geschmacksurteilen – namentlich auch bei Karl Marx, Emile Durkheim, Karl Mannheim und Pierre Bourdieu. Implizit bestimmte er lange Zeit die soziologische Sozialstrukturanalyse in Deutschland (Hradil 1987, 1992). Die Cultural Theory folgt dieser Idee, kann hier aber nicht an die Sozialstrukturanalyse der Industriegesellschaft anschließen, weil sich die Umweltbewegung kaum spezifisch auf die herkömmlichen Klassen und Schichten bzw. die politische Rechts/Links-Unterscheidung abbilden lässt. Deshalb versucht sie, die unterschiedliche Ausprägung von Umweltbewusstsein – von Naturkonzepten und Kosmologien – anhand einer anderen Form der sozialen Verortung zu erklären, eben der Grid/Group-Theorie.

Generell kann man die Entsprechung von Weltbildern und Sozialstruktur unterschiedlich erklären: Soziale Nähe zwischen den Individuen führt aufgrund von Gedankenaustausch, von bewusster oder unbewusster Übernahme zu ähnlichen Denkformen. Gemeinsame Sprache, Sozialisation und geteilte 'soziale Konstruktionen' des Alltagslebens formen das Bewusstsein der Individuen (Berger/Luckmann 1980). Gemeinsame Sinnstrukturen können dann auch reflexiv auf die Gestaltung sozialer Ordnung zurückwirken. Neben diesen genetischen Erklärungen gibt es aber auch intentionalistische und funktionalistische Ansätze: Soziale Gruppen schließen sich bewusst ab, um ihre Identität und ihre Privilegien aufrecht zu erhalten. Ideologien werden genutzt, um den eigenen Herrschaftsanspruch zu sichern. Die Weltbilder stärken den Zusammenhalt der Gruppe und legitimieren die soziale Ordnung. Die Kohärenz der kulturellen Muster und der Zusammenhalt der Gruppe stabilisieren sich wechselseitig. Die Cultural Theory verfolgt hier dezidiert das funktionalistische Erklärungsmuster. Die Kosmologien hätten die Funktion, die Gruppenmitglieder auf Linie zu halten. Zwar könnten in modernen Gesellschaften die Individuen die Kosmologie frei wählen, allerdings müssten sie dann auch entsprechend den sozialstruk-

---

[11] Douglas und Wildavsky haben in 'Risk and Culture' die Group-Kategorie vornehmlich für einen Vergleich von Umweltgruppen mit Hutterer und Amish-People, also mit dezidiert weltabgewandten *Sekten*, angewandt. Wie immer man die Angemessenheit dieses Vergleichs bei besonders stark engagierten Aktivisten in basisdemokratisch strukturierten Umweltgruppen beurteilt: Auf die sehr viel breiteren Kreise der Bevölkerung, die diese Aktivitäten unterstützen, lässt sich die Group-Kategorie kaum sinnfällig anwenden.

turellen Kontext wechseln (Keller/Poferl 1998: 119f.). Im Rahmen des genetischen Ansatzes ist die Entsprechung von Sein und Bewusstsein kontingent, im funktionalistischen Ansatz hingegen notwendig: Ohne diese Entsprechung zerfallen Kultur und soziale Ordnung. Umgekehrt ausgedrückt: Nur Kulturen und soziale Ordnungen mit entsprechenden Sicherungsmechanismen können längerfristig überleben.

In relativ statischen Gesellschaften ist aufgrund des genetischen Wirkungsprozesses eine Homogenisierung und Angleichung von Sozialstrukturen und Weltbildern recht wahrscheinlich, während in Zeiten dynamischen Wandels eher mit Heterogenisierung zu rechnen ist – in den Sozialstrukturen, in den Weltbildern, wie in den Köpfen und Herzen der Individuen, die den Wechsel des sozialen Ortes und des Weltbildes nicht so schnell aufeinander abstimmen können, zumal wenn alle umliegenden sozialen Kontexte in Turbulenzen geraten und insofern feste Orientierungsmarken nicht mehr zu finden sind. In überschaubaren Strukturen vom Typus 'Gemeinschaft' ist die funktionale Sicherung eines gruppenspezifischen Zusammenhalts über gemeinsam geteilte Kosmologien sowohl möglich als auch nötig – möglich, weil soziale Kontrolle hier im unmittelbaren Kontakt zugreift, und nötig, weil sich äquivalente Kontrollinstrumente, wie z.B. Märkte und staatlicher Zwang, nicht ausbilden können. In anonymen Strukturen vom Typus 'Gesellschaft' spielen Bewusstseinsformen zur Aufrechterhaltung der Systemstrukturen sicherlich auch eine wichtige Rolle, aber hier gibt es wirksame Mechanismen u.a. der Exklusion und des staatlichen Zwangs, die eine weitgehende Freigabe individueller und situativer Abweichungen erlauben – die Bewusstseinsinhalte können frei flottieren, solange sich die Funktionsträger rollenkonform verhalten.

Weder aus genetischer noch aus funktionalistischer Sicht ist es daher sehr wahrscheinlich, dass gegenwärtig eine so enge Kopplung zwischen Sozialstrukturen und Weltbildern besteht, wie in der Cultural Theory vorgesehen und aus der Ethnografie weitgehend überschaubarer und statischer Gesellschaften abgeleitet. Auch in der herkömmlichen Sozialstrukturanalyse wird seit den 1980er Jahren die Korrespondenz von Sein und Bewusstsein stärker hinterfragt – sei es, weil die relative Stabilität der Nachkriegszeit und eventuell sogar die Industriemoderne dahinschwindet (Beck 1983, 1986), oder sei es, weil man im Nachhinein entdeckt, dass diese Entsprechung immer schon mehr behauptet als gemessen wurde (Hradil 1987) und in modernen Gesellschaften eventuell ohnehin nur schwach ausgeprägt ist. Dabei ist allerdings zu berücksichtigen, dass der Grad der Entsprechung immer auch von der angemessenen Schneidung der sozialstrukturellen Segmente abhängt.[12] Es ist also nicht ausgeschlossen, dass man zu einigermaßen aussagekräftigen Übereinstimmungsgraden käme, wenn man mit angemesseneren Typologien der Naturkonzepte und der sozialen Kontexte arbeitete – man sollte das als empirische und damit offene Frage behandeln (vgl. Kap. 3.1).

---

[12] So hat z.B. Walter Müller (1998) in einer Untersuchung über klassenspezifisches Wahlverhalten gezeigt, dass man bessere Entsprechungen erhält, wenn man die Dienstklasse, die bisher pauschal dem rechten Lager zugeordnet wurde, in administrative und soziale Dienste unterteilt – letztere wählen, wie man auch aus der Alltagsanschauung weiß, eher rot-grün als schwarz.

1.4.4 Verwechselung von Idealtypen und Realtypen

In jedem Fall erscheint es angezeigt, – anders als die Cultural Theory in ihrer bisherigen Form – ganz deutlich zwischen Idealtypen und realen Ausprägungen zu unterscheiden (vgl. Kap. 2.6). Die Cultural Theory weist ihre Typologien sozialer Kontexte und korrespondierender Naturkonzepte zwar zunächst als Idealtypen aus, verwendet sie dann aber fast durchgehend wie Realtypen. Dass es dann an der empirischen Umsetzbarkeit hapert, ist nicht weiter erstaunlich. Eine Identität von Idealtyp und Realtyp könnte es nämlich nur dort geben, wo Idealtypen als Realabstraktionen durchgesetzt wären – also modern gesprochen (sozial-)wissenschaftliche Abstraktionen (sozial-)technisch vollständig und dauerhaft wahr gemacht worden wären oder, vormodern betrachtet, ein allmächtiger Schöpfergott in sich reine, stabile und klar abgegrenzte Wesenheiten geschaffen hätte. Tatsächlich sind solche Realabstraktionen nur im technischen Bereich (annähernd) möglich – man kann beispielsweise geometrisch reine Körper mit physikalisch reinen Farben erzeugen; rote, blaue und gelbe Würfel. Alle sozialtechnischen Versuche sind in dieser Hinsicht weitgehend gescheitert – selbst totalitären Regimen ist es nicht gelungen, die soziale Ordnung anhand bürokratischer Vorgaben gleichzuschalten und still zustellen. Und der mittelalterliche Mensch musste immer wieder erfahren, dass die diesseitige Natur 'korrupt' ist – die göttliche Harmonie also nur in transzendentaler Wesensschau hinter den empirischen Erscheinungen auszumachen ist (vgl. Kap. 2.2).

Wenn man 'Kultur' nicht essentialistisch konzipiert, sondern als durch und durch entwicklungsfähig ansieht, dann ergibt sich zwangsläufig, dass Realtypen – auf den verschiedenen Betrachtungsebenen – permanent ihre Gestalt ändern, eventuell völlig verschwinden und andere stattdessen auftauchen. Idealtypen sollten demgegenüber nur die Funktion haben, die Suche nach Realtypen anzuleiten und gleichzeitig die gefundenen Realtypen des Makro-, Meso- oder Mikrobereichs in die theoretische Diskussion perspektivisch einzubinden, damit sie sich nicht zusammenhangslos im empiristischen Dickicht verlieren. Sie sollen also – so gut es geht – in beiden Richtungen als 'Vermittler' dienen: Theoretische Überlegungen empirisch fruchtbar machen und umgekehrt empirische Befunde in Relation setzen. Auch dies kann nur gelingen, soweit die jeweiligen Idealtypen historisch und kulturell 'angemessen', d.h. einigermaßen spezifisch sind. In diesem Sinne ist die von mir in Kapitel 2 entwickelte Ideal-Typologie der Naturvorstellungen im Wesentlichen auf westliche Gesellschaften im 19. und 20. Jahrhundert bezogen. Auch wenn sie sich im angegebenen Sinne wissenschaftlich bewähren sollte, wäre sie wohl – unter der Bedingung von kultureller Vielfalt und kulturellem Wandel – doch nicht überall und für immer nützlich.

1.4.5 Die Natur sollte hinter den Naturkonzepten nicht in Vergessenheit geraten

Vielfach ist mit kulturalistischen oder konstruktivistischen Konzepten das Missverständnis eines radikalen Relativismus oder Idealismus verbunden, so als ob die materielle Wirklichkeit einzig in der Vorstellung von ihr bestünde und wir – kollektiv oder sogar individuell – 'Natur' entsprechend nach politischem, ästhetischem oder sonstigem Belieben zurechtphantasieren könnten.[13] Das ist meines Erachtens ein Fehlschluss: Man kann aus dem Satz, dass ein 'Beobachter zweiter Ordnung'[14] über den Wahrheitsgehalt von widersprüchlichen Beobachtungen erster Ordnung *nicht entscheiden kann* – allein dieser Satz wird hier ernsthaft vertreten –, nicht schließen, dass alle Beobachtungen erster Ordnung gleich wahr (oder falsch) wären und daher Beobachter erster Ordnung auf 'Wahrheit als regulative Idee'[15] verzichten könnten.

Nehmen wir als Beispiel 'Rinderwahnsinn' zu Beginn der 1990er Jahre, als es noch keinen naturwissenschaftlichen Konsens gab über dessen Übertragbarkeit auf den Menschen. Aus der Tatsache, dass sich damals die Naturwissenschaftler und Politiker diesseits und jenseits des Ärmelkanals noch heftig stritten und es Sozialwissenschaftler kraft ihrer sozialwissenschaftlichen Kompetenz auch nicht besser wissen konnten, kann man nicht schließen, dass es hier keine gemeinsam geteilte Wirklichkeit gäbe und entsprechend 'jeder nach seiner Façon selig (oder wahnsinnig?) werden' könne. Aus der Tatsache, dass es heute bezüglich der Übertragbarkeit einen Konsens gibt, kann nun auch nicht umgekehrt geschlossen werden, dass wir jetzt notwendigerweise 'schlauer' seien (und wir uns im Sinne von Karl Poppers Progressionsidee allmählich der Wahrheit annäherten), denn auch dieser Konsens kann aus einer anderen zeitlichen Perspektive wiederum als noch viel irrtümlicher

---

[13] Dass ich mit den folgenden Bemerkungen keine allseits offenen Türen einrenne, zeigt folgendes Beispiel: In einem Sammelband des renommierten französischen Sozialanthropologen Philippe Descola schildert Edvard Hviding (1996) die Sicht der Ureinwohner einer Südseeinsel über Meeresschildkröten, wie er sie im Rahmen seiner Feldstudien kennengelernt hat. Seinen Informanten schildert er als ausgewiesenen Spezialisten für diese in seinem Stamm nützlichen und rituell wichtigen Tiere. Sein Informant ist der Meinung, dass die Schildkrötenjungen der in Rede stehenden Spezies 21 Tage nach der Eiablage schlüpfen. Konfrontiert mit dem Wissen westlicher Wissenschaftler, die hier von 50 bis 60 Tagen zeitlicher Distanz berichten, anwortet der Informant: "That is either a lie, or they are different turtles!" (ebd.: 176) Auf die Behauptung Hvidings, es handele sich tatsächlich um dieselbe Spezies, stellt der Informant empirisch sehr genaue und für den westlichen Verstand ohne besondere hermeneutische Umstände nachvollziehbare Überlegungen an, warum sich die Wissenschaftler wohl geirrt haben: "They haven't seen it, I think. Maybe, one of them went to one island and found a nest and put a mark on that nest. But he didn't watch over that nest day and night all the time. No, he had to go back to his office, and then when he came back to check on the nest he had marked some other turtles had disturbed the mark." (ebd.: 177) So wie Hviding den Fall schildert, ist überhaupt nicht erkennbar, warum hier von 'alternativen Paradigmen' (ebd.: 178) die Rede sein soll. Der Informant antwortet nämlich auf den Widerspruch in genau der gleichen Weise, wie auch ein westlicher Wissenschaftler reagiert hätte. Ein divergierender kultureller oder sozialer Bias ist hier weder auf Seiten des Informanten noch auf Seiten der westlichen Wissenschaftler erkennbar. Es ist vielmehr wahrscheinlich, dass entweder Hviding die Schildkrötenspezies verwechselt oder der Informant Recht hat und sich die westlichen Wissenschaftler einfach irren. Bei aller Arroganz, die Wissenschaftler im Umgang mit anderen Wissensformen an den Tag legen mögen: Irrtümer bei der Beobachtung sind im Konzept westlicher Wissenschaft als Fehlerquelle nicht ausgeschlossen. Dessen sollte man sich erinnern, bevor man zu komplizierteren Erklärungen greift.

[14] 'Beobachtung erster Ordnung' soll heißen: Akteure beobachten die Welt (Beispiel: Agrar- und Gesundheitsminister beobachten 'BSE'). 'Beobachtung zweiter Ordnung': Personen in handlungsentlasteter Einstellung (z.B. Sozialwissenschaftler) beobachten Akteure bei ihren Beobachtungen erster Ordnung.

[15] 'Wahrheit als regulative Idee' (Jürgen Habermas) bedeutet: Die Akteure müssen an der Idee einer intersubjektiven Wahrheit festhalten, um sinnvoll miteinander argumentieren zu können. Das heißt nicht, dass irgendwer letztgültig entscheiden könnte, was wahr und was falsch ist.

erscheinen. Was wir vom Standpunkt des Beobachters zweiter Ordnung einzig sagen können, ist dies: ob es Konsens oder Dissens gibt, worin dieser besteht, und welche sozialen und kulturellen Gründe es dafür geben mag – und zwar Gründe *neben* der Beobachtung erster Ordnung, die ihrerseits für die Akteure nicht zu zwingenden Schlüssen führen muss (sonst könnte es keinen Dissens geben), aber deswegen bei der Dissens- oder Konsensbildung für sie auch nicht belanglos ist.

Man kann außerdem aus der Beobachtung zweiter Ordnung, dass Beobachtungen erster Ordnung *manchmal an bestimmten Punkten* voneinander abweichen, auch nicht schließen, dass sie *jederzeit und beliebig* voneinander abweichen könnten. So gibt es offenbar keine Kultur und keine Weltsicht, in der behauptet würde, dass schwere Körper *nicht* zu Boden fielen (Hayles 1995) – wenn auch aus unterschiedlichen Gründen: in der Physik des Aristoteles geschieht dies, weil sie damit an ihren naturgemäßen Ort zurückkehren, in der Newtonschen Physik aufgrund der Massenanziehungskraft. *An welchen Punkten Weltbilder voneinander abweichen ist mithin eine empirische Frage.* Der Vorschlag des Physikers Alan Sokal, der die publizistischen 'Science Wars' angezettelt hat, man möge doch – wenn man so sehr an die Macht der Kultur glaube – zu ihm in sein Hochhaus-Büro kommen und aus dem Fenster springen, geht also fehl (Sokal/Bricmont 1999; vgl. Ross 1996). Er ist aber insofern verständlich, als unter dem Banner von Konstruktivismus und Kulturalismus vieles geschrieben wurde, was dieses Missverständnis zumindest nicht deutlich genug ausschließt.

Dieser Vorwurf gilt aber ausdrücklich nicht für die Cultural Theory (im engeren Sinne). So führen etwa Douglas und Wildavsky aus:

> "Some fears are physical, some are social. Perhaps physical fears would not threaten to overwhelm citizens who felt confident of justice and social support. Perhaps people are not so much afraid of dying as afraid of death without honor. (...) [The cultural theory] does not ignore the reality of the dangers around. Plenty of real dangers are always present. No doubt the water in fourteenth century Europe was a persistent health hazard, but a cultural theory of perception would point out that it became a public preoccupation only when it seemed plausible to accuse Jews of poisoning the wells." (1983: 6f.)

Man muss also die Wirklichkeit der Natur nicht leugnen, wenn man von verschiedenen Naturkonzepten spricht. Auf der Ebene bloßer Sinnesdaten sind die Abweichungen in der Wahrnehmung wahrscheinlich gar nicht groß, aber das kulturelle Konzept entscheidet darüber, welche Bedeutung sie erlangen. Und es entscheidet auch darüber, welche Sinnesdaten relevant sein könnten und deshalb erhoben werden sollten. So hat auch der Anthropologe und 'Kulturalist' Marshall Sahlins (1976) die linguistische Kontroverse und breite empirische Forschung über interkulturelle Unterschiede in der Farbenwahrnehmung kommentiert: Farben werden interkulturell recht ähnlich wahrgenommen, aber ihre Bedeutung variiert erheblich.[16]

---

[16] Die Frage ist nicht ganz einfach zu entscheiden, weil es eine komplexe methodologische Kontroverse darum u.a. aufgrund von Übersetzungsproblemen gibt (Wyler 1992).

1.5 'Natur' in der Soziologie – zur sozialtheoretischen Verortung meines eigenen Ansatzes

Wo ist nun aber die Cultural Theory – in der hier vertretenen Version – zu verorten? Die Befassung mit 'Natur' ist für die Sozialwissenschaften und insbesondere die Sozialtheorie niemals zentral gewesen. Bis in die 1970er Jahre wurde sie entweder explizit abgelehnt und an die kategorial abgetrennten Naturwissenschaften delegiert, oder sie erfolgte bloß implizit, d.h. ohne nähere theoretische Reflexion.[17] Abgelehnt wurde von den Gründungsvätern der Soziologie der Rekurs auf natürliche Kausalfaktoren – namentlich im Hinblick auf soziobiologische und klimatologische Erklärungsansätze (Grundmann/Stehr 1997).[18] Als Gründungsdogmen berühmt geworden sind Emile Durkheims (1965) Forderung, 'Soziales nur aus Sozialem' zu erklären, sowie Max Webers (1951b) grundlegende Definition des 'sozialen Handelns' und der 'sozialen Beziehung' anhand des 'subjektiv gemeinten Sinns'. Beide Dogmen fokussierten die Aufmerksamkeit auf soziale Binnenbezüge. Existenz und Wirkung der inneren, d.h. körperlichen Natur und der äußeren Natur, d.h. der physischen Umwelt werden zwar nicht geleugnet, aber in der Folge weitgehend vernachlässigt. Natur erschien in der Industriegesellschaft wohl auch deshalb weitgehend vernachlässigens*wert,* weil man hoffte, sie mithilfe von Naturwissenschaften und Technik alsbald vollständig beherrschen zu können. Erst infolge der Technik- und Umweltkonflikte seit Beginn der 1970er Jahre kam es wieder zu einer stärkeren, zum Teil interdisziplinären Befassung mit den Einwirkungen von (menschengemachten) physischen Phänomenen auf gesellschaftliche Verhältnisse. In diesem Kontext entstanden auch die oben mit Bezug auf die Realismus-Konstruktivismus-Kontroverse erwähnten Ansätze in der Wissenschafts-, Technik-, Umwelt- und Risikosoziologie. Allerdings haben diese Ansätze bisher kaum Anschluss an die allgemeinere sozialtheoretische Debatte gefunden.

1.5.1 Der Strukturbegriff der Soziologie als Anknüpfungspunkt

Vielleicht lassen sich hier erweiterte Anknüpfungsmöglichkeiten finden, wenn man die Ähnlichkeiten zwischen dem *Strukturbegriff* in der Soziologie und dem *Naturbegriff* in den erwähnten umwelt- und techniksoziologischen Ansätzen bedenkt. Deutlich werden diese Ähnlichkeiten insbesondere dann, wenn man, einen auf Giddens' Stukturierungstheorie aufbauenden Vorschlag von Andreas Reckwitz (1997) leicht abwandelnd,[19] *den Strukturbegriff aufspaltet* – in symbolvermittelte Regeln

---

[17] Zur Diskussion dieses Themas in der Politikwissenschaft vgl. z.B. Mayer-Tasch 1991a, 1991b; Saretzki 1989. Zur Diskussion in der Ökonomie vgl. z.B. Immler 1984.

[18] So argumentiert Durkheims berühmte Studie über den Selbstmord explizit gegen die damals verbreitete Ansicht, dass die Häufigkeit von Selbstmorden mit dem Klima des jeweiligen Landes zu erklären sei.

[19] Folgende Modifikationen werden vorgenommen: Erstens wird von der Einbeziehung psychischer Dispositionen als sinnfremden Affektstrukturen hier – im Unterschied zu Reckwitz – der Einfachheit halber abgesehen. Daher wird nur auf Ressourcenorientierung statt auf Regelmäßigkeitsorientierung abgestellt. Zweitens wird die Kopplung von Regelorientierung mit der verstehenden Methodologie

1.5 'Natur' in der Soziologie – zur sozialtheoretischen Verortung meines eigenen Ansatzes

einerseits und physische, soziale und kognitive Ressourcen andererseits. Unter 'symbolvermittelten Regeln' werden hier kognitive und soziale Ordnungsmuster – Werte, Normen und kollektive Wissensformen – verstanden. Mit 'instrumentell wirksamen Ressourcen' ist die Verteilung von Reichtum, Macht und Wissen in der Gesellschaft angesprochen, wie sie sich teils intendiert, teils aber auch nichtintendiert, z.b. aufgrund von Marktprozessen ergibt (vgl. Bourdieu 1992: 49ff.). Neben dieser für mein Anliegen besonders wichtigen Aufspaltung des Strukturbegriffs kann man andererseits – wie allgemein üblich (z.b. Giddens 1988) – zwischen akteurszentrierten Perspektiven mit ihrem methodologischen Individualismus und strukturdeterministischen Sichtweisen mit ihrem systemischen Holismus unterscheiden. Bei der akteurszentrierten Sichtweise erscheinen Strukturen als Handlungsfolgen, in der systemischen Perspektive erscheint umgekehrt die Art des Handelns durch Strukturen bestimmt. Indem man nun beide Unterscheidungen kombiniert, erhält man hier insgesamt vier grundsätzlich verschiedenartige Versionen des Strukturbegriffs (vgl. Abbildung 1.1).

Abbildung 1.1: Regeln vs. Ressourcen (eine Unterscheidung *innerhalb* des Strukturbegriffs) kombiniert mit Handlung vs. Struktur

	symbolvermittelte Regeln		instrumentell wirksame Ressourcen
Handeln ⇒ Struktur	symbolvermittelte Regeln als Ergebnis von Handeln		Ressourcenverteilung als Ergebnis von Handeln
		Struktur	
Struktur ⇒ Handeln	symbolvermittelte Regeln als Voraussetzung von Handeln		Ressourcenverteilung als Voraussetzung von Handeln

Wenn man nun fragt, inwieweit die herkömmlichen soziologischen Theorien den hier schematisch gebildeten Typen entsprechen, so lässt sich zunächst feststellen: Genaugenommen eigentlich gar nicht! Selbstverständlich tragen alle Ansätze in ihren theoretisch anspruchsvolleren und differenzierteren Fassungen der jeweils anderen Seite der beiden Unterscheidungen mehr oder weniger Rechnung. Einige, wie Giddens' Strukturierungstheorie, versuchen auch ganz gezielt, die angestammte Dichotomie von Handlungs- vs. Strukturorientierung zu überbrücken. Die Leistung von Pierre Bourdieus Praxistheorie besteht vor allem darin, die kulturelle Vermittlung der Reproduktion von Macht aufzuzeigen. Er überbrückt dabei die Dichotomie von symbolvermittelten Regeln und instrumentell wirksamen Ressourcen, vermeidet also den früher häufig anzutreffenden ökonomischen Reduktionismus und Funktio-

---

einerseits, der Ressourcenorientierung mit der erklärenden Methodologie andererseits nicht einfach vorgenommen, sondern diskutiert (siehe unten). Drittens bleibt bei den Ressourcenverteilungsmustern dahingestellt, ob sie intentional oder nicht-intentional zustande kommen (bei Reckwitz nicht-intentional).

nalismus. Niklas Luhmanns Systemtheorie passt nicht in dieses Schema, weil sie auf den Handlungsbegriff weitgehend verzichtet. Dies sei alles vorausgeschickt und eingeräumt. Dennoch will ich einige wichtige sozialtheoretische Ansätze *von ihrer Grundtendenz und ihren Kernaussagen her* in das aus der doppelten Unterscheidung gewonnene Schema einfügen (vgl. Abbildung 1.2) – und zwar nicht, um sie dort ein für allemal festzuhalten, sondern um mit Hilfe dieses Schemas die Richtungen und Verbindungsmöglichkeiten systematisch auszuloten, in die uns die hier vorgeschlagene Verknüpfung von Natur- und Strukturbegriff führen kann.

Abbildung 1.2: Einordnung soziologischer Theorien nach Regeln vs. Ressourcen kombiniert mit Handlung vs. Struktur

	symbolvermittelte Regeln		Instrumentell wirksame Ressourcen
Handeln ⇒ Struktur	Interpretative Soziologie (v.a. Ethnomethodologie)		Ökonomische Nutzentheorie
		Struktur	
Struktur ⇒ Handeln	Strukturfunktionalismus, kulturwissenschaftlicher Strukturalismus		Structural Sociology (Sozialstrukturanalyse)

In der interpretativen Soziologie erscheint Struktur akteurszentriert als 'verhandelte Ordnung' (A. Strauss), als Ergebnis der situativen Aushandlung von kognitiven und normativen Regeln. Der Strukturfunktionalismus geht umgekehrt von der Priorität wertbesetzter kollektiver Normen aus, die der Einzelne im Zuge seiner Sozialisation verinnerlicht und dann in seinem Handeln befolgt. In ähnlicher Weise betonen kulturwissenschaftlicher Strukturalismus und Wissenssoziologie den Primat des Kollektivs, allerdings vermittelt durch kulturspezifische Wissensformen, Deutungsmuster und Klassifikationsschemata. Die Nutzentheorie hingegen geht wiederum von den einzelnen Akteuren aus, die durch ihre allein an ihren eigenen Präferenzen ausgerichteten Handlungen intendierte wie nicht-intendierte Muster der Ressourcenverteilung erzeugen – Unternehmensgewinne und Arbeitslosigkeit, berufliche Mobilisierung und Bevölkerungsrückgang zum Beispiel. Umgekehrt geht die 'Structural Sociology', die theoretisch vielleicht am pointiertesten von Peter M. Blau formuliert wurde und die schon von Georg Simmel in seiner 'formalen Soziologie' vorgedacht war, von Mustern der Ressourcenverteilung aus, die sie nun umgekehrt als bestimmend für das Handeln der Individuen ansieht. In dieser Art verfährt auch die herkömmliche Sozialstrukturanalyse, indem sie von einer Determinierung subjektiver Wahrnehmungen und Handlungsmuster durch objektive Ungleichverteilung von ökonomischen, sozialen und kulturellen Ressourcen in Klassen- oder Schichtungsstrukturen ausgeht (vgl. Hradil 1987, 1992).

1.5.2 Gegensatz zwischen idealistisch-regelorientierten und materialistisch-ressourcenorientierten Ansätzen

Besonders interessant an dieser Schematisierung und für mein Anliegen weiterführend ist die augenscheinliche Nähe, die sie über den Graben der üblichen Entgegensetzung von Handlung vs. Struktur hinweg zwischen den 'regelorientierten' Ansätzen einerseits und den 'ressourcenorientierten' Ansätzen andererseits herstellt. Auch hier will ich um der Einfachheit und Klarheit willen stark verkürzt und schematisch argumentieren. Als 'regelorientiert' kann man entsprechend alle diejenigen sozialtheoretischen Ansätze bezeichnen, die von 'sinnhaft konstituierten Regeln' kognitiver oder normativer Art ausgehen, gleichgültig ob sie nun aus der Akteursperspektive die Kontingenz der Verständigung betonen, wie dies in der 'interpretativen Soziologie' – als 'verstehender Soziologie' im engeren Sinne – geschieht, oder ob sie von einem fest einsozialisierten Gemeinsinn und stabilen kollektiven Deutungsmustern ausgehen, die Verständigung – jedenfalls innerhalb der eigenen Kultur – beinahe umstandslos garantieren. Als 'ressourcenorientiert' kann man diejenigen Ansätze bezeichnen, die soziale Strukturen *nicht* als Produkte eines wie immer gearteten Individualbewusstseins oder 'Kollektivbewusstseins' (Durkheim) betrachten, sondern als Folgen von rationalen Nutzenkalkülen individueller Akteure, die wiederum – nun aus der Systemperspektive gesehen – als Handlungsbedingungen wirksam werden und damit gesellschaftliche Handlungsmuster determinieren.

Diese Nähe ergibt sich nicht nur daraus, dass in den beiden regelorientierten Richtungen – akteurs- *und* systemorientiert – die Ressourcenausstattung heruntergespielt oder ganz ausgeblendet, und umgekehrt in den beiden ressourcenorientierten Richtungen – akteurs- *und* systemorientiert – die Bedeutung von Regeln trivialisiert[20] oder radikal umgedeutet[21] wird. Die geistige Verwandtschaft resultiert auch daraus, dass die regelorientierten Richtungen vor allem 'verstehende' und die ressourcenorientierten Richtungen vor allem 'erklärende' Methoden bevorzugen.[22] Es handelt sich also im einen Fall um einen *idealistischen* Denkstil, der die Welt aus symbolvermittelten Regeln begründet sieht – 'Im Anfang war das Wort' (Hl. Schrift/ Genesis) – und daher notwendigerweise auf (doppelte) Hermeneutik abstellt. Im anderen Fall manifestiert sich ein *materialistischer* Denkstil, der die Welt wesentlich

---

[20] Trivialisierung bedeutet, dass vieles, was in den sinnorientierten Ansätzen explizit zum Thema gemacht wird, hier als kulturell selbstverständlich und damit vernachlässigbar behandelt wird.

[21] In diesem Sinne werden in den strengen Versionen der Nutzentheorie normative und kognitive Regeln als Ressourcen gedeutet – als *äußerliche* Erscheinungen in der Welt, mit deren Wirksamkeit der Akteur genau wie bei einem substantiell sinnfremden Ereignis als Möglichkeit und Beschränkung des Handelns zu rechnen hat. Die Wahrscheinlichkeit von Befolgung oder Übertretung der Norm hängt dann allein von der individuellen Kosten/Nutzen-Kalkulation ab und nicht von der inneren Bindung des Akteurs an den in der Norm zum Ausdruck kommenden Gemeinsinn. Ähnlich wird Bildung nicht intrinsisch, das heißt als Internalisierungsvorgang von Wissen und Werten begriffen, sondern als eine äußerlich bleibende Ressource, die den Zugang zu Berufen und sozialen Kreisen eröffnet oder verschließt.

[22] Statt von 'Verstehen' und 'Erklären' könnte man in heutiger Terminologie auch von 'doppelter' und 'einfacher' Hermeneutik sprechen (Reckwitz 1997: 34f.). Es sei auch darauf hingewiesen, dass in der methodologischen Kontroverse die einstmals oft harsche Opposition von 'Verstehen' und 'Erklären' heute zumindest ein Stück weit abgeschliffen ist (ebd.: 107ff.; vgl. Meinefeld 1995).

als Verkettung von instrumentell wirksamen Prozessen begreift – 'Im Anfang war der Wasserstoff' (von Ditfurth 1983) – und daher kausalanalytische oder funktionalistische Methoden für angezeigt erachtet. Wir sehen hier, dass der Splitt der 'zwei Kulturen' (C.P.Snow) – der Geisteswissenschaften einerseits und der Naturwissenschaft andererseits – so besehen mitten durch die Soziologie geht (vgl. Gill 1998: 228ff.).

Hier wäre nun zu überlegen, ob man diese historisch überkommene Dichotomie durch Theorieinklusion überwinden kann. Denn einerseits ist es in alltagspraktischer Perspektive ohne weiteres einsichtig, dass Handeln nicht allein anhand seiner Ausrichtung auf eine wie auch immer geartete 'symbolisch vermittelte Ordnung' allein erklärt werden kann, weil es neben der Handlungsziele immer auch der entsprechenden Handlungsmittel bedarf. Wo es an den entsprechenden Ressourcen vollständig mangelt, müssen selbst noch so leidenschaftlich verfolgte Zielsetzungen frustriert werden. Zudem kommt es nicht allein auf die intendierten Effekte, sondern auch auf die nicht-intendierten Nebenwirkungen an, die jenseits des (aktuellen) Akteurshorizonts liegen und daher für eine bloß verstehende Soziologie auch nicht sichtbar werden. Insofern muss die Vernachlässigung der Ressourcenverteilung und der Außenperspektive seitens der regelorientiert-verstehenden Ansätze theoretisch als defizitär und alltagspraktisch als naiv erscheinen.

Andererseits ist auch nicht nachvollziehbar, wie Handeln allein anhand von Ressourcenverteilungsmustern 'erklärt' werden soll. Denn Ressourcen werden *als solche* immer erst durch ihre Einbeziehung in Handeln konstituiert – es muss also auch Handlungsziele geben, von denen aus sich eventuell vorhandene oder zu beschaffende Ressourcen als geeignete Handlungsmittel erweisen. 'Eher geht ein Kamel durch ein Nadelöhr, als dass ein Reicher in den Himmel eingeht' – dieses Bibelzitat macht darauf aufmerksam, dass Geld und Macht vielfach als universelle Handlungsressourcen angesehen sein mögen, jedoch für das Handlungsziel des *Gnadenerwerbs* völlig ungeeignet sind. Wenn man dennoch in den erklärenden Ansätzen (die in dieser Reinform heute freilich selten geworden sind) häufig ohne Rekonstruktion der Handlungsgründe aus der Binnenperspektive, also ohne 'Verstehen', auskommt, so gelingt dies nur, indem die Handlungsorientierung vom wissenschaftlichen Beobachter einfach vorausgesetzt wird. Möglich ist das, wenn Beobachter und Akteur den gleichen Raum kultureller Selbstverständlichkeiten teilen und diese tatsächlich konstant bleiben.[23]

Hier kann man nun versuchen, in methodologischer Hinsicht Binnen- und Außenperspektive zu kombinieren – indem man also auf Max Webers häufig zitiertes Diktum zurückkommt, dass 'soziales Handeln deutend zu *verstehen* und dadurch in seinem Ablauf und seinen Wirkungen ursächlich zu *erklären* sei' (Weber 1951b: 528; Herv. B.G.). In sachlicher Hinsicht würde man sich also auf die wechselseitige

---

[23] Reckwitz (1997: 160ff.) erläutert diesen Sachverhalt z.B. an der Lohn-Preis-Spirale, die manchen ja als ein 'ehernes Gesetz' erscheinen mag, in Wirklichkeit aber auf der Konstanz bestimmter Einstellungen beruht: die Gewerkschaften müssen auf höhere Preise nicht mit Lohnforderungen reagieren, die Arbeiter müssen den Einkommenszuwachs nicht ausgeben, sondern können ihn auch sparen.

Bedingung von Regeln und Ressourcen als Handlungsgründe und Handlungsmittel besinnen: Erst die symbolisch vermittelte Ordnung und die darauf beruhende Wahrnehmung der Akteure bestimmen den Wert von Ressourcen, aber umgekehrt bestimmen die Ressourcenverteilungsmuster über die Angemessenheit und die Praktikabilität von Regeln.

1.5.3 Verknüpfung von Natur und Sozialstruktur unter dem Aspekt der 'Ressourcenverteilung'

An diesem Punkt erscheint es nun beinahe zwanglos möglich, 'Natur' mit 'Struktur' gekoppelt in das oben entwickelte Schema einzusetzen. Dies gilt fast ohne weiteres für Natur als Ressource, weil es hier keine kategoriale Barriere,[24] sondern nur eine historisch bedingte Kurzsichtigkeit aus dem Weg zu räumen gilt: Ob Bodenschätze, bebaubarer Boden, Wasser etc. vorhanden sind oder nicht – diese 'erste' Natur ist prinzipiell handlungsrelevant. Instrumentell handlungsrelevant ist erst recht die 'zweite', technisch überformte Natur – Straßen, Fabriken, Panzer. Handlungsrelevant sind schließlich auch nicht-intendierte Effekte des Natureingriffs, die sich als Ressourcen-Zerstörung bemerkbar machen – Luftverpestung, Treibhauseffekt, Reaktorunfälle. Gesellschaftliche *Voraussetzung* für die Handlungsrelevanz ist der jeweilige Stand der Naturwissenschaft als 'Spiegel der Natur', d.h. als realistische Naturerkenntnis. Wir wollen also unter 'Natur als Ressource' vier Ebenen subsumieren:
- 'Erste' Natur: Vom Menschen (noch) unabhängige Natur – Wasser, Luft, Boden, Rohstoffe, wilde Fauna und Flora, Klima
- Naturerkenntnis: Stand der Natur-, Technik- und Umweltwissenschaften
- 'Zweite' Natur: Technik – domestizierte Pflanzen und Tiere, Kunststoffe, Maschinen
- Umweltzerstörung: nicht-intendierte Effekte des technischen Eingriffs

Wenn diese *primären* Ressourcen bisher in der Soziologie meistenteils vernachlässigt werden konnten, so liegt das daran, dass die reichen Zentren der Weltökonomie – und dort insbesondere die jeweiligen Eliten – sich durch politische Macht, ökonomischen Reichtum und technisches Know-how, als *sekundäre* Ressourcen, gegen natürliche und anthropogen verursachte Schwankungen der *primären* Ressourcen relativ gut abschirmen konnten, indem sie deren negative Effekte auf die Peripherie überwälzten.[25] Daher konnte es so scheinen, als ob Macht, Reichtum und Know-how und auf individueller Ebene entsprechend Einfluss, Einkommen und Qualifikation –

---

[24] Beim Ressourcenbegriff ist nicht entscheidend, ob es sich eher um 'materielle' Ressourcen – wie z.B. Reichtum – oder eher um 'kognitive' Ressourcen – wie z.B. Wissen – handelt.
[25] Z.B. gibt es in Mitteleuropa ca. seit Mitte des 19. Jahrhunderts (in Friedenszeiten) keine endemischen Hungersnöte mehr: Durch Rückgriff auf die Kolonien, durch die überlegene Kaufkraft im zunehmenden Welthandel und durch technisch verbesserte Landwirtschaft konnte die Wirkung von Klimaschwankungen, Schädlingsbefall etc. aufgefangen werden. Die Eliten konnten durch die Wahl der Wohn- und Urlaubsorte auch den anthropogen erzeugten Umweltbeeinträchtigungen der zunehmenden *Industrialisierung* ausweichen, weil diese anfangs vor allem lokal gebündelt auftraten – betroffen waren vor allem die Unterschichten. Durch den Bau immer höherer Schornsteine – im direkten wie übertragenen Sinne – wurden die Umweltbeeinträchtigungen auch zunehmend räumlich exportiert (Gill 1999).

also die sekundären Ressourcen – die allein entscheidenden Handlungsmittel seien. Angesichts der mit weltweitem Wirtschaftswachstum einhergehenden Globalisierung der Umweltzerstörung, sind aber nun – absehbar – auch die Zentren selbst betroffen; insofern erscheint die Rede von der 'Weltrisikogesellschaft' gerechtfertigt (vgl. Beck 1996). Damit kommen auch die primären Ressourcen wieder in den Blick. Zwar entscheiden Macht, Reichtum und Wissen nach wie vor über deren Verteilung, aber es schwindet die Hoffnung, dass die Schwankung der primären Ressourcen durch weitergehende Modernisierung – mehr Macht, mehr Reichtum, mehr Wissen – endgültig aus der Welt zu schaffen sei (vgl. Gill 1999). Es wird also wieder bewusst, dass die sekundären Ressourcen auch von der Verteilung der primären Ressourcen – also von Rohstoffen, Technik und Umwelt – abhängig sind.

1.5.3.1 Natürliche Ressourcen in 'realistischer' Perspektive

Entsprechend hat auch das Thema 'Natur' verstärkt in die Sozialtheorie Einzug gehalten. Wir betrachten nun die 'realistischen' Ansätze (vgl. Abbildung 1.3) und klammern zunächst die 'konstruktivistische' Frage aus, inwiefern 'Natur' – in dem oben aufgezeigten vierfachen Sinne: als Naturerkenntnis, Rohstoff, Technik und Umwelt – als individuelle Aushandlung oder als kollektives Deutungsmuster zu verstehen ist. In der 'realistischen' Wissenschafts- und Techniksoziologie gibt es – soweit ich sehen kann – keine spezifischen, aus der Nutzentheorie entwickelten Ansätze. Dass wissenschaftliches und technisches Handeln individuell nutzenorientiert und an die Realität äußerer, also auch natürlicher Rahmenbedingungen gebunden ist, erscheint aus dieser Perspektive trivial und nicht weiter erklärungsbedürftig.[26] Interessant in theoretischer wie in praktischer Hinsicht ist aus dieser Perspektive daher erst die Entstehung von Umweltzerstörung als nicht-intendierter Aggregationseffekt individueller Nutzenorientierung – wie sie im Sinne der 'Tragedy of the Commons' (Olson) in der Spieltheorie und namentlich als 'externe Effekte' in der Umweltökonomie breite Beachtung gefunden hat. Gezeigt wurde aus dieser Perspektive auch, dass schonendes 'Umweltverhalten' weniger von persönlichen Einstellungen als von den in der jeweiligen Handlungssituation zur Verfügung stehenden Ressourcen abhängt – kurz: ob es leicht auszuführen oder mit starken Unbequemlichkeiten verbunden ist (Diekmann/Preisendörfer 1992; Diekmann 1996).

Reichhaltiger ist das 'realistische' Angebot aus der Systemperspektive. Das hat seinen Grund wohl darin, dass aus diesem Blickwinkel betrachtet die Zusammenhänge nicht so trivial und daher wissenschaftlich klärungsbedürftig erscheinen. Hier wird die zu analysierende Verknüpfung dreigliedrig: Natur ⇔ Sozialstruktur ⇒

---

[26] Die Actor-Network-Theory von Bruno Latour (1995) ist nicht ganz einfach einzuordnen: Naturwissenschaft, Technik und Umweltzerstörung werden hier durch Vernetzungsprozesse von menschlichen und nicht-menschlichen Aktanden hergestellt. Insofern handelt es sich nicht wie im Konstruktivismus um Vorstellungen von Wirklichkeit, sondern ganz substantiell um die Herstellung derselben. Diese Vernetzung geschieht jedoch nicht – wie im Realismus angenommen – aufgrund von universell gültigen Naturgesetzen, sondern aufgrund von kontingenten Ereignissen (Latour 1996a). Da Latour von der Ethnomethodologie Garfinkels und dem Laborkonstruktivismus ausgeht, passt die Actor-Network-Theory dennoch eher zu den in Abbildung 1.4 dargestellten Ansätzen der konstruktivistischen Wissenschafts-, Technik- und Umweltsoziologie. Ähnliches gilt für Donna Haraway (1995).

1.5 'Natur' in der Soziologie – zur sozialtheoretischen Verortung meines eigenen Ansatzes

Abbildung 1.3: *Realistische* Wissenschafts-, Technik- und Umweltsoziologie (in Klammern beispielhaft bekannte Vertreter)

	Natur (verstanden als physische Ressource)			
	'Erste' Natur: Klima, Rohstoffe etc.	Stand der Naturerkenntnis	'Zweite' Natur: Technik, Industrie	Nicht-intendierte Natur: Umweltkrise
Handeln ⇒ Natur				Nutzenorientiertes Umweltverhalten (Diekmann)
Natur ⇔ Struktur ⇒ Handeln	Kulturökologie, Kulturmaterialismus (Harris)	Wissenschaft als Modernisierung (Shils, Moscovici)	Technikdeterminismus (Ogburn, Schelsky)	Realistische Umweltsoziologie (Dunlap)

Handeln. In diesem Sinn versuchen die Kulturökologie und der Kulturmaterialismus die spezifische Gestalt kultureller Institutionen als Formen der Anpassung an die natürliche Umwelt zu erklären – Nahrungstabus zum Beispiel werden als funktional erforderliche, eventuell auch bewusste Reaktion auf die Gefahr der Erschöpfung von natürlichen Ressourcen interpretiert (Harris 1979; Crosby 1986; vgl. Bargatzky 1986). Diese Argumentation ist – wenn überhaupt – nur für technologisch einfache, naturnah wirtschaftende Gesellschaften einleuchtend. Mit steigender Differenzierung und wachsenden technologischen Kapazitäten wird die unmittelbare Abhängigkeit von der äußeren Natur geringer. Zugleich verstellt die wachsende Binnenkomplexität tendenziell den Blick auf die ursprüngliche Natur (van den Daele 1992: 530). Gesellschaftliches Handeln erscheint dann zunehmend durch den Stand von Naturwissenschaft und Technik determiniert – das war im 19. und 20. Jahrhundert die vorherrschende Lesart in der Soziologie, gleichgültig ob man die zunehmende Naturbeherrschung wie z.B. William F. Ogburn (1967) als Fortschritt begrüßte, oder sie wie Helmut Schelsky (1961) als unausweichlichen Sachzwang bedauerte. Ähnlich ist auch die marxistische Lesart – die Naturaneignung vollzieht sich entsprechend der Entwicklung der Produktivkräfte (Moscovici 1990). Infolge der ökologischen Krise wird dann auch seit den 1970er Jahren die gesellschaftsverändernde Kraft von anthropogen erzeugten Umweltveränderungen ins Kalkül gezogen, die bei reichen wie armen Gesellschaften einen der realen Gefährdung entsprechenden Bewusstseinswandel erzeugen (Dunlap/Mertig 1996).[27]

Diese Ansätze nehmen also die Natur, ihre technische Umgestaltung und daraus möglicherweise resultierende Zerstörungen direkt – das heißt 'erklärend' und 'funktionalistisch' – ins Visier. Aus der Handlungsperspektive erscheinen materielle Strukturen – abgesehen von der ursprünglichen, 'ersten' Natur – als Ergebnis individueller

---

[27] Ulrich Becks Risikosoziologie ist hier nicht klar zuzuordnen, weil sie weder eindeutig 'realistisch' noch eindeutig 'konstruktivistisch' ist (vgl. z.B. Beck 1998).

Aktionen, aus der Systemperspektive erscheint umgekehrt individuelles Handeln durch den Einfluss materieller Strukturen determiniert (die ihrerseits mit den Sozialstrukturen in Wechselwirkung stehen).

1.5.3.2 Natürliche Ressourcen in 'konstruktivistischer' Perspektive

Dagegen machen die konstruktivistisch-verstehenden Ansätze nicht direkt 'Natur', sondern die verschiedenen anzutreffenden Naturvorstellungen zum Ausgangspunkt der Betrachtung. In diesem Sinne erscheinen Naturvorstellungen, seien es etwa naturwissenschaftliche Laborberichte, technologische Projektideen oder Diskurse über Umweltverschmutzung, aus der Handlungsperspektive als situativ hergestellt (z.B. Knorr-Cetina 1984, Pinch/Bijker 1984, Hajer 1995), während aus der Systemperspektive Naturvorstellungen als situationsübergreifende und relativ stabile Deutungsmuster vorgestellt werden, die ihrerseits zumeist wiederum mehr oder weniger fest in Sozialstrukturen wurzeln sollen (z.B. Bloor 1976, Winner 1986, Douglas/ Wildavsky 1983) – vgl. Abbildung 1.4.

Abbildung 1.4: *Konstruktivistische* Wissenschafts-, Technik- und Umweltsoziologie

	Naturvorstellung (Natur dabei verstanden als physische Ressource)			
	'Erste' Natur: Klima, Rohstoffe etc.	Stand der Naturerkenntnis	'Zweite' Natur: Technik, Industrie	Nicht-intendierte Natur: Umweltkrise
Handeln⇒ Naturvorstellung		Laborkonstruktivismus (Knorr-Cetina)	Kritik des Technikdeterminismus (Pinch/ Bijker)	Umweltkrise als akteurszentrierter Diskurs (Hajer)
Struktur⇒ Naturvorstellung⇒ Handeln		Erkenntnis als Ideologie: 'Strong programme' (Bloor)	Lebensformen und Technikgestaltung (Winner)	grid/group + Kosmologien der Umwelt (Douglas/Wildavsky)

Den oben (in Kap. 1.5.2) skizzierten Überlegungen zur Theorieinklusion folgend, kann man nun die jeweiligen Beschränkungen der erklärenden und der verstehenden Methode – der Außen- und der Binnenperspektive – auch in Bezug auf die Wissenschafts-, Technik- und Umweltsoziologie reflektieren. Die aus der verstehenden Soziologie hervorgegangenen 'konstruktivistischen' Ansätze neigen auch hier zur Hypostasierung der Binnensicht, indem sie einzig auf die soziale Wahrnehmung und Thematisierung naturaler Prozesse abheben, und die Bedeutung von *zunächst* unbemerkten oder geleugneten naturalen Wirkungsprozessen unterschätzen. Selbstverständlich können nur wahrgenommene und thematisierte Naturphänomene sozial wirksam werden, aber naturale Prozesse verschwinden nicht schon deshalb aus der Welt, weil sie eine Weile lang übersehen oder ignoriert werden können (Beck 1998:

13f.; Gill 1999). Aber andererseits hatte ich oben (Kap. 1.2) bereits argumentiert, dass die Soziologie – anders als bei sozialen Wirkungsprozessen, für deren Außenbeobachtung sie eine eigene professionelle Kompetenz besitzt – zu naturalen Prozessen keinen eigenständigen Zugang besitzt und insofern die Entwicklungsprozesse der gesellschaftlichen Naturverhältnisse auch nur aus der Zusammensicht der (konfligierenden) Akteursperspektiven beurteilen kann. Worauf es hier – im Unterschied nun zur 'realistischen' Sichtweise – also ankäme, wäre die Einsicht in die Varianz und Variabilität der letztlich kulturell bestimmten Deutungs- und Reaktionsweisen.[28]

1.5.4 Verknüpfung von Natur und Sozialstruktur unter dem Aspekt der 'symbolisch vermittelten Ordnung'

Erstaunlich ist allerdings, dass alle bisherigen Ansätze in der Wissenschafts-, Technik- und Umweltsoziologie Natur nur als Ressource, nicht jedoch als symbolisch vermittelte Ordnung in den Blick nehmen. Dies gilt nicht nur für die realistisch-erklärenden Ansätze, bei denen diese Haltung dem materialistischen Denkstil entspricht, also gleichsam 'naturgemäß' ist, sondern auch noch für die konstruktivistisch-verstehenden Ansätze, die die Naturvorstellungen eben auch nur im Hinblick auf 'Natur als Ressource' rekonstruieren. Offenbar hat die Soziologie als Kind der Industriemoderne deren kulturelle Selbstverständlichkeiten so stark in sich aufgenommen, dass selbst der konstruktivistisch-verstehende Ansatz die für ihn vom Denkstil her eigentlich näherliegende Perspektive bisher kaum eingehender in Betracht gezogen hat – nämlich Natur als symbolisch vermittelte Ordnung in den Mittelpunkt zu rücken (vgl. Abbildung 1.5).

Damit wird die Bedeutung der Natur als 'kosmischer Ordnung' übersehen. In dieser Hinsicht dient sie den Akteuren als Quelle kollektiver Sinnstiftung, von Werten, Normen und kognitiven Deutungsmustern – und zwar weit über den Bereich der Ressourcenbewirtschaftung, also von Naturwissenschaft, Technik und Umweltmanagement hinaus. Natur ist dann nicht nur Materie, sondern zugleich auch Idee – wie von den Geisteswissenschaften schon seit langem thematisiert (Mayer-Tasch 1991, Spaemann 1994, Toulmin 1994, Worster 1994). Für vormoderne Weltbilder ist dieser Zusammenhang ganz offensichtlich: Die Natur- und Schöpfungsordnung bestimmt nicht nur, was der Mensch tun *kann*, sondern auch, was er tun *soll* – in Hinblick auf seine Bildung, auf seine politischen, wissenschaftlichen, künstlerischen, erotischen Unternehmungen, auf die Haushaltsführung, auf Ehe und Erziehung der Kinder. Das Menschenbild als Bild der inneren Natur, der im Menschen angelegten Neigungen und Antriebe korrespondiert mit der Konzeption des übrigen Kosmos als Bild der äußeren Natur. Mensch und Natur bilden hier noch eine (durch Gott vermittelte) Einheit, in der Sein und Sollen noch nicht voneinander geschieden sind.

---

[28] Insofern verbietet sich auch die Kopplung von Gesellschaft und Umwelt zu einem Gesamtsystem und dessen prognostische Modellierung, solange nicht die Binnensicht der Akteure sowie deren Veränderbarkeit einbezogen wird (vgl. z.B. Bühl 1986; Fischer-Kowalski/Weisz 1998).

Abbildung 1.5: Verortung des eigenen Ansatzes – Natur als materieller und symbolischer Kosmos

symbolisch vermittelte Ordnung ⇔ **Naturvorstellungen** ⇔ Handlungspraxis	Kosmologien – von kreativen Akteuren situativ reinterpretiert und dadurch auch generellen Wandlungsprozessen unterworfen – sind Quelle kollektiver Sinnstiftung (von Werten, Normen und kognitiven Deutungsmustern). Durch diese Weltbilder erlangen bestimmte Ressourcen erst ihren Wert. Umgekehrt geraten die Weltbilder unter Anpassungsdruck, wenn sich die für das jeweilige Weltbild relevanten Ressourcenmuster verschieben. Weltbilder begründen aber nicht nur den Umgang mit physischen Ressourcen (also die Perspektive der Wissenschafts-, Technik- und Umweltsoziologie), sondern auch Werte, Normen und Deutungsmuster in allen übrigen gesellschaftlichen Handlungsbereichen.
	Natur als symbolisch vermittelte Ordnung & Natur als physische Ressource
physische Ressourcen ⇔ **Naturvorstellungen** ⇔ Handlungspraxis	Naturale Prozesse, technisch-industrielle Natureingriffe und ihre nicht-intendierten Umweltwirkungen, so wie sie von den Akteuren wahrgenommen und dadurch sozial bedeutsam werden – sowie zunächst unbemerkte naturale Wirkungsprozesse, die sich erst später und dann eventuell umso heftiger bemerkbar machen – sind heute (oder eben in Zukunft) eine wichtige Bedingung für soziales Handeln.

Wie in Kapitel 2 noch näher zu zeigen sein wird, fungiert die Natur aber auch in gegenwärtigen Weltbildern – allen modernisierungstheoretischen Behauptungen des Gegenteils zum Trotz – in dieser Hinsicht als Kosmologie. Auch in identitätsorientierten, utilitaristischen und alteritätsorientierten Weltbildern bestimmt die Naturvorstellung nicht nur über den Umgang mit materiellen Ressourcen, sondern jeweils insgesamt über das Menschenbild und die Vorstellung vom guten Leben – und sei es eben in der strikten Abkehr von der ursprünglichen Natur und dem Zwang zu ihrer technologischen Perfektionierung. Diese Kosmologien stehen in ihrer konkreten Form selbstverständlich nicht ein für alle mal fest, sondern werden von kreativen Akteuren situativ reinterpretiert und langfristig transformiert – nicht nur in Reaktion auf Veränderungen der naturalen Ressourcen, sondern auch auf die übrige Dynamik der Sozialstruktur.

Indem man diese Kosmologien rekonstruiert, gewinnt man Einblick in den Zusammenhang zwischen den ressourcenorientierten Naturvorstellungen – als Feld der Wissenschafts-, Technik- und Umweltsoziologie – und der umfassenderen Ordnung des Lebens. Damit sollte es möglich sein, die genannten Teilsoziologien aus ihrem Nischendasein zu erlösen und umgekehrt die allgemeine Sozialtheorie von ihrer 'Körperlosigkeit', d.h. der Vernachlässigung der naturalen Voraussetzungen zu befreien. Zugleich verlöre der Realismus-Konstruktivismus-Streit viel von seiner ursprünglichen Schärfe: Wenn die symbolisch vermittelten Ordnungen ins Zentrum rücken, wird einsichtig, dass Ressourcen (und ihre Zerstörung) nicht 'an sich', sondern eben immer nur relativ zu diesen Ordnungen von Bedeutung sind. Umgekehrt werden Ressourcen – innerhalb ihrer Relationierung – zugleich auch wieder realer und solider als sie von einem Konstruktivismus dargestellt werden, der Umwelt- und Technikkonflikte als Streit um Ressourcen und nicht um Werte versteht.

Kapitel 2: Typologie der Naturvorstellungen und der korrespondierenden gesellschaftlichen Orientierungen

"Wenn Du ein Schiff bauen willst, so trommle nicht Leute zusammen, um Holz zu sammeln, sondern wecke in ihnen die Sehnsucht nach dem weiten, endlosen Meer." (Antoine de Saint-Exupéry)

Kein *Akteur*, so könnte man die These des vorigen Kapitels zugespitzt zusammenfassen, zweifelt ernsthaft an der Materialität von innerer und äußerer, erster und zweiter Natur – Bauch und Kopf, Flüssen und Antilopen, Herzschrittmachern und Kernkraftwerken. Worauf es allerdings ankommt, ist die Deutung und Bedeutung der Materialität, die der Aufmerksamkeit gegenüber Sinnesdaten immer vorausgeht. Mit Saint-Exupéry gesprochen: Wenn die Sehnsucht nach dem Meer in die *Herzen* eingepflanzt ist, werden die Leute Holz *mit anderen Augen* betrachten. Die Bedeutung materieller Entitäten im Objektbereich konstituiert sich also aus subjektiven Wünschen und Befürchtungen, die ihrerseits zwar auf natürlichen Grundbedürfnissen beruhen mögen, in ihrer konkreten Form aber stets kulturspezifisch sind. Die Bedeutung ergibt sich also nicht allein aus den materiellen Eigenschaften des Objekts, sondern zugleich aus der Kosmologie, also der Gesamtsicht der Welt, der die Akteure gerade folgen.

In diesen Kosmologien ist 'Natur' nicht nur Objekt, sondern auch Subjekt, indem sie die Akteure körperlich hervorbringt und sich in deren Antrieben manifestiert. In unterschiedlichen Naturvorstellungen kommt also nicht nur das Welt-, sondern auch das Selbstverständnis der Akteure zum Ausdruck. Unterschiedliche Vorstellungen von Natur sind – in diesem erweiterten Verständnis – die Grundlage des wechselseitig sich erschließenden Verhältnisses von 'Sein' und 'Sollen'. Werte fallen nicht plötzlich und unvermittelt vom Himmel, sondern ergeben sich aus den Weltdeutungen der Akteure, so wie umgekehrt 'nackte' Daten und Fakten völlig bedeutungslos sind, weil sie nur als gedeutete handlungsrelevant werden können. 'Natur' gibt in der jeweiligen Sichtweise nicht nur vor, was positiv getan, sondern auch, was vermieden werden soll. Entsprechend ergeben sich je nach Naturvorstellung auch ganz unterschiedliche Risiko- und Schadenskonzepte. Diese sind nicht notwendigerweise an der Knappheit der materiellen Ressourcen orientiert – es können darin auch Fragen nach der Art der sozialen Ordnung und der Ästhetik der Lebensführung zum Ausdruck kommen. Während der Sozialkonstruktivismus bisher aber nur einseitig darauf verwiesen hat, dass Natur als *Faktum* je nach Naturvorstellung unterschiedlich wahrgenommen und bewertet werden kann, gilt es hier, zugleich auch in die andere Richtung zu schauen – Naturvorstellungen legen umgekehrt nahe, welchen *Werten* wir in unserem Zusammenleben folgen sollen. Beide Blickrichtungen zusammengenommen bedeutet das: Naturvorstellungen und gesellschaftliche Orientierungen der Akteure bedingen sich gegenseitig.

Allerdings hat die konventionelle Modernisierungstheorie nie bezweifelt, dass es neben der wissenschaftlichen auch noch andere Naturvorstellungen gibt. Magische, religiöse und romantische Naturvorstellungen hat sie als Relikte traditionellen Aberglaubens angesehen, der durch die wissenschaftliche und daher objektive Sicht der Natur zu überwinden sei. Entsprechende Widerstände gegen die Einführung technologischer Innovationen hat sie immer als Rückständigkeit betrachtet, die aber über kurz oder lang der Wissenschaft und Aufklärung Platz machen sollten (z.B. van den Daele 1992). Hier soll dagegen eine komplexere Sichtweise entfaltet werden, indem gegenüber der nutzenorientierten Naturvorstellung der Industriemoderne zwischen zwei Typen von 'nicht-utilitären' Naturvorstellungen *unterschieden* wird – zwischen identitätsorientierten *und* alteritätsorientierten Naturvorstellungen.[1] Zudem sollen dann – anders als in der konventionellen Modernisierungstheorie mit ihrer Bevorzugung des nutzenorientierten Denkens und ihrem Bias gegen alles, was nicht funktional erscheint – alle drei Typen möglichst gleichberechtigt behandelt werden.[2]

Wenn im Folgenden von Idealtypen im Sinne von Max Weber die Rede ist, dann soll zunächst kurz erinnert werden, was damit gemeint ist: Es handelt sich eher um eine *analytische* als eine empirische Unterscheidung. Es soll also keineswegs der Eindruck entstehen, dass sich jede konkrete Erscheinung nahtlos unter einen der Idealtypen subsumieren ließe (vgl. eingehender dazu Kapitel 2.6). Mit den hier vorgestellten Idealtypen als analytischen Polen soll vielmehr ein theoretischer Raum eröffnet werden, *in* dem die realen Erscheinungen empirisch als Mischungsverhältnisse auszumachen sind (vgl. Abbildung 2.1 auf Seite 91). Damit ergibt sich aber zugleich auch ein Darstellungsproblem: Idealtypen sind *als solche* immer nur sehr abstrakt mit einigen dürren Worten zu skizzieren – Weber z.B. stellt seine Handlungstypen auf einer knappen Druckseite dar. Will man sie dagegen mit realeren und empirienäheren Beispielen illustrieren, trifft man nie genau den *idealen* Fluchtpunkt, sondern kann ihn nur umkreisen – weil die Realität sich immer als komplexeres Mischungsverhältnis darstellt und sich der Abstraktion nie fügt. Fruchtbar sind Idealtypen vielleicht aber gerade dann, wenn sie sich durch ein gewisses Maß an aspira-

---

[1] Alterität ist der bisher selten – und eher in den Kulturwissenschaften als in der Soziologie – benutzte Gegenbegriff zu Identität. Wenn 'Identität' vielleicht mit 'Eigenheit' oder 'Bezug auf das Eigene' auf deutsch zu übersetzen ist, so 'Alterität' mit 'Fremdheit' oder 'Bezug auf das Fremde'. Häufig wird Alterität als bloßer Hilfsbegriff zu Identität verwandt. Alterität wird dann verstanden als das Fremde, demgegenüber sich das Eigene abgrenzt und einigelt – das Fremde spielt dann die Rolle des Gefährlichen und Bösen (vgl. z.B. den Sonderforschungsbereich 541 "Identitäten und Alteritäten. Zur Funktion von Alterität für die Konstitution und Konstruktion von Identität" in Freiburg). *Hier wird Alterität dagegen in einem etwas anderen Sinne benutzt:* Es ist das Fremde, das neugierig macht, die Abwechselung verspricht und als Herausforderung betrachtet wird, die eingefahrenen Bahnen der Identität zu verlassen. Alterität ist daher in meinem Ansatz grundsätzlich positiv konnotiert.

[2] Natürlich ist mein Anliegen trotzdem normativ – indem es nämlich einen Angriff auf die *Hegemonie* des Nützlichkeitsdenkens darstellt. Denn diese beruht darauf, in einer ansonsten wertpluralistischen Gesellschaft die eigenen Werte nicht als solche auszuweisen (dann wären sie kontingent), sondern hinter 'objektiver Sachrationalität' zu verstecken.

tiver Unschärfe auszeichnen. Denn zunächst, im ersten Anlauf, geht es um die Eröffnung einer heuristischen Idee und die Entfaltung eines theoretischen Anregungspotentials (jedenfalls ist das die Absicht) und noch nicht so sehr um ihre Differenzierung gegenüber 'kniffeligen Fällen' oder um ihre trennscharfe Operationalisierung. Ich will also im Folgenden meine Idealtypen zunächst kurz skizzieren und dann illustrativ einkreisen, vor allem mit dem Ziel, einen Eindruck von der Reichhaltigkeit der Anknüpfungsmöglichkeiten zu vermitteln.

2.1 Die Typologie im Überblick

Ich will im Folgenden vom traditionalen, utilitaristischen und romantischen, oder anders ausgedrückt: vom identitätsorientierten, utilitätsorientierten und alteritätsorientierten Typ des Naturdiskurses sprechen (vgl. Tabelle 2.1). Die erste Bezeichnungsebene ist ideengeschichtlich ausgerichtet – sie fragt nach den historischen Wurzeln der gegenwärtig in der westeuropäischen Kultur zu beobachtenden Naturvorstellungen. Die zweite ist sozialpsychologischer und soziologischer Natur – sie folgt den jeweils vorherrschenden Zielen der Subjekte und den daraus hervorgehenden Regeln ihrer Objektkonstitution. Da mit der ersten Bezeichnungsebene teilweise missverständliche alltagssprachliche Assoziationen nahegelegt werden und sich die gegenwärtigen Naturvorstellungen auch nicht unbedingt mit ihren historischen Ursprüngen decken müssen, werde ich in der Regel die zweite Bezeichnungsebene gebrauchen, gerade weil sie weniger suggestiv ist und daher eigenständig mit Bedeutung belegt werden kann.

Prinzip Herkunft: Im identitätsorientierten Diskurs geht es vornehmlich um die *eigene* Natur – sei es die innere Natur oder die ortsspezifische natürliche Umwelt –, die soziale Institutionen und kulturelle Eigenarten begründen soll. Was gottgewollt oder von Natur aus schon immer so ist, kann als begründungsentlastet und unverfügbar gelten. Das Sein und das Sollen sind nicht sehr deutlich voneinander geschieden: Man soll ein naturgemäßes Leben führen – aber nicht nur deshalb, weil eine Auflehnung gegen die Natur unmoralisch wäre, sondern weil sie auf Dauer ohnehin zum Scheitern verurteilt ist. Naturgesetze haben mithin einen Doppelcharakter: aus göttlicher oder kosmischer Allmacht hervorgehend sind sie moralisches und physisches Gesetz zugleich. Die Gesellschaft – als griechische Polis, als mittelalterliche Ständeordnung oder als ethnisch verstandene Nation – *ist* Natur. Soweit Technik in diesem Sinne naturgemäß ist – das heißt, die 'natürliche Ordnung' unterstützt und verstärkt – fällt sie als solche gar nicht auf oder ist explizit willkommen. Abgelehnt werden hingegen technische Innovationen, wenn sie absehbar die bestehenden Verhältnisse und Institutionen zur Disposition stellen, indem sie das bis dato moralisch *und* physisch Unverfügbare immerhin physisch verfügbar machen. Kurzum: Im identitätsorientierten Diskurs geht es um den Erhalt von kollektiver Identität und Ordnung.

2.1 Die Typologie im Überblick 53

Prinzip Nutzen: Für den utilitätsorientierten Naturumgang hat 'die Natur' keinen besonderen Sinn oder Wert, sondern ist bloßes Sammelsurium teils nützlicher und teils schädlicher Antriebe, Abläufe und Gegenstände, die der Mensch zwecks Nutzensteigerung zähmen, beherrschen und verbessern sollte. Dem technischen Handeln sind hier keine der Natur selbst inhärenten *normativen* Grenzen gesetzt. Die vom menschlichen Geist in Erfahrung gebrachten Naturgesetze geben lediglich an, unter welchen kausalen Bedingungen sich die Natur selbst verändert und wie sie dementsprechend auch durch technischen Eingriff umgeformt werden kann. Maßgeblich für den Technikeinsatz ist hier weder 'die Natur' noch 'die Gesellschaft' als quasi-sakrale Instanzen, sondern das individuelle oder kollektive Nutzenkalkül. Insofern kann es auch nur utilitaristische Gründe geben, technische Innovationen zu verwerfen: dass sie 'nicht funktionieren' bzw. zu aufwändig sind oder absehbar mehr materiellen Schaden als Nutzen anrichten. Kurzum: Es geht um Befreiung von Natur, die als Ganzes mit einer eher negativen Wertschätzung behaftet ist.

Prinzip Sehnsucht: Das alteritätsorientierte Denken richtet sich, wie der Name auch sagen soll, auf das Andere, Fremde. Anders als das identitätsorientierte Denken, das dem Fremden tendenziell misstrauisch bis ablehnend gegenüber steht – es lediglich zur eigenen Abgrenzung und bisweilen auch als Sündenbock gebraucht –, fühlt sich das alteritätsorientierte Denken vom Fremden angezogen, gerade weil und solange es alltagsenthoben und fremd ist und sich daher als Projektionsraum für faszinierende oder erschütternde, aber in jedem Fall stimulierende Träume eignet. Dieser Stil des Denkens und Fühlens ist heute – so jedenfalls meine These – sehr viel stärker verbreitet als in der Epoche der Romantik zu Beginn des 19. Jahrhunderts, als er sich als Lebensstil nur auf eine kleine künstlerische Elite beschränkte. Bezogen auf den Naturumgang bedeutet alteritätsorientierte Objektkonstitution die deutliche Trennung von Natur und Gesellschaft: 'Gesellschaft' wird als durchherrscht, verregelt, standardisiert und monoton wahrgenommen, Natur wird zur Gegenwelt aufgebaut – zum Anderen, zum Nicht-Identischen, von dem man sich ein 'neues Leben' und eine 'bessere Gesellschaft', oder auch nur Aufregung und Abwechslung verspricht. Entsprechend wird gerade die nicht-kultivierte, noch ungezähmte und ungenutzte Natur aufgewertet. Es besteht hier eine Aversion gegen Technik, soweit diese als Mittel zur Naturbeherrschung und zur Naturbeherrschung am Menschen, also als Sozialkontrolle, in den Blick gerät. Andererseits kann Technik aber auch als Mittel zur Eröffnung fremder Welten wahrgenommen werden – man denke etwa an die Internet-Pioniere der 1980er Jahre oder an Antoine de Saint-Exupérys Begeisterung für das Fliegen in seiner Frühphase. Kurzum: Es geht um die Befreiung der Natur – der äußeren Natur vom Joch industrieller Verwertung, der inneren Natur, zumal der erotischen Antriebe, von der Unterwerfung unter gesellschaftliche Zwänge.

Gemeinsam ist allen Naturvorstellungen, dass sie nicht vollkommen eigenständig sind, sondern der Form der allgemeinen Objektkonstitution entsprechen, die dem jeweiligen Denkstil bzw. Diskurstyp zu Eigen ist. Dieser kann auch auf andere Ob-

Tabelle 2.1: Die Naturvorstellung im Überblick: Prinzip Herkunft, Prinzip Nutzen, Prinzip Sehnsucht

	Identitätsorientierte Naturvorstellung: "Natur als soziale Ordnung und gemeinsame Herkunft"	*Utilitätsorientierte Naturvorstellung:* "Natur als nützliche Ressource und als Bedrohung"	*Alteritätsorientierte Naturvorstellung:* "Natur als Überraschung, Abenteuer und Sehnsucht"
Ideengeschichtlicher Hintergrund	Traditionalismus, Konservativismus	Utilitarismus, Rationalismus, Modernismus	Romantik, Hedonismus, Postmodernismus
Objektkonstitution (Form des Naturumgangs)	Einheit von Natur und Gesellschaft: Identität, Tradition und Institutionen sind natürlich und daher unverfügbar	Naturphänomene werden isoliert und für menschliche Zwecke beherrschbar gemacht.	Wilde Natur als Gegenwelt zu institutionell und instrumentell beherrschten Lebensbereichen
Wirkprinzipien in der Natur	Göttlicher Wille & Teleologie des harmonischen Kosmos	Naturgesetzliche Kausalität & technischer Eingriff	Natur als das Nicht-Identische: Wirkung unvorhersehbar
Form der Wertschätzung von Natur	Natur als Ordnung der Dinge: Wertschätzung der moralisch guten Natur – Natur als Idealbild der eigenen Wesensart	Natur als Materiallager: Wertschätzung von Natur, soweit sie für menschliche Zwecke nützlich ist.	Außeralltägliche Natur: Wertschätzung und Ästhetisierung der Natur, mit der man nicht alltäglich verkehrt.
Schadenskonzept (Was gilt als 'Übel')	Verlust der moralischen Integrität	Tod, Krankheit und ökonomischer Verlust	Geistlosigkeit, Uniformität & Langeweile
Beweggründe für Technikeinsatz	Verteidigung und Ausbau bestehender Institutionen	Beherrschung & Perfektionierung der Natur durch Technik	Transzendenz der bestehenden Ordnung
Beweggründe gegen techn. Innovationen	Abwehr identitätsgefährdender Technikoptionen	absehbar negative Kosten/Nutzen-Bilanzen	Kolonialisierung und Monotonie durch Technik
Grundmotiv	Ordnung in der Natur	Befreiung von der Natur	Befreiung der Natur

jekte als die Natur im engeren Sinne ausgerichtet sein – etwa die Geschichte: Identitätsorientiertes Denken konfiguriert die Geschichte so, dass sie die eigene Identität mit einer sinnstiftenden Erzählung ausstattet – indem sie von Ruhm, Heldenhaftigkeit, Tragik oder auch von der eigenen Schuld und Verantwortung zeugen möge. Utilitätsorientiertes Denken interessiert sich ebenso wenig für 'die Geschichte' wie für 'die Natur': beides ist ihm Ansammlung bloßer Gegebenheiten, die es umzugestalten gilt. Für das alteritätsorientierte Denken ist Geschichte ein Raum fremder, faszinierender Existenzweisen, in die man auf der Suche nach dem Anderen einzutauchen versucht, um kontrastreiche Erfahrungen zu machen.

2.2 Identitätsorientierte Naturvorstellung – Prinzip Herkunft

Identität ist neuerdings wieder ins (sozialwissenschaftliche) Gerede gekommen und sie steht unter Verdacht, für Engstirnigkeit, Ausgrenzung und Streit zu sorgen. Seit dem Zusammenbruch des Warschauer Paktes werden gewaltsame Konflikte in der Zweiten und Dritten Welt nicht mehr als Auswirkung von Interessensunterschieden oder politischen Gegensätzen, sondern als ethnisch und nationalistisch motiviert aufgefasst – sei es, weil sich die Konfliktgegenstände ihrer Natur nach geändert haben, oder weil sich der diesbezügliche Interpretationsrahmen verschoben hat (vgl. Gellner 1995).[3] In der Ersten Welt ist einerseits ein Erstarken rechtsradikaler Gruppierungen und eine Hinwendung von Protestwählern zum Rechtspopulismus zu beobachten (Betz 1998). Andererseits ist dort in der Öffentlichkeit und in den Sozialwissenschaften die Neigung zu konstatieren, sich nicht mehr vorwiegend auf soziale Ungleichheit und Klassengegensätze zu konzentrieren, sondern kulturellen und biologischen Unterschieden stärkere Aufmerksamkeit zu schenken (vgl. Fehér/Heller 1995). Bei der Thematisierung kultureller und biologischer Verschiedenheit in der liberalen Öffentlichkeit, insbesondere im angelsächsischen Sprachraum, geht es nicht mehr nur um die Abwehr von Stigmatisierung und Diskriminierung, also um die Herstellung universaler Gleichheit. Die betreffenden Gruppen, insbesondere Frauen, Homosexuelle und Schwarze, identifizieren sich positiv mit ihren Eigenheiten und kämpfen, unter dem Banner von Multikulturalismus und Postmoderne, für deren Wertschätzung als partikulare Besonderheiten.

Allerdings ist zu fragen, ob man beide Formen der Identitätspolitik vorschnell assoziieren sollte (wie etwa Ferenc Fehér und Agnes Heller dies tun). Geht es den einen doch tatsächlich um die Herstellung oder Bewahrung eines unbedingten (rassischen, ethnischen oder religiösen) Partikularismus, und damit, historisch gesprochen, um eine Rücknahme des universalistischen Anspruchs der Moderne, während die anderen, auf reale Unterdrückung hinweisend, gerade auf universalistische

---

[3] So ist in den Staaten der ehemaligen UdSSR und auf dem Balkan tatsächlich ein Machtvakuum entstanden, das Freiräume für separatistische Bewegungen geschaffen hat, die sich selbst ethnisch identifizieren, die aber teilweise auch als Ausdruck von latenten Interessengegensätzen verstanden werden können (so ist es z.B. kein Zufall, dass die reicheren baltischen Staaten sich als erste aus der UdSSR gelöst haben, während die ärmeren zentralasiatischen Republiken, die von der Union profitiert hatten, zwar untereinander in ethnisierte Konflikte gerieten, aber niemals gegen die Russen mobil machten und bis zuletzt an der Einbindung in die GUS festhielten). Umgekehrt waren Auseinandersetzungen in der Dritten Welt, die vor 1989 vor allem als Ausdruck des politischen Systemkonflikts zwischen Kapitalismus und Kommunismus interpretiert wurden, wahrscheinlich auch schon damals vielfach von ethnischen Querelen mitmotiviert, die von den USA und der UdSSR geschürt und instrumentalisiert worden waren.

Gleichberechtigungsansprüche rekurrieren, *aber darüber hinaus und auf dieser Grundlage* (die sie manchmal vorschnell ignorieren oder verachten) die Anerkennung von Differenz einfordern. In den intellektuellen Diskussionszirkeln dieser Bewegungen wird der Sinn von 'Identität' vom Theorieansatz des Poststrukturalismus und Postkolonialismus her – in Abgrenzung zu gegenmodernen Identitätspolitiken und in Abwehr stigmatisierender Zuschreibungen – auch heftig infrage gestellt (Soper 1995; Nassehi/Schroer 1999). Andererseits ist Identitätsbildung im Sinne der Markierung von Zugehörigkeit ein unhintergehbares praktisches Erfordernis von *allen* politischen Bewegungen (Gamson 1995); man kann daher auch von 'strategischem Essentialismus' (Latour) sprechen. Was hier letztlich wirklich einen Unterschied macht: Erstere, 'die Gegenmodernen' (Beck 1993: 99ff.), wollen die Separation und sind bei Ressourcenüberschneidungen – vor allem bei konfligierenden Territorialansprüchen – kriegsbereit bis hin zur 'ethnischen Säuberung'. Letztere, die Postmodernen, wollen *über die universalistische Gleichberechtigung hinaus,* dass man sich für sie interessiert in ihrer Differenz – was sie beanspruchen, ist also die Alteritätsorientierung der anderen (siehe unten, Kap. 6.3.4).

Mit dieser Frage sind wir schon mitten in die Diskussion empirischer Typen verstrickt. Aber was soll den empirieenthobenen Idealtyp als reine, möglichst kontrastreiche und pointierte Form eigentlich ausmachen?[4] *Es ist dies das Festhalten am (scheinbar) fraglos Gegebenen – als festem Grund in der Brandung von Kontingenz und Konkurrenz des Lebens. 'Natur' ist hier der feste Boden, in dem die kollektive und personale Identität verankert und in dem die soziale Ordnung verwurzelt ist.* Das jeweils Gegebene muss dabei keineswegs ursprünglich sein, entscheidend ist, dass es den Akteuren so erscheint. Wichtig für die Bestimmung des Idealtyps ist vielmehr ein anderer Punkt – dass das Gegebene selbstverständlich ist und daher von den Akteuren auch nicht weiter thematisiert und begründet werden muss. Denn im Moment der Begründung steht das Gegebene – auch bei noch so überzeugenden Gründen – jedenfalls gedanklich schon zur Disposition: es könnte auch anders sein; andernfalls müsste es nämlich nicht begründet werden. In diesem Sinne hat auch Karl Mannheim den Traditionalismus vom Konservativismus abgesetzt – der Konservativismus als *begründeter Traditionalismus* tritt auf, wenn der Traditionalismus schon in Frage steht, historisch besehen also mit dem Beginn der Moderne (vgl. unten, Kap. 2.4.1). Vom Traditionalismus als einer zeitlosen Erscheinung sagt Mannheim (1964: 412):

> "Es gibt eine allgemein menschliche seelische Veranlagung, die sich darin äußert, daß wir am Althergebrachten zäh festhalten und nur ungern auf Neuerungen eingehen. (...) Von einem solchen Traditionalismus .. kann man wohl mit Recht behaupten, daß er die ursprünglichere Verhaltensweise gegenüber jedem Reformismus, gegenüber jedem gewollten Neuerungsstreben ist. Man kann ferner behaupten, daß er 'allgemeinmenschlich' ist, daß seine Urgestalt mit dem magischen Bewußtsein zusammenhängt, wie denn auch bei 'primitiven' Völkern das Festhalten an vererbten Lebensformen mit der Angst vor magischen Nachteilen, die bei einer Veränderung auftreten könnten, eng verbunden ist."

---

[4] Zur methodologischen Diskussion vgl. Kapitel 2.6.

2.2 Identitätsorientierte Naturvorstellung – Prinzip Herkunft

Mannheims Darstellung des Traditionalismus gleicht in vielem Anthony Giddens' Begriff der 'Routinisierung'. Allerdings sieht Giddens das zähe Festhalten an 'Routinen' nicht als magisches Relikt, sondern als Verankerung gesellschaftlicher Strukturen (Ordnung) im psychischen Haushalt der Individuen und zugleich als psychischen Mechanismus der Angstabwehr:

> "Routinen (alles was gewohnheitsmäßig getan wird) sind ein Grundelement des alltäglichen sozialen Handelns. (...) Das Wort 'alltäglich' beinhaltet genau den routinisierten Charakter, den das gesellschaftliche Leben in dem Maße besitzt, wie es sich über Raum und Zeit erstreckt. Der Wiederholungscharakter von Handlungen, die in gleicher Weise Tag für Tag vollzogen werden, ist die materiale Grundlage für das, was ich das rekursive Wesen des gesellschaftlichen Lebens nenne. (Unter rekursivem Wesen verstehe ich, daß die Strukturmomente des sozialen Handelns – mittels der Dualität von Struktur – aus eben den Ressourcen, die sie konstituieren, fortwährend neu geschaffen werden.) Die Routinisierung ist notwendig für die psychologischen Mechanismen, mit deren Hilfe in den täglichen Handlungen des gesellschaftlichen Lebens ein Gefühl des Vertrauens und der Seinsgewißheit aufrechterhalten wird. In erster Linie vom praktischen Bewußtsein getragen, treibt die Routine einen Keil zwischen den potentiell explosiven Inhalt des Unbewußten und die reflexive Steuerung des Handelns." (Giddens 1988: 36f.; vgl. auch 102ff.)

Natürlich heißt das nicht, dass spezifische Routinen nicht auch aufgegeben oder ihre Inhalte verändert werden können, oder dass es keine kollektiven und individuellen Variationen in der Rigidität der Routinisierung gäbe. Aber Giddens Überlegung könnte bedeuten, dass es gleichsam anthropologisch verankerte 'Höchstgeschwindigkeiten' beim Umbau von Gesellschaften gibt. Entsprechende Widerstände wären dann auch nicht mehr unbedingt in einem irgend spezifischeren Sinne 'konservativ' oder 'traditionalistisch' zu nennen, sondern würden lediglich darauf hindeuten, dass Individuen und Kollektive jedenfalls nicht willentlich und bewusst in einen Bruch ihrer psychischen, sozialen und kulturellen Integrität einstimmen können.

In diesem Sinne kann man auch die Kommunitarismus-Debatte als jüngsten Hinweis verstehen, dass gesellschaftlicher Zusammenhalt zwar nicht des wirklich Ursprünglichen bedarf, aber einen gewissen Mindestbestand an hergestellten Traditionen wahren muss. So wurde gegen den universalistischen Liberalismus ins Feld geführt, dass tragfähige moralische Motivationen immer auf Sozialisation und damit auf die Existenz einer notwendig partikularen Wertegemeinschaft angewiesen sind. In diesem Zusammenhang geht der US-Amerikaner Alasdair MacIntyre (1993) sogar soweit, Patriotismus und Krieg um lebenswichtige Ressourcen und die richtige Lebensweise als Tugend zu verteidigen. Dem wird man – jedenfalls vor dem Hintergrund *unserer* partikularen, d.h. deutschen Geschichte – nicht folgen können. Nachvollziehbar ist aber sein Hinweis, dass auch das Einstehen für die Taten vorheriger Generationen eine nationale Identifikation voraussetzt:

> "Eine zentrale Annahme der Moral des Patriotismus ist es, daß ich eine wesentliche Dimension des moralischen Lebens übergehe und verliere, wenn ich nicht das gelebte Narrativ meines eigenen individuellen Lebens als Teil der Geschichte meines Landes verstehe. Denn wenn ich es nicht so verstehe, werde ich nicht verstehen können, was ich anderen

schulde (...), für welche Verbrechen meiner Nation ich Wiedergutmachung leisten muß (...)" (ebd.: 99)

Unverfänglich ist für uns auch der Gedanke, dass die Bindung an Partikulares wohl eine kaum zu hintergehende Bedingung eines gelingenden Privatlebens ist: Indem ich beschließe mich selbst, meine Herkunft, meine Familie, meine Freunde, meine Kinder, meine Umgebung so zu akzeptieren, wie wir kontingenterweise geworden sind, entziehe ich uns der Kontingenz und Konkurrenz – ich grüble nicht ständig darüber, dass wir selbstverständlich auch anders und vor allem viel besser sein könnten, als wir eben sind: reicher, schöner, klüger, gesünder, einfühlsamer. Nur so entstehen *persönliche* Beziehungen und Heimat, gegenseitige Verlässlichkeit und Zufriedenheit. Wahrscheinlich ist Orientierung in der Welt ohne ein Mindestmaß an festen Bezugspunkten gar nicht möglich: Selbstverständlich lässt sich immer ein mehr oder weniger großer Teil der bisherigen Selbstverständlichkeiten infrage stellen, aber wenn *alles auf einmal* in der Innen- und Außenwelt gänzlich zur Disposition stünde, wären wir angesichts explodierender Komplexität und schwindender Kriterien vollständig paralysiert. Selbst das 'wir' und 'ich' würden dann zerfließen.

Unbedingtes schafft feste Bezugspunkte, es kann in der Herkunft, aber auch in der Zukunft liegen. Unbedingtes in der Zukunft kann nur auf bedingungslosem *Versprechen* beruhen – an der Ehe festzuhalten unabhängig vom Verhalten des Ehepartners und der Entwicklung spontaner Gefühle, von religiösen oder politischen Überzeugungen nicht abzurücken, gleichgültig wie (un-)plausibel sie im Licht des kulturellen Wandels und unter dem Druck neuer Argumente für andere erscheinen mögen. Wichtig ist hier, dass schon die Abgabe des Versprechens, etwa der Eheschließung oder der religiösen Initiation, nicht als subjektiver oder rationaler Akt erscheinen darf, sondern als schicksalhafte Bindung durch höhere Mächte dargestellt werden muss – denn sonst wäre ihm unter veränderten subjektiven Einstellungen oder objektiven Bedingungen möglicherweise die Grundlage entzogen.

Hier wird deutlich, dass Herkunft – statt Zukunft – für die Konstruktion des Unbedingten das im Allgemeinen robustere und bequemer zu handhabende Material liefert. Man kann Herkunft zwar unterschiedlich interpretieren und ihre Wirkungen steigern oder abmildern, aber Geschehenes eben nicht ungeschehen machen. Gegebenes ist schon da und besitzt die Macht des Faktischen: Man kann es zwar ablehnen oder verändern, aber es ist bequemer, es in der vorgefundenen Form anzunehmen, weil man andernfalls feste Gründe erst herstellen müsste und diese dann auch leichter als hergestellte – und damit subjektiv bedingte, nicht unbedingt feste – erinnern würde. So werden eben auch die Versprechen, um als unbedingte Festlegung zu erscheinen, in Vorherbestimmung oder andere Formen der Zwangsläufigkeit umgedeutet.

Baumaterial für die Konstruktion von Identitäten sind daher in erster Linie soziale Sitten und Gebräuche sowie Regelmäßigkeiten in der Natur, soweit sie wertvoll und unabänderlich erscheinen. Freilich ist das nicht die Natur, wie sie in utilitäts- oder alteritätsorientierter Absicht konzipiert wird – als Rohstoffreservoir oder Hort der Überraschungen. Es werden nur solche Aspekte von Natur in Betracht gezogen, die als Antrieb oder als Spiegel der gesellschaftlichen oder individuellen Ordnungen infrage kommen. Antriebe können sich von innen und außen ergeben – also aus der Triebstruktur, aus den Talenten, aus der genetischen Konstitution eines Menschen oder einer Gruppe, sowie aus ihren natürlichen Lebensumständen wie Bodenbeschaffenheit, Landschaft und Klima. Zur kosmologischen Spiegelung und Analogiebildung werden Klassifikationen der Fauna und Flora sowie der Himmelskörper herangezogen.

Aber was heißt 'Natur'? Menschliche Körper, Tiere, Pflanzen und Steine, als bloß Gegebenes? Oder ist nicht 'Natur' sprachliches Synonym für Wesensart und Ordnung – gleichgültig in welchem Maße die betreffenden Gegenstände vom menschlichen Geist, von Technik und Kunst erzeugt oder durchdrungen sind? In letzterem Sinne trägt 'Natur' auch in unserem heutigen Sprachgebrauch noch Spuren der mittelalterlichen Bedeutung eines Idealbildes der Schöpfung, das sich nicht auf empirisch Gegebenes bezieht, sondern sich über den weltlichen Sittenverfall erhebt. Auch wenn der Gedanke an eine göttliche Schöpfungsordnung ziemlich verblasst ist, schwankt unser Sprachgebrauch, etwa bei der Verwendung von 'Natur der Sache' – 'natürlich' - 'naturgemäß', weiterhin zwischen Sein und Sollen, zwischen Normalität und Norm: er kann eine eventuell bloß empirische Regelmäßigkeit, eine auch sozial sanktionierte Regelhaftigkeit, oder schließlich eine von der 'normativen Kraft des Faktischen' gestiftete Verbindung beider Bedeutungspole ausdrücken. Insofern sind im identitätsorientierten Naturverständnis 'Natur' und die jeweilige Gesellschaft bzw. die jeweiligen Personen gar nicht geschieden: Was sie sind und was sie tun (oder sein und tun sollen), ergibt sich aus ihrer Natur. Oder ganz einfach: Ihre Identität *ist* ihre Natur – und umgekehrt. Menschen und Tiere, Gesellschaft und Natur sind nämlich von der gleichen Energie durchdrungen, die Emile Durkheim eine 'mystische Kraft' nennt. Ob das bei den Sioux *wakan*, bei den Irokesen *orenda*, oder bei den Melanesiern *mana* heißt, all diese Begriffe verweisen auf den Zugriff einer kaum greifbaren "Macht, die in allen Körpern und in allen Dingen liegt" (Durkheim 1998: 281). Gott oder die Natur sind entsprechend, in Durkheims Deutung, Sinnbilder des gesellschaftlichen Zusammenhalts, der das individuelle Bewusstsein und die je aktuellen Interaktionen transzendiert.

In welchen Formen hat sich diese Vorstellung im Laufe der Zeit ausgedrückt? Im magischen Denken, das alle Wesen in ein Fluidum von Lebenskräften taucht, werden auch direkte soziale Verbindungen zwischen Menschen und nicht-menschlichen Lebewesen hergestellt (Luckmann 1980). Philippe Descola (1996a) unterscheidet hier zwischen animistischen und totemistischen Konzeptionen. In animistischen Konzeptionen werden Beziehungen zu Tieren oder Pflanzen geknüpft, die mit quasimenschlichen Eigenschaften ausgestattet werden. Diese werden – oft in Analogie zu den vorherrschenden zwischenmenschlichen Beziehungen – als friedlicher Austausch, als räuberischer Kampf, oder als paternalistischer Schutz aufgefasst. Es werden also menschliche Eigenschaften und Beziehungen auf Nichtmenschen projeziert. Bei den totemistischen Konzeptionen werden die verschiedenen Teile des Stammes oder des Dorfes nach bestimmten Erscheinungen in der physischen Umwelt benannt (z.B. Knolle, Schlange, warmer Wind, Pelikan, Höhle etc.), die ihrerseits wieder nach kosmologischen Prinzipien geordnet sind (vgl. Lévi-Strauss 1989: 49ff.). Hier wird also die symbolische Ordnung des Kosmos auf die menschliche Gruppenbildung zurückgespiegelt. Spuren dieses magischen Denkens sind auch in der modernen Gesellschaft zu finden – Tiere und Blumen zieren die Wappen der Länder; die Astrologie verknüpft menschliche Geburtsdaten mit den Tierkreiszeichen und einer daraus abgeleiteten Charakterlehre und weissagt insgesamt aus der Konstellation der himmlischen Gestirne den Ablauf irdischer Ereignisse.

Im europäischen Mittelalter, d.h. in einer monotheistischen Hochkultur, drückt sich die Vorstellung der Identität der menschlichen Gemeinschaft mit der allgemeinen Schöpfungs- und Lebensordnung so aus:

> "Gott ist Licht. An diesem ursprünglichen, diesem unerschaffenen und schöpferischen Licht hat jede Kreatur teil. Je nach ihren Fähigkeiten, das heißt, je nach dem Rang, den sie auf der Stufenleiter aller Wesen einnimmt, je nach der Ebene, auf der das Denken Gottes sie hierarchisch ansiedelt, empfängt jede Kreatur die göttliche Erleuchtung, um sie selbst wieder auszustrahlen. Hervorgegangen aus einem Strahlenmeer, ist das Universum ein leuchtender Quell, der in Kaskaden herabstürzt, und das Licht, das vom Höchsten Wesen ausgeht, beruft jedes einzelne erschaffene Wesen auf seinen unveränderlichen Platz. Zugleich aber vereinigt es sie alle. Als Band der Liebe durchflutet es die ganze Welt, versetzt sie in den Zustand der Ordnung, verleiht ihr inneren Zusammenhalt, und da jeder Gegenstand das Licht mehr oder weniger reflektiert, bringt das Strahlenmeer durch eine ununterbrochene Kette von Reflexen eine umgekehrte Bewegung in Gang, die aus der tiefsten Finsternis emporsteigt, eine Spiegelbewegung, die zum Herd des Lichts zurückführt." (Duby 1999: 174 mit Bezug auf die *Theologia mystica*, die Dionysius Areopagita zugeschrieben wurde, aber erst im Hochmittelalter stärker rezipiert wurde)

Es bestehen also keine direkten kommunikativen Beziehungen mehr zwischen Menschen und anderen natürlichen Wesen, sondern die Beseeltheit der Welt geht von einem übernatürlichen Wesen aus und fließt zu ihm zurück. Aber auch hier ist die soziale Ordnung fest im Kosmos verankert. Die Hierarchie der Stände – soziologisch gesprochen: die stratifizierte Gesellschaft – gibt dabei das zentrale Bauprinzip ab: Mit Gott an der Spitze, über die Engel und Heiligen, Kaiser und Papst, Edelleute und Klerus, Bauern und Handwerker, bis hinab zu den Tieren, Pflanzen und Steinen finden alle ihren festen und unverrückbaren Platz in einer wohlgeordneten Pyramide (Stürner 1975; Huizinga 1969: 73ff.). Oder anders ausgedrückt: die Pyramide des menschlichen Zusammenlebens wird nach oben und unten erweitert.

Aristoteles, so wie er im Mittelalter (Stürner 1975; Mayer-Tasch 1991a) und der heutigen wertkonservativen Philosophie (Lübbe 1989: 44ff.; Spaemann 1994) rezipiert wurde, gibt dabei die Figur vor, wie Sein und Sollen zusammen gedacht werden können. Für ihn liegt es auf der Hand, dass alle natürlichen Wesen und Dinge ein Ziel (telos) in sich selbst tragen. Paradigmatisch ist für ihn das Wachsen und Werden in der belebten Natur; alle Lebewesen streben der Entfaltung ihrer natürlich veranlagten Form (Entelechie) zu. Entsprechend sind etwa die *polis,* die Ehe und der Gehorsam der Kinder gegenüber den Eltern als soziale Institutionen in der Natur des Menschen angelegt. Kunst und Technik sind als Nachahmung oder Ergänzung der

2.2 Identitätsorientierte Naturvorstellung – Prinzip Herkunft

Natur zu verstehen; was sie dauerhaft erreichen können, gelingt ihnen nur, indem sie die Eigenschaften und Tendenzen geschickt nutzen, die den Menschen, Lebewesen und Dingen selbst inhärent sind (Lübbe 1989: 45; vgl. Spaemann 1994: 21).[5] Technische Eingriffe beschränken sich also tendenziell auf das, was man bei uns unter 'erziehen' oder 'kultivieren' versteht.

Ist dann alles, was ist, Natur und daher gut? Oder ist auch der Gedanke möglich, dass 'das, was von selbst ist' (physei on) auch schädlich, hässlich und böse sein kann? Man kann dieses Problem auf zwei Arten lösen. Entweder indem man die Natur nicht zu sehr idealisiert. Aristoteles scheint selbst, anders als die mittelalterliche Rezeption, dieser Lösung zugeneigt zu haben. Die Tugend hat zwar natürliche Voraussetzungen, aber im eigentlichen Sinne tugendhaft (oder verwerflich) ist nur, was vom Menschen gewollt und verantwortet wird (Hager 1984: 431). Entsprechend dient Natur dann auch eher der lapidaren Legitimation dessen, was ohnehin geschieht:

"Diejenigen, die so weit voneinander verschieden sind wie die Seele vom Körper und der Mensch vom Tier (dies gilt bei all denjenigen, deren Aufgabe die Verwendung ihres Körpers ist und bei denen dies das beste ist, was sie leisten können), diese sind Sklaven von Natur (...)" (Aristoteles 1971: 71)

Allerdings hat die Aristoteles-Rezeption das Mittelalter erst relativ spät erfasst; sehr stark stand die christliche Religion und Naturauffassung in der Tradition von Platons Ideenlehre (Mayer-Tasch 1991a: 123ff.). Entsprechend wird in der Virtuosenreligion der mittelalterlichen Mönche die 'natura' zu einem Idealbild verklärt, das sich ganz von der verdorbenen Sinnenwelt abhebt:

"Wenn sie von Natur sprachen, meinten die Mönche und Priester des liturgischen Zeitalters gewöhnlich die abstrakte Idee einer den Sinnen unerreichbaren Vollkommenheit. Für sie war die Natur die begriffliche Form, in der sich die Substanz Gottes enthüllt. Nicht

---

[5] Man findet zu diesem Punkt widersprüchliche Ausführungen. Wolfgang Krohn (1981: 65) bemerkt (ohne nähere Quellenangabe): "Nach Aristoteles ist die Technik gezwungene Natur und daher technische Erkenntnis eine Erkenntnis darüber, wie die Natur nicht an sich selbst ist – und daher a limine keine Naturerkenntnis." Im Historischen Wörterbuch der Philosophie wird mit akribischen Quellenverweisen ausgeführt (zum Stichwort Natur): "Aristoteles reagiert mit seinem Begriff von Physis (...) gegen die Überordnung von (göttlicher) Techne, Gesetzlichkeit und demiurgischem Wirken über alle, insbesondere die sichtbare Natur bei Platon: Nicht die Physis ahmt die Techne nach, sondern umgekehrt die Techne die Physis, wobei die menschliche Kunst nur das noch ergänzen kann, was die Physis ihr übriglässt. So führt Aristoteles an verschiedenen Stellen mit deutlicher Spitze gegen Platon aus." (Hager 1984: 430) Weiter unten heißt es zwar: "Mehrfach wird dieser Grundbegriff der Physis [als der Wesen, die das Prinzip ihrer Bewegung und Ruhe in sich selbst tragen], welcher im engen Zusammenhang mit dem aristotelischen Substanzbegriff steht, im Gegensatz zum Begriff der Techne und vor allem der Artefakten, die kein eigenes Prinzip der Bewegung in sich haben, entwickelt." (431) Hier wird aber lediglich zwischen selbstbewegten und durch Techne bewegten Wesenheiten unterschieden. Von einer Gleichsetzung von Techne mit erzwungener Bewegung kann aber auch hier keine Rede sein. Ganz eindeutig wird das beim Eintrag zum Stichwort Kunst (techne): "Kunst, weit davon entfernt, Beherrschung der Natur zu sein, vermag nichts ohne deren Legitimation. Dies auf die Formel 'ars imitatur naturam' gebrachte Prinzip der Strukturidentität von Naturproduktion und *menschlichem Herstellen* glaubt Aristotels erstmals aus den dunklen Worten Heraklits herauszuhören (...). Das Nachahmungsprinzip erweitert Aristoteles jedoch durch das der Ergänzung: Kunst und Bildung füllen die Lücken aus, die die Natur noch bestehen ließ, wobei es für das Produkt gleichgültig ist, ob Kunst oder Natur es hervorbrachte." (Müller 1976: 1360)

etwa die vergänglichen, künstlichen Dinge, die das Auge, das Ohr oder der Geruchssinn erfassen können. Nicht etwa die ungewissen und ungeordneten Erscheinungsformen der Welt – sondern das, was der Paradiesgarten vor dem Sündenfall für Adam gewesen war: ein friedliches, maßvolles und tugendhaftes Universum, dessen Ordnung von der göttlichen Vernunft bestimmt worden war und das den später hinzugekommenen Schwierigkeiten und Entartungen ebenso entging, wie den Mächten der Sexualität und des Todes. In ihrem Geist stand *natura* im Gegensatz zu *gula* und *voluptas*, das heißt zu der physischen Natur, die vom rechten Weg abgekommen war, die sich den Befehlen Gottes widersetzte, die widerspenstig und daher verdammt, daher verachtungswürdig, daher beachtungsunwürdig war. Die Intellektuellen des 12. und 13. Jahrhunderts machten sich eine spirituelle und keine fleischliche Vorstellung von der Natur." (Duby 1999: 469)

'Gefräßigkeit' (gula) und 'Wollust' (voluptas) sind also nicht Natur, sondern Widernatur. Dem entspricht ein moralischer Begriff von den göttlichen Naturgesetzen, die in ihrer Wirkungsweise vollständig den menschlichen Gesetzen entsprechen, die übertreten werden können und deren Übertretung bestraft werden muss. Insofern stellten die mittelalterlichen Tierprozesse (Sellert 1984) offenbar keine Konzession an den Volksaberglauben dar, sondern standen im Einklang mit orthodoxen Lehrmeinungen. Selbst Thomas von Aquin hält bei einem Hahn, der ein Ei legt, die Todesstrafe für angemessen (Krohn 1981: 64). Die irdische Natur ist also seit dem Sündenfall gefallene Natur. Sie sehnt sich nach Gott und nach Vervollkommnung, gerät dabei aber immer wieder auf Abwege. Diesen Doppelbegriff von empirischer Natur und Idealnatur finden wir teilweise auch in der Moderne – nicht nur, wie oben angemerkt, im Alltagsverständnis, sondern auch bei einigen wertkonservativ ausgerichteten Intellektuellen, die in spezifischer Weise an die Ökologiebewegung anknüpfen und insbesondere gegen die Veränderung der *inneren* Natur durch die moderne Biotechnologie aufgetreten sind (Spaemann 1994; Jonas 1979).[6]

Wie wir oben gesehen haben, wird Technik als Nachahmung der Natur verstanden und *insoweit* grundsätzlich gutgeheißen. Artefakte jedoch, die geeignet sind, die Schöpfungsordnung zu stören, werden abgelehnt. Vor dem Einbruch der Neuzeit wurde ihre Proliferation auch oft erfolgreich unterbunden. Ein besonders eindrucksvolles Beispiel ist hier Japan. Dort wurden – wie auch andernorts – im 16. Jahrhundert Feuerwaffen eingeführt und produziert (Perrin 1996). Allerdings zeigte sich sehr bald, dass dadurch die Rolle der Samurai, des japanischen Schwert-Adels, untergraben wurde. Denn Feuerwaffen konnten auch von nicht-adeligem Personal bedient werden und im Kugelhagel wurden Adelige ebenso getroffen wie Gemeine, wenn sie sich nicht 'feige' in Deckung begaben. Heldenmut und Fechtkunst und

---

[6] Formal gibt es auch Ähnlichkeiten zu Karl Marx, der einerseits das blinde Kräftespiel kapitalistischer Konkurrenz als 'naturwüchsig' verdammt, andererseits im Kommunismus aber die Verwirklichung des Menschen als eines natürlichen Gattungswesens anstrebt (vgl. Sandkühler 1978). Hier liegen auch Wurzeln für den 'wissenschaftlichen Materialismus', in dem Politik auf Natur zurückgeführt und folglich autoritär begründet wird. Entsprechende Parallelen zwischen katholischer Kirche und kommunistischer Partei sind in dieser Hinsicht nicht ganz zufällig. Im Kern aber ist der Sozialismus als utilitätsorientiert einzuschätzen – mit romantisch-alteritätsorientierten Elementen beim jungen Marx, sowie bei Georg Lukács, Ernst Bloch, Walter Benjamin, Theodor Adorno und Herbert Marcuse (siehe unten, Kap. 2.4).

damit das Kriegerethos der Samurai waren entwertet. Daraufhin beschloss man, alle Waffenschmiede in Zentren zusammenzuziehen und mit anderen Aufgaben zu beschäftigen – Japan blieb daraufhin frei von Feuerwaffen, bis US-amerikanische Kanonenboote im 19. Jahrhundert die Öffnung der Inselgruppe erzwangen. Ähnliche Widerstände gegen technische Innovationen gab es selbstverständlich auch in Europa (vgl. van den Daele 1989), aber dort wurde mit der Abschaffung des Zunft- und Ständewesens und der Einführung kapitalistisch-liberaler Verfassungen die Sozialordnung schon früher zur (Selbst-)Veränderung freigegeben.

Logische Voraussetzung für diese Entwicklung – und historische Begleiterscheinung – war aber, dass die utilitätsorientierte Naturvorstellung dominant wurde, in der die Natur prinzipiell zur Veränderung freigegeben ist und lediglich der menschliche Selbsterhaltungswille noch ein unbedingtes natürliches Moment darstellt, mit dem sich – wie etwa bei Thomas Hobbes im 'Leviathan' – soziale Ordnung begründen lässt (vgl. unten, Kap. 2.3). An die Stelle von Gott tritt in der Moderne der Mensch – er wird als Individuum oder als Volk zum Subjekt der Schöpfung. Als solches kann und darf er aber nicht Gegenstand von Veränderungen sein, die ihn vollständig als Objekt erscheinen lassen. Insofern blieb auch in der Moderne der technische Umgang mit der *inneren* Natur immer prekär. Mit der neuen Biotechnologie, die die medizinische Eingriffsfähigkeit stark erweitern und nicht mehr nur Wiederherstellung, sondern freie Schöpfung und Gestaltung ermöglichen soll, scheinen jetzt kulturelle Dammbrüche bevorzustehen – wie Armin Nassehi (1998: 58) es plastisch ausdrückt: "Geklonte oder auch nur potentiell kopierbare Götter freilich sind keine Götter mehr, weil sie selbst zur Schöpfung gerinnen."

Daher sind es hier und jetzt nicht mehr nur wertkonservative Zeitgenossen, die gegen die technische Umgestaltung von Natur auftreten. Jürgen Habermas (1998a, 1998b, 1998c) vermeidet in seiner Polemik gegen das Klonen von Menschen jeglichen funktionalistischen Rekurs auf moderne Biologie, wie er in dieser Debatte gelegentlich erfolgte,[7] und auch jede direkte Heiligung und Tabuisierung von Natur als Gottesgabe, wie sie seitens wertkonservativer Autoren in diesem Kontext üblich ist. Als Liberaler bringt er lediglich vor, dass ein Mensch, der als Klon geboren würde, sich – zumindest von seiner genetischen Ausstattung her – als das willentliche Produkt seiner Eltern wahrnehmen müsste. Nassehi (1998: 56) hat diesen Gedanken in einer Interpretation der Habermasschen Argumentation theologisch zugespitzt:

"So brauche die Anerkennung der Autonomie eines Menschen jene unverfügbare Kontingenz, die seine genetische Existenz einer blind waltenden Natur und nicht einer sehenden Auges gefaßten Entscheidung verdankt, um jede Letztzurechnung loszuwerden. Ähnlich wie sich in der gottfernen und prophetenlosen Zeit der Moderne Gott ernsthaft nur noch in der Figur des radikalen *deus absconditus* denken läßt, setzt Habermas eine *natura abscondita* an, eine Sphäre, auf die uns die Sicht verstellt ist und die den Grund unserer Exis-

---

[7] Der erste Debattenbeitrag in 'Die Zeit' stammte von dem Biologen Dieter E. Zimmer, der vor allem auf das mit dem Klonen verbundene Inzuchtproblem und entsprechende Gefahren für den menschlichen Genpool hinwies.

tenz in den unverfügbaren Abgrund unserer sterblichen Natur verschiebt, auf deren Boden aber erst die unbedingte Anerkennung frei handelnder Rechtspersonen denkbar ist."

Anders ausgedrückt: Solange wir uns in unserem individuellen, oft leidvollen So-Sein als determiniert, d.h. als bedingt begreifen müssen, sind wir unfrei. Subjekte werden wir erst, wenn wir uns – in einem gegebenen Rahmen – als unbedingt verstehen können. Durch welche biotechnologischen Eingriffe dies erschwert oder verhindert wird, sei zunächst dahingestellt – denn auch Erziehung stellt 'schon immer' einen absichtsvollen Eingriff dar.[8] Hier ist vorläufig nur festzuhalten: die Denkfigur, soziale Institutionen auf einer als unverfügbar gedachten Natur zu gründen, ist nicht zwangsläufig konservativ (im landläufigen Sinne). Gegen die gegenwärtigen Möglichkeiten des biotechnischen Eingriffs am Menschen melden sich auch liberale Stimmen vehement zu Wort (so z.B. auch Beck 1988: 31ff., 1993: 139f.). Indem Liberale viele herkömmliche Institutionen – Ehe, Familie, Nation etc. – zur Disposition stellen, muss im Gegenzug die Institution der Person zum unbedingten Bezugspunkt aufrücken. Soweit die Person als soziale Institution nicht aus ihrer natürlichen Verankerung – dem Körper – herausgelöst werden kann oder soll, sind dann der biotechnischen Selbstveränderung eben auch in liberaler Perspektive eventuell Grenzen zu setzen (vgl. unten, Kapitel 4).

Zusammenfassend ist festzuhalten (vgl. Tabelle 2.2): Der Idealtyp einer identitätsorientierten Kosmologie leitet sich von vormodernen Weltbildern her, die von einer alles durchwaltenden Schöpfungsordnung ausgehen. In ihr hat jede Person und jedes Ding seinen vorgesehenen Platz, an dem sie und es sich gemäß seiner natürlichen Gaben entfalten kann und soll. Ob man diese Ordnung, aus der sich die Identität der Individuen und Kollektive ergibt, in 'Gott', 'der Tradition', oder 'der Natur' repräsentiert bzw. verkörpert sieht, ist dabei ziemlich gleichgültig. In jedem Fall gilt es, sie der Kontingenz zu entziehen und sakrosankt zu stellen. Die gesellschaftliche Orientierung muss dabei nicht im engeren Sinne wertkonservativ sein, sie kann auch einfach an angestammten Lebensverhältnissen, Überzeugungen und Institutionen festzuhalten versuchen. 'Natur' stellt in dieser Kosmologie die Welt und die sie leitenden Prinzipien dar und umfasst insofern die in den beiden genuin modernen Kosmologien als solche auftauchenden Gegenbegriffe wie 'Gesellschaft', 'Kunst' und 'Technik' – alles ist von und durch Natur. Als Gegenbegriff kommt gelegentlich 'Gott' vor; wichtiger sind aber der Teufel, die Sünde, und die Fremdgläubigen – sie

---

[8] Hier hat die psychoanalytische Betrachtung, wie sie sich in den 1970er Jahren zumindest in gebildeteren Kreisen allgemein durchgesetzt hat, die Zurechnungsmöglichkeiten – und damit den Verantwortungsdruck für die Eltern und die (Selbst-)Infantilisierungsmöglichkeiten für die adoleszenten Kinder – enorm gesteigert. Erwachsenwerden heißt seither, sich selbst als unbedingt und daher frei zu *setzen*, d.h. von Zurechnungsmöglichkeiten auf Gesellschaft und Elternhaus freiwillig abzusehen und sich stattdessen auf die im Rahmen von Anlage, Erziehung und eigenen biografischen Vorentscheidungen gegebenen *Spielräume* zu konzentrieren. Ein Abdunkeln ist also auch dann möglich, wenn ein technischer Eingriff – wie im Fall der Erziehung schon immer und unausweichlich – stattgefunden hat. Selbstverständlich sollte das nicht als Argument für reproduktives Klonen verstanden werden, das aber ohnehin nur auf pathologischer Eitelkeit beruhen kann und deswegen ein wahrscheinlich nicht besonders realistisches Diskussionsbeispiel für die neuen Möglichkeiten der Biotechnologie ist.

Tabelle 2.2: Prinzip Herkunft – das identitätsorientierte Weltbild im Überblick

Historische Genese	Gegenwart
Vormoderne Weltbilder, die von einer alles durchwaltenden Schöpfungsordnung ausgehen, die objektiv fest steht.	Rekurs auf (hergestellte) Traditionen oder Natur als schlicht Gegebenem zur Herstellung von fraglos vorausgesetzter Identität.
Gesellschaftliche Orientierung	**Naturvorstellung**
Eventuell wert-konservativ, aber eher traditionalistisch im Sinne des Bewahrens angestammter Lebensverhältnisse und Überzeugungen.	Natur als Lebensprinzip, als Essenz der Dinge, Menschen und Institutionen, die im und als Schöpfungsauftrag entfaltet werden soll.
Haltung zur Natur des Menschen	**Haltung zur äußeren Natur**
Das menschliche Leben (derjenigen, die zur Wir-Gruppe gehören) ist durch den göttlichen Funken beseelt. Sünde (oder Fremdheit) ist Verstoß gegen die natürliche Ordnung und daher widernatürlich.	Die grundlegende Ordnung der Dinge verbürgt die existenzielle Sicherheit der Menschen. Gemäß und im Rahmen dieser Ordnung soll der Mensch die Erde mitgestalten.

werden oft als widernatürlich, gefährlich und verdammenswert angesehen. Die äußere Natur gilt zwar in den Hochreligionen nicht mehr selbst als beseelt, aber im Rahmen der grundlegenden Ordnung der Dinge verbürgt auch sie die existenzielle Sicherheit der Menschen. Gemäß und im Rahmen dieser Ordnung soll der Mensch die Erde mitgestalten, aber er darf sie nicht verletzen.

2.3 Utilitätsorientierte Naturvorstellung – Prinzip Nutzen

"Erst kommt das Fressen, dann die Moral", heißt es bei Bertolt Brecht. Ob bei Bauern, Handwerkern und Kaufleuten, die im Mittelalter den Adel und den Klerus durch ihre materielle Produktion zu tragen hatten, utilitätsorientierte Einstellungen vorherrschend waren, ist schwer zu wissen:

> "Jeder Akt im adeligen Dasein bot Gelegenheit zu einem Fest. (...) Durch das Fest siedelt sich der Ritter außerhalb des Gewöhnlichen an. Er beherrscht *all die Verachtungswürdigen, die gedrückt unter der Last ihrer Arbeit leben und nichts anderes im Sinn haben als ihre Raffgier.* Er dagegen verschwendet. Durch das Fest entgeht er dem Fluch des Menschen, der seit dem Sündenfall dazu verdammt ist, sein Brot im Schweiße seines Angesichts zu verdienen." (Duby 1999: 443; Herv. von mir, B.G.)

Das mag wohl die Sicht der Ritter gewesen sein, aber zum Selbstverständnis der produktiven Stände gibt es kaum belastbare Quellen. Bei Brechts materialistischem Diktum könnte es sich um eine Rückprojektion der utilitätsorientierten Denkweise *des Industriezeitalters* – von der logischen und historischen Priorität der Ökonomie – in die Vorgeschichte handeln. Dagegen ist Emile Durkheim von der Priorität der kulturellen Vergemeinschaftung durch Religion ausgegangen – nicht so sehr die materielle Naturaneignung isolierter Individuen, sondern die Herstellung und Aufrechterhaltung eines 'Kollektivbewusstseins', das moralische und instrumentelle Koordinierung erst ermöglicht, ist demnach entscheidend für die menschliche Entwicklung.

Wir können es hier dahingestellt sein lassen, ob die neuzeitliche Geschichte primär theologisch zu verstehen ist und die Entstehung des Kapitalismus eine Folgeerscheinung ist, wie etwa Max Weber gegen Karl Marx in der 'Protestantischen Ethik' argumentiert hat, oder umgekehrt, die Änderungen in der theologischen Dogmatik seit dem Spätmittelalter auf die allmähliche Entfaltung der Produktivkräfte zurückzuführen sind. Festzustellen ist jedenfalls, dass es in dieser Zeit zu einer diskursiven Aufwertung nüchterner Rationalität gegenüber mystischen Ekstasen und der systematischen Reichtumsanhäufung gegenüber adeliger Verschwendungssucht kommt (Duby 1999, Hirschman 1980). Damit einher geht eine Veränderung der Naturvorstellungen. Im 17. und 18. Jahrhundert wird der Begriff der 'Natur' als mehrdeutig, vage und unbestimmt empfunden (vgl. Spaemann 1994: 19ff.). Robert Boyle schlägt vor, ganz auf ihn zu verzichten. Blaise Pascal bemerkt zur 'Natur' des Menschen: "Die Gewohnheit ist eine zweite Natur, die die erste vernichtet. (...) Ich fürchte sogar, dass diese Natur selbst nur eine erste Gewohnheit ist, wie die Gewohnheit eine zweite Natur." (o.J.: 65f.) Und Voltaire lässt 'die Natur' zum Philosophen sprechen: "Man hat mir einen Namen gegeben, der nicht zu mir paßt; man nennt mich Natur, aber ich bin ganz und gar Kunst" (zit. n. Spaemann 1994: 22). Diese Dekonstruktionsrhetorik richtet sich gegen die alte Naturvorstellung.[9] Bei den französischen Materialisten werden Natur und Vernunft gleichgesetzt und dem Übernatürlichen als der Ideologie des Ancien Régime gegenübergestellt. Natur soll aufhören, metaphysisch, sakral und unverfügbar zu sein.

Die äußere Natur gilt nun als unbeseelt, moralisch neutral und bar jedes Eigenzweckes (van den Daele 1991). Sehr pointiert drückt Francis Bacon dies aus mit der Bezeichnung der Natur als 'Materiallager' ("storehouse of matter"). Als bloßes Ausgangsmaterial des technischen Fortschritts dient sie in seinem utopischen Roman 'Neu-Atlantis', der im 17. Jahrhundert die Entwicklung der modernen Biomedizin und Biotechnologie erstaunlich präzise vorwegnimmt:

> "Wir haben auch Parkanlagen und Gehege, in denen wir alle möglichen vierfüßigen Tiere und Vögel halten. Wir halten sie nicht nur, um sie anzuschauen oder weil sie selten sind, sondern auch, um sie zu sezieren und anatomisch zu untersuchen, damit wir dadurch soweit wie möglich eine Aufklärung über den menschlichen Körper erhalten. Hierbei erzielen wir zahlreiche merkwürdige Erfolge: die Erhaltung des Lebens trotz Verlustes oder Entfernung verschiedener von euch als lebenswichtig angesehener Organe, Wiederbelebung mancher Wesen, die scheintot sind, und ähnliches. Wir erproben an ihnen alle Gifte und andere innerlich und äußerlich wirkenden Heilmittel, um den menschlichen Körper widerstandsfähiger zu machen. Auf künstliche Weise machen wir die einen Tiere größer

---

[9] Parallelen zur gegenwärtigen Rede von der Auflösung der Grenze zwischen Natur und Gesellschaft bei Bruno Latour (1995), Donna Haraway (1995), Antony Giddens (1996), Ulrich Beck (1986, 1988) und Christoph Lau (1999) sind vielleicht nicht ganz zufällig. Bemerkt wird heute, dass die Dominanz der Naturvorstellung des Industriezeitalters zu Ende geht.

2.3 Utilitätsorientierte Naturvorstellung – Prinzip Nutzen

und schlanker, als sie es ihrer Natur nach sind; auf der anderen Seite aber hindern wir andere Tiere an ihrem natürlichen Wachstum. (...) Auch in Bezug auf Farbe, Gestalt und Lebhaftigkeit verändern wir sie auf viele Arten. Wir finden Mittel, um verschiedene Tierarten zu kreuzen und zu paaren, die neue Arten erzeugen und nicht unfruchtbar sind, wie man gewöhnlich glaubt." (Bacon 1959: 92f.)

Bacon hat auch sehr hellsichtig die utilitätsorientierte Vorstellung von einer kausalen – also nicht mehr teleologischen, *von selbst* auf ein Ziel ausgerichteten – Wirkungsweise der Naturkräfte im 'Novum Organum' zur 'Interpretation der Natur und der Herrschaft des Menschen' auf den Begriff gebracht:

"Scientia et potentia humana in idem coincidunt, quia ignoratio causae destituit effectum. Natura enim non nisi parendo vincitur; et quod in contemplatione instar causae est, id in operatione instar regulae est." (Bacon 1990: 80)

"Menschliches Wissen und menschliche Macht treffen in einem zusammen; denn bei Unkenntnis der Ursache versagt sich die Wirkung. Die Natur kann nur beherrscht werden, wenn man ihr gehorcht; und was in der Kontemplation als Ursache auftritt, ist in der Operation die Regel." (Buch 1, 3. Aphorismus, Übersetzung zit. n. van den Daele 1991: 585)

Damit verlieren die Naturgesetze unmittelbare normative Konnotationen. Sie geben nunmehr lediglich an, unter welchen Bedingungen sich die Natur selbst verändert und wie sie dementsprechend auch durch technischen Eingriff umgeformt werden kann. Die Zielsetzung ist dabei, anders als in der teleologischen Auffassung, völlig ins menschliche Belieben gesetzt. Die Naturgesetze stellen hier Transformationsregeln dar, anhand derer sich prognostisch die Entwicklung physischer Prozesse vorausberechnen und instrumentell die Erfolgsbedingungen intendierter Veränderungen bestimmen lassen (vgl. Sandkühler 1978; Krohn 1981). Sie zu beachten ist ein Gebot utilitärer Klugheit und kein moralisches Gebot. Ein solches wäre auch überflüssig, nicht nur weil moralische Ansinnen nun von der Natur – vordergründig – strikt getrennt werden, sondern weil ein Naturgesetz im neuzeitlichen Sinn eben nur missachtet, aber nicht übertreten werden kann: Ein entsprechender Handlungsversuch müsste automatisch scheitern – oder die Gesetzeshypothese wäre eben falsch. Im Sinne der 'Entzauberungsthese' von Max Weber werden dann die konkreten Phänomene selbst eigentlich belanglos, weil sie – im Rahmen der Naturgesetze – beherrschbar und veränderbar sind (van den Daele 1991: 586f.). In dieser Perspektive ist die normative Unterscheidung zwischen Natur und Technik eingeebnet, indem beide als ein Kontinuum von instrumentellen Zusammenhängen verstanden werden.

Zumeist werden die Naturphänomene aber nicht bloß trivialisiert, sondern als Störfaktoren aufgefasst. Denn um trivialisiert werden zu können, müssten sie den Naturgesetzen gehorchen, was aber nur ausnahmsweise oder nur im Labor der Fall ist. Das herkömmliche Verständnis – der Kontrolloptimismus – der modernen Naturwissenschaft gründet auf dem Paradigma der Planetenbahnen, die tatsächlich aufgrund der Leere des Alls relativ einfachen Gesetzen ziemlich exakt gehorchen. Die meisten Phänomene, wie z.B. das Wetter, unterliegen dagegen einer enormen Vielfalt von wechselseitig interagierenden Einflussfaktoren, weshalb sie sehr viel weniger berechen- und beherrschbar sind. So musste schon Galileo Galilei, einer der

Gründungsheroen der modernen Naturwissenschaft, seine Experimentaldaten zum Gesetz der gleichförmig beschleunigten Bewegung 'frisieren', um die Reibungswiderstände zu eliminieren, die in seiner Modellwelt des 'freien Falls' nicht vorgesehen waren (di Trocchio 1994: 21ff.).

Im Selbstverständnis der Aufklärung sollte die neue Wissenschaft die Wendung von der übersinnlichen, auf Priesterherrschaft beruhenden Kosmologie zur sinnlichen, für jedermann zugänglichen Wahrnehmung der Welt markieren. Dagegen zeigt Paul Feyerabend, dass Galileis Theorien insgesamt sehr viel abstrakter und sehr viel weniger mit den sichtbaren Naturphänomenen zu vereinbaren sind als die älteren, auf Ptolemäus rekurrierenden Vorstellungen seiner Gegner (Jungius 2000). So besehen bleibt die sinnlich wahrnehmbare Natur auch in der modernen Wissenschaft in gewissem Sinne das, was sie schon für die Mönche des Mittelalters gewesen ist: ungehorsam, lästig und verhext, weil sie kaum der Idee von der *wahren* Natur entspricht. Das Labor und seine technologischen Äquivalente in der Lebenswelt sind für die Wissenschaftler und Techniker, was für die Mönche und Priester die Kirche bedeutete: Nicht das Reich Gottes, aber ein Ort, wo Gott oder die wahre Natur näherungsweise sichtbar werden. Und insofern gibt es auch für sie einen klaren missionarischen Auftrag: Der Welt das Labor und die Technik nahe zubringen und so die sinnliche Natur den Gesetzen der Rationalität zu unterwerfen – nicht mehr, weil die unkultivierte Natur böse wäre, sondern weil sie nun als schädlich aufgefasst wird.[10]

Die Veränderungen in der Einstellung zur Triebnatur des Menschen sind, auf den ersten Blick gesehen, ebenfalls radikal. Thomas Hobbes (1588-1679) geht in seiner Staatstheorie und Naturrechtslehre nicht mehr von gottgefälliger, sondern von gefallener Natur aus (Hobbes 1959; vgl. Mayer-Tasch 1965: 8ff.; Lübbe 1989: 12ff.). Im Naturzustand ist der Mensch unersättlich und aggressiv; hier herrscht 'der Krieg aller gegen alle'. Von Natur seien die Menschen gleich; zwar verfügten sie über unterschiedliche geistige und körperliche Kräfte, doch seien diese allemal ausreichend, um sich gegenseitig zu töten. Um die permanente gegenseitige Todesdrohung abzuwehren, muss der Mensch den Gesellschaftsvertrag akzeptieren, d.h. seiner eigenen Entwaffnung und der Unterwerfung unter das Gewaltmonopol des Souveräns zustimmen. Er tritt damit aus dem Naturzustand heraus und in die staatliche Ordnung ein. Soziale Ordnung wird hier also gerade nicht wie im identitätsorientierten Denken auf Natur gestützt, sondern im Gegenteil negativ von ihr abgesetzt. In diesem Sinne kann man davon sprechen, dass in der Moderne eine scharfe Trennung von Natur einerseits und Kultur oder Gesellschaft andererseits vorgenommen wird.[11]

---

[10] Insofern sind, entgegen den im Selbstverständnis der modernen Naturwissenschaften betonten Brüchen zur Vormoderne, durchaus auch deutliche Kontinuitäten zu erkennen. Viele Naturwissenschaftler in der frühen Neuzeit, wie z.B. Gottfried Wilhelm Leibniz, waren zudem nicht, wie Bacon, primär auf Nutzen aus, sondern wollten in den Wirkungen der Natur Gott schauen; sie werden daher als Physikotheologen bezeichnet (vgl. Krolzik 1990; Groh/Groh 1991b).

[11] In diesem Sinne ist es richtig, dass Natur und Gesellschaft in der Moderne voneinander getrennt sind (Latour 1995: 22ff.). Insgesamt stellt sich das Bild aber schon für den utilitätsorientierten Diskurs komplizierter dar, siehe dazu die Bemerkungen am Schluss dieses Unterkapitels. Außerdem sind

2.3 Utilitätsorientierte Naturvorstellung – Prinzip Nutzen

Allerdings wird bei Hobbes die Bereitschaft des Menschen, sich zu unterwerfen, sowie die Unterscheidung zwischen 'Gütern' und 'Übeln' – also die moralische Ordnung – ihrerseits aus dem natürlichen Trieb zur individuellen Selbsterhaltung und Sicherheit abgeleitet:

"Das erste Gut ist für jeden die Selbsterhaltung. Denn die Natur hat es so eingerichtet, dass alle ihr eigenes Wohlergehen wünschen. Um das erlangen zu können, müssen sie Leben und Gesundheit wünschen und für beide, soweit es möglich ist, Gewähr für die Zukunft. Auf der anderen Seite steht unter allen Übeln an erster Stelle der Tod. (...). Macht ist, wenn sie bedeutend ist, ein Gut, weil sie uns Mittel zu unserem Schutz gewährt; auf dem Schutz beruht aber unsere Sicherheit. (...). Freundschaften sind ein Gut, da sie nützlich sind. Denn Freundschaften tragen ganz besonders zur Sicherheit bei. (...). Reichtum, .. ist etwas nützliches, .. denn er erwirbt Freundschaften; Freundschaften aber dienen zum Schutz. Wer aber seinen Reichtum dazu nicht verwendet, fordert Haß und Neid heraus. Reichtum ist also nur ein scheinbares Gut." (Hobbes 1959: 24)

'Appetite' und 'Aversion' sind die beiden elementaren Grundkräfte im Menschen; sie sind an sich weder gut noch böse, sondern dienen der Selbsterhaltung. Im Naturzustand führen sie zu gegenseitigen Übergriffen, vom Gewaltmonopol entwaffnet können sie in ein friedliches Erwerbsleben münden.

Damit wird die Legitimation von Herrschaft auf eine neue Grundlage gestellt. Im Mittelalter gründet sie sich, wie wir gesehen haben, auf die in der natürlichen Ständeordnung sichtbar werdende Nähe des Kaisers und der Fürsten bzw. des Papstes und der Bischöfe zu Gott. Nun basiert sie – zumindest formal – auf der Gewalt und der Zustimmung gleicher Menschen, gegen deren Lebensgier und anarchische Gewaltbereitschaft allerdings der Souverän einen uneingeschränkten Machtanspruch besitzt, solange er selbst den Frieden wahrt und sichert (Mayer-Tasch 1965: 63ff.). Insofern gilt Hobbes auch als der Begründer des modernen Naturrechts (vgl. Breuer 1983: 131f.).

Zwar wurde im utilitätsorientierten Denken nicht immer ein so düsteres Bild von der menschlichen Natur entworfen wie bei Hobbes. John Locke, der in seinem Gesellschaftsvertrag weniger auf unbedingte Friedenssicherung, sondern auf Freiheit und Demokratie hinauswollte, sieht den Mensch gelegentlich eher als ein von Natur aus sittliches und kooperationsbereites Wesen. Hobbes' Naturverdammung markiert insofern einen Extrempunkt, der aber als solcher für die Konstruktion des Idealtyps eines utilitätsorientierten Denkens instruktiv ist: *Idealtypisch zugespitzt geht es dem utilitätsorientierten Denken um normativ zwingende Begründungen auf der Basis unbedingter materieller Notlagen.* Diese Notlagen sind von allem Anfang an konstruiert, und zwar im Kern durch eine radikale Umbewertung des Todes. Im Mittelalter war der Tod ständig präsent – in Gestalt von Gewalttätigkeit, Hungersnot, Krankheiten und Seuchen. Selbstverständlich hat man ihn zu vermeiden gesucht, aber er war im herrschenden Diskurs keineswegs das größte aller denkbaren Übel. Für die Ritter war der Krieg ein Vergnügen und im heldenhaften Kampf umzukom-

---

auch spezifisch alteritätsorientierte Trennungsformen zu berücksichtigen, die der Gesellschaft eine unberührte, wilde Natur *positiv* entgegensetzen (siehe nächstes Unterkapitel).

men allemal ehrbarer als 'im Bett' zu sterben. Für die Mönche und Priester war die Erde ein Jammertal, sterben musste der Mensch seit dem Sündenfall sowieso, und nur der Tod bot letztlich Aussicht auf Erlösung. Zudem dachte man kollektiv und nicht individualistisch: der Tod schuf Platz für die permanente Erneuerung des Lebens.

Die grundlegende Selbstverständlichkeit der Moderne, den Tod als das größte Übel anzusehen, musste also erst einmal hergestellt werden. Permanent reproduziert wird sie seitdem in der mythischen Erzählung vom Ausgang aus einem meist gar nicht so fern gelegenen Naturzustand, in dem es ums nackte Überleben ging. So etwa ein Beispiel aus der Gegenwartssoziologie, in dem die heute 'künstlich' gewordene Konsumwelt von einer 'natürlichen' Vorzeit, in diesem Fall der Nachkriegszeit bis ca. 1970, abgesetzt wird:

> "Am Anfang der Geschichte der von Menschen für Menschen angefertigten Dinge gilt das weiter oben beschriebene anthropologische Muster der Zielfindung. Die Urprodukte haben etwas mit Ernährung, Bekleidung, Behausung, Verteidigung und ähnlichen Zwecken zu tun, die auf das Überleben bezogen sind. Unabhängig voneinander haben verschiedene Kulturen die Zwecke ihrer Produkte ähnlich definiert und entsprechend ähnliche Gegenstände hergestellt." (Schulze 1994: 19)[12]

Immanent betrachtet, also von diesen Selbstverständlichkeiten ausgehend, ist klar, dass in der Zeit vor der Industrialisierung die Mehrzahl der Menschen unkultiviert in Not und Elend lebte. Sie aus diesem Zustand zu befreien, ist eine natürliche wie auch moralische Notwendigkeit – aus dem Sein folgt auch hier beinahe zwangsläufig ein Sollen. Aber mit wachsendem Erfolg untergräbt die utilitätsorientierte Kultur ihre eigenen Grundlagen. Denn indem sie im Zuge der Industrialisierung materielle Not immer mehr verringert und immer mehr Freiheit von Naturzwängen schafft, schwindet auch die immanente Plausibilität ihrer normativen Anmutungen. Schon Jeremy Bentham, einem Klassiker des philosophischen Utilitarismus im 18. Jahrhundert, war aufgefallen, dass 'Happiness' – heute besser: 'Nutzen' – als gesellschaftlich allgemeinverbindliches Ziel auf sehr wackeligen Beinen steht, weil Nutzen keinen ökonomisch mess- und vergleichbaren Parameter darstellt, sondern es sich um eine bloß subjektive Kategorie handelt:

> "Actually, Bentham assumed much more, namely, that there is a standard of utility *common to all individuals*. Without this common standard he could not possibly have formulated his famous utility principle: 'It is the greatest happiness of the greatest number that is the measure of right and wrong.' In an unpublished manuscript, Benthams skepticism did show itself in the admission that 'one man's happiness will never be another man's happiness: a gain to a man is no gain to another: you might as well pretend to add twenty apples

---

[12] Natürlich haben alle Kulturen ihr physisches Überleben sichern müssen und selbstverständlich findet man entsprechend auch bei allen Kulturen dafür geeignete Instrumente. Aber erstens gibt es bei allen uns bekannten, also auch den sog. primitiven Kulturen, reine Kultobjekte, d.h. vom utilitätsorientierten Standpunkt her betrachtet völlig nutzlose Dinge, und zweitens haben viele materiell nützliche Dinge zugleich auch eine kultische Bedeutung. Zum Utilitätsdenken selbst in der 'Kulturwissenschaft' Ethnologie und zur entsprechenden Verkennung der kultisch-symbolischen Dimension von Gebrauchsgegenständen vgl. Suhrbier 1998.

to twenty pears.' In one place he even denounced the axiom of cardinally measurable utility, but like countless others, he argued that this is the voice of 'indifference or incapacity', explaining later that even though the 'addibility of the happiness of different individuals' is groundless, without it 'all political reasoning is at a stand'. (Georgescu-Roegen 1968: 239; Herv. i. Orig)

'Das größte Glück der größten Zahl' – dieser Dreh- und Angelpunkt der kapitalistischen Ethik soll aus politischen Gründen gehalten werden, auch wenn 'Glück' oder 'Nutzen' wissenschaftlich nicht leicht zu fassen sind.[13] Ich lasse hier die verästelte akademische Debatte beiseite, die seither in der Grenznutzenlehre, der Wohlfahrtsökonomie und der Rational Choice-Theorie zu diesem Thema geführt wird. Denn im gesellschaftlichen Diskurs wurde das Problem im Allgemeinen durch 'negativen Utilitarismus' gelöst – man geht nicht von anzustrebendem Nutzen, sondern zu vermeidendem (physischem) Leid aus. Hunger, Krankheit, Schmerz und Tod werden, auf der Basis der christlichen und der utilitaristisch-säkularisierten Mitleidsethik, im Allgemeinen ohne Einwände als universell gültige Übel akzeptiert. Probleme tauchen erst dann auf, wenn der Verweis auf Hunger und Armut entweder bloß Fremde betrifft – Fernstenliebe ist bisher offenbar bloß sporadischer Natur – oder aufgrund gesteigerten Wohlstands nicht mehr überzeugend ist. Entsprechende Grenznutzenthesen sind vielfach formuliert worden, besonders in den 1970er und 80er Jahren, als infolge der 68er-Bewegung und der ökologischen Krise die Grundannahmen des utilitätsorientierten Denkens brüchig zu werden schienen bzw. auf neue Ziele – Abwehr von ökologischen Nebenfolgen – umgelenkt wurden (Hirsch 1980, Beck 1986, Campbell 1987, Inglehart 1997).

Doch utilitätsorientierte Vorstellungen sind erstaunlich zählebig, wie sich schon an den Wiederaufbaumythen in der Bundesrepublik zeigt, die bis in die 1970er Jahre dominant blieben und das Denken der Kriegsgeneration vielfach bis heute beherrschen, obwohl die echte materielle Not sehr schnell überwunden war. An die Stelle der bloßen Existenzsicherung trat dann der Kampf um sozialen Auf- und Abstieg, um Haben oder Nicht-Haben von Status-Symbolen, der, solange es Ungleichheit gibt, ewig fortgesetzt werden kann. Die Furcht vor dem Hungertod kann sich so in der Angst vor dem sozialen Tod nahtlos fortsetzen. Nach wie vor gilt im politischen Diskurs: Einen Legitimationsvorsprung gewinnt, wer eine 'Notlage' definiert. Entsprechend deutet selbst der Postmaterialismus-Index von Ronald Inglehart weiter auf ein zwar nicht ungebrochenes aber dennoch zählebiges Festhalten an materiellen Werten (van Deth 2001).

Und schließlich gibt es trotz allem immer noch Krankheit und den physischen Tod, 'das größte Übel'. Paradoxerweise sind Krankheit und Tod sogar in mancher Hinsicht präsenter denn je: Zum einen gibt es, demografisch betrachtet, immer mehr Alte. Zum zweiten verlängert der medizinische Fortschritt nicht nur das Leben, sondern auch das Siechtum. Für viele Krankheiten gibt es heute Vorsorgeuntersu-

---

[13] *Das kleine Glück für alle* – das war das praktische Motto des Staatssozialismus. In der materiellen Nutzenorientierung gibt es keinen Unterschied zwischen der 'westlichen' und der ehemals 'östlichen' Variante des Industrialismus, nur in der Frage, welcher Verteilungsmodus gerechter und welcher Organisationsmodus effizienter sei.

chungen und Vorsorgemaßnahmen, die die Krankheitsdrohung – lange vor einem möglichen Ausbruch – ständig bewusst halten. Zudem wird vieles, was vormals als normale Alterserscheinung galt, heute als 'Krankheit' behandelt (vgl. Krämer 1993; Bauman 1994).

Aber wahrscheinlich lassen sich Anfangserfolg und Kontinuität des utilitätsorientierten Diskurses ohnehin nicht nur immanent, also materiell erklären. So waren es wohl nicht allein die materiellen Übel der Religionskriege, die die Bereitschaft für die Übernahme der utilitätsorientierten Ideale weckten. In den großen Pestepidemien des Mittelalters hatte der Tod noch viel durchschlagender um sich gegriffen, ohne jedoch die Eliten vollständig zu demoralisieren. So wird das 14. Jahrhundert auch als eine Zeit beschrieben, die trotz oder teilweise sogar aufgrund des Bevölkerungsrückgangs – der Platz für Neue und Neues schuf – recht optimistisch und heiter gestimmt war (Duby 1999: 339ff.). Wichtiger als die materiellen Faktoren waren wahrscheinlich die soziale Entwurzelung und die kulturelle Orientierungslosigkeit, die die Religionskriege auslösten. Stephen Toulmin (1994) hat sehr eindrücklich beschrieben, wie in dieser Zeit, in der alle vorgängigen Kulturbestände fragwürdig und korrumpiert erschienen, neue Gewissheiten auf der Basis einer 'tabula rasa' – heute würde man sagen 'am Reißbrett' – als reine Kopfgeburten geschaffen wurden.

In diesem Sinne lässt sich auch Hobbes' Rekurs auf einen fiktiven Naturzustand verstehen. Parallelen zum neuzeitlichen physikalischen Denken und zur Mathematik sind unverkennbar – und damit zum Paradigma wissenschaftlicher Naturbeherrschung schlechthin (vgl. Mayer-Tasch 1965: 8ff.).[14] Sie sind auch insofern naheliegend, als Hobbes selbst zur Weiterentwicklung des physikalischen Begriffs der Bewegung beigetragen hat, wobei er an Galilei anknüpfte (Kaulbach 1971: 873f.). Er geht nicht von einem konkreten, historisch gewachsenen Zustand von Gesellschaft aus – insofern sieht er von jeglicher Sozialisation und Enkulturation strikt ab, ähnlich wie die Physik von jedem naturgeschichtlichen Gewordensein ihrer Gegenstände. Dabei bezieht er sich auf isoliert gedachte Einzelwesen – menschliche Individuen, ähnlich wie 'Körper' im Atomismus der Physik. Diese werden im Naturzustand – oder im naturwissenschaftlichen Modell – wiederum auf wenige mechanische Grundparameter reduziert: 'Appetite' und 'Aversion' in der Psychologie von

---

[14] Man muss hier zwischen analytisch-synthetischen und deskriptiv-taxonomischen Naturwissenschaften unterscheiden. Erstere gehören alle zur Physik (Mechanik, Hydraulik, Optik etc.) oder gründen auf Physik, wie z.B. die Chemie. Sie reduzieren Natur auf mathematisierbare Grundelemente und setzen diese neu zusammen. Insofern entsprechen sie vollständig dem Baconschen Ideal: Indem die Physik dem Ideal exakter Quantifizierbarkeit und Reproduzierbarkeit – beherrschter Natur – am nächsten kommt, gibt sie das schlechthinnige Vorbild ab. Die deskriptiv-taxonomischen Disziplinen dagegen beschreiben Natur lediglich in ihrer konkreten Gestalt, wie etwa die Botanik, Zoologie, Geologie und Klimatologie. Diese (aber nur diese) sind, wie Wolfgang Lepenies (1976) gezeigt hat, vom statischen Bild der Schöpfungsordnung zum Denken in natur*geschichtlichen* Termini übergegangen. An der Biologie können wir gegenwärtig beobachten, wie sich eine ehemals deskriptiv-taxonomische Disziplin nun – mittels Gentechnik, die ihrerseits auf Chemie und Physik gründet – teilweise in eine analytisch-synthetische Disziplin verwandelt (Winnacker 1987; Hohlfeld 1988). Theoretisch ist hier denkbar, dass man eines Tages Lebewesen molekular vollständig neu zusammensetzen kann, und insofern auf Mikrobiologie, Botanik und Zoologie als Wissenschaften vom natürlichen 'Ausgangsmaterial' kaum mehr angewiesen sein würde.

Hobbes, 'Ausdehnung' und 'Impuls' bei Galilei. Indem er vom Tod als größtem Übel und vom Überleben als erstem Motiv ausgeht, gewinnt Hobbes so eine auf vermeintlich unbestreitbarer Natur rational – und das heißt zwingend – abgeleitete Begründung des autoritären Staates.

Bezogen auf das Selbstverständnis des Individuums lässt sich Toulmins These an René Descartes Formel vom 'Cogito ergo sum' verdeutlichen. Das Individuum, aus dem sozialen Kollektiv und kulturellen Traditionsbeständen herausgefallen, erschafft sich in einer reflexiven Wendung aus sich selbst heraus: nicht aus Gottes Ratschluss, sondern aus der eigenen Kognition (res cogitans). Man hat dies vielfach als Akt der radikalen Subjektivität gedeutet, und in der Tat, der Mensch befreit sich hier aus der Schöpfungs- und Ständeordnung und stellt sich ganz auf sich selbst. Die metaphysischen Gründe für die Ungleichheit und Unterordnung sind aufgehoben.

Aber zugleich bekommt er Angst vor der Freiheit und fesselt sich an das utilitätsorientierte Denken, das auf *zwingendem* Schließen beruht und insofern die gewonnene Freiheit auf der Stelle wieder zum Verschwinden bringt: *Negativer Utilitarismus – Leidvermeidung, Kampf gegen sozialen Abstieg – kassiert die Freiheit bei der Wahl der Ziele. Rationalität, die Kontingenz und Ungewissheit zu reduzieren sucht oder andernfalls ausblendet, ermittelt dazu den einzig gangbaren Weg ('the one best way') und kassiert so die Freiheit bei der Wahl der Mittel.* Indem Menschen kalkuliert nach ihrem materiellen Nutzen streben, werden sie auch füreinander – wechselseitig – verständlich, transparent und berechenbar. Auf dieser Basis kann sich ein Mindestmaß an Vertrauen und spontaner Ordnung entfalten. Das war das Argument, mit dem Baron de Montesquieu, Bernard Mandeville und viele andere die Umwertung der ehemals als eher anrüchig, zumindest aber niedrig angesehenen wirtschaftlichen 'Interessen' betrieben – gegen die Leidenschaften des Adels und die Despotie des Königs (Hirschman 1980). Utilitarismus und Rationalismus sind also nicht nur auf die materiellen und instrumentellen Ziele ausgerichtet, die ihr Selbstverständnis ausmachen. Zugleich dienen sie der existenziellen Vergewisserung der Menschen in der Welt und der Generierung sozialer Ordnung – und stellen also selbst eine Kosmologie dar, gleichgültig wie sehr sie sich ihrem eigenen Verständnis nach gegen Weltanschauungen und Religionen richten mögen.

Es könnte also sein, dass dieses Denken nicht nur in materiellen Notlagen, sondern auch dann besonders stark um sich greift, wenn *andere* kulturelle Orientierungsmuster wegbrechen oder, wie in den USA, von vornherein fehlen. Beinahe zwangsläufig ergibt sich hier eine gewisse Gleichzeitigkeit von materiellen und existenziellen Nöten: Deutschland war nach dem Krieg (jedenfalls für kurze Zeit) arm und – vor allem – demoralisiert. Die 'Wende' und der Beitritt der Neuen Bundesländer führten zu einem materiellen Einbruch (für Westdeutschland) und zu einem starken Anstieg der Arbeitslosigkeit, zugleich aber auch auf beiden Seiten zu massiver kultureller und politischer Orientierungslosigkeit. Entsprechend empfänglich wurde Deutschland für den neoliberalen Standortdiskurs.

So wird also unser Aufenthalt im 'Reich der Notwendigkeit' fortgesetzt *ad libidum*. Ganz gegen den rationalistischen Anspruch der Trennung von Sein und Sollen werden normative Vorstellungen auch im utilitätsorientierten Denken auf Natur gegründet. Zum einen bezieht man sich auf die empirische Triebnatur des Menschen, und zwar in zwei vollkommen gegensätzlichen Weisen: Einerseits ist es der Hunger nach Nahrung, Behaglichkeit und Sicherheit, der in der Konsumsphäre geradezu hemmungslos freigesetzt wird. Hier wird die Kultur tief in der Natur eingebettet – so tief, dass sie fast versinkt. Gewalt, Emotionalität und Sexualität dagegen sollen möglichst gebändigt werden, jedenfalls soweit sie die Produktion und Akkumulation des materiellen Reichtums hemmen (Weber 1996; Elias 1976). Hier kommt es, besonders ausgeprägt in der zweiten Hälfte des 19. Jahrhunderts (Lukas 2000), zu einer ziemlich schroffen Absetzung von 'Zivilisation', 'Kultur' und 'Rationalität' gegen die innere Triebnatur des Menschen. Einfacher ist die Stellung gegenüber der äußeren Natur: In unkultiviertem Zustand ist sie schädlich. Daher der – auch vom Hunger und seinen Derivaten diktierte – 'Sachzwang', sie nach Maßgabe der Naturgesetze zu bändigen und alle Überraschungen auszuschalten.

Zusammenfassend ist festzuhalten (vgl. Tabelle 2.3): In der Aufklärung wird die Zentrierung des Kosmos auf Gott und damit die objektive Ordnung aufgesprengt. Die Menschen werden nun das 'Maß aller Dinge', aber gegen die durch Subjektivierung entfachten Zentrifugalkräfte entwickeln sie im Rationalismus ein neues Mittel zur Selbstobjektivierung, das sie vor existenziellen Zweifeln schützt und ihr Verhalten untereinander mehr oder weniger transparent und berechenbar macht. Im Liberalismus wie im Sozialismus versuchen sie industrielles Wachstum zu entfalten – freilich mit ansonsten unterschiedlichen Vorstellungen über individuelle Freiheit und Verteilungsgerechtigkeit, die dann den zentralen Konflikt des Industriezeitalters ausmachen. Was man nun unter dem Naturbegriff fasst, sind seelenlose Dinge, die

Tabelle 2.3: Prinzip Nutzen – das utilitätsorientierte Weltbild im Überblick

Historische Genese	**Gegenwart**
In der Aufklärung wird die Zentrierung des Kosmos auf Gott und damit die objektive Ordnung aufgesprengt. 'Der Mensch' wird 'Maß aller Dinge'.	Entfaltung materiellen Wohlstands, um Hunger und Krankheit abzuwehren, und die instrumentelle Autonomie von Menschen zu stärken.
Gesellschaftliche Orientierung	**Naturvorstellung**
Liberalismus oder Sozialismus mit dem Ziel der Freisetzung oder Organisierung wirtschaftlichen Wachstums (bei unterschiedlichen Vorstellungen über Verteilungsgerechtigkeit).	Rationalität als neue Methode der existenziellen Vergewisserung. Gemäß der ihr inhärenten Naturgesetze soll Natur berechenbar und beherrschbar gemacht werden.
Haltung zur Natur des Menschen	**Haltung zur äußeren Natur**
Einerseits wird die 'Unersättlichkeit' betont, andererseits werden alle Regungen abgedrängt, die der (Selbst-)Kontrolle und (Selbst-)Instrumentalisierung entgegenstehen.	Technisch unkontrollierte Natur wird einerseits als Bedrohung, andererseits als Ressource (und Senke) wahrgenommen, die unbegrenzt zur Verfügung steht.

nur noch mittels mechanischer Prinzipien aufeinander einwirken. Ohne technische und sozialtechnologische Kontrolle ist diese Natur tendenziell bedrohlich – als innere Triebnatur wie auch als Gefahr von außen. Nur das Streben nach Sättigung, Schutz, Autonomie und Macht – und davon abgeleitet das Streben nach Komfort und sozialem Rang – werden als positive Triebkräfte wahrgenommen, die unerschöpflichen Ressourcen der Welt in unermesslichen Reichtum zu verwandeln (und in Abfälle, für die sich schon irgendwo eine Senke finden lässt).

2.4 Alteritätsorientierte Naturvorstellung – Prinzip Sehnsucht

Das utilitätsorientierte Subjekt des Industrialismus, so habe ich oben behauptet, ist ein halbiertes Subjekt: Es wirtschaftet zwar auf eigene Rechnung, ist aber auch ganz im Nützlichkeits- und Effizienzdenken gefangen. Dagegen richtet sich nicht nur die Reaktion der Gegenaufklärung in ihrem Bemühen, die sich vollziehende Subjektivierung aufzuhalten und die verlorengegangene Einheit wiederherzustellen, sondern auch eine Vielzahl alteritätsorientierter Emanzipationsbewegungen in ihrem gegenteiligen Bemühen, über die wirtschaftliche Freisetzung (zunächst des Mannes) hinaus Subjektivierung in allen möglichen Facetten zu entfalten und zu erproben. Bevor ich hier auf historische Entwicklungen zu sprechen komme – vom Sensualismus und der Frühromantik bis hin zu postmodernen Emanzipationsbewegungen – will ich zunächst eine systematische Definition des Idealtypus alteritätsorientierter Einstellungen vornehmen: *Es geht nicht um Glückssteigerung im Sinne von Nutzenmaximierung, sondern – eingedenk der Erkenntnis, dass man Genuss nicht beliebig steigern kann – um Erlebnis- und Erfahrungssuche, die aber nicht nur auf äußere Bereiche ausschweift, sondern auch zugleich in selbstreflexiver Manier die rezeptiven Einstellungen des Subjekts variiert.* Die nach außen gerichtete, aktivistische Seite dieser Haltung wird sehr plastisch von Lord Byron, einem frühromantischen Schriftsteller und Abenteurer, beschrieben (und verkörpert):

> "The great object of life is sensation – to feel that we exist, even though in pain. It is this 'craving void' which drives us to gaming – to battle, to travel – to imperate, but keenly felt, pursuits of any description, whose principal attraction is the agitation inseparable of their accomplishment." (zit. n. di Lampedusa o.J.: 31)

Novalis (Friedrich von Hardenberg), ein deutscher Frühromantiker, betonte (und verkörperte) dagegen stärker die ästhetisch-reflexiven Aspekte dieser Einstellung:

> "Die Welt muß romantisirt werden. (...) Indem ich dem Gemeinen einen hohen Sinn, dem Gewöhnlichen ein geheimnißvolles Ansehn, dem Bekannten die Würde des Unbekannten, dem Endlichen einen unendlichen Schein gebe, so romantisire ich es." (zit. n. Mähl 1995: 668)

Getrieben waren die Romantiker allerdings vielfach noch von der Suche nach *Einheit oder Ganzheit*, also einer im Prinzip vormodernen Idee. So auch Novalis, bei dem die romantische Ästhetik der Sichtbarmachung *einer* höheren Welt dient, der des transzendenten absoluten Geistes (Mähl 1995; vgl. Mannheim: 459f.). Wenn man hier statt Geist Gott setzt, ist diese Haltung nicht sehr weit entfernt von der mittelalterlichen Mystik, die durch die sinnlich wahrnehmbaren Phänomene hindurch eine Idealnatur und damit den Abglanz Gottes zu schauen suchte. Insofern ist auch zu erinnern, dass viele Romantiker eingedenk dieser Ambivalenz – vor allem in der historischen Phase der Spätromantik, zum Teil auch im biografisch höheren Alter – zur Gegenaufklärung übergingen oder von vornherein mit der Reaktion sympathisierten (Mannheim 1964; L. Marcuse 1968). *Alteritätsorientiert ist hier also nicht das vielfach proklamierte Ziel des Verschmelzens und Aufgehens in einer Ganzheit, sofern es denn erfolgreich wäre* – das wäre die Selbstaufgabe des Subjekts. Alteritätsorientiert ist vielmehr die drangvolle Suche, der Wunsch nach Hingabe des Subjekts an eine fremde Welt – die, wenn sie denn nach einiger Zeit unvermeidlicherweise 'gewöhnlich, bekannt und endlich' erscheint, entweder gewechselt oder erneut entrückt und verfremdet werden muss.

Tatsächlich haben dann viele Romantiker das erstere, Einheit und Ganzheit, teilweise zwar propagiert, aber dabei das letztere, rastlose Suche und Vielheit, gelebt. Verschmelzung – gleichbedeutend mit Erlösung im Diesseits, und zwar hier und jetzt! – haben sie sich als ganz unerhörtes subjektives Erlebnis vorgestellt. Da aber intensive Reize und Empfindungen nicht dauerhaft anhalten können,[15] wechselten zwangsläufig die Objekte und Medien ihrer Verschmelzungssehnsucht – Natur, Nation, katholische Kirche, Mittelalter, Liebe, Freundschaft, narzistische Selbstbespiegelung, Sozialromantik – in rascher und oft jäher Folge, unterbrochen von Nihilismus, Weltschmerz und Todessehnsucht (Schenk 1970). Wenn man sie von ihren regressiven Tendenzen, politischen Ambivalenzen und rezeptiver oder epigonaler Verkitschung reinigt, bedeutet Romantik dann vor allem: Imagination, Ironie, Dezentrierung, jäher Perspektivwechsel, Bruch, Verfremdung. So besehen kann man in ihr die Wiege der modernen Ästhetik erblicken, wie Karl-Heinz Bohrer (1989) in seiner Verteidigungsschrift gegen den Mainstream der rationalistisch-progressiven Verdammung dargelegt hat. Man darf sich nicht täuschen lassen: Objektiv betrachtet läuft die sehnsuchtstolle Suche auf die Vervielfältigung der Welten hinaus, auch wenn die Akteure subjektiv im jeweiligen Moment Ganzheit, Einheit und Einfachheit anstreben.

2.4.1 Exkurs: Wertkonservativismus und rückwärtsgewandte Romantik – nostalgische Ganzheitlichkeit

'Traditional' ist nach Karl Mannheim (1964) das Festhalten an überkommenen Lebensgewohnheiten (vgl. oben, Kap. 2.2), 'konservativ-romantisch' dagegen der Wunsch, die vom Fortschritt längst ausgehöhlte traditionale Lebensform zu verteidigen und wiederherstellen zu wollen. Der Konservativismus ist insofern eine durchaus moderne Erscheinung – ideengeschichtlich wird sein Anfang im Allgemeinen auf Edmund Burkes 1790 erschienene Streitschrift gegen die Französische Revoluti-

---

[15] Vgl. etwa Emile Durkheim (1977: 273ff.) mit Verweis auf das Weber-Fechnersche Gesetz der Wahrnehmungspsychologie. Zur Rezeption desselben in der zeitgenössischen Nationalökonomie vgl. auch Max Weber (1951: 384ff.).

on datiert (Fritzsche 1977: 58f.). Entsprechend ist der Konservativismus eine Denkbewegung, die zwar im Traditionalismus als bloß reaktivem Verhalten wurzelt, diesen aber gegen Widerstände zu einem *expliziten* Sinnkomplex formiert. Insofern spricht Mannheim auch vom Konservativismus als dem 'Reflexivwerden des Traditionalismus' (ebd.: 424):

> "[E]rst wenn dieser Traditionalismus zum Träger einer bestimmten, konsequent durchgehaltenen Lebens- und Denkeinstellung (im Gegensatz zum revolutionären Erleben und Denken) wird und als solcher sich auf das gesellschaftliche Werden in seiner Totalität hin als eine abgehobene Strömung funktionalisiert, bekommt er seine spezifisch 'konservativen' Züge."

Die Ironie des Konservativismus besteht darin, dass er oft erst mit dem Untergang der von ihm präferierten Lebensformen in Erscheinung tritt. Entsprechend erscheint die Verbundenheit mit dem 'Sein' oder der 'Natur' eigenartig entrückt und verklärt – die nostalgisch ersehnte 'Ganzheitlichkeit' ist schon verloren und wird daher auch nicht mehr von den zermürbenden Trivialitäten der Alltäglichkeit berührt. Sie erinnert insofern deutlich an alteritätsorientierte, romantische Formen der Objektkonstitution – dort sind das Mittelalter, das Landleben, der Katholizismus, die altständische Sozialordnung Fluchtpunkte umherschweifender Imagination. Mannheim hat daher Konservativismus und Romantik gleich in eins gesetzt. Allerdings bezieht sich seine Rezeption der Romantik im Wesentlichen auf Werke der deutschen Spätromantik, die nach den Napoleonischen Feldzügen in der Restaurationszeit entstanden waren. Diese von Mannheim selektiv in den Blick genommenen Züge der Romantik sind von Literaturwissenschaftlern wie Marcuse (1968) und Bohrer (1989) als 'regressiv' bzw. 'reaktionär' bezeichnet und deutlich von ihren 'progressiven' bzw. 'modernen' Tendenzen geschieden worden.

Der Unterschied ist allerdings häufig nicht sofort festzustellen und auch nicht an einzelnen Aussagen festzumachen – die Einheits- und Ganzheitlichkeitssemantik, die eher im konservativen Diskurs 'zuhause' ist, wird von beiden Seiten gebraucht. Umgekehrt sieht sich der Konservativismus zu einer ähnlichen Form der Objektkonstitution gezwungen, wie sie von der Romantik seit Novalis propagiert wurde: Da die Einheit, Ursprünglichkeit, Fraglosigkeit immer schon verloren ist, kann sie auch nur aus der Ferne herbeigesehnt werden. Der Lackmus-Test zur Unterscheidung wäre: Ob die Lebensweise der 'guten, alten Zeit' wirklich mit allen Konsequenzen – also: Einfügung in die Hierarchie, Aufgehen in der Schöpfungsordnung und Selbstaufgabe des Subjekts – und zugleich dauerhaft erstrebt wird, oder ob nur einzelne Aspekte früherer Lebensweisen, etwa Gemeinschaftlichkeit und naturnähere Produktionsformen, herausgegriffen und als Experimentiermaterial in alteritätsorientierten Lebensstilen verwendet werden (vgl. Schenk 1970).

Was heißt aber 'wirklich'? Die Probe aufs Exempel hat auf gesamtgesellschaftlicher Ebene allenfalls die 'Konservative Revolution' angestrebt und sich damit in einen anderen Widerspruch verrannt (vgl. Fritzsche 1977; vgl. Breuer 1990). Seit Burke war der Konservativismus mit guten Gründen gegen jede Art von Revolution aufgetreten. Bewahrt werden sollte das Gewachsene und damit Natürliche und nicht ein längst Vergangenes willkürlich wiederhergestellt werden – das willkürliche Herstellen war ja gerade das Signum des Industriezeitalters. Entsprechend blieb auch der praktische Versuch 'konservativer Revolution', die 'Blut-und-Boden'-Politik der Nazis in Modernitätszwänge vielfältig verstrickt.[16] Es erweist sich also auch hier, dass die verlorene Einheit imaginär bleibt.

Umgekehrt kommt Vielfalt de facto häufig gerade dadurch zustande, dass Einheit – als Höchstes, Unüberbietbares – rastlos gesucht wird. Denn offenbar ist nur 'Einheit' als Idee in der Lage, leidenschaftliches Engagement zu mobilisieren, indem sie die Energien – jedenfalls für eine bestimmte Zeit – auf ein einziges Ziel hin bündelt. Vielfalt kommt dann zustande durch Uneinigkeit und Unstetigkeit, aber sie kann – wenn sie ihrerseits nicht wieder aus einer Einheit entspringen soll – nicht gezielt hergestellt werden. Individuen und Kollektive können Vielfalt also nur abgeklärt und distanziert erdulden oder begrüßen: Vielfalt *entsteht*, indem Einzelne oder Gruppen nach neuer Einheit im Anderen streben.[17]   *Ende des Exkurses*

Wie entfaltet sich nun die alteritätsorientierte *Natur*vorstellung? Oben hatte sich schon angedeutet: Weder der identitätsorientierte noch der utilitätsorientierte Diskurs interessieren sich für die sinnlich wahrnehmbare Natur – und genau darauf hebt der alteritätsorientierte Diskurs ab. Und zwar sinnlich durchaus im doppelten Wortsinn: einerseits indem er die sinnlich wahrnehmbare Seite der Objekte hervorhebt, zum anderen indem er die 'Sinnlichkeit' der Subjekte betont und die Befreiung ihrer Sensibilität, Emotionalität und Phantasie aus dem Gefängnis von überkommener Sittenstrenge, mechanischer Triebabfuhr[18] und rationalistischer Wahrnehmungsverengung propagiert.

Man findet schon seit der Antike bildliche und dichterische Darstellungen 'schöner Natur' und ländlicher Idyllen (Busch 1997). Diese werden in der spätmittelalterlichen Dichtung im Pastorale zu einer Gegenwelt des höfischen Lebens ausgebaut (Huizinga 1969: 177ff.). Hier ein Auszug aus dem zur klassischen Vorlage gewordenen Gedicht 'Le dit de Franc Gontier' von Philipp de Vitry aus dem 14. Jahrhundert :

Soubz feuille vert, sur herbe delitable	Unter grünem Blattwerk, auf köstlichem Gras,
Les ru bruiant et prez clere fontaine	Neben rauschendem Bach und bei klarer Quelle

---

[16] Für eine Reagrarisierung, zumal auf einem ohne Technisierung niedrigen Niveau der Flächenproduktivität, schien Deutschland zu dicht besiedelt – daher auch die Parole vom 'Volk ohne Raum' (vgl. Heuser 1991). Die Expansion war aber nicht ohne militärische Aggression möglich. Deshalb blieb schon aus militärischen Gründen die Bindung an industrielle Rationalität erforderlich.

[17] So ist es, wie die Familiensoziologie schon seit einiger Zeit beobachtet, paradoxerweise gerade die heftige Sehnsucht nach romantischer Einheit, an der viele Ehen – auf Dauer – scheitern, die also zu einer Vielfalt der Liebesverhältnisse führt.

[18] Max Weber weist in der 'Protestantischen Ethik' auf den Unterschied zu den mittelalterlichen Kasteiungen hin: "Dem Leib soll gewährt werden, was er bedarf, sonst wird man sein Knecht" (1996: 145, FN 294)

2.4 Alteritätsorientierte Naturvorstellung – Prinzip Sehnsucht 79

Trouvay fichee une borde portable,	Fand ich eine tragbare Hütte befestigt;
Ilec mengeoit Gontier o dame Helayne	Dort aß Günter mit Frau Helene
Fromage frais, laict, burre fromaigee,	Frischen Käse, Milch, käsige Butter,
(...)..	(...).
J'oy Gontier en abatant son arbre	Ich hörte Günter beim Baumfällen
Dieu mercier de sa vie seüre:	Gott danken für sein sicheres Leben
'Ne sçay – dit-il – que sont pilliers de marbre,	'ich weiß nicht' sprach er, 'was Marmorpfeiler sind,
Pommeaux luisans, murs vestus de paincture;	Glänzende Knöpfe, mit Malerei bekleidete Mauern;
Je n'ay paour de traïson tissue	Ich fürchte nicht den Verrat, der gesponnen wird
Soubz beau semblant, (...).'	Unter freundlicher Miene (...).'
Labour me paist en joieuse franchise;	Die Arbeit ernährt mich in froher Freiheit;
Moult j'ame Helayne et elle moy sans faille (...).	Gar sehr liebe ich Helenen, und sie mich ohne Falsch (...)
	(Original und Übersetzung zit. n. Huizinga 1969: 178f.)

Das einfache Leben in der Natur – in Mäßigkeit, Gesundheit, Arbeit und unbeschwerter ehelicher Liebe – ist hier vor allem *moralisches* Gegenbild gegen Eitelkeit, Verlogenheit und tödlichen Verrat am Hofe.[19] Offenbar war es auch der Adel, der erstmals praktische Exkursionen 'zurück zur Natur' unternahm: Marie Antoinette – "Was schreit das Volk nach Brot, soll es doch Kuchen essen!" – hat in Trianon gemolken und gebuttert (Huizinga 1969: 183f.). Die Kulisse des Schäferspiels kann aber auch der Darstellung von erotischen Szenen dienen und verlagert damit die mittelalterliche Minne, in der eine aus den Banden der Zweckehe befreite Sexualität kultiviert wurde, hinaus in die freie Natur (vgl. Duby 1999: 444ff.). Zugleich entwickelt sich hier eine ästhetische Darstellung nicht-menschlicher Natur:

> "Alle Elemente der höfischen Liebesauffassung werden einfach in das Schäferliche transponiert; ein sonniges Traumland hüllt das Verlangen in einen Hauch von Flötenspiel und Vogelsang ein. (...) Im Pastorale findet die Erotik immer wieder die Berührung mit dem Naturgenuß, die ihr unentbehrlich war. So wird das Pastorale das Feld, auf dem sich der literarische Ausdruck des Naturgefühls entwickelt. Anfänglich geht es noch nicht um das Beschreiben von Naturschönheit, sondern um das unmittelbare Wohlbehagen an Sonne und Sommer, Schatten und klarem Wasser, Blumen und Vögeln. Naturbeobachtung und -schilderung kommt erst an zweiter Stelle, die Hauptabsicht bleibt der Liebestraum; als Beigabe liefert die schäferliche Poesie manchen anmutigen Realismus." (Huizinga 1969: 184)

---

[19] Ein ähnliches Motiv stellt die schon sehr früh vorgenommene Entgegensetzung von verderbtem Stadt- und sittlich wohlgefälligem Landleben dar (Williams 1973).

Gleichgültig was nun Vorrang hat, Erotik, unmittelbares Naturempfinden oder ästhetisch-distanzierte Naturbeobachtung, es geht hier allemal um rein sinnlichen Naturgenuss, um Naturgenuss also, der sowohl zweckfrei als auch moralfrei ist. Das soll nicht heißen, dass es dergleichen vorher nicht gegeben hätte, aber es war *nicht diskursfähig* – in dreifacher Bedeutung: Es wurde allenfalls indirekt überliefert, weshalb man wenig darüber wissen kann. Es war moralisch anstößig und konnte nur stillschweigend und im Verborgenen stattfinden. Deswegen konnte und musste es aber auch nicht kultiviert werden. Mit 'es' meine ich dabei nicht nur Erotik. In Petrarcas berühmtem Bericht von der Besteigung des Mont Ventoux aus dem 14. Jahrhundert wird die damals noch bestehende moralische Zwiespältigkeit gegenüber rein ästhetischem Naturgenuss deutlich. So die Darstellung von Ruth und Dieter Groh:

> "Er [Petrarca] versinkt keineswegs in ergriffene Betrachtung der weiten Landschaft. Zuerst steht er wie betäubt durch einen ungewohnten Hauch der Luft und durch den ganzen freien Rundblick, berichtet dann aber recht nüchtern, was er in den verschiedenen Himmelsrichtungen sieht und was er in der Ferne erahnt. Als er, um nach dem Leib auch die Seele zu Höherem zu erheben, die stets mitgeführten *Bekenntnisse* des Augustinus aufschlägt, trifft er zufällig auf jene berühmte Stelle, die das Bestaunen großartiger Natur als Übertretung des Gebots christlicher Selbsteinkehr erscheinen läßt." (Groh/Groh 1991a: 109)

Augustinus hatte an der bezeichneten Stelle geschrieben:

> "Und da gehen die Menschen hin und bewundern die Höhen der Berge und die Fluten des Meeres ohne Grenzen, die weit dahinfließenden Ströme, den Saum des Ozeans und die Kreisbahnen der Gestirne, aber sie haben nicht acht ihrer selbst?" (zit. n. Groh/Groh 1991a: 106)

Es hat also das Bestaunen großartiger Natur schon mindestens im 4. Jahrhundert gegeben, sonst hätte es der große Kirchenlehrer schwerlich als 'voluptas oculorum', als reine Augenlust und damit niedere Wahrnehmungsweise missbilligen können. Allerdings scheint die quasi-religiöse Ergriffenheit im Angesicht von wilder, unkultivierter Natur ein neuzeitliches Phänomen zu sein. Die Berge zum Beispiel galten einstmals als 'Warzen im Antlitz der Erde', als Strafe Gottes nach dem Sündenfall (ebd.: 112f.). Selbst Johann Wolfgang Goethe, der Nationaldichter der 'romantischen' Deutschen, schreibt noch 1823 über die Hochalpen:

> "Diese Zickzackkämme, die widerwärtigen Felswände, diese ungestalteten Granitpyramiden, welche die schönsten Weltenbreiten mit den Schrecknissen des Nordpols bedecken, wie sollte (...) ein Menschenfreund sie preisen!" (zit. n. Groh/Groh 1991a: 107)

Groh und Groh haben detailliert beschrieben, wie sich im 17. und 18. Jahrhundert die Umwertung 'von den schrecklichen zu den erhabenen Bergen' in drei Argumentationssträngen vollzogen hat. Zum einen hob man ihren Nutzen hervor – als Wasserwerke der Natur, reich an Heilquellen und Mineralien, als Schutzwall gegen Winde und Bollwerk gegen Feinde. Zum anderen beschrieb man sie als moralisch zuträglich – die Kargheit ihrer Lebensbedingungen verhindere den Sittenverfall ihrer Bewohner. Letztlich entscheidend war aber wohl, dass im Rahmen der physikotheo-

2.4 Alteritätsorientierte Naturvorstellung – Prinzip Sehnsucht

logischen Deutung die empirisch vorfindliche Natur als Gottes Schöpfung aufgewertet und eben nicht mehr als Resultat des Sündenfalls verstanden wurde. Dadurch konnte nicht nur dem naturwissenschaftlichen Studium ein religiöser Sinn verliehen, sondern auch die sinnliche Anschauung als Wahrnehmung der Erhabenheit Gottes in der Natur verstanden werden (vgl. Merton 1970). Die Unendlichkeit der Natur, wie sie gerade beim Anblick des Sternenhimmels, des Ozeans und der Berge aufscheint, wurde als Sinnbild der Unendlichkeit Gottes begriffen. Die klassische Vorstellung des Schönen als maßvoll, symmetrisch, harmonisch, und wohlproportioniert, die etwa bei Goethes Verdammung der Alpen zum Ausdruck kommt, wurde entsprechend aufgesprengt. Henry More findet 1652 ästhetisches 'Vergnügen an der Unordnung' (ebd.: 124). Dem Typischen, Konstanten und Regelmäßigen wird das Individuelle, Veränderliche und Ungewöhnliche nun positiv entgegengesetzt. Das Erhabene wird bei Joseph Addison 1714 gleichbedeutend mit dem Großen ('great') – klassisch gesehen Maßlosen –, von dem sich unsere Einbildungskraft angezogen fühlt, weil es ihr Fassungsvermögen übersteigt (ebd.: 133).

Ironischerweise konnte die physikotheologische Sichtweise dann zeitweilig als Sperre gegen ein stärker subjektiviertes Naturgefühl wirken, wie Jürgen Schlaeger für England bemerkt:

"Landschaft ist im 17. und 18. Jahrhundert nicht schlicht Naturwahrnehmung zu den Bedingungen eines empfindsamen Ich; (...) Landschaft ist in der Zeit vor der Romantik vielmehr die inszenierte Repräsentanz einer stabilen göttlichen Ordnung zu den Bedingungen eines auf diese Ordnung bezogenen Menschen, der der höchste Repräsentant einer alles durchwaltenden Ratio ist. Der empirische und individualistische Gehalt, der in den Konzeptionen der neuen Wissenschaft und des Menschen als denkendem Ich steckt, wird im Landschaftsbegriff und in der Landschaftsdarstellung zunächst einmal weitgehend hinweggeneralisiert." (Schlaeger 1989: 178)

Die physikotheologische Naturverherrlichung entspricht also noch nicht ganz dem alteritätsorientierten Idealtyp. Ich habe sie aber dennoch ausführlicher verfolgt, weil sie, wie oben schon angedeutet, bei vielen Romantikern subkutan fortwirkt, und weil sie auch in heutigen Risiko- und Umweltkonflikten lebhaft präsent ist (vgl. Kap. 5.4). Bei Jean-Jacques Rousseau wird die Naturkontemplation unmittelbar auf die Selbstwahrnehmung des Ichs bezogen. Nun genießt es eine selbstbezogene Einsamkeit in der freien Natur:

"De rien d'extérieur à soi, de rien sinon de soi-même et de sa propre existence, tant que cet état dure on se suffit à soi-même comme Dieu. Le sentiment de l'existence dépouillé de toute autre affection est par lui-même un sentiment précieux de contentement et de paix qui suffiroit seul pour rendre cette existence chère et douce à qui sauroit écarter de soi toutes les impressions sensuelles et terrestres qui viennent sans cesse nous en distraire et en troubler ici bas la douceur." (zit. n. Warning 1990: 86)[20]

---

[20] Relativ textnah – von mir (B.G.) – übersetzt: "Nichts außerhalb des Selbst, nichts außer sich-selbst und die eigene Existenz spüren – solange dieser Zustand anhält, genügt man sich selbst wie (ein) Gott. Das Fühlen des Daseins frei von allen anderen Affekten ist aus sich selbst ein wertvolles Gefühl der Zufriedenheit und des Friedens. Dieses Gefühl allein genügt, um diese Existenz wertvoll und süß zu machen für denjenigen, der es versteht, alle (bloß) sensuellen und irdischen Eindrücke von sich zu

Der Träumer spürt also nichts außer sich selbst, er schwebt gleichsam in einem Zustand völligen Friedens. Dieser Zustand hat für Rousseau nicht nur eine emotionale Bedeutung, sondern auch einen weitreichenden theoretischen Stellenwert. Es ist der hypothetische Naturzustand auf den er seine Geschichtsphilosophie gründet. Davon unten mehr. Interessant ist nämlich im Rahmen des Naturerlebens, dass Rousseau auch selbst die Flüchtigkeit und Ambivalenz dieses Zustands bemerkt: Er kann nicht ewig dauern (*tant* que cet état *dure*). Es ist auch nicht Abwesenheit jeglicher Imagination, also völlige Ruhe, wie es zunächst scheinen könnte, sondern eine fragile Balance, denn er merkt an: "Un silence absolu porte à la tristesse. Il offre un image de la mort." (ebd.: 87)[21] Und an anderer Stelle bemerkt er, wie er in diesem Zustand narzissistischem Stolz und damit dem von ihm so gehassten 'amour propre' verfällt (vgl. Warning 1990: 88). Er reflektiert auch – so verstehe ich jedenfalls die Interpretation des Romanisten Rainer Warning –, dass Erinnerung und literarische Darstellung dem Naturerleben eine eigene Färbung geben. Er scheint sich also durchaus bewusst gewesen zu sein, dass dieses Naturerleben alles andere als 'natürlich' ist, sondern eine kunstvoll hergestellte Korrespondenz von innen und außen, von entspanntem Seelenzustand und arrangierten Sinneseindrücken darstellt. Anders ausgedrückt: Er war wohl der Paradoxien gewahr, die sich aus der Sehnsucht nach Selbstvergessenheit und Verschmelzung ergeben.[22]

William Wordsworth, der englische Nationaldichter,[23] hat dagegen die Schwierigkeiten mit der Verschmelzung – Jürgen Schlaeger (1989: 200ff.) zufolge – vor allem rhetorisch gelöst: "Das Ich befestigt sich zur dogmatischen Instanz, und die Natur wird zur Repräsentation einer Ideologie. (...) Das Ich ist dabei, sich selbst zur Konvention zu werden." Naturschwärmerei wurde schnell zum Alltagstopos, ebenso wie die Klage über Wissenschaft, Technik und Industrie:

> "Es ist ein schrecklich wahrer Satz: das Interesse der Kultur und das Interesse des Schönen, wenn man darunter das unmittelbar Schöne im Leben versteht, sie liegen im Krieg miteinander, und jeder Fortschritt der Kultur ist ein tödlicher Tritt auf Blumen, die im Boden des naiv Schönen erblüht sind (...) Diese Flut wird noch in das letzte Berg- und Waldtal die Ätzstoffe der Kultur ohne ihre Gegengifte tragen." (Friedrich T. Vischer, zit. n. Jauß 1990: 215)

Romantische Ironie ging hier schnell auf Distanz. Gegen die Blumen des naiv Schönen hat Charles Baudelaire die 'Blumen des Bösen' gesetzt. Gebeten in einem Bändchen zur Naturpoesie beizutragen, spottet er nur über das 'geheiligte Gemüse' (Jauß 1990: 222). Seine Alteritätsorientierung richtet sich dann auf andere Objekte – die Stadt, die Drogen und die Abgründe menschlichen Begehrens. Paul Valéry bemüht

---

vertreiben – jene Eindrücke, die hier unten ohne Unterlass heranstürmen, uns zu stören und abzulenken von der Süße."

[21] "Eine absolute Ruhe führt zu Traurigkeit. Sie bietet ein Bild des Todes."

[22] "Sein Streben nach Unmittelbarkeit, nach Einheit und Totalität wird immer auch und zugleich als imaginär reflektiert." Warning, dessen Interpretation ich hier mit einigen Abschwächungen gefolgt bin, will darin eine 'postmoderne Aktualität' (1990: 91) Rousseaus erblicken, während Groh/Groh (1991a: 140) lediglich eine Säkularisationsbewegung in Ablösung zur Physikotheologie konstatieren, bei der an die Stelle der Totalität der Gottes-Natur die Totalität des Subjekts trete.

[23] Vgl. Kapitel 5.1.1.

2.4 Alteritätsorientierte Naturvorstellung – Prinzip Sehnsucht

den von Pascal und Voltaire – in etwas anderer Stoßrichtung (s.o.) – bereits eingeführten Topos vom 'Ende der Natur':

> "Keine Anschauung ist naiver als diejenige, die alle dreißig Jahre zur Entdeckung der 'Natur' führt. Es gibt keine Natur. Oder genauer: was man als gegeben annimmt, ist allemal, früher oder später, hergestellt worden. Der Gedanke, dass man Dinge wieder in ihrer Ursprünglichkeit erfaßt, ist von erregender Kraft. Man stellt sich vor, es gebe ein solches Ursprüngliches. Doch das Meer, die Bäume, die Sonne – und gar das Menschenauge –, all das ist Kunst." (zit. n. Jauß 1990: 241)

Naivität hin oder her: Soziologisch betrachtet ist es eine Tatsache, dass 'Natur' in verschiedenen Einstellungen – identitätsorientiert, utilitätsorientiert und alteritätsorientiert – immer wieder erfunden wird und wahrscheinlich auch erfunden werden muss, weil Handeln und Handlungskoordination einen gehörigen Schuss Naivität – oder eben: Mut zur Dummheit – voraussetzt. Aber selbst in der Philosophie (die ja nicht handeln muss) ist Natur weiterhin auch in alteritätsorientierter Einstellung ein Thema geblieben (Jauß 1990: 242f.). So bei Theodor W. Adorno, der an die Idee von der 'Ressurektion der Natur' des jungen Marx anknüpfend, Natur nicht als etwas Ursprüngliches, sondern als das 'Andere der Vernunft' dem identifizierenden Zugriff und dem Herrschaftsanspruch des autonomen Subjekts entrückt:

> "Schön ist an der Natur, was als mehr erscheint, denn was es buchstäblich an Ort und Stelle ist. (...) Wie in Musik blitzt, was schön ist, an der Natur auf, um sogleich zu verschwinden vor dem Versuch, es dingfest zu machen. (...) Das Naturschöne ist die Spur des Nichtidentischen an den Dingen im Bann universaler Identität. (...) Die Scham vorm Naturschönen rührt daher, dass man das noch nicht Seiende verletze, indem man es im Seienden ergreift. Die Würde der Natur ist die eines noch nicht Seienden, das intentionale Vermenschlichung durch seinen Ausdruck von sich weist." (Adorno 2000: 111-115)

Derart ins Utopische gerückt ist Natur weder Anlass für ideologische Idylle noch wird sie andererseits vom allfälligen Hinweis auf die permanente Präsenz des *Homo faber* ernstlich tangiert: "Billig geistreich hat man gar zu häufig bemerkt, durch die Kitschbilder seien die Sonnenuntergänge selbst angekränkelt." (ebd.: 113) Eine 'versöhnte Natur' kann – gerade in der marxistischen Denktradition – selbstverständlich nur eine gemachte Natur sein. Diesseits der Utopie könnte das m.E. bedeuten: Mit dem Verweis auf 'Natur' wird vergegenwärtigt, dass Selbstermächtigung und Willkür des Subjekts durch 'das Andere' in Schach zu halten sind.

Kommen wir zurück zur inneren Natur, hier verstanden als die Triebnatur des Menschen.[24] Rousseau hat, wie wir oben gesehen haben, das Motiv des edlen Wilden und der ehrlichen Wildnis nicht selbst erfunden. Er gründet aber darauf eine zum Utilitarismus alternative Version vom Naturzustand, den er in den Wäldern von Saint-Germain und an den Ufern des Genfer Sees imaginierte: Gegen die wölfische Natur bei Hobbes setzt er friedfertige Wesen, gleichsam Lämmer. Von Natur sei der Mensch sprachlos wie ein Tier, weitgehend bedürfnis- und leidenschaftslos, nur von

---

[24] Mit 'innerer Natur' wird in Kapitel 4 die menschliche im Unterschied zur nicht-menschlichen Natur bezeichnet. Hier dagegen meint 'innere Natur' Triebnatur des Subjekts im Unterschied zur Natur im beobachteten, behandelten, begehrten Objekt – das seinerseits eben auch ein menschliches sein kann.

dem 'amour de soi', dem Streben nach biologischem Selbsterhalt, und vom Mitempfinden für andere Menschen angetrieben. Erst in der Gesellschaft komme es aufgrund des 'amour propre' – der Eitelkeit – zu Ungleichheit, Elend und Verbrechen. Er nimmt also, besonders im Kontrast zu Hobbes, eine radikale Umwertung vor. Allerdings leitet *er selbst* daraus kein explizites 'Zurück zur Natur!' ab – obwohl diese Tendenz in seinem Werk angelegt ist – , sondern fordert, scheinbar im Gegenteil, die progressive Überwindung des Ancien Régime. Der egoistische Bourgeois soll kollektiviert in neuen Institutionen zum Citoyen erzogen werden. Damit – in der Vollendung der Kultur – verwirklichen sich seine natürlichen Anlagen und seine menschliche Gattungsgeschichte: Natur im vollen Sinne werde erst von der bürgerlichen Gesellschaft (so wie Rousseau sie verstand) im 'sentiment de l'existence' – das er in seinen Meditationen am Genfer See vorausahnte (s.o.) – freigesetzt (vgl. Spaemann 1994: 31f.).

An Rousseaus Geschichtsphilosophie hat der Marxismus angeschlossen: Dem Urkommunismus folgt die Geschichte der Klassenkämpfe, die über den Sozialismus und den 'neuen Menschen' schließlich den Kommunismus hervorbringen soll. Der historisch verwirklichte Sozialismus allerdings ist als ineffiziente Variante des Utilitarismus steckengeblieben. Befreiung oder Versöhnung der Natur, jener vom jungen Marx zwar aufgenommene aber später vernachlässigte Gedankengang, spielte dabei keine Rolle mehr – er ist in *marxistischer* Genealogie fast nur von westlich rezipierten Autoren, vor allem von Ernst Bloch, Walter Benjamin und der Frankfurter Schule weiterverfolgt worden (Immler 1984; Mayer-Tasch 1991b: 142ff.). Georg Lukács reagierte in seinem Frühwerk vor allem auf den durch entfremdete Arbeit abgeschnittenen expressiven Selbstbezug des Menschen und den in der Anonymität der Gesellschaft blockierten emotionalen Austausch. Er schwankte – darin dem schon in Rousseaus Werk angelegten Widerspruch nicht unähnlich – zwischen dem Wunsch nach Wiederherstellung kultischer, vorhochkultureller Gemeinschaften und der Idee einer demokratischen, über das ästhetische Medium interagierenden Öffentlichkeit (Honneth 1990a: 13).[25]

Gegen das 'cogito ergo sum' setzt der Sensualismus im 18. Jahrhundert: "Exister, pour nous, c'est sentir; et notre sensibilité est incontestablement antérieure à notre raison." (zit. n. Schenk 1970: 4). Jean-Jacques Rousseau greift hier zur selben Figur der Selbstschöpfung des Subjekts wie Descartes, gründet diese aber nicht auf kognitive Rationalität, sondern auf Empfindsamkeit. Hier ist das Umwertungsprogramm schon im Kern angelegt, das im Folgenden komplementär – manchmal rückwärtsgewandt, oft kompensatorisch, gelegentlich rebellisch – gegenüber der bürgerlichen Ordnung und ihrem Gewerbefleiß ausgespielt wurde:[26]

---

[25] Bei Honneth (1990) finden sich auch weitere Hinweise auf den 'romantischen Antikapitalismus' (insbesondere Literatur S.11/FN 4) und das romantische Erbe des Marxismus. Außerdem weist er auch auf das Erbe Rousseau's bei Claude Lévi-Strauss hin (93ff.).

[26] In fast immer rückwärtsgewandter Stoßrichtung sind dagegen die folgenden Gegensatzpaare anzutreffen: Landbesitzer versus Kapitalisten, Land versus Stadt, Gemeinschaft versus Gesellschaft, Vergangenheit versus Zukunft (vgl. Mannheim 1964). Zur Stellung des Konservativismus als Mischtypus vgl. oben, Kap. 2.4.1.

2.4 Alteritätsorientierte Naturvorstellung – Prinzip Sehnsucht

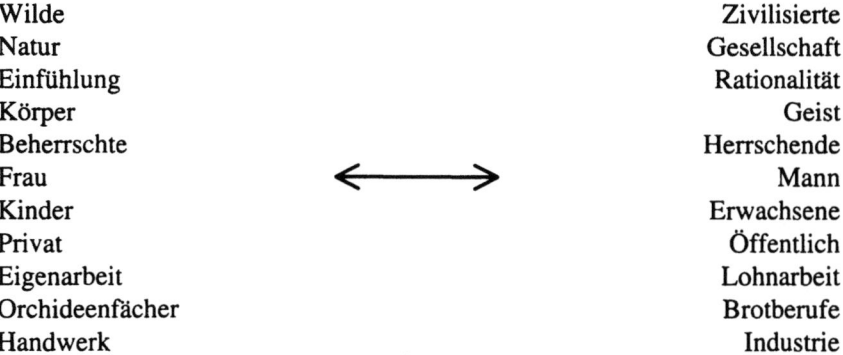

Wilde	Zivilisierte
Natur	Gesellschaft
Einfühlung	Rationalität
Körper	Geist
Beherrschte	Herrschende
Frau ←——→	Mann
Kinder	Erwachsene
Privat	Öffentlich
Eigenarbeit	Lohnarbeit
Orchideenfächer	Brotberufe
Handwerk	Industrie

'Befreiung der Natur' sollte sich aber im weiteren Verlauf als ein etwas brisanteres Unternehmen herausstellen, als es im Sensualismus[27] zunächst imaginiert worden war. Schon in der Romantik,[28] verstärkt aber bei Baudelaire und später bei den Surrealisten setzt die Beschäftigung mit dem Unbewussten und Unheimlichen ein, mit der 'Nachtseite' der Kultur, wie Ricarda Huch sich ausdrückte (Bohrer 1989: 279). In Reaktion auf den Viktorianismus wird dann bei Sigmund Freud die Beschäftigung mit dem Unbewussten, mit Traumdeutung, mit Sexualität und Aggressivität sogar zur wissenschaftlichen Angelegenheit – freilich bei Freud selbst eher in therapeutischer Absicht und nicht um der Befreiung der Natur willen. Ihm ging es immer um 'Ich-Stärke', d.h. um Aufrechterhaltung von Rationalität und Kontrolle in doppelter Frontstellung – auf der einen Seite gegen ein diktatorisches Über-Ich als Repräsentant kollektiver Identität Freiräume offen zu halten; auf der anderen Seite das anflutende Begehren eines anarchistischen Es zu kanalisieren und zu sublimieren. Die psychoanalytische Befassung mit den Abgründen sollte hier lediglich Dammbrüche verhindern.

Anders Teile der öffentlichen Freud-Rezeption. Hier wurde die Story ein wenig umgeschrieben (vgl. Foucault 1977): Auf der einen Seite bloße Konvention als Herrschaft der Toten über die Lebenden, auf der anderen Seite die Stimme der Natur, deren Verlockungen unermesslich sein müssen, da sie doch mit solch immenser Anstrengung unterdrückt werden. Welche Verheißungen, welche unerhörten Erfahrungen, welche Erlösung! Als Verdrängtes aber, welch apokalyptische Gewalt erwächst daraus? 'Make love, not war!' rief die Studentenbewegung auf dem Höhepunkt des kalten Krieges, als die Utilitaristen beider Seiten zum Overkill, zum weltvernichtenden Inferno hochgerüstet hatten. – Die sinnliche Natur, 'voluptas', war für das Mittelalter die Stimme des Teufels, nun resultieren gerade aus der Verdrängung der Wollust die Mächte der Hölle.

---

[27] Zum englischen Sensualismus vgl. Campbell (1987).
[28] Man kann Hans Robert Jauß (1990: 213) wohl zustimmen, wenn er behauptet, die romantische Ästhetik der Natur habe die unideale, die bloße Triebnatur ausgeschlossen. Mit dieser utilitaristischen und speziell darwinistischen Form der Naturdarstellung hatte sie tatsächlich nichts im Sinn.

Aber nicht erst die Studentenbewegung hat die Psychoanalyse zu einer Befreiungstheologie gemacht. Für die deutsche Bohème, die sich gegen Ende des 19. Jahrhunderts bis zum Ersten Weltkrieg vor allem in Schwabing und Berlin entfaltete, transformierte der Freud-Schüler Otto Gross die Psychoanalyse in eine Selbstverwirklichungslehre (Hennig 1989: 21ff.). Das Individuum sei durch gesellschaftliche Mächte fremdbestimmt – Familie, Kirche, Schule, Arbeit und Staat. Nur indem es gegen diese Mächte revoltiere oder sich ihnen entziehe – in freier Liebe, in künstlerischer Kreativität, im Fest und im Rausch – könne es sein wahres Selbst freilegen. Elizabeth Wilson (1998) betont in ihrer Analyse der Bohème in Frankreich und Deutschland auch deren Halbwelt-Charakter: "By the 1840s, the figures of *flâneur*, investigative jounalist, spy, criminal and revolutionary became blurred, contributing to the ambiguity of the bohemian identity." (ebd.: 114) Die meisten Lebenskünstler und freischwebenden Intellektuellen hätten kaum über verlässliche Mäzene oder gut bezahlte Aufträge verfügt.[29] Beim Weg über den Atlantik, nach Greenwich Village und von dort in die gesamten USA, sei der rebellische und antibürgerliche Impetus aber abhanden gekommen. Der Wunsch nach Expressivität und die Religionsfeindlichkeit hätten lediglich dazu beigetragen, den asketischen Puritanismus der Angelsachsen für Luxuskonsum zu öffnen:[30]

> "To the bohemians we partly owe the liaison between romanticism and consumer culture in which transgression, excess and the triumph of feeling and sensation succeed over more traditionally Enlightenment values, with Sigmund Freud as the Enlightenment midwife to an offspring that no longer salut Enlightenment values." (ebd.: 125)

Diese Entwicklung hat Colin Campbell (1987) auch für England sehr eindrücklich beschrieben – es entsteht hier eine Form des Hedonismus, der das Andere als Ware konsumieren, also leicht und bequem verfügbar machen will. Gegen die Verdinglichung und Fetischisierung des weiblichen Körpers im Zuge 'sexueller Befreiung', gerade auch in der Studentenbewegung, richtete sich dann die Frauenbewegung, um den Weg für andere Formen erotischer Kommunikation zu öffnen – vor allem jener in der Tradition der Romantik stehende Zweig der Frauenbewegung, dem es nicht nur um Gleichheit, sondern auch um die Anerkennung von Verschiedenheit ging (Klinger 1992). Im Poststrukturalismus schließlich wurde das 'Subjekt dekonstruiert', das heißt: von seiner Identität befreit (vgl. Sawicki 1994).

Denn als dezentriertes und fragmentiertes soll es ja weiterhin, besonders in der Queer-Bewegung, geradezu koboldhafte Kreativität entfalten (Angerer 1994; Gamson 1995). Die Individualität – das 'Selbst', das man seit hundert Jahren in immer breiteren Schichten der Gesellschaft 'zu verwirklichen' suchte, ist nun ein Anderes,

---

[29] Marx, obwohl selbst unvermeidlich in die Kreise wenig etablierter Journalisten verstrickt, habe Distanz zu wahren versucht und entsprechend die Bohème als 'Lumpenproletariat' aufgefasst (ebd.: 115).

[30] Sie zitiert in diesem Zusammenhang auch Malcolm Cowley: "The bohemian ideals of self-expression and paganism 'encouraged a demand for ... modern furniture, beach pyjamas, cosmetics [and] coloured bathrooms with toilet paper to match. *Living for the moment* meant buying an automobile, radio or house, using it now and paying for it later. *Female equality* was capable of doubling the consumption of products – cigarettes, for example – that had formerly been used by men alone.'" (ebd.: 124)

2.4 Alteritätsorientierte Naturvorstellung – Prinzip Sehnsucht

Nicht-Identisches. Das war es allerdings auch von Anbeginn, also schon zu Zeiten von Otto Gross – seine geheimnisvolle Großartigkeit speiste sich ja eben daraus, dass es sich permanent seiner Verhaftung, pardon: 'Verwirklichung' entzog. 'Ich ist ein anderer' (je est un autre), hatte Athur Rimbaud schon 1871 formuliert. Und im Nachhinein entdeckt man auch 'verwischte Grenzen', 'uneindeutige Geschlechtsorientierungen', 'Ambiguität', 'fragmentierte Identitäten' – also viele Gegenstände postmoderner Theoriesprache – schon damals in eben jenen Kreisen, die der Verhängung einer Identität – d.h. einer festen Lebensplanung –[31] erfolgreich ausgewichen waren. Wilson sieht hier eine schon früh einsetzende Ironie der Industriemoderne: "There was a tiger inside the iron cage of modernity, roaring and rattling its bars." (1998: 112)

Allerdings ist festzustellen, dass alteritätsorientierte Einstellungen mit der Zeit in viel breiterem Maße um sich gegriffen haben: Waren es in der deutschen Bohème allenfalls ein paar hundert Personen, die sich einem nonkonformistischen Leben zumindest für einige Zeit verschrieben hatten, so wird die Zahl der enger involvierten Personen für die Studenten- und Alternativbewegung der 1970er und 80er Jahre auf mehrere hunderttausend geschätzt (Hennig 1989: 70). Zudem haben sich alteritätsorientierte Werte, Ideen, Konsummuster, Lebensstile in wie auch immer gebrochener und verdünnter Weise in den postindustriellen Gesellschaften kreuz und quer durch die ganze Bevölkerung ausgebreitet. Ist es also nur noch eine Frage der Zeit, bis der 'Tiger' das 'stahlharte Gehäuse'[32] zerbricht?

Hier stehen wir vor dem Problem mangelnder Institutionalisierbarkeit (vgl. Weiß 1986): Während sich kollektive Identität z.B. im Nationalstaat und Utilitarismus im kapitalistischen Unternehmen (oder in der sozialdemokratischen Gewerkschaft) dauerhaft und weitgehend unabhängig von momentanen Begeisterungsstürmen organisieren lässt, sind alteritätsorientierte Bestrebungen zumindest als Idealtypus schwankend, diskontinuierlich, unberechenbar. Das liegt zum einen in ihrem Objektbereich: Das alteritätsorientierte Begehren ebenso wie die alteritätsorientierte Furcht[33] leben davon, dass das Objekt immer ins Unendliche gerückt ist, nie genau definiert wird, vage immer mit allem Anderen verknüpft bleibt und dabei immer neue sinnlich-übersinnliche Reize aufblitzen lässt. Es liegt auf der Hand, dass z.B. eine alternative Bäckerei, die ausschließlich nach diesen Prinzipien zu wirtschaften versucht, niemals konkurrenzfähig werden kann, zumal ihre Kunden eben auch nur

---

[31] Charles Larmore (1999) zeigt, wie die Idee eines rationalen Plans die Vorstellungen der Philosophen vom guten Leben bis in unsere Tage – hier namentlich bei John Rawls – bestimmt hat: "That attitude is the view that a life is something we are to lead and not something we should allow to happen to us." (ebd.: 96f.). Er setzt dem entgegen, dass viele Überraschungen im Leben glückliche Ereignisse sein können, die auch unsere Sichtweisen und Kriterien verändern und damit einen ein für allemal gefassten festen Plan absurd werden lassen.

[32] Wilson spielt hier natürlich auf Max Weber an, auf die Schlusspassage in der 'Protestantischen Ethik' (Weber 1996: 153). Weber spricht dort vom Kapitalismus, und nicht wie Wilson von Moderne. Ich wiederum benutze den Ausdruck hier als Sinnbild des Utilitarismus, der dominanten Logik der Industriemoderne.

[33] Vgl. dazu unten, Kap. 2.5., das entsprechend starke Engagement in der Umweltbewegung im Kampf gegen besonder schwer zu definierende Risiken.

für kurze Zeit einen revolutionären Reiz darin verspüren werden, *experimentell hergestellte Backwaren zu verzehren*. Zum anderen liegt dies bei den Subjekten, die kollektive Zwänge scheuen und sich nicht dauerhaft festlegen wollen in ihrer ständigen Suche nach einem ephemeren Selbst und einem innovativen Beobachterstandpunkt. Christoph Hennig (1989) beschreibt eindrücklich, wie flüchtig die sozialen Beziehungen in der Bohème blieben, wie die Projekte der Jugendbewegung in der Zwischenkriegszeit am Individualanarchismus kläglich scheiterten, und Projekte der Alternativbewegung nur dann erfolgreich waren, wenn sich Einsicht hinsichtlich der disziplinierten Befolgung kollektiver Verbindlichkeiten durchgesetzt hat.

Aus der – definitionsgemäßen – Flüchtigkeit der Subjekte und Objekte folgt aber auch, dass alteritätsorientierte Glücksvorstellungen politisch in gewisser Weise nicht diskursfähig sind: Während die mittelalterliche Staatslehre noch eine ganzheitliche Vorstellung von der Natur und vom 'guten Leben' besaß und daraus ein autoritär zu verordnendes 'bonum commune' ableitete, hat der moderne Staat bereits erhebliche Schwierigkeiten, verbindliche Vorstellungen von 'Wohlfahrt' und 'Wohlstand', also utilitäres 'Glück' zu definieren. Wenn man nun aber alteritätsorientiert z.B. 'sexuelle Befreiung' fordert, kann das eigentlich nur bedeuten, dass öffentlich handhabbare Hindernisse zu entfernen sind, die hier im Wege stehen – wie seinerzeit diverse Paragraphen des Strafgesetzbuches und des Ehestandsrechts. Alles andere kann nur auf 'repressive Entsublimierung' (Herbert Marcuse) hinauslaufen, die im Selbstwiderspruch zwanghafter Spontanität mündet: Erotisches Glück lässt sich nicht einmal privat zuverlässig 'herstellen'.[34]

Ähnliches gilt für den Umgang mit Naturschönheit: Man kann zwar verhindern, dass die Landschaft im utilitären Wahn überall zubetoniert wird, aber ob und wie Menschen Naturschönheit dann empfinden, lässt sich nicht positiv bestimmen. Ästhetische Kritik kann gegen falsche Vorstellungen zu Felde ziehen und erstarrte Ausdrucksformen aufsprengen, aber Geschmacksurteile nicht vorschreiben. Anders ausgedrückt: Man kann zwar Freiräume offen halten oder schaffen, aber ob und wie sie dann aufgefüllt werden, lässt sich nicht a priori festlegen.

Daher sind alteritätsorientierte Bestrebungen – als Suchbewegungen nach dem Außerordentlichen – bisher zumeist in gesellschaftliche Nischen abgedrängt worden, die gegenüber der herrschenden Ordnung eher kompensatorischen Charakter haben: Orchideenfächer, Kunst, Erotik, Esoterik, Museen, Naturschutzreservate, und Luxuskonsum. Die Ehe allerdings wurde im 19. Jahrhundert von Nützlichkeitskalkülen und im späten 20. Jahrhundert vom Zwang zum Kinderkriegen und zur Dauermonogamie entlastet, um romantischer Liebe Platz zu machen (vgl. Lenz 1998). Das wird

---

[34] Die 'Natur', die hier vielleicht zu erwecken wäre, ist eben nicht so einfach und ursprünglich, wie sie regressiv imaginiert wird und wohl auch imaginiert werden muss. Ein bloßes 'Zurück', wenn es denn möglich wäre, könnte sowieso nur schales Triebleben bedeuten. Erst die sozialisatorische Triebhemmung ermöglicht eine Kultivierung der Erotik. Aber mehr Künstlichkeit – mehr Hemmung, mehr 'Perversion' oder mehr Technik – sind auch kein Garant für erotisches Glück. 'Natur' im alteritätsorientierten Sinn ist eine niemals erreichbare Utopie, eine Chiffre für kosmische Verschmelzung – in der beides, Materie *und* Geist, Allgemeinheit *und* Individualität aufgehoben sind. Kurzum: Es gibt im Diesseits keine Erlösung. Aber dennoch muss Hoffnung sein.

2.4 Alteritätsorientierte Naturvorstellung – Prinzip Sehnsucht

auf Dauer nicht nur demografische Folgen haben. Insofern können alteritätsorientierte Bestrebungen zur Erosion bestehender Institutionen beitragen. Sie können sich aber auch mit institutionalisierbaren Motiven mischen und dann zum Institutionenaufbau beitragen – wie im Folgenden bei der Vorstellung eines wichtigen Mischtypus noch näher zu sehen sein wird.

Tabelle 2.4: Prinzip Sehnsucht – das alteritätsorientierte Weltbild im Überblick

Historische Genese	Gegenwart
Auf der Basis von Aufklärung und Emanzipation entfaltet die Romantik ihr Gegenprogramm zum Utilitarismus.	Kontemplative wie aktive Versuche zur Überschreitung der jeweils gegebenen Grenzen von Subjekt und Objekt.
Gesellschaftliche Orientierung	**Naturvorstellung**
Libertär-individualistische Gesellungsformen: Streben nach Kreativität und Spontanität erschwert dabei dauerhafte Organisierung.	Natur als das Andere, das sich einer positivistischen Vereinnahmung entzieht und ihr auch entzogen bleiben soll.
Haltung zur Natur des Menschen	**Haltung zur äußeren Natur**
Suche nach einem anderen Ich, das nicht durch utilitäts- und identitätsorientierte Konventionen festgelegt ist. Erforschung des Unbewussten, um das aus Verdrängung resultierende Böse zu bannen.	Natur als kontemplatives Refugium und als Erlebnisraum, in dem das ganz Andere imaginiert wird. Rationalistische Naturbeherrschung führt auch hier zur Wiederkehr des Verdrängten (ökologische Krise).

Zusammenfassend ist festzuhalten (vgl. Tabelle 2.4): Auf der Basis von Aufklärung und Emanzipation entfaltet die Romantik ihr Gegenprogramm zum Utilitarismus, das sich gegen die positivistische Festlegung und instrumentelle Kontrolle von Subjekt und Objekt richtet. Gegen die alte wie die neue Ordnung radikalisiert sie das Prinzip der Alterität als Suche nach anderen Welten und anderen Formen der Selbstverwirklichung – sowohl physisch handelnd als auch kontemplativ die Betrachtungsperspektive verändernd. Dieses Streben nach Kreativität und Spontanität steht stärkeren Verbindlichkeiten entgegen, weshalb oft nur sporadisch kollektive Organisation möglich ist und entsprechende Initiativen zumeist in Nischen abgedrängt werden. Natur ist hier eine der Verkörperungsformen des Anderen – gegenüber der Gesellschaft, der Technik, der Industrie, dem Kapitalismus etc. Innere Natur soll von Zwängen und daraus resultierenden Verdrängungen befreit werden, ganz wie die äußere Natur von industrieller Durchdringung und technologischer Kontrolle. Denn das Verdrängte kehrt zurück – sei es als Entfesselung neurotisch gestauter Triebenergie oder als kumulierter ökologischer Effekt lange ignorierter Nebenwirkungen.

2.5 Mischtypen: Zum Beispiel der ökologische Neo-Utilitarismus

Wenn man nun nach der Logik möglicher Mischtypen fragt, so ist es sinnvoll, sich zunächst die drei Idealtypen als ein gleichseitiges Dreieck vor Augen zu führen. Mischtypen ergeben sich dann aus dem Zusammenführen von jeweils zwei oder auch allen drei Idealtypen (vgl. Abbildung 2.1).[35] In diesem Sinne ist eine Vielzahl von Mischtypen denkbar, je nachdem welche Aspekte von Natur und Gesellschaft in den jeweiligen Diskursen und Praxen eine Rolle spielen. Dies gilt insbesondere dann, wenn man auch die gesellschaftlichen Orientierungen im Rahmen der jeweiligen Weltbilder in Rechnung stellt. So ist es offensichtlich, dass die Industriemoderne, so wie Ulrich Beck (1983, 1986, 1993) sie beschreibt, auf einem Kompromiss zwischen identitäts- und utilitätsorientierten Strebungen beruht: Der Nationalstaat, die sozial-moralischen Milieus und die 'bürgerliche' Kleinfamilie sind die hergestellten Traditionen, in denen die ansonsten marktförmig freigesetzten Individuen neue Identifikationsmöglichkeiten fanden. Zum einen verbürgten die neuen Institutionen ein neues partikulares Wir-Gefühl nach dem Verlust der vormodernen Bindungen. Zum anderen waren sie aber auf die neue Wirtschaftsmoral angewiesen und eingestimmt: Der Nationalstaat, indem er organisatorisch und militärisch von der neuen Wirtschaftskraft profitierte; die sozial-moralischen Milieus, die sich mehr oder weniger unmittelbar aus den industriell bedingten Klassenlagen ergaben; und die 'bürgerliche' Kleinfamilie, die durch die Beschränkung auf die Reproduktionsfunktion und die Bereitschaft zur neolokalen Ansiedlung die Arbeitskräfte – in erster Linie die Männer – für die Industriearbeit mobil machte. Insofern spricht Beck auch von der 'halbierten Moderne'.

In ähnlicher Weise lassen sich eine ganze Reihe von Mischtypen bilden. Oben (in 2.4.1) haben wir schon den romantischen Konservativismus als solchen kennengelernt. Weitere werden im Verlauf der Untersuchung folgen. Warum es notwendig und fruchtbar ist, Mischtypen zu bilden, soll nun insbesondere am Beispiel des ökologischen Neo-Utilitarismus gezeigt werden. Denn in der heutigen Umweltdiskussion geht es, wie schon im klassischen Utilitarismus, in erster Linie ums Überleben, aber nicht mehr um die Abwehr von kurzfristigen, naheliegenden und gut bekannten Gefahren – Hunger, Kälte, Krankheit –, sondern von langfristigen, globalen, neuartigen und schwer abzuschätzenden Bedrohungen – Zerstörung der Ozonschicht, Klimawandel, schleichende Vergiftung. Diese stammen nun nicht mehr aus der äußeren, unkultivierten Natur, sondern sind im Gegenteil Folgen von Technik, Industrie und Kapitalismus (oder: Realsozialismus). Insofern passt die Umweltdiskussion weder nahtlos zum utilitätsorientierten noch zum alteritätsorientierten Idealtypus. Die Diskurse wider 'Umweltzerstörung' und für 'Sustainability' entfalten sich mitten

---

[35] Da unsere Idealtypen aber auch nicht ganz 'ideal', d.h. auf ein einziges begriffliches Prinzip reduziert sind (vgl. Kapitel 2.6), sondern ihrerseits schon reale historische Elemente enthalten, ist bei der Zusammenführung von zwei Idealtypen mehr als ein Mischtyp möglich, weil unterschiedliche Aspekte des Idealtyps betont werden können.

zwischen utilitäts- und alteritätsorientiertem Idealtyp, wobei die Rhetoriken erheblich zwischen den beiden Polen changieren können.

Abbildung 2.1: Äquidistanz der Idealtypen und die logischen Möglichkeiten für die Bildung von Mischtypen

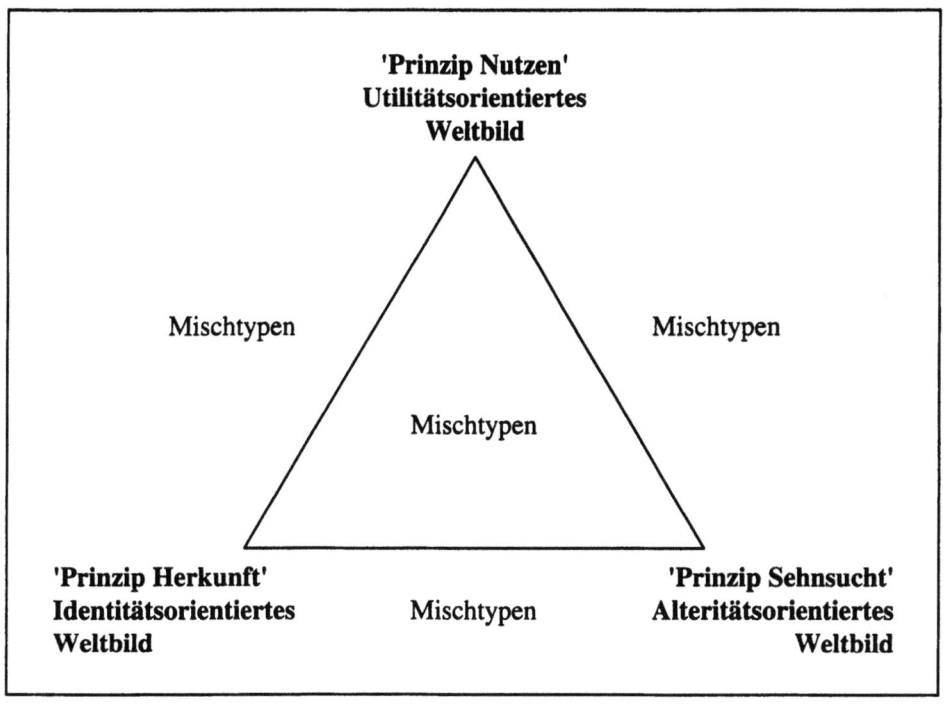

Aus der utilitätsorientierten Perspektive ist es zunächst nur logisch, dass der langfristige Horizont erst vor Augen rücken kann, wenn naheliegende Bedrohungen unter Kontrolle gebracht sind. Das erste Problem ergibt sich aber aus der Frage, ob kurzfristige Reichtumsmaximierung oder längerfristiges Überleben präferiert werden sollen. Soweit hier asketische Mentalitäten vorherrschen – und Max Weber hat gezeigt, dass diese für die kapitalistische Wirtschaftsweise grundlegend sind – gibt es zunächst eigentlich eine Präferenz fürs längerfristige Überleben und insofern auch keinen 'Widerspruch zwischen Ökonomie und Ökologie'.

Ein zweites Problem besteht darin, dass Fernfolgen im Allgemeinen schwerer zu berechnen sind als Nahfolgen. Wir hatten oben (2.3) gesehen, dass der mit dem Utilitarismus wahlverwandte Rationalismus dazu neigt, alle Störfaktoren auszuklammern, die sich einer möglichst eindeutigen und exakten Berechnung in den Weg stellen. Aus diesem Grund werden Fernfolgen oder überhaupt alle ungewissen Folgen vom Rationalismus tendenziell ignoriert, weil sie dem Sicherheitsbedürfnis, das dem Rationalismus zugrunde liegt, zuwider sind. Sie stören den Mythos von der Kontrollierbarkeit und Beherrschbarkeit der Welt. Ein Ärgernis ist auch, dass die

Gefahren nicht von der Natur, sondern von der Technik, also dem Mittel zur Naturbeherrschung stammen sollen. Ignoranz kann aber die tatsächliche Sicherheit gefährden – für diesen aufklärerischen Einwand ist der Rationalismus nolens volens zugänglich (vgl. Gill 1999). Die heute zu beobachtende Bereitschaft Vorsorgemaßnahmen zu ergreifen, obwohl Existenz, Umfang und Eintrittswahrscheinlichkeit einer Gefahr noch keineswegs erwiesen sind, ist also mit der utilitätsorientierten Logik gerade noch in Einklang zu bringen.

Ein weiteres, drittes Problem ergibt sich aus der Frage, ob man technisch induzierten Gefahren mit weiterer Technisierung begegnen soll oder mit der Rückkehr zu naturnäheren Verfahrens- und Lebensweisen. Peter Huber etwa, ehemals Ingenieurwissenschaftler am Massachusetts Institute of Technology und heute Berater der Republikaner in den USA, fordert in einer Polemik gegen Al Gores Manifest 'Earth in Balance' den Ausbau von Atomtechnik, Gentechnik, industriellem Food-Design und den Rückzug in die Städte. Wirtschaftswachstum und eine effizientere Produktion würden den Flächenverbrauch stoppen und kämen der Natur zugute:

"Das Stadtleben ist die umweltfreundlichste Lebensform. Lebensmittel können in großen Mengen in die City transportiert werden. Am besten bringt man Nahrung von der Fabrikfarm direkt nach New York. An beiden Orten wird wenig Land verbraucht. Die Alternative wären zehn Millionen New Yorker auf Kleinstbauernhöfen. Fatal. (...) New Yorker leben im Durchschnitt übrigens länger als Bewohner in Alaska. Warum? Weil sie reicher sind. Reichtum hat einen größeren Einfluss auf die Lebenserwartung als Stress. (...) Wären alle reich, würde die Weltbevölkerung bei sechs, nicht bei neun Milliarden stoppen. Alle würden dieselben Techniken verwenden. Wir würden ein Viertel der landwirtschaftlichen Fläche brauchen. Wir könnten den Regenwald aufforsten und die Sahara begrünen. Die Reichen, nicht die Armen lösen die Probleme." (Interview in Die Zeit v. 3.2.2000, S.36)

Hubers spezifisch republikanische Mischung von Naturschutzidee einerseits und Wachstumseuphorie andererseits braucht hier nicht weiter ausgebreitet zu werden. Deutlich wird bei Huber jedenfalls, dass die Sorge um langfristiges Überleben und den Erhalt der Natur – theoretisch zumindest – auch mit einem radikalen Rückzug aus der Natur verbunden sein kann und dann sehr viel eher utilitätsorientierten als alteritätsorientierten Intuitionen entspricht.[36] Grundsätzlich hat sich eben auch in utilitätsorientierter Sichtweise seit den 1970er Jahren die Einsicht durchgesetzt, dass

---

[36] Huber (1999) geht es im Kern um die Aufrechterhaltung der räumlichen Dichotomie des Industriezeitalters: hier Zivilisation, dort Natur. Insofern knüpft er emphatisch an die auch im Rahmen von Konstruktionen nationaler Identität mobilisierte Naturschutzidee an (vgl. Nash 1983). Bezeichnend ist, dass er die Befassung mit Fernfolgen und mit Ungewissheit kategorisch zurückweist – auf diese Wiese lassen sich die Dichotomien von 'Zivilisation vs. Natur' sowie 'sicher vs. unsicher' ohne größere Mühe aufrechterhalten (vgl. unten in diesem Abschnitt). Huber selbst nennt sein Buch 'Hard Green' ein 'konservatives Manifest'. In modernerer Fassung befasst sich der Utilitarismus sehr wohl auch mit Fernfolgen und mit Ungewissheit – aber auch hier besteht die Möglichkeit, mit mehr und 'besserer' Wissenschaft und Technik auf die bisherigen Wissenschafts- und Technikfolgen zu reagieren.

2.5 Mischtypen: Zum Beispiel der ökologische Neo-Utilitarismus

die Natur *als Ressource* nicht unendlich und auch nicht immer effektiv durch Technik zu ersetzen ist.[37]

Aus alteritätsorientierter Perspektive sind Überleben und Sicherheit hingegen nachrangige Topoi. Was von dieser Seite aus in die jeweilige Mischung eingeht sind vielmehr die Liebe zu sinnlich erlebbarer Natur und die obsessive Befassung mit Ungewissheit. Alteritätsorientierte Objektbildung bedeutet, dass der Gegenstand ins Vage und Unendliche gerückt wird; dies gilt, wie wir oben (2.4) schon bemerkt hatten, nicht nur für die Objekte des Begehrens, sondern auch für die Objekte der Furcht. Aber geht es denn – so muss hier gegen die umwelt- und risikowissenschaftliche Orthodoxie gefragt werden – wirklich nur um Furcht? Oder schwingt da nicht auch Faszination mit – eine Art 'Schwarzer Romantik' des Schädlichen und Bösen?[38] Ungewissheit bedeutet so besehen auch: das Ende der Langeweile und die Ankunft des Unerhörten, wenn das 'Eherne Gehäuse' von selbsterzeugten Risiken unterspült und aufgesprengt wird (vgl. Palonen 1998: 319ff.). Das würde auch erklären, warum sich Umweltproteste viel eher an schwer fassbaren Bedrohungen – wie etwa der Atomtechnik und der Gentechnik – als an gut beschriebenen, längst bekannten Gefahren entzünden, auch wenn letztere durchaus beträchtlich sein mögen.[39] Um den Tod – die permanente Obsession des Utilitarismus – geht es in alteritätsorientierter Perspektive nämlich erst zuallerletzt. Entsprechend konzentriert sich der alteritätsorientierte Umgang mit Ungewissheit auch regelmäßig auf den Nachweis, dass die betreffende Technik *grundsätzlich* unkontrollierbar sei, während eben von utilitätsorientierter Seite dennoch versucht wird, sie irgendwie kontrollierbar zu machen.[40]

Der heutige Umweltdiskurs ist also allein aus utilitätsorientierter Perspektive kaum zu verstehen; aber ebenso wenig ist er reines Abbild einer alteritätsorientierten Sichtweise.[41] In Reinformat findet man beide Sichtweisen eher zu Beginn der Industrialisierung – in friedlicher Koexistenz und als reines Kompensationsverhältnis. Auf der einen Seite war die Industrialisierung von allem Anfang an mit erheblichen Nebenfolgen verbunden – Explosionen und Unfälle aller Art, chronische Vergiftung und Verschmutzung, Todesfälle und Erkrankungen bei Arbeitern und Anwohnern (Andersen 1994; Brüggemeier 1996; Radkau 1989). Thematisiert wurden diese

---

[37] Deswegen etwa die auch von dieser Seite vorgebrachte Sorge wegen des Artensterbens und des Erhalts Biologischer Vielfalt – sie wird, ebenso wie das indigene Wissen, für die Saatgut- und Pharmaforschung benötigt. Zu den entsprechenden Motiven und Interessenkonstellationen beim Biodiversity-Abkommen, wie es auf dem Welt-Umwelt-Gipfel 1992 in Rio de Janeiro beschlossen wurde, vgl. Heins 1996.

[38] Zur schwarzen Romantik in der Belletristik vgl. Praz 1988.

[39] Vgl. etwa die statistischen Aufrechnungen bei Morone/Woodhouse 1986: 161f.

[40] Vgl. dazu auch die Diskussion über Ungewissheit und Nicht-Wissen in der Ökonomie und in der Risikosoziologie. Während in der Ökonomie versucht wird, nun auch sogenannte 'hard uncertainty' durch versicherungsmathematische Kalküle und Portefolio-Techniken in den Griff zu bekommen (Vercelli 1998), werden in der Risikosoziologie heute zunehmend alle rationalistischen Kontrollversuche zurückgewiesen und die institutionen- und theoriesprengende Wirkung von Ungewissheit und Nicht-Wissen hervorgehoben (Wehling 2000).

[41] Das verkennt Schimank (1983), wenn er die Umweltbewegung nur als 'neo-romantische Protestbewegung' beschreibt. Er übersieht dabei die Überlebensrhetorik und die szientistisch-rationalen Elemente des neuen Umweltdiskurses.

Nebenfolgen unter zwei sich ergänzenden Gesichtspunkten, und zwar als Ressourcenkonflikt und räumlich beschränkt auf die 'Fabrikinnenwelt und Nah-Umwelt' (Böschen 2000: 319ff.).

Ressourcenkonflikte ergaben sich insbesondere mit der 'alten Ökonomie', d.h. der Fischerei, der Land- und Forstwirtschaft – die Verseuchung von Wasser, Luft und Boden ließ deren Erträge im Umkreis von Bergbau, Chemie- und Metallindustrie dramatisch sinken. Da aber die aufstrebenden Industrien des 'sekundären Sektors' im Allgemeinen ertragreicher waren als die Erwerbsquellen im 'primären Sektor', mussten diese häufig weichen; oder es wurden hohe Schornsteine und andere Diffusionstechnologien eingesetzt, die die Schadstoffe im näheren Umkreis reduzierten und verdünnt auf ein größeres Areal verteilten (Andersen 1994; Gill 1999). Als Ressourcenkonflikte wurden auch die Todesfälle und Erkrankungen bei den Arbeitern wahrgenommen – die Beschädigung von Gesundheit und Leben wurde im Rahmen der Auseinandersetzungen um die Arbeitssicherheit nicht so sehr als moralisches Problem thematisiert, sondern als Verlust von Einkommensquellen für die betroffenen Familien; entsprechend konnten sie durch materielle Leistungen – in Frankreich und Deutschland etwa durch Einführung der Sozialversicherung – kompensiert werden (Ewald 1993; Evers/Nowotny 1987). Im Nachbarschaftsrecht wurden Klagen auf Unterlassung gegen Gewerbebetriebe stark eingeschränkt und auch hier verstärkt auf materielle Entschädigung umgestellt. Man löste das Nachbarschaftsproblem seit dem Ende des 19. Jahrhunderts aber vor allem mit den Mitteln der Raumplanung – einerseits wurden Gewerbegebiete eingerichtet, andererseits wurden immissionsarme Wohngebiete für die bessergestellten Kreise ausgewiesen (Brüggemeier 1996).

Das soll nicht heißen, dass es damals noch keine Fernfolgen gab; sie wurden allerdings noch kaum als bedrohlich wahrgenommen. Bezeichnend ist hier der wissenschaftliche Klimadiskurs am Ende des 19. Jahrhunderts. Schon damals wurde diskutiert, ob die Verfeuerung fossiler Energieträger Klimaveränderungen herbeiführen könne. Der schwedische Naturforscher Svante Arrhenius etwa ging davon aus, das der bereits 1824 postulierte Absorptionsmechanismus, der heute allgemein als 'Treibhauseffekt' bezeichnet wird, zur Aufheizung des Klimas beitragen könnte. Die heute geltende Kausalverbindung wurde also schon damals gelegentlich hergestellt, allerdings mit anderen normativen Konnotationen. Arrhenius stellt seine Bemerkung nämlich nicht in den Kontext eines aktuellen Bedrohungsszenarios, sondern in den Zusammenhang einer naturgeschichtlichen Diskussion über die möglichen Ursachen von Eiszeiten und Erwärmungsperioden. Von manchen wurde eine Erwärmung auch als durchaus wünschenswert angesehen. Von den meisten Wissenschaftlern wurde hingegen bis in die 1960er Jahre angenommen, dass die anthropogenen Beiträge zur Klimaveränderung einfach zu vernachlässigen seien (Viehöfer 2000: 17ff.). Das war auch die Sicht in der allgemeinen Öffentlichkeit: Die Erde war riesengroß, die Absorptionsfähigkeit des Luftraums und der Weltmeere unendlich, und die Naturressourcen schienen beinahe unerschöpflich. So bemerkte Max Weber in der 'Protestantischen Ethik', dass das 'Verhängnis des stahlharten Gehäuses' fort-

2.5 Mischtypen: Zum Beispiel der ökologische Neo-Utilitarismus

dauern werde, "bis der letzte Zentner fossilen Brennstoffs verglüht" sei (1996: 153). Aber das klang damals – 1905 – noch so unendlich fern, dass Weber diesen Gedanken eines materiell induzierten Zusammenbruchs nicht weiterverfolgte.

Soweit die utilitätsorientierte Sichtweise. Alteritätsorientierter Umgang konzentrierte sich dagegen auf den Erhalt von Naturreservaten, die nicht als Ressource, sondern als seelisches Refugium dienen sollten. So wurden im 19. Jahrhundert in den industrialisierten Ländern die ersten Nationalparks eingerichtet, die ersten Tierschutzvereine gegründet und der Naturtourismus, der von den Adeligen schon seit dem 17. Jahrhundert gepflegt worden war, zunehmend auch für die städtischen Mittelschichten erschlossen (Schama 1996; Dienel 1997; Biebelriether/Schreiber 1989; Runte 1987):

> "Es war 1832 oder kurz danach, als der Waldweg erfunden wurde. Claude François Denecourt, bald *le Sylvain* genannt, kam in diesem Jahr in den Wald von Fontainebleau, königliches Jagdrevier, Behausung für Eremiten und gesetzloses Volk, schon damals ein sagenumwobener Forst. Denecourt hatte erkannt, dass die Bürger von Paris sich zwar sehr nach Abgeschiedenheit und Natur sehnten, vielleicht auch nach ein bißchen Nervenkitzel, aber nicht im geringsten an den Risiken, die der Aufbruch in die Wildnis mit sich bringt, interessiert waren. Denecourt benannte also markante Stellen, Felsen und Bäume, half manchmal der Natur etwas nach und markierte den immer noch undurchdringlichen Wald mit blauen Pfeilen. Diese Pfeile sollten den Stadtbewohnern auf fünf *promenades* den Weg durchs Dickicht weisen. 1839 erschien ein Führer, in dem die Wege und Eindrücke beschrieben sind." (Michalzik 1996; vgl. Schama 1996: 583ff.)

Der Naturtourismus wurde seit Beginn des 20. Jahrhunderts durch die Aktivitäten der Sozialdemokraten, von Arbeitervereinen und den 'Naturfreunden' auch für proletarische Schichten erschlossen, wenngleich hier Natur weniger den Charakter einer Gegenwelt annahm, sondern Naturbeherrschung und Naturerlebnis eher als Einheit gedacht wurden. Im historisch-materialistischen Modell wurde die Überwindung der Entfremdung von der Natur im Wesentlichen mit der Erlangung von Herrschaft und Kontrolle über sie in eins gesetzt:

> "Karl Renner gab sich anläßlich der Eröffnung des Naturfreundehauses [1907] auf dem Padasterjoch überzeugt, dass 'das Bewußtsein, dass wir Herren der Erde geworden sind', vor allem den Touristen erfüllen müsse, der immerhin ein großes Stück dieser Erde überblicken könne. (...) [Vor dieser Kulisse wünschte er sich] unter lebhaftem Beifall versammelter Naturfreunde einen 'Aufstieg der Menschheit aus der Tiefe der Furcht vor der Natur und des Sklavendienstes zu den lichten Höhen der Erdbeherrschung in Glück und Freiheit'" (Sandner 1996: 213)

Erholung in der Natur bedeutete also nicht notwendigerweise Kritik an Naturbeherrschung oder -zerstörung, obwohl diese gelegentlich nicht mehr nur in der bürgerlichen Heimatschutzbewegung, sondern auch im Umkreis der Sozialdemokratie laut wurde. Sie blieb aber in jedem Fall folgenlos, außer dass eben in bestimmten Arealen die industrielle Nutzung eingeschränkt oder gänzlich untersagt wurde.

Die friedliche Koexistenz – mit ihrer Separierung von Industriezonen einerseits, Naturzonen andererseits – ging gleichzeitig mit der abklingenden Dominanz der Industriemoderne zuende. Rachel Carsons Buch 'Silent Spring' markierte 1962 in den USA die Wende. Darin zeigte sie unter anderem, dass DDT, das seit dem Zweiten Weltkrieg in riesigen Mengen bei Ausrottungsprogrammen gegen 'Ungeziefer' eingesetzt worden war, nun überall, selbst in den entlegensten Winkeln der USA zu finden war und dort aufgrund von Anreicherungsvorgängen die ökologischen Kreisläufe empfindlich störte (Böschen 2000: 105ff.). Aber es ging nicht nur um DDT, Carsons Entdeckung war paradigmatisch: Man stellte nun allenthalben fest, dass durch die industrielle Expansion und die weiträumige Verteilung der Emissionen mittels 'hoher Schornsteine' (im wörtlichen wie übertragenen Sinn) – die diese Expansion vielerorts erst möglich gemacht hatte, weil man andernfalls am eigenen Dreck buchstäblich erstickt wäre – auch die Naturreservate und die Rückzugsräume der Bessergestellten zunehmend belastet wurden. Ein Bericht des Club of Rome kündete 1973 von den 'Grenzen des Wachstums' aufgrund der baldigen Erschöpfung der Rohstoffe – und der zur gleichen Zeit erfolgende Lieferboykott der OPEC ließ diese These in Form des 'Ölpreisschocks' für alle in den industrialisierten Ländern unmittelbar spürbar werden. Die Apollo-Mission hatte einige Jahre zuvor deutlich gemacht, dass der Mond und überhaupt der erreichbare Weltraum eine Wüste ist (vgl. Blumenberg 1997: 419ff.). Wenn die Renaissance den Umschlag 'von der geschlossenen Welt zum unendlichen Universum' – so der Wissenschaftshistoriker Alexandre Koyré (1980) – bedeutete, so sah man sich nun nach 500 Jahren Eroberung und Problemverschiebung plötzlich, gleichsam wie in einem Gestaltwechsel, auf die Grenzen der Erde, ihrer Rohstoffe und ihrer Belastbarkeit zurückgeworfen.

Zugleich deutet sich in dieser Zeit in den alt-industrialisierten Ländern schon der Übergang zur postindustriellen Gesellschaft und die wachsende Dominanz des 'tertiären Sektors' (Fourastier) an – mit einer Zunahme von produktionsnahen Dienstleistungen wie Forschung, Entwicklung, Werbung und Marketing einerseits (Bell 1985; Willke 1998) und reproduktionsbezogenen Dienstleistungen wie Tourismus, Therapie, Kinderbetreuuung und Altenpflege andererseits (Offe 1984; Häußermann/Siebel 1995). Mit dieser Schwerpunktverlagerung ändert sich auch das Arbeitsethos: Von Sachrationalität, Präzision und Disziplin hin zu kommunikativer Rationalität, Kreativität und Empathie (vgl. Kap. 6.4.2). Selbst Teile der Wirtschaft werden jetzt, zumindest von der kundenorientierten Marketingseite her, in gewissem Sinne alteritätsorientiert (Campbell 1987; Hirschman/Holbrook 1982; Leclerc et al. 1994). Mit zunehmender Freizeit, zunehmendem Wohlstand, zunehmender Bildung und Information wächst nun der Anspruch auf Natur als möglichst unverseuchtem Refugium.

Durch die Expansion der Industrie und ihrer Durchdringung aller Umwelten und aller Produkte und wegen der gleichzeitigen Expansion alteritätsorientierter Erschließung von Natur und 'natürlicher' Produkte kommt es zum Nutzungskonflikt. Vor diesem Hintergrund entstand die Umweltbewegung, die im Unterschied zur utilitätsorientierten Gewerbehygiene und zum alteritätsorientierten Naturschutz sich nicht auf die jeweilige Sphäre – hier Industrie und dort 'freie' Natur – beschränkt, sondern vom Denkstil wie der politischen Stoßrichtung her die Grenzen auflöst und dadurch explosiv wird: Sich szientistische Methoden ebenso wie romantischen Ganzheitlichkeitsjargon zu eigen macht, an utilitätsorientierte wie an alteritätsorien-

2.5 Mischtypen: Zum Beispiel der ökologische Neo-Utilitarismus

tierte Motive gleichermaßen anknüpft, Emissionen an ihrer Quelle, bei der Industrie, bekämpft statt nur über Belastungen im Wohn- oder Naturschutzgebiet bzw. bei den Produkten zu räsonieren, gleichzeitig aber den expandierenden Tourismus nolens volens akzeptiert, weil sich die Einsicht verbreitet, dass an ganz reiner Natur – dem alten Naturschutzideal – mangels Zugang niemand Profit noch Gefallen hätte.

Teile der Güterproduktion, insbesondere die Schwerindustrie, werden nun ebenfalls im Sinne wirtschaftlicher Globalisierung und Postindustrialisierung in Schwellenländer verlagert – nicht so sehr wegen wachsender Umweltstandards hier, als wegen der niedrigeren Löhnen dort (vgl. Jännicke 1998). Der 'Himmel über der Ruhr' wird dadurch sauberer – aber damit verschwinden nur die weithin sichtbaren Belastungen. An ihrer Stelle werden eher unfassbare weil unsichtbare und ungewisse Folgen thematisiert, die aber gerade deshalb der Imagination freien Raum lassen und sich deshalb besonders zur Mobilisierung eines alteritätsorientierten Publikums eignen (vgl. Beck 1986). Im Changieren zwischen Rationalität und Emotionalität, zwischen Wirklichkeit und Imagination liegt die Stärke der Umweltbewegung: So kann sie sich in nach wie vor (und teilweise wohl unvermeidlich) utilitätsorientierten Institutionen von Staat und Wirtschaft ebenso wie in den zunehmend alteritätsorientierten Herzen der Bürger und Konsumenten einnisten (vgl. auch Kapitel 5).

Zusammenfassend lässt sich hier festhalten (vgl. Tabelle 2.5): Von Anfang an war die Industrialisierung mit erheblichen ökologischen Nebenwirkungen verbunden, die sich vor allem lokal, im unmittelbaren Umkreis der Industrieansiedlung manifestierten. Entsprechend machten sich utilitätsorientierte Gewerbehygiene und alteritätsorientierter Naturschutz ebenfalls nur lokal bemerkbar – erstere indem sie im eigenen 'wohlverstandenen Interesse' durch Diffusionstechnologien und Raumplanung die schwersten Nutzungskonflikte zu entschärfen suchte, letztere indem sie einige Areale von der Industrialisierung und ihren Folgen ausgenommen wissen wollte. Aber mit zunehmender Industrialisierung, der durch Diffusionstechnologien betriebenen Verteilung ihrer Folgen und der Verfeinerung der Messtechnik wurden die unverschmutzten Räume knapp. Andererseits werden mit zunehmender Freizeit bei sinkender Abhängigkeit von Industrieeinkommen in den postindustriellen Ländern größere Ansprüche auf Umfang und Reinheit naturnaher Erholungsräume gestellt. Vor diesem Hintergrund haben die utilitätsorientierte Gewerbehygiene und der alteritätsorientierte Naturschutz ihre vormaligen mentalen und räumlichen Beschränkungen aufgegeben und sind seit den 1960er Jahren ein folgenreicheres Mischverhältnis eingegangen: Die neue Umweltschutzbewegung hat von der Gewerbehygiene die wissenschaftliche Methode und vom Utilitarismus die Überlebensrhetorik geerbt, wendet sie nun aber nicht mehr nur auf Immissionen als Folge, sondern auf die Produktionsweise als Ursache an. Von der Alteritätsorientierung hat sie sich den Bezug zu unerreichbarer Reinheit bewahrt – sie konzentriert sich im Allgemeinen nicht so sehr auf leicht nachweisbare Nahfolgen, sondern auf ungewisse und schwer bestimmbare Fernfolgen.

Tabelle 2.5: Emergenz des neo-utilitaristischen Umweltschutzes als Mischtypus

Idealtypen \ Diskursfelder	Identitätsorientiert (Prinzip Herkunft)	Utilitätsorientiert (Prinzip Nutzen)	Alteritätsorientiert (Prinzip Sehnsucht)
Umweltschutz vor den 1960er Jahren		*Gewerbehygiene:* Schutz der jeweils dominanten Wirtschaftszweige und der besser gestellten Schichten vor Immissionen	*Natur- und Heimatschutz:* Schutz von einzelnen Naturarealen und Kulturdenkmälern vor industrieller Vernutzung
Umweltschutz seit den 1960er Jahren		*Ubiquitäre Umweltverschmutzung und wachsende rekreative Ansprüche auf unbeeinträchtigte Natur:* Emergenz des ökologischen Neo-Utilitarismus als Mischtypus	

2.6 Exkurs: Zur Methodik der Typenbildung

An dieser Stelle sollen einige methodologische Überlegungen nachgetragen werden, die der Typenbildung zugrunde liegen – Überlegungen über die Unvermeidbarkeit der Typenbildung und das Wesen von Idealtypen; Bemerkungen zur deduktiven wie induktiven Vorgehensweise bei der Ausbildung der hier vorgestellten Typen; und schließlich ein Hinweis auf die Vorzüge einer Typologie mit *gleichberechtigten Typen*, wodurch ein angemesseneres Verständnis von fremden – scheinbar irrationalen – Gedanken und Motiven möglich wird.

2.6.1 Typenbildung und die Gefahren der Schematisierung

Gegen die hier vorgenommene Typenbildung lässt sich selbstverständlich einwenden, dass sie deduktiv, verallgemeinernd, reduktionistisch sei. All diese Einwände sind aus der Perspektive eines idiografischen, also auf Einzelfall-Beschreibung ausgerichteten Standpunkts mehr oder weniger gerechtfertigt. Jede Typisierung stellt bei der Annäherung an den Gegenstand eine Art Vor-Urteil dar, und in der abschließenden Darstellung raubt sie ihm durch Subsumtion seine Einzigartigkeit und unendliche Detailliertheit. Dies scheint im vorliegenden Fall umso schwerer zu wiegen, als 'Natur' in der modernen, zumal postindustriellen Gesellschaft – so ja auch unsere These – zum kompensatorischen Projektionsraum romantischer Wiederverzauberung wird, für die eine poetische, Phantasie evozierende Sprache angemessener wäre als die profane Reduktion auf drei Grundtypen, wie man sie sonst vielleicht eher für die Beschreibung von Bürokratieformen kennt und schätzt.

2.6 Exkurs: Zur Methodik der Typenbildung

Aber nicht erst die Wissenschaft, schon der Alltagsverstand operiert mit Typisierung, worauf vor allem Alfred Schütz nachdrücklich hingewiesen hat (Soeffner 1989; vgl. Srubar 1979).[42] Wir verstehen als Akteure unseren Alltag immer schon anhand von vorgängigen, d.h. in der Sozialisation erworbenen und durch Erfahrung bestätigten Annahmen über Rollen, typische Verlaufsformen und darauf bezogene Verhaltenserwartungen: Wenn wir durch eine Maueröffnung treten, über der auf einem Schild 'Bäckerei' steht, so können wir erwarten, dass wir dort typischerweise 'Backwaren' in der üblichen Form des Tauschaktes 'Ware gegen Geld' erhalten werden. Ebenso kommt auch die idiografische Beschreibung nicht ohne Vorannahmen aus – die Einzigartigkeit erweist sich nicht im Vollkommen-Anderen, das dann auch mit einer vollkommen anderen und daher vollkommen unverständlichen Sprache beschrieben werden müsste, sondern in seiner bezeichenbaren Abweichung vom Typischen und der besonderen Mischung allgemein bekannter Elemente.

Zugleich mit dem Verlust von Details wird mit der Typisierung aber auch Information hinzugewonnen – wir werden der morphologischen oder formalen Ähnlichkeiten gewahr und können dann auch leichter über Analogieschlüsse kausale Zuschreibungen vornehmen. Ohne diese Operationen schon des Alltagsverstands könnten wir uns nicht, oder jedenfalls nicht so gut in der Welt orientieren. Wissenschaft stellt hier eine Fortsetzung des Alltagsverstands mit den *gleichen* Mitteln dar. Der Unterschied besteht lediglich darin, dass der Alltagsverstand – um reibungslose Handlungsabläufe zu gewährleisten – nicht nur mit mehr oder weniger unbewusster Typisierung operiert, sondern diese auch möglichst gegen jegliche Infragestellung immunisiert, während Wissenschaft – handlungsentlastet – die eingelebten Stereotypen kritisch reflektiert und neue Typologien erfindet, um andere Sicht- und Handlungsweisen zu ermöglichen (vgl. Soeffner 1989).

Anders als die Typenbildung des Alltags – 'Was ist eine typische Bäckerei?' – erfolgt Typenbildung in der Wissenschaft meist abstrakter und sieht von den unmittelbaren Erscheinungen zunächst bewusst ab. Max Weber spricht hier auch von "Idealtypen":

> "Er [der Idealtypus] wird gewonnen durch einseitige *Steigerung eines* oder *einiger* Gesichtspunkte und durch Zusammenschluß einer Fülle von diffus und diskret, hier mehr, dort weniger, stellenweise gar nicht, vorhandenen *Einzel*erscheinungen, die sich jenen einseitig herausgehobenen Gesichtspunkten fügen, zu einem in sich einheitlichen *Gedanken*bilde. In seiner begrifflichen Reinheit ist dieses Gedankenbild nirgends in der Wirklichkeit vorfindbar, es ist eine *Utopie*, und für die historische Arbeit erwächst die Aufgabe, in jedem einzelnen Fall festzustellen, wie nahe oder wie fern die Wirklichkeit jenem Idealbilde steht (...)" (Weber 1951a: 191, Herv. i. Orig.; vgl. auch Weber 1951b: 545ff.)

Es handelt sich also um eine Zuspitzung, oder überspitzt gesagt, um eine Karikatur, bei der nur die interessierenden Züge (über-)deutlich dargestellt werden und alles andere weggelassen wird. So gibt es zum Beispiel nirgends auf dieser Welt 'freie Märkte' – mit vollständiger Konkurrenz, vollkommener Transparenz und völlig

---

[42] 'Alltag' wird hier als für Laien verfügbare Routine begriffen – im Unterschied zum Außeralltäglichen, Nicht-Routinierten oder ausschließlich professionell Zugänglichen (vgl. Soeffner 1989).

zweckrationalen Kalkülen. Auf der Handlungsebene fungiert 'freie Marktwirtschaft' teils als regulative Idee – etwa für die Kartellaufsicht und den Verbraucherschutz – und teils als Ideologie, die eine (wirtschafts-)politische Richtung markiert. Auf der Ebene wissenschaftlicher Beobachtung dient sie – oft zusammen mit anderen Idealtypen wie etwa 'Planwirtschaft' und 'Subsistenz' – als trigonometrischer Fixpunkt am Horizont zur Verortung realer Wirtschaftsprozesse und zur Feststellung diesbezüglicher Mischungsverhältnisse.

Kurzum: Typisierung ist unvermeidlich. Aber ebenso unvermeidlich sind die Nebenwirkungen. Daher muss man sich stets vor Augen halten, dass zum einen die Wahl der Typologie, zum anderen jeder Wechsel der Abstraktionsebene neben den jeweiligen Informationsgewinnen immer auch Informationsverluste mit sich bringt – indem also der Gegenstand aus dem einen *oder* dem anderen Blickwinkel und detailscharf *oder* im Überblick betrachtet wird. Als wissenschaftlicher Beobachter muss man zudem der Versuchung widerstehen, Typisierungen zu verdinglichen, also ihnen empirisches Eigenleben zuzuschreiben – sofern es sich nicht erwiesenermaßen um Realabstraktionen handelt, also um Abstraktionen, die von den Akteuren selbst schon vorgenommen und entsprechend in Handlungsroutinen eingebaut werden.

2.6.2 Verfahrensweise bei der Bildung der vorliegenden Idealtypen

Die Idealtypen, von denen hier, in meiner eigenen Untersuchung, die Rede ist, wurden im Hinblick auf drei Bezugsfelder gebildet:

a) Es handelt sich – jedenfalls auf der Bedeutungsebene von traditional vs. utilitaristisch vs. romantisch – um eine synoptische Bezugnahme auf die Ideengeschichte des Naturbegriffs. Selbstverständlich erfolgt diese Bezugnahme nicht mit dem Anspruch, der äußerst umfangreichen philosophischen und philologischen Diskussion gerecht werden zu wollen oder zu können. Ziel ist es vielmehr, den dort vorhandenen Kenntnisstand für die soziologische Theoriediskussion und für empirische Untersuchungen fruchtbar zu machen.

b) Auf der Bedeutungsebene von Identität vs. Utilität vs. Alterität sollen Anschlussmöglichkeiten an gegenwärtige Sozialtheorien eröffnet werden – entsprechende Überlegungen werden in Kapitel 6 näher diskutiert. Daher verbietet sich auch ein (vermeintlich) rein induktives Verfahren – wenn man *nur* vom Material ausgeht und nur intuitiv interpretiert, gelangt man zwar vielleicht zu interessanten Einzelfallschilderungen, aber allenfalls zufällig zu theoretisch verwertbaren Ergebnissen.[43]

---

[43] Vgl. z.B. die Interpretation von qualitativen Interviews zur Einschätzung der Gentechnik in verschiedenen Anwendungsfeldern bei Michael Zwick (1999: 104ff.). Man erfährt hier, dass die Bewertung sich nicht abstrakt auf 'die Gentechnik' bezieht, sondern vom Anwendungsfeld – embryonale Eingriffe, Genfood oder medizinische Anwendungen – abhängt und dort sehr verschieden ausfällt, dass sie zumeist recht ambivalent ist, und dass für die verbreitete Skepsis vor allem die Furcht vor Missbrauchspotentialen verantwortlich ist, während Risiken eine nachgeordnete Rolle spielen (S.119f.). Dieser Befund ist für anwendungsorientierte Akzeptanzforschung – die nicht zwangsläufig auf Manipulation abzielen muss, sondern bessere Verständigung zum Ziel haben kann – weiterführend (und ist auch in diesem Kontext entstanden), indem einigen dort gepflegten Missverständnissen widerspro-

c) Andererseits wurden die Idealtypen aber auch nicht in einem rein theoretischen Kontext 'ausgedacht' oder aus einer bestimmten soziologischen Theorie 'abgeleitet'. Vielmehr spiegelt sich in ihrer Konstruktion meine bisherige empirische Erfahrung im Bereich der Wissenschafts-, Technik- und Umweltforschung speziell zur Gentechnik und als ehemaliger Akteur in diesem Feld politischer Auseinandersetzung.[44] Zudem wurden, nach einer ersten Skizzierung der Idealtypen vorwiegend auf der Basis der Ideengeschichte des Naturbegriffs, zunächst die empirischen bzw. empirienahen Arbeiten und ihre Darstellung in Kapitel 5 und 4 (in dieser Reihenfolge) vorangetrieben, bevor die abschließende Ausarbeitung der Typologie im vorigen Kapitel in Angriff genommen wurde. Dieser Vorgehensweise lag die Überlegung zugrunde, zunächst 'am Material' zu testen, inwieweit sich die Idealtypen bewähren und welche Modifikationen an der Typologie vorzunehmen sind: In Auseinandersetzung mit der britischen Ernährungssoziologie in Kapitel 5.2. ergab sich die Idee, den traditionalen Natur-Diskurs mit der Identitäts-Diskussion und den romantischen Natur-Diskurs mit der Alteritäts-Diskussion in der Soziologie zu koppeln. Auch der oben (in Kap. 2.5) beschriebene Mischtyp des ökologischen Neo-Utilitarismus ist auf der Basis dieses Durchgangs durch das Material entstanden. Es handelt sich also insofern um ein 'zirkuläres' – besser gesagt: spiralförmiges – Vorgehen (vgl. Flick 1995: 56ff.).

2.6.3 Vorzüge eines Modells mit mehreren gleichberechtigten Idealtypen

Verstehen vollzieht sich entweder spontan – vermeintlich voraussetzungslos, tatsächlich aber auf der Basis von impliziten Alltagstheorien bzw. Alltagstypen (s.o.) des Interpreten. Hier besteht das Problem in der fehlenden Reflexion und Kritisierbarkeit der Typenbildung. Oder das Verstehen operiert mit expliziten Typen. Im letzteren Fall wird im Allgemeinen aber nur ein einzelner Typus in Anschlag gebracht – das berühmteste Beispiel ist 'Zweckrationalität' bei Max Weber. Hier ergibt sich das Problem, dass der *methodische* Idealtyp nolens oder volens auch zum *normativen* Ideal gerät und dadurch alle Handlungen, die nicht dem Idealtyp entsprechen, als 'irrational' oder 'unverständlich' abgewertet werden.[45] Weber beeilt sich

---

chen wird. Es ist aber nicht erkennbar, wie man hier – bottom up – systematisch an allgemeinere sozialwissenschaftliche Diskussionen anknüpfen könnte.

[44] Ich war von ca. Mitte der 1980er Jahre bis Anfang der 1990er Jahre politisch engagiert, u.a. als Mitglied des gen-ethischen Netzwerks. Insofern kann man von teilnehmender Beobachtung sprechen, die nachträglich reflektiert wurde (und hier wird).

[45] So heißt es zum Beipiel bei Weber (in den 'Soziologischen Grundbegriffen'): "Für die typenbildende wissenschaftliche Betrachtung ... wird [z.B.] bei einer politischen oder militärischen Aktion zunächst zweckmäßigerweise festgestellt: wie das Handeln bei Kenntnis aller Umstände und aller Absichten der Mitbeteiligten und bei streng zweckrationaler, an der uns gültig scheinenden Erfahrung orientierter, Wahl der Mittel verlaufen *wäre*. Nur dadurch wird alsdann die kausale Zurechnung von Abweichungen davon zu den sie bedingenden Irrationalitäten möglich. Die Konstruktion eines streng zweckrationalen Handelns also dient in diesen Fällen der Soziologie, seiner evidenten Verständlichkeit und seiner – an der Rationalität haftenden – Eindeutigkeit wegen, als *Typus* ('Idealtypus'), um das reale, durch Irrationalitäten aller Art (Affekte, Irrtümer) beinflusste Handeln als 'Abweichung' von dem bei rein rationalen Verhalten zu gewärtigenden Verlaufe zu verstehen." (Weber 1951b: 530f., Herv. i. Orig) Es ist klar, dass der Forscher bei dieser Vorgehensweise dauernd 'Irrtümer' kons-

zwar anzumerken, dass seine Konzentration auf den Idealtyp der Zweckrationalität nur methodologisch gemeint sei und die Soziologie keineswegs der Versuchung verfallen dürfe, die Welt 'rationalistisch' zu missdeuten. Aber es bleibt ziemlich unklar, wie man nicht-rationale Mittel und Ziele angemessen verstehen kann. So erscheint Weber denn auch einzig der zweckrationale Handlungsverlauf als soziologisch voll verständlich, während Abweichungen an die verstehende Psychologie überwiesen, also gleichsam pathologisiert werden:

> "Verständlich und eindeutig sind sie [die Handlungen] im Höchstmaß soweit, als rein zweckrationale Motive dem typisch beobachteten Ablauf zugrunde liegen (bzw. dem methodisch konstruierten Typus aus Zweckmäßigkeitsgründen zugrunde gelegt werden), und als dabei die Beziehung zwischen Mittel und Zweck nach Erfahrungssätzen eindeutig ist (beim 'unvermeidlichen' Mittel). (...) Gerade auf solchen rationalen Voraussetzungen aber baut die Soziologie (einschließlich der Nationalökonomie) die meisten ihrer 'Gesetze'. Bei der soziologischen Erklärung von Irrationalitäten des Handelns dagegen kann die verstehende Psychologie in der Tat unzweifelhaft entscheidend wichtige Dienste leisten" (Weber 1951b: 544f.)

Aus der Distanz vom Idealtyp ergibt sich hier unter der Hand und wider Willen eine Abwertung und Marginalisierung. Dieses Problem lässt sich nur lösen, wenn man mit mehreren *gleichberechtigten* Idealtypen operiert und sich nicht – wie bei der Betonung von Rationalität üblich – auf die Wahl der Mittel, sondern zunächst auf die Wahl der Werte konzentriert. Man fragt also, *welchem* der vorab definierten Idealtypen der in Rede stehende Gegenstand als Ganzes und in Einzelaspekten am nächsten kommt. Indem also mehrere positiv bestimmte Pole vorhanden sind, resultiert aus dem Abstand zu einem Idealtyp nicht die Verbannung in die Residualkategorie des (implizit zumeist auch negativ bewerteten) Nicht-Bestimmten oder Nicht-Bestimmbaren, sondern – nachdem alle Idealtypen durchprobiert wurden – die Verortung zwischen diesen Polen (vgl. Abbildung 2.1 in Kap. 2.5).

Durch diese Gleichstellung der Typen – entgegen der Hierarchisierung etwa bei Weber: mit dem zweckrationalen Handeln an der Spitze, gefolgt von wertrationalem, affektuellem und traditionalem Handeln bzw. Verhalten (Weber 1951b: 551ff.) – ergibt sich zwar das Problem, dass man die Vielheit gegenüber der Einheit privilegiert und damit auch offen lässt, wie in der Praxis im Konfliktfall entschieden werden soll. Aber man wird dem Eigensinn der Diskurse und Handlungsintentionen eher gerecht, als wenn man sie nur anhand des einzelnen und in letzter Konsequenz leeren Kriteriums der Zweckrationalität beurteilt.[46]

---

tatieren muss: Einerseits ist in natürlichen Handlungssituationen die partielle Unkenntnis der "Umstände und Absichten der Mitbeteiligten" sowie der zweckrational geeignetsten Mittel völlig normal und auch bei größerer Anstrengung nicht zu ergründen, zumal im Allgemeinen unter Zeitdruck gehandelt wird. Zum zweiten ist unklar, wieso ausgerechnet die Erfahrung des Forschers Zweckrationalität verbürgen soll ("bei streng zweckrationaler an der uns gültig scheinenden Erfahrung orientierter Wahl der Mittel") – die vermeintlichen Irrtümer der Beteiligten können genausogut Irrtümer der Forscher sein. Und schließlich stellt Weber sogar die Wahl der Zwecke als letztlich affektuell begründet dar (vgl. nächste Fußnote).

[46] Im Kontext seiner im zweckrationalen Handeln als dem rationalsten Typus gipfelnden Typologie bestimmt Weber (1951b: 551ff.) die Zwecke als "subjektive Bedürfnisregungen" in einer "Skala von

Allerdings ist davon auszugehen, dass die Balance auch nur mit einer sehr beschränkten Zahl von Idealtypen – am besten wohl drei oder vier gehalten werden kann. Eine höhere Zahl verbietet sich nicht nur aus praktischen Gründen – der Zeitbegrenzung, der didaktischen Konvenienz und der Übersichtlichkeit –, sondern würde auch wieder eine Hierarchisierung oder feste Koalitionsbildung nahe legen. Um dem Einzelfall näher zu kommen, bietet es sich dann an, – wie etwa im vorigen Unterkapitel (Kap. 2.5.) – abgeleitete Subtypen und Mischtypen zu bilden.

2.7 Fazit – die Logik der Typologie

Was macht nun – rückblickend auf dieses Kapitel – den Zusammenhang der Typen, mithin die *Logik* der Typologie aus? In der identitätsorientierten Kosmologie sind Subjekt und Objekt nicht geschieden, oder anders ausgedrückt: das subjektive Prinzip als Deutungs- und Gestaltungsmacht ist in Gott konzentriert, der allen Wesen ihren Platz anweist und an dessen Subjektivität sie je nach hierarchisch abgestuftem Vermögen teilhaben. Die Ordnung ist nach der Schöpfungsgeschichte ein für allemal und objektiv festgelegt – jedes Gemein- und Einzelwesen besitzt seinen vorgegebenen Ort und Bewegungsspielraum. Statt von 'Gott' kann man hier – stärker pantheistisch – auch wahlweise von Natur, Geschichte oder Tradition sprechen, weil Physik und Metaphysik sowie Sein und Sollen nicht scharf voneinander geschieden sind. Die identitätsorientierte Denkweise muss sich also nicht unbedingt einer religiösen Rhetorik bedienen; in der Moderne lebt sie oft, als solche unbemerkt, im oberflächlich säkularisierten Essenzialismus des Alltags fort. Mit der Aufklärung wurde das subjektive Prinzip in die einzelnen Menschen verlegt. Indem nun das subjektive Prinzip nicht mehr in einem Punkt konzentriert ist, sondern auf alle Menschen überspringt und damit dezentriert und fragmentiert gedacht werden kann; indem dann die Scheidung zwischen Subjekt und Objekt relational und situativ wird; indem alle Menschen wechselseitig sowohl Subjekt als auch Objekt sind und sogar sich selbst in dieser Relation (als Ich und psychophysisches Selbst) aufspalten können – indem also aus *einer* Welt viele unklar ineinander verwobene Welten mit vielen zentrifugalen Deutungs- und Gestaltungsimpulsen entstehen können, werden die Gefahren wie

---

bewusst abgewogener Dringlichkeit" (S.553) – dann ist allerdings unklar, woher der Forscher bei der idealtypischen Herangehensweise das Handlungsziel kennen soll. Naheliegend ist, dass er unkontrolliert utilitaristische Motive unterstellt. Wie ist diese Stelle aber theoretisch einzuschätzen? Gegen Habermas (1987/I: 378ff.), der in seiner Weber-Rekonstruktion auch eine Rationalisierung der Zwecke ins Auge fasst, ist eher der Einfluss von Nietzsche auf Weber geltend zu machen – und damit von der Vielfalt möglicher Zwecksetzungen auszugehen. In der 'Protestantischen Ethik' charakterisiert Weber auch selbst das im Kapitalismus historisch zur Blüte gebrachte zweckrationale Handeln als irrational. An der Spitze von Webers Rationalitätshierarchie stände dann paradoxerweise – pure Irrationalität! Die Einheit der Mittel würde letztlich doch von der Vielheit der Zwecke übertrumpft. Habermas ist in seiner 'Theorie des kommunikativen Handelns' tendenziell den anderen Weg gegangen: Die gleichberechtigte Vielfalt der Typen des Handelns – kognitiv-instrumentell, moralisch-praktisch, ästhetisch-expressiv – wird in der Einheit des kommunikativen Handelns zusammengeführt.

die Chancen des Emanzipationsprinzips manifest: Ordnungsverlust und Vielfalt.[47] In der utilitätsorientierten Kosmologie wird diese Gefahr des Ordnungsverlusts tendenziell gebannt, indem die Subjekte auf Rationalität und Nutzenorientierung verpflichtet und die Objekte – Dinge oder Menschen – als berechen- und kontrollierbar betrachtet werden. In der alteritätsorientierten Kosmologie wird dagegen die Fragmentierung und Dezentrierung als Chance wahrgenommen, neue Deutungs- und Gestaltungsräume zu erschließen. Während die utilitätsorientierte Denkweise sich auf die positive, d.h. bestimmbare und bestimmte Seite von Subjekt und Objekt bezieht, richtet sich die Suche nach Alterität auf die noch unbestimmte und auch gar nicht endgültig bestimmbare Seite – auf die unbewussten Abgründe und die noch unerforschten Wahrnehmungsmöglichkeiten des Ichs wie auf die grenzenlosen Ereignisräume und die noch ungesehenen Gestaltungsmöglichkeiten der Welt.

2.8 Überleitung zu den empirischen Fallstudien – Technik- und Umweltkonflikte als Konflikte um Identität, Utilität undAlterität

Aus den drei Naturvorstellungen, die wir in diesem Kapitel vorgestellt haben, ergeben sich nun eine Reihe von Konfliktmöglichkeiten. Oder anders ausgedrückt: Technik- und Umweltkonflikte lassen sich anhand dieser Typologie anders – und wie mir scheint: differenzierter und genauer – verstehen, als wenn sie nur, wie meist üblich, entweder unter dem Blickwinkel der 'Rückwärtsgewandtheit' der Technikkritiker oder umgekehrt unter dem Aspekt des 'Risikos', d.h. der unerwünschten Nebenwirkungen von Eingriffen in die innere oder äußere Natur betrachtet werden. Im ersteren Fall werden der Technikkritik ausschließlich traditionale, im letzteren ausschließlich utilitaristisch-rationale Motive unterstellt.

Die Risikosoziologie geht hier von einer relativ einfachen Relation aus: Einem – meist nicht näher thematisierten – Nutzen, steht ein 'Risiko' gegenüber als mehr oder weniger absehbarer, mehr oder weniger wahrscheinlicher, mehr oder weniger großer Schaden. Sie betont das hohe, die Versicherbarkeit übersteigende Ausmaß der Schäden in der 'Risikogesellschaft' (Beck 1986), untersucht die Organisationsbedingungen, unter denen es mit hoher Wahrscheinlichkeit zu Katastrophen kommen muss (Perrow 1989); sie verweist auf das Auseinanderfallen der Perspektiven von 'Entscheidern' und 'Betroffenen' (Luhmann 1991), macht die Unterschiede der Zurechnung auf 'Entscheidung' oder 'Schicksal' deutlich (Ewald 1993; Lau 1989) und analysiert den sich wandelnden Umgang mit Ungewissheit über Eintrittswahrscheinlichkeit und Ausmaß der Schäden (Bonß 1995; Gill et al. 1998). Sie fragt also durchaus: Nutzen und Schaden für wen? Aber eben nicht: Nutzen und Schaden nach welchem Wertmaßstab?

Selbst die Cultural Theory (Douglas/Wildavsky 1983), die ja eigentlich auf die kulturelle Einbindung und daraus folgende Relativität der Weltsicht rekurriert, zeigt

---

[47] Sie sind auch schon zuvor prinzipiell angelegt, man denke nur an die Auseinandersetzungen zwischen geistlicher und weltlicher Macht sowie an die Häresien im Mittelalter.

2.8 Überleitung zu den empirischen Fallstudien

zwar auf, dass nur für die 'Egalitären' die Sorge um die 'Natur' einen hervorragenden Stellenwert hat, während die anderen Gruppen ihre jeweilige Risiko-Obsession auf die Instabilitäten des Marktes und die potentielle Bedrohung des Staates beziehen und die Natur als ziemlich robust und wenig zerbrechlich ansehen. Unterstellt wird aber auch hier, dass alle von derselben 'Natur' und von denselben Qualitätsmaßstäben für darauf bezogene Schäden ausgehen.[48]

Unserer Typologie zufolge ist jedoch von drei verschiedenen Naturvorstellungen, entsprechend von sehr unterschiedlichen Schutzgütern und Gefährdungsmöglichkeiten auszugehen. Während herkömmlich nach erwünschter Wirkung und unerwünschter Nebenwirkung unterschieden wird, muss man demzufolge auch fragen: Erwünscht oder unerwünscht *nach welchem Wertmaßstab?* Die sich hier ergebende Kreuztabellierung sei einmal am Beispiel der Bewertung des Drogenkonsums, einem die Geschichte der Menschheit schon immer begleitenden Eingriff in die innere Natur, erläutert (vgl. Tabelle 2.6).

Drogen sind demnach in identitätsorientierter Perspektive Insignien der Gemeinschaft: Durch gemeinschaftlichen, ritualisierten Drogengenuss wird Zugehörigkeit nach außen markiert und nach innen, also auch psychisch hergestellt. Entsprechend werden in dieser Perspektive die 'eigenen' Drogen als 'heilsam' und 'fremde' Drogen als 'schädlich' angesehen, was auch immer die Schulmedizin dazu sagt. In utilitärer Perspektive ist der Einsatz von Drogen sinnvoll, soweit er die Selbstkontrolle unterstützt und – den Ansichten der Schuldmedizin zufolge – einem langen und leidensfreien Leben dienlich ist. In alteritätsorientierter Perspektive geht es um individuelle oder kollektive Überschreitung einer als eng erlebten Wirklichkeit durch 'bewusstseinserweiternde' Drogen; umgekehrt werden Formen des Drogengebrauchs verdammt, die die 'Anpassung' an das identitätsorientierte Ordnungsprinzip oder das utilitaristische Konkurrenzprinzip zum Ziel haben, z.B. der Einsatz von Psychopharmaka als 'chemische Zwangsjacke'.

Nicht bei allen Eingriffen in die innere und äußere Natur lässt sich ein so vollständiges Spektrum an Reaktionen finden, oder diese fallen, mangels Betroffenheit, nur schwach aus. Das ist im einzelnen eine empirische Frage. Wesentlich unterschiedliche Reaktionsmuster bestehen hinsichtlich von Eingriffen in die innere und Eingriffen in die äußere Natur, denn die innere Natur wird auch in modernen Gesellschaften als heilig und beseelt aufgefasst, während die äußere Natur spätestens seit Beginn der frühen Neuzeit zunehmend entzaubert und daher eher als bloße Materie verstanden wurde. Ihr Schutz verdankt sich stärker der alteritätsorientierten *Wieder*verzauberung, während der Schutz der inneren Natur stärker identitätsorientierten Widerständen gegen die Trennung von Leib und Seele geschuldet ist. Diese Konfliktdynamik soll im Folgenden für die Biotechnologie in ihrer Anwendung auf die innere und die äußere Natur gezeigt werden. Die entsprechenden Fallbeispiele wer-

---

[48] Davon unbenommen ist die Beobachtung von Douglas und Wildavsky, dass die Markt-Individualisten und Hierarchie-Orientierten ihrerseits ihre je eigenen Risikoobsessionen haben: Wirtschaftskrisen und militärische Bedrohung. Aber bezüglich der Naturbedrohung sind die Ansichten lediglich quantitativ, aber eben nicht qualitativ unterschieden.

Tabelle 2.6: Bewertung von Drogen (als Beeinflussung innerer Natur) aus der Sicht der drei Naturvorstellungen und korrespondierenden Weltbildern

	Aus der jeweiligen Perspektive erwünschte Wirkung	Aus dieser Sicht unerwünschte Nebenwirkung
Prinzip Herkunft: Identität (naturalisierte Institutionen)	Stärkung der Gemeinschaft durch partielle Enthemmung (Bier in Bayern)	'Asozialität subversiver Drogen' (Haschisch in Bayern)
Prinzip Nutzen: Utilität (zu kontrollierende Natur)	Leistungssteigerung (Kaffee); Entspannung (Alkohol, Valium)	Übermaß, physische Nebenwirkungen, Suchtkrankheiten
Prinzip Sehnsucht: Alterität (zu befreiende Natur)	'Bewusstseinserweiterung' (Haschisch, LSD)	Anpassung und Manipulation (z.B. durch Psychopharmaka)

den in Kapitel 4 und 5 vorgestellt, nachdem zuvor in Kapitel 3 mit einigen Überlegungen zur methodologischen Konzeption von *Naturvorstellungen als Diskursen* eine Brücke zwischen Theorie und Empirie geschlagen werden soll.

Kapitel 3: Wo und wie sind Naturvorstellungen *empirisch* zu erfassen? – Ein methodologischer Prolog zu den Fallstudien

Im vorigen Kapitel haben wir Naturvorstellungen vor allem als Idealtypen kennengelernt. Nun stellt sich aber die Frage: Wie werden Naturvorstellungen wirksam und wo sind sie empirisch anzutreffen? Sind sie fest in den Köpfen und den Sozialstrukturen verankert, wie die Cultural Theory mutmaßt – an diesem Punkt ganz der Mainstream-Soziologie folgend? Oder sind sie vielleicht stärker in Diskursen und kollektiven Handlungszusammenhängen verankert, zwischen denen die Individuen in ihrer Alltagspraxis hin- und herwechseln? Diesen Fragen soll im Folgenden nachgegangen werden, bevor wir uns in Kapitel 4 und 5 den empirischen Fallbeispielen zuwenden.

3.1 Naturvorstellungen und soziale Milieus – bisherige empirische Ergebnisse

Normalerweise arbeitet die empirische Sozialforschung mit der Kategorie der 'individuellen Einstellungen', die zu sozialdemografischen Variablen und berichtetem oder beobachtetem Verhalten in Beziehung gesetzt werden. In diesem Sinne versucht man – mittels standardisierter Interviews – zu erheben, welche Einstellungen zu einem bestimmten Thema bei den Befragten vorliegen. Daran schließen sich dann typischerweise zwei Fragen an: 1) In welcher Weise korrespondieren diese Einstellungen mit berichtetem oder anderorts zu beobachtendem Verhalten? 2) Wie korrespondieren die erhobenen Einstellungen mit soziodemografischen Variablen, wie etwa dem (angegebenen) Alter, Geschlecht, Beruf, Bildungsstand, Einkommen u.ä.? Entsprechende Untersuchungen gibt es selbstverständlich auch zur Biotechnologie. Allerdings spielt die erste Art von Fragen (oder Beobachtungen) zum korrespondierenden Verhalten dort bisher eher selten eine Rolle, weil es gegenwärtig im Alltag noch wenig diesbezügliche Entscheidungsmöglichkeiten gibt. Fokussiert hat sich die Akzeptanzforschung vielmehr auf die zweite Art von Korrespondenzen, weil man wissen wollte, wie sich Gegner und Befürworter der Biotechnologie in sozialdemografischer Hinsicht zusammensetzen und eventuell auch mit der Zeit verändern.

Allerdings sind die Versuche, skeptische Haltungen gegenüber der Gentechnik sozialstrukturell einzuordnen, bisher meistens weitgehend konturlos geblieben (z.B. Eurobarometer 1991, 1993, 1996, 1999). Zwar scheint der/die 'typische' Kritiker/in folgende Kriterien aufzuweisen: weiblich, älter, geringere formale Bildung, geringeres Einkommen, nicht berufstätig, religiös. Aber der Einfluss dieser Variablen ist eher schwach (vgl. Gaskell et al. 1998: 198f.). Etwas stärkere Unterschiede ergeben sich zwischen den Ländern der EU, allerdings in einer Form, die auf kollektiver Ebene dem eben genannten individuellen Muster eher entgegenläuft – im Durchschnitt skeptischer sind die Mitgliedsstaaten, die nördlicher gelegen, technologisch und (post-)industriell stärker entwickelt und reicher sind (neuerdings aber mit Ausnahme der Niederlande und Griechenland, die diesen Trend durchbrechen; vgl. Tabelle 3.1.).[1] Das deutet darauf hin, dass die nationalen Diskursprozesse, die vor allem durch Sprache, Verbreitung der Medien und politische Institutionen des jeweiligen Landes europaweit gegeneinander abgeschottet sind, einen stärkeren Einfluss auf die Meinungsbildung haben als sozialstrukturelle Variablen.

Diese Schwäche der sozialstrukturellen Einflüsse ist eventuell auch als Effekt der Individualisierung zu deuten (vgl. Beck 1983). Allerdings ist bei näherem Hinsehen eine interessante Beobachtung zu machen. In einigen Studien ist demonstriert worden, dass skeptische Haltungen in verdichteter Form in zwei gänzlich konträren Milieus zu finden sind – einerseits in einem links-alternativen bzw. hedonistisch-individualistischen Milieu, andererseits vor allem bei älteren Menschen in einem wertkonservativ-religiösen Milieu (Zwick 1998; Nielsen 1997). Dieser Befund entspricht ziemlich genau dem, was anhand meiner Idealtypen zu erwarten ist – grüner Alteritätsdiskurs und wertkonservativer Identitätsdiskurs stellen sich, aus unterschiedlichen Motiven, gegen den in der Gentechnik reproduzierten Utilitätsdiskurs strukturkonservativer, marktliberaler und traditionell sozialdemokratischer Provenienz. Wenn es so etwas wie ein alteritätsorientiertes und ein identitätsorientiertes Milieu tatsächlich gäbe, würden die meisten einschlägigen Variablen – Bildung, Einkommen, politisches Links-Rechts-Schema, Religiosität, Postmaterialismus – tendenziell konträre Werte anzeigen: Höhere Bildung, 'grün-rote' politische Einstellungen, Konfessionslosigkeit, Postmaterialismus einerseits und niedrige Bildung, niedriges Einkommen, politisch rechts, religiös, materialistisch andererseits.[2] Das hat aber zur Folge, dass die Werte dieser Variablen sich in den üblichen Regressionsanalysen weitgehend gegeneinander ausgleichen und sich dann in ihrem Durchschnitt eben kaum noch von den utilitätsorientierten Maßzahlen unterscheiden, die eher im Mittelfeld liegen dürften – mittlere bis hohe Bildung, mittlere bis höhere Einkommen, politische Mitte, mäßig (a-)religiös (vgl. Gaskell et al. 1998: 199). Daher scheint man nun verstärkt dazu überzugehen, mittels Clusteranalysen zwischen der "schwarzen" Kritik und der "grünen Kritik" zu unterscheiden, die man – in

---

[1] "This is the pattern that we might expect to observe in what may be termed 'late-industrial' or 'late-modern' societies; that is, societies with a relatively high level of technological and industrial development that have moved beyond the first flush of enthusiasm for science-based wealth creation and are actively engaged in debates about benefits in relation to risks (... to the environment), quality of life, and other so-called 'post-industrial' values." (Bauer et al. 1998b: 224)

[2] Wenn man hier die Sinus-Milieus ins Auge fasst, würde man – trotz aller Vorbehalte wegen der vermuteten Schwäche des Einflusses sozialstruktureller Variablen – ein 'alteritätsorientiertes Milieu' tendenziell beim postmaterialistischen Wertpol und in den höheren Schichtlagen (also derzeit 'intellektuelles Milieu' und 'postmodernes Milieu'), ein 'identitätsorientiertes Milieu' beim konservativen Pol und in den niedrigen Schichtlagen (also im 'traditionellen bürgerlichen Milieu' und im 'traditionellen Arbeitermilieu') vermuten (Angaben zur neuesten Milieu-Studie von Sinus in Geißler 2000: 58).

Tabelle 3.1: Generelle Einstellungen in den EU-Ländern zur Biotechnologie (Skalenwert), sowie die prozentualen Anteile der traditionalistischen ("schwarzen") und postindustriellen ("grünen") Opposition

	Einstellungen ⌀ 1999*	"schwarze" Kritik (%)		"grüne" Kritik (%)	
		1996	1999	1996	1999
Spanien	0,61	6	6	4	6
Portugal	0,50	5	4	3	4
Niederlande	0,39	8	9	15	12
Belgien	0,29	7	**	9	**
Luxemburg	0,25	11	12	10	10
Frankreich	0,25	4	14	10	12
Deutschland	0,23	9	8	14	11
Italien	0,21	9	14	7	13
Irland	0,16	7	13	9	13
Finnland	0,13	**	12	**	14
Großbritannien	0,05	10	**	14	**
Österreich	0,02	**	14	**	17
Dänemark	- 0,01	12	19	18	19
Norwegen	- 0,07	14	17	14	19
Griechenland	- 0,33	8	15	11	23

*: durchschnittlicher Skalenwert der Zustimmung bzw. Ablehnung der Biotechnologie; **: Clusteranalyse ergibt keine sinnvolle Lösung; Quelle: Gaskell et al. 2001, S.56 und S.75 / Aufbereitung des Eurobarometers von 1996 und 1999

etwa – einem eher traditionellen und einem eher postindustriell-urbanen Milieu zurechnen kann (vgl. Tabelle 3.1.). An den für 1999 errechneten Ergebnissen fällt auf, dass nicht nur die 'grüne', sondern gerade auch die traditionalistische Kritik stark zugenommen hat – was im Zusammenhang mit dem in jüngerer Zeit verstärkt aufkommenden Rechtspopulismus eventuell als Reaktion auf den neoliberalen Globalisierungsdiskurs zu deuten ist. Generell ist aber anzumerken, dass diese Art der Clusteranalyse in der Einstellungsforschung zur Biotechnologie noch nicht sehr breit etabliert ist und insbesondere noch keine Messungen zu ihrer Erklärungskraft vorliegen.

3.2 Naturvorstellungen in Diskursen und Praxen

Die Frage nach 'Einstellungen' und 'Milieus' unterstellt allerdings, dass die Individuen tatsächlich so etwas wie eine klare und durchdachte Präferenzordnung ihrer Deutungsmuster, Motive und Wünsche entwickeln und sie jedenfalls kurz- und mittelfristig stabil halten, oder anders ausgedrückt: dass sie eine Identität ausbilden und kognitive Dissonanzen vermeiden. Wenn sie das tun, ergeben sich tatsächlich Erklärungs- und Vorhersagemöglichkeiten: Man kann dann, anhand dieses intentionalistischen Handlungsmodells, retrospektiv ermitteln, warum ein bestimmtes Verhalten gewählt wird, und prospektiv angeben, welche (Re-)Aktionsweisen in Zukunft wahrscheinlich sind. Man kann dann auch von dem Verhalten eines Individuums in einem beobachteten Fall auf sein Verhalten in einem vergleichbaren anderen Fall schließen.[3] Es ist wahrscheinlich, dass diese Annahme kognitiver Konsistenz in Handlungsbereichen, in denen sich die Individuen besonders engagieren oder in denen sie besonderem Begründungsdruck ausgesetzt sind, annäherungsweise zutrifft.

Die pragmatistische Handlungstheorie (Giddens 1988; vgl. Joas 1986) betont demgegenüber, dass ein Großteil unserer Handlungen Routinetätigkeiten sind und nur der Kontrolle des 'praktischen Bewusstseins', nicht aber der Überwachung durch das 'diskursive Bewusstsein' unterliegen. Bei vielen Tätigkeiten des Alltags werden wir von den Handlungserfordernissen, den Handlungsmöglichkeiten, den symbolisch in der Handlungssituation angelegten Deutungsangeboten gewissermaßen mitgerissen – und eine Begründung erfolgt allenfalls nachträglich, als Rationalisierung ad hoc. Das würde aber bedeuten, dass die Deutungsmuster nicht fest im Bewusstsein der Individuen wurzeln, sondern vielfach mit den Tätigkeiten wechseln (vgl. Poferl et al. 1997, Poferl 2000). Plastisch ausgedrückt: Tagsüber in der Arbeit ist man vielleicht eher utilitätsorientiert, abends im Kreis der Familie identitätsorientiert und im Urlaub alteritätsorientiert.

Wenn das der Fall ist, dann ist es sehr wahrscheinlich, dass die 'Einstellungen', die wir jeweils messen, sehr stark durch den Fragekontext geprägt werden: Wenn wir etwa im Kontext des Klimawandels nach den Naturvorstellungen fragen, dann werden wir – von *denselben* Leuten – andere Antworten erhalten, als wenn wir an der Tankstelle Interviews mit ihnen über Spritpreise und Ökosteuer führen und dadurch einen ganz anderen Assoziationsraum öffnen. Dieser Assoziationsraum ist von anderen Deutungsmustern bestimmt – dem Recht auf Mobilität, der Spontanität der Fortbewegung, der Bequemlichkeit des Reisens etc.

Ich will damit nicht sagen, dass das pragmatistische in allen Fällen besser als das intentionalistische Handlungsmodell die Wirklichkeit erfasst. 'Ökologisch Engagierte' bzw. 'Experten', Personen also, die dem hier in Rede stehenden Handlungsbereich einen großen Teil ihrer Aufmerksamkeit widmen und sich daher in eine Pionierrolle begeben, werden die kognitive Dissonanz zwischen der Sorge um die bedrohte Natur und einem benzindurstigen Mobilitätsverhalten wahrscheinlich wahrnehmen, reflektieren und durch Prioritätensetzung zu vermeiden suchen. Hier kann das intentionalistische Handlungsmodell also durchaus adäquat sein. Hier ist es auch ange-

---

[3] Entsprechende Untersuchungen wurden zwar nicht mit der Kategorie der Naturvorstellungen, wohl aber mit den Topoi 'Umweltbewusstsein' und 'Umweltverhalten' breit durchgespielt und methodologisch ausgiebig debattiert (z.B. Dierkes/Fietkau 1988, Diekmann/Preisendörfer 1992, Diekmann 1996, Lange 2000).

messen von normativen und materiellen *Rand*bedingungen zu sprechen, weil die Handlungsziele vorab feststehen und nicht durch die Opportunität der Bedingungen bestimmt sind (vgl. Elster 1983).

Aber in anderen Handlungsbereichen werden sich auch die ökologisch Engagierten und die einschlägigen Experten – wie die ubiquitäre 'breite Masse' der Laien – routiniert und unreflektiert verhalten. Und zwar – jenseits allen moralischen Räsonnements über sorgsame oder achtlose, reflektierte oder unreflektierte Menschen – ganz einfach deshalb, weil das Leben viel zu komplex ist, als dass der Einzelne sich in allen Handlungsbereichen gleichmäßig unter Reflexionszwang setzen könnte und sich insofern meistens der kollektiven Handlungsroutine überlassen muss. 'Engagierte' und 'Unreflektierte', 'Experte' und 'Laie' sind also Rollenmerkmale und nicht an einen bestimmten Personenkreis gebunden. Wenn man den gesamten Alltag betrachtet, befinden wir uns immer nur vorübergehend und partiell in der Rolle des 'Experten' oder 'Pioniers', der einen beträchtlichen Teil seiner Lebenszeit und seiner geistigen Aufmerksamkeit – als Akademiker oder Nicht-Akademiker, bezahlt oder unbezahlt – auf einen bestimmten Wissens- und Handlungsbereich ausrichtet. Wir alle sind Laien – fast überall!

Bei kollektiven Handlungsroutinen ist es allerdings nicht mehr sinnvoll, wie im intentionalistischen Handlungsmodell von normativen und materiellen *Rand*bedingungen zu sprechen, als wären sie äußerlich und kontingent. Etablierte Handlungsroutinen schaffen sich vielmehr die zugehörigen Motive, Institutionen und Infrastrukturen, durch die sie ermöglicht und gelenkt werden – die Liebe zum Autofahren, die Verkehrsregeln und die Straßen, die das Auto privilegieren. Diese Institutionen und Infrastrukturen entscheiden über den moralischen und materiellen Aufwand, den der Einzelne bei seiner Verhaltenswahl in Kauf nehmen muss. Wer hier nicht gegen den Strom 'schwimmen' (das heißt zu Fuß gehen, radeln oder Bahn fahren) will, fährt Auto, weil die Opportunität der Bedingungen dies nahe legt (und manchenorts beinahe erzwingt).

Etabliert und transformiert werden kollektive Praxen aber nicht primär durch individuelle Einstellungen, sondern durch öffentliche Diskurse und die darauf abzielenden Unternehmungen von 'Pionieren'. Denn nur der Diskurs kann den vereinzelten Handlungsimpulsen eine Richtung geben – sei es durch ästhetische, moralische oder politisch-rechtliche Koordination. In unserem Fall würde es ja nichts nützen, wenn der Einzelne *als Einzelner* beschließt, nicht mehr Auto zu fahren. Dann würden andere die freiwerdenden Ressourcen wie Straßenraum, Parkplätze und billigeres Benzin nutzen – das typische 'Problem der Allmende'. Ein individuell verändertes Verhalten spricht auch nicht ohne weiteres für sich. Als kulturelles Vorbild kann es nur wirken, wenn es zugleich auch einen entsprechenden Diskurs gibt, der die individuell gemeinte Bedeutung öffentlich macht: In den 1960er Jahren waren der Automobilismus und die 'autogerechte Stadt' unbestrittenes Ideal. Fahrradfahren wurde hier nicht als ökologische Demonstration, sondern als 'Arme-Leute-Verhalten' verstanden. Erst heute gilt es – dank des veränderten diskursiven Rahmens – zunehmend als 'sportlich', 'ökologisch' und 'gesund'.

Diskurse ihrerseits werden von intentional handelnden Akteuren, also vor allem von politischen Gruppen und wirtschaftlichen Unternehmern, durch Sprechakte und andere symbolische Handlungen in Gang gesetzt und Praxen werden durch korrespondierende Pioniertätigkeiten verändert. Dabei schöpfen *auch* die Pioniere aus dem Deutungsmustervorrat der Diskurse – weil sie hier an bereits vorhandene Ideen anschließen müssen. Für sie ergibt sich tatsächlich auch der Zwang, allzu offensichtliche Dissonanzen zu vermeiden – Pioniere müssen, jedenfalls auf Einrede hin, dem Gebot der argumentativen Konsistenz, mehr noch aber dem Gebot der metaphorischen Kohärenz Respekt zollen. Bei ihnen darf man entsprechend – gegenüber dem Handlungsbereich in dem sie sich engagieren – auch stabilere Naturvorstellungen und dazu 'passende' gesellschaftliche Orientierungen erwarten. Bei allen anderen – die hier nicht unter Rationalisierungsdruck stehen – ist davon auszugehen, dass sie die im Handlungsbereich flottierenden oder fest eingeschriebenen Wertungs- und Deutungsmuster eher situativ und unreflektiert aufnehmen. Entsprechend sollte man das Modell des intentionalen Handelns mit einem Modell des Routine-Handelns kombinieren – vgl. dazu die grafische Zusammenfassung in Abbildung 3.1.

Abbildung 3.1: Zugrundeliegendes Handlungsmodell – Es ist sowohl mit bewusstem Engagement als auch mit unreflektierter Teilnahme an kollektiven Praxen zu rechnen

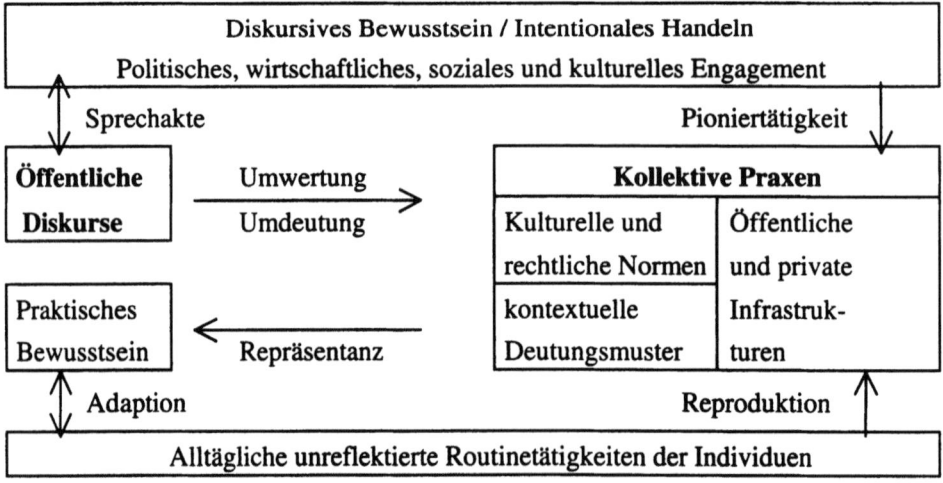

Wenn diese modelltheoretischen Überlegungen richtig sind, welche methodischen Konsequenzen sind dann daraus zu ziehen? Standardisierte Umfragen auf der Ebene der Gesamtbevölkerung werden dann normalerweise mit den Reaktionen eines praktischen und nicht eines diskursiven Bewusstseins konfrontiert sein. Das praktische Bewusstsein, also unser mentaler Normalzustand, ist als solches allenfalls in der Lage Ad-hoc-Rationalisierungen zu liefern, und wird in der Regel einfach die im Handlungsfeld gängigen Deutungen wiedergeben. Wer ein Fastfood-Gericht einnimmt, wird zwar nicht unbedingt der Werbung glauben, dass er hier besonders schmackhaft und gesund esse, aber er wird der Ansicht sein, dass er auf diese Weise schnell, bequem und preisgünstig seinen Hunger stillen kann. Wenn die Deutungsmuster in einem Handlungsbereich stabil sind, wird man dann entsprechend auch zu reproduzierbaren Umfrageergebnissen gelangen. Allerdings darf man diese Ergebnisse nicht überbewerten, denn sie sind im Wesentlichen eine Spiegelung des Status quo. Sie sagen nichts darüber aus, ob sich die Leute unbedingt so verhalten wollen, wie sie es gerade tun. Sie lassen daher auch kaum Schlüsse zu, wie sich der Handlungsbereich weiterentwickeln wird, noch wie sich dieselben Individuen in anderen Handlungsbereichen verhalten – entsprechend ist ja auch eine starke Diskrepanz zwischen der Bewertung der 'roten' und der 'grünen' Gentechnik festzustellen (vgl. Kap. 4 und Kap. 5).

Wenn man dagegen die Dynamik des kulturellen Wandels erfassen will, muss man entsprechend die hier wesentlichen Elemente betrachten: Pioniere, Diskurse und Praxen. Auf der Ebene der Pioniere sind die üblichen quantitativen Erhebungsverfahren ohnehin nur begrenzt sinnvoll. Der Erfolg der Nichtregierungsorganisationen zeigt, dass Einfluss im Diskurs nur sehr mäßig mit der Zahl der Mitarbeiter oder dem Umfang der verfügbaren Ressourcen einer Organisation korreliert – andernfalls hätte Greenpeace den Konflikt um die Versenkung der 'Brent Spar' niemals gegen Shell und die britische Regierung gewinnen können. Die Einflusschancen von NGOs ergeben sich im Allgemeinen aus spezifischen Konstellationen im öffentlichen Diskurs, die von ihnen erkannt oder erahnt und dann mehr oder weniger geschickt genutzt werden (Greenpeace lässt sich in diesem Zusammenhang sogar von Kommunikationswissenschaftlern beraten, vgl. Krüger/Müller-Hennig 2000).

Diskurse lassen sich insbesondere über das Verfahren der Inhaltsanalyse untersuchen. Die Inhaltsanalyse hat dabei gegenüber reaktiven Verfahren, wie dem standardisierten Interview, den Vorteil, dass mit ihr auch retrospektive Untersuchungen möglich sind – weil im Allgemeinen gespeicherte Diskursbeiträge, also vor allem schriftliche Quellen vorliegen. Allerdings bringt es die Eigenart von Diskursen mit sich, dass man hier keine einfachen Zeitreihen bilden kann. Das Abflauen von Thematisierungsvorgängen kann nämlich zweierlei bedeuten – es kann entweder darauf hindeuten, dass die propagierte Idee zunehmend abgelehnt wird und in Vergessenheit gerät, oder – genau im Gegenteil – sich so weitgehend durchgesetzt hat, dass sie selbstverständlich geworden ist (vgl. zum Beispiel Norbert Elias' berühmte Untersuchung über den 'Prozess der Zivilisation' anhand von Sittenkodices aus mehreren Jahrhunderten). Entsprechend ist dann der fortdauernde Einfluss von vergangenen Thematisierungsschüben eher anhand der stummen Zeugen der Praxis zu ermitteln oder mittels Interviews aus dem praktischen Bewusstsein abzurufen. Die Idee der 'autogerechten Stadt' wird man vor allem in den Diskursen der 1950er und 60er Jahre finden, in den 1970er und 80er verliert sie allmählich die Lufthoheit über den Feuilletons. Aber dennoch ist sie weiterhin als Asphalt, Blech, Lärm und Gestank gewordene Praxis und im Anspruchsdenken vieler Autofahrer lebendig.

Auf der Ebene der Praxen können quantitative Erhebungen oder Auswertungen sinnvoll sein. Indikatoren für die quantitative Bedeutung einzelner Handlungsbereiche finden sich vor allem in der Wirtschaftsstatistik (die schon vorgenommene Befragungen und Beobachtungen zusammenfasst); zusätzlich lässt sich über Zeitverwendungsstudien die quantitative Erstreckung von bestimmten Handlungen im Alltag ermitteln (vgl. Gershuny 2000). Allerdings kann man aus solchen Statistiken selten eindeutig den Sinn ermitteln, der mit den entsprechenden Handlungen verbunden ist – ob jemand zum Beispiel in ein südliches Land fährt, um sich das Kaufkraftgefälle zunutze zu machen (Utilitätsprinzip) oder um eine fremde Kultur kennen zu lernen (Alteritätsprinzip).[4] Insofern ist man hier wieder auf die Analyse der begleitenden oder historisch sedimentierten Diskurse sowie auf Befragungen angewiesen.

Aus den genannten Gründen wird in den folgenden Fallstudien – insbesondere im Rahmen der Primärerhebung in Kapitel 5 – vor allem zum Verfahren der teilnehmenden Beobachtung, sowie zu qualitativer und quantitativer Inhaltsanalyse gegriffen; zudem werden Wirtschaftsstatistiken und Befragungsergebnisse herangezogen. Erst in diesem methodischen Mix sind Ergebnisse zu erzielen, die mit elaborierteren Handlungstheorien (Giddens 1988) sowie empirischen Beobachtungen über den jähen Wechsel der Kognitionen[5] in Einklang zu bringen sind.

Wie sehr die in Befragungen evozierten Assoziationen zur Natur (und wahrscheinlich auch zu vielen anderen Gegenständen) mit der Art der Fragestellung zusammenhängen, zeigt eine etwas unkonventionelle Untersuchung aus Großbritannien zu Kontroversen über den Freizeittourismus. Dabei wurden die Themen den Befragten in einer Panelstudie jeweils unter einem anderen Blickwinkel präsentiert – ökonomische Entwicklung des ländlichen Raumes, Ruhe und Erholung in schöner Natur, Sport und Spaß im Freien. Auf diese drei Perspektiven wurden die Interviewpartner jeweils positiv eingestimmt. Zustimmung und Ablehnung zu den dann vorgeschlagenen Maßnahmen – zum Autoverkehr, zur Bautätigkeit, zu Open-Air-Festivals etc. – richteten sich dann vor allem nach der Voreinstimmung durch die unterschiedlichen Ausgangsgesichtspunkte und weniger nach sonstigen Einstellungen und dem sozialstrukturellen Hintergrund der befragten Personen (Macnaghten/Urry 1998: 194ff.). Man kann hier schlussfolgern: 'Der Kopf ist rund, damit das Denken die Richtung ändern kann' (Picabia). Je nachdem, unter welchen Gesichtspunkten und in welchen Kontexten ein Konfliktthema betrachtet wird, ergeben sich unterschiedliche Argumentationen und Bewertungen. (Relativ) stabil sind also nicht so sehr die Bewusstseinsinhalte der Individuen ('Einstellungen'), sondern eher die kollektiven Sinnstiftungs- und Begründungsmuster ('Diskurse') zu den in unserem Alltag etablierten Handlungszusammenhängen ('Praxen'). Aus der Konstellation und der Dynamik der Diskurse – in unserem Zusammenhang also der relativen Hegemo-

---

[4] Näherungsweise kann man hier zu einer tentativen Antwort kommen, indem man die Zahl der Pauschalurlauber (Utilitätsprinzip) von der Gesamtzahl der Touristen subtrahiert.
[5] Es handelt sich um *alltagsnahe* empirische Beobachtungen, die durch Feldstudien gewonnen werden – im Unterschied zum Mainstream der Kognitionspsychologie, die bei Laboruntersuchungen ihre Vorannahmen über die Vermeidung kognitiver Dissonanzen reproduziert. Im Labor bemühen sich Versuchspersonen tatsächlich dem Ideal kognitiver Kohärenz zu entsprechen, aber im Alltag verhalten sie sich ganz anders, wie Lave (1988) und Hutchins (1995) gezeigt haben.

nie einer Naturvorstellung in Bezug auf ein Thema – lässt sich dann der Wandel der Praxen erklären und in einem gewissen Rahmen auch vorhersagen.

Daher werden im Folgenden nicht Einstellungen, sondern vor allem Diskurse im Vordergrund stehen, obwohl natürlich nicht abgestritten werden soll, dass die vielen Diskurse, die täglich kreuz und quer durch unsere Köpfe schwirren, dort auch Sedimente hinterlassen, die sich an bestimmten Punkten zu relativ konsistenten und stabilen Einstellungsmustern verdichten können – dann und dort nämlich, wo Menschen tatsächlich stärker, womöglich als 'Pioniere' engagiert sind. Aber das ist eben – aufgrund von Differenzierung, Spezialisierung und Zeitnot – eher selten der Fall.

3.3 Zum Umgang mit strategisch verstellten Diskursen

Inwieweit ist nun aber damit zu rechnen, dass Diskurse bloße Rechtfertigungen sind und bestimmte Absichten aus strategischen Gründen eher verdecken als erhellen?

Normalerweise ist die dauerhaftere Entfaltung von Macht, also Handlungsfähigkeit, auf Sinnstiftung und Legitimation innerhalb des Kollektivs und damit auf die Transparenz von Intentionen und Gründen angewiesen. Am komfortabelsten ist die Lage eines Akteurs, der in Einklang mit einer allgemein akzeptierten Wertvorstellung handelt. Also ist davon auszugehen, dass alle Akteure zunächst danach streben, in diese Position zu gelangen – sei es, indem sie ihre Motive und Handlungen an die allgemein akzeptierten Wertvorstellungen, oder umgekehrt, die bis dato herrschenden Wertvorstellungen an ihre Motive und Handlungen anpassen. Nur wenn das nicht gelingt, müssen sie entweder Gründe und Intentionen vorschieben oder die Handlung im Verborgenen durchführen.

Im vorliegenden Fall haben wir es mit offen angekündigten und durchgeführten technologischen Projekten zu tun – und den kollektiven Protesten, die sie auf sich ziehen. Hier geht es also im Kern um die Generierung und Verschiebung von Wertmustern, mit denen die beobachtbaren Handlungen – Projekte und Proteste – propagiert und rechtfertigt werden (vgl. Brand et al. 1997, Keller 1998). Wertvorstellungen können aber nur in und durch Diskurse reproduziert und transformiert werden, denn als bloß individuelle Bewusstseinsinhalte könnten sie keine handlungskoordinierende Wirkung entfalten. Andernfalls – wenn etwa Zensur herrschte – wären abweichende Bewegungen in ihrer Mobilisierung erheblich behindert. Aber dennoch könnte man ihre Stoßrichtung über den von ihnen lancierten Diskurs erfassen – man muss ihn dann nur an den richtigen Stellen aufspüren: Die Motive der Opposition in der DDR vor 1989 hätte man nicht über die Lektüre des "Neuen Deutschland", sondern nur über illegale Flugschriften ergründen können.

Allerdings lässt sich feststellen, dass in hegemonialen Arenen von den Vertretern der abweichenden Diskurse mit vorgeschobenen Gründen operiert wird. Deutlich wird dies zum Beispiel bei den Einsprüchen gegen die Patentierung von Neem-Baum-Präparaten vor dem Europäischen Patentamt. Extrakte aus verschiedenen Teilen des indischen Neem-Baums werden seit Jahrtausenden als natürliches Biozid und zu Heilzwecken genutzt. Gegen das Patent war zunächst vorgebracht worden, dass hier Natur und indigenes Wissen des Südens von Unternehmen des Nordens privat angeeignet, also, im NGO-Jargon gesprochen, 'Biopiraterie' betrieben werde (Gen-ethischer Informationsdienst Nr.140, Juni 2000, S.45f.). Diesen Vorwurf wies die Beschwerdekammer ab. In einem zweiten Anlauf wurde er dann umformuliert: Das erteilte Patent habe nicht die erforderliche 'Erfindungshöhe'.[6] Als Zeuge der Einspruchspartei erklärte ein indischer Fabrikant der Kammer, wie er und seine Familie schon seit Generationen ähnliche Präparate herstellen. Mithin stellte das patentierte Präparat keine besondere Innovation dar. *Nun* wurde dem Einspruch stattgegeben (FAZ v. 11.5.00, Feuilleton). Die 'Erfindungshöhe' war sicherlich keine Herzensangelegenheit der Einspruchspartei, aber sie ist eben ein zentrales Kriterium der Institution der Patentierung.

Generell haben Verfassungen der (post-)industriellen Länder einen institutionellen Bias zugunsten technischer Innovationen (van den Daele 1989). Im deutschen Grundgesetz gelten sie im Sinne der Wissenschafts- und Gewerbefreiheit (Art. 5.3, Art. 12) als individuelle Grundrechte des Unternehmers und können daher nur beschränkt oder verboten werden, wenn es zur Kollision mit anderen individuellen Grundrechten kommt – also insbesondere dann, wenn Gefahren für Leben, Gesundheit und Besitz von anderen Menschen zu befürchten sind. Insofern ist die Entscheidung für eine utilitätsorientierte Kosmologie im Deutschen Grundgesetz verankert. Politische Mehrheiten gegen einzelne technologische Projekte können daher nicht mit einer *offenen* Präferenz für andere Naturvorstellungen formiert werden. Die rechtliche Beschränkung der Gentechnik zum Beispiel wäre auch mit einer großen Mehrheit der Abgeordneten nur dann zu beschließen, wenn sie sich auf verfassungsrechtlich sanktionierte Gründe stützen kann. Insofern ist es naheliegend, dass alle Akteure sich einer utilitätsorientierten Risikosemantik bedienen, obwohl sie dabei möglicherweise eher identitätsorientierten oder alteritätsorientierten Motiven folgen.

Wie lässt sich das aber *empirisch* feststellen? Hier gibt es, nach meinen bisherigen Beobachtungen, zwei Varianten: Am Beispiel der Neem-Baum-Patentierung zeigt sich, dass in einem bewegungsnahen Organ, nämlich dem 'Gen-ethischen Informationsdienst' (GID) der Diskurs zur 'Biopiraterie' breit und unverstellt dargelegt wird, während er in der Frankfurter Allgemeinen Zeitung (FAZ) nur angedeutet ist, und in der zweiten Gerichtsverhandlung selbst gar nicht mehr auftaucht. In diesem Fall verstärkt sich die Camouflage von der Bewegungsöffentlichkeit (GID) über die allgemeine Öffentlichkeit (FAZ) zur Fachöffentlichkeit des Gerichts. Am Beispiel transgener Nahrungsmittel wird ein zusätzliches, interferierendes Muster deutlich (vgl. Kapitel 5): Im Politikteil wird transgene Nahrung anders diskutiert als in der Lebensstilrubrik derselben Zeitung zu 'Kochen und Essen'. Diese Differenz zeigt sich aber auch institutionell – der Diskurs der Staatsverwaltung ist anders als der der Supermarktketten. Wie noch näher zu zeigen sein wird, bedarf es nämlich für eine

---

[6] Das Patentwesen gilt insgesamt der Förderung der technologischen Innovation. Das Kriterium der 'Erfindungshöhe' soll garantieren, dass nur 'echte' – d.h. seltenere und in aufwändigeren Suchprozessen erzielte – Innovationen mit einem Patent als exklusivem Nutzungsrecht belohnt werden.

rechtliche Beschränkung der Produzenten durch die Verwaltung anderer Gründe als für die Reaktion von Supermarktketten auf die Formierung von Präferenzen seitens der Konsumenten. Im öffentlichen Kontext ist entsprechend die risikopolitische Semantik vorherrschend, während im privatwirtschaftlichen Kontext formal freier Konsumentenentscheidung die konfligierenden Naturvorstellungen unverstellt zum Ausdruck kommen.

Wenn man diese Überlegung für plausibel hält, stellt sich dennoch die Frage, *in welchem Umfang* man von offenen auf verborgene Motive schließen darf. Wäre es etwa sinnvoll, vom relativ offenen Widerstand der Verbraucher gegen transgene Nahrungsmittel auf einen verborgenen Widerstand gegen biomedizinische Anwendungen der Gentechnik zu schließen? Dagegen spricht deutlich, dass es sich um unterschiedliche Praxen handelt, zwischen denen es keine naheliegende und zwingende Verbindung gibt – während Anbau, Einfuhr, Distribution und Konsum von transgenen Nahrungsmitteln eng gekoppelt sind, sind transgene Nahrungsmittel und transgene Arzneimittel nur über ein gemeinsames Drittes, nämlich die allgemeine Wissensbasis der Gentechnik verbunden. Soweit aber in den verschiedenen Anwendungsbereichen unterschiedliche Natur- und Wertvorstellungen vorherrschend wären, könnten hier sehr wohl unterschiedliche Reaktionsweisen von Seiten des Publikums erfolgen – wie das ja auch tatsächlich der Fall ist. Auch dies deutet darauf hin, dass Naturvorstellungen nicht so sehr personenbezogen, sondern eher praxisbezogen variieren – dieselbe Person also transgene Nahrungsmittel ablehnen und dennoch transgene Arzneimittel wählen kann, wie in den folgenden Kapiteln gezeigt wird.

Kapitel 4: Biotechnische Eingriffe in die innere Natur als Infragestellung personaler Identität

Der identitätsorientierte Diskurs, so haben wir oben (Kap. 2.2) behauptet, begründet gesellschaftliche Institutionen mit bestimmten Phänomenen der inneren Natur des Menschen. Indem 'Natur' als nicht vom Menschen gemacht, dauerhaft und ewig vorgestellt wird, erscheint sie der Begründungspflicht und der Veränderbarkeit durch menschliche Eingriffe enthoben. Modernisierung bedeutet Auflösung dieses Konnexes – soziale Institutionen werden als menschengemacht durchschaut und daher als begründungspflichtig und veränderbar zur Disposition gestellt. Aber nicht nur durch Aufklärung, auch durch physische Prozesse kann der identitätsorientiert-konservative Rekurs auf Natur unter Druck geraten. Die Bezugnahme verliert an Plausibilität, wenn die zugrundeliegenden natürlichen Phänomene sich materiell ändern oder gar, aufgrund neuer technischer Optionen, generell kontingent erscheinen.

Dieses Problem stellt sich z.B. für die moderne naturwissenschaftliche Medizin, als einem utilitären Unternehmen, von Anbeginn: Indem sie den menschlichen Leib betrachtet wie alle andere Materie, entwirft sie ein Programm vollständiger technischer Verfügbarkeit – und zwar nicht erst heute, angesichts der praktischen Aktualisierung durch eine Vielzahl biomedizinischer Innovationen, sondern, auf theoretischer Ebene, bereits im 18. und 19. Jahrhundert.

So sind auch die Widerstände nicht gänzlich neu, die sich ihren Entwürfen und Praktiken entgegenstellen: Mit der Bewahrung der 'Natur' des menschlichen Leibes soll die Integrität der sozialen Institution der Person aufrechterhalten werden. Anders als bei anderen sozialen Institutionen – wie z.B. der Nation – ist es tatsächlich schwer, sich die Person vom Körper losgelöst vorzustellen. Insofern ist *diese* Form der Identitätsorientierung noch fast eine kulturelle Selbstverständlichkeit, die nur in abgegrenzten und dem alltäglichen Blick entzogenen Praktiken der modernen Schulmedizin partiell aufgehoben wird. Eingriffe fanden und finden in der 'Klinik' als einem institutionell von der Alltagswelt – nicht nur hygienisch – abgeriegelten Bereich statt. Dort wird der Körper von außen und objektivierend, also in einer dem subjektiven und intentionalistischen Selbstverständnis der Menschen *fremden* Weise wahrgenommen und behandelt. Da heute das *generalisierte* Vertrauen in die Schulmedizin und speziell den ärztlichen Paternalismus brüchig geworden ist, geht der (Perspektiv-)Wechsel vom handelnden Subjekt zum *behandelten* Patienten nicht mehr so einfach von statten wie in den Hochzeiten der Expertengläubigkeit. Die Schulmedizin wird seitdem immer wieder als lebensfeindlich und invasiv begriffen.

Hinzu kommt ein Zweites: Bisher war der praktische Fortschritt der modernen Medizin meistens bloß inkremental gewesen. Bei aller technischen Durchdringung des Alltagslebens ließ er im Allgemeinen genug Zeit, die Vorstellungen von der Natürlichkeit des Lebens und der Wiederherstellung des natürlichen Verlaufs durch medizinische Therapie unmerklich 'nachwachsen' zu lassen. 'Natur' ist eben das, was jeweils üblich ist – zum Beispiel die Begrenzung der Mütter- und Säuglingssterblichkeit durch Geburtenkontrolle (Imhof 1983). Dagegen erscheinen die gegenwärtigen Innovationen der Biomedizin als 'revolutionär' – der menschliche Leib soll nicht nur wiederherstellbar, sondern auch beliebig gestaltbar werden. Einzeln betrachtet liegen die jeweiligen Eingriffe zwar durchaus in der Logik der modernen Medizin und sind insofern nichts Neues. In der Summe, Geschwindigkeit und Gesamtschau jedoch erscheinen sie als Angriff auf die Integrität der Person. Anderseits ist der moderne Mensch, fern der Tröstungen durch das metaphysische Heil in einer anderen Welt, ganz auf sein leibliches Dasein und das seiner Nachkommenschaft verwiesen – erst recht in Zeiten posttraditionaler Individualisierung. In diesem Spannungsfeld scheint es kein Entweder-Oder zu geben – im Sinne einer klaren Entscheidung zwischen der identitäts- *oder* der utilitätsorientierten Naturvorstellung –, sondern nur die Wahl zwischen einer langsameren oder schnelleren Adaption der Biomedizin.

4.1 Naturalisierung und Entnaturalisierung von Institutionen

4.1.1 Naturbasierte Institutionen

Soziologen, insoweit Agenten der Modernisierung, wittern hinter 'Naturalisierung' sofort eine ideologische 'Konstruktion'. Konservativ und identitätsorientiert gedacht, werden Institutionen nicht 'naturalisiert', sie *sind* natürlich. Der Mensch ist, Aristoteles zufolge, ein 'zoon politikon' und lebt daher naturgemäß in der 'polis'. Die mittelalterliche Ständeordnung ist Teil der hierarchischen Schöpfungsordnung, der 'großen Kette des Daseins', die sich von Gott, über Engel, Menschen, Pflanzen und Tiere bis hin zu den unbelebten Dingen spannt. Ungleichheit muss hier nicht rechtfertigt werden: Edelleute und Bauern sind *wesensmäßig* verschieden. Sie können genauso wenig gleich sein wie Löwen und Lämmer. Mann und Frau sind für einander geschaffen, deshalb gehen sie miteinander die Ehe ein. Ihre Geschlechtsrollen und ihre Arbeitsteilung sind naturgegeben. Und so weiter. Im identitätsorientierten Denken gibt es keine grundlegende Trennung von Natur und Gesellschaft, die Gesellschaft ist Teil der Natur, aber nicht einer instrumentell verfügbaren und moralisch gleichgültigen Natur (wie im Utilitarismus), sondern einer Sein und Sollen gleichermaßen umfassenden Schöpfung.

Es wäre nun zu linear gedacht, wollte man die Entwicklung der modernen Gesellschaft als eine physische wie mentale Emanzipation von Natur, und insofern als eine fortwährende Ent-Naturalisierung gesellschaftlicher Institutionen zeichnen. Schon die Gründung von Nationalstaaten auf der Idee gemeinsamer 'Blutsbande' zeigt, dass Naturalisierungen immer wieder neu entstehen können, nicht nur im 19. sondern auch im ausgehenden 20. Jahrhundert.[7] Man nimmt also gegebene Eigenschaften oder Unterschiede – oder erfindet sie – und stattet sie mit gesellschaftlicher Bedeutung aus.

Man beobachtet z.B. bei einzelnen Menschen unterschiedliche Hautfarben, Gesichtszüge und sonstige körperliche Merkmale, formt daraus, durchaus noch auf der morphologischen Ebene, einen kollektiven Typus und stattet diesen mit dem Sozialcharakter 'des Weißen' und 'des Negers' aus. Der Sozialcharakter und die Typisierung der Morphologie sind dabei 'soziale Konstruktionen', während die Wahrnehmung individueller Unterschiede, wie z.B. einer sehr hellen oder sehr dunklen Hautfarbe, nicht von einer kulturell spezifischen Sozialisation abhängt – so wie auch nirgends behauptet wird, dass Wesen mit männlichem Sexus Kinder gebären könnten. Obwohl, wie in Kapitel 1 schon angemerkt, mit kulturellen Unterschieden nicht nur bei der Bewertung und Bedeutung, sondern eventuell schon bei der Wahrnehmung der Natur zu rechnen ist, handelt es sich hier, auf der Ebene basaler Materialität, wahrscheinlich[8] nicht um 'soziale Konstruktionen'. Demgegenüber beruht die Vorstellung, dass eine kulturelle oder territoriale Gemeinschaft durch gemeinsame Blutsbande – also der 'Nation' im Wortsinne – verbunden sein sollte,[9] auf einer politischen Fiktion.

4.1.2 Entnaturalisierung durch materielle Veränderung oder dekonstruktivistischen Diskurs

Wie reagieren nun diese naturbasierten Institutionen auf materielle Veränderungen? Nehmen wir zunächst den Fall der Einwanderung in einen naturalistisch verstandenen Staat: Obwohl Millionen Einwanderer schon seit längerem in Deutschland leben, werden sie, dem stark am *ius sanguinis*-Prinzip orientierten deutschen Staatsbürgerschaftsrecht zufolge, als 'Ausländer' behandelt – einschließlich der hier geborenen Kinder. Wie die gegenwärtigen Widerstände gegen die Erleichterung der Einbürgerung zeigen, folgt aus der materiellen Änderung keineswegs automatisch eine Anpassung der Institution, etwa in Richtung auf ein republikanisches Staatsbürgerschaftsrecht, in dem die dauerhafte Anwesenheit als Zustimmung zur Verfas-

---

[7] Gegen die linearen Modernisierungsvorstellungen von Henry Sumner Maine (auf die sich van den Daele 1991: 588 bezieht) hat bereits Max Weber (1980: 399ff.) konstatiert, dass die moderne Gesellschaft keineswegs allein auf dem Abbau von naturalistisch verstandenen Statusbeziehungen und der Ersetzung durch individuell konsentierte Vertragsbeziehungen beruht, sondern teilweise auch auf der Neuentstehung von Statusverhältnissen, wo früher frei gestaltete Vertragsbeziehungen üblich waren. Dies gilt interessanterweise z.B. für das Erbrecht. Interessant insofern, als Familienbande *heute* als natürlich gelten, während sie *früher* wegen der damals viel umfassenderen gesellschaftlichen Bedeutung verhandelbar waren, wir jedoch 'früher' normalerweise mit Ursprung=Natur gleichsetzen.

[8] Letztlich ist das eine empirische Frage (Kap. 1.4.5). Kulturell abweichende Wahrnehmungen auf dieser Ebene sind mir nicht bekannt.

[9] So vermerkt das 'Allgemeine Handwörterbuch der philosophischen Wissenschaften nebst ihrer Literatur und Geschichte' von W.T. Krug in seiner zweiten Auflage von 1832ff. zu dem entsprechenden Eintrag (Bd.3, S.13): "Nation (von nasci, erzeugt oder geboren werden, dann überhaupt entstehen, daher natus, erzeugt oder geboren) ist eine durch physische Abstammung (daher auch Sprache, Sitte, Charakter usw.) verwandte Menschenmenge, also eben das, was wir ein Volk nennen."

sung gedeutet, die Institution der Staatsbürgerschaft also entnaturalisiert wird (vgl. Nassehi/Schroer 1999).

Andererseits erhöht sich mit der Zahl der hier lebenden und hier geborenen 'Ausländer' unverkennbar der Druck, entweder die Wirklichkeit an das Recht oder das Recht an die Wirklichkeit anzupassen. Zwar hat es in Geschichte und Gegenwart Staaten gegeben, die die Mehrzahl ihrer Einwohner von den politischen Bürgerrechten ausschlossen – wie z.B. das Alte Griechenland und der Apartheid-Staat in Südafrika. Da man eine solche Situation aber im heutigen Mitteleuropa wohl vorab als unerwünscht ausschließen kann, bleibt nur die Möglichkeit der 'Rückführung' von Einwanderern oder ihre Einbürgerung.

Aber auch die Einbürgerung erzwingt keinesfalls zwangsläufig die Preisgabe des Naturalismus, weil dieser im Fall der Staatsbürgerschaft ohnehin auf imaginären Quellen beruht und insofern von physischen Ereignissen nicht unmittelbar tangiert wird. So vermerkt das 'Allgemeine Handwörterbuch der Philosophie' von 1832ff., das ansonsten einer sehr naturalistischen Staatsauffassung zuneigt (vgl. oben, FN 9): "Naturalisation oder Naturalisirung ist die Aufnahme eines Fremdlings in den Staat (gleichsam als würde dieser dadurch das natürliche oder angeborene Vaterland von jenem) also die Einbürgerung eines Menschen in einen Staat, dem er nicht vermöge seiner Geburt angehört. Ob ein Staat Fremdlinge naturalisiren wolle, hängt nach den Umständen von seinem Ermessen ab. Er kann dabei sowohl auf seine eigne Bevölkerung, je nachdem sie dünn oder dicht, als auf die Persönlichkeit des Fremdlings, je nachdem derselbe reich oder arm, verdächtig oder unverdächtig, Rücksicht nehmen." (Bd.3, S.16) Mit anderen Worten: Man muss, wenn man die physische Wirklichkeit und die Institution in Einklang bringen will, nur etwas großzügig über das Sein hinwegsehen und dafür mehr das Wollen in den Vordergrund rücken: *Unsere gemeinsame Natur ist das, was wir sein wollen und daher schon immer waren.* Wenn die physischen Veränderungen willkommen sind, können sie sogar kraft Setzung 'natürlich' werden.

Wir können also festhalten, dass naturalisierte Institutionen gegen materielle Veränderungen relativ flexibel abgepuffert werden können, weil die identitätsorientierte Naturvorstellung ohnehin stärker auf Ideen als auf physische Phänomene abhebt. Andernfalls wäre auch nicht verständlich, wie der Konservativismus die (post-)industriellen Revolutionen bis heute überleben konnte. Dennoch gibt es heftige Abwehrreaktionen gegen Veränderungen. Allerdings scheinen diese eher auf einer symbolischen als einer materiellen Wirkung zu beruhen. Deutlich wird dies zum Beispiel daran, dass die Ausländerfeindlichkeit und das Gefühl der 'Überfremdung' unter Jugendlichen in Deutschland vor allem dort sehr hoch ist, wo es wenige Ausländer gibt (13. Shell-Jugendbericht, vgl. Die Zeit v. 30.3.2000: 61). Es ist also nicht die aktuelle Beobachtung durch eigenen Augenschein, wie Ausländer deutschen Jugendlichen Arbeitsplätze 'wegnehmen', sondern die Vorstellung, dass sie das tun – die, politisch teilweise gezielt geschürt, besonders dort wirksam wird, wo es Konkurrenznachteile und keine 'blühenden Landschaften' gibt – also besonders im Osten Deutschlands. Gerade weil und soweit Institutionen auf mythischen Naturvorstellungen und nicht auf aktuellen Naturphänomenen beruhen, sind sie zwar gegen physische Veränderungen relativ immun, aber offenbar durchaus anfällig für symbolisch wirksame Störungen.

Insofern ist auch nicht verwunderlich, dass eine der heftigsten Verunsicherungen des identitätsorientierten Naturalisierungsdiskurses durch die Lehre Darwins von der Abstammung des Menschen ausgelöst wurde, also einem vollkommen immateriellen Ereignis. Bezogen auf technische Innovationen lässt sich hier schließen, dass es ebenfalls weniger ihre materiellen Wirkungen sind, die sich meist erst allmählich zeigen, sondern die medial inszenierte Imagination neuer Optionen, die die naturbasierten Institutionen infrage stellen und deshalb auf Widerstand stoßen.

Aber es sind selbstverständlich nicht nur materielle Veränderungen, Naturwissenschaft und Technik, die zum Plausibilitätsverlust und damit zur Entnaturalisierung, vielleicht auch Erosion, von ehedem naturbasierten Institutionen führen können. Die Entstehung von Emanzipationsbewegungen ist zwar oft durch ökonomische, wissenschaftliche und technische Entwicklungen mit bedingt. Aber letztere sind eben selten direkt Voraussetzung für 'ideologiekritische' Angriffe auf naturbasierte Institutionen. Wenn diese heute verstärkt unter Druck geraten, so liegt das nicht allein an den neuen Optionen der Biomedizin und Biotechnologie, sondern auch an rein kulturellen Entnaturalisierungsbestrebungen, wie sie etwa in der Debatte um Sex und Gender zum Ausdruck kommen.

Die kulturelle Bedeutung von physischen Phänomenen – hier: von biologischen Geschlechtsmerkmalen – kann nämlich auch aufgehoben oder abgewandelt werden, ohne dass diese Phänomene technisch – z.B. durch Transsexuellen-Chirurgie und Hormongaben – verändert werden. Die technische Entwicklung mag diesen Prozess unterstützen und beschleunigen (vgl. Haraway 1995), aber analytisch besehen kann sich kultureller Bedeutungswandel auch ohne technische Innovationen vollziehen. Ähnlich wurde schon in der Vergangenheit die Statuszuschreibung von der Herkunft kraft Geburt (Stand) abgelöst und auf Besitz und Stellung im Produktionsprozess (Klasse) oder Einkommen, Bildung und Berufsprestige (Schicht) umgestellt, ohne dass sich ein spezifisches biologisches Merkmal der Individuen geändert hätte.

4.1.3 Fragwürdig gewordene und weiterhin selbstverständliche Naturalisierungen

Wir haben bis jetzt von Institutionen gesprochen, bei denen die Naturalisierung gegenwärtig ohnehin umstritten ist und deshalb auch ins Auge sticht. Relevanter sind im Fall der Biomedizin aber diejenigen Naturalisierungen, die im Allgemeinen als selbstverständlich angesehen werden, d.h. im Alltagsbewusstsein der Bevölkerung breiter und tiefer verankert sind. Hier ist entsprechend mit stärkeren Widerständen gegen die Auflösung zu rechnen. Es scheint dies insbesondere die Verknüpfung von Körper und Person zu sein, wie sie nicht nur in einem im engeren Sinne wertkonservativen Diskurs vorgenommen wird, sondern auch gemeinhin gilt und gerade unter den Bedingungen säkularer Diesseitsorientierung eventuell sogar verstärkt wird: das Überleben des Körpers als unabdingbare Voraussetzung für das Leben der Person. Während in der Vormoderne der Tod des individuellen Körpers materiell und symbolisch stets präsent war und daher das kollektive Überleben und das Weiterleben im Jenseits eine weit größere Rolle gespielt haben und mithin das Band zwischen Körper und Person recht locker war, ist gerade der aus metaphysischen Bindungen und verlässlicher Vergemeinschaftung entlassene moderne Mensch auf die Funktionstüchtigkeit seines Körpers angewiesen und darin fest eingebunden (vgl. Bauman 1994; Schneider 1998). Insofern scheint es gerade auch in der Moderne die feste Kopplung von Körper und Person und daraus resultierend eine heilige Scheu vor dem Körperinneren zu geben, in dem eine geheimnisvolle Verbindung von Geist und Materie stattfindet und die 'Person' zu einem 'Wesen aus Fleisch und Blut' wird. Selbst manche Liberale neigen hier, wie schon in Kapitel 2.2. konstatiert, zu einer Verteidigung naturbasierter Institutionen gegen individuelle Optionen technischer Selbstveränderung.

Gegenläufig zur Annahme, dass die Moderne durch den Cartesischen Dualismus von Geist und Materie geprägt sei, wäre also von einem durch die Ablösung des Jenseitsglaubens sogar gestärkten Monismus auszugehen. Der üblicherweise konstatierte Dualismus wäre dann lediglich für die Naturwissenschaften konstitutiv, während auf der Ebene des Alltagsverständnisses der menschliche Körper gerade nicht als bloßes Ding aufgefasst würde. Entsprechend wäre die heilige Scheu vor den Eingriffen ins Körperinnere nicht nur – wie meist angenommen – ein traditionales Relikt, sondern ein in der Moderne möglicherweise sogar verstärkter Reflex gegen die Objektivierung und instrumentelle Zurichtung des Körpers.

4.2 Die moderne Medizin zwischen Heiligung und Entheiligung des menschlichen Körpers

Wenn wir uns im Folgenden vor allem auf die Medizin und Biomedizin beziehen, so liegt das daran, dass diese die weitest gehenden Eingriffe in die innere Natur tätigt, während andere Aktivitäten – Kosmetik, Ernährung, Arbeit, Sport, Sexualität, Drogenkonsum – entweder an der Oberfläche bleiben oder verboten sind (Gill 1992a). Wir klammern auch Technologien aus, die die menschliche Physis extern erweitern, potenzieren oder ersetzen – also Werkzeuge und Maschinen einschließlich Computer. Ihr Einfluss auf gesellschaftliche Institutionen ist zwar immens. Indem sie aber den Körper nur indirekt betreffen, können gegen ihre Einführung – in modernen anders als in vormodernen Gesellschaften -[10] keine naturalisierten Institutionen mehr ins Spiel gebracht werden.

---

[10] In Stammesgesellschaften werden auch nicht-menschliche Entitäten, z.B. Pflanzen und Tiere, zum Teil direkt in institutionelle Ordnungen einbezogen (Luckmann 1980; vgl. Descola 1996). Im Totemismus etwa wird den Wohneinheiten im Dorf jeweils eine kosmologisch bedeutsame Pflanzen- oder Tiergattung zugeordnet. Auf diese Weise wird die sozialstrukturelle Ordnung in der äußeren Natur, und die Ordnung der äußeren Natur in der Sozialstruktur gespiegelt (vgl. Lévi-Strauss 1989). In vormodernen Hochkulturen wird die äußere Natur teilweise noch durch Gottheiten repräsentiert; allerdings werden die Einzelwesen selbst meistens nicht mehr als beseelt angesehen (Müller 1974). Die bestehende Sozialstruktur wird aber zum Beispiel auch im Europäischen Mittelalter weiterhin als gottgewollt oder 'natürlich' aufgefasst. Technologische Innovationen, die die Sozialstruktur verändern

Der menschliche Körper ist in der Moderne der einzig geheiligte Bereich der Natur (vgl. van den Daele 1991). Ihn zu schützen und zu erhalten werden, gerade von Seiten der Medizin, enorme Anstrengungen unternommen. Diese *moralische* Heiligkeit kontrastiert aber in merkwürdiger Weise mit der *konzeptionellen* Entheiligung des Körpers durch die der modernen Medizin inhärente naturwissenschaftliche Methode. Denn sie beruht auf dem gleichen instrumentellen Naturverständnis, wie es Bacon für den Umgang mit dem 'Storehouse of matter', der äußeren Natur, formuliert hat.

Indem die französische Aufklärung schon vor Darwin, etwa bei Descartes oder De La Mettrie den menschlichen und den tierischen Körper gleichermaßen als Maschine versteht, wird grundsätzlich der Weg frei, von Sektionen und Experimenten an Tieren auch auf Menschen zu schließen (vgl. z.B. Winau 1983). Indem die moderne Medizin seit der ersten Hälfte des 19. Jahrhunderts die Krankheitslehre auf die Pathologische Anatomie, mithin das Körperinnere stützt – anders als die Heilkunde vor ihr, die weitgehend bei den äußeren Erscheinungen stehen blieb –, geht sie nicht mehr primär vom lebendigen Menschen, sondern von den durch Leichensektionen gewonnenen Anschauungen und Kenntnissen aus (Foucault 1976). Indem sie die Physiologie auf die gleichen methodologischen Regeln wie die Physik und Chemie zu stützen trachtet, ist sie auch wie diese auf Experimente angewiesen. Und sie macht auch vor dem letzten Refugium der Seele und des Geistes, dem Gehirn, nicht halt – die Neurowissenschaften versuchen auch diese 'Phänomene' ganz mit den für die Manipulation toter Materie gewonnenen Regeln zu erklären. So betrachtet stellt die moderne Medizin also von Anbeginn eine Provokation für die naturbasierte Institution der 'Person' dar.

Die Medizin hat versucht, diesen Widerspruch durch das Bekenntnis zum Hippokratischen Eid zu lösen: Gift und Stahl immer nur zum Nutzen des Kranken anzuwenden, aber niemals zu schaden. Neben der Behauptung der größeren Effizienz war es dieses Ethos, das bei der Etablierung des professionellen Monopols der Schulmedizin eine wichtige Rolle spielte (Frewer/Winau 1997). Entsprechend zog

---

könnten, werden daher oft abgelehnt.
So wurden z.B. im 16. Jahrhundert Feuerwaffen auch in Japan eingeführt und produziert (Perrin 1996). Allerdings zeigte sich sehr bald, dass dadurch die Rolle der Samurai, des japanischen Schwert-Adels, untergraben wurde. Denn Feuerwaffen konnten auch von nicht-adeligem Personal bedient werden und im Kugelhagel wurden Adelige ebenso getroffen wie Gemeine, wenn sie sich nicht 'feige' in Deckung begaben. Heldenmut und Fechtkunst und damit das Kriegerethos der Samurai waren entwertet. Daraufhin beschloß man, alle Waffenschmiede in Zentren zusammenzuziehen und mit anderen Aufgaben zu beschäftigen – Japan blieb daraufhin frei von Feuerwaffen, bis US-amerikanische Kanonenboote im 19. Jahrhundert die Öffnung der Inselgruppe erzwangen. Ähnliche Widerstände gab es selbstverständlich auch in Europa (vgl. van den Daele 1989), aber schließlich wurden mit der Abschaffung des Zunft- und Ständewesens und der Einführung liberaler und demokratischer Verfassungen Wirtschaft und Staat zur (Selbst-)Veränderung freigegeben. Demgegenüber wird aber die Person und mit ihr die innere Natur verstärkt geheiligt. Dies ist auch der Grund, warum innerhalb der Moderne "moralische Erschütterungen ... nicht [mehr] von den Revolutionen der Physik oder Astronomie ausgegangen sind, etwa dem Indeterminismus der Quantentheorie, von der Relativitätstheorie oder der Urknallhypothese, sondern von den Resultaten und Theoremen der Humanwissenschaften und Biologie: vom Darwinismus, vom Behaviourismus, von der Psychoanalyse, der Soziobiologie" (van den Daele 1991: 590).

4.2 Die moderne Medizin zwischen Heiligung und Entheiligung des menschlichen Körpers

man im 19. Jahrhundert auch demonstrativ gegen die Abtreibung zu Felde, um sich hier deutlich von den damals noch konkurrierenden Berufsgruppen zu unterscheiden, die diese moralisch ambivalente Hilfestellung ausübten (Eser et al. 1988). Maßstab für den 'Nutzen' war also nicht unbedingt der Wunsch des Klienten oder der Klientin, sondern die 'Erhaltung' und 'Wiederherstellung' des von der Schulmedizin als 'natürlich' erachteten Lebensverlaufs.

Aber soweit Tierversuche für die Effizienzsteigerung nicht ausreichend erscheinen, z.B. weil die Übertragbarkeit der Ergebnisse fraglich ist, werden Experimente am Menschen erforderlich. Hier wird der Widerspruch der modernen Medizin handgreiflich und unausweichlich: Gesundheit und Menschenleben müssen riskiert oder gar 'geopfert' werden, um andere Menschenleben zu 'retten'. Viele Erkenntnisse, die den Fortschritt der modernen Medizin ausmachen, werden tagtäglich aus einer Vielzahl von pharmazeutischen und chirurgischen Experimenten gewonnen, die auf dem schmalen Grat dessen balancieren, was nach den – mehrfach geänderten – Ethik-Richtlinien des Weltärzteverbandes als moralisch zulässig gilt. Sie können auch moralisch abstürzen – reichhaltig ist die Literatur über Experimente, die an 'vermindert Einwilligungsfähigen', d.h. Gefangenen, Verwirrten oder Kindern, oder auf der Basis von Täuschung der Betroffenen vorgenommen wurden (z.B. Beecher 1966; Barber 1979).

Wie wurde und wird nun diese moralische Spannung und dieser Perspektivwechsel – zwischen einer subjektzentrierten Sicht und einer objektivierenden Sicht auf den menschlichen Körper – bewältigt? Meines Erachtens können wir hier drei Phasen idealtypisch unterscheiden:
- die vorklinische Phase (ca. bis 1850)
- die klinisch-paternalistische Phase (ca. bis 1970)
- die klientenzentrierte Phase (ca. ab 1970)

4.2.1 Durchsetzung und Dominanz der klinisch-paternalistischen Phase

Die *vorklinische Phase* zeichnet sich durch zwei hier interessierende Wesensmerkmale aus. Zum einen war hier in der Medizin noch ein 'ganzheitliches', Leib und Seele als Einheit begreifendes Menschenbild vorherrschend, das Konstitutionen, Krankheiten und Gemütszustände als Gleichgewicht oder Ungleichgewicht der Körpersäfte deutete und diese häufig auch mit kosmologischen und moralischen Spekulationen verband. Es war insofern das Zeitalter der Medizin Galens, also jenes griechischen Arztes, der in Rom im 2. Jahrhundert n.Chr. auf der Grundlage der aristotelischen Philosophie ein umfangreiches Schrifttum hinterließ, das lange Zeit als kanonisches Werk galt. Insofern war die Medizin zunächst noch in eine identitätsorientierte Naturvorstellung eingebettet. Daher gab es auch auf Seiten der Ärzte deutliche Widerstände gegen die Invasion des Körperinnern und gegen die konzeptionelle Gleichsetzung von unbelebter und belebter, von tierischer und menschlicher Materie. Der experimentelle Bezug, die Überwindung der religiösen Tabus gegenüber der Leichensektion, und die Verbannung der göttlichen 'anima' und 'pneuma' aus dem Gewebe werden später in den Standardwerken der Medizin- und Biologiegeschichte

– in West und Ost – als Sieg der modernen Wissenschaft gegen traditionellen 'Irrationalismus' und 'Aberglauben' gefeiert werden (z.B. Ackerknecht 1992; Jahn et al. 1985). Aber damals waren Menschen eben noch Teil der göttlichen Seele und konnten konzeptionell noch nicht so entheiligt werden, wie dies in den Verfahrensweisen der modernen Medizin der Fall ist.[11]

Zum zweiten befanden sich die Mediziner, auch nachdem sie schon allmählich zur modernen Naturwissenschaft übergegangen waren, gegenüber ihren Klienten in einer tendenziell abhängigen Stellung. Die Armen konnten sie in der Regel nicht zahlen und nahmen vor allem zu anderen Heilweisen Zuflucht. Im Bürgertum war die Einstellung vorherrschend, dass man sich medizinisches Wissen selbst aneignen und applizieren könne. Gegenüber den Reichen befanden sich auch die akademisch gebildeten Ärzte in einer gesellschaftlich untergeordneten Position. Konsultiert wurden die Ärzte in aller Regel im Haus des Klienten – nicht umgekehrt. Standesschranken und religiöse Vorbehalte erlaubten nur selten eine eingehendere oder gar invasive Untersuchung. Daher beruhte die Diagnose des Arztes vor allem auf Befragung, die Therapie auf Ratschlägen. Es handelte sich also vorwiegend um 'sprechende Medizin', bei der der Klient – und nicht der Arzt – praktisch jederzeit Herr des Verfahrens war (Stollberg 1997; Lachmund/Stollberg 1995: 24ff.; Nicolson 1993). Aber vor allem war die Religion wichtiger als die Medizin für den Umgang mit Geburt, Krankheit und Tod.

Die *klinisch-paternalistische Phase* ist demgegenüber von der Dominanz der naturwissenschaftlichen Medizin ('Schulmedizin') und einem umgekehrten Machtverhältnis zwischen Ärzten und Patienten gekennzeichnet. Die Schulmedizin, so wie sie in Deutschland zur Mitte des 19. Jahrhunderts zunehmend eingeführt wurde, macht für Krankheiten diskrete materiell-mechanische Prozesse im Körperinneren verantwortlich, die es kausalanalytisch aufzuklären und instrumentell zu beseitigen gilt – eben ganz nach dem Ideal der utilitätsorientierten Naturvorstellung. Ihre Diagnose beruht auf Beobachtung, invasiver Untersuchung und apparativer Messung, ihre Therapie auf möglichst umstandlosem chemischem und mechanischem Eingriff. Hier wird nicht mit einem Klienten, sondern über einen Patienten gesprochen bzw. über das erkrankte Organsystem – symptomatisch also die Sprechweise: 'der Apoplex von Zimmer 7 (...)'.

Der ideale Ort dieser Medizin ist die Klinik – eine (weitgehend) geschlossene Anstalt, die den Patienten von seiner sozialen und natürlichen Umgebung isoliert und ihn weitgehend seines Subjektseins entmächtigt. Dadurch werden jene Laborbedingungen hergestellt, die auch sonst für das Gelingen naturwissenschaftlich-techni-

---

[11] Entsprechend könnte man die damalige Abneigung der akademischen Ärzte gegen chirurgische Eingriffe auch anders als durch Standesdünkel gegen handwerkliches Tun erklären (wie gemeinhin üblich): Man war sich zwar bewusst, dass diese Eingriffe oftmals hilfreich waren, konnte sie aber nicht mit einer identitätsorientierten Naturvorstellung in Einklang bringen und konnte sie daher auch nicht durch offizielle Repräsentation legitimieren. Entsprechend mussten die Barbier-Chirurgen eine etwas anrüchige Kaste bleiben, vergleichbar vielleicht mit den Totengräbern, die ja ebenfalls zur Entheiligung der Person, nämlich zum praktischen Umgang mit den Leichen und ihren Gebeinen, gezwungen waren.

scher Prozesse hilfreich, wenn nicht sogar notwendig sind (Latour 1993, 1996a). Mit hygienischen und sozialhygienischen Maßnahmen werden diese standardisierten Bedingungen dann teilweise auch jenseits der Klinik im Alltagsleben implantiert. Zunächst wurde diese Art der Medizin vor allem an Armen und Internierten ausgeübt – die Hospitäler waren vor allem Zucht- und Verwahranstalten, bevor sie durch ihre Medikalisierung allmählich zu 'Krankenhäusern' im modernen Sinne wurden. Sie dienten und dienen auch der Forschung und Ausbildung – die anfangs karitative Versorgung der mittellosen Kranken machte sich so indirekt für die höheren Schichten nachträglich bezahlt (Foucault 1976). Mit wachsendem Ansehen und wachsendem technischen Ausstattungsbedarf konnte diese Art der Medizin auch auf die wohlhabenderen Schichten ausgedehnt werden (Lachmund/Stollberg 1995: 152ff.).

In der klinischen Phase findet also eine krankheitsbezogene (Selbst-)Entmündigung des Patienten statt – mit der Einlieferung ins Krankenhaus wird der Patient vom Subjekt zum Objekt. Natürlich ist dieser Übergang graduell: Bei höherer Bildung, bei Vermögen, und bei besserem Gesundheitszustand gilt diese Aussage nur partiell. Je schwerer die Krankheit, umso invasiver der Eingriff, umso mehr erscheint Hospitalisierung erforderlich. Dass auch die höheren Schichten sich dieser Logik unterwerfen, lässt sich am besten wohl mit allgemein durchgesetzter Utilitätsorientierung, Fortschrittsvertrauen und Expertengläubigkeit erklären, wie sie am plastischsten in den damals gängigen technologischen Utopien zum Ausdruck kommen (z.B. Corn 1986). In der Zeit zwischen 1850 und 1970 ist das moralische Unbehagen an der medizinischen Objektivierung und ärztlichen Überwältigung praktisch fast stillgestellt.

In der Reichstags-Debatte zur Beratung des Reichsseuchengesetzes von 1893 und 1900 etwa, das zu weitreichenden Freiheitseingriffen und insbesondere zur Isolierung der Kranken ermächtigt, werden stärkere Widerstände nur noch von Seiten des (katholischen) Zentrums laut: Die neue mikrobiologische Ansteckungslehre sei nicht bewiesen, der Kranke werde der Unterstützung durch seine Familienangehörigen und insbesondere des geistlichen Beistands beraubt.[12] Das sind gleichsam die Nachhutgefechte der vorklinischen Phase. Gleichzeitig sind auch einzelne Stimmen gegen die Schulmedizin, den Impfzwang, gegen Menschen- und Tierversuche zu hören – aber sie sind nicht religiös, sondern eher liberal inspiriert. Das Gesetz wird schließlich mit großer Mehrheit angenommen.

Die Versuche zur Transplantation von Geweben und Organen, die um 1880 begannen und gegen 1930 zunächst mangels nachhaltigerer Erfolge aufgegeben wurden, waren zwar in der Ärzteschaft umstritten, wurden aber vom Publikum fast völlig klaglos hingenommen (Schlich 1998: 199ff.). Dabei ging es hier nicht nur um die Abwägung von Risiko und Nutzen wie bei jedem anderen experimentellen Eingriff. Problematisch war damals wie heute die Organspende ebenso wie die Frage, ob mit der Übertragung von Fremdorganen Identität und Persönlichkeit der Empfänger

---

[12] Reichstag, 80. Sitzung der laufenden Legislaturperiode am 21.4.1893, Stenographische Berichte S.1952ff.; 179. Sitzung der laufenden Legislaturperiode am 24.4.1900, 180. Sitzung am 25.4.1900, 209. Sitzung am 12.6.1900, Stenographische Berichte, S. 5060ff., 5077ff., 6010ff.

nachhaltig verändert würden, zumal man damals häufig mit der Verpflanzung von Eierstock- und Hodengewebe experimentierte. So wurde auch, lange bevor es die heutige Retortenzeugung gab, die genetische und die biologische Elternschaft aufgespalten.[13] Oberste Richtschnur bei diesen Eingriffen war der Nutzen für die Patienten, so wie er vom Arzt nach Maßgabe eines wohlwollenden Paternalismus festgestellt wurde. Zu seinem (vermeintlichen) Nutzen wurde der Patient dann häufig auch nicht genau über die Art des Eingriffs informiert:

> "Eine Patientin [die an Hormonmangel litt] hatte 1923 gar nicht erfahren, daß ihr ein Teil des Eierstockes in die Bauchwand gepflanzt wurde, so daß man eine 'psychologische' Ursache der klinischen Besserung nach dem Eingriff ausschließen konnte. 1922 wurde, ebenso zum Ausschluß einer psychischen Beeinflussung, dem Empfänger eines Hodens 'peinlich verschwiegen', daß das Allotransplantat von einem Homosexuellen stammte. Umgekehrt erhielt in einem anderen Fall ein Homosexueller ohne sein Wissen Hodengewebe eines Heterosexuellen eingepflanzt." (Schlich 1998: 211)

Man könnte also zugespitzt sagen, dass das Leben in der klinisch-paternalistischen Phase in zwei relativ strikt getrennte Bereiche aufgeteilt war. Einerseits gab es den Bereich der Gesundheit, in dem die Menschen sich selbst als Subjekte konzipierten und auch von anderen so gesehen wurden, in dem sie ihren Körper ausschließlich von innen (oder gar nicht) wahrnahmen, und in dem sie in ihrem Handeln autonom und verantwortlich waren. Andererseits gab es den Bereich der Krankheit, in dem die Menschen sich in Behandlung begaben, ihr Körper von außen vor allem materiell objektivierend wahrgenommen wurde, Entscheidung und Verantwortung an den Arzt delegiert waren und der Patient nicht viel fragte. Die recht pauschale Aufgabe der Handlungsautonomie beruhte auf generalisiertem Systemvertrauen in die Medizin, das auch dadurch aufrecht erhalten wurde, dass die Patienten – anders als Klienten der vorklinischen Phase – über Unterschiede in der Kunstfertigkeit der Ärzte, Fehlerquoten, Therapiealternativen etc. wenig Kenntnis besaßen. Fehlschläge erschienen daher als unabänderliches Schicksal, allenfalls als persönliches Versagen eines Arztes, aber niemals als systematisches Versagen der modernen Medizin.

Dabei war die Medizin allerdings keine vollständige *Black box*; die Patienten besaßen gewisse Vorstellungen über die Verfahren der modernen Medizin und waren insofern imaginativ durchaus damit konfrontiert, ihre Objektivierung von außen – durch das Auge des Mediziners und seiner Instrumente – mitzuerleben. Das private Erleben dieses Zwiespalts scheint für diese Phase bisher nicht dokumentiert, bekannt sind allerdings öffentliche Reaktionen etwa auf die Entdeckung der Röntgenstrahlen (Glasser 1959: 24ff.). Mit den Röntgenstrahlen war es möglich, das Skelett im Körper sichtbar zu machen. Dieses Phänomen stellte für die Presse augenblicklich eine Sensation dar und ging praktisch sofort nach seiner Entdeckung in Würzburg im

---

[13] 1902 wurden einer Frau, bei der seit dem 19. Lebensjahr keine Menstruation mehr aufgetreten war, die eigenen, dysfunktionalen Ovarien entfernt und Eierstockgewebe einer anderen Frau eingepflanzt. Danach setzte die Menstruation wieder ein, vier Jahre später wurde eine gesunde Tochter geboren. Man nahm an, dass dieses Kind genetisch Abkömmling der Gewebespenderin sei. Daraufhin setzte eine Diskussion ein, wer die Mutter sei: Die Gewebespenderin oder die -empfängerin (Schlich 1998: 214). Ähnliche Probleme gab es infolge der Übertragung von Hodengewebe.

4.2 Die moderne Medizin zwischen Heiligung und Entheiligung des menschlichen Körpers 129

Jahr 1896 um die ganze Welt. Vielfach wurden in diesen Tagen Photos abgedruckt von Händen, auf denen nur die Knochen und Ringe an den Fingern zu sehen waren. Die Außenhaut - als die Hülle des Lebendigen - wurde damit praktisch abgestreift, und das bloße Gerippe sichtbar gemacht, ein Bild, das viele Zeitgenossen auch an Friedhöfe, Gespenster etc. erinnerte: "Memento-mori-Strahlen" wurde die Entdeckung in einem Gedicht schaudernd genannt (ebd.: 33). Es wird also sichtbar, dass der sezierende Blick von außen auch damals Unbehagen hervorrief. Aber dieses Unbehagen wurde sofort vom Glauben an den praktischen Nutzen dieser Strahlen übertäubt. Vorherrschend waren daher insgesamt die euphorischen Reaktionen.

4.2.2 Vom ärztlichen Paternalismus zum klientenzentrierten Liberalismus

Der auch in der klinisch-paternalistischen Hochphase nie vollständig verschwundene Widerstand gegen Impfungen, Tierversuche, bakteriologische Ansteckungslehre und die Monopolstellung der Schulmediziner war aber nicht immer nur identitätsorientiert-konservativ, wie in den Lehrbüchern suggeriert wird. Er ging z.B. in den USA teilweise von den gleichen Personen und Gruppen aus, die sich auch für die Abschaffung der Sklaverei und gegen die Zwangsunterbringung in psychiatrischen Anstalten einsetzten (Pernick 1988: 48ff.; vgl. für Deutschland Dinges 1996). Auch die Kritik gegenüber den von Ärzten und Wissenschaftlern betriebenen Menschenversuchen, die die US-Amerikaner zunächst in den Nürnberger Prozessen an den Versuchen der Nazis übten, dann aber in Gestalt des 'Nuremberg Code' und seiner Nachfolger (den Richtlinien des Weltärzteverbandes) in den 1960er und 70er Jahren auf die Praxis in den eigenen Krankenhäusern anzuwenden begannen (Levine 1988), ist nicht identitätsorientiert motiviert. Indem sie auf eine bessere Aufklärung und die Entscheidungsfreiheit der Betroffenen abzielt, ist sie als 'liberal' zu verstehen. Hier geht es nicht darum, die Natur vor dem Zugriff der modernen Medizin, sondern die Selbstbestimmung der Person gegen Entmündigung in Gestalt des ärztlichen Paternalismus zu schützen. Der Liberalismus wendet sich insofern nicht grundsätzlich gegen die utilitätsorientierte Naturvorstellung. Zur Disposition gestellt wird die Frage, wer über Nutzen und Mittel letztlich entscheidet – die Experten oder die Patienten.

Seit den 1970er Jahren ist hier eine deutliche Gewichtsverlagerung und Kräfteverschiebung zugunsten des Liberalismus zu verzeichnen. Die zunehmende Infragestellung der Expertenherrschaft hat auch vor dem ärztlichen Paternalismus nicht Halt gemacht, die Emanzipation von den Normalitätsunterstellungen der Industriegesellschaft schreitet voran (Giddens 1996). Damit ist selten eine vollständige Abkehr von der Schulmedizin verbunden, sondern eher ein Rollenwandel vom 'Patienten', der nicht nur die Krankheit erleidet, sondern auch die Behandlung passiv hinnimmt, zum 'Klienten', der Rat und Tat von verschiedenen Experten einholt und dabei eventuell auch zu alternativen Heilweisen Zuflucht nimmt. Diese Entwicklung zur 'Konsumentensouveränität' ist in den USA schon viel weiter als in Deutschland vorangeschritten. Dort war das Monopol der ärztlichen Profession nie so stark ausgeprägt; die Medizin ist sehr viel stärker von Marktmechanismen geprägt und die Arzthaftung spielt, ähnlich wie generell die Produkthaftung, eine sehr wichtige Rolle (Sass 1988).

Hier kommt es nun – verglichen mit der klinischen wie auch mit der vorklinischen Phase – zu einem Anstieg der Spannung zwischen der Innen- und der Außensicht, zwischen Subjektivierung und Objektivierung. In der vorklinischen Phase waren die bürgerlichen und adeligen Klienten zwar formal gegenüber den Ärzten relativ frei, aber doch noch relativ stark in gemeinsame Weltbilder, Naturvorstellungen und Traditionen eingebunden. Zugleich erlaubte die identitätsorientierte Kosmologie weder die radikale Subjektivierung – absolutes Subjekt war nur Gott und dazu standen alle beseelten Wesen in einer vorgegebenen und festen Relation – noch die radikale Objektivierung durch die moderne Naturwissenschaft. In der klinischen Phase wurden die Patienten radikal objektiviert, aber ihre Subjektivität war durch das generalisierte Vertrauen in die Medizin und den ärztlichen Paternalismus in Zaum gehalten. In der klientenzentrierten Phase sind der Subjektivierung grundsätzlich keine Grenzen mehr gesetzt – außer durch die Krankenkassen und den eigenen Geldbeutel. Indem die Klienten selbst über ihre Behandlung entscheiden, sind sie gezwungen, sich mit der Außenansicht sehr viel eingehender auseinander zu setzen. Sie müssen also selbst fragen: Welcher Experte hat Recht, welche Diagnose stimmt, wie muss ich das Röntgenbild interpretieren – und soll ich mich überhaupt röntgen lassen? Zugleich besteht nun stärker die Möglichkeit, dass sie die Innenschau als Entscheidungsgrundlage intensivieren: Welche Selbstkonzeption wird durch die Expertise nahegelegt? Wie krank fühle ich mich denn? Wie erlebe ich die verschiedenen Behandlungsmethoden? Das bedeutet nun aber: Sie müssen zwischen hermeneutischer Innenansicht und kausalanalytischer Außensicht beständig wechseln. Die Spannung, die in der vorklinischen Medizin mit ihren identitätsorientierten Naturvorstellungen noch kaum bestand und die in der klinischen Phase der utilitätsorientierten Medizin noch latent gehalten wurde, kommt hier zu Bewusstsein.

Man kann also behaupten, dass es unabhängig von dem, was wir im Folgenden als 'neue Biomedizin' beschreiben wollen, schon eine prinzipielle Spannung in den Praktiken der modernen Medizin gibt, die durch die Emanzipation vom ärztlichen Paternalismus zu Tage tritt: Nicht umsonst gibt es seither eine starke Kritik an der 'kalten Apparatemedizin'. In ihr kommt das Unbehagen an der Objektivierung zum Ausdruck, ohne dass deshalb notwendigerweise der Glaube an ihre technische Effizienz und ihren Nutzen infrage stehen müsste.

4.3 Ankunft der Neuen Biomedizin: die ethisch reflektierten Stellungnahmen

'Erklären heißt herstellen', heißt es sinngemäß nicht nur bei Bacon, sondern auch bei Vico (vgl. Hösle 1990), und in diesem Sinne propagierte Rudolph Virchow schon im 19. Jahrhundert eine synthetische Perspektive für die moderne Medizin:

> "Es ist damit keineswegs gesagt, .. dass es der Erforschung der mechanischen Wissenschaften niemals gelingen werde, diese ungewöhnlichen Bedingungen in kleinem Mass-

4.3 Ankunft der Neuen Biomedizin: die ethisch reflektierten Stellungnahmen

stabe willkürlich zu setzen, wirklich einmal produktiv zu werden und Eiweiss, Stärke oder Zellen zu 'machen'. Aber es ist damit wohl gesagt, dass bis jetzt die Bedingungen für *das Umschlagen der gewöhnlichen mechanischen Bewegung in vitale* vollkommen unbekannt sind (...)" (Virchow 1856: 25; Herv. i. Orig.)

Der Herstellung und Kontrolle des Lebendigen hat uns die 'neue Biomedizin' mittlerweile schon ein Stück näher gebracht – wir leben mit Herzschrittmachern und anderen Prothesen, können viele Stoffwechselprodukte künstlich herstellen und verpflanzen Gewebe und Organe von einem Lebewesen zum anderen.[14] Noch viel größere Handlungspotentiale sind angekündigt; indem die Molekulargenetik das Genom 'enträtselt', soll der 'Bauplan' des Organismus nicht nur lesbar, sondern auch korrigierbar werden (Gill 1992b). Zunächst verwirklicht sich darin das im 18. und 19. Jahrhundert entwickelte Programm, auch wenn man von der 'Cellularpathologie' (Virchow) nun zur 'Molekularpathologie' (McKusick) übergeht. Das 'Neue' an der neuen Biomedizin ist allerdings, dass die Geschwindigkeit der Umsetzung vom Denkbaren ins Machbare augenscheinlich gestiegen ist. Zugleich erweitern sich die Optionen, von der 'Wiederherstellung' zur 'Verbesserung' überzugehen, wie etwa einer der Vordenker der Gentherapie, French Anderson (1991), zu bedenken gibt.

Angesichts dieser Entwicklung gibt es zwar erhebliches Unbehagen in der Bevölkerung, aber nur relativ widersprüchliche und inkonsequente Reaktionen. Bevor wir diese unten (Kap. 4.4) näher analysieren, wollen wir uns daher den ethisch reflektierteren und akademisch ausgearbeiteten Positionen zuwenden. In ihrer Reinform sind diese zwar gesellschaftlich nicht unmittelbar relevant – daher kann es auch nicht darum gehen, sie philosophisch umfassend zu würdigen. Sie werden hier vielmehr als Typen rekonstruiert und verwendet, um die stärker im Alltag verankerten Reaktionsformen besser verstehen zu können. Dabei konzentriert sich das Augenmerk besonders auf die Stellungnahmen zum Umgang mit Zeugung, Schwangerschaft und Embryonen, weil sich hier, im Unterschied zur einfachen Selbstverfügung erwachsener Personen, ein sozial komplexeres Feld eröffnet, an dem sich die Unterschiede besonders deutlich auskristallisieren.

4.3.1 Die wertkonservative Position

Die einfachste Formel lautet hier, dass man 'Gott (oder der Natur) nicht ins Handwerk pfuschen' dürfe, aber indem dann jegliche Medizin immer schon untersagt und jeglicher Fortschritt erst recht verwerflich wäre, sind Abgrenzungen erforderlich. In ihrer Reaktion auf die Reagenzglasbefruchtung (IVF) und Embryonenforschung erinnert die katholische 'Kongregation für die Glaubenslehre' (1987) zunächst an das

---

[14] Manche Phänomene, die gemeinhin als sehr aktuell gelten, erweisen sich beim näheren Hinsehen als überraschend alt. Dies gilt insbesondere für die Reanimation mittels künstlicher Beatmung oder Elektroschock. Beide Verfahren wurden bereits zur Mitte des 18. Jahrhunderts erfolgreich eingesetzt – mit der sozialen Folge einer wachsenden Unsicherheit über die Grenze zwischen Leben und Tod (Pernick 1988:21ff.). Die Organtransplantation, die vor allem durch die erste Herztransplantation 1967 publik wurde, hatte man schon seit den 1880er Jahren erprobt. Allerdings bekam man damals die Abstoßungsreaktion noch nicht in den Griff, so dass die Experimente 1930 aufgegeben und erst nach dem 2.Weltkrieg wieder aufgenommen wurden (Schlich 1998).

christliche Menschenbild, eine Rede von Papst Johannes Paul II. vor dem Weltärztebund zitierend:

> "Jeder Mensch besteht in seiner unwiederholbaren Einmaligkeit nicht nur aus Geist, sondern auch aus Leib. So berührt man im Leib und durch den Leib die Person als solche in ihrer konkreten Wirklichkeit. Die Würde des Menschen achten bedeutet demzufolge, diese Identität des aus Leib und Seele *einen* Menschen *(corpore et anima unus)* zu wahren (...)" (17; Herv. i. Orig.)

Eine strenge Entgegensetzung von Geist und Körper, wie sie für die Selbstermächtigung und Absolutsetzung der menschlichen Ratio in der Aufklärung und den aus ihr hervorgegangenen utilitaristisch-liberalen Diskurs bezeichnend ist, wird also vermieden. Vielmehr werden 'Leib' und 'Seele' untereinander nur relativ und auf ein Drittes – das absolute Subjekt 'Gott' – hin unterschieden, dessen unergründlicher Allmacht beide letztlich unterworfen bleiben.[15]

Die in Rede stehenden Eingriffe seien nun "nicht etwa deshalb abzulehnen, weil sie künstlich sind" (ebd.: 18) – die Medizin dürfe sehr wohl in körperliche Vorgänge eingreifen. Dennoch werden die meisten reproduktionstechnischen Innovationen untersagt. Die vorgeburtliche Diagnose wird zwar akzeptiert, aber nur soweit sie unzweideutig auf den individuellen Schutz oder die Heilung des Fötus ausgerichtet ist. Da also das Verbot der Abtreibung keinesfalls relativiert wird, ist auch eine klare Ablehnung der weitgehend herrschenden Praxis verbunden, bei 'unnormalem' Befund die Schwangerschaft abzubrechen. Embryonen werden von der Zeugung an sofort und ohne Zwischenstufung als Personen angesehen; insofern sind einzig therapeutische Eingriffe, aber keine 'verbrauchenden' Experimente oder Manipulationen mit dem Ziel der Vermehrung (Klonierung), Veränderung oder 'Verbesserung' erlaubt. Alle Verfahren der Fortpflanzungsmedizin sind verboten, und zwar nicht nur dann, wenn dabei fremde Samen oder fremde Eizellen oder Leihmütter im Spiel sind. Sogar im 'homologen System' – also wenn genetische, biologische und soziale Eltern identisch sind – ist die Reagenzglasbefruchtung untersagt; dies gelte selbst dann, wenn sie "von jeder kompromittierenden Verbindung mit der Abtreibungspraxis, der Zerstörung von Embryonen und der Masturbation frei wäre" (ebd.: 47).

In der Begründung orientiert sich die Kongregation an der Einheit von Ehe, Liebe, Geschlechtsakt, Zeugung, Geburt und Aufzucht, die nirgends unterbrochen werden soll: ein Kind soll in Liebe und nicht im Reagenzglas empfangen werden. Eheli-

---

[15] Selbstverständlich ist es richtig, dass v.a. seit dem Hochmittelalter im Christentum leibfeindliche Strömungen sich zu regen begannen und der 'Kampf gegen die Sündhaftigkeit des Fleisches' propagiert wurde (vgl. Schnädelbach 2000). Im Katholizismus (Zölibat) blieb dieser Kampf aber weitgehend religiösen Virtuosen vorbehalten, während das Projekt instrumenteller Selbstkontrolle in der Breite der Bevölkerung eher vom Protestantismus – und der Aufklärung, etwa in der Entgegensetzung von *res cogitans* und *res extensa* bei Descartes – vorangetrieben wurde. Die relative Ferne des Fleisches zu Gott soll dem notorischen Sünder lediglich seine niedrige Rangstellung in dieser Welt verdeutlichen – bevor er im Jenseits durch die 'Auferstehung des Fleisches' (und eben nicht nur des Geistes!) eventuell erlöst wird. In diesem Sinne 'dient' die von den Anforderungen her strenge, bei Überschreitung aber relativ tolerante ('barmherzige') Sündenlehre des Katholizismus eher zur Rechtfertigung von Hierarchien und zur Abfindung mit dem 'irdischen Los' als zur effektiven 'Zivilisierung der Triebe' (im Sinne von Norbert Elias). Die vermeintliche 'Feindschaft gegenüber dem Fleisch' darf also nicht mit effektiver Repression verwechselt werden.

che Unfruchtbarkeit sei zwar ein bedauernswertes Leiden, aber die Ehe – die als göttliches Sakrament, d.h. als Walten einer höheren Instanz, und nicht als zivilrechtlicher Vertrag zwischen den Eheleuten aufgefasst wird – gewähre keinen unbedingten Anspruch, ein Kind zu 'haben':

> "Ein Recht im wahren und eigentlichen Sinn auf das Kind widerspräche dessen Würde und dessen Natur. Das Kind ist nicht etwas Geschuldetes und kann nicht als Eigentumsobjekt aufgefaßt werden: Es ist vielmehr ein Geschenk, das vorzüglichste und das am freiesten gegebene der Ehe; es ist lebendiges Zeugnis der gegenseitigen Hingabe seiner Eltern." (ebd.: 51)

Diese Position ist in ihren konkreten Ausführungen, zumal sie auch die Ablehnung der meisten Verhütungsmittel impliziert, in der Gegenwartsgesellschaft wohl kaum in breiterem Maße relevant. Aber es gibt säkularisierte Abwandlungen, die durchaus noch und vielleicht sogar wieder verstärkt 'resonanzfähig' sind, nachdem der Machbarkeitsglaube der Aufklärung offenbar seinen Zenit überschritten hat.

Wenn man einfach die offensichtlich anachronistischen Vorschriften und Konkretionen der katholischen Amtskirche abzieht, besagt die Position nur, dass weder die Leibesfrucht noch der Leib ganz der Person gehören, aber auch die Person, weil sie mit dem Leib untrennbar verbunden ist (s.o.), niemals ganz sich selbst gehören kann. Hier kommt dann auch die Dialektik der Erbsünden-Lehre ins Spiel, in der der Person zwar einerseits ein (begrenzt) freier Wille zugestanden wird, ohne den sie sich logischerweise auch nicht aktiv versündigen könnte, andererseits aber an ihre 'fleischlich'-materielle Gebundenheit und Begrenztheit im irdischen Dasein erinnert wird. Auf die Formel vom 'Widerspruch zwischen Freiheit und Natur' gebracht, ist diese Konzeption dann sowohl im neo-marxistischen wie im ökologischen Denken anschlussfähig (Ruhe 1997). Mit der Vorstellung von der Erbsünde ist allerdings eine tendenziell tragische Naturauffassung markiert – im Unterschied zum gegenwärtigen 'grünen' Denken, das 'Natur' stärker mit Segen und Glück assoziiert.

Wenn man 'Gott' je nach Kontext durch 'Natur', 'Schicksal', 'Tradition' oder 'Gesellschaft' ersetzt, ist auch der Gedanke nicht mehr so abwegig, dass es außer der Person mit ihrem Wissen und Können noch andere, gleichsam 'höhere' Instanzen gibt, die außerhalb der individuellen Kontrolle stehen und mit deren Einwirkung zu rechnen ist. 'Evolution' z.B. muss nicht, wie wir es unten für den liberalen Diskurs noch zeigen werden, als blindes und sinnloses Geschehen gedeutet werden. Vielmehr kann man ihr, wie dies in der Tradition des physikotheologischen Denkens auch in den Naturwissenschaften teilweise geschieht (Groh/Groh 1991b), eine über unvorstellbare Zeiträume gewachsene und für den notwendigerweise reduktionistischen Menschenverstand niemals vollständig ergründliche 'Weisheit' bzw. 'Multifunktionalität' in der Abstimmung der Lebensvorgänge zuschreiben[16] - selbst dann noch, wenn sich das evolutionäre Geschehen, etwa in der Geburt eines nach *gegenwärtigen* Marktbedingungen nicht ganz angepassten, also nach utilitaristischen Maßstäben 'erbkranken' Kindes, zumindest auf den ersten Blick als tragisch erweist. Eingriffe sind dann nicht per se verboten, weil auch das Wirken der Menschen eben-

---

[16] Vgl. hierzu von naturwissenschaftlicher Seite z.B. Strohmann 1994.

so wie das Verhalten anderer Tiere natürlich zur Evolution gehört; aber da sie in ihren Konsequenzen unübersehbar sind, sollte man nicht 'zu tief' eingreifen – der ökologisch-säkulare Identitätsdiskurs argumentiert also ähnlich wie die Katholische Kirche, nur dass er mit dem 'zu tief'-Verdikt nicht unbedingt bei Masturbation, Verhütungsmitteln und der Abtreibung zuerst ansetzt.

4.3.2 Die utilitaristische Position

Die spezifische Grundidee der utilitaristischen Ethik ist die Bilanzierung von 'Leiden' und Sterben einerseits und 'Glück' und Leben andererseits – das 'Glück' soll gemehrt, das Leiden vermieden werden. 'Glück' meint, wie oben (Kap. 2.3) schon angesprochen, entgegen dem heute eher hedonistischen Sprachgebrauch nicht so sehr subjektive Glücksgefühle, sondern eher objektive Nutzensteigerung und die Befriedigung gattungsgegebener Grundbedürfnisse. Entsprechend meint 'Leiden' objektiv schädliche Prozesse, die häufig auch mit physischen Schmerzen einhergehen.

Insbesondere im angelsächsischen Sprachraum ist die utilitaristische Ethik als Lehrmeinung hoch angesehen, während in Deutschland ihre Anwendung auf die Biomedizin auf Vorbehalte stößt. Starken Anstoß erregte in der Debatte um die Biomedizin hierzulande insbesondere der Australier Peter Singer (1984), der einerseits vehement für den Tierschutz und die Solidarität mit den armen Ländern des Südens eintritt und andererseits Embryonenforschung und die Tötung schwerstbehinderter Neugeborener für zulässig hält.

Weil höhere Tiere leidensfähig seien, Embryonen (im frühen Stadium mit noch nicht ausgereiftem Nervensystem) aber nicht, sollte man, Singer zufolge, lieber Embryonenexperimente als Tierversuche zulassen. Die herrschende Bevorzugung des Menschenschutzes gegenüber dem Tierschutz bezeichnet er, in Analogie zum Rassismus – also der Bevorzugung der eigenen Rasse – als 'Speziesismus', also Bevorzugung der eigenen biologischen Art. Neben dem Kriterium der Leidensfähigkeit operiert Singer mit dem Kriterium des Selbstbewusstseins, das erst die Person konstituiert. So hält er im Konfliktfall die Tötung von späten Embryonen und Neugeborenen für zulässig:

> "Sofern der Tod eines geschädigten Säuglings zur Geburt eines anderen Kindes mit besseren Aussichten auf ein glückliches Leben führt, dann ist die Gesamtsumme des Glücks größer, wenn der behinderte Säugling getötet wird." (Singer 1984: 183)

Singer weist dabei darauf hin, dass dieser Satz im Hinblick auf die heute gängige Praxis der vorgeburtlichen Diagnostik weithin akzeptiert wird – eben mit dem Unterschied, dass es sich dabei um Abtreibung handelt, während er auch die Tötung von Neugeborenen in bestimmten Fällen für zulässig hält.

Selbstverständlich ist diese Position im Alltagsverständnis der meisten Menschen anstößig, auch in den angelsächsischen Ländern, worauf Singer auch selbst hinweist. Singer setzt sich in rationalistischer Konsequenz – bewusst provokativ – über den zumindest in unserer Kultur, vielleicht aber auch gattungsspezifisch einprogrammierten Reflex psychischer Tötungshemmung gegenüber den eigenen Kindem hinweg. Bevor wir das unsererseits reflexartig verurteilen, sollten wir uns daran erinnern, dass Utilitarismus in unserer Gesellschaft in vieler Hinsicht als Rechtfertigung dient – nämlich in systemischer Form, also unter der Bedingung, dass die Konsequenz individuell zurechenbarer Grausamkeit möglichst vermieden wird. 'Das größte Glück der größten Zahl' – das ist seit Jeremy Bentham das Selbstverständnis des Kapitalismus, bei dem Ungleichheit, und damit das Leiden von Minderheiten, durchaus in Kauf genommen wird, um das Glück in seiner Summe zu steigern. Im emotional direkt wahrnehmbaren Nahbereich – also auch im aktuellen Fokus der Fernsehkameras – kommt zwar eher die jüdisch-christliche Mitleidsethik in ihren säkularisierten Formen zur Geltung. Aber in distanzierterer Perspektive werden Verfahren der Aufrechnung von Leiden und Menschenleben auch in Deutschland von den meisten Bürgern akzeptiert.

Dabei hängt das Ergebnis immer auch vom Bezugsrahmen der Aufrechnung ab, den der Utilitarismus praktisch willkürlich zu setzen erlaubt. Tausende Verkehrstote werden jährlich 'geopfert' und – in Abwehr von Forderungen nach Tempolimits und sonstigen Beschränkungen des PS-bewehrten Individualverkehrs – gegen 'Arbeitsplätze' aufgerechnet. Die Bilanzierung muss aber nicht unbedingt zugunsten des Status quo ausfallen: Tausende von Menschenleben könnten in ärmeren Ländern mit dem wenig kostspieligen Einsatz von 'Barfußmedizin' gerettet werden, während hierzulande Unsummen für die minimale Lebensverlängerung bei ohnehin todgeweihten Patienten eingesetzt werden.

4.3.2.1 Exkurs: Sozialdarwinismus und 'Eugenik von oben'

Der Sozialdarwinismus stellt eine eigentümliche Variante des Utilitarismus dar: Hier werden die profanen, empirisch-analytischen Naturvorstellungen der Industriemoderne zur Begründung hierarchischer sozialer Verhältnisse herangezogen. Allerdings geschieht dies nun mit – gegenüber der identitätsorientierten Kosmologie – umgekehrten Vorzeichen: 'Natur' verkörpert nicht mehr einen idealen, sondern eher einen defizitären Zustand – insbesondere im Kontrast zur 'Kultur' oder 'Zivilisation', wie er vor allem seit der zweiten Hälfte des 19. Jahrhunderts hervorgehoben wurde (vgl. z.B. Lukas 2000). Insofern eignet sich nun der Verweis auf Natur vor allem zur Abwertung *anderer* sozialer Gruppen (Frauen, Arbeiter, Fremde, Kriminelle) und ungezügelter Affekte (Sexualität, Streitlust) als tierisch, triebhaft und primitiv. Indem zugleich auch ein neuer – rein faktischer – Begriff von Naturgesetzen dominant wird, dient der Rekurs auf Natur jetzt nicht mehr der moralischen Inspiration – als Aufforderung, das natürliche Potential zu entfalten – sondern als Legitimation zur Ausgrenzung (vgl. Hirschman 1992).

Aus dieser Perspektive haben sich auch eugenische Programme entwickelt. Während unter der Schöpfungsordnung alle Lebewesen vom Kaiser hinab bis zu den Disteln auf dem Feld grundsätzlich eine Daseinsberechtigung hatten, soll nun mit dem Selbstschöpfungs- und Perfektionsdrang der Moderne 'schlechte Natur' ausgemerzt werden. Das galt nicht nur für die Nazis mit ihrer Wahnidee von einer gesunden, starken und reinen Herrenrasse. Auch bei Sozialisten und Sozialdemokraten besaß die Idee von den 'schlechten Genen' zeitweilig so große Überzeugungskraft, dass sie sich von administrativ veranlasster Eugenik die Beseitigung biologischer Ursachen für soziale Ungleichheit versprachen (Weß 1989). In Deutschland wird die Genetik heute nur noch selten affirmativ mit Vorstellungen von Volksgesundheit und kollektiver Eugenik in Verbindung gebracht. Allerdings ist auch hier nicht zu übersehen, dass die Krankenkassen genetische Diagnostik mit sehr hohen Honorarsätzen vergüten und so ihre Ausbreitung fördern (Nippert 2001; Hennen et al. 2000).

4.3.3 Die liberale Position

So schroff die utilitaristische Ethik in Bezug auf die Gottgegebenheit innerer Natur der wertkonservativen Ethik widerspricht, so ähnelt sie ihr doch in einer Hinsicht: Auch sie kann unter Berufung auf eine externe Instanz, nämlich auf die nach Maßgabe des Expertenurteils gefertigten Glücksbilanzen, gegenüber dem Einzelnen extrem paternalistisch auftreten. Der Einzelne hat nämlich nicht nur das Recht, sondern auch die Pflicht, Leid zu vermeiden und das Glück in der Welt zu vermehren – und zwar nach 'objektivem' Urteil und nicht etwa entsprechend seinem subjektiven Leid- oder Glücks*empfinden*. Das heißt aber auch, dass eine Pflicht besteht, alle (angeblich) wirksamen medizinischen Maßnahmen nicht nur zu tolerieren, sondern auch aktiv einzusetzen. So vertritt der deutsche Medizinethiker Hans-Martin Sass (1989: 174) die Auffassung, dass die vorgeburtliche Diagnose "auf schwerste genetische Behinderungen, die ein künftiges kommunikatives Leben ausschließen" nicht nur erlaubt, sondern "im Sinn einer verantwortlichen Elternschaft bei Risikoschwangerschaften wohl auch ethisch geboten" sei.

Zumutungen dieser Art lehnt der liberale Diskurs ab. Seine zentrale Idee ist der Respekt gegenüber der Selbstbestimmung des Einzelnen, die ihre Grenze nur findet, wo sie die Selbstbestimmung anderer Personen tangiert. So besehen kann es keine Vorschriften geben, die den Einsatz der Biotechnik am menschlichen Körper vorschreiben; aber eben auch keine, die ihn begrenzen würden. Vorausgesetzt wird nur, dass die informierte Zustimmung der Person vorliegt und dass keine für den Einzelnen unübersehbaren Risiken gegeben sind. Der Liberalismus nimmt, ähnlich wie der Utilitarismus, eine strenge Trennung zwischen Körper und Person vor, was bei der Behandlung des Fötus besonders deutlich wird. Aus der Sicht des US-amerikanischen Bioethikers Tristram Engelhardt jr. gilt es daher hervorzuheben:

> "(...), daß ein wesentlicher Unterschied zwischen rein biologischem menschlichem Leben und dem Leben des Menschen als Person besteht und daß es keine allgemeingültigen nichttranszendenten Gründe dafür gibt, den Fötus als Person anzuerkennen. (...). Der Begriff der Menschenwürde sollte deshalb am besten durch einen Begriff von den Rechten der Person bzw. der Achtung vor der Person ersetzt werden." (Engelhardt 1987a: 152)

Der Körper ist demnach ein Eigentum wie jedes andere. Maßgaben für den Einsatz biotechnischer Dienstleistungen sind Verbraucheraufklärung und Produkthaftung – es geht darum, den Konsumenten vor Betrug und vor verborgenen Mängeln, aber nicht vor sich selbst zu schützen. Insofern gibt es auch keine Beschränkung des

Einsatzes der Biotechnik zu rein therapeutischen Zwecken. Auch Eingriffe, die rein ästhetisch motiviert sind und auf eine Steigerung des Glücksempfindens abzielen, wären demnach – anders als in der utilitaristischen Ethik – zulässig. Die natürliche Evolution ist in diesem Verständnis ein blinder Zufallsmechanismus, dem keinerlei göttliche Güte oder das menschliche Verständnis übersteigende Weisheit innewohnt:

> "Evolution tendiert dazu, pauschal die Reproduktionsfähigkeit zu maximieren. (...) Da wir nun reflektierende Wesen sind, können wir für unsere Anpassung durchaus andere Ziele wählen als eine pauschale Tauglichkeit zur Reproduktion. So würden wir vielleicht eine verminderte Fähigkeit zur Reproduktion in Kauf nehmen, wenn dies die Steigerung von Intelligenz, Moralfähigkeit und Lebensfreude oder eine Verringerung von Leiden nach sich zöge." (Engelhardt 1987b: 258)

Damit wird selbst der Keimbahneingriff nicht nur zur 'Therapie', sondern zu beliebigen Zielen freigegeben. Eingedenk der Wahlfreiheit der Individuen und der moralischen Vorbehalte, die manche Religions- oder Kulturgemeinschaften haben mögen, wäre entsprechend auf lange Sicht damit zu rechnen, dass sich die Menschheit in verschiedene biologische Artgemeinschaften aufspalte, die sexuell untereinander nicht mehr reproduktionsfähig wären. Dennoch bildeten sie weiterhin eine Gesellschaft:

> "Obwohl unsere Nachkommen keine einheitliche Spezies mehr darstellen würden, teilten sie dennoch miteinander die Gemeinsamkeit, Personen zu sein, verbunden durch das moralische Gesetz [Personen zu achten]. Dies wird stets von einer entscheidenderen moralischen Bedeutung sein als die bloße Fähigkeit zu erfolgreicher Kreuzung." (Engelhardt 1987b: 261)

Das ist, wie Engelhardt selbst einräumt, Science Fiction. Aber wir sind längst auf dem Weg, Eingriffe in die innere Natur nicht nur zur ihrer 'Wiederherstellung', sondern auch zu ihrer Verbesserung vorzunehmen – man denke an die nicht mehr wegzudenkenden Verhütungsmittel, an Potenzsteigerungsmittel wie 'Viagra', und an die Schönheitschirurgie, die in den USA für viele Frauen und einige Männer mittlerweile zur Lebensplanung gehört (Schouten 1991).

4.4 Der Alltagsdiskurs zur Biomedizin: spontane Abwehr von 'Manipulation', aber euphorische Einwilligung in 'Therapie'

Ein Merkmal der gerade skizzierten professionellen Ethik-Diskurse ist es, dass sie auf einer ausgearbeiteten Prinzipienlehre beruhen und deshalb ihre Urteile auch einigermaßen vorhersehbar sind. Die Reaktionen der Bürger und der öffentlichen Meinung sind aber von keinem der professionellen Ethik-Diskurse direkt geleitet. Oberflächlich betrachtet kann man zwar konstatieren, dass beide Diskurse – der wertkonservative und der utilitaristisch-liberale – zumindest in abgeschwächter Form in Deutschland sehr einflussreich sind. Daraus könnte eine stabile Blockade- oder Kompromisssituation erwachsen. Tatsächlich ist die Lage aber komplizierter.

Es fällt nämlich auf, dass die Alltagsdiskurse höchst widersprüchlich sind und extrem hin- und herschwanken. Dies zeigt sich zum Beispiel bei Meinungsumfragen: Wenn gefragt wird, was von 'Manipulation am Erbgut' zu halten sei, ist mit hochprozentiger Ablehnung zu rechnen. Wenn umgekehrt ein Urteil zur 'Bekämpfung von Erbkrankheiten' erbeten wird, ist die Zustimmung ziemlich einhellig. Offenbar werden hier durch die Formulierung der Fragen ganz unterschiedliche, geradezu gegensätzliche emotionale Assoziationen geweckt, obwohl sachlich besehen, die 'Bekämpfung von Erbkrankheiten' eben 'Manipulation am Erbgut' ist und umgekehrt bei einem entsprechend weiten Krankheitsbegriff fast alle Eingriffe als 'Therapie' verstanden werden können.[17] Auch in der qualitativen Einstellungsforschung zeigt sich eine deutliche Ambivalenz: Je nach eingenommenem Blickwinkel springt – bei der gleichen Person! – das Urteil wie bei einem Vexierbild ständig hin und her: "Konkreten, hohen und drängenden Nutzenerwartungen (...) stehen diffuse und tiefgreifende Bedenken gegenüber." (Zwick 1999: 116).

Man kann diesen Befund wohl auch so deuten, dass der Alltagsdiskurs zwischen der identitätsorientierten und der utilitaristisch-liberalen Position hin- und herspringt ohne sich dauerhaft festzulegen. Doch wann und warum springt er jeweils um? Dazu scheint es keine systematischen empirischen Untersuchungen zu geben, aber nach meinen Beobachtungen und Erfahrungen in Diskussionen scheint folgendes Reaktionsmuster vorzuliegen: *Wenn die Biomedizin in futuristischer Gesamtschau vorgestellt wird, regt sich meistens Abscheu und Widerstand. Wenn sie hingegen als überschaubarer und begrenzter Einzelschritt in einem vertrauten Setting eingebettet ist, wird sie, wie andere moderne Medizin auch, von den meisten Menschen im Großen und Ganzen akzeptiert.*

In dem Maße, wie biomedizinische Optionen zusammengedacht und in ihrer Kombination visionär vorgestellt werden, regt sich bei den meisten 'Laien' Widerstand – und zwar ziemlich unabhängig davon, ob die Szenarien von Befürwortern in

---

[17] So wundert sich z.B. das Technikfolgenabschätzungsbüro des dt. Bundestages (Hennen/Stöckle 1992: 15f.) bei der Auswertung einer eigenen Umfrage über die relativ hohe (52%) Zustimmung zur "Veränderung menschlicher Erbanlagen zur Therapie genetisch bedingter Erbkrankheiten", obwohl diese durch das Embryonenschutzgesetz seit 1991 ausdrücklich verboten ist: "Dies ist umso überraschender als sich aus anderen Umfragen ergibt, daß humangenetische Anwendungen eher kritischer als andere Anwendungen gesehen werden (OTA 1987, Eurobarometer 35.1). Allerdings wurde dort deutlich, daß auch bei humangenetischen Anwendungen der Gentechnologie die Akzeptanz vom beabsichtigten Zweck abhängt (...) Der Begriff 'Therapie' setzt den Eingriff in die Erbsubstanz in den Kontext von Medizin/Heilung, womit – siehe [sehr positive] Einstellung zu Medikamenten – positive Konnotationen verbunden werden, die dann möglicherweise ethische Bedenken, die sich beim Begriff 'Eingriff in die (oder Manipulation der) menschliche(n) Erbsubstanz' einstellen, überlagern. So wird auch die Gentherapie von weniger Befragten als 'unzulässiger Eingriff in den Bauplan der Natur' angesehen, als dies für die Freisetzung gentechnologisch veränderter Nutzpflanzen oder die gentechnologische Produktion von Lebensmitteln der Fall ist." Entsprechend kommen die Autoren zu dem Schluß: "Es wäre somit nicht unplausibel, das positive Urteil über den Eingriff in die menschliche Erbsubstanz damit zu erklären, daß mit zunehmender Konkretisierung gentherapeutischer Möglichkeiten – also eines medizinischen Nutzens – ethische Bedenken, die sich an Eugenik und Menschenzüchtung knüpfen und das Bild in der Vergangenheit geprägt haben, fallen gelassen werden."

4.4 Der Alltagsdiskurs: Abwehr von 'Manipulation', aber Einwilligung in 'Therapie'

hellen oder von Kritikern in düsteren Farben ausgemalt werden.[18] So wurden z.B. die Protokolle des Ciba-Symposiums 'Man and his Future', auf dem Wissenschaftler in den 1960er Jahren ihren technokratischen Visionen freien Lauf ließen, immer wieder von Kritikern zitiert (und bezeichnenderweise 1988, auf dem Höhepunkt der Debatte, von Robert Jungk in deutscher Übersetzung herausgebracht), um Aufmerksamkeit und Widerstand in der Öffentlichkeit zu erzeugen (Jungk 1988). Es werden dann mit großer Regelmäßigkeit Assoziationen aus Mary Shelleys 'Frankenstein' und Aldous Huxleys 'Schöne Neue Welt' wach – utopische Romane, in denen die Furcht vor dem *Gelingen* der totalen Manipulation menschlichen Lebens schon früh zum Ausdruck gebracht wurde.

Wenn menschliche Körper nicht anders als Autos oder Kühlschränke betrachtet werden, also als Gegenstände, die man mit neuen Erfindungen ausstatten, seriell herstellen und beliebig mit Ersatzteilen rekombinieren kann, werden alle Vorstellungen von Identität, Einzigartigkeit, Subjektivität und Unverfügbarkeit negiert, selbst wenn gar nicht ausdrücklich zur Sprache kommt, dass man sie als Gegenstände auch nach individuellem Belieben zerstören und wegwerfen könnte. Gegen einen solchen symbolischen Angriff auf die Institution der Person regt sich spontan große Empörung. Daher könnte man annehmen, dass demokratische Mehrheiten gegen die Einführung der modernen Biomedizin zu gewinnen seien. Das Gegenteil ist jedoch der Fall: Tatsächlich werden, nach anfänglichem Aufruhr gegen die noch weiter entfernten Visionen, die konkreten Projekte bei ihrer Realisierung meist mehr oder weniger klaglos akzeptiert, manche sogar freudig begrüßt.

Bei einer Untersuchung eines Projektes zur somatischen Gentherapie schwärmte mir der Forschungsleiter vor, es werde nun bald möglich sein, Krebs systematisch zu erkennen und zu besiegen. Da Krebs eine der wichtigsten Todesursachen ist, sprach ich die Aussichten umfangreicher Lebensverlängerung an. Noch bevor ich deren Konsequenzen in einer schon jetzt mit der demografischen Alterung in Schwierigkeiten geratenen Gesellschaft ausführen konnte, entwarf mein Gesprächspartner prophylaktisch eine überschaubare Perspektive:

"Es ist gut, daß wir ein programmiertes Lebensalter haben. Die Menschen sollten aber dieses Lebensalter 'in den Stiefeln erleben'. Man sollte das Leben so lebenswert machen, daß es sich dann vielleicht auch lohnt, diese neunzig bis hundert Jahre alt zu werden." (zit. n. Gill et al. 1998, S.288)

Mit der These vom 'programmierten Lebensalter' wird hier also ein natürlicher Rahmen und ein vertrautes Setting erzeugt, in dem das technologische Vorhaben als überschaubar, und zudem nicht als 'Verbesserung', sondern als 'Therapie' erscheint. Demnach wären wir von Natur dazu bestimmt, entsprechend alt zu werden, und die

---

[18] Dass die Reaktionen auf Medien-Darstellungen der Biotechnologie nicht durch deren normative 'Färbung' beeinflusst werden, zeigen die Forschungen in Hampel/Renn 1999; insbesondere die Versuche von Peters (1999). Damit werden ältere Vorstellungen (und Hoffnungen der Biotechnologie-Befürworter) hinfällig, dass die mangelnde bzw. schwankende Akzeptanz eine Folge negativ gefärbter Berichterstattung, also durch Journalisten gezielt zu beeinflussen sei (Kepplinger et al. 1991). Es wird vielmehr für die BRD in den 1990er Jahren gezeigt, dass der Tenor der Berichterstattung weitgehend positiv ist, die Haltung der Bevölkerung aber trotzdem ziemlich skeptisch bleibt.

Medizin hülfe uns nun bald dazu, diese natürliche Bestimmung zu verwirklichen. Wichtig ist allerdings, dass die Natur (angeblich) eine im vertrauten Erfahrungsbereich liegende Grenze setzt – der Charakter der Aussage würde sich nämlich sofort verschieben, wenn statt von "neunzig bis hundert" z.B. von "hundertfünfzig Jahren" die Rede wäre.

Ob es diese Grenze im angegebenen Bereich nun gibt oder nicht, ist naturwissenschaftlich umstritten, muss hier aber nicht interessieren. In Analogie zur Vergangenheit können wir annehmen, dass die ins Auge gefassten Innovationen immer nur schrittweise verwirklicht werden, so dass jeweils Zeit bleibt, sie immer wieder in alltägliche Erfahrung einzubetten und moralisch als 'Therapie' anzueignen. Dies würde wahrscheinlich auch gelten, wenn dabei die Lebensspanne *allmählich* auf ein heute noch als unnatürlich geltendes Maß ausgedehnt würde.

Mit anderen Worten und allgemeiner ausgedrückt: Die Institution 'Person' würde entsprechend weiterentwickelt, auch wenn die materielle Basis auf der sie beruht, der Körper, unterdessen weitgehend verändert und nach vormaligem Maßstab vollständig 'künstlich' würde. Worauf es hier offenbar ankommt, ist die Kontinuierung von Identität, die auf einem Übergewicht des *jeweils* Unverfügbaren gegenüber dem *jeweils* Verfügbaren beruht. In der Langsicht betrachtet erscheint alles kontingent, während auf den Einzelschritt bezogen das Unverfügbare überwiegt und damit die materielle Basis der Person gesichert erscheint.

Das heißt aber auch, dass bei dem hier in Rede stehenden Perspektivenwechsel nicht einfach nur – filmisch gesprochen – zwischen 'Totale' und 'Nahaufnahme' hin- und hergewechselt wird, sondern dass sich dabei eine geheimnisvolle Wandlung vollzieht: Manipulation muss in der Totalen als bedrückend und absurd erscheinen, weil niemand *sinnvollerweise* seine vollständige Selbstveränderung wünschen kann, weil dann das Ich, das jetzt dies wünschte, danach ein ganz anderes wäre. Daher ist, wie in 'Frankenstein', der 'Schönen neuen Welt', und der Eugenik der Nazis deutlich wird, die Manipulation nur als Fremdherrschaft, aber nicht als individuelle Selbstbestimmung denkbar. Dagegen ist in der Nahaufnahme der individuelle Wunsch nach 'Therapie' oder auch beschränkter 'Verbesserung' meistens ziemlich gut nachvollziehbar, obwohl es sich um die gleiche Art der Manipulation handelt – nur eben auf Etappen verteilt. Was in der Totalen als fremdinduzierte Identitätszerstörung erscheint, wird in der Nahaufnahme als selbstbestimmter Wandel sichtbar, bei dem das Individuum dem eigenen Selbstverständnis nach mit sich selbst identisch bleibt, indem es die jeweilige materielle Veränderung in eine zum jeweiligen Zeitpunkt schlüssige biografische Erzählung von sich selbst einfügt.

Der veränderte Suggestionseffekt beim Wechsel von der 'Totalen' auf die 'Nahperspektive' lässt sich statt an 'Biomedizin und Person' auch am Thema 'Einwanderung und Nation' zeigen. In der substantialistischen Auffassung muss der 'Volkskörper' unvermischt bleiben, um die Identität der 'Nation' zu bewahren. So argumentiert der konservative Philosoph Günter Rohrmoser gegenüber der 1999 von der rot-grünen Regierung initiierten Änderung des Staatsbürgerschaftsrechts ähnlich wie die Katholische Kirche gegenüber der Biomedizin:

4.4 Der Alltagsdiskurs: Abwehr von 'Manipulation', aber Einwilligung in 'Therapie'

"Die politischen Auswirkungen der Ernennung von 4 Millionen Ausländern zu Deutschen sind in der Tat enorm. (...) Die rot-grüne Regierung beschafft sich hier eine Wahlklientel, die auf anderem Wege zu beschaffen etwas mühseliger wäre. Aber das ist nicht das Entscheidende. Wir müssen vielmehr sehen, daß das 'deutsche Volk' sich ein Grundgesetz gegeben hat, und daß die Politiker schwören, 'dem Wohle des deutschen Volkes zu dienen', nicht irgendeiner ethnischen Bevölkerungsgruppe. Im Prinzip bedeutet daher die Ersetzung des ius sanguinis durch das ius soli[19] den Anfang des Prozesses der Selbstliquidierung der Deutschen. Morgen wird es keinen Sinn mehr haben, vom deutschen Volk zu sprechen." (1999: 271)

Dagegen würde man aus der Perspektive eines pragmatischen Nationalismus und der Position des 'ius soli' argumentieren: Die Wahrung von Identität ist nicht von der physischen Abstammung, sondern von der Erziehung und Integration der Bevölkerung abhängig. Westdeutsche und Ostdeutsche etwa sind sich durch die unterschiedlichen Formen politischer Herrschaft ziemlich fremd geworden, obwohl sie 'eines Blutes' sind. Ein plötzlicher Austausch eines großen Teils des Staatsvolkes würde selbstverständlich zum Identitätsbruch führen, weil dann – mit den Köpfen der ehemaligen Einwohner – die materielle Trägerschaft für die 'nationale Kultur' praktisch verschwinden würde. Selbst beim formellen Fortbestand der staatsrechtlichen Hülsen würde dann der 'Geist der Nation' ein vollkommen anderer werden. Solange aber immer eine ausreichend große Basis von Einheimischen als Träger der angestammten Kultur vorhanden ist, ist deren Fortbestand und Identität im nationalen Selbstverständnis zu sichern, auch wenn sie sich – von einem überzeitlichen und nichtinvolvierten Beobachterstandpunkt aus betrachtet – durch die Einwanderung langfristig verändert. In diesem Sinne haben auch Frankreich, Großbritannien und die USA – trotz 'ius soli' – in den letzten 200 Jahren ihrem Selbstverständnis nach niemals aufgehört, sich als Nationen selbst zu bestimmen, obwohl sie natürlich heute vollkommen anders sind als vor 200 Jahren (allerdings waren sie auch stärker auf die Integration ihrer Zuwanderer bedacht als die Deutschen).

Parallel könnte man also sagen: Selbstverständlich bleibt die Identität der Person gewahrt, wenn die biomedizinischen Eingriffe jeweils überschaubar und freiwillig sind. Allerdings muss man fragen, ob der Vergleich ganz zulässig ist. Die Tatsache, dass die meisten Bürger heute bereit sind, die Nation zu entsubstantialisieren, liegt darin begründet, dass andere Identifikationen Platz gegriffen haben, insbesondere die Identifikation mit dem 'Selbst' – also Individualismus. Entsprechend ist der Abwehrreflex gegen die Entsubstantialisierung der Person auch viel stärker. Tabuierung des Körperinnern und Substantialisierung der Person sind für die Achtung der Personenwürde sozialpsychologisch eventuell sogar notwendig; jedenfalls haben sie sich, trotz der vor zweihundert Jahren anhebenden theoretischen Provokation durch die moderne Medizin, gehalten und vielleicht sogar verstärkt. Die strikte Trennung zwischen Körper und Person, wie sie im utilitaristisch-liberalen Diskurs vollzogen wird, ist zwar theoretisch schlüssig, aber emotional wenig nachvollziehbar, weil wir

---

[19] Im Original heißt es: "des ius soli durch das ius sanguinis", aber das ist offenbar ein Flüchtigkeitsfehler.

Personen immer auch zugleich als Körper wahrnehmen[20]. So räumt auch Wolfgang van den Daele als Vertreter einer (gemäßigt) liberalen Position ein:

"Der menschliche Körper ist nicht einfach ein Stück Natur. Er ist niemals nur Ressource. Auch wenn wir ihn wissenschaftlich betrachten, können wir ihn in Wahrheit von der Person nicht trennen. Tatsächlich haben wir nicht-objektive, 'alternative' Formen der Erkenntnis des Körpers. Wir haben gleichsam von innen Zugang. Wir leben in unserem Körper, wir fühlen ihn und verstehen ihn auf der Grundlage solchen Fühlens. In gewissem Sinne ist der Körper die Person, und er teilt die moralische Wertung der Person." (van den Daele 1991: 592)

Auch lässt sich unsere Subjektivität verlässlicher im metaphysischen Rekurs auf 'Gott' oder 'die Natur' (im sakralen Sinne) als – wie im Utilitarismus und Liberalismus vorgeschlagen – auf unsere momentanen kognitiven Fähigkeiten gründen (Spaemann 1994a).

Diese heilige Scheu legt es auch in einer säkularisierten Gesellschaft nahe, Anfang und Ende des menschlichen Lebens in mythischen Nebel zu tauchen, d.h. Embryonen nicht als 'Zellhaufen' zu betrachten und Leichen rituell zu bestatten, statt sie in die Tierkörperbeseitigungsanstalt zu geben. Sie sorgt auch dafür, dass wir die objektivierende Sicht der modernen Medizin im Allgemeinen aus dem Alltag ausblenden und in Sonderinstitutionen verbannen. Wenn wir uns selbst und gegenseitig als Subjekte anerkennen wollen, sind wir gezwungen, den jeweils zur Manipulation anstehenden Bereich begrenzt zu halten und uns eben nicht im Ganzen als Zellhaufen anzusehen, dem nur aufgrund situativer oder potenzieller Vernünftigkeit Personenstatus zuzuschreiben ist. Daher kann man den hinhaltenden Widerstand gegen den medizinischen Fortschritt als funktional ansehen. Er wäre demnach notwendig, um das utilitäre Projekt vor seiner Ignoranz hinsichtlich der stets prekären Subjekt-Objekt-Beziehung zu schützen. Das Hin- und Herspringen im Alltagsdiskurs könnte bedeuten, dass die meisten Menschen in postindustriellen Gesellschaften den großen medizinischen Visionen skeptisch begegnen, aber in gesundheitlichen Notsituationen letztlich doch auf alle vorhandenen Angebote zurückgreifen, also den Utilitarismus praktisch legitimieren.

4.5 Alteritätsorientiertes Lager ohne alteritätsorientierten Diskurs?

Einer unserer Idealtypen ist noch gar nicht vorgekommen – der alteritätsorientierte Diskurs. Das hat seinen guten Grund: Er ist zwar sehr wichtig für die moderne Bedeutung der inneren Natur, spielt aber beim Konflikt um die Biomedizin nur eine untergeordnete Rolle.

---

[20] In den Chat-groups des Internets gibt es zwar vollständig entkörperlichte Kommunikation, aber bei allem anderen medial vermittelten Austausch ist zumindest die Stimme, oft auch das (erinnerte) Bild im Spiel – Stimme und Bild sind aber immer auch Ausdruck des Körpers. Außerdem hat sich gezeigt, dass trotz aller technischer Kommunikationsmöglichkeiten unmittelbare Begegnungen selbst bei rein geschäftlichen Beziehungen nach wie vor notwendig sind, um Vertrauen herzustellen.

4.5 Alteritätsorientiertes Lager ohne alteritätsorientierten Diskurs?

Bevor ich den zweiten Teil dieser Behauptung begründe, möchte ich den ersten Teil erläutern bzw. in Erinnerung rufen (vgl. Kap. 2.2). In identitätsorientierter Perspektive verkörpert und repräsentiert die innere Natur die soziale und personale Ordnung: Mit unserer körperlichen Haltung, Gestik und Mimik, unserer Kleidung und anderem Zierrat markieren wir demnach kollektive Zugehörigkeit und individuellen Charakter. In utilitätsorientierter Perspektive dient der Körper der Arbeit, also der Auseinandersetzung mit der äußeren Natur – zu diesem Zweck gilt es ihn zu trainieren und zu disziplinieren. In der hedonistischen Variante wird der Körper zwecks Herstellung von 'Erlebnissen' instrumentell eingesetzt – das Ziel verschiebt sich gegenüber dem Arbeitsleben, aber die Mittel und Einstellungen bleiben die gleichen. In alteritätsorientierter Perspektive geht es um die Befreiung der inneren Natur, insbesondere der erotischen Impulse, von 'jahrtausendealter' Unterdrückung – durch patriarchale Geschlechterordnung, Religion, soziale Hierarchie und entfremdete Arbeit. 'Selbsterfahrung' und 'Selbstverwirklichung', wie sie in den letzten Jahrzehnten sogar über die Mittelschichten hinaus breite Resonanz gefunden haben, zielen immer auch, wenn nicht sogar ausschließlich, auf ein anderes Verhältnis zur Wahrnehmung des Körpers und zur körperlichen, d.h. sinnlichen und emotionalen Wahrnehmung.

In dieser Weise ist der alteritätsorientierte Diskurs für die Merkmale des spezifisch spätmodernen Verhältnis' zur inneren Natur geradezu konstitutiv. Daraus resultiert aber noch kein wesentlich verändertes Verhältnis zu Krankheit und Tod und deshalb eben auch keine eindeutige Frontstellung gegen die Schulmedizin. In identitätsorientierter Perspektive stellt sich die Frage: Wie ist mein *Leben nach dem Tod* – finde ich Gnade vor Gott und ehrenhaftes Angedenken unter den Menschen? Die Antwort auf diese Frage ist in diesem Diskurs weit wichtiger, als das *Überleben*, das der utilitaristische Diskurs ins Zentrum rückt (vgl. Bauman 1994). Entsprechend unterscheidet sich auch das Krankheitsverständnis – Krankheit bedeutet im identitätsorientierten Denken tendenziell Schickung oder Schuld, im utilitaristischen Denken einen Angriff feindlicher äußerer auf gebrechliche innere Natur.

Für das alteritätsorientierte Denken stellt sich vor allem die Frage: Gibt es ein Leben *vor* dem Tod – ein Leben also, das nicht bloß stumpfes Überleben ist? In der *Logik* des alteritätsorientierten Denkens – der Sehnsucht nach dem Anderen und der Aufwertung der nicht-domestizierten Natur – müsste Krankheit demnach als Erlebens-Variante und eigenständige Erfahrungsdimension begrüßt werden. Das ist aber zumindest bei schweren Krankheiten *empirisch* offenbar selten der Fall.[21] In der

---

[21] Interessant ist in diesem Zusammenhang ein Projekt von Irmhild Saake und Armin Nassehi, das den Umgang mit Einbrüchen im Lebensverlauf und das Verhältnis zum Tod anhand von biografischen Interviews untersucht. Einer der von ihnen gebildeten Typen wird als "Todesforscher" bezeichnet: "Nicht die Angst vor dem Risiko, sondern der Gebrauch des Risikos zeichnet diese Biografien aus. Auch der Tod erscheint so nicht als Restrisiko, sondern als Option. Vielleicht erhält man ja ein neues Leben, vielleicht ergibt sich die Möglichkeit, im Sterben wirklich zu beweisen, wie heldenhaft man ist. Aber all das wird immer nur als Vermutung mitgeliefert, die mitreflektiert, daß auch im weiteren Verlauf des Lebens alles ganz anders kommen kann und der Tod dann eine andere Bedeutung erfahren wird." (Saake 2000: 8). Ein solcher Umgang mit dem Tod entspricht tatsächlich einer alteritätso-

Behinderten-Bewegung wird zwar gelegentlich versucht, Handicaps in 'andere Lebensformen' umzudeuten – aber es handelt sich offenbar um den Versuch, aus der unabänderlichen Not eine Tugend zu machen (Kuhlmann 2001; vgl. Elster 1983).[22] Von Alteritätsorientierung in einem starken Sinne wäre nämlich erst zu reden, wenn Menschen aus freien Stücken Krankheiten gewissermaßen als Lebensstil *wählen* würden. Die Umwertung, die alle äußere, wilde Natur – selbst Wüsten, undurchdringliche Urwälder, Raubtiere – zum Faszinosum erklärt, und von der inneren Natur vor allem Sexualität, Emotionalität und Sinnlichkeit erfasst, kommt für Krankheiten offensichtlich kaum infrage. Die Pocken gelten seit 1979 als 'ausgerottet' (sic!) und niemand wollte das Variola-Virus unter Naturschutz stellen (vgl. Genethischer Informationsdienst Nr. 92, Jan. 1994: 9f.).

Verbreitet scheint alteritätsorientiertes Denken gegenüber Krankheiten nur in einer schwächeren Variante: Krankheit als Krise, das heißt als Entscheidungspunkt in der Biografie zu begreifen – als Chance zur Selbstneuerfindung. Zunächst kann man zwar bei psychosomatischen und 'ganzheitlichen' Denk- und Heilweisen fragen, ob sie nicht identitätsorientiert sind, indem sie Krankheit moralisieren – entweder als eigenes Fehlverhalten oder als 'bösen Zauber' von Fremden. Als Folge von eigenem Fehlverhalten verstanden wäre Krankheit also ein Signal zur Rückkehr zu angestammter Sittlichkeit – AIDS zum Beispiel die Strafe Gottes für Homosexualität und Promiskuität (vgl. Einleitung). Als Folge 'bösen Zaubers' verstanden, müssten die physischen und psychischen Abwehrmaßnahmen gegen Fremde verstärkt werden – BSE galt lange Zeit als 'britische Krankheit' und sollte mit dem Gütesiegel 'Qualität aus Bayern' gebannt werden. Aber nicht nur ansteckende, auch anderweitig verursachte Krankheiten werden oft auch heute noch als Folge von Fehlverhalten und moralisch schlechten Einflüssen gedeutet. Gegen diese Interpretationsformen hat zum Beispiel die Literaturkritikerin Susan Sontag, als sie selbst an Krebs erkrankt war, in 'Krankheit als Metapher' (1987) eine scharfe Polemik gerichtet, ganz im Geiste der Aufklärung: Diese Sinngebungsversuche für ein an sich sinnloses, weil rein körperliches Geschehen stigmatisierten die Kranken, untergrüben unsere Bereitschaft zur Solidarität und bereiteten zusätzliche Leiden. Sontag folgt also der utilitätsorientierten Kosmologie, indem sie eine konsequent naturwissenschaftliche Therapie fordert und intentionalistische Deutungen zurückweist.

Konzeptionen, die Krankheiten als verhaltensbedingt ansehen und psychische Einflüsse berücksichtigen, müssen aber nicht identitätsorientiert sein oder eben nicht als solche gehandhabt werden. Zwar wird bei alternativen, naturheilkundlichen und esoterischen Heilsweisen teilweise auf vormoderne 'ganzheitliche' Weltanschauun-

---

rientierten Haltung. Interessant wäre, wie stark verbreitet dieses Verhältnis zum Tod ist und ob es auch mit einem anderen, weniger instrumentellen Umgang mit Krankheit einhergeht.

[22] Manche Behinderte wünschen sogar den Einsatz der Humangenetik, *um sicherzustellen*, dass ihre Kinder selbst wiederum behindert sind (Gen-ethischer Informationsdienst Nr.130, Dez. 1998: 32). Insbesondere für gehörlose Eltern ist es nämlich ein Problem, nicht-gehörlose Kinder zu erziehen (die sie mit einiger Wahrscheinlichkeit aufgrund genetischer Gesetzmäßigkeiten empfangen), weil sie sich diesen gegenüber aufgrund ihres Handicaps nur schwer durchsetzen können. Zum Teil hat sich unter Gehörlosen auch ein regelrechter Stolz auf ihr Anderssein, ihre Sprachgemeinschaft (Gebärdensprache) und ihre Kultur herausgebildet (vgl. Die Zeit v. 25.4.2002, S.27f.)

4.5 Alteritätsorientiertes Lager ohne alteritätsorientierten Diskurs?

gen zurückgegriffen. Und es wird auch nachhaltig moralisiert und stigmatisiert, zum Beispiel in dem 1983 erschienenen Buch 'Krankheit als Weg', das 1994 bereits in 30. Auflage erschienen ist. Thorwald Dethlefsen und Rüdiger Dahlke schreiben dort über Asthmakranke unter anderem:

> "Der Asthmatiker [sic!] besitzt einen starken Dominanzanspruch, den er sich aber nicht eingesteht und der deshalb in den Körper hinuntergeschoben wird, wo er dann in der 'Aufgeblasenheit' des Asthmatikers [gemeint sind die zuvor beschriebenen Schwierigkeiten beim Ausatmen] zum Vorschein kommt. Diese Aufgeblasenheit zeigt eindrucksvoll seine Arroganz und seinen Machtanspruch, die er aus seinem Bewußtsein sorgfältig verdrängt hat. (...) Wird der Asthmatiker jedoch mit dem Macht- und Dominanzanspruch eines anderen konfrontiert (Simile-Gesetz), fährt ihm der Schreck in die Lunge, und es verschlägt ihm die Sprache – die Sprache, die ja gerade von der Ausatemluft moduliert wird. Das Ausatmen gelingt ihm nicht mehr – *es bleibt ihm die Luft weg.*" (Dethlefsen/Dahlke 1994: 165f.; Herv. i. Orig)

Aber diese Vorhaltungen müssen nicht identitätsorientiert verstanden werden. Das Buch richtet sich an die Kranken und fordert sie zur Selbsterkenntnis und damit zu einem *anderen* Leben auf. Als kulturelle Ursache für unsere Leiden sehen Dethlefsen/Dahlke die christliche Morallehre mit ihrer schroffen Verdammung des Bösen – das als Verdrängtes stets wiederkehre. Dem stellen sie ihre Version der fernöstlichen Ying/Yang-Lehre gegenüber, in der das Gute und das Böse in Schwebe gehalten werden und statt der hierarchischen Überordnung des Bewussten über das Unbewusste logisches Denken und assoziatives Fühlen gleichberechtigt nebeneinander stehen. Krankheit beruhe auf Verdrängung und auf Ungleichgewicht, sei aber als Chance zu begreifen, neue Wege zu gehen:

> "Krankheit ist der Wendepunkt, an dem das Unheil sich in Heil wandeln lässt. (...) Der Patient muss in sich hineinlauschen und in Kommunikation mit seinen Symptomen gehen, will er deren Botschaft erfahren. Er muss bereit sein, seine eigenen Ansichten und Vorstellungen über sich selbst rückhaltlos in Frage zu stellen (...)." (ebd.: 85f.)

Moralisierung und Spiritualität wird hier also nicht als Mittel zur Disziplinierung und zur sozialen Kontrolle begriffen, sondern als Aufforderung, aus den herrschenden Konventionen auszubrechen.

Wenige werden solche Wege konsequent gehen wollen, aber die Resonanz auf das Buch zeigt, dass viele sich mit solchen Fragen auseinandersetzen. In diesem Sinne ist in jedem Fall die Innenschau der Krankheit intensiviert worden gegenüber einer bloßen Außenansicht, wie sie in der klinisch-paternalistischen Phase an die Schulmedizin delegiert wurde (vgl. oben, Kap. 4.2.2). Aber aus der Intensivierung der Innenschau ergibt sich noch keine zwingende Vorgabe für die Wahl der Therapieform – der Klient muss nicht zu Naturheilverfahren greifen, sondern kann auch die schulmedizinische Behandlung wählen oder zu therapeutischem Pluralismus Zuflucht nehmen. Es gibt, wie sich an Umfragen und dem Tenor der Medienberichterstattung klar erkennen lässt, wenig Unterstützung für die öffentliche Privilegierung von alternativen Heilverfahren gegenüber der Schulmedizin.

Dabei hat es auch seitens des alteritätsorientierten Lagers – von Feministinnen, radikalen Behinderteninitiativen, Tierschützern, Umweltschützern und ähnlichen im Umfeld der Partei der Grünen angesiedelten Gruppierungen – durchaus Versuche gegeben, den Einsatz der Gentechnik auch im Bereich der Biomedizin abzublocken. Allerdings ist dieser Versuch weitgehend recht konfus geblieben, weil es eben nie gelang, einen alteritätsorientierten Diskurs zu entwickeln, der resonanzfähig und politisch folgenreich gewesen wäre. Unmittelbar deutlich war dies im Bereich des Embryonenschutzes, wo eine Heiligung des Embryos zum Zweck der Tabuisierung des wissenschaftlichen Zugriffs sofort Konflikte mit der Forderung aufwarf, den § 218 StGB abzuschaffen.[23] Auch gegenüber der Pränataldiagnose und der Reagenzglasbefruchtung ergab sich eine widersprüchliche Position: Man agitierte zwar gegen diese Eingriffe, konnte aber nicht ihr Verbot fordern, soweit diese Eingriffe von Frauen selbst verlangt wurden. Denn Alteritätsorientierung bedeutet ja nicht, die von der Aufklärung propagierte Freiheit des Subjekts, hier der Frau, zurückzunehmen, sondern gerade umgekehrt, das Subjekt auch von dem Joch rationalistischer (Selbst-)Zwänge zu befreien.

Man warf der Humangenetik vor, in praktischer Kontinuität zum Nationalsozialismus an der Idee festzuhalten, den *kollektiven* Genpool zu steuern und verbessern zu wollen (z.B. Sierck/Radtke 1988). In ähnlicher Form versuchte man seitens des alteritätsorientierten Lagers auch die Prozeduren der Reagenzglasbefruchtung als Experimente darzustellen, die nicht so sehr den individuellen Kinderwunsch der Frauen, als vielmehr die patriarchale Kontrolle der Fortpflanzung im Auge hätten (z.B. Zipfel 1987). Man versuchte also durchaus, in der Stilisierung von 'herrschaftsversessenen Experten' und 'hinters Licht geführten Patientinnen' den romantischen Gegensatz 'böse Technik' versus 'schützenswerte Natur' zu entfalten. Frauen waren hier die 'edlen Wilden', die sich gegen die Kontrolle ihrer Gebärfähigkeit durch wertkonservative Lebensschützer einerseits und experimentierwütige Lebensschöpfer andererseits verteidigen mussten.

Dieses Bild verblasste jedoch in den 90er Jahren, als sich in der Pränataldiagnose mit einer neuen Generation von Humangenetikern, Labormedizinern und Frauenärzten die 'nicht-direktive Beratung' – bzw. der freie Zugang zu Testmöglichkeiten ohne Beratung – und damit die 'Eugenik von unten'[24] durchsetzte (Beck-Gernsheim 1995). Auch bei der Fortpflanzungsmedizin konnte man sich nicht über die Tatsache

---

[23] Die Grünen ergehen sich hier weiterhin in weltanschaulicher Totalkonfusion. So sucht die Grünen-Vorsitzende Renate Künast in Bezug auf den Umgang mit Erbkrankheiten Zuflucht bei der 'christlich-jüdischen Tradition' und zitiert ausgerechnet Kardinal Joseph Ratzinger mit den Worten: "Wir wollen keine Sklaven produzieren". (Die Welt v. 14.12.00: "Nicht alles Machbare soll erlaubt sein"). Damit ist aber kein Umdenken in der Abtreibungsfrage verbunden. Vgl dazu auch das ausführliche Interview mit der Grünen-MdB Monika Knoche in Brummet/May 2000: 214ff.

[24] Ich gebrauche die Bezeichnung 'Eugenik' gegen den vorherrschenden Sprachgebrauch, der Eugenik mit einer per se verwerflichen Praxis gleichsetzt und immer für irgend etwas verwendet, was bisher noch nicht gemacht wird (bzw. gemacht werden kann). Eugenik meint in meiner Diktion allein den technischen Sachverhalt: 'Negative Eugenik' ist demnach die Aussonderung unerwünschter Eigenschaften, 'positive Eugenik' die Wahl besonders erwünschter Eigenschaften. In diesem Sinne ist die gegenwärtige Praxis der Pränataldiagnose 'negative Eugenik'. Wie sie moralisch zu bewerten ist, ist eine andere Frage.

hinwegsetzen, dass sie sich eifriger Nachfrage erfreut. Beratungsinitiativen, die einstmals gegründet wurden, um den Frauen *ausschließlich* Alternativen zur Humangenetik und Fortpflanzungsmedizin aufzuzeigen, sind mittlerweile dazu übergegangen, ganz pragmatisch auch die technische Qualität der biomedizinischen Angebote kritisch zu prüfen. In einem Schwerpunktheft des Gen-ethischen Informationsdienstes (Nr. 139, April 2000) zu dieser Thematik wird heute zum Beispiel darüber diskutiert, wie sich die 'baby-take-home'-Rate der verschiedenen Fortpflanzungszentren besser evaluieren ließe. Zwar wird dabei weiterhin gezeigt, dass die Torturen der Fortpflanzungsmedizin oftmals fruchtlos sind – im wahrsten Sinne des Wortes. Aber das ist nur ein technischer Einwand: Dass die Behandlung effizient und möglichst ohne unerwünschte Nebenwirkungen sein sollte, war schon immer ein utilitaristisch-liberales Credo. Indem man hier die Erfolgsraten der einzelnen Zentren untereinander vergleicht, begibt man sich auf den Weg zur Verbraucherberatung. Inzwischen hat auch die Partei der Grünen ihre anfängliche Totalopposition gegen die Gentechnik weitgehend aufgeweicht, insbesondere im Bereich der Biomedizin. Alles was der Krankheitsbekämpfung diene, wolle man akzeptieren, heißt es in einem Papier der Bundestagsfraktion (Die Welt v. 14.12.2000: "Nicht alles Machbare soll erlaubt sein." CDU und Grüne beziehen Positionen zum Thema Gentechnik – keine grundsätzlichen Unterschiede).

Am Zusammenbruch des alteritätsorientierten Widerstands gegen die Biomedizin ändert sich interessanterweise auch nichts durch mittlerweile eingetretene Todesfälle infolge gentherapeutischer Behandlung (Die Zeit v. 25.5.2000: 14). Denn anders als bei der Diskussion über Seuchen- oder Umweltgefahren, fallen hier – 'aufgeklärte Zustimmung' vorausgesetzt – 'Entscheider und Betroffene' (Luhmann 1991) zusammen. Die Risiken mögen erheblich sein, aber sie bleiben immer auf diejenigen beschränkt, die als Versuchspersonen eingewilligt haben. So ergibt sich hier die aus einem anderen Blickwinkel vielleicht paradox anmutende Situation, dass die Gesellschaft auf unmittelbare und manifeste Risiken weitaus toleranter reagiert als auf entferntere und überdies ungewisse Risiken im Umweltbereich bei der 'Grünen Gentechnik' (vgl. Kapitel 5).

Wenn man jedoch den alteritätsorientierten Diskurs von der Bindung an das Motiv 'Befreiung unterdrückter Natur' abgelöst betrachtet und stärker das Motiv der 'Überschreitung herrschender Ordnung' ins Zentrum rückt, eröffnet sich im Bereich der Technisierung innerer Natur eine andere, auf Dauer vielleicht sogar wirksamere Perspektive. Donna J. Haraway, eine US-amerikanische Biologiehistorikerin und Feministin, hat schon in den 1980er Jahren mit ihrem provokativen *Cyborg-Manifesto* für alternative Aneignung statt für Ablehnung neuer Technologien plädiert. In der Verwischung und Auflösung der Grenzen zwischen Mann und Frau, Mensch und Tier sowie Organismus und Maschine sieht sie subversive Nebenwirkungen, die die herrschenden sozialphilosophischen Diskurse unterminieren:

> "Ich beobachte mit großem Vergnügen, wie traditionelle, weiße, westliche männliche Philosophen sich plötzlich mit dem Körper, dem Animalischen [das sie ehedem der "Natur" der Frau zugeschrieben haben], identifizieren, wenn sie ihre menschliche Identität durch

die Entscheidungsprozesse eines Computers bedroht sehen" (Haraway 1984: 80; Anm. B.G).

Später hat Haraway (1995) in diesem Sinne auch an die Science-Fiction-Romane der schwarzen US-Feministin Octavia Butler angeknüpft. Butler beschreibt in ihrer Xenogenesis-Trilogie (1991) außerirdische Wesen, die mit der Gabe ausgestattet sind, Gene von einem Lebewesen auf ein anderes zu übertragen, also in unserem Verständnis 'Gentechnik' zu betreiben – sie machen das aber nicht mit Reagenzgläsern und Pipetten, sondern sind von Natur aus mit Saugrüsseln und entsprechenden inneren Organen ausgestattet. Als sie auf die Erde kommen, haben sich die Menschen aufgrund ihrer Xenophobie und Gewalttätigkeit gerade weitest gehend selbst ausgerottet. Einige verbleibende Exemplare werden von den Außerirdischen gerettet. Diese verstehen sich nämlich als interstellare Genhändler und interessieren sich daher brennend für alle fremden Lebewesen. Statt auf Abgrenzung setzen sie auf Grenzüberschreitung, die sie auch in ihrer eigenen Natur (oder Kultur) verkörpern.[25] Auf den Widerstand der Menschen gegen den Genhandel reagieren sie vor allem mit Verwunderung: Eine so auf (biologische) Identität und Autonomie versessene Spezies ist ihnen im ganzen Universum noch nicht begegnet – aber gerade dies entzündet ihre Neugier.

Bisher ist diese Sichtweise – eines genetischen Multikulturalismus – zumindest in Deutschland nicht auf große Resonanz gestoßen. Haraways Position wird von den meisten Gentechnik-Kritikern mit Achselzucken quittiert. Aber vielleicht wird sich auch in der Reaktion auf die Biomedizin ein ähnlicher Wandel vollziehen, wie er auch bei der breitenwirksamen Einführung von Computern in den 1980er Jahren zu beobachten war: Während die einen Orwells Überwachungsstaat heraufdämmern sahen, begeisterten sich andere für die Überschreitung der bestehenden Ordnung und Wirklichkeit – in virtuellen Welten, in neuen, demokratischeren und vermeintlich unkontrollierbaren Vernetzungsmöglichkeiten und beim 'Knacken' der Zugangssperren zu den Informationssystemen von mächtigen Organisationen. Internet und E-Mail waren zunächst von einer alteritätsorientierten Aura umgeben, bevor sie in den späteren 1990er Jahren vom Mainstream vereinnahmt und damit selbst zur herrschenden Wirklichkeit wurden.

Als Anzeichen für einen vergleichbaren Wandel im Umgang mit der Biomedizin ist eventuell die Begeisterung zu deuten, mit der Transsexualität in jüngerer Zeit im Kino – etwa in Pedro Almodovars preisgekröntem Film 'Das Leben meiner Mutter' –

---

[25] Eine Grenze zwischen Natur und Kultur besteht bei ihnen nicht, weil einerseits Kommunikation zwischen Individuen nicht symbolisch, sondern unter Umgehung des hermeneutischen Zirkels durch direktes biochemisches Einklinken in das Seelenleben des jeweils anderen stattfindet; daher sind Lügen und Mißverständnisse unmöglich. Da die Außerirdischen von Natur aus Gentechniker sind – und als solche ihre Natur permanent verändern können – ist auch die Grenze zwischen Natur und Technik hinfällig. Als Individuen bilden sie zugleich einen kollektiven Superorganismus, wodurch die sozialen Integrationsprobleme stark reduziert sind. Intelligente Individuen, Tiere und Pflanzen bilden eine Symbiose, weshalb keine technischen Artefakte wie Bauten und Maschinen nötig sind, sondern alle erforderlichen Funktionen biologisch erfüllt werden. Es fällt hier auf, dass durch die permanente Hybridisierung die Freiheit zum Anderssein, und damit das Fremde innerkulturell verloren geht und vielleicht gerade deshalb außerhalb gesucht werden muss.

gefeiert wird. In Monika Treuts Dokumentarfilm 'Gendernauts' werden die körperlich extrem invasiven Maßnahmen, ihre begrenzte Effizienz v.a. bei der Frau-zu-Mann-Umwandlung, sowie die Gefahr der Nebenwirkungen von den Protagonisten im kalifornischen Universitäts- und Medien-Milieu nur ganz beiläufig erwähnt, während die Experimente und Erfahrungen mit neuen Rollenkonstellationen in ein revolutionäres, die Geschlechterordnung sprengendes Licht getaucht werden. Freilich wäre es voreilig, hier vom Film auf die Wirklichkeit, von der relativ starken Resonanz der Transsexuellen-Bewegung in den USA auf ihren Einfluss in Kontinental-Europa und von Geschlechtsumwandlung auf den Umgang mit anderen biomedizinischen Eingriffen zu schließen.

4.6 Emergenz eines defensiven Liberalismus

Während also auf Basis der alteritätsorientierten Naturvorstellung eine eigenständige Position nicht zustande zu kommen scheint, so ist doch die Emergenz einer Position zu konstatieren, die man als 'defensiven Liberalismus' bezeichnen könnte. Der 'defensive Liberalismus' ist auf den Schutz der Entscheidungsfreiheit aus – im Unterschied zum 'offensiven Liberalismus', wie wir ihn oben bei Tristram Engelhardt jr. und in gewisser Weise auch bei Donna J. Haraway kennengelernt haben (oben, Kap. 4.3.3. und 4.5), aber nicht in Richtung auf die Ausweitung, sondern eher auf die Beschränkung technischer Optionen.

Bemerkenswert ist in dieser Hinsicht insbesondere Jürgen Habermas' Intervention gegen das Klonen von Menschen. Im Klonen sieht er eine asymmetrische Beziehung zwischen Menschen angelegt, indem die Eltern das genetische Programm der Kinder intentional festlegen. Zwar seien Kinder immer schon auch der Erziehung durch ihre Eltern in gewissem Maße ausgeliefert. Von dieser könnten sie sich jedoch lossagen – nicht dagegen von ihrem Gencode. Bisher sei die genetische Ausstattung durch die zufällige Mischung der elterlichen Erbanlagen zustande gekommen und hätte daher eine 'Zone der Unverfügbarkeit' dargestellt, die man als Prozess der Natur oder als Teil eines 'verborgenen' Plans oder religiös als Gnade, als Bestimmung Gottes interpretiert habe. Durch die absichtliche Festlegung der Erbanlagen müsste sich ein Kind dagegen nun als Designer-Produkt und damit als ein programmiertes Objekt seiner Eltern empfinden:

> "Die Zurechenbarkeit des intentionalen Eingriffs in eine Zone der Unverfügbarkeit bildet den moralisch und rechtlich relevanten Unterschied. Der Ausdruck 'unverfügbar' soll dabei nur heißen: dem Zugriff anderer Personen – denen wir, normativ gesehen, gleichgestellt sind – entzogen. Daß die Bedingungen der Ausbildung personaler Identität in diesem Sinne unverfügbar sind, gehört offenbar auch zum modernen Verständnis von Handlungsfreiheit. Andernfalls ist die gegenseitige Anerkennung der gleichen Freiheit für alle in Frage gestellt." (Die Zeit v. 19.2.1998: 34)

Bemerkenswert ist an dieser Argumentation, wie sie aufklärerische und wertkonservative Gedankengänge verklammert. Oberste Maxime bleibt für Habermas selbstverständlich die Handlungsfreiheit – sowohl im Hinblick auf das Schicksal der einzelnen Person wie auf den Erhalt einer liberalen Verfassung. Aber anders als Engelhardt, den wir oben als Vertreter eines offensiven Liberalismus kennengelernt haben, möchte Habermas die natürliche Evolution unverfügbar gestellt sehen – jedenfalls bei einem so weitreichenden Eingriff wie dem Klonen (der pränataldiagnostischen Vermeidung von Erbkrankheiten scheint er dagegen zuzustimmen). Eine genetische Lotterie als Bedingung der Handlungsfreiheit – das ist selbstverständlich eine etwas nüchternere Gedankenfigur als der 'göttliche Funke', der im Moment der Zeugung überspringt und den Embryo heiligt. Aber immerhin wird hier ein natürlicher Prozess – in seiner Unverfügbarkeit – zu einer Grundvoraussetzung der Demokratie und damit verfassungspolitisch für sakrosankt erklärt, also gleichsam republikanisch geadelt.

Eine ähnliche Argumentationslinie ließ sich auch in der Debatte zum Transplantationsgesetz in der Bundesrepublik Deutschland vernehmen (vgl. Schneider 1998). Die fraktionsübergreifende Mehrheitsposition, die sich, angeführt von den Abgeordneten Horst Seehofer und Rudolf Dreßler, von der CSU bis zur PDS spannte, wollte den Hirntod, d.h. den Ausfall der Hirnströme im EEG, als Tod des Menschen festschreiben. Von diesem Zeitpunkt an sei die Organentnahme zu erlauben, falls die Angehörigen zustimmen (sogenannte 'erweiterte Zustimmungslösung', vgl. unten). Man sah sich zu dieser Verrechtlichung der bis dato schon herrschenden Praxis veranlasst, weil es in der Öffentlichkeit immer wieder zu Debatten über die Sicherheit und Angemessenheit der Todesfeststellung gekommen war. Denn der Kreislauf potentieller Spender muss durch intensivmedizinische Maßnahmen aufrechterhalten werden, damit die Organe bis zur Explantation frisch bleiben. Das bedeutet aber, dass der Leib, dem die Organe entnommen werden sollen, noch warm ist, dass er noch atmet und dass das Herz noch schlägt. Ziel war es, einerseits hier Tötungsvorwürfe von der Ärzteschaft fernzuhalten und andererseits durch gesetzgeberische Sanktionierung die Spendebereitschaft zu fördern. Diese Position entspricht vollständig der utilitaristisch-rationalen Naturvorstellung: Die Bevorzugung der wissenschaftlichen Definition des Todes gegenüber dem Augenschein, gegenüber der pietätsgebietenden Aura des Sterbens, und gegenüber ganzheitlichen Vorstellungen, die den Tod nicht allein auf den unwiderruflichen Ausfall des Gehirns und damit der kognitiven Fähigkeiten gestützt sehen wollten. Diese Bevorzugung dient der Förderung der Organgewinnung, der Transplantationsmedizin und des Überlebens der Empfänger.

Die interfraktionelle Gegenposition, die von Edzard Schmidt-Jorzig angeführt wurde und die sich von der CDU bis zu den Grünen spannte, sah dagegen den Tod als einen Prozess an, der erst mit der sichtbaren Dekomposition des Körpers abgeschlossen ist. Leben und Tod seien nicht mit Funktion oder Ausfall des Gehirns gleichzusetzen. Statt auf den Hirntod, Teilhirntod oder andere Expertenlösungen zu vertrauen, gelte es, unser prinzipielles Nicht-Wissen über das Sterben anzuerkennen. In diesen Prozess dürfe nur eingegriffen werden, wenn neben der Feststellung des Hirntodes auch die Zustimmung des Spenders zu Lebzeiten vorliege (sogenannte

4.6 Emergenz eines defensiven Liberalismus 151

'enge Zustimmungslösung'). Während der erste Teil des Arguments auf einer identitätsorientierten Naturvorstellung basiert und insbesondere zur Pietät gegenüber dem Sterbenden mahnt, wird im zweiten Teil auf die Willensfreiheit des Einzelnen rekurriert, der die objektiven Aporien der Todesfeststellung durch seinen subjektiven Entschluss überwindet.[26] Es gibt hier also weder die Pflicht sich – identitätsorientiert – dem natürlichen Sterbeprozess zu überlassen, noch die Pflicht des Utilitarismus, mittels Organbeschaffung für die 'Vermehrung des Glücks' auf Erden zu sorgen. Die Letztentscheidung wird dem Willen des Einzelnen überantwortet.

Auch in der neueren Diskussion über die Humangenetik scheint sich die Position eines defensiven Liberalismus herauszubilden, nachdem die Konfrontation der Großphantasien 'Fortschritt' versus 'Nazi-Eugenik' – wie oben schon angemerkt – einer stärker an der gegenwärtigen Entwicklung orientierten Debatte Platz gemacht hat (vgl. Brummet/May 2000; Beck-Gernsheim 1995). Die an der Diskussion beteiligten Humangenetiker (in Deutschland) haben eingesehen, dass Gendiagnostik noch lange nicht Therapie bedeutet. Sie räumen ein, dass die diagnostischen Möglichkeiten, indem sie alle Menschen mehr oder weniger zu Krankheitsanwärtern und Überträgern problematischer Erbanlagen machen, stark zur Verunsicherung beitragen können und eventuell mehr schaden als nutzen. Die meisten Kritiker haben bemerkt, dass jedenfalls die jüngere Generation der Humangenetiker nicht mehr das Konzept kollektiver Erbgesundheit verfolgt, wie es in der klinisch-paternalistischen Phase fast überall auf der Welt praktiziert wurde, sondern möglichst klientenzentriert arbeitet, also insofern nur noch von individualisierter Eugenik die Rede sein kann.

Vor diesem Hintergrund entwickelt sich, gestützt sowohl von universitären Humangenetikern als auch von gemäßigten Kritikern, eine Position, die die Aufklärung und Abwehrrechte der Betroffenen gegenüber einer sich marktförmig – vor allem von den Krankenkassen und den niedergelassenen Laborärzten – vorangetriebenen Diagnostik stärken möchte. Gefordert wird ein Ausbau der humangenetischen Beratungsangebote *vor* der Diagnostik, damit die Diagnostik nicht, wie teilweise schon üblich, zum Automatismus wird, sondern die Betroffenen schon vorher wissen, was sie mittels der Diagnostik erfahren werden und was nicht, und sich entsprechend überlegen können, wie sie die Diagnose – je nach Ausgang – in ihre Lebensplanung einbauen oder ob sie nicht lieber auf den Anruf des Orakels verzichten sollten.[27]

---

[26] Ich folge hier dem Material, nicht aber der Interpretation von Werner Schneider: Er betont sehr stark das Beharren *auch* der Gegenposition auf einer unumstößlichen und natürlichen Todesdefinition – nur dass diese eben alltagsweltlich und nicht wissenschaftlich vorgenommen wird. Selbstverständlich hat Schneider insoweit recht, als auch die Gegenposition keine ausdrückliche Anerkennung der 'kulturellen Konstruktion des Todes' beinhaltet, wie man sie vielleicht in einer multikulturellen (oder postkolonialen) Perspektive für nötig erachten mag. Aber um der (verfassungs-)politischen Realität in Deutschland gerecht zu werden, scheinen mir auch schwächere (als die theoretisch denkbaren) Differenzierungen achtenswert. Durch die Delegation der Letztentscheidung in die Privatsphäre wird der kulturellen Varianz der Todeskonstruktionen in gewissem Maße Rechnung getragen, auch wenn man in Bezug auf die öffentliche Sphäre an einer übergreifenden Todesdefinition festhält.

[27] Zum Beispiel Chorea Huntington: Wenn bei einem Elternteil die Krankheit ausgebrochen ist, können sich die Kinder schon immer, also auch ohne spezielle Gendiagnostik, ausrechnen, dass sie mit 50-prozentiger Wahrscheinlichkeit selbst betroffen sein werden (autosomal-dominanter Erbgang). Die Krankheit bricht im Allgemeinen zwischen dem 30. und dem 70. Lebensjahr aus, der geistige

Verbunden mit diesen Überlegungen ist auch die Forderung nach einem 'Recht auf Nicht-Wissen' – nicht nur in dem allgemeineren Sinne, dass medizinische Diagnosen ohne ausdrückliche Zustimmung des Betroffenen nicht erhoben, nicht gespeichert und nicht weitergeleitet werden dürfen,[28] sondern auch in dem für die *Gen*diagnostik spezifischeren Sinne, dass kein Mitteilungsdruck unter nahen Verwandten entsteht. Entsprechend sollen hier auch Frageverbote für Arbeitgeber und Versicherer etabliert werden.

Der defensive Liberalismus zeichnet sich also dadurch aus, dass er die Natur, das Schicksal und das Nicht-Wissen zwar nicht, wie der identitätsorientierte Diskurs in seiner Reinform, für sakrosankt erklärt und den Willen zum Wissen sowie entsprechende Eingriffe von vornherein tabuisiert, aber dass er den 'natürlichen Verlauf', also herkömmliche Zeugung, herkömmliches Sterben, herkömmliches Nicht-Wissen über das Krankheits- und Vererbungsschicksal gegenüber der gleichsam automatischen Ausbreitung technologischer Optionen prozedural privilegiert. Die Letztentscheidung verbleibt immer bei den Subjekten, aber es soll ihnen nahegelegt werden, sich vorab zu informieren – gegen die vom Utilitarismus und Hedonismus geschürten Hoffnungen und technologischen Großphantasien soll die Einsicht über die Grenzen des Wissens und Könnens gefördert werden. In diesem Sinne soll auch die öffentliche Diskussion über die Biomedizin gefördert werden – weder um die Akzeptanz noch um die Ablehnung zu fördern, sondern um die kulturelle Aneignung zu stützen: wir sollen verstehen, was wir tun. Man kann also sagen, dass der defensive Liberalismus aus der identitätsorientierten Kosmologie die Naturvorstellung, aus der alteritätsorientierten Kosmologie aber die Emanzipationsidee entnimmt – wobei Emanzipation dann nicht nur als Ernüchterung von jenseitigen Erlösungsphantasien, sondern auch von diesseitigen Heilsversprechen des Utilitarismus zu verstehen ist.

4.7 Politische Steuerung und rechtliche Regulierung der Biomedizin im In- und Ausland

Nur auf den ersten Blick scheint die politische Debatte von stabil polarisierten Lagern beherrscht: vehemente Gegner auf der einen, deutliche Befürworter auf der anderen Seite. Doch bei näherem Blick auf die konkrete Regulierung der Biomedizin verschiebt sich dieses Bild. Die Politik steht hier nun vor einigen bis dato unbekannten Schwierigkeiten.

---

und körperliche Verfall zieht sich über viele Jahre hin und endet tödlich. Mit molekulargenetischer Gendiagnostik lässt sich heute (mit *relativer* Gewissheit) feststellen, ob man nun Genträger ist – nicht jedoch, wann die Krankheit ausbrechen wird. Für die Betroffenen heißt das, dass ein positives Testergebnis tödliche Lähmung lange vor der Zeit bedeuten kann, ebenso wie ein negatives Testergebnis nicht immer nur Erleichterung, sondern auch Schuldgefühle zur Folge haben kann. Viele potentielle Genträger verzichten daher bewusst auf den Test.

[28] Eine gesonderte Problematik stellen hier ansteckende Krankheiten wie z.B. AIDS dar. Wegen der Ansteckungsgefahr werden vor größeren Operationen oder bei Blutspenden im Allgemeinen AIDS-Tests gemacht – ohne das Wissen der Betroffenen und ohne die Ergebnisse mitzuteilen.

4.7 Politische Steuerung und rechtliche Regulierung der Biomedizin im In- und Ausland

Zum einen verläuft der Konflikt, wie schon angedeutet, quer durch alle Parteien, weil der Hauptwiderspruch der Industriegesellschaft, der sozialpolitische Verteilungskonflikt, praktisch keine Rolle spielt, sich aber dafür zwei andere politische Bruchlinien kreuzen: zwischen einem eher paternalistischen und einem eher an persönlicher Selbstbestimmung orientierten Lager, sowie zwischen den Befürwortern und Gegnern eines forcierten Einsatzes der Biomedizin. Wenn man diese Bruchlinien kreuztabelliert, lassen sich die oben skizzierten Positionen des professionellen Ethik-Diskurses ohne Schwierigkeiten einordnen:

Kreuztabellierung der politischen Bruchlinien: Einordnung der ethischen Diskurse

	paternalistisch	*liberal*
pro Technik	Utilitarismus	Offensiver Liberalismus
contra Technik	Wertkonservativismus	Defensiver Liberalismus

Für die Ausweitung des Technikeinsatzes votieren im Allgemeinen Strukturkonservative in der CDU/CSU, Marktliberale in der FDP, der industriegesellschaftliche Flügel der SPD und die PDS. Für seine Restriktion plädieren eher Wertkonservative in der CDU/CSU, an personaler Selbstbestimmung orientierte Kräfte in der FDP, der postindustrielle Flügel der SPD und die Partei der Grünen. Dabei müssen besonders im technik-kritischen Lager erhebliche Anstrengungen unternommen werden, den gerade in der Abtreibungsfrage virulenten Widerspruch zwischen eher paternalistischen und eher libertären Strömungen zu überwinden.

Zum zweiten sind Konflikte in der 'Lebenspolitik' (Giddens) deswegen so verwirrend für das politische System, weil es sich nicht um Interessen- sondern um Wertkonflikte handelt. Die sozialpolitischen Verteilungskonflikte, die die Zeit der Industriegesellschaft dominiert hatten, basierten auf den Wertvorstellungen einer utilitätsorientierten Kosmologie. Die politischen Institutionen der Repräsentation, die den Interessenkonflikt zwischen Kapital und Arbeit in der Zeit nach dem Zweiten Weltkrieg erfolgreich unter Kontrolle gebracht haben, sind auf die Wertkonflikte im Bereich der Biomedizin kaum eingestellt. Denn bisher war man von einem die Verfassung tragenden Wertkonsens ausgegangen und hatte die übrigen Wertkonflikte – wie z.B. der religiösen Weltanschauung – weitgehend in die Privatsphäre abgedrängt. Daher musste lange Zeit über Wertkonflikte nicht abgestimmt werden. Seit dem Konflikt um die Abtreibung und dem Virulentwerden der Biomedizin ist das anders: Der bezüglich der Abtreibung identitätsorientierte, bezüglich der Medizin utilitätsorientierte Konsens ist seit den 1970er Jahren aufgebrochen. Da es sich hier aber vielfach um Fragen von Leben und Tod handelt, also – mit Hobbes gesprochen – um *die* Kernfrage des säkularen Staates und der Politik, verbietet sich die einfache Verweisung an die Privatsphäre. Es muss nun über widerstreitende Kosmologien und Wertkonflikte abgestimmt werden. Ob es sich dabei um eine 'Abstimmung über Unabstimmbares' handelt, wie Carolin Brummet und Stefan May argumentieren

(2000: 29ff.), mag dahinstehen.[29] Aber es lässt sich konstatieren, dass die Parteien, die verfassungspolitischen Institutionen und die politischen Alltagsroutinen noch wenig auf diese Probleme eingestellt sind. Das zeigt sich insbesondere auch daran, dass zwar zu vielen biomedizinischen Entwicklungen von den politischen Akteuren allseits Entscheidungsbedarf angemahnt wird – z.B. zur Gendiagnostik oder zu Fragen des Patientenschutzes bei experimentellen Behandlungen –, entsprechende Initiativen aber, weil sie als ambivalent und 'kompliziert' empfunden werden und keine berechenbaren politischen Gewinne einbringen, häufig versanden. Es bleibt dann vielfach bei der Delegation an die standesrechtlichen Gremien der Ärzte, die verfassungsrechtlich zu entsprechenden Entscheidungen überhaupt nicht befugt sind.

Allerdings werden nicht alle diesbezüglichen Probleme durch politische Nicht-Entscheidung 'gelöst'. Dort wo es tatsächlich zu Entscheidungen des Gesetzgebers kommt, ist ein eigentümliches Temporalisierungsmuster zu beobachten:[30] Als Mitte der 1980er Jahre in Deutschland eine stürmische Debatte über die Reagenzglasbefruchtung und die medizinische Gentechnik – besonders in Hinblick auf ihren demiurgischen Konnex – aufkam, wurde das Embryonenschutzgesetz geschaffen. Es manifestiert sich darin, in der amtlichen Begründung mehr noch als in den Paragrafen selbst, ein wertkonservativer Duktus, dem es, wie der Name schon sagt, vor allem auf den Schutz von Embryonen, also vorgeburtlichen Lebens, ankommt (Gill 1988).[31] Deutschland hat sich auf diese Weise, wie Politiker hierzulande auch immer wieder meist stolz betonen, eine im internationalen Vergleichsmaßstab sehr restriktive Regulierung geschaffen (Catenhusen 1996). Auf den ersten Blick also ein Sieg des identitätsorientierten Diskurses.

Aber schon vor der Verabschiedung war bei näherem Hinsehen aufgefallen, dass das Gesetz von einer markanten Scheidelinie durchzogen ist: Es wird darin alles verboten, was zum damaligen Zeitpunkt technisch ohnehin noch nicht durchführbar war, umso mehr aber die kollektive Phantasie beschäftigte: Keimbahnmanipulation, Klonen (inkl. Präimplantationsdiagnostik) und Chimärenbildung. Vom Verbot unberührt blieb dagegen fast alles, was medizinisch zum damaligen Zeitpunkt schon machbar war – also insbesondere die Reagenzglasbefruchtung und die vorgeburtli-

---

[29] Theoretisch kann man zwar – mit Max Weber, aber nicht mit Karl Marx – vom Primat der Wertideen über die Interessenwahrnehmung ausgehen und insofern behaupten, dass Wertkonflikte grundlegender seien als Verteilungskonflikte. Empirisch muss man hier aber in Rechnung stellen, dass die parlamentarische Demokratie sich erst in der Nachkriegszeit als erfolgreicher Modus der Bewältigung von Klassenkonflikten erwiesen hat. Auch lässt sich aus der Tatsache, dass einige Fundamentalisten – etwa im Abtreibungskonflikt – die Geltung von Mehrheitsentscheidungen infrage stellen, noch nicht auf eine Legitimationskrise schließen.

[30] Vielleicht muss man hier mittlerweile sogar von einer Strategie sprechen – und nicht nur von einem zufällig zustandekommenden Muster des Politikverlaufs. Was anfangs vielleicht ein allseits nicht-intendiertes Ergebnis war, ist für erfahrene Akteure mittlerweile zum kalkulierbaren Verlauf geworden. Dies wird an Ausführungen von Wolf-Michael Catenhusen, langjähriger SPD-MdB und jetziger Staatssekretär im Forschungsministerium, deutlich (dok. in einem Interview, Brummet/May 2000: 156-168).

[31] Der in Paragraf 218 StGB geregelte Schwangerschaftsabbruch bleibt dabei unberührt. Befürworter der Embryonenforschung haben in dem sehr weitgehenden Schutz des Embryos gegen extrakorporale Verfügung immer einen Widerspruch zur bedingten Freigabe der Abtreibung gesehen. Juristen halten dem entgegen, dass die Abtreibung im § 218 nicht erlaubt, sondern lediglich straffrei gestellt werde.

che Diagnostik. Insofern wurden tatsächlich nur 'verbrauchende' Experimente mit Embryonen untersagt, die freilich für die Weiterentwicklung der Reagenzglasbefruchtung und der vorgeburtlichen Diagnostik durchaus von Belang sind und im Ausland selbstverständlich auch weiter betrieben wurden. Nachdem auf diese Weise die Präimplantationsdiagnostik[32] (PID) mittlerweile zur technischen Reife gelangt ist, mehren sich nun die Stimmen, die eine diesbezügliche Lockerung des 1990 verabschiedeten Embryonenschutzgesetzes fordern. Tatsächlich werden gegenwärtig von der rot-grünen Bundesregierung Anhörungen durchgeführt, um den Bedarf für eine Änderung zu diskutieren. Es ist damit zu rechnen, dass die PID – beschränkt auf 'schwere Fälle' – erlaubt wird (Die Zeit v. 31.5.2000: 38).

Wenn etwas aus moralischen Gründen abgelehnt wird, kann die Tatsache, dass es praktisch durchführbar wird, an dieser Ablehnung nichts ändern. Eigentlich sollte man dann eher erwarten, dass die Abwehrbemühungen verschärft werden. Das Gegenteil ist aber der Fall. Natürlich könnten sich die grundlegenden Kräfteverhältnisse neuerdings zugunsten des liberalen Diskurses verschoben haben. Des Rätsels Lösung ist aber wohl eher, dass es für die Befürworter nicht sehr viel kostet, in Zeiten arger Bedrängnis – wenn weit von der technischen Machbarkeit entfernte Großvisionen öffentlich thematisiert werden – Verboten zuzustimmen, die ihre Interessen jedenfalls kurzfristig kaum berühren.

In diese Richtung deutet auch die Diskussion über die Keimbahnmanipulation in der Enquête-Kommission 'Chancen und Risiken der Gentechnologie': Die Ablehnung war einhellig. Aber neben der Ablehnung aus kategorischen Gründen, wie sie insbesondere von dem katholischen Theologen und der Abgeordneten der Grünen vertreten wurden, gab es auch die Ablehnung aus technischen Gründen – weil die Keimbahnmanipulation zu diesem Zeitpunkt noch nicht durchführbar und in jedem Fall als viel zu riskant erschien (vgl. Hohlfeld 1990). Insofern war es auch für den utilitaristisch-liberalen Diskurs zu diesem Zeitpunkt naheliegend, die Keimbahnmanipulation *vorerst* zu untersagen.

Es scheint also alles darauf hinzudeuten, dass die angeblich so restriktive Regulierung in der Bundesrepublik nur auf einer situativen Übereinstimmung von ansonsten widersprüchlichen Motiven beruht. Es ergibt sich daraus dasselbe 'Kippbild' wie beim Alltagsdiskurs (oben, Kap. 4.4): Ablehnung im Allgemeinen und Zustimmung im Besonderen. Behindert wird dadurch an einigen Punkten die biologische Forschung, nicht aber die darauf fußende medizinische Praxis. Die Reagenzglasbefruchtung und damit verwandte Verfahren erfreuen sich auch in der Bundesrepublik wachsender Beliebtheit (Gen-ethischer Informationsdienst Nr. 139, April 2000: Schwerpunkt). Die Ausbreitung der humangenetischen Pränataldiagnose ist – auch

---

[32] Im frühen Stadium der Zellteilung sind noch alle Zellen des Embryos genetisch identisch und vollständig entwicklungsfähig – so kommt es auch gelegentlich auf natürliche Weise bei Teilung des Embryos zur Bildung von eineiigen Zwillingen. Bei der Präimplantationsdiagnostik (PID) wird vom frühen Embryo im Reagenzglas eine Zelle abgeteilt. An der abgespaltenen Zelle wird eine genetische Untersuchung vorgenommen; sie wird dabei zerstört. Wenn der Befund dieser Untersuchung günstig ist, wird der restliche Embryo eingepflanzt – er ist, trotz des Zellverlustes, noch voll entwicklungsfähig. Ist er ungünstig, wird der Embryo 'verworfen'.

angesichts von weit verbreiteten eugenischen Einstellungen in der Bevölkerung (Nippert 1997) – so rasant, dass mittlerweile selbst viele Humangenetiker vor ihren Folgen warnen (Brummet/May 2000; Beck-Gernsheim 1995).

Dass die Regulierung in der Bundesrepublik, vorläufig noch, im Hinblick auf die Embryonenforschung und Keimbahnmanipulation, im internationalen Vergleich etwas restriktiver ausfällt, wird gewöhnlich den Assoziationen mit dem Dritten Reich zugeschrieben (z.B. Catenhusen 1996: 130). Inwieweit diese Erklärung zutreffend ist, sei dahingestellt – in den USA, wo die öffentliche Meinung gegenüber der Embryonenforschung und Keimbahnmanipulation sehr aufgeschlossen ist, beruft man sich ebenfalls auf die Lehre aus den Verbrechen der Nazis, wenn es um die Begründung des dort rechtlich besonders sensibel gehandhabten Schutzes von Versuchspersonen geht, der umgekehrt in der Bundesrepublik deutlich weniger Beachtung findet.[33] Plausibler erscheint es daher, im Hinblick auf die naturalistische Fundierung von gesellschaftlichen Institutionen generell für die deutsche politische Kultur einen identitätsorientiert-konservativen und für die politische Kultur in den USA einen utilitaristisch-liberalen Bias anzunehmen.

Jedenfalls sind, anders als bei der Regulierung der Gentechnik im Bereich der äußeren Natur (vgl. Kap. 5), keine Tendenzen zur Internationalisierung der Protesthaltungen und Restriktionsbemühungen zu beobachten. Zwar ist es Deutschland gelungen, die Bestimmungen der 'Bioethikkonvention' des Europarats in manchen Punkten etwas schärfer zu fassen (Reiter 1999), aber dies ist ausschließlich diplomatischem Einfluss und nicht etwa einem Überspringen des Diskurses auf zivilgesellschaftlicher Ebene zu verdanken. In Großbritannien, wo der Widerstand gegen gentechnische Lebensmittel äußerst breitenwirksam ist, konnte zur gleichen Zeit die Erlaubnis des Klonens von menschlichen Embryonen zu therapeutischen Zwecken – zum Herstellen von Ersatzgewebe und eventuell Ersatzorganen – durchgesetzt werden (Süddeutsche Zeitung 20.12.2000: 1ff.; vgl. Siep 1999)

Neben diesem generellen Trend zur Liberalisierung gibt es freilich auch nationale Besonderheiten: Leihmutterschaft wird offenbar nur in den USA praktiziert und ist selbst in Großbritannien verboten. In Frankreich ist die Geschlechtsumwandlung untersagt. Das oberste Gericht verbietet insbesondere die damit verbundene Umwandlung des Vornamens mit Hinweis auf ein Gemeinwohlinteresse an der Kontinuität des Personenstandes (Gill 1992a). Ebenso gibt es in Frankreich besondere Sensibilitäten hinsichtlich des Vaterschaftsnachweises durch 'DNA-Fingerprinting' – die Vaterschaftsrecherche ist eigentlich durch den Code Napoleon untersagt. Diese Restriktionen betreffen aber ausschließlich Anwendungen, die nicht ohne weiteres als 'therapeutisch' zu definieren sind. Wenn dagegen die Definition eines Problems als 'Krankheit' und einer biotechnischen Anwendung als 'Therapie'

---

[33] Dieser Vergleich bezieht sich ausschließlich auf die Intensität der Regelungsbemühungen, weil Erhebungen über tatsächliche Verstöße gegen die Regeln 'aufgeklärter Zustimmung' nicht existieren und auch nur sehr schwer möglich sind. Die häufig geäußerte Behauptung von ärztlichen Standesvertretern, dass das Problem hierzulande nicht so virulent sei, kann daher nicht überprüft werden. Interessant ist allerdings, dass in einem verwandten Feld, 'Betrug in der Forschung', das Problem ebenfalls lange Zeit heruntergespielt wurde und nach Erlass schärferer Regeln und verstärkter Aufmerksamkeit auch deutlich mehr Skandalfälle bekannt wurden.

als 'Krankheit' und einer biotechnischen Anwendung als 'Therapie' allgemein akzeptiert wird, sind rechtliche Beschränkungen praktisch undenkbar. Nichts deutet gegenwärtig darauf hin, dass der moderne Trend zur Medikalisierung von Problemen des Daseins auf gesetzlicher Ebene gebrochen wird.

Aber die im Rahmen der Temporalisierung sich ergebenden öffentlichen Proteste und Debatten sind deshalb nicht sinnlos. Auch wenn sie nur verzögernde und kaum dauerhaft restriktive Wirkungen entfalten, so haben sie doch zur Folge, dass die technologischen Innovationen kulturell verarbeitet werden: Werte, Deutungsmuster und Normalitätsempfindungen werden im Verlauf der Debatte readaptiert, so dass die Individuen in die Lage versetzt werden, *in qualifizierter Form* – und nicht bloß formal – selbst zu entscheiden.

4.8 Exkurs: Wir sind natürlich Cyborgs – aber welche Variante der Selbstgestaltung sollen wir wählen?

Unter Cyborgs versteht man Mischwesen aus Natur und Technik. In gewissem Sinne sind wir das schon lange – unser Leben ist längst von künstlichen Fellen, Antibiotika und Herzschrittmachern abhängig geworden. In Zukunft werden – angesichts der oben (in Kap. 4.2) beschriebenen Emanzipation vom Paternalismus, die ich kurz- und mittelfristig für irreversibel halte – nur noch zwei Varianten im Umgang mit der Biomedizin bzw. unserem Dasein als Cyborgs bedeutsam sein: Die offensiv-liberale Variante, wie sie insbesondere in den USA schon mehr oder weniger dominant ist, die für einen beschleunigten und allseitig verbreiteten Technikeinsatz optiert. Und die defensiv-liberale Variante, wie sie derzeit eher in kontinentaleuropäischen Ländern verbreitet ist, die für eine skeptischere Haltung votiert.

Bisher ist der aus diesen Varianten resultierende Unterschied noch nicht sehr groß. Das könnte bei den neuen Innovationsschüben anders sein. Für die defensiv-liberale Variante wird dabei der Rekurs auf 'Natur' weiterhin eine wichtige Rolle spielen. Denn die Medizin versteht ihre Eingriffe nicht als technischen Herstellungsvorgang mit beliebigen Zielen, sondern als 'restitio', als *Wieder*herstellung des 'natürlichen Verlaufs'. Dabei hat 'natürlich' allerdings nicht die Bedeutung eines Lebens in einem zivilisationsfreien Zustand, sondern der eingelebten Normalität: Vieles was früher als normale ('natürliche') Varianz oder als normaler Alterungsprozess galt, wurde im Lauf der Zeit mit wachsenden Eingriffsmöglichkeiten zu einer Krankheit umdefiniert. In der Folge ist es dann nicht nur zulässig, sondern normal auch im Sinne von 'geboten', die betreffende Technik einzusetzen. Insofern lässt sich eben auch das Dasein mit Antibiotika und Herzschrittmachern zu 'natürlichen Lebensverläufen' stilisieren.

Entscheidend ist aber, dass mit 'Natur' die Innovationsgeschwindigkeit limitiert und der Korridor zulässiger Eingriffe begrenzt und an einem Durchschnitt orientiert wird. Wenn es zum Beispiel, wie oben angeführt, um Lebensverlängerung geht: In der offensiv-liberalen Variante würden hier – technische Machbarkeit vorausgesetzt

– auch sprunghafte Anhebungen über den bislang 'natürlichen Rahmen' hinaus akzeptiert; allerdings würde der entsprechende Eingriff nur denjenigen zur Verfügung stehen, die ihn selbst bezahlen können. Ein solidarisches Gesundheitssystem wäre nämlich mit der Finanzierung solch umfassender Experimente und Innovationen überfordert. In der defensiv-liberalen Variante hingegen werden alle Großvisionen und daher auch sprunghafte Veränderungen abgelehnt. Erst wenn die Anwendungsoption auf das vertraute Paradigma von 'Krankheit' (als leidvoller Abweichung vom Normalzustand) und 'Wiederherstellung' zurechtgestutzt ist, trifft sie auf Zustimmung. Nicht die Lebensverlängerung als solche würde gutgeheißen – und erst recht nicht über ein 'natürliches', d.h. heute schon wenigstens gelegentlich erreichtes Maß hinaus –, sondern die Abwehr der todbringenden Krankheit. Und weil es sich um Krankheiten handelt, müsste auch die sozialstaatliche Gesundheitsversorgung für ihre Behandlung einstehen. Deshalb würde es in dieser Variante nur zu kleinschrittigen, dafür aber breitenwirksamen Veränderungen kommen.[34]

Welche Variante sich in Europa (und anderswo) längerfristig durchsetzt, ist in empirischer Hinsicht eine offene Frage. In normativer Hinsicht erscheint es mir allerdings eindeutig, welche Variante zu bevorzugen ist. In seiner berühmten Vorlesung von 1949 hat Thomas H. Marshall (1992) zwischen drei historisch aufeinander folgenden Horizonten von Bürgerrechten unterschieden – den Freiheitsrechten, den politischen Rechten, und schließlich den sozialen Rechten. Der Auf- und Ausbau des Sozialstaats – und damit eines Mindestniveaus von Bildung, Gesundheitsversorgung und Einkommen – sei erforderlich, nicht nur um allen Menschen ein zivilisiertes Leben zu ermöglichen, sondern auch, um ihnen eine sinnvolle Ausübung der bürgerlichen Freiheiten und der politischen Rechte überhaupt erst zu ermöglichen. Anders ausgedrückt: Rechtsstaat und Demokratie können – in diesem Verständnis – nur funktionieren, wenn ihre Bürger ein Mindestmaß an gemeinsamen Erfahrungen und materiellen Voraussetzungen teilen.

In diesem Licht betrachtet garantiert die defensiv-liberale Variante nun eine weitere Gemeinsamkeit, die bisher (in den meisten OECD-Ländern) praktisch nicht infrage stand – ein Mindestmaß an Ähnlichkeit in den geistigen und körperlichen Anlagen.[35] Zumindest implizit beruht die Vorstellung von Rechtssubjekten mit gleichen Rechten und Pflichten auf der Unterstellung grundlegender Bedürfnisse und Kompetenzen sowie einer kontinuierlichen personalen Identität, die sich, bei allen nachträglichen Änderungen und Umschreibungen aufgrund von Erfahrungen und Krisen, eine – und nur eine – Biografie zurechnet und zurechnen lässt.[36] Zwar bestehen schon bisher – oder von 'Natur' aus – in geistiger und körperlicher Hinsicht manche Unterschiede. Aber stark persönlichkeitsverändernde Eingriffe und deutliche, die

---

[34] Die *statistische* Lebenserwartung wäre in beiden Fällen wahrscheinlich gleich, nur im ersteren Fall mit großen und im letzteren mit geringen Standardabweichungen.
[35] Natürlich gab es hier schon immer Ausnahmen und Defizite: Kinder sind daher im rechtlichen Sinn noch nicht mündig. Geisteskranke können entmündigt werden.
[36] Selbstverständlich wird die Biografie immer wieder, gerade in Lebenskrisen, umgeschrieben. Aber die Umschreibung geschieht, um durch Veränderungen und Brüche hindurch immer wieder einen 'roten Faden' zu finden, der dann – zum jeweiligen Zeitpunkt eben – die eigene Identität ausmacht.

bisherige Bandbreite übersteigende Unterschiede im Kollektiv, wie sie in der offensiv-liberalen Variante auf der Basis von formell freier und aufgeklärter Zustimmung zulässig wären, würden die bestehenden Gemeinsamkeiten in den Grundvoraussetzungen auflösen: Soweit z.b. Gene für 'Intelligenz' ausfindig zu machen und zu übertragen wären, würden diese 'Segnungen' den ohnehin schon Privilegierten zukommen und sich die bestehenden Ungleichheiten weiter verschärfen.

Die Aufrechterhaltung von Gemeinsamkeit bedeutet nicht, dass die physischen Voraussetzungen für immer gleich bleiben müssten, wohl aber, dass sie wesentlich nur im Rahmen *kollektiver* Ermöglichung – durch sozialstaatliche Gesundheitsversorgung – verändert werden. In diesem Zusammenhang gewinnt auch der Begriff der 'aufgeklärten Zustimmung' eine etwas andere Konnotation als in der offensiv-liberalen Variante. 'Aufgeklärte Zustimmung' bedeutet dort, ganz im formellen Sinn, dass der Klient Zugang zu allen verfügbaren Informationen über ihre möglichen Folgen erhalten hat. Das ist allerdings ein Unterschied zu der Forderung der defensiv-liberalen Variante, dass der Patient tatsächlich einen Überblick über alle *wesentlichen* Folgen des geplanten Eingriffs gewonnen hat. Geschwindigkeit, Komplexität und Vernetztheit der gegenwärtigen Innovationen bringen es eben mit sich, dass zu den biologischen, psychischen und sozialen Folgen eben nur sehr wenig Informationen verfügbar sind und deshalb ein substantieller und kritischer Überblick überhaupt nicht zu gewinnen ist. Insofern ist der Patient in der 'offensiv-liberalen' Variante ganz seinen eigenen Hoffnungen, dem Medienhype und den Versprechungen der Experten ausgeliefert. Auch wenn also die Alternative im Bereich der Medizin wohl nicht 'Verzicht auf die Biotechnologie', sondern 'besonnenerer Umgang' lautet, impliziert sie doch weitreichende Konsequenzen im Demokratie- und Freiheitsverständnis – Abweichungen, die umso deutlicher hervortreten werden, je mehr sich die biotechnologischen Potenzen von der bloßen Wiederherstellung entfernen.

4.9 Zusammenfassung

Ob der Konflikt um die Biomedizin mehr von der Emanzipation der Klienten, vom ärztlichen Paternalismus oder mehr von einer verstärkten technologischen Innovationstätigkeit ausgeht, lässt sich schwer gewichten, weil beide Entwicklungen zeitlich zusammenfallen. Da sich die beiden Erklärungen im gewählten Theorierahmen nicht gegenseitig ausschließen, sondern gegebenenfalls ergänzen, ist diesbezüglich auch keine Entscheidung erforderlich. Festzustellen ist hier jedenfalls, dass eine schon immer in der modernen naturwissenschaftlichen Medizin angelegte Spannung zum Ausbruch kommt – zwischen einem kausalanalytisch-instrumentellen, also utilitätsorientierten Vorgehen einerseits und der ganzheitlich-beseelten Einfühlung andererseits, wie sie nicht nur für eine wertkonservative Weltanschauung, sondern für unser alltagsweltliches Selbstverständnis und Kommunikationsverhalten ganz allgemein bestimmend ist.

Tabelle 4.1: Tableau der Diskurse zur Biomedizin

Idealtypen / Diskursfelder	Identitätsorientiert (Prinzip Herkunft)	Utilitätsorientiert (Prinzip Nutzen)	Alteritätsorientiert (Prinzip Sehnsucht)
historische Abfolge der dominanten Diskurse beim Umgang mit Krankheiten allgemein (4.2)	vorklinische Phase (ca. bis 1850)	klinisch-paternalistische Phase (1850 – 1970)	
		klientenzentriert-liberale Phase (seit 1970): therapeutischer Pluralismus (subjektzentriert)	
Professionelle Diskurse zur Biomedizin (Kap. 4.3, Kap. 4.5 und Kap. 4.6)	1) Wertkonservativismus (Kongregation): Göttlich beseelte und unabänderliche Natur	2) Utilitarismus (z.B. Singer): Pflicht zur objektiven Nutzensteigerung durch Technikeinsatz	
	3) Defensiver Liberalismus (Habermas): Abwehrrechte gegen Techniknutzung nach subjektiven Maximen *(Mischtyp aus Identitäts- und Alteritätsorientierung)*	4) Offensiver Liberalismus (Engelhardt/Haraway): Recht zur Techniknutzung nach subjektiven Maximen *(Mischtyp aus Utilitarismus und Hedonismus)*	
Alltagsdiskurse (Kap. 4.4)	Angst vor 'Manipulation': Natur als (implizit veränderliche) Basis von Normalität	Wunsch nach 'Therapie': Eingriff in einen übersichtlich umgrenzten Bereich	
Politik in Deutschland (Kap. 4.7)	Verbot von Eingriffen, die technisch noch nicht realisierbar sind. Wertkonservative in der CDU, Postindustrielle in der SPD, Grüne	Legalisierung technisch realisierbarer Eingriffe. Strukturkonservative in der CDU, Marktliberale FDP, Industrieflügel der SPD, PDS	nur Abtreibung: Grüne für Abschaffung des § 218 StGB

Zusammenfassend lässt sich hier feststellen (vgl. Tabelle 4.1): Die innere Natur ist in diesem Sinne auch in der Moderne stets geheiligt gewesen, weshalb der schulmedizinische Eingriff insofern wesensfremd bleibt und nur in einem eng umgrenzten, aus dem Alltag ausgeklammerten Bereich stattfinden kann: der Therapie in der medizinischen Klinik. In der klinisch-paternalistischen Phase war der Übergang zwischen Alltag und Klinik durch generalisiertes Institutionenvertrauen gesichert, heute gestaltet er sich eher konflikthaft. Eine besondere Entgrenzung stellen hier die utilitaristischen Gesamtutopien dar, so wie sie von Wissenschaftlern beim Start neuer

Forschungsprogramme häufig verkündet werden – sie rufen in breiten Kreisen der Bevölkerung regelmäßig Manipulationsängste hervor. Zu 'therapeutischen Häppchen' kleingearbeitet und in die individuelle Verfügung der Klienten gestellt, werden die Programme aber sehr wohl akzeptiert.

In diesem Spannungsfeld haben sich im Wesentlichen vier ethische, d.h. systematisch reflektierte Positionen zur Biomedizin aufgebaut: Die wertkonservative Position, die von einer göttlich beseelten Natur ausgeht, und die daher nicht nur eine Reihe von biomedizinischen Eingriffen, sondern auch die lebensweltliche Selbstbestimmung stark beschränkt. Die utilitaristische Position, die den Einsatz der Biomedizin zur Pflicht macht, wenn sich daraus eine objektive Gesundheitsmaximierung ergibt. Gegenüber diesen beiden eher paternalistischen Positionen haben sich zwei liberale Positionen etabliert: Der defensive Liberalismus, der vor allem die Abwehrrechte gegenüber einer systemisch sich ausbreitenden Technikentwicklung stark macht und der offensive Liberalismus, der das Recht auf Technikeinsatz nach subjektiven Maximen betont, also auch zu kosmetischen oder sonst rein hedonistischen Zwecken.

Für die Politik stellt sich das Problem, dass sie auf diese Art von Wertkonflikten institutionell nicht eingestellt ist, sie aber andererseits auch nicht dauerhaft durch Nicht-Befassung und Nicht-Entscheidung im vorpolitischen Raum halten kann. Daher bilden sich die Alltagsdiskurse und die ethischen Positionen – vielfach gebrochen – auch in der Politik ab. Dort wo tatsächlich Entscheidungen zustande kommen, lassen sich in der deutschen Politik zwei Muster beobachten: Zum einen bilden sich fraktionsübergreifende Koalitionen zwischen der utilitaristischen und der offensiv-liberalen Position, die zusammen den Technikeinsatz fördern, sowie zwischen der wertkonservativen und der defensiv-liberalen Position, die den Technikeinsatz gemeinsam beschränken wollen. Im zeitlichen Verlauf ist dabei – zum zweiten – ein Temporalisierungsmuster zu beobachten, das sich sehr stark auf die Stimmungsschwankungen des Alltagsdiskurses stützt. Utopische Einsatzmöglichkeiten wie zum Beispiel das 'therapeutische Klonen', die vor allem auf Spekulation beruhen, werden verboten, während Verfahren, die zwischenzeitlich im Ausland zur klinischen Reife entwickelt wurden, im Allgemeinen zugelassen werden.

Aus einer defensiv-liberalen Perspektive, wie ich persönlich sie einnehme, kann man diesem Temporalisierungsmuster, das auf den ersten Blick hilflos und bloß symbolisch erscheinen mag, sehr wohl Sinn abgewinnen: Auf diese Weise wird Zeit für die öffentliche Debatte und die kulturelle Aneignung gewonnen. Zudem verbürgt die eher defensive Haltung – zusammen mit einem solidarischen Gesundheitswesen – die Aufrechterhaltung einer normalen Bandbreite von körperlichen und mentalen Konstitutionen, wie sie mir als substantielle Voraussetzung von Freiheit und Demokratie unabdingbar erscheint. Es ist insofern auch durchaus ein Unterschied, ob man hier an der Identität des Menschseins insgesamt oder eben einer bestimmten Nation als Blutsgemeinschaft festzuhalten versucht – das eine ist eine universale, das andere eine partikulare Idee. In diesem Sinne würde ich auch die jüngst in der Wochenzeitung 'Die Zeit' gestellte Frage beantworten: "Darf Homo sapiens sich selbst transzendieren?" (29.6.2000: 3). Ja, er darf, weil er es schon immer getan hat. Aber man sollte die Geschwindigkeit beachten, weil die Veränderungen kulturell integriert werden müssen. Außerdem gibt es einen Unterschied zwischen 'dem Mensch' und 'den Menschen': Homo sapiens gibt es nicht in der Einzahl. Schon heute beträgt der Unterschied in der durchschnittlichen Lebenserwartung zwischen den ärmsten und den reichsten Ländern der Erde fast ein halbes Leben. Und eine andere Frage ist, ob 'der Mensch', was er tun darf, auch tun soll: Ob wir glücklicher sind, wenn wir gesünder, schöner und unsterblicher werden – oder ob wir uns dann nur andere Gründe für das Unglück suchen werden, weil es unserem Leben Ernsthaftigkeit und Sinn verleiht?

Kapitel 5: Konflikte um die äußere Natur – Der Widerstand gegen 'Genfood' in Großbritannien

In der folgenden Fallstudie soll gezeigt werden, dass die in Kapitel 2 im größeren historischen und sachgebietsübergreifenden Raster entwickelte Heuristik für die Deutung von Technik- und Umweltkonflikten auch primäranalytisch tragfähig ist und einen feinkörnigen diskursanalytischen Aufschluss gegenwärtig ablaufender Technik- und Umweltkonflikte ermöglicht. Als Beispiel habe ich die Auseinandersetzung um gentechnisch modifizierte Lebensmittel gewählt, die unter Experten, von den NGOs und in den Medien vor allem als Risikokonflikt – in Bezug auf Gesundheits- und Umweltaspekte – verstanden wird. Dabei handelt es sich jedoch – in meiner Deutung – um einen zunächst vor allem aus alteritätsorientierten Motiven angestoßenen Konflikt, denn konkrete, im Sinne des utilitären Interesses habhafte Risiken für Leben, Gesundheit und Eigentum waren bei der Gentechnik anfangs nicht nachweisbar. Der in Kapitel 2.5. skizzierten Deutung folgend soll hier konkret gezeigt werden, wie alteritätsorientierte Motive an Durchschlagkraft gewinnen, in transformierter Form in den hegemonialen utilitären Diskurs eindringen, und diesen dabei deutlich modifizieren. Gerade bei der Analyse des diesbezüglichen Laiendiskurses ist aber auch zu fragen, inwieweit hier nicht auch Aspekte eines identitätsorientierten Ordnungskonfliktes zu finden sind. In Kapitel 2.8 und in Kapitel 4 habe ich die These aufgestellt und zu illustrieren versucht, dass sich identitätsorientierte Konflikte in modernen Gesellschaften vor allem auf die Gestaltung der inneren Natur beziehen. Aber die mit der Gentechnik ermöglichte Überschreitung der Artschranken, insbesondere die diesbezügliche Veränderung von Tieren, scheint Identitätsvorstellungen zu tangieren, die auch in der modernen Gesellschaft durch – essenzialistisch verstandene – Merkmale und Grenzen der äußeren Natur symbolisiert werden.

Der Konflikt um 'Frankenfood', wie gentechnisch modifizierte Lebensmittel gerade in der britischen Presse häufig genannt werden, ist gegenwärtig – Ende 1999 –[1] ein in Europa verbreitetes und nun offenbar auch nach Amerika und Fernost übergreifendes Phänomen. Bis Mitte der 90er Jahre beschränkte sich hartnäckigerer und in breiteren Bevölkerungskreisen verankerter Widerstand gegen die Gentechnik auf die deutschsprachigen Länder. Entsprechend wurde er auch in der internationalen Fachöffentlichkeit als kulturelle Idiosynkrasie 'der Deutschen' abgetan. Umso größer

---

[1] Zu diesem Zeitpunkt wurden die empirischen Erhebungen zu diesem Kapitel im Wesentlichen abgeschlossen. Anschließend habe ich den weiteren Fortgang des Konflikts nicht mehr im Detail verfolgt, aber in groben Zügen weiter beobachtet, um festzustellen, ob es zu einer wesentlichen Umkehr des sich abzeichnenden Trends kommen würde. Das war bis zum Mai 2002 nicht der Fall.

war das Erstaunen, als dieser Konflikt ab 1996 vor allem in Großbritannien und Frankreich in einer bis dato nirgends gekannten Heftigkeit ausbrach. Frankreich und Großbritannien galten als Horte der Rationalität – in ihrer technokratischen, staatszentrierten und ihrer liberalen, marktzentrierten Version. Daher dient diese Fallstudie zugleich als Beleg für meine These, dass Technik- und Umweltkonflikte auch in ihrer 'irrationalen', d.h. vom utilitaristischen Mainstream zunächst nicht abgedeckten Logik nicht als kulturelle Idiosynkrasien oder bloß modische Anwandlungen abgetan werden können, sondern generell als Bestandteil und Folge von Modernisierungsprozessen zu deuten sind.

5.1 Alteritätsorientierung und Utilitarismus als Grundlagen der britischen Umweltbewegung

Da es in sich *konsistente* nationale Kulturen nicht gibt, sondern die beobachtbaren Werte- und Verhaltensmuster äußerst vielfältig und heterogen sind, kann man wahrscheinlich jede Differenz im Verlauf gesellschaftlicher Prozesse als 'typisch deutsch' und 'typisch britisch' erklären, selbst dann noch, wenn die Differenz sich plötzlich in ihr Gegenteil verkehrt. Man braucht dann nur andere Klischees aus dem großen Reservoir zu ziehen und schon stehen nicht mehr pragmatische Briten romantischen Deutschen, sondern rationale Teutonen spleenigen Engländern gegenüber. Als der Widerstand gegen die Gentechnik sich noch weitgehend auf Deutschland beschränkte, wurde er von Unterstützern der Bioindustrie, auch von deutschen Sozialwissenschaftlern, die sich näher mit dem Phänomen befassten, als Folge einer spezifisch deutschen Denkart gedeutet:

> "Wie andere Bereiche der politischen Debatte über Umweltprobleme werden auch die Konflikte über Gentechnologie in der Bundesrepublik mit bemerkenswerter Schärfe und Kompromißlosigkeit aufgeladen – anscheinend in deutlichem Kontrast zu den angelsächsischen Ländern. (...) Zu den charakteristischen Zügen der *deutschen intellektuellen Tradition* gehört die Orientierung an letzten, unantastbaren 'Prinzipien', die ausnahmslos und kompromißlos gelten sollen. (...). Prinzipien, auf welche man sich in ethisch-politischen Kontroversen legitimerweise bezieht, [sollten] nach dieser Auffassung *Werte* und nicht *Interessen* sein. (...) Der Umstand, daß der Naturbegriff zunehmend mit bewertenden Komponenten aufgeladen wird, kann als weiterer Indikator für dieses Denken in terms von Werten gelesen werden. Gewiß, Umweltbewegungen plädieren weltweit für einen werthaft aufgeladenen Begriff der Natur. Man wird jedoch vermuten dürfen, daß diese Konzeption, da sie Vorläufer innerhalb der romantischen deutschen Tradition hat (*Schelling*), in Deutschland auf besonders fruchtbaren Grund fällt." (Bora/Döbert 1993: 79-81; Herv. i. Orig.)

In einer europaweiten Studie, die in England kurz vor dem 'großen Umschwung' zusammengestellt und von der Europäischen Kommission 1998 publiziert wurde, werden ähnliche Stereotype zusammengetragen, die den Unterschied in der Haltung gegenüber der Einführung gentechnisch veränderter Nahrungsmittel erklären sollen. Zum einen gäbe es deutliche Unterschiede in der Einstellung zum Essen:

5.1 Alteritätsorientierung und Utilitarismus als Grundlagen der britischen Umweltbewegung

> "Most Americans (and Britons) do not care too much about food and are little worried by artificial flavourings and colourings. They consume large amounts of processed food and have less of a cultural link with food. Continental Europeans like to *think* of their nourishment as being entirely natural, leading to a general anti-technology feeling with respect to food." (Moses 1998: 30; Herv. i. Orig.)
>
> " (...) German-speakers (...) regard themselves as having a special relationship to food as witnessed by their response to irradiated food, E-number additives, etc." (ebd.: 31)

Es sei generell eine unterschiedliche Denkweise bei Bewertungsvorgängen festzustellen:

> "The Anglo-Saxons are more pragmatic evaluating matters issue by issue, less by principle;" (ebd.: 30)
>
> "In Germany people have deep ethical concern which cannot be addressed by commercial companies. Both the Protestant and Catholic churches there have talked about 'tampering with God' (...). (...) discussions on biotechnology are substitutes for more formal discussions on various philosophical issues about man's relation to nature. These derive from 19th century romanticism and are also expressed in concerns about *Waldsterben* and its causes (...)" (ebd.: 31; Herv. i. Orig.)

Für die deutsche Haltung werden außerdem Reaktionen auf die Nazi-Vergangenheit verantwortlich gemacht. Gleichzeitig wird aber auch auf eine fortbestehende Fremdenfeindlichkeit verwiesen:

> "Germans are worried about *dramatisch* change; there may be some residue of rejected Nazi racial policy, leading to a rejection of anything to do with 'genetics'." (ebd.: 31; Herv. i. Orig.)
>
> "With food, the German population reacts against things foreign, leading to a fear of the unknown which is equated with 'foreign' genes." (ebd.: 32)

In der Ökologiedebatte wird insgesamt – wie im Folgenden von der britischen Historikerin Anna Bramwell – auch eine direkte Verbindung zwischen dem deutschen Nationalsozialismus mit seiner 'Blut- und Boden'-Ideologie und dem grünen Diskurs hergestellt:

> "It is in Germany, above all, that the Greens have obtained their greatest influence and publicity to date. – It is not widely known that similar ecological ideas were being put forward by Darré [dt. Agrarminister] in National Socialist Germany, often using the same phrases and arguments as are used today. He began to campaign for these ideas, especially organic farming, from 1934 onwards, and during the Second World War stepped up the effort to introduce organic farming methods into Germany." (Bramwell 1989; zit. n. Heuser 1991: 43f.)

Heute, bei zwar weiterhin ungebrochener Skepsis der Bevölkerung, aber abgekühltem Medienecho und ausgedünnten Protestaktionen in Deutschland und einer in Breite und Intensität in der Geschichte der Gentechnologie noch nie gesehenen Gegenbewegung in Großbritannien, klingen diese Erklärungen und Behauptungen ziemlich absurd. Übersehen wird dabei, dass die früher unbestreitbare Konzilianz der britischen Umweltbewegung (z.B. Grove-White 1994) zum Teil auch Folge ihrer einstmaligen Machtlosigkeit war und dass Großbritannien über eine eigene, breit verwurzelte romantische Tradition verfügt.

5.1.1 Romantische Traditionen und Alteritätsorientierung in Großbritannien

Diese romantische Tradition hat sich auch in England in Naturverehrung niedergeschlagen. Der Kulturhistoriker Hans Georg Schenk bezeichnet in seinem Buch über die Europäische Romantik William Wordsworth als den "bedeutendsten romantischen Künder und Propheten der Natur" (1970: 151). Seine religiöse Naturverehrung habe einen tiefen und bleibenden Eindruck auf Zeitgenossen und Nachwelt gemacht. Dabei war sich Wordsworth – als Romantiker im Unterschied zu Mystikern – der Subjektivität der Naturbeseelung durchaus bewusst:

"To every natural form, rock, fruit or flower,	"Jedweder Form in der Natur,
Even the loose stones that cover the high-way,	Ob Fels, ob Frucht, ob Blüte
I gave a moral life, I saw them feel,	Verlieh ich Leben, selbst dem losen Stein
Or link'd them to some feeling: the great mass	Auf staub'ger Straße gab ich ein Gefühl.
Lay bedded in a quickening soul, and all	Verknüpfte alle sie in ein Empfinden:
That I beheld, respired with inward meaning."	So lagen sie gebettet in beseeltem
	Leben, und was ich schaute, hatte
	Sinn und Atem tief von innen her."

(Wordsworth, The Prelude, Fassung von 1805, Buch III, Z.124-129; zit. n. Schenk 1970: 157f., dt. Übersetzung ebd.)

Auch für Percy Shelley, "der seine Huldigungen am gleichen Altar wie Wordsworth darbrachte, war die Naturreligion von allen nur denkbaren religiösen Systemen die einzig wahrhaft unsterbliche" (Schenk 1970: 161; vgl. Schlaeger 1989). So wie Wordsworth, der sich in seiner Heimat, dem Lake District, auf tagelangen Wanderungen dem Spiel der Witterung hautnah aussetzte, ließ sich der Maler Joseph Mallord William Turner noch als alter Mann an den Mast eines Schiffes binden, um die Gewalt eine Schneesturms auf hoher See erleben zu können – so entstand sein Gemälde "Dampfer im Schneesturm" (ebd.: 156f.). Ähnlich wie Turner waren die englischen Gartenarchitekten bereits hundert Jahre früher von den französischen Landschaftsmalern Claude Lorrain und Nicolas Poussin inspiriert, als sie von den vormals auch in England dominanten künstlichen Formen – axial angeordneten Alleen, streng beschnittenen Hecken und geometrisch begrenzten Wasserflächen – abwichen, und stattdessen die naturnahen Gestaltungsformen des weltweit geschätzten und verbreiteten Englischen Parks wählten. Der Schriftsteller Alexander Pope wollte darin auch ein Symbol politischer Ästhetik sehen; der Englische Park bedeute Freiheit und Demokratie, während die im französischen Barock (Versailles) zur Blüte gelangte Parkform mit ihrer Zentralperspektive die autoritären und starren Gesetze des Absolutismus verkörpere (Hartmann 1979).

Spätestens bei David Herbert Lawrence finden wir dann auch die an die Psychoanalyse anschließende Romantisierung der inneren Natur. Der Roman "Lady Chatterley" ist seit 1928 zwar vor allem wegen seiner drastischen und zunächst sehr umstrittenen Darstellung erotischer Szenen bekannt geworden. Eingebettet sind

5.1 Alteritätsorientierung und Utilitarismus als Grundlagen der britischen Umweltbewegung

diese, was hier mehr interessiert, in ein vollkommen romantisches Weltbild: Connie flieht von ihrem spröden, ehrgeizigen und erfolgreichen Gatten Lord Chatterley aus dem Herrenhaus auf Spaziergängen in den umgebenden Wald, wo sie in einer Hütte auf den Wildhüter Mellors trifft. Mellors ist ein gebildeter Außenseiter, der sich in die Einsamkeit des Waldes und auf eine untergeordnete Stelle zurückgezogen hat – gewisse Parallelen zu Lawrence eigner Biografie sind unverkennbar. Aufgrund seiner Unbefangenheit und erotischen Potenz findet Connie in seinen Armen, eingebettet in die übrige Natur, erstmals in ihrem Leben die lange ersehnte sexuelle Erfüllung:

> "Obgleich sie erschrocken war, ließ sie ihn gewähren, und die rücksichtslose, schamlose Sinnlichkeit erschütterte sie in ihren Grundfesten, legte sie bloß bis auf den Kern und machte eine andere Frau aus ihr. Es war nicht eigentlich Liebe. Es war nicht Wollust. Es war Sinnlichkeit, scharf und sengend wie Feuer, die Seele zu Asche verbrennend." (Lawrence 1979: 228)

Der weibliche Orgasmus als reine Natur, die vom männlichen Phallus erobert und befreit worden ist – solche Phantasien blühen am besten auf dem Nährboden viktorianischer Tabuisierung (vgl. Foucault 1977). Aber das Naturidyll ist bedroht vom Kapitalismus und der Industrie der Midlands:

> "Die Schuld war dort, dort draußen, in den bösen elektrischen Lichtern und im teuflischen Rattern der Maschinen. Dort draußen, in der Welt des mechanischen, gierigen, so gierigen Mechanismus, in der mechanisierten Gier, im Sprühen der Lichter, im heißen Strömen des Metalls, im Röhren des Verkehrs, dort lag das ungeheure böse Etwas, bereit, alles zu vernichten, was sich ihm nicht unterwarf. (...) Zart! Sie hatte etwas Zartes, etwas von der Zartheit der knospenden Hyazinthen, etwas, was die Zelluloidfrauen von heute nicht mehr besaßen. Aber eine kleine Weile lang würde er sie beschützen mit seinem Herzen. Eine kleine Weile lang, bis die fühllose Eisenwelt und der Mammon mechanisierter Gier sie beide verschlang, sie und auch ihn." (Lawrence 1979: 109)

Nicht nur in ihrer Kapitalismus- oder Industrialismuskritik, wie hier bei Lawrence, ist die dunkle Seite der Alteritätsorientierung in der britischen Literatur präsent. Auch die Motive des bösen Wissenschaftlers, der außer Kontrolle geratenden Erfindung sowie des Schreckens totalitärer Herrschaft durch technische Kontrolle sind in der britischen Literatur stark ausgeprägt. Die Bedrohung kommt nicht mehr, wie in den vormaligen Gespenstergeschichten, von fremden Mächten, sondern vom Menschen selbst, aus dem Inneren der Zivilisation.

Mary Shelleys "Frankenstein" erschrickt vor der Hässlichkeit des von ihm selbst geschaffenen Wesens und flieht vor der Verantwortung; alleingelassen und ohne menschliche Fürsorge entwickelt sich der Android Victor daraufhin auch in moralischer Hinsicht zum Monstrum. Er zerstört die Familie seines Schöpfers und im langen, qualvollen Kampf miteinander kommen schließlich beide – Ungeheuer und Schöpfer – um. Der menschliche Schöpfer ist seiner Schöpfung nicht gewachsen; Frankenstein hat gewaltige Energien auf den Schöpfungsakt konzentriert, auf die Folgen verschwendet er anfangs keinen Gedanken. Vollkommen unvorbereitet ist er in dem Moment, da der Android zum Leben erwacht und von den Menschen Zuneigung und Fürsorge erwartet, aber überall aufgrund seiner abstoßenden Gestalt auf Ablehnung trifft. Man kann daraus den Schluss ziehen, dass man Gott oder der Natur generell nicht ins Handwerk pfuschen sollte. Man kann darin aber auch weibliche Kritik an männlicher Verantwortungslosigkeit erblicken: Frankenstein hat zwar Leben geschaffen, aber die Bedingungen für die Menschwerdung des Wesens – also der Elternschaft – missachtet (vgl. Kohl 1988: 321). Insofern gliche er dann auch Goethes 'Zauberlehrling', der eine Überschwemmung anrichtet, indem er den Prozess des Wasserholens in Gang setzt ohne zu wissen, wie er ihn wieder stoppen kann – dies bleibt dem 'alten Meister' vorbehalten. Mit anderen Worten: Menschliche Schöpfung ist zulässig, wenn von vornherein auch die Folgen bedacht werden (vgl. Nielsen/Berg 2001).

Das spezifisch Romantische am 'Frankenstein' ist aber nicht allein die Frage nach der Grenze zwischen legitimer Technik und Hybris, sondern auch die Subjektivierung des Grauens und die Verwischung der Grenze zwischen subjektiver und objektiver Wirklichkeit:

"Wahrlich, ich hatte einen verderbten Unhold auf die Welt losgelassen, der an Mord und Leid seinen Spaß fand, denn hatte er nicht meinen Bruder ermordet? (...) Mir dünkte schließlich das Wesen, das ich unter die Menschen geschickt und mit dem Willen und der Kraft ausgestattet hatte, Greueltaten auszuführen wie die gerade vollbrachte, wie mein eigener Vampir, mein eigener Geist, der aus dem Grab hervorgebrochen war und unter dem Zwang stand, alles mir nahestehende zu vernichten. (...) Mein erster Gedanke war, anderen mein Wissen über den Mörder mitzuteilen und damit die sofortige Verfolgung einzuleiten. Doch als ich über die Geschichte nachdachte, stockte ich. (...) Mir fiel ein, daß ich gerade zur Zeit der Erschaffung dieses Unholds von einem Nervenfieber geplagt worden war, so daß man meine äußerst unwahrscheinliche Erzählung einer Art Wahnsinn zuschreiben würde." (Shelley 1988: 104f.)

Aber nicht nur die nicht-intendierten, auch die intendierten Folgen der Technik können sich als Albtraum erweisen. In Aldous Huxleys utopischer "Brave New World" von 1932 wird mit Menschenzüchtung, Hypnose, freier Sexualität, Psychopharmaka, und Medienmanipulation erreicht, dass alle Gesellschaftsmitglieder permanent glücklich – und daher berechenbar und beherrschbar – sind. Nur 'der Wilde' verweigert sich konsequent dieser perfekten und dank ihrer Perfektion sinnlos gewordenen Welt, in der Henry Ford als Messias und Gottvater des Kapitalismus und des Massenkonsums verehrt wird. 'Der Wilde' fordert um der Freiheit willen das Recht auf Gott, Poesie, Sünde, Alter, Krankheit, Schmerzen und Unglück (Huxley 1985: 208). Ähnlich einem mittelalterlichen Büßer, versucht er die Anfechtungen des Fleisches zu unterdrücken – in einer Welt, in der Sexualität von weitergehenden Bedeutungen entkleidet nur noch zur körperlichen Befriedigung und damit zur sozialen Befriedung eingesetzt wird. Insofern ist dann losgelassene Sexualität auch nicht wie bei Lawrence befreite Natur, sondern permissive Manipulation. Bei seinem Rückzugsversuch in die Einsamkeit äußerer Natur findet sich 'der Wilde' von zudringlichem Interesse an der Exotik seines Außenseiterdaseins umstellt. Da bleibt ihm schließlich nur der Freitod. So stellt auch ein alteritätsorientiertes 'Zurück zur Natur' keinen Ausweg dar – nachdem zuvor schon die Lebensbedingungen im Reservat und die

Persönlichkeit des Wilden keineswegs heroisiert wurden. Im Vorwort zur Auflage von 1949 stellt Huxley rückblickend fest: "Heute fühle ich nicht [mehr] den Wunsch, die Unmöglichkeiten geistiger Gesundheit zu beweisen. (...) Zwischen der utopischen und der primitiven Alternative des Dilemmas läge die Möglichkeit normalen Lebens – bereits einigermaßen verwirklicht in einer Gemeinschaft von Verbannten und Flüchtlingen aus der 'schönen neuen Welt', die innerhalb einer Reservation leben. In dieser Gemeinschaft wäre die Wirtschaft dezentralistisch und henrygeorgeisch, die Politik kropotinesk und kooperativ. Naturwissenschaft und Technologie würden benutzt, als wären sie, wie der Sabbath, für den Menschen gemacht, nicht, als solle der Mensch (wie gegenwärtig und noch mehr in der 'schönen neuen Welt') ihnen angepaßt und unterworfen werden." (ebd: 10f.)[2]

Ähnliche Kritik an den nicht-intendierten, aber auch an den intendierten Folgen wissenschaftlich-technischer Projekte und ihrer Protagonisten finden sich auch bei Robert Louis Stevensons "Dr. Jekyll und Mr. Hyde", bei George Orwells "1984" und bei Erzählungen von Herbert George Wells, wie z.B. "The Invisible man" oder "The Island of Doctor Moreau". Insgesamt gewinnt man den Eindruck, dass innerhalb des Genres der 'Schwarzen Romantik' gerade britische Schriftsteller weltweit besondere Beachtung gefunden haben.[3] Gedankengänge aus der Welt literarischer Phantasie, insbesondere aus "Frankenstein, or The Modern Prometheus" und "Brave New World", finden sich in ähnlicher Form auch in der Biotechnik-Kritik, nicht nur in Großbritannien.

5.1.2 Alteritätsorientierter Naturschutz

Unter 'alteritätsorientiertem Naturschutz' will ich hier Diskurse und Praktiken fassen, bei denen Natur um ihrer selbst willen geschont wird, während 'utilitaristisches Umweltmanagement' auf den Erhalt der Produktivität der Natur für menschliche Zwecke abzielt. Diese Unterscheidung ist vor allem analytisch gemeint; in empirischer Hinsicht lassen sich die Motive und Phänomenbereiche oftmals nicht klar abgrenzen. Insbesondere ist zu konstatieren, dass mit wachsender Ausbreitung alteritätsorientierter Motive auch eine Art romantischer oder hedonistischer Naturnutzung in Gang kommt, die die Natur nolens volens nicht unberührt lässt (vgl. Kap. 2.5). Neben die eher kontemplativen Praktiken wie Landschaftsmalerei und Fotografie, Sightseeing und Wandern treten Sportarten vor Naturkulisse wie Segeln und Reiten und die Kreation von Ersatznatur in Form von Schmusetieren ('pet animals') und der Anlage von Ziergärten. Schon die eher kontemplativen Praktiken bringen – zumal massenhaft ausgeübt – gewisse physische Beeinträchtigungen mit sich. Beim Einsatz von Transportmitteln und Sportgeräten werden diese erheblich potenziert. Auch die Kreation von Ersatznatur ist mit Folgen für die übrige Natur verbunden. Zugleich sind diese Freizeitaktivitäten auch zum Geschäft geworden, so dass Um-

---

[2] Zur Interpretation vgl. Bode 1993 und Firchow 1984.
[3] Zur ‚schwarzen Romantik' vgl. generell Praz 1988.

weltveränderungen – ähnlich wie beim rein intra-utilitaristischen Ressourcenkonflikt – wirtschaftlich spürbare Beeinträchtigungen nach sich ziehen können.

Gleichzeitig werden historisch überkommene Wirtschaftsformen wie das Jagen und Fischen, das Sammeln von Pilzen, Beeren und Kräutern sowie die Pflege von Obst- und Gemüsegärten nun aus eher alteritätsorientierten Motiven weiterbetrieben. Die Rückkehr zu weniger (arbeits-)produktiven Methoden in der ökologischen Landwirtschaft kann man dieser Entwicklung zurechnen, ebenso wie kulinarisch inspirierte Reisen in Länder, in denen sich diese Methoden aufgrund wirtschaftlicher Rückständigkeit noch erhalten haben. Es werden hier zwar, wie schon immer, Nahrungsmittel gewonnen und konsumiert, die *auch* den Hunger stillen. Aber dieser utilitaristische Aspekt ebenso wie die Identitätsstiftung treten eher in den Hintergrund (vgl. unten, Kap. 5.2). Bestimmend wird dagegen das alteritätsorientierte Motiv, mit der Landschaft, der Natur und pittoresk gewordenen Wirtschaftsformen in physischen und zugleich imaginären Kontakt zu treten.

Insofern ist alteritätsorientierter Naturschutz schon immer ein paradoxes Unterfangen. Nichtsdestotrotz hat er sich in Großbritannien wie in anderen Industrieländern seit dem 19. Jahrhundert stark ausgebreitet. Anhand der britischen Literatur über die historischen Wurzeln der heutigen Umweltschutzbewegung gewinnt man sogar den Eindruck, als ob es sich ausschließlich um ein alteritätsorientiertes Projekt handeln würde: die utilitaristisch-administrative Dimension wird in den meisten Darstellungen nicht einmal erwähnt (Macnaghten/Urry 1998, Szerzinski o.J., Grove-White 1994).

Zentral ist hier vielmehr die Entstehung und Entwicklung der verschiedenen Gesellschaften für Tierschutz, Naturschutz und Denkmalpflege als Aktivitäten vornehmlich der Mittelschicht und des Adels (vgl. Tabelle 5.1).

Tabelle 5.1: Gründungsdaten der 'älteren Generation' von Schutzinitiativen

Royal Society for the Prevention of Cruelty to Animals (RSPCA)	1824
Commons Preservation Society	1865
Royal Society for the Protection of Birds (RSPB)	1889
National Trust for Places of Historic Interest and Natural Beauty	1895
Garden Cities Association/later: Town and Country Planning Association (TCPA)	1899
Council for the Protection of Rural England (CPRE)	1926
Ramblers Association	1935

Die Londoner Commons Preservation Society, TCPA und CPRE waren speziell damit befasst, den Wildwuchs von Wohn- und Industrieansiedlungen zu bekämpfen, um Erholungsräume und eine möglichst klare Demarkation zwischen Stadt und Land zu bewahren. Aus der Tatsache, dass ländliche Flächen in Großbritannien fast ausschließlich privat und oft von Großgrundbesitzern angeeignet sind, ergeben sich einige Besonderheiten gegenüber Ländern (wie Deutschland) mit privat stärker gestreutem oder eben öffentlichem Landbesitz: Die Ramblers Association kämpft bis heute für Wegerechte von Wanderern durch Wälder und Felder. Naturschutz- und Denkmalpflege-Vereine kaufen die Objekte ihrer schützerischen Begierde – Wildflächen, Naturdenkmäler, ehemalige Gartenanlagen und Schlösser – auf und machen sie für Mitglieder oder gegen Gebühren zugänglich. Zudem sind die nichtstädtischen Flächen in England überwiegend landwirtschaftlich genutzt. 'Natur' – im Sinne des Ursprünglichen, des imaginären Gegenpols zur Stadt und zur Kultur – bedeutet daher weniger wie in Nordamerika 'Wilderness' oder wie in Deutschland 'Wald', sondern 'Countryside' im Sinne bäuerlich kultivierter Landschaft:[4]

> "The greatest historical monument we possess, the most essential thing which is England, is the Countryside, the Market Town, the Village, the Hedgerow Trees, the Lanes, the Copses, the Streams and the Farmsteads." (Patrick Abercrombie, CPRE, zit. n. MacNaghten/Urry 1998: 37)

Anders als bei wilder Natur, die auch Sozialrevolutionären wie Robin Hood Zuflucht gewähren kann, sind mit der Auswahl der Landwirtschaft als alteritätsorientiertem Projektionsraum andere soziale Implikationen nahegelegt. Diese Ausrichtung ist *wert*konservativ, als hier die angestammte und (vermeintlich) stabile, in Religion und Familie wurzelnde Ordnung auf dem Land gegen die turbulente Unordnung der Stadt, insbesondere des metropolitanen 'Sündenbabels' London gesetzt wird (Williams 1973). Sie hat aber auch ein *struktur*konservatives Moment, insofern als die Landwirtschaft nach wie vor vom Adel oder von 'gentryfizierten' Großgrundbesitzern dominiert wird. Durchgehend betonen britische Analysen außerdem das Motiv nationalistischer Identifikation:

> "As disillusionment with industrial progress mounted, the essential national spirit was seen to reside not in British commerce and industry but in the past and in the country." (Lowe/Goyder 1983: 20, zit. n. MacNaghten/Urry 1998: 36)

Dabei ist zu beachten, dass die Beschwörung '*englischer* Identität' je nach Kontext von den übrigen Briten – Walisern, Schotten und Nordiren – als Anmaßung und Chauvinismus aufgefasst werden kann.

In der Stilisierung pastoraler Idyllen, wie sie insbesondere auch in der Landschaftsmalerei und in der Dichtung zum Ausdruck kommt (Prince 1988, Williams 1973), sind die tatsächlichen landwirtschaftlichen Produktionsbedingungen höchst selektiv dargestellt worden. In früherer Zeit ging es vor allem um die Ausblendung des sozialen Elends, extremer Unterdrückung und der 'Enclosures', d.h. der privaten Aneignung ehemals im Gemeinbesitz befindlicher Flächen ('Commons'). Heute wird vor allem die Tatsache verdrängt, dass gerade die englische Landwirtschaft längst ausgesprochen stark industrialisiert ist. Aber gleichgültig wie wirklichkeitsfern die pastoralen Idyllen schon immer waren, und auch gleichgültig, mit welchen konservativen Motiven sie als Gegenbild zur 'sündigen Stadt' beschworen wurden: Weil sie fest im kollektiven Mythenvorrat verankert sind, können sie auch mit progressiver

---

[4] Nur 10 Prozent der Fläche Großbritanniens sind – laut Eurostat – von Wald bedeckt, während es in Deutschland 29 Prozent sind.

sozialer oder ökologischer Intention als scheinbar nostalgische Alternativen zur schlechten ländlichen Wirklichkeit angerufen werden.

5.1.3 Utilitaristisches Ressourcenmanagement

Beim utilitaristischen Ressourcenmanagement geht es um den Schutz der Natur nicht um ihrer selbst, sondern um der Erhaltung menschlichen Reichtums willen. Im Kern ist klar, was das heißt – eine Industrie darf ihre eigenen und die natürlichen Voraussetzungen einer anderen Industrie, sowie die Menschen als Arbeiter und Konsumenten nicht zu sehr schädigen. Aber auch hier ergeben sich Abgrenzungsprobleme: Das Entstehen neuer Branchen, wie des Tourismus oder der *organischen* Landwirtschaft aufgrund alteritätsorientierter Motive haben wir oben schon erwähnt. Zudem kann man beim Schutz von menschlichem Leben oder Gesundheit darüber streiten, ob er aus utilitaristischen oder alteritätsorientierten Motiven erfolgt. Zunächst gehört der Schutz des Lebens, wie oben ausgeführt (Kap. 2.3 und Kap. 4), zu den ureigensten Angelegenheiten des Utilitarismus. Aber bei Konflikten wegen ungewisser, erst längerfristig wirksam werdender oder minimaler Beeinträchtigungen kann man fragen, ob es hier nicht auch um die Stilisierung von Reinheit geht, die mit dem ursprünglichen, auf naheliegenden Interessen abzielenden Utilitarismus nichts mehr zu tun hat. Vielfach beziehen sich die Argumente dann auf Kinder, Babys und kommende Generationen, die, ähnlich wie äußere Natur, ihre Interessen nicht selbst artikulieren können. Auch der Erhalt äußerer Natur – etwa von Rohstoffreserven oder von biologischer Vielfalt – ist vielfach von wirtschaftlichem Interesse, aber häufig nur unter der Bedingung, dass die Interessenwahrnehmung vor einem längerfristigen Zeithorizont und in gesamtwirtschaftlicher Rechnungsweise stattfindet. Die Berücksichtung von Fernfolgen hängt also vom Ethos der Wirtschaftsakteure und von staatlichen Interventionen ab und wird nicht 'vom Markt als solchem' diktiert. Insofern sind dann utilitaristische und alteritätsorientierte Motive gelegentlich kaum noch zu unterscheiden: Ein sehr weitgefasster Schutz biologischer Vielfalt muss nicht auf alteritätsorientierten Argumenten gründen, sondern kann auch von einem ökologisch aufgeklärten Neo-Utilitarismus motiviert sein.

Einige der frühen Umweltschutzbemühungen sind jedoch auch in Großbritannien ziemlich eindeutig utilitaristisch begründet. Schon im 17. Jahrhundert war London berüchtigt für die Zusammenballung von Nebel und Rauch (aus 'fog' und 'smoke' wird später das Fachwort 'smog' gebildet). John Evelyn schreibt 1661 in seinem Pamphlet 'Fumifugium':

> "And the weary traveller of many miles distance sooner smells than sees the city to which he repairs. (...) For is there under heaven such coughing and snuffling to be heard as in the London churches and assemblies of people, where the barking and spitting is uncessant and importunate?" (zit. n. Clapp 1994: 31f.)

Das erste nennenswerte Umweltschutzgesetz, der Smoke Prohibition Act von 1821, versuchte Luftverschmutzung dadurch zu bekämpfen, dass es – utilitaristischer Logik folgend – Schadensersatzforderungen möglich machte. Vor allem auf gerechte Interessenabwägung zielte auch die Argumentation des Innenministeriums, als es den Entwurf für ein lokales Londoner Rauchgesetz gegen den Einwand verteidigte, dass die Fabrikbesitzer die Auflagen nicht einhalten könnten:

> "Here were a few, perhaps a hundred gentlemen connected with the different furnaces in London, who wished to make two million of their fellow inhabitants swallow the smoke which they could not themselves consume and who thereby helped to deface all our architectural monuments [peripher werden also auch Insignien für nationale Größe ins Spiel gebracht; B.G.], and to impose the greatest inconvenience and injury upon the lower class. Here were the prejudices and ignorance, of a small combination of men, set up against the material interest, the physical enjoyment, the health and the comfort of upwards of two million of their fellow men." (Parliamentary debates, 9 August 1853; zit. n. Clapp 1994: 33)

Während der Naturschutz auf das 'Land' bezogen war, das man sektoral gegen unerwünschte Einflüsse abschirmte, ging es, jedenfalls im 19. und frühen 20. Jahrhundert, beim Umweltschutz meist um die 'Stadt' als Lebensraum von Menschen und um Vorkehrungen an den Fabriken und Behausungen, um schädliche Emissionen zu reduzieren oder weiträumig abzuleiten. Entsprechende Anstrengungen zur Rauchgasbekämpfung bewirkten in London bis in die 1950er Jahre, dass die Belastungen trotz des stetig steigenden Energiebedarfs insgesamt kaum zunahmen; d.h. aber auch, dass die Luftqualität, gemessen an heutigen Standards, gleich schlecht blieb (Clapp 1994: 13ff.). Ein einschneidendes Ereignis stellte jedoch die Smog-Katastrophe von 1952 dar. Todesfälle aufgrund von Bronchitis waren infolge von akutem Smog schon immer gehäuft aufgetreten, aber selbst beim großen Smog von 1891 gab es weniger Opfer. 1952 dauerte der giftige Nebel fünf Tage, die Sicht betrug meist weniger als 20, gelegentlich weniger als 10 Meter. Der Smog drang auch in die Gebäude ein, so dass in der Royal Festival Hall Besucher mit Balkon-Sitzen nicht bis zur Bühne sehen konnten (ebd.: 44). Daraufhin wurde eine Untersuchungskommission eingesetzt, die zu dem Schluss kam, dass die Luftverschmutzung, abgesehen von 'namenlosen Schäden für Gesundheit und Glück der Menschen', auch rein auf Sachschäden bezogen unwirtschaftlich sei:

> "The committee variously estimated the measurable waste at between £150 million and £250 million, about one or one-and-a-half percent of the national income. Unburnt fuel, damage to stone and metal work and to furniture and clothes, the extra cost of lighting and soap, and the losses caused by delays to traffic during fog accounted for this formidable if somewhat speculative total." (Clapp 1994: 49)

Der daraufhin erlassene Clean Air Act war vom Ansatz her strenger und wurde konsequenter durchgesetzt. Die nun folgende deutliche Verbesserung der Luftqualität in den Städten wurde nicht nur durch bessere Öfen, Filter und höhere Kamine, also Umwelttechnik im engeren Sinn bewirkt. Sie wurde auch durch den ohnehin nun erfolgenden Einsatz neuer Energien – Elektrizität, Erdgas und Erdöl – erleichtert. Offene Kamine waren von den Engländern lange zur Beheizung der Wohnungen genutzt worden, obwohl sie äußerst ineffizient und verschmutzend waren. Schon im 19. Jahrhundert hatte man versucht, sie gegen die auf dem Festland gebräuchlichen geschlossenen Öfen einzutauschen, war aber am Widerstand der Bevölkerung gescheitert, die hartnäckig ihre englische Eigenart verteidigte. Weniger die Reformanstrengungen der Regierung als die Bequemlichkeit der Zentralheizung, die seit den 1950er Jahren verfügbar wurde, haben bei dieser Emissionsquelle zur Entlastung beigetragen. Der Fernseher ist dann statt des Kamins zum zentralen Anziehungspunkt im Wohnzimmer geworden.

Diese Geschichte der Luftverschmutzung zeigt, dass Umweltschutz bereits vor der breiten Thematisierungswelle in den 1970er Jahren stattfand und dass hier weder eine 'reine Natur' angerufen noch eine verborgene Gefahr beschworen wird. Die 'Stadt', auf die sich der Umweltschutz in dieser Phase des Nahfolgen-Managements bezieht (Gill 1999), ist ohnehin nicht – wie das 'Land' – der Ort mythischer Reinheit (vgl. Williams 1973). Die Schäden sind offensichtlich, jedermann bekannt und alltäglich. Handlungslogik ist die Verbesserung der materiellen Lebensbedingungen. Außer den natürlichen sollen dann auch die industriell bedingten Gefährdungen und Unbequemlichkeiten zunehmend unter Kontrolle gebracht werden, was zusätzlich durch den technischen Fortschritt erleichtert wird. Insoweit, als sich Forderungen und Maßnahmen also aus einer eindeutigen Bilanz von naheliegendem generellen Nutzen gegenüber geringen privaten Kosten ergeben, ist auch keine besonders starke soziale Bewegung zu ihrer Durchsetzung erforderlich. Diese erfolgt eher im Wege 'normaler' parlamentarischer und administrativer Routinen. Ein gewisser Unterschied zu anderen Industrieländern besteht hier insofern, als die Modernisierung der Industrie in Großbritannien nach dem 2. Weltkrieg hinterherhinkte und dieses Defizit zumindest bis in die 1980er Jahre als Begründung für ausbleibende Innovationen im Umweltschutz angeführt wurde, was Großbritannien auch den Titel des 'Dirty Man of Europe' eingetragen hat (Grove-White 1994, Murphy 1985).

5.1.4 Seit den 1970er Jahren: Explosive Synergien

Die Geschichte des alteritätsorientierten Naturschutzes und des utilitären Umweltmanagements ist wenig bekannt, 'Umwelt' gilt den meisten Zeitgenossen als eine Entdeckung der 1970er Jahre. Denn beide Entwicklungen besaßen bis dahin und für sich genommen wenig gesellschaftliche Sprengkraft: Beim utilitären Umweltmanagement musste zwar gelegentlich gegen partikulare Verwertungsinteressen vorgegangen werden, die entweder innerhalb der jeweiligen Branche zu weit hinter dem jeweiligen Stand der Technik zurückhinkten oder durch ihre Ressourcenbeanspruchung einflussreichere Branchen an ihrer Entfaltung hinderten, aber eine grundsätzliche Kritik am Industrialismus war damit nicht verbunden. Der alteritätsorientierte Naturschutz war zwar oft anti-industrialistisch gestimmt, beschränkte sich aber in der Praxis auf den Schutz einzelner Räume oder Objekte, die von Industrialisierungs- und Modernisierungsfolgen selektiv ausgenommen werden sollten. Oft ging es auch nur darum, die Industrieansiedlung so zu organisieren, dass die Wohn- und Erholungsräume der Bessergestellten möglichst verschont blieben (Brüggemeier

1996). Es handelte sich also, trotz gelegentlich radikaler Attitüden, vor allem um eine kompensatorische Anstrengung.[5]

Diese Demarkation Stadt – Land, Innovation/Technik/Gesellschaft drinnen – Tradition/Natur draußen, utilitäres Ressourcenmanagement hier und alteritätsorientierter Naturschutz dort, mit der die Industriegesellschaft materiell gestaltet und ideell stabilisiert wurde, ist seit den 1970er Jahren brüchig geworden. Dafür gibt es strukturelle Ursachen; Wachstum und Wohlstand sprengen die Grenzen von alteritätsorientiertem Naturschutz und utilitärem Umweltmanagement:
- Industrielles Wachstum und verbessertes Nahfolgenmanagement, z.B. über hohe Schornsteine, haben Umweltverschmutzung ubiquitär werden lassen (Gill 1999). Selbst in den entlegensten Wäldern und Seen findet man Niederschläge von Pestiziden und saurem Regen. Rachel Carson's 'Silent Spring' von 1962, das gemeinhin als Ursprung der Umweltbewegung angesehen wird, reagiert vor allem auf die Entdeckung schleichender und verzögerter Wirkungen von Umweltchemikalien, also auf eine neue Art von Umweltverschmutzung, die man im Unterschied zur alten nicht mehr direkt mit den eigenen fünf Sinnen erfassen kann. Naturschutz, der sich auf die Erhaltung von Reservaten und Inseln beschränkt, greift also zu kurz – man muss das Übel bei der Wurzel, also 'radikal' im Wortsinne, packen und industrielle Gefahren dort bekämpfen, wo sie entstehen. Statt Schmetterlinge und Vogelarten zu kartieren, müssen Naturschützer nun gegen Emissionen zu Felde ziehen und ins (ehemals) utilitäre Umweltmanagement einsteigen.
- Mit der Wohlstandssteigerung erweitern sich, wie oben schon beschrieben, auch die utilitären Motive: ob der Schutz der Umwelt aus langfristigen rationalen Eigeninteressen oder um ihrer selbst willen, also aus alteritätsorientierten Motiven erfolgt, ist im Ergebnis kaum zu unterscheiden. Jedenfalls verliert das utilitaristische Umweltmanagement seine ihm bis dahin selbst innewohnende Begrenzung, wie sie sich aus den überschaubaren Kosten/Nutzen-Abwägungen des Nahfolgenmanagements ergab. Die Verbreiterung des Mittelstandes und die zunehmende Individualisierung schaffen einen erweiterten Resonanzraum für alteritätsorientierte Themen.

Im Umfeld der Studentenbewegung und der durch sie ausgelösten Radikalisierung von Kritikpotentialen wurden die beiden bis dahin eher harmlosen Komponenten vereinigt. Es entstanden nun neue Umweltorganisationen wie Friends of the Earth und Greenpeace, aber auch viele ad-hoc-Gruppierungen, die den Industrialismus und

---

[5] Diese wird besonders deutlich anhand der in Großbritannien sehr beliebten Hobbygärtnerei, die in letzter Zeit verstärkten Zulauf gerade bei jungen Leuten gewinnt. Bezeichnend ist die Aussage des Moderators der Fernsehsendung 'Real Gardens' auf Channel 4: "We have all become very sophisticated about design and lifestyle: what we eat, what we wear, where we live. And that has extended to the garden. But another factor, which I think is much more interesting, is that more and more people are growing up aware of their environment, of things living and growing. People care more about the planet, but the only way they can express that – their only stake in the planet – is with their own back garden. It is a sort of hippydom, but with a much more mainstream edge." (Jane Shilling : "Is gardening the new interior decorating, which was the new cooking, which was, of course, the new sex?", Times v. 13.8.99: 37)

die damit verbundene Lebensweise systematisch kritisierten, Kampagnen gegen Produkte und Produktionsweisen starteten und auch vor direkten Aktionen, wie etwa Bauplatzbesetzungen, nicht zurückschreckten. Sie fanden beachtliche Resonanz in den Medien; Politik und Wirtschaft reagierten nicht nur rhetorisch, sondern begannen, das Nahfolgenmanagement zu verbessern und auch Fernfolgen stärker in ihre Überlegungen einzubeziehen – jedenfalls soweit das der wirtschaftlichen Entwicklung keinen Abbruch tat. Hilfreich war hier aber auch der Wandel zur postindustriellen Dienstleistungsgesellschaft, der ohnehin geschah: Die schmutzigsten Produktionskomponenten, z.B. die Schwerindustrie, wurden im Zuge der veränderten Weltarbeitsteilung in Schwellenländer verlagert.

In Großbritannien wurde diese Entwicklung tendenziell verzögert, was zum einen, wie schon angedeutet, mit einer rückständigen industriellen Entwicklung zusammenhing. Zum anderen zeigt aber auch die Geschichte neuer sozialer Bewegungen in Großbritannien, dass es zunächst kaum gelang, ein von Arbeiterbewegung und Labour-Party unabhängiges Protestmilieu auszubilden. Zum Beispiel beschränkte sich der Protest gegen Atomkraft weitgehend auf ihre militärische Nutzung und war ansonsten von den Interessen der Kohlearbeiter und der britischen Kraftwerksindustrie überformt (Murphy 1985). Insofern verzögerte sich auch die Radikalisierung des alteritätsorientierten Widerstands; zwar suchten auch in Großbritannien – wie in anderen (post-)industriellen Ländern – die älteren Naturschutzorganisationen Anschluss an den neuen Kampagnenstil, zugleich kam es aber hier stärker als dort zur umgekehrten Assimilierung, d.h. zur Angleichung der neugegründeten an den 'seriösen' Habitus der etablierten Organisationen. Zudem konnten letztere seit den 1980er Jahren einen starken Mitgliederzuwachs verbuchen, so dass sie auch weiterhin sehr einflussreich blieben (vgl. Tab. 5.2 und Tab. 5.3).[6]

Tabelle 5.2: Wichtige britische Umwelt-, Natur- und Denkmalschutzorganisationen (Stand 1991)[7]

Organisation	Mitgliederzahl	Einnahmen (in Mill. £)	Gründung
National Trust (Denkmalschutz)	2.000.000	73	1895
Royal Society for the Protection of Birds (RSPB)	800.000	22	1889
Greenpeace	380.000	4	1976
World Wildlife Fund (WWF)	260.000	>1,7	1961
Friends of the Earth (FoE)	200.000	1,4	1969
Council for the Protection of Rural England (CPRE)	46.000	0,75	1926

[6] Im Vergleich zu Deutschland fällt auf, dass in Großbritannien die älteren und genuin konservativeren Organisationen, wie etwa der National Trust, viel stärker sind als die jüngeren, eher kampagnenorientierten Organisationen (vgl. Tab. 5.2 und Tab. 5.3).
[7] Quelle: Zusammenstellung aus Grove-White 1994: 191-202

5.1 Alteritätsorientierung und Utilitarismus als Grundlagen der britischen Umweltbewegung 177

Aufgrund eines sehr breiten Mitglieder- und Beiträgereservoirs – über fünf Millionen Einwohner sind Mitglied mindestens eines britischen Umweltverbandes –, und wohl auch aufgrund der Schwäche eines radikaleren Protestmilieus, konnten und mussten sich die neugegründeten Umweltorganisationen, wie Friends of the Earth und Greenpeace, in die typisch britischen Konsultationsformen einbinden lassen: Partizipation war zwar möglich, allerdings um den Preis einer starken Professionalisierung mit überwiegend in London ansässigem und mit hauptamtlichem Personal, politischer Mäßigung, intensiver Kontaktpflege mit der Gegenseite und der Verwissenschaftlichung der Kritik (Grove-White 1994, Murphy 1985, Macnaghten/Urry 1998, Szerzinski o.J.).

Tabelle 5.3: Wichtige deutsche Umwelt- und Naturschutzorganisationen zum Vergleich (Stand 1995)[8]

Organisation	Mitgliederzahl (Förderer)	Einnahmen (Mill. DM)	Gründung
Greenpeace	500.000	73	1980
Bund für Umwelt- und Naturschutz (BUND / FoE Deutschland)	220.000	20	1975
Naturschutzbund Deutschland (Nabu) (bis 1990 Bund für Vogelschutz)	215.000	23	1899
World Wildlife Fund (WWF)	160.000	28	1963

Erst in den 1990er Jahren haben sich neben den Aktivitäten der professionellen Verbände direktere und radikalere Aktionsformen herausgebildet (Macnaghten/Urry 1998: 62ff.). Insbesondere gegen den Bau neuer Fernstraßen entfaltete sich ein lockeres Netzwerk von insgesamt ca. 250 Gruppen, die mit Karneval, Bauplatz-Besetzungen und Sabotage auf sich aufmerksam machten. Ähnliche Protestformen waren zuvor schon, in den 80er Jahren, im Rahmen der Friedensbewegung vor allem von Frauen gegen die Stationierung von Atomwaffen – z.B. in Greenham Common – entwickelt worden, wurden aber erst jetzt auf den Umweltbereich übertragen. Die etablierten Umweltgruppen, wie z.B. Friends of the Earth, reagierten anfangs reserviert gegenüber den neuen Gruppen und direkten Aktionsformen, weil sie fürchteten, ihr seriöses Image zu verlieren. Die Resonanz für die neuen Proteste in den Medien war jedoch sehr stark und breite Kreise der Bevölkerung begegneten den neuen Aktionsformen mit erstaunlicher Sympathie – in einer Gallup-Umfrage stimmten 1995 zwei Drittel der Befragten der Aussage zu: "There are times when protesters are justified in breaking the law, particularly in cases of environmental destruction." (Macnaghten/Urry 1998: 66).

Zusammenfassend kann also festgestellt werden, dass es in Großbritannien, dem Mutterland des Kapitalismus und der Industrie, trotz oder gerade wegen der ungebrochenen Dominanz der Utilitarismus eine breit verwurzelte und sehr lebendige

---

[8] Quelle: Zusammenstellung in Die Woche vom 13.12.1996, S.34

alteritätsorientierte Tradition gibt, die aber erst mit einiger Verzögerung die für postindustrielle Gesellschaften typische Themenerweiterung und Radikalisierung erfährt.

5.2 Entwicklung der Ernährungsgewohnheiten und das Aufkommen von Nahrungsmittelskandalen in Großbritannien

Bei dem Konflikt um 'Frankenstein Food' sind nicht nur die ökologischen Auswirkungen der Produktion umstritten; auch die gesundheitlichen und ästhetischen Implikationen des Konsums werden debattiert. Daher ist es sinnvoll, nach der Entwicklung der Ernährungsgewohnheiten und der kulturellen Be-Deutung von Nahrungsmitteln zu fragen.

5.2.1 *Markierung von Identität in der Wahl der Ernährung – bedeutsam im Gentechnikkonflikt?*

Konflikte über die Einführung neuer Nahrungsmittel können eventuell als Identitätskonflikte verstanden werden. Denn in der Nahrungsmittelproduktion, in der Zubereitung und im Verzehr wird auch heute noch – stärker als in den meisten anderen Bereichen des Umgangs mit äußerer Natur – die soziale Ordnung symbolisiert. Innovationen, die bestehende Tabus verletzen oder positive Markierungen verwischen, dürften daher auf Ablehnung stoßen. Allerdings sind in der britischen Ess-Kultur eigentlich keine Besonderheiten auszumachen, die hier auf eine spezifische Reizbarkeit gegenüber transgenen Nahrungsmitteln hindeuten.

Die im Ausland vielgeschmähte britische Küche ist auch für die Briten selbst nicht unbedingt Gegenstand des Nationalstolzes. In einer theoretisch an Norbert Elias anknüpfenden Studie argumentiert Stephen Mennell (1985), dass ihre insbesondere im Vergleich mit der französischen Küche geringere Raffinesse auf die fehlende bzw. erst später einsetzende 'Verhöflichung' des britischen Adels zurückzuführen sei. Ein weiterer Grund sei die leibfeindliche Askese der protestantischen Ethik, die Essen eher als Notwendigkeit denn als Genuss auffasst – im Unterschied zu den sinnenfreudigeren Traditionen in den überwiegend katholischen Ländern. Als im 19. Jahrhundert auch im britischen Adel und im vornehmeren Bürgertum stärkere Distinktionsbemühungen einsetzten, wurde die zu dieser Zeit schon weit entwickelte französische Tradition übernommen. Die britische Mittelschicht versperrte sich jedoch bis weit ins 20. Jahrhundert diesem Trend und bildete so zunächst eine 'patriotische' Barriere gegen das weitere Eindringen französischer Stilrichtungen.

Im weiteren Verlauf des 20. Jahrhunderts ist – Allison James (1997) zufolge – jedoch generell eine breite Aufnahme ausländischer Stilrichtungen zu verzeichnen, insbesondere der durch Einwanderer popularisierten nationalen und regionalen Traditionen aus Italien, China, Indien und den arabischen Ländern. In den unteren Schichten erfolge diese Aufnahme in der weniger authentischen Form als 'Kreolisierung', d.h. als Mischung zwischen eigenen und fremden Einflüssen; beibehalten werde dabei vor allem der englische Hang zum asketischen Pragmatismus – schnell und billig müsse es sein. Entsprechend stoße das Angebot z.B. in einfachen chinesischen Restaurants bei den Chinesen selbst auf Irritation und Abscheu (James 1997: 82f.).

Auch die – im wörtlichen Sinne – hoch elaborierten Hochzeitstorten, als bedeutsames Ornament einer wichtigen Statuspassage in der Normalbiografie, verkörpern nicht mehr die Rigidität viktorianischer Sitten. Einstmals weitgehend standardisiert, symbolisierten sie, einer Interpretation von Simon Charsley (1997) zufolge, den Versuch, die erotischen Implikationen des Ereignisses zu verschleiern:

> "The white wedding focused on a veiled bride, symbol of purity, increasingly seperated by her characteristic disguise from her own and everyone else's everyday life. It also focused on the cake, similarly white, flower-bedecked and even ocassionally veiled." (ebd.: 66)

Heute hingegen, in Zeiten der Auflösung der Normalbiografie und der Pluralisierung von Ehe und Familie, dienten sie in vielfältigen Formen, falls überhaupt noch verwendet, einer individuell zu gestaltenden Feier:

> "A cake in the form of a couple sitting on a settee with the children of their previous partnerships around them, in the form of an old boot with romantic associations, or of the Scottish island on which its laird was marrying his bride became possible for new marriages in the 1990s." (ebd.: 68)

Auch wenn die Lockerung der Heiratsbräuche kaum beklagt wird, ernsthaft betrauert wird allseits der (vermeintliche) Untergang des 'family meal'. Als soziale Norm gilt hier, dass das regelmäßige gemeinsame Essen die Familie zusammenhält und dass dazu ein 'proper meal' gehört – definiert als Zusammenstellung von Fleisch mit Kartoffeln und Gemüse. Kulturkritisch betrauert wird, dass 'heute' eben nicht immer in dieser Form gegessen wird, weil sich einerseits die Familie aufgrund der Berufstätigkeit der Eltern oder der Aktivitäten der Kinder nicht sehr oft gemeinsam trifft – bzw. der gemeinsame Fernsehkonsum das mit dem Familienmahl assoziierte Gespräch verhindert –, und andererseits häufig Snacks und Fast Food konsumiert werden. Allerdings fällt es schwer, diesen in den britischen Medien auffällig breit und kontinuierlich geführten Diskurs einzuordnen. Anne Murcott (1997) merkt an, dass er einerseits schon seit sehr langer Zeit geführt wird und dass andererseits das regelmäßige Essen im Kreis der Familie auch schon früher nicht durchweg der Fall war – in der Oberschicht war es sogar äußerst selten, dass die Kinder überhaupt ihre Eltern zu Gesicht bekamen. In dem permanenten Nachruf auf das 'family meal' werde eher ein schichtnivelliertes Ideal der Nachkriegsfamilie beschworen, als ein tatsächlicher empirischer Verlauf beschrieben – über diesen gäbe es nämlich keine verlässlichen Daten. Gleichgültig ob statistische Normalität oder kontrafaktischer Appell, der soziale Ordnungsruf, der hier erschallt, könnte in unserem Fall allenfalls einen sehr indirekten Konfliktgrund darstellen. Denn die bisher eingeführten transgenen Lebensmittel verhindern ja nicht die Zusammenkunft der Familie, sie tangieren auch nicht die Zusammenstellung des 'proper meal', sie verletzen allenfalls in einem sehr allgemeinen Sinn die Tradition, die im Nachruf auf das 'family meal' beschworen bzw. posthum erfunden wird.

Eine Identitätsbedrohung im Sinne konventioneller Nahrungsmittelsoziologie – gegenüber bestimmten gesellschaftlichen Gruppen – ist also zunächst nicht festzustellen. Wir werden aber noch sehen, dass gerade der artüberschreitende Gentransfer das alltägliche Selbstverständnis von Menschen verletzt und insofern offenbar gruppenunabhängig eine allgemeine Identitätsbedrohung darstellt (unten, 5.5.)

5.2.2 Die Fortentwicklung utilitaristischer Motive: Vom Ideal reichhaltiger Ernährung zum Schlankheits- und Gesundheitsideal

In der Vergangenheit unterschieden sich die Reichen von den Armen insbesondere dadurch, dass sie immer genug zu essen hatten. Hunger war bis in die erste Hälfte des 20. Jahrhunderts ein nicht nur in Randschichten zumindest sporadisch verbreitetes Übel (Geissler/Oddy 1993; Mennell 1985). Außerdem beruhte die Ernährung der Reichen stärker auf allgemein begehrten Nahrungsmitteln wie Fleisch und anderen tierischen Eiweißen sowie Zucker (Nelson 1993), während Arme vor allem auf Mehl angewiesen waren. Um 1900 verzehrte man im obersten Fünftel der britischen Gesellschaft – Großbritannien war damals wohl die reichste Gesellschaft der Welt – ca. 1,6 kg Fleisch pro Person pro Woche, dazu ca. 250 Gramm Fisch, drei Eier, drei Liter Milch, 300 Gramm Butter, Speck u.ä. sowie ein gutes Kilo Zucker, Sirup und Marmelade. Im untersten Fünftel verzehrte man zu dieser Zeit ca. 600 Gramm Fleisch, 70 Gramm Fisch, ein Ei, einen Liter Milch, 150 Gramm Talg u.ä. sowie 400 Gramm Zucker, Sirup und Marmelade. Bei Kartoffeln unterschied sich der Konsum nicht so signifikant, und Gemüse wurde sowieso wenig gegessen – ca. 400 Gramm im obersten, 150 Gramm im untersten Fünftel. In der Kategorie 'Brot, Mehl und Getreide' waren die Proportionen umgekehrt; fünf Pfund verzehrte man davon im unteren, aber nur drei Pfund im oberen Fünftel.

Nach dem Zweiten Weltkrieg bis heute haben sich die Konsummuster entweder ziemlich stark nach oben oder zur Mitte hin angeglichen. Bei Fisch, Eiern, Fett und Zucker ist der Konsum der Oberklasse seit den 1960er Jahren dabei sogar leicht unter den Konsum der Unterklasse gesunken. Der Konsum von 'Brot, Mehl und Getreide' als preisgünstiger Kalorienzufuhr ist allgemein zurückgegangen, der Verbrauch von Gemüse deutlich gestiegen. Für diese Entwicklung gibt es zwei Ursachen: (1) Die allgemeine Einkommenssteigerung und der reale Preisverfall bei den meisten Lebensmitteln machen diese für (fast) alle erschwinglich. (2) Tierische Eiweiße und Fette sowie Zucker gelten heute als ungesund; sie werden für Herzinfarkte, Schlaganfälle, Diabetes etc. verantwortlich gemacht.

Während also die Unterklassen teilweise noch alten Wohlstandsmustern folgen, sickert über die Ober- und Mittelklassen die Schlankheits- und Fitnessmaxime ein (Caplan 1997, Fine et al. 1996: 218ff.). Einer Marketingstudie (Clarke 1987) zufolge lassen sich die britischen Hausfrauen zu sechs, prozentual etwa gleichverteilten Typen bündeln:

- Die 'Superfitten' – 17 Prozent der Befragten – halten sich für sehr kompetent im Hinblick auf gesunde Ernährung und befolgen auch meistens die Vorschriften der gegenwärtig dominanten Ernährungswissenschaft bezüglich einer ausgeglichen Diät – Verringerung von (gesättigtem) Fett, von Zucker und von Salz sowie Erhöhung des Anteils von Ballaststoffen, von Früchten und Gemüse. Allerdings sind sie auch nicht rigide; sie gewähren ihren Kindern gelegentlich Chips und Süßigkeiten und trinken vergleichsweise viel Wein, meistens ohne schlechtes Gewissen. Aufgrund ihres Wissens und ihrer Konsequenz gelten sie den Werbestrategen als potentielle Meinungsführer.
- Die 'Jüngeren Besorgten' sind etwas weniger kompetent, aber vor allem weniger konsequent gegenüber ihren Familien, was die Einschränkung von Hamburgern, Fritten und (britischem) Pudding sowie die Durchsetzung gemeinsamer Essenszeiten anbetrifft. Es sind in dieser Gruppe noch am ehesten die Hausfrauen selbst, die um der Gesundheit und Schlankheit willen ähnliche Ernährungsgewohnheiten wie die 'Superfitten' annehmen; allerdings treiben sie weniger Sport.
- Die 'Älteren Besorgten' sind aktueller betroffen von der Aussicht auf ein kürzeres oder längeres Leben und teilweise konkret beunruhigt durch Krankheitsfälle in der Familie oder im Bekanntenkreis. Außerdem sind meistens keine jüngeren Kinder mehr im Haushalt, die Widerstand leisten könnten. Daher ist diese Gruppe konsequenter in der Umsetzung als die 'Jüngeren Besorgten'.

Diese ersten drei Typen sind nicht beschränkt auf höhere Einkommensgruppen und den Südosten der britischen Inseln, während die drei folgenden Typen – zusammen 49 Prozent – tendenziell in den unteren Einkommensgruppen zu finden sind.

- Die 'Älteren Apathischen' orientieren sich vor allem an ihren Geschmackspräferenzen und halten ansonsten an Gesundheitsvorstellungen aus den 1950er Jahren fest, als 'natürliche' Produkte wie Fleisch, Milch, Eier und Butter als 'gut' galten und es die vornehmlichste Pflicht der Hausfrau war, für 'anständige Mahlzeiten' mit Fleisch, Kartoffeln und Gemüse zu sorgen. 'Neumodische' Gesundheitsvorschriften halten sie für verwirrend und wenig überzeugend. Sie geben auch das Rauchen nicht auf. Sie reagieren allenfalls, wenn sie 'aus allen Nähten platzen' oder mit sehr dramatischen Warnungen seitens der Ärzte konfrontiert werden.
- Die 'Jüngeren Apathischen' sind weniger traditionell eingestellt. Sie experimentieren mit exotischen und ausländischen Gerichten, interessieren sich aber für Gesundheitsaspekte nur dann, wenn sie ihnen im Freundeskreis nahegelegt werden. Sie achten tendenziell 'auf die schlanke Linie', wiederum eher durch verringerte Kalorienzufuhr als mittels vermehrter Bewegung.
- Die 'Großmütter' sind im Rentenalter, haben ein niedriges oder sehr niedriges Einkommen, kümmern sich weder um Gesundheitsprävention noch um ihr Aussehen und halten soweit als möglich an ihren angestammten Gewohnheiten fest. (Deswegen sind sie für Marketingstudien auch uninteressant und hier nicht näher untersucht worden).

Neben ungleich verteilten Ressourcen an Bildung und Zeit für die Umstellung auf eine andere Ernährungsweise könnte für die – allerdings nur schwach ausgeprägte –

Klassenverteilung des asketischen Gesundheits- und Schlankheitstrends auch die unterschiedliche Verfügbarkeit von alternativen Gratifikationen verantwortlich sein. Man könnte also annehmen, dass man sich in höheren und autonomeren Berufen, mit mehr Bildung und mit mehr Einkommen, gegen Stress besser abschirmen und sich eher anderweitig anregende Reize verschaffen kann als bei stark weisungsgebundener oder monotoner Beschäftigung und bildungs- und einkommensabhängig beschränktem Lebensstil und daher der Verzicht auf übermäßiges Essen, Rauchen und (starkes) Trinken in den oberen Klassen leichter fällt als in den unteren Klassen (Fine et al 1996: 228).

Zusammenfassend lässt sich also feststellen, dass sich in utilitätsorientierter Perspektive die Ernährungsmuster deutlich verschoben haben: Es geht zunächst bis in die 1960er Jahre um ausreichendes, schmackhaftes und – nach Maßgaben *damaliger* Ernährungswissenschaft – nährstoffreiches Essen. Später – angesichts von Überversorgung und postindustriell abnehmender körperlicher Betätigung – wird in Form ernährungswissenschaftlich angeleiteter Askese für Gesundheit und Schlankheit ein Gegentrend eingeleitet, den ich im Folgenden als schlankheitsbewussten Neo-Utilitarismus bezeichnen werde. Dieser neue Trend spielt als Konfliktfaktor durchaus eine Rolle und wird daher unten noch näher zu diskutieren sein. Zusätzlich ist anzumerken, dass mit der Verringerung der Haushaltsgrößen und der zunehmenden Erwerbsbeteiligung von Frauen auch die Bequemlichkeit der Zubereitung und daher die industrielle Vorfertigung - Fast Food oder Convenience Food - eine wichtige Rolle zu spielen beginnt.

5.2.3 Die Konstruktion von Alterität: Natur, Tradition und Exotik des Essens

Wie sehr die Ernährungssoziologie und die gesamte Ernährungswissenschaft Gefangene ihrer Kategorien und ihrer Klassiker sind, wird daran deutlich, dass ihnen ein allzu offensichtlicher Trend fast völlig entgeht: Die Suche nach dem 'Anderen' im Essen. Bei Stammesgesellschaften oder in besonders traditionellen agrarischen Enklaven, wie sie von Ethnologen wie Claude Leví-Strauss und Mary Douglas ursprünglich vor allem untersucht wurden, mag die Markierung sozialer Identität tatsächlich wichtig sein, in stark stratifizierten Gesellschaften, wie sie Thorstein Veblen und Norbert Elias vor Augen hatten, mag Distinktion das dominante Motiv sein. Versorgung, die die Ernährungsökonomen beschäftigt, mag in schnell wachsenden und den Massenkonsum fördernden Gesellschaften der Zwischen- und Nachkriegszeit ein wichtiges Thema gewesen sein. Und die Diskussion über die Wirkungen der ernährungsmedizinischen Bußpredigten spielt auf den anwendungsnahen interdisziplinären Kongressen, wie sie von den öffentlichen Gesundheitsverwaltungen gefördert werden, eine wichtige Rolle. Was aber im Alltag in den urbanen Milieus der Gegenwart viel offensichtlicher ist: Das ist – Geld *oder* Zeit für Eigenarbeit vorausgesetzt – der Wunsch nach Abwechslung. Jenseits des schieren Geschmacks geht es dabei um die imaginative Einbettung der Speisen und Getränke, und oft schon ihrer Beschaffung, in Erzählungen und Bildern vom Anderen, von ihrem ländlichen, natürlichen und exotischen Herkunftskontext. Kurzum: Es geht nicht um die 'Konstruktion von Identität', sondern um die Konstruktion von Alterität. Da diese Überlegung in der Ernährungssoziologie theoretisch bisher nicht entwickelt wurde und folglich auch keine empirischen Untersuchungen über Großbritannien vorliegen, werde ich diese These zunächst allgemein explizieren, um sie dann an einer Presseauswertung zu überprüfen.

Der Assoziationshorizont wird wesentlich schon durch die Namensgebung eröffnet. Bei 'Maultaschen' denken wir ans Schwaben'ländle', geröstete Zwiebeln, Federweißen und fleißige Menschen, bei 'Piroggen' – die sich materialiter kaum davon unterscheiden – aber an Russland, Balalaika, Babuschka und Wodka. Wir stellen hier also in unserer Phantasie, je nach Vorwissen und Vorlieben individuell unterschiedlich, mehr oder weniger lange Reihen von Verweisungen auf andere Dinge und Personen her, die materiell gar nicht anwesend sind, aber oft einen Unterschied ums Ganze ausmachen.

Deutlich wird diese Dimension auch am Gegenexempel. Lange haben Nahrungstechnologen im Westen wie im Osten an der Herstellung von vollständig künstlichen Speisen gearbeitet, die man z.B. aus biotechnisch gewonnenem Eiweiß figurieren wollte (Gill et al. 1992). Man konzentrierte sich dabei auf die ernährungsmedizinisch angeratene Zusammensetzung der Inhaltsstoffe und einen möglichst von herkömmlichen Speisen her gewohnten Primäreindruck – Farbe, Geruch, Geschmack und Textur sollten ansprechend sein. In der DDR waren Ernährungswissenschaftler zu dem Schluss gekommen, dass Forellenfleisch gesundheitlich und ästhetisch das ideale Zielprodukt sei. Gesetzt den Fall, es wäre ihnen in utilitätsorientierter Einstellung tatsächlich gelungen, die stoffliche Zusammensetzung und den ästhetischen Primäreindruck zu imitieren: Was würden wir assoziieren, wenn uns bewusstermaßen synthetisches Forellenfleisch serviert würde, das man in großen Blöcken kaufen kann – grätenfrei versteht sich? Schuberts Lied von der 'launigen Forelle'? Die Zubereitung nach 'Müllerin Art'? Diese würde nicht nur an der fehlenden Haut scheitern – ein kleiner materieller Fehler –, sondern diese Benennung wäre wohl auch deplaziert, wenn man nicht an Bäche ('mit klappernden Mühlen'), sondern an Fabrikhallen als Herkunftskontext denken müsste.

Der Natur nahe oder als ein Äquivalent für Natur – sowohl in ihrer scheinbaren Fraglosigkeit wie im ästhetischen Kontrast – gilt die Tradition, hier die traditionelle Herstellung und Zubereitung von Lebensmitteln. In Frankreich, wo einerseits die kulinarischen Ansprüche am stärksten entwickelt und verfeinert wurden und andererseits die bäuerliche Landwirtschaft noch relativ stark erhalten ist, ist die kulinarische Alteritätsorientierung als Beziehung der Stadt zum Land, vom Savoir-vivre zum Savoir-faire wohl am deutlichsten und am frühesten ausgearbeitet worden. In der Vorstellung vom 'terroir' ist die Verknüpfung von einer Landschaft mit einer angestammten Gemeinschaft enthalten, die in jahrhundertelanger Tradition die Anpassung von Tieren und Pflanzen an die dort herrschenden Bedingungen von Boden und Klima betrieben und ihre Weiterverarbeitung zu Produkten perfektioniert hat (Bérard/Marchenay 1995; Bessière 1998). Vornehmstes Beispiel ist der Wein: Mit der 'Appellation d'origine contrôlée (AOC)' wird nicht nur die Herkunft aus einem bestimmten Gebiet, sondern auch die dort gebräuchliche Traubenmischung und Herstellungsart garantiert. Institutionalisiert wurde die Herkunftsbestimmung schon 1905. Im Gesetz von 1966 heißt es:

> "Constitue une Appellation d'origine la dénomination d'un pays, d'une région ou d'une localité servant à désigner le produit qui en est originaire et dont la qualité ou les quaractères sont dus au milieu géographique comprenant des facteurs naturels et des facteurs humains." (zit. n. Bérard/Marchenay 1995: 158)

Mit dem Gesetz von 1990 wurde diese Herkunftsbezeichnung auch für andere Produkte zugänglich gemacht. So gibt es heute 350 AOC-Label für Wein, 29 für Käse und Dutzende für andere Produkte wie Linsen aus Le Puy und Geflügel aus La Bresse. Daneben gibt es noch weitere Qualitäts-Kennzeichnungen, von denen die meisten auch auf Land und Natur anspielen: Le label rouge, Le label régional, L'appellation Montagne, Les certificats de conformité, Le label biologique (Bessière 1998: 25f.).

Aber die Städter nehmen nicht nur in Gedanken an der Aura des Ländlichen und des Natürlichen teil, sondern sind auch physisch anwesend: in Wochenendhäusern und Alterswohnsitzen, auf Reisen, bei der Einkehr in ländlichen Restaurants und speziell für diesen Zweck vorgesehenen Bauernhöfen (fermes-auberges). Diese Entwicklung, die der in der Industrialisierung vollzogenen De-Lokalisierung der Produkte, der ökonomischen und ästhetischen Verarmung des ländlichen Raumes und dem niedrigen gesellschaftlichen Prestige der Landbevölkerung entgegenarbeitet, wird nicht nur in Frankreich unterstützt durch Kultur-, Landwirtschaft-, Tourismus- und Umweltressorts (für Großbritannien vgl. Ray 1998). Relativ eng an das französische Vorbild angelehnt, wurden in der EU mit den Richtlinien 2081/92 und 2082/92 europaweite Kennzeichnungen für Herkunft und traditionelle Zubereitung geschaffen. Gegen relativ strikte Bestimmungen für diese Kennzeichen traten die nördlichen (protestantischen) Mitgliedsstaaten ein, die ihre eigene Landwirtschaft und ihre Industrie gegen die viel etabliertere Savoir-faire-Reputation des (katholischen) Südens schützen wollten. Entsprechend gilt die schließlich beschlossene Form dieser EU-Richtlinien, soweit sie Herkunft und traditionelle Herstellungsform unabhängig voneinander machen, aus französischer Sicht als verwässert (Bérard/ Marchenay 1995: 157).

Eine weitere Form ästhetischer Kontrasterfahrung ergibt sich aus der Aneignung fremdländischer und exotischer Küchen – dabei wird auf fremde Tradition und Naturaneignung zugegriffen. Häufig sind es die kulinarischen Traditionen von Einwanderern, die über entsprechende Restaurants populär gemacht wurden. Soweit ein ökonomisches Gefälle zwischen reicherem Gastland und ärmerem Herkunftsland besteht, wie etwa im Falle von Italien, Indien und China, ergibt sich eine höhere Wahrscheinlichkeit der massenhaften Ausbreitung und Kreolisierung, während etwa die französische und die japanische Küche exklusiver geblieben sind.

Der ästhetische Kontrast steht aber immer in Gefahr, durch Einsatz rationellerer Produktionsmethoden und Adressierung an ein Massenpublikum verflacht oder verfälscht zu werden. Bei einem bestimmten französischen Käse ist es die Schachtel aus Holz, die seinen 'traditionellen und authentischen Ursprung' ausmachen soll. Ein anderer Käse, der 1992 kreiert wurde, soll traditionell sein, weil seine Gewürzkrone angeblich von Hand aufgesetzt wird. Und das Prospekt eines Wurstfabrikanten fabuliert über den Genius loci, 'dass 1000 Meter Höhe den idealen Rahmen für die Herstellung traditioneller und natürlicher Wurstwaren' ausmachten, weil aufgrund dieser Höhe die Produkte 'wesentlich besser' seien (Bérard/Marchenay 1995: 156). Regelrechter Etikettenschwindel wird in Großbritannien mit deutschem Wein betrieben. Dieser wird mit ganz undeutschen, aber doch sehr naturnahen Phantasienamen wie 'Devil's Rock', 'Bend in the River', 'Stony Ridge' und 'Slate Valley' in den Handel gebracht:

> "German wine has become so desperately unfashionable that practically the only way to sell it in the UK is to make people think it's from somewhere else and that somewhere else is the undefined new world country of Anglophonia, where the wines are modern and dry and there's not an umlaut in sight." (Chris Losh: We buy the wine, we buy the dream, The Guardian, 13 August 1999, p.6)

Tikka-Gerichte, von indischen Einwanderern eigens für den britischen Geschmack entworfen, werden mit hohen Dosen künstlicher Farbstoffe schreiend rot gefärbt, weil Europäer glauben, dass dies besonders indisch sei:

> "Public unease about the use of artificial food additives has until now bypassed curry in the belief that nuclear reds and sunset yellows are part of the authentic tandoori experience. But dishes that look like a toxic event with a side salad are not a trademark of traditional Indian cooking. The assumption that the deeper the blush on your chicken tikka, the hotter and more authentic the taste, is entirely bogus. (...)." (Emma Brockes: Tikka trickery, The Guardian, 30 July 1999, p.6)

Doch der Versuch, zu einer naturnäheren und authentischeren Praxis zurückzukehren, wird ironischerweise genau aus diesem fehlgeleiteten Authentizitätsglauben von den Konsumenten abgelehnt:

> "'We once tried to lessen the amount of food colouring used in our dishes,' says Abu Ahmed, manager of the Royal Tandoori International in Stowmarket, Suffolk. 'We limited it to just a hint in the pilau rice and took it out of the chicken tikka masala altogether. But the customers sent it back and asked if we had changed management and didn't have time to prepare the food properly any more. So we went back to the old ways.'" (ebd.)

Auch in Deutschland bedient sich die Industrie einer naturverbundenen Werbestrategie für völlig denaturierte Produkte. So gibt es tiefgekühlte Fischfilets, die mit Lagerfeuerromantik beworben werden, und mit einer Paste bestrichen sind, die im Selbstversuch etwa wie geriebene und in Benzin gelöste Holzkohle schmeckte.

'Wahre Kennerschaft' beweist sich dann dadurch, dass die Konsumenten das 'wirklich Echte' dennoch zu wählen wissen, oder eben mit dem Kitsch einen bewusst ironischen Umgang pflegen. Gerade die Verflachungen und Verfälschungen – und auch noch das verbreitete Wissen darum – bestätigen also letztlich nur die Geltung der Norm, dass Lebensmittel natürlich und traditionell zu sein haben. Andernfalls könnte industriell stark zugerichtete Nahrung aufrichtigerweise als künstlich und neuartig beworben werden.

Diese Norm wirkt offenbar so nachhaltig, dass sie selbst noch in den oben zitierten sozialwissenschaftlichen Analysen des alteritätsorientierten Umgangs mit Nahrung den Blick trübt. Zwar wird dort zu Recht und ganz im Einklang mit dem gegenwärtigen Mainstream die kulturelle Konstruiertheit des angeblich Gegebenen betont, dabei aber doch unterstellt, dass in diesem Spiel die *Identitätskonstruktionen seitens der ländlichen Anbieter selbst* die treibende Kraft seien. Doch genau das erscheint durchaus fraglich, zumindest dort, wo nicht 'alternative Aussteiger' am Werk, sondern noch eingesessene Landbewohner aktiv sind. Wenn letztere die ökonomischen Chancen der Herkunftsbezeichnungen nutzen, heißt das noch nicht, dass sie die 'Idiotie des Landlebens' so sehr schätzen würden wie die Städter und sich mit den in den Herkunftsbezeichnungen konstruierten Mythen auch selbst identifizierten. Es handelt sich hier wohl stärker um *Fremdzuschreibungen von Identität seitens der Städter*, die von den Landbewohnern wohl ebenso bedient werden wie im Ferntourismus die Vorstellungen über 'Naturmenschen' und 'edle Wilde', wie sie seit der Aufklärung in Europa gepflegt werden, von den 'Eingeborenen' folkloristisch vermarktet werden. Indische und chinesische Einwanderer bereiten Speisen zu, die die Briten für 'indisch' und 'chinesisch' halten, die die Köche selbst aber oft nicht essen, weil sie eben nicht authentisch sind (James 1997; Narayan 1995). Treibender Motor ist also nicht das Streben nach Identität seitens der Produzenten, sondern der Wunsch nach Alterität seitens der Konsumenten.

5.2.4 Gesundheit als Schutzgut in utilitaristischer und alteritätsorientierter Deutung

Die Norm, dass Lebensmittel natürlich und traditionell zu sein haben, prägt auch die alteritätsorientierten Gesundheitsvorstellungen: Gesund ist, was natürlich, ungesund, was künstlich ist. Insofern gelten industriell erzeugte Konservierungsstoffe, Lebensmittelfarben, Süßstoffe, synthetische Geschmacksverstärker und radioaktive Bestrahlung als schädlich, was auch immer ihre Befürworter an 'wissenschaftlichen Bewiesen' für ihre Unschädlichkeit anführen mögen. Das Gesundheitsmodell des schlankheitsbewussten Neo-Utilitarismus fasst den menschlichen Körper als Maschine auf, die in adäquaten Dosen mit chemischen Stoffen versorgt werden muss. In alteritätsorientierter Einstellung huldigt man dagegen einem 'organischen' Gesundheitsmodell, das den Menschen anweist, den Einklang mit der inneren und äußeren Natur zu suchen. Die traditionellen Utilitaristen fühlten sich durch die äußere Natur bedroht – Heuschrecken, Kartoffelkäfer und verhagelte Ernten. Die schlankheits- und gesundheitsbewussten Neo-Utilitaristen der Gegenwart fürchten die innere Natur – Bewegungsfaulheit und Fresslust. Alteritätsorientierte fürchten die Verunreinigung durch industriellen Eingriff und die Erzeugung einer 'unnatürlichen' Nachfrage durch Werbung, Färbung und Geschmacksdesign, während die traditionelle Herstellung von Camembert, die die EU-Kommission als zu natürlich und daher unhygienisch verbieten wollte, in Frankreich als unverzichtbares Kulturerbe gilt.

Entsprechend erscheinen gentechnisch manipulierte Lebensmittel in neo-utilitaristischer Perspektive dann als gefährlich, wenn hier erkennbar Stoffe entstehen, die nach bisherigem wissenschaftlichen Kenntnisstand als toxisch gelten. Sie könnten dagegen als vorteilhaft angesehen werden, wenn damit die Inhaltsstoffe der bevorzugten und heute im Übermaß genossenen Nahrungsmittel den ernährungsmedizinischen Idealen der chemischen Stoffbalance angepasst werden könnten. So arbeitet Monsanto an Kartoffeln, die beim Frittieren weniger Fett aufnehmen.[9] In Großbritannien und den Niederlanden zielt 'Quorn', ein biotechnisches Eiweißpräparat, das verschiedentlich gefärbt, gewürzt und konturiert mal als Fleisch und mal als Kuchen auftritt, genau auf dieses Marktsegment gesundheitsbewusster Utilitaristen.[10] Dagegen wird man in alteritätsorientierter Einstellung genmanipulierte Nahrung immer ablehnen, völlig unabhängig von ihren 'Inhaltsstoffen', solange sie ihr Image des Künstlichen und Industriellen nicht abstreifen kann. In Deutschland ist die Markteinführung von 'Quorn' Mitte der 90er Jahre gescheitert.

Soweit die idealtypische Konturierung der Unterschiede. Man sollte aber auch die Gemeinsamkeiten nicht vergessen. Mehr Ballaststoffe bedeutet, soweit ich sehe, bis heute immer naturnähere, das heißt weniger raffinierte Nahrung – ungeschältes Getreide zum Beispiel. Weniger Zucker kann durch Süßstoffe oder, naturnäher, durch Mäßigung erreicht werden. Die Umstellung von Fleisch auf Gemüse kann auf beiden Seiten auf Zustimmung stoßen, dort wegen der Philosophie der Fette und Eiweiße, hier wegen des im Vegetarismus oder Veganismus angestrebten 'Friedens mit der Natur' (besonders interessant dazu Twigg 1983) oder der Sorge um eine sozial gerechtere Welternährung (BUND/Misereor 1996). Die Neo-Utilitaristen haben nichts gegen die Natur, wenn sie den gegenwärtigen wissenschaftlichen Idealen gehorcht. Und wenn eine industrielle Erzeugungsmethode wissenschaftlich als schädlich gilt, dann werden selbst Alteritätsorientierte zustimmen, obwohl es *wissenschaftlich* erwiesen, und sogar ausgemachte Utilitaristen zustimmen, obwohl es *industriell* erzeugt ist.

So gibt es eine Schnittmenge von gemeinsam geteilten Anliegen: Eine ernährungsmedizinisch balancierte Diät kann aus naturnah hergestellten Nahrungsmitteln bestehen, so wie eine schulmedizinisch erwiesene Fehlernährung oder Vergiftung auf gesteigertem Technikeinsatz beruhen kann. Gerade in der Überschneidung und gegenseitigen Verstärkung entsteht der Bewertungshorizont, der noch vor dem Gentechnikkonflikt in Großbritannien die Skandalisierung der im Rahmen von Massentierhaltung üblichen Salmonellenverseuchung von Eiern und dann den weithin bekannten BSE-Skandal möglich machte (Reilly/Miller 1997).

---

[9] Das ist gegenwärtig (1999) noch Zukunftsmusik. Die erste und derzeit umkämpfte Generation von genmanipulierten Pflanzen bringt im Fall der männlichen Sterilität nur Vorteile für die Saatguthersteller, im Fall der Herbizid- und Insektenresistenz nur Vorteile für die Landwirte und im Fall der Reifehemmung nur Vorteile für die Lebensmittelindustrie – oder 'konstruktivistisch' ausgedrückt: Es ist der Industrie bisher nicht gelungen, angebliche Vorteile für Verbraucher und Umwelt erfolgreich zu kommunizieren.

[10] Es wird auch von manchen Vegetariern als Fleischersatz genutzt.

5.2.5 Neo-utilitaristische und alteritätsorientierte Motive im britischen Food-Diskurs: Times und Guardian

Gentechnisch modifizierte Nahrung stößt aus alteritätsorientierten Motiven in jedem Fall auf Ablehnung – zumindest solange sie als 'künstlich' angesehen wird. Sie kann aber auch in neo-utilitaristischer Perspektive in Verruf geraten – wenn sie wissenschaftlich als 'schädlich' angesehen wird (was bisher aber eher selten ist). Der Wandel vom traditionellen Utilitarismus zum schlankheitsorientierten Neo-Utilitarismus spielt indirekt aber eine noch viel wichtigere Rolle: Die von Agrarlobbyisten propagierte Steigerung der Nahrungsmittelproduktion mittels Gentechnik stößt bei der Mehrzahl der Verbraucher zunehmend auf Kopfschütteln. Daher stellt sich nun die Frage, in wie starkem Maße diese Motive – Alteritätsorientierung und schlankheitsorientierter Neo-Utilitarismus – im britischen Diskurs über Nahrung vorzufinden sind. Den Stereotypen über britisches Essen zufolge wäre zu erwarten, dass sie allenfalls ganz schwach ausgeprägt sind.

Zur Beurteilung dieser Frage wurde die Berichterstattung über 'Nahrung und Kochen' in den beiden angesehenen Tageszeitungen 'Times' und 'Guardian' ausgewertet. Times und Guardian können vom intellektuellen Anspruch und der Stellung im politischen Spektrum her in etwa mit der FAZ und der FR verglichen werden, wobei zwischen Times und FAZ oder generell zwischen britischen und deutschen Konservativen der Unterschied besteht, dass jenseits des Kanals wertkonservative Elemente schwächer ausgeprägt und spezifisch katholische Anliegen praktisch bedeutungslos sind. Dies zeigt sich dann auch in der im Vergleich zu Deutschland ziemlich liberalen Haltung im Humangenetik-Bereich. Stattdessen tritt, wie in einem puritanischen Land auch nicht anders zu erwarten, die Beschäftigung mit Ökonomie stärker in den Vordergrund.

Bei der Times fällt auf, dass sie den Vorurteilen über britische Küche tendenziell entspricht. Das zeigt sich zunächst daran, dass die Times wenig über 'Food' und 'Cooking' schreibt – weniger jedenfalls als der Guardian.[11] In ihrer Top-10-Liste der Kochbücher werden gleich drei Plätze von Büchern über schnelles Kochen belegt. Auf Rang 1 und 4 finden sich ziemlich bieder klingende Kochkurse der BBC-Fernseh-Köchin Delia Smith. Es gibt einen Mahlzeitenplan für Babys und Kleinkinder sowie einen Kalorienzähler für Schlankheitsbewusste. Soweit also überwiegend praktische Titel. Allerdings gibt es auch ein Buch über 'Real Food' – mit 'real' wird, wie auch bei 'Real Ales', eine naturnähere und traditionsverbundenere Herstellungs-

---

[11] Es wurden von Anfang 1998 bis Herbst 1999 alle Artikel ausgewertet, die von 'Food' oder 'Cooking' in der Überschrift sprachen und als 'Features' klassifiziert waren. Dabei mussten allerdings bei der Times eine ganze Reihe von Artikel ausgesondert werden, weil sie diese beiden Ausdrücke vielfach im übertragenen Sinne verwendeten. Übrig blieben bei der Times (inklusive Sunday Times) 79 Artikel mit insgesamt 331.000 Zeichen, beim Guardian (inklusive Observer) 138 Artikel mit 445.000 Zeichen. Dies war dann auch die Grundlage der folgenden quantitativen Auswertungen des Vorkommens von bestimmten Worten. Um einen Vergleich möglich zu machen, wurden die Werte bei der Times zum Ausgleich der niedrigeren Textmenge mit dem Faktor 1,345 multipliziert und dann ab- bzw. aufgerundet. Die qualitative Auswertung, die zuerst vorgenommen wurde, erstreckte sich auf die Texte von 1999. Aus ihr ergab sich auch die Auswahl der Worte, die in den quantitativen Vergleich einbezogen wurden.

bzw. Brauweise verbunden. Außerdem sind ein modisch klingendes 'River Cafe Cookbook' und das Jahrbuch des international renommierten Weinkenners Hugh Johnson erwähnt (26.12.98: 14). Inwieweit diese Bestseller-Liste mit tatsächlichen Verkaufszahlen übereinstimmt, sei dahingestellt. Sie ist noch puritanischer als der ansonsten bezüglich Kochen & Restaurants in der Times gepflegte Grundtenor.

Das Motto 'praktisch, schnell und/oder billig' ist also sehr präsent. Aber zugleich betont die Times häufig, wie wichtig 'Essen' geworden sei. Das deutet zunächst, vom Sprechakt selbst, darauf hin, dass dies für die Leserschaft der Times nicht als selbstverständlich unterstellt werden kann. Die bessere, differenziertere und tendenziell natürlichere Küche, die von der Times propagiert wird, ist erkennbar auch auf praktische Belange abgestimmt. Exemplarisch dafür zwei Kochgeschichten mit Jung-Star-Koch Jamie Oliver: Einmal zeigt er einem Freund, wie man schnell und trotzdem geschmacklich anspruchsvoll kochen kann, ein andermal ist er in einer studentischen Wohngemeinschaft zu Besuch, die mit dem Geld sehr haushalten muss. Weil 'Essen' so wichtig geworden ist, wird auch der neuste Klatsch über Fernsehköche, Starköche und Nobel-Restaurants sehr ausführlich dargebracht. Da im Fernsehen wöchentlich mehrere Dutzend Kochshows zu sehen sind – die BBC muss offenbar sehr kostensparend wirtschaften und Kochshows verursachen nur geringe Produktionskosten – gelten Köche auch als 'Celebrities'.

Zugleich wird uns aber auch in der Times dargelegt – von Jonathan Meades, der im Stil hier ziemlich aus der Reihe tanzt –, dass diese neue, seit zehn Jahren gängige Mode den britischen Geschmack noch keineswegs verbessert habe. Gegen viereinhalb Jahrhunderte puritanischer Tradition sei eben schwer anzukommen – darauf habe schon der konservativ-romantische Schriftsteller Walter Scott hingewiesen[12]. Außerdem habe der 'Landraub der Aristokraten' – gemeint sind die historischen 'enclosures', die Landvertreibung und Großgrundbesitz mit sich brachten – zur durchgehenden Industrialisierung der Landwirtschaft und zur Profitsteigerung auf Kosten der Qualität geführt. Aufgrund des Vordringens der Supermarktketten würden außerdem engräumigere Beziehungen zwischen Stadt und Land zerstört. Man gehe heute in London in teure Restaurants, weil das eben 'hip' sei, aber mit gutem Geschmack habe das nichts zu tun:

> "Restaurant goers are people who eat – and I swear I'm not making this up – crocodile rillettes with crostini and papaya sauce. At home they eat M&S prepared meals which taste of nothing.
> There thus exists a paradoxical situation where huge dosh is spent on design-led gimmickry, being seen, eating novelty cooking wrought by bumfluff antipodeans and, domestically, submitting to microwaving." (The Times, 21.11.98, Weekend p.1)

Aber die sarkastische Philippika gegen das Land und die Leute, die die Times hier zu schreiben erlaubt, fügt sich eben auch wieder in das (heimliche) Erziehungsprogramm für Neureiche und solche die es noch werden wollen: Der Guide Michelin ist

---

[12] "Cookery as a domestic art, contributing to the comfort and luxury of the private life, had made considerable progress in England before the Reformation; which event threw it back some centuries." (zit. n. Hughes 1995:786)

der unbestechliche und von Köchen in Großbritannien selten erreichte Leitstern. Diesem müsst ihr folgen, wenn ihr kulinarisch etwas weltläufiger werden und das vom Kasino-Kapitalismus reichlich in die City geschwemmte Geld stilvoller verprassen wollt.

Beim Guardian scheinen die schreibenden Feinschmecker über den Geschmack der Leserschaft keine Zweifel zu hegen: Sie bleiben von pädagogischen Maßnahmen und Publikumsbeschimpfungen verschont. Chefköche und Nobelrestaurants werden zwar gelegentlich erwähnt, aber weder bewundert, noch mit galligem Spott überschüttet. Es scheint auch selbstverständlicher, auswärts essen zu gehen. Vergleichsweise dominant ist beim Guardian der alteritätsorientierte Formenkreis: Der Wunsch nach natürlicher und organischer Nahrung drängt sich auffällig ins Bild, wie auch am quantitativen Vergleich des (gewichteten) Wortvorkommens deutlich wird (s.u.). Trotz deutlich frankophiler Töne liegt das Schwergewicht der alteritätsorientierten Rhetorik beim organischen Landbau und nicht wie in Frankreich beim 'terroir', d.h. der ländlichen Kultur. Das ist wahrscheinlich auf die in Großbritannien weitgehend zerstörte bäuerliche Tradition einerseits, und die stark ausgeprägte Liebe für die Freizeitgärtnerei andererseits zurückzuführen. Freizeitgärtnerei und organischer Anbau tauchen gerade in der Times im deutlichen Konnex auf.[13]

	Guardian	Times
organic/al	72	28
nature/natural	48	26
tradition/al	38	57
heritage	5	0
authentic/al	16	1
exotic	11	14

Zugleich ist der kulinarische Horizont des Guardian etwas weltläufiger als der der Times. Doch auch bei der Times ist das Gasthaus unter dem Kirchturm nicht das Maß aller Dinge. Allerdings scheint der Guardian insgesamt – bei Natur, Tradition, und fremden Kulturen – etwas mehr um Authentizität besorgt. So ist bei der Aneignung exotischer Kochkünste Kreolisierung zwar möglich, aber nicht – wie gelegentlich in der Times unter dem Diktat von 'schnell & billig' – die Maxime. Der häufige Gebrauch der Bezeichnung des national 'Eigenen' hat vor allem mit den fremdkulturellen Kontrasten, d.h. mit der im kulinarischen Diskurs schon sehr weit fortgeschrittenen Globalisierung zu tun – wenn ohnehin selbstverständlich wäre, dass nur das Eigene gemeint sein könnte, bräuchte es als solches nicht explizit bezeichnet werden. Die häufige Erwähnung des 'Britischen' kann aber insofern eventuell auch als nationalistischer Reflex verstanden werden, der wiederum in der Times etwas stärker ausfiele als im Guardian:

---

[13] Zum technischen Vorgehen vergleiche Fußnote 12.

5.2 Entwicklung der Ernährungsgewohnheiten in Großbritannien

	Guardian	Times
french/France	79	58
italian/Italy	56	35
spanish/Spain	17	7
mediterranean	13	15
indian/India	61	30
chinese/China	26	34
japanese/Japan	27	3
arab	7	1
british/Briton/Britain/UK	146	160
english/England	35	43
scottish/Scotland/Scots	14	11
welsh/Wales	20	14

Gesundheit als solche wird im Guardian deutlich häufiger erwähnt als in der Times. Bei der Thematisierung von Gesundheitsaspekten mittels ernährungswissenschaftlichem Jargon, den ich dem neo-utilitären Formenkreis zugeordnet habe, liegen beide Zeitungen aber etwa gleich auf:

	Guardian	Times
health/y	93	57
fat/ty	75	109
calorie/s	8	36
carbohydrat/s	11	5
low-fat	8	9
fibre	12	7
vitamin	7	12
protein	23	9
coronar/y [heart disease]	3	0

Massiv polemisiert der Guardian gegen die Chemisierung der Landwirtschaft und der Nahrungsaufbereitung. Entsprechend eindringlich ist auch die alteritätsorientierte Kritik an der Industrialisierung und Kommerzialisierung, was angesichts der oben gezeigten positiven Orientierung an organisch hergestellten Nahrungsmitteln nur folgerichtig ist:

	Guardian	Times
artificial	9	5
[food] additive/s	15	0
contaminat/ion	12	3
residue/s	7	0

pesticide	15	5
[food] ir/radiat/ion	2	0
antibiotic/s	23	7
sweetener	1	3
BSE	45	32
dioxin	2	0
salmonell/a	9	4
[food] industr/y	78	28
commerc/e	15	8
profit	19	16

Etwas überraschend ist allerdings die häufigere Erwähnung der Gentechnik in der Times:

GM/genetically modified/biotech	104	179

Hier handelt es sich allerdings in beiden Zeitungen weitgehend um Texte, die dieses Thema ausdrücklich verhandeln und deswegen für ein geballtes Wortvorkommen sorgen, das leicht zufällige Ausschläge nach sich zieht. Bei näherem Hinsehen zeigt sich auch, dass die Times und der Guardian/Oberserver zum Thema Biotechnologie insgesamt – also nicht nur unter der Perspektive von 'Food & Cooking' – 1998 in etwa gleichgroße Textmengen produziert haben. Zudem wird deutlich, dass die Diskussionsbeiträge in der Times sehr viel weniger kritisch und teilweise regelrecht apologetisch sind, während der Guardian, wie unten noch zu zeigen sein wird, explizit eine Kampagne gegen die Gentechnik führt. Die Ausrichtung des jeweiligen Bias folgt also weitgehend den schon für den gesamten Nahrungsmittelbereich hier aufgezeigten kulturellen Grundströmungen – der Guardian ist eher alteritätsorientiert, die Times ist stärker an praktischer und schneller Zubereitung sowie am schlankheitsbewussten Neo-Utilitarismus orientiert.[14] Das Problem einer ausreichenden Versorgung mit Nährstoffen – die Hauptsorge des traditionellen Utilitarismus – findet dagegen im Untersuchungszeitraum in beiden Zeitungen keine Erwähnung.

Irritierend ist dabei allenfalls, dass die Times, angesichts ihres im Kontrast zum Guardian zwar abfallenden, aber eben doch auch nicht zu übersehenden alteritätsorientierten Einschlags bei der Thematisierung von 'Food & Cooking', der Gentechnik 'eigentlich' kritischer gegenüberstehen müsste. Aber 'Food & Lifestyle' ist eben nur ein kompensatorisches Randressort für das Weekend. Darin gelegentlich aufkeimende 'spleenige Ideen' können von den Kernressorts leicht ignoriert werden, zumal

---

[14] Bemerkung am Rande: In der Times (31.1.98, Weekend p.2) erfahren wir auch von einem ehemaligen Leibkoch, dass Prinz Charles, im deutlichen Unterschied zur Queen, ein ausgesprochener Feinschmecker und überdies Liebhaber des organischen Landbaus ist. Zugleich ist er der prominenteste Gentechnik-Kritiker in Großbritannien.

wenn die Erziehung zur kulinarischen Sensibilität nicht auch über die Ressortflure wirksam wird.

Zusammenfassend kann also festgestellt werden, dass auch in der britischen Öffentlichkeit – entgegen der üblichen Pauschalurteile über die 'britische Küche' – eine alteritätsorientierte Wertschätzung für 'Natur' und 'Tradition' und eine zum Teil 'gesundheitlich', zum Teil ästhetisch motivierte Aversion gegen industrielle Zurichtung zu finden ist. Fraglich bleibt, inwieweit es sich dabei um einen zunehmenden Trend handelt, oder ob es dieses Motiv schon immer gab. Aus der Literatur lässt sich diese Frage nicht beantworten, weil es dazu, wie erwähnt, keine fremden Untersuchungen, und insofern natürlich auch keine Zeitreihen gibt und die hier vorgenommene eigene Presseauswertung nur eine Momentaufnahme darstellt.[15] Allerdings gibt es indirekte Hinweise für einen Trend:
- In der britischen Presse selbst ist immer wieder die Behauptung zu hören, dass sich seit ca. zehn Jahren ein Trend zur kulinarischen Sensibilisierung vollziehe.
- Bei der Erwähnung von Nahrungsmittelskandalen wird stereotyp auf 'Salmonellen und BSE', d.h. auf Thematisierungsprozesse seit Ende der 1980er Jahre, hingewiesen (Reilly/Miller 1997), obwohl die Industrialisierung der Landwirtschaft schon nach dem Zweiten Weltkrieg einsetzte. Frühere Thematisierungen hat es entweder nicht gegeben, oder sie waren zu schwach, um im kollektiven Gedächtnis nachhaltige Spuren zu hinterlassen.

Daher ist anzunehmen, dass sich die Alteritätsorientierung im Nahrungsmittelbereich – als ein wesentliches Element im weiteren Diskurshintergrund des Gentechnikkonflikts in Großbritannien – erst in den letzten 10-20 Jahren allmählich ausgebreitet hat.

5.2.6 Die Ungleichzeitigkeit der Denkweisen in Produktion und Konsum

Die Emergenz neuer Konsumbedürfnisse – des schlankheitsbewussten Neo-Utilitarismus und insbesondere der Alteritätsorientierung – steht nun im Widerspruch zur gegenwärtig noch anhaltenden Ausrichtung der Produktionssysteme ausschließlich auf eine quantitativ ausreichende, zuverlässige und von natürlichen Verunreinigungen freie Versorgung mit Nährstoffen. Seit ca. Mitte des 19. Jahrhunderts bis zum Zweiten Weltkrieg war Großbritannien sehr stark abhängig von Nahrungsmittelimporten. Fleisch z.B. wurde aus Neuseeland und Argentinien, Getreide aus Nordamerika importiert (Fine et al. 1996). Während und nach dem 2. Weltkrieg wurde mittels staatlicher Subventionen – garantierter Absatzpreise und Kredite für landwirtschaftliche Betriebe – eine enorme Ertragssteigerung erzielt, so dass die britische Landwirtschaft seit den 1970er Jahren in einigen Bereichen sogar zum Nettoexporteur

---

[15] Aussagekräftige Zeitreihen müssten hier am besten bis in die 1950er Jahre zurückreichen – also bis in die Zeit, in der die britische Landwirtschaft auf Eigenversorgung umgestellt wurde (s.u.). Entsprechende Erhebungen wären aber sehr aufwändig, weil die Zeitungen erst seit 1990 auf CD-ROM archiviert sind und man natürlich auch zunächst in qualitativer Hinsicht überprüfen müsste, wie sich die Themen an der Oberfläche ändern und ob sich dabei die tieferen Bedeutungsstrukturen verschieben.

wurde (Colman 1987: 126). Sicherung der Selbstversorgung durch Ertragssteigerung und Konsolidierung der bäuerlichen Erwerbseinkommen war auch seit Anbeginn das Ziel der Gemeinsamen Agrarpolitik der EG, der Großbritannien 1973 beigetreten ist. Auf dem Weltmarkt konkurriert die hochsubventionierte Landwirtschaft der EG heftig mit anderen Exporteuren von Nahrungs- und Futtermitteln, z.B. den USA. Hohe Löhne und/oder knappe Flächen legen es dabei nahe, den Ertrag pro Arbeitseinheit und/oder pro Flächeneinheit zu steigern. In den USA und in den meisten Mitgliedsstaaten der EU ist es daher seit dem Zweiten Weltkrieg zu einer sehr einseitig auf Mengenertrag ausgerichteten Züchtung von Tieren und Pflanzen sowie einem massiven Einsatz von Maschinen und Agrarchemie gekommen. Auf diese Weise wird bei – historisch besehen – extrem niedrigem Arbeitseinsatz im 'primären Sektor' längst ein hoher Grad von Überversorgung erzielt.

So fügt sich auch die erste Generation der gentechnischen Veränderungen an Pflanzen in die angestammte Logik der Rationalisierung der Mengenproduktion. Die Herbizidresistenz ermöglicht es den Bauern, das Problem unerwünschter Konkurrenzpflanzen – im Volksmund 'Unkraut' – effektiver zu kontrollieren, sei es im Sinne durchschlagenderer Vernichtung und/oder des reduzierten Spritzmitteleinsatzes. Daher steigert sie, bei erfolgreichem Einsatz, den Flächen- und/oder den Arbeitsertrag. Sie könnte daher, rein theoretisch, zu leicht sinkenden Verbraucherpreisen beitragen (Beusmann 1994). Insofern würde sie auch dem Motiv preisgünstiger Beschaffung entgegenkommen, das im britischen Diskurs – angesichts eines stark gesunkenen Anteils der Ausgaben für Lebensmittel an den Haushaltseinkommen –[16] allerdings nur noch peripher anzutreffen ist. Zudem sind die potentiellen Kostenvorteile so marginal, dass sich die Errichtung eines speziellen Nischenmarktes für Billiganbote offenbar als zu aufwändig darstellt: Wie wir noch genauer sehen werden, ist die erste Generation gentechnisch veränderter Lebensmittel aufgrund der Kennzeichnungspflicht in der EU praktisch unverkäuflich geworden.

Die erste Generation gentechnischer Veränderungen im Agrarsektor scheint aber weniger von weitreichendem ökonomischem Kalkül als von der unmittelbaren Orientierung an den Bedingungen hochtechnischer Agrarbetriebe und von technischer Machbarkeit bestimmt zu sein. Die Herbizidresistenz z.B. ist in technischer Hinsicht vergleichsweise einfach, während die 'zweite Generation' transgener Pflanzen, die derzeit nach Angaben von Monsanto schon in den Labors erprobt wird und auf eine in ernährungsmedizinischer Hinsicht optimierte Zusammensetzung der Nährstoffe abzielt, schon komplexer ist und daher technisch wohl schwerer zu realisieren sein wird. Diese Generation könnte dann eventuell dem neueren Bedarf des schlankheitsbewussten Neo-Utilitarismus nach 'gesunder Ernährung' entgegenkommen und eventuell sogar eine so kaufkräftige und preiselastische Nachfrage wecken, dass die Kennzeichnungspflicht kein Problem mehr darstellen würde, sondern in diesem Segment umgekehrt mit den gentechnischen Veränderungen als spezifischem Quali-

---

[16] 1996 entfielen, laut Eurostat, in Großbritannien 19,9 % der Ausgaben auf 'Nahrung, Getränke, Tabak' (D: 14,2%, USA: 11,4%, IRL: 30,7%). 1957 gab der durchschnittliche britische Haushalt noch ca. ein Drittel für Nahrungsmittel aus (Gibson/Smout 1993: 11).

tätshinweis sogar geworben werden könnte – sofern sich das neo-utilitäre Gesundheitsbedürfnis hinreichend vom alteritätsorientierten Gesundheitsbedürfnis abgrenzen lässt.

Wenn sich aber herausstellen sollte, dass 'gesund' von den Konsumenten in erster Linie mit 'natürlich' identifiziert wird, wird auch die zweite Generation wohl kaum auf eine beachtliche Nachfrage treffen – jedenfalls solange der Gentechnik das Image von Hightech erfolgreich angeheftet wird oder sie selbst damit wirbt. Wenn sich der alteritätsorientierte Diskurs tatsächlich ausbreiten und verstärken sollte, ist umgekehrt eher mit Expansionschancen für die bäuerliche und/oder organische Landwirtschaft zu rechnen, also mit einem Gegentrend zur Industrialisierung.

Daher kann man den Konflikt um gentechnisch veränderte Lebensmittel auch als 'Cultural lag' verstehen, allerdings in ganz anderer Form, als Ogburn diesen in der ersten Hälfte des 20. Jahrhunderts diagnostizierte: Es sind diesmal nicht die sozialen Normen, die der wissenschaftlichen und technischen Entwicklung hinterherhinken, sondern äußerst träge, durch Subventionen und politischen Lobbyismus konservierte Produktionsstrukturen, die mit den schneller sich verändernden Konsumbedürfnissen nicht Schritt halten. Eine in der Ersten Welt nicht mehr benötigte Steigerung des Massenertrags im Rahmen eines industriegesellschaftlichen Produktionsansatzes trifft hier auf kulturell avancierte Konsumentenbedürfnisse, die statt der agrarindustriellen Mengenausweitung eher eine *post*industrielle (bzw. *post*fordistische) Modernisierung des primären Sektors, d.h. Qualitätssteigerung und Diversifizierung in der Landwirtschaft nahe legen (vgl. Harvey 1989).

5.3 Überblick: Der bisherige Konfliktverlauf

Bevor wir uns der detaillierteren Interpretation des Gentechnikkonflikts, insbesondere seiner 'heißen Phase' zuwenden, will ich zunächst einen Überblick über den Konfliktverlauf in Großbritannien geben, damit wir dann die näher zu betrachtenden Diskursstrategien besser einordnen können.

Bekanntlich wurden gentechnische Methoden erstmals zu Beginn der 1970er Jahre in den USA erprobt; dort setzte fast im gleichen Moment auch eine zunächst von Wissenschaftlern angestoßene Debatte über gesundheitliche Risiken dieser Technik und entsprechende Regulationsmöglichkeiten ein (Krimsky 1982). In Großbritannien ist ebenfalls eine relativ frühe Befassung mit diesem Thema zu verzeichnen, allerdings zunächst weitgehend beschränkt auf administrative Initiativen, während die Anteilnahme in der (Medien-)Öffentlichkeit im Unterschied zu den USA erst allmählich, im Unterschied zu anderen europäischen Ländern wie Frankreich und Deutschland aber intensiver einsetzt (Durant et al. 1998).

Die Intensität der Presseberichterstattung über Biotechnologie in der *Times* und im *Independent* steht in Großbritannien zumindest bis Mitte der 1990er Jahre kaum im Zusammenhang mit politisch zugespitzten Kontroversen. Thematisiert werden vor allem Fortschritte der Grundlagenforschung und ihre Anwendung in diversen

Bereichen, insbesondere der menschlichen Gesundheit. Der Tenor ist generell positiv, man erwartet von der Biotechnologie die Mehrung des Wohlstands und die Verbesserung der Lebensverhältnisse. Seit 1988 mischen sich gelegentlich kritische Töne in die Darstellung, zunächst im Hinblick auf ökologische und soziale Konsequenzen, ab 1993 auch verstärkt im Hinblick auf die ökonomische Herausforderung für die britische Biotech-Industrie. Insgesamt ist die Presseberichterstattung kontinuierlich angestiegen und liegt im europäischen Vergleich auf sehr hohem quantitativem Niveau. So ist Biotechnologie in den 90er Jahren als Thema auch schon so weitgehend etabliert und mit impliziten Assoziationen angereichert, dass es bereits als solches Nachrichtenwert besitzt und nicht mehr wie ein randständiger Gegenstand mit Brückenschlägen zu vertrauteren Themen eingeführt werden muss.

Trotz der intensiven Berichterstattung war Biotechnologie – Umfragen des 'Eurobarometers' zufolge – bis 1996 kein sehr wichtiges Anliegen für die Mehrheit der britischen Bürger. Sie waren vergleichsweise gut informiert über wissenschaftliche Grundlagen der Biotechnologie und blieben in der Mehrheit relativ gelassen. Nur eine Minderheit von ca. 30 Prozent der Befragten verfolgte das Thema aufmerksamer und war polarisierter in ihrer Meinung. Es überwog insgesamt eine positive Grundhaltung gegenüber den meisten Anwendungen – außer bei Tieren (inklusive Xenotransplantation). Während die Ergebnisse zwischen den Umfragen von 1991 und 1993 stabil blieben, ist in der Umfrage von 1996 schon ein leichtes Abbröckeln des Optimismus gegenüber der Biotechnologie zu verzeichnen.

Die britische Wissenschaft und Industrie engagieren sich in beachtlichem Ausmaß im Bereich der Biotechnologie, auch die Zahl der experimentellen Freisetzungen von transgenen Organismen ist relativ hoch. Die Regulierungsbemühungen der Administrative setzten früh ein und waren bis zur Mitte der 1990er Jahre öffentlich wenig kontrovers. Es dominierte der für Großbritannien vielfach beschriebene informelle, kooperative und diskrete Regulierungsstil, der den Ausgleich zwischen den gesellschaftlichen Gruppen sucht, soweit sie aufgrund eines ihrerseits gemäßigten und pragmatischen Auftretens zum 'inner circle' der Konsultationsberechtigten zugelassen sind (Brickman et al. 1985, Clapp 1994, Grove-White 1994). Die Federführung für die Biologische Sicherheit wurde 1990, als experimentelle Freisetzungen für Wissenschaft und Industrie zunehmend wichtiger wurden, vom Gesundheitsministerium auf das Umweltministerium übertragen (Levidow/Carr 1996). Dies kann als Zeichen eines in gewissem Rahmen flexiblen und an Publikumsakzeptanz orientierten Regulierungsstils interpretiert werden: In Frankreich blieben Freisetzungen bis 1996 in der Zuständigkeit des Landwirtschaftsressorts, in Deutschland bis heute in der Verantwortung des Gesundheitsministeriums – die beide im Unterschied zu den überall erst viel später eingerichteten Umweltministerien einen traditionell technokratischen Regulierungsstil pfleg(t)en.

Ende der 1980er Jahre begannen auch NGO's wie Friends of the Earth, Greenpeace und Green Alliance, sich gegenüber der Biotechnologie kritisch zu engagieren. Seitdem hat sich allmählich ein Netzwerk spezialisierter *Campaigner* und Gegen-Experten etabliert; es wurden eigens für dieses Thema Initiativen wie 1989

Genetics Forum gegründet. In zwei speziell der Biotechnologie-Kritik gewidmeten Zeitschriften, den seit 1994 von David King herausgegebenen *GenEthics News* und dem ebenfalls seit 1994 vom Genetics Forum herausgegebenen *Splice of Life*, wurde eine entsprechende Argumentationsbasis aufgebaut.

So besehen war die Situation für die Entwicklung der Biotechnologie-Industrie in Großbritannien bis 1996 geradezu traumhaft: Ein insgesamt aufgeklärtes, aber dennoch recht optimistisches Publikum. Kompetente und gesprächsbereite Kritiker, die gleichsam als Sparringspartner ein Diskussionsforum boten, in dem man sich auf die Sensibilitäten des Publikums und auf im Ausland teilweise in schärferem Ton gestellte Fragen vorbereiten konnte. Eine kooperative Verwaltung, die zwar keine geringen, aber aufgrund einer transparent ausgearbeiteten Regulationsphilosophie berechenbare Anforderungen stellte; die damit auf EG-Ebene und bei den übrigen Mitgliedsstaaten der EU hohes Ansehen genoss und auch insofern im Hinblick auf EU-weite Marktzulassungs-Anträge ein gesuchter Ansprechpartner für die Industrie war. Für alle Insider – Protagonisten wie Kritiker – überraschend, vollzog sich Ende 1996 ein radikaler Umschwung.

Ende 1996 wurden erstmals Monsantos herbizidresistente Sojabohnen nach Europa verschifft. Obwohl transgene Soja zuvor von der EG-Kommission die Marktzulassung erhalten hatte, kam es zu einem breiten Proteststurm in vielen Mitgliedsstaaten der EU (Levidow/Carr 2000). Es handelte sich hier um das erste transgene Produkt, das einer breiteren Schicht von Endverbrauchern als Bestandteil einer Vielzahl von prozessierten Nahrungsmitteln direkt präsentiert wurde. Sie konnten jedoch nicht zwischen transgener und herkömmlicher Ware wählen, weil die transgenen Bohnen auf ihrem Weg von den nord- und südamerikanischen Farmern zu den Nahrungsmittelfabriken – in den Silos, Schiffen und Ölmühlen – mit den übrigen Bohnen vermischt wurden. Sie getrennt zu handhaben und zu kennzeichnen sei 'unmöglich' – und im Übrigen aufgrund ihrer Unbedenklichkeit auch nicht erforderlich –, argumentierte damals die Biotechnologie-Industrie. Die EG-Kommission hatte die Kennzeichnung bei der Marktzulassung auch nicht verlangt. Da Soja – in Form von Öl, Lecithin und Mehl – in sehr vielen industriell prozessierten Lebensmitteln enthalten ist, schien der Kontakt für die Verbraucher zunächst unvermeidlich.

Greenpeace hatte sich bisher im Gentechnikkonflikt zurückgehalten, startete aber nun, gleichzeitig mit anderen Umwelt- und Verbraucherorganisationen, eine breit angelegte Aufklärungs- und Boykottkampagne. Alle größeren Lebensmittelfirmen wurden aufgefordert, transgene Zutaten zu vermeiden und öffentlich entsprechende Erklärungen abzugeben. Es wurden Kontakte zu (gentechnisch arbeitenden) Diagnoselabors aufgebaut, um undeklarierte Transgene zu identifizieren und falsche Angaben öffentlich brandmarken zu können.

Auch der Handel war gegenüber transgenen Lebensmitteln von Anfang an ziemlich skeptisch eingestellt und verlangte die getrennte Handhabung, um flexibel auf Verbraucherwünsche reagieren zu können: Handelsketten in Frankreich, Dänemark, den Niederlanden und Großbritannien wollten die Waren entsprechend kennzeichnen. Deutsche, österreichische, finnische und schwedische Supermärkte wollten transgene Ware ganz aus ihren Regalen fernhalten. Die deutschen Tochterunternehmen von Nestlé und Unilever, sowie Kraft Jacobs Suchard erklärten in dieser Situation ihren vorläufigen Verzicht auf die Verwendung transgener Soja, obwohl sie an der gentechnischen Modifizierung von Lebensmitteln durchaus interessiert waren.[17]

Während also Deutschland aufgrund des erwarteten Widerstands von der Lebensmittelindustrie schnell aufgegeben wurde und wohl auch deshalb vergleichsweise ruhig blieb (Dreyer/Gill 2000a), verschärfte sich der Konflikt in Großbritannien (und Frankreich). Wahlfreiheit des Verbrauchers ist eine der zentralen sozialphilosophischen Rechtfertigungen des Neoliberalismus. Tomatenmark aus einer verrottungsgehemmten Tomate war zuvor von Zeneca deutlich gekennzeichnet und durchaus erfolgreich auf dem britischen Markt eingeführt worden. Entsprechend reagierte sogar die notorisch industriefreundliche Presse ziemlich allergisch auf Monsantos Behauptung, dass man transgene Soja nicht getrennt handhaben könne; so z.B. ein Kommentator in der Financial Times:

> "If Monsanto is clever enough to transport a gene from one living organism to another, it should be sufficiently ingenious to segment its sales." (7/8.12.1996, Joe Rogaly: Beans and genes.)

Das Unternehmen mit seinem Stammsitz im Mittleren Westen der USA ließ sich aber von Empfindlichkeiten im fernen Europa nicht nachhaltiger irritieren, sondern setzte verstärkt auf Medienkampagnen und politisches Lobbying, um die aufziehende Widerstandsfront zu brechen. Der britische Regierungschef Tony Blair beeilte sich alsbald, seine Unterstützung öffentlich kund zu tun, doch hat das Monsanto wohl weniger genützt als umgekehrt der Glaubwürdigkeit der Regierungspolitik geschadet, die daraufhin in den Ruch geriet, "genetically modified politics" zu verkörpern:

> "In the United States, Monsanto has become a retirement home for members of Bill Clinton's biddable administration. Trade and environmental protection administrators, ambassadors and social security and treasury officials have left government for well-padded seats on the Monsanto board. Clinton has returned the compliment and the revolving door between Monsanto and government is in a continual spin. Bob Shapiro, Monsanto's chief executive, advises the President on trade policy. Clinton himself told Blair to let genetically modified food into Britain. (Picture, if you can, two statesmen with the affairs of the world on their shoulders taking a break to cut a deal on the marketing of seeds spliced with the genes of insects and bacteria.) As Clinton is New Labour's inspiration, the conflicts of interest of Washington are imitated in London." (The Observer, 7.2.99: 27)

Die Anzeigenkampagne erzeugte Misstrauen und stieß auf Protest. Der britische Werberat rügte schließlich Monsanto wegen unzulässiger Behauptungen (Guardian,

---

[17] Quellen: Nature Biotechnology, 1996, vol.14: 1627; Financial Times 7/8.12.96, Joe Rogaly: Beans and genes. Kommentar: Das gilt allerdings im strengen Sinne nicht für die Herbizidresistenz, die zwar im Anbau von Vorteil sein mag, aber für die Weiterverarbeitung keine Verbesserungen bringt. Die Lebensmittelindustrie hat dagegen Interesse an Veränderungen, die – wie z.B. die Reifehemmung von Tomaten ('flavr savr') – Transport, Lagerfähigkeit und Verarbeitungsbedingungen erleichtern oder eine Diversifikation des Angebots erlauben. Entsprechend haben Nestlé und Unilever die Einführung der Gentechnik bei Lebensmitteln grundsätzlich unterstützt.

5.3 Überblick: Der bisherige Konfliktverlauf

11.8.99: 9). Auch die übrige Biotechnologie-Industrie distanzierte sich von Monsantos offensivem Auftreten, so dass das Unternehmen bezüglich der Kennzeichnungsfrage im Frühjahr 1998 nachgab und sich öffentlich wegen seiner Unsensibilität gegenüber den Europäischen Verbrauchern entschuldigte. Im Herbst 1998 gelangte ein vertraulicher Bericht des prominenten PR-Beraters Stanley Greenberg an die Öffentlichkeit, in dem er Monsanto ein äußerst beklagenswertes Image bescheinigte und feststellte, dass das Unternehmen in Großbritannien – anders als andernorts in Europa – zum festen Bestandteil der Biotechnologie-Debatte geworden sei.[18]

Tatsächlich ist Monsanto in Großbritannien zum Symbol des schlechthin Bösen geworden – was nicht nur z.B. an Spitznamen wie "Nonsanto" und "Monsatan" in der Protestszene deutlich wird, sondern auch bis in die 'seriöse' Presse hinein zum Ausdruck kommt, wenn etwa im Guardian (19.2.1999: 18) unter der Überschrift "Dr Evil and his Moneymen" behauptet wird, dass bei der neoliberalen Verbindung von Wissenschaft und Kommerz immer mehr Briten 'sogenannte Experten' als 'bloße Lohnknechte der Agrarindustrie' ansähen. Im gleichen Atemzug wird festgestellt, dass Monsanto eine Verbindung der gegenwärtigen Hauptschurken populärer Kinofilme verkörpere: Science und Business.

Im Zuge der Einbeziehung transgener Lebensmittel in einen transatlantischen Handelsstreit zwischen der EU und den USA im Vorfeld der Welthandelskonferenz im Herbst 1999 wurde eine weitere Konnotation etabliert. Die schon zuvor bestehende Assoziationskette 'Frankenfood – Kapitalismus – Raffgier – USA – Monsanto' wurde nun fester mit einem weiteren Glied namens 'Globalisierung' verkoppelt. Anknüpfend an eine ursprünglich französische Debatte wurde Monsanto neben McDonalds, das eine ähnliche Position im öffentlichen Symbolhaushalt schon länger innehält, des globalen Kulturimperialismus bezichtigt (vgl. Barber 1995). So kommentiert der Guardian (25.9.1999: 53):

> "The antichrist of the informed consumer, Monsanto, has admitted that the UK has become a chamber of horrors for its company. Anti-global corporation sentiments are fuelling an unprecedented rush to embrace organic food."

Vor dem Hintergrund der seit 1996 durch transgene Sojabohnen aufgeheizten Debatte kam es nun auch zu einer verschärften Kontroverse über die schon seit Beginn der 90er Jahre breit etablierte Praxis experimenteller Freisetzungen. Deren langfristige Auswirkungen auf die Umwelt sei ungewiss und *daher* schädlich, lautet nun die vielfach vorgenommene Verknüpfung, während zuvor die auch von Befürwortern häufig eingestandene Ungewissheit mit 'So what?' abgetan wurde. Nun aber etablierte sich auch über den engeren Kreis von Umweltaktivisten hinaus die Vorstellung, dass die Verbreitung von transgenem Material in der Umwelt – bei der Kultivierung von Pflanzen insbesondere die Ausbreitung von Pollen und die Aufnahme von Pflanzenmaterial durch Mikroorganismen im Boden – generell als 'genetische Verschmutzung' anzusehen sei. Der bis dahin geforderte enge Bezug zu konkreten und plausiblen Schadensszenarien wurde weit- und beiläufiger. Anstelle der gegenwärti-

---

[18] Gefunden unter http://agbio.cabweb.org/NEWS/Public.htm

gen Regulationspraxis in Form von selektiven und begrenzten Vorbeugemaßnahmen wurden pauschale Moratorien gefordert, um anhand weiterer Forschung später entscheiden zu können.

Auf dieser normativen Grundlage kam es dann seit 1998 zu zahlreichen 'Dekontaminationen', also zur Entfernung von transgenen Pflanzen von den Versuchsfeldern, die aber seltener klandestin bei 'Nacht und Nebel' durchgeführt, sondern öffentlich und medienwirksam als ziviler Ungehorsam inszeniert wurden.[19] Anknüpfend an Erfahrungen und Praktiken der Anti-Atomwaffen-Bewegung der 80er Jahre traten die Aktivisten mit ihrem bürgerlichen Namen in Erscheinung und blieben nach erfolgter Tat am Ort, um der Presse Rede und Antwort zu stehen und sich von der erst etwas später verständigten Polizei verhaften zu lassen. Da es sich um eine 'Dekontamination' handelte, trug man weiße Schutzkleidung, Mundschutz und Handschuhe, verpackte die ausgerissenen Pflanzen in Plastiksäcken, die mit dem offiziellen Gefahrenzeichen für 'Biohazard' – schwarz auf gelbem Grund und dem Warnzeichen für atomare Strahlen nicht unähnlich – versehen waren, und übergab diese schließlich den lokalen Umweltbehörden zur weiteren Entsorgung. Nebeneffekt, aber sicherlich nicht unerwünscht war, dass diese Inszenierungen ästhetisch irritierendes und farblich kontrastreiches Bildmaterial für die Zeitungen und das Fernsehen lieferten: Schutzkleidung, wie man sie aus Chemie- und Atomanlagen kennt, mitten in der 'freien Natur' – in der Sonne leuchtendes Weiß vor grünen Feldern und blauem Himmel.

Im Unterschied zu klandestinen Aktionen, die in der Öffentlichkeit mit dem Makel des Kriminellen behaftet sind oder zumindest das Eingeständnis in die Übermacht des Staates beinhalten, traten die 'Dekontaminierer' mit dem Anspruch auf, alle Legitimität auf ihrer Seite zu haben und – zum Wohle der gemeinsamen Umwelt – anstelle eines ignoranten und korrupten Staates gewissermaßen in ziviler 'Ersatzvornahme' zu handeln.[20] Sie nahmen Anklagen und Prozesse bewusst in Kauf – auch um damit weitere Anlässe zu schaffen und Foren zu eröffnen, die eigene Argumentation vorzutragen. Polizei und Staatsanwaltschaft waren jedoch sehr zurückhaltend, so dass es lediglich zu zivilrechtlichen 'Injunctions' kam: AgrEvo und Monsanto erstritten einstweilige Verfügungen, die es den Aktivisten bei Androhung von Schadensersatz untersagten, erneut auf den Feldern dieser Konzerne tätig zu werden. Allerdings hat das Gericht im Fall von Monsanto die Klage gegen die einstweilige Verfügung zugelassen – aber offenbar ist es hier nicht weiter zu einer öffentlichkeitswirksamen Gerichtsverhandlung gekommen.

---

[19] Die Presse-Berichterstattung zum Thema findet man archiviert unter http://www.gene.ch:80/archives.html. Einschlägig außerdem die Website von Genetix Snowball: http://www.gn.apc.org/pmhp/gs/, sowie der gemeinnützigen Organisation 'Millennium-Debate': http://www.millennium-debate.org/gmfoods.htm – bei letzterer sehr viele, immer aktuelle 'links' zu weiteren Web-Ressourcen. Da die Verbindung zu den Webseiten und deren Inhalte im Lauf der Zeit verloren gehen können, habe ich wichtige Dokumente heruntergeladen und auf Festplatte gespeichert.

[20] 'Ersatzvornahme' bedeutet im administrativen Jargon, dass der Staat aufgrund von Pflichtversäumnissen von Privaten tätig wird. Quelle: Statements in http://www.gn.apc.org/pmhp/gs/campaign.htm#state (Genetix Snowball)

Unter dem Label 'Genetix Snowball' (1998) wurde dieses Konzept, auch in Form eines Handbuchs, verbreitet und an vielen Orten von relativ lockeren Grasswurzel-Gruppierungen aufgegriffen. 1999 waren die 'Dekontaminationen' so populär geworden, dass es zu einigen Massenhappenings kam, die schon Wochen zuvor in Flugblättern angekündigt wurden. Während 1998 meist nur eine vorab begrenzte Zahl von Pflanzen ausgerissen wurde – es sollte sich um dezidiert symbolische Aktionen handeln – wurden bei den Massenhappenings einige Versuchsfelder großflächig zerstört; einmal wurde von den Protestierenden sogar eine Mähmaschine eingesetzt. Bei gewachsenem Selbstbewusstsein der Bewegung zielten diese Aktionen auf die Blockade großflächiger Versuche, die unterdessen ins Zentrum des Konflikts zwischen Regierung und Umweltorganisationen geraten waren (s.u.). Die Polizei versuchte ihrerseits jedoch kaum, diese Aktionen durch Versammlungsverbote, Straßensperren oder ähnliches zu verhindern.

Im Unterschied etwa zu den Protesten gegen den Straßenbau wurden die direkten Aktionen gegen die Feldexperimente also insgesamt kaum mit polizeilichen und staatsanwaltlichen Maßnahmen traktiert. Dies scheint zum Teil den Eigentümlichkeiten des Common Law, aber vor allem dem zivilen Auftreten der Aktivisten und dem breiten Rückhalt in der Öffentlichkeit geschuldet, denn ansonsten – mit der 'Moral majority' und 'Middle England' im Rücken – ist die nicht bloß neoliberale, sondern auch neokonservative New Labour-Regierung bei Erlass und Anwendung repressiver Gesetze nicht gerade zurückhaltend.

Bei den Hauptaktivisten handelt es sich überwiegend um Weiße beiderlei Geschlechts, eher aus der Mittelklasse stammend, häufig jüngeren Alters, vielfach mit abgeschlossenem Studium, häufig ohne ausbildungsadäquat bezahlten Job von Sozialunterstützung und/oder NGO-Honoraren lebend. Sie sind in einem Netzwerk von vielfach neu entstandenen, meist kleineren Initiativen organisiert, die teilweise an ältere, etabliertere und allgemeinere Bezüge und Organisationen der Umwelt- und Verbraucherbewegung anknüpfen. Greenpeace, Friends of the Earth und die Consumers' Association, die größeren und bekannteren Organisationen der *neueren* Umwelt- und Verbraucherbewegung sind präsent, aber trotz ihrer Größe nicht dominant.[21] Besonders betont wird in Gesprächen mit Aktivisten und Beobachtern aber die Tatsache, dass es gelungen war, auch die Unterstützung von *älteren* Umwelt- und Verbraucherorganisationen wie der Royal Society for the Protection of Birds und English Nature zu gewinnen; letztere hat bei der Regierung einen herausgehobenen Beraterstatus, der in etwa dem des Sachverständigenrats für Umweltfragen in Deutschland zu vergleichen ist (vgl. Levidow 1999). Im Sommer 1999 trat die Federation of Women's Institutes als ein eher konservativer, 'Middle England' repräsentierender Hausfrauen-Verein dem 'Freeze-Bündnis' bei. Darin hatten sich bis dahin schon 70 Organisationen zusammengeschlossen, um ein fünfjähriges Moratorium

---

[21] Vgl. die Zusammenstellungen von Organisationen in den Flugblättern der Freeze-Campaign, in dem vom Genetic Engineering Network im Juli 1999 herausgegebenen 'Passport to a GM-free Future' sowie in dem von Food Commission verfassten und von der Supermarktkette Iceland 1999 verteilten Konsumentenführer 'GM Free. A Shopper's Guide to Genetically Modified Food'.

für die Einfuhr, den kommerziellen Anbau und die Patentierung von transgenen Pflanzen zu fordern. Zu dem Bündnis gehört selbstverständlich auch die Soil Association, in der die organisch wirtschaftenden Bauern organisiert sind. Vehemente Unterstützung kommt auch von Prinz Charles, der sich schon in der Vergangenheit recht eigensinnig zu kulturellen Fragen geäußert hat. Trotz der Breite und Heterogenität der Bewegung gibt es nach Aussagen von Beteiligten wenig Rivalitäten und Reibereien – die Bewegung sei so schnell gewachsen, dass man bisher gar keine Zeit für 'in-fighting' gehabt habe.

In den Medien hat die Berichterstattung seit 1996 noch einmal enorm zugenommen; die Zahl der Artikel ist gegen Ende des Jahrzehnts ca. 5 mal höher als zu Anfang (Abbildung 5.1). Die Entwicklung bei Times und Guardian, als sogenannten Elite-Organen (neben dem Independent), können hier als generelle Indikatoren herangezogen werden, weil von ihnen auch die Meinungsführerschaft für Fernsehen, Radio und die Boulevard-Presse ausgeht (vgl. Bauer et al. 1998a: 166).[22] Neben dem allgemeinen Anschwellen der Berichterstattung ist hier inhaltlich eine interessante Entwicklung zu verzeichnen. Der Tenor der Berichterstattung wird von Bauer et al. (1998a) für den von ihnen untersuchten Zeitraum von 1972 bis 1996 – auf der Basis der Times (bis 87) und des Independent (ab 86) – als ausgesprochen positiv beschrieben:

> "Overall, an attentive reader of the elite press over nearly 25 years will have encountered biotechnology as a shining example of progress in which basic advances in molecular genetics are being harnessed to health and wealth creation in an increasing large number of different ways." (167)

Ich habe hier ab 1994 die Berichterstattung im Guardian untersucht, weil dieser gegenwärtig (1999) sehr deutlich Position gegen die Gentechnik, speziell gegen Feldversuche und transgene Lebensmittel bezieht. Überraschenderweise liegt der Grundtenor der Berichterstattung 1994 aber noch gar nicht weit von dem Urteil von Bauer et al. (1998a), es dominiert eine utilitaristische Darstellungsweise. Risiken und Bedenken wegen moralisch unerwünschter Anwendungsmöglichkeiten werden zwar erwähnt, aber stets in einer Form, in der sie als vollständig kontrollierbar erscheinen: Gerade weil man sie jetzt klar erkannt und zutreffend analysiert habe, könne man sie auch beherrschen. Erst 1997 erfolgt hier ein deutlicher Bruch, den wir unten näher analysieren wollen. Der Grundtenor wurde zu diesem Zeitpunkt eindeutig negativ. Die Times hingegen blieb auch noch 1998 auf ihrer deutlich positiven Grundlinie, kommt aber auch nicht umhin, die politischen Ereignisse darzustellen. Dies geschieht typischerweise so, dass sie die Einwände der Gegner kurz erwähnt, um dann den Argumenten der Befürworter umso breiteren Raum einzu-

---

[22] Die etwas umfänglichere Berichterstattung in der Times ist wohl damit zu erklären, dass die Times insgesamt etwa 25-30% mehr Artikel pro Jahr publiziert als der Guardian. Würde man diese Relation berücksichtigen, läge die Berichterstattungsintensität beim Guardian tendenziell höher als bei der Times. Für 1999 lagen Angaben bis einschließlich September vor, der Gesamtwert stellt eine Hochrechnung dar.

räumen. Allerdings stehen ab 1998 nach meinem Gesamteindruck die Times – und in noch eindeutigerer Weise der Economist – ziemlich isoliert als Felsen in der Brandung, denn die Berichterstattung gerade auch in der konservativen Boulevard-Presse ist ziemlich ablehnend; BBC als dominanter Fernseh- und Radioanbieter scheint beiden Seiten gleichviel Raum einzuräumen.

Umfragen zufolge ist die Bevölkerung ziemlich kritisch eingestellt. Eine 1998 durchgeführte Befragung durch das Meinungsforschungsinstitut Mori ergab, dass 77 Prozent den Anbau von transgenen Pflanzen stoppen und 61 Prozent keine Produkte mit transgenen Zutaten essen wollten. Andere Umfragen, insbesondere solche, die von Biotechnologiekonzernen geschaltet und vermutlich selektiv verwendet wurden, bringen niedrigere Ergebnisse. In der oben erwähnten *internen* Studie für Monsanto

Abbildung 5.1: Berichterstattung über Genetik und Biotechnologie in der britischen Presse

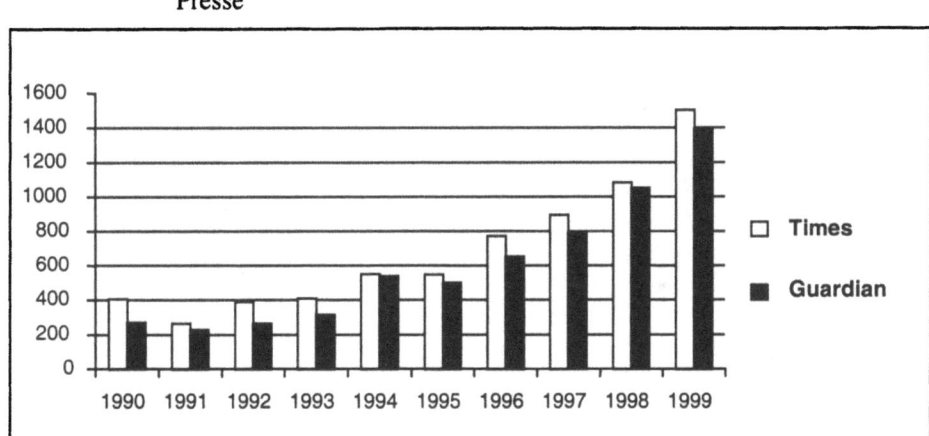

kommt Greenberg im Herbst 1998 ebenfalls zu einer deutlich negativen Einschätzung öffentlicher Akzeptanz:

"Overall feeling toward foods with genetically-modified ingredients have grown dramatically more negative, which is probably the best measure of our declining fortunes in Britain."

'Negative Gefühle' gegenüber transgenen Lebensmitteln seien von 38 Prozent im Vorjahr auf 51 Prozent gestiegen. viele Bürger seien nun der Meinung, dass Gentechnik in Pflanzen nichts zu suchen habe. Noch mehr wollten den Einsatz der Gentechnik in Lebensmittel gestoppt sehen. Allerdings merkt Greenberg auch an, dass vergleichbare Zahlen in Deutschland noch viel deutlicher zuungunsten der Biotechnologie ausschlügen (bei ansonsten aber viel ruhigerer Öffentlichkeit).[23] Meinungs-

---

[23] Das Eurobarometer ermittelt für 1999 in Großbritannien den Anteil der 'Gegner transgener Lebensmittel' in der Bevölkerung mit 53 Prozent – gegenüber 33 Prozent bei der Umfrage von 1996 (Gaskell et al. 2000: 938). In Deutschland ist im gleichen Zeitraum der Anteil der Gegner von 44 auf

umfragen sind in Großbritannien zu einer bedeutsamen politischen Waffe geworden, mit denen Unternehmen und wohlhabendere NGOs ihren Rückhalt in der Bevölkerung zu ermitteln und – bei günstigen Ergebnissen – öffentlich zu dokumentieren versuchen. Auch Blair begründet häufig seine Entscheidungen selektiv mit gerade passenden Ergebnissen von Umfragen und Focus-Gruppen – statt im Wechselspiel mit Regierung, Parlament und Partei wird Politik im 'Küchenkabinett' mit den 'Spin-Doktoren' gemacht.

Im Fall der Gentechnik jedoch hat New Labour lange Zeit die Umfrageergebnisse ignoriert und gegen die öffentliche Meinung Position bezogen. Die Tories und die Liberalen dagegen haben sich relativ bald nach Beginn des Gentechnikkonflikts auf die Seiten der Kritiker geschlagen. Der Beginn wird im mythischen Bewusstsein der britischen Öffentlichkeit auf die Ankunft der amerikanischen Soja und auf den Beginn der großen Feldversuche in Großbritannien datiert, so als ob es davor noch gar keine Gentechnik gegeben hätte. Die Tories, die in ihrer Amtszeit die Gentechnik ihrerseits stets nach Kräften unterstützt hatten, setzen also auf die Amnesie des Publikums sowie die Tatsache, dass sie alle Entwicklungen auf diesem Gebiet stets als Ergebnis 'Brüsseler Entscheidungen' porträtiert hatten. Die Times jedoch, ansonsten den Tories durchaus wohlgesonnen, verspottet diese Wendung als opportunistische 'Trittbrettfahrerei'. Widerstand kommt auch vom linken Flügel der Labour-Partei, wo einige Abgeordnete schon seit längerem relativ enge Beziehungen zum Kritikerlager unterhalten. Da Labour aber über eine komfortable Mehrheit verfügt, kann Blair die Opposition im Parlament ignorieren.

Angesichts der Kampagnen gegen 'Frankenfood' wetterte Blair lange Zeit – bis Februar 2000 – gegen den 'Alarmismus der Presse' und die 'Hysterie der Bevölkerung' und versicherte, er konsumiere gerne transgene Lebensmittel. Teile des Publikums fühlten sich dabei peinlich an den BSE-Konflikt erinnert, etwa wenn der Guardian kommentiert:

> "Labour has assured us that GM food is safe to eat. Tony Blair, we are told, likes nothing more than tucking into a plate of the brighter, cheaper, longer-lasting Frankenfood. Yet it is hard to feel comforted. After all, who can forget the image of John Gummer, the former agriculture minister, force-feeding his daughter a British beef burger?" (18.2.99: 14)

Als der Premier im Februar 2000 bekannt gab, es 'bestehe kein Zweifel', dass transgene Nahrung und transgene Pflanzen die menschliche Gesundheit und die Umwelt schädigen könnten, und dass die Regierung die Technologie nur mit 'größter Vorsicht' zulassen werde, kommentierte die Times säuerlich-süffisant: "Now it appears that Mr Blair prefers to eat his words."[24]

Doch unabhängig von der veröffentlichten Position des Premier hatte das Umweltministerium schon zuvor versucht, das Publikum auch mittels strengerer Regulierung von der Sicherheit transgener Produkte zu überzeugen. Der Hinweis von

---

51 Prozent gestiegen. 1999 war die Gegnerschaft in der EU am stärksten ausgeprägt in Griechenland (mit 81 %), der niedrigste Anteil von Gegnern wurde für die Niederlande verzeichnet (mit 25%).

[24] Times v. 28.2.00, Mick Hume: Blair's policy shift on GM foods, widely welcomed as proof of the greening of his government, looks more like evidence that it has turned yellow.

English Nature und der alt-etablierten Naturschutzverbände auf mögliche Schäden für die Artenvielfalt beim Einsatz der Herbizidresistenz sollte nun in großangelegten Feldversuchen überprüft werden. Zugleich hatte man sich mit den Biotechnologiefirmen darauf geeinigt, vorläufig auf die Kommerzialisierung der in Großbritannien angebauten Pflanzen zu verzichten. Beide Maßnahmen stießen bei den radikaleren Kritikern auf massive Vorbehalte: Die großangelegten Feldversuche seien ihrerseits nur ein Trick, die Kommerzialisierung voranzutreiben und freiwillige Zusicherungen seien nichts wert, da die Industrie nicht einmal die gesetzlichen Bestimmungen befolge. Insofern wird von dieser Seite auch die Behauptung vertreten, die Regierung habe sich noch keinen Schritt bewegt. Insgesamt scheint sich innenpolitisch der Streit nun auf die großangelegten Feldversuche – ihren Sinn, ihre wissenschaftliche Fragestellung und methodische Anlage, sowie die Zerstörung derselben seitens der Kritiker – zu konzentrieren, nachdem die weitere Kommerzialisierung transgener Pflanzen durch politische Entscheidungen auf EU-Ebene und ökonomische Prozesse in der Produktions- und Distributionskette weitgehend zum Stillstand gekommen ist.

Auf EU-Ebene haben die Umweltminister im Juni 1999 beschlossen, die anstehende Novellierung der Freisetzungs-Richtlinie, die auch die Bedingungen der Marktzulassung bestimmt, nicht wie ehedem geplant zu deregulieren, sondern sie vielmehr strikter als gegenwärtig zu fassen. Unterdessen – und mit der endgültigen Verabschiedung will man sich ca. bis 2003 Zeit lassen – sollen keine weiteren Produkte mehr genehmigt werden. Man hat sich also, unterstützt auch von der britischen Regierung, auf ein de-facto-Moratorium geeinigt; Frankreich und Griechenland hatten ein förmliches Moratorium gefordert (Guardian, 26.6.99: 8). 1998 ist von der EU auch die Kennzeichnung transgener Lebensmittel beschlossen worden, soweit sie nachweislich veränderte DNA enthalten; um die genauen Modalitäten der Umsetzung wurde 1999 noch gestritten.

Die offiziellen Kennzeichnungsvorschriften sind aber ohnedies praktisch längst überholt, weil die Verbraucherverbände im Verein mit den Supermärkten mittels ökonomischem Druck zwischenzeitlich weitergehende Regelungen durchgesetzt hatten. 1997 und 1998 sah es zunächst so aus, als ob die Biotechnologie-Industrie mit ihrer Behauptung Recht behalten sollte, dass transgene Produkte – angesichts der Komplexität der Produktions- und Distributionskette – nicht von herkömmlichen Produkten getrennt zu handhaben wären. Erste Kennzeichnungsvorschläge der EU-Kommission zielten entsprechend auf ein 'May contain'-Label, was zur Folge gehabt hätte, dass praktisch alle infrage kommenden Waren vorsichtshalber damit gekennzeichnet worden wären.

Die Unentschiedenheit auf EU-Ebene führte dazu, dass Teile des Handels und der Lebensmittelindustrie Druck auf ihre Zulieferer ausübten und/oder sich nach neuen Rezepturen umschauten, um transgene Zutaten sicher ausschließen zu können. Iceland war die erste Supermarktkette, die damit warb, dass Produkte der Eigenmarke vollständig gentechnik-frei seien. 1999 zogen alle übrigen Supermarktketten in Großbritannien nach und ließen sich von ihren Zulieferern herkömmlich produzierte Ware zivilrechtlich garantieren. Aufgrund des ökonomischen Konkurrenzdrucks bewegt man sich hier auf die weitergehende Forderung der Verbraucherverbände zu, auch solche Lebensmittel zu kennzeichnen (bzw. zu vermeiden), die im Verlauf ihrer Herstellung mit gentechnischen Methoden nur in Berührung gekommen sind, aber schließlich keine transgene DNA und keine transgenen Proteine mehr enthalten. Da sich in Europa und Fernost ähnliche Entwicklungen vollzogen haben, wurde die Produktionskette von hinten her aufgerollt. Große Getreidehändler zahlen mittlerweile bessere Preise für herkömmliche Soja und gentechnik-freien Mais. Viele Bauern in Amerika – Argentinien, Brasilien, USA und Kanada – sind entsprechend wieder zum Anbau herkömmlichen Saatguts übergegangen.

Analysten der Deutschen Bank haben Aktionären unterdessen empfohlen, Biotechnologie-Werte abzustoßen. Novartis hat seine Agrar-Biotechnologie-Sparte aufgegeben, nachdem seine US-amerikanische Babynahrungs-Tochter Gerber von Greenpeace zum Verzicht auf transgene Zutaten bewegt worden war. Sie wurde mit einem entsprechenden Derivat von AstraZeneca verschmolzen als Syngenta an der Börse feilgeboten. Monsanto hat beim Zusammenschluss mit Pharmacia & Upjohn seine Unabhängigkeit verloren; die Agrarsparte wurde abgespalten und wie Syngenta mit schlechtem Ergebnis an die Börse gebracht. Aventis wurde von den Behörden in den USA zu einer ca. 150 Millionen DM teuren Rückruf-Aktion gezwungen, weil ein nur für Futtermittelzwecke zugelassener Gen-Mais in Tortilla-Chips geraten war; daraufhin beschloss Ende 2000 auch der letzte noch im Feld verbliebene Life-Science-Konzern die Abspaltung seiner Agrartochter AgrEvo.

Diese relativ schnellen Reaktionen sind eventuell auch auf den neo-liberalen 'Shareholder-Value'-Kapitalismus zurückzuführen: Die kränkelnden Agrartöchter wurden als Findelkinder auf dem Börsenparkett ausgesetzt, um den Aktienkurs der Mutterunternehmen nicht zu gefährden, die in der Pharmasparte – also im Gesundheitssektor (vgl. Kapitel 4) – gerade auch wegen der Gentechnik florieren. Frühere technische Innovationen, z.B. die Einführung der Atomtechnik, waren von national ausgerichteten, in korporative Arrangements eingebundenen Unternehmen betrieben worden, die fest auf nationalstaatliche Unterstützung durch Subventionen, Abnahmegarantien, flankierende Gesetze und polizeiliche Repression vertrauen konnten und sich aufgrund der Abschottung und nationalen Verflechtung der Finanzmärkte wenig um ihren Börsenkurs sorgen mussten (vgl. Streeck 1998). Dagegen sind die Unternehmen heute viel stärker von der Stimmung auf den Waren- und Finanzmärkten und damit von der öffentlichen Meinung abhängig. Auch scheint die neo-liberale Entkopplung der Wirtschaft vom Staat nicht nur die in der Globalisierungsdebatte häufig beklagte politische Verantwortungslosigkeit der Unternehmen zur Folge zu haben, sondern auch umgekehrt den Effekt, dass die Regierungen sich nun stärker um die Wählerstimmen kümmern (müssen) als um den Erhalt der ohnehin in Auflösung begriffenen korporativen Arrangements.

5.4 Die Diffusion des alteritätsorientierten Diskurses

Wie oben (in Kap. 2.5 und 5.1.4) schon in allgemeinerer Form ausgeführt, beruhen Umweltkonflikte in der postindustriellen Gesellschaft auf der synergetischen Verbindung von neo-utilitaristischen und alteritätsorientierten Motiven, wobei Ausgangsverhältnisse, Prozessdynamiken und Transformationsergebnisse durchaus variieren können. Im Fall der Gentechnik scheint der Anstoß überwiegend alteritätsorientiert – im Unterschied etwa zum Klimakonflikt, der der Tendenz nach eher vom ökologisch aufgeklärten Neo-Utilitarismus inspiriert ist, weil es dort klarere und 'hautnähere' Schadensszenarien auf der Grundlage aufwändiger und massiv geförderter Risikoforschung gibt (vgl. Viehöfer 2000). Zwar hat es auch bei der Gentechnik, besonders in ihren Anfängen zu Beginn der 1970er Jahre, Warnungen von Seiten der Wissenschaft gegeben. Konkrete Befürchtungen, insbesondere im Hinblick für die menschliche Gesundheit, wurden aber zunehmend ausgeräumt bzw. durch gezielte Sicherheitsmaßnahmen gebannt (Krimsky 1982). Die im weiteren Verlauf bei der Freisetzung von transgenen Pflanzen vorgebrachten ökologischen Bedenken bezogen sich, soweit sie wissenschaftlich gestützt waren, im Allgemeinen auf Veränderungen in der wilden Natur und insgesamt relativ langfristige und vage Schadensszenarien – sie verwiesen also auf menschen- und wirtschaftsferne Schutzgüter und hatten keine klare Kosten/Nutzen-Bilanzierungen vorzuweisen (Gill 1998a).

Diese These widerspricht dem Augenschein insofern, als der Konflikt um die Gentechnik primär als 'Risikokonflikt' inszeniert wird, d.h. an allgemein akzeptierte und daher nicht weiter thematisierungspflichtige Schutzgüter anknüpft. Die Kritiker propagieren also in der allgemeinen Öffentlichkeit selten spezifisch alteritätsorientierte Vorstellungen – die behalten sie dort, oft aus taktischen Gründen, eher für sich. Sie beziehen sich vielmehr auf utilitätsorientierte Werte, die in der Verfassung oder im öffentlichen Bewusstsein fest verankert sind, und versuchen zu zeigen, inwiefern diese durch die Gentechnik verletzt werden.

Bei näherem Hinsehen lässt sich jedoch zeigen, dass in Bewegungsöffentlichkeiten, anders als in allgemeineren Öffentlichkeiten, alteritätsorientierte Vorstellungen von einem anderen 'guten Leben' und einem ganz anderen Naturumgang umfassend und unmaskiert propagiert werden (unten, Kap. 5.4.1). Aber das Terrain alteritätsorientierter Diskurse ist nicht nur die Bewegungsöffentlichkeit. Auch in der allgemeinen Öffentlichkeit setzen sich einige Denkfiguren des alteritätsorientierten Diskurses durch – und zwar in der Umwertung von Natur und Technik und in der Thematisierung unbekannter statt bekannter Gefahren (unten, Kap. 5.4.2). Schließlich bleibt aber selbst die institutionell-administrative Regulierung der Gentechnik nicht unberührt – hier verschieben sich, sehr kontinuitätsbedacht und am rationalen Begründungsmodus festhaltend, die Bewertungskriterien (unten, Kap. 5.6).

5.4.1 Bewegungsbohème

Die alt-etablierten Naturschutzorganisationen, wie etwa die Royal Society for the Protection of Birds und die neu-etablierten Umweltschutzorganisationen wie Friends of the Earth und Greenpeace, sind habituell 'bürgerlicher' – d.h. tendenziell einverstanden mit der herrschenden Ordnung, rationaler und konventioneller in der Wahl der Mittel, moderater in der Formulierung von Zielen. Die kleineren, neugegründeten und teilweise nur sporadisch existierenden Initiativen sind in reinerer Form 'alteritätsorientiert' – d.h. anti-kapitalistisch und anti-institutionell, expressiv und unkonventionell in der Wahl der Mittel, radikal in der Formulierung von Zielen. Soweit ich sie – bei meinem Besuch in Großbritannien im Spätsommer 1999 sowie durch eine Vielzahl von Internetseiten, Broschüren und Flugblätter – kennengelernt habe, erinnern sie in vielem an die deutsche Alternativbewegung der 1980er Jahre (in der ich damals selbst aktiv war).[25] In sehr stark verdichteter Form wird das zugehörige Weltbild in folgendem Poster deutlich, das bei dem Workshop 'Seeds of Resistance' ausgestellt war, bei dem ca. 30-40 sehr stark involvierte Aktivisten vorwiegend aus kleineren Initiativgruppen vom 6. bis zum 8. September 1999 in Cambridge zusammentrafen (Abbildung 5.2.). 'Seeds of Resistance' war eine Gegenveranstaltung zu einer parallel tagenden Weltkonferenz der Pflanzenzüchter, entsprechend wird hier die Bedeutung von Saatgut in einer anzustrebenden naturnahen und gemeinschaftlichen 'Agriculture' dem herrschenden industriellen und weltmarktgesteuerten 'Agribusiness' gegenübergestellt.[26]

Hervorstechend sind in der 'Agriculture' die Worte 'link', 'free' und 'gift', als Antipoden stehen ihnen im 'Agribusiness' 'broken unity', 'expensive' und 'private' gegenüber: In der lokalen Gemeinschaft, die von Erzählungen gestiftet und nicht durch Verträge begründet ist, besteht Verbindung zwischen den Menschen und mit der Natur; Saatgut wird frei ausgetauscht und ist ein Geschenk. Im Agrarkapitalismus ist die Einheit zwischen den Menschen und mit der Natur dagegen zerbrochen. Die Ausgangsvarietäten für die industrielle Saatgutzüchtung stammen zwar von Bauern und meist aus den Ländern des Südens, die sie Jahrhunderte lang kultiviert und gepflegt haben ('common heritage'). Sie werden auch häufig kostenlos oder sehr billig abgegeben, weil Saatgut dort traditionell frei ausgetauscht wird. Die daraus hergestellten Hochleistungssorten jedoch werden von den Saatgutkonzernen des Nordens patentiert. Diese gewinnen mit ihren Patenten marktbeherrschende Stellungen ('monopoly') und die Bauern müssen dann für teures Geld Saatgut in Warenform kaufen. Die bis dahin übliche Praxis der selbstständigen Vermehrung und des freien Austau-

---

[25] Wesentlicher Unterschied ist allerdings ihre 'typisch britische' Zivilität: Sie sind bei aller Radikalität und Militanz toleranter gegenüber habituell Fremden und politisch Andersdenkenden, weniger paranoid gegenüber potentiellen 'Spitzeln' und weniger aggressiv im Umgang untereinander.

[26] Die folgende Interpretation dieser Plakate beruht methodisch auf einer Zusammenfassung der dort aufgeführten Schlagworte zu Sinneinheiten, wie man sie in Kenntnis der einschlägigen Literatur zum Thema Grüne Revolution, Saatgut und Biodiversität, und der entsprechenden Initiativen von Ökologie- und Dritte-Welt-NGOs sowie von Dritte-Welt-Regierungen zusammenstellen kann (z.B. Flitner et al. 1998). Im Allgemeinen wurde dabei zur näheren Bestimmung der Wortbedeutung jeweils auch die Antipode auf der anderen Seite des Plakats zu Rate gezogen – die Bedeutung von 'lokal' links oben im linken Plakat wird präzisiert durch den Gegenbegriff 'global market' links oben im rechten Plakat. Das geht aber nicht immer: 'sustainable' vs. 'statistic', 'wholesome' vs. 'control', 'security' vs. 'monopoly' ergeben zwar im Kontext ihrer jeweiligen Plakatseite sehr wohl einen Sinn, kaum aber als Gegensatzpaar (weshalb in den folgenden Fußnoten die semantisch nicht zugehörigen Antipoden eingeklammert sind).

Abbildung 5.2: Gegenüberstellung von ‚Gut' und ‚Böse' in alteritätsorientierter Perspektive

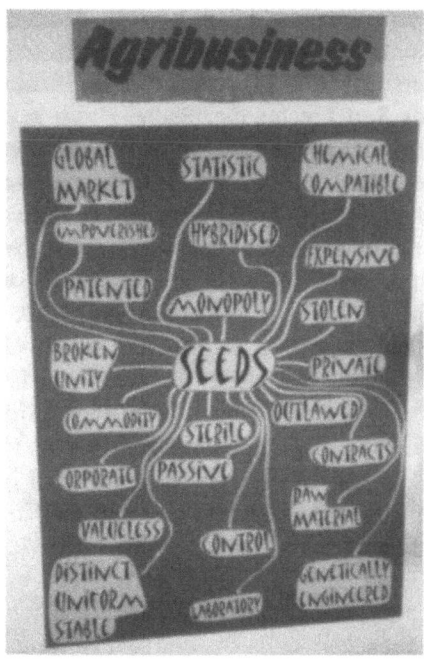

sches von Saatgut wird dann teilweise aufgrund von Patenten und Verträgen, teilweise aufgrund der Homogenitätsvorschriften des Saatgutverkehrsrechts verboten ('outlawed'). Die resultierenden Gewinne werden privat angeeignet. Im Ergebnis wird das Saatgut den Bauern des armen Südens von den reichen Konzernen des Nordens 'gestohlen'. Auf der Ebene sozialer Koordination wird also die sozialromantische Vorstellung einer freiheitlichen Gemeinschaft, wie sie bei kleinen Farmern in der Dritten Welt und bei Biobauern in den Industriestaaten ansatzweise realisiert scheint, der herrschenden, aber ungerechten Weltwirtschaftsordnung gegenübergestellt.[27]

Diesen sozialen Organisationsformen entsprechen nun unterschiedliche Herstellungsweisen und Umgangsformen mit der Natur. Saatgut wird im einen Fall als wertvolle Ressource angesehen, im anderen als bloßes Rohmaterial. Bei der naturnahen Züchtung findet offene Bestäubung im freien Feld, also gleichsam unbehinderte, von den Pflanzen selbst ausgehende Sexualität statt; die Pflanzen bleiben fruchtbar und die Saatgutentwicklung ist kreativ, d.h. vor allem vielfältig und an die unterschiedlichsten Standorte angepasst. Bei der Hybridisierung dagegen, d.h. der

---

[27] Die entsprechenden Gegensatzpaare sind:
    local vs. global market   community vs. corporate   exchange vs. outlawed
    stories vs. contracts   (security) vs. monopoly   free vs. expensive
    link vs. broken unity   common heritage vs. patented   shared vs. stolen
    gift vs. private   (inherently treasured) vs. commodity

mehr oder weniger gewaltsamen und künstlichen Verschmelzung von Erbmaterial im Labor, sind die Pflanzen passive Objekte und werden häufig absichtlich ihrer Vermehrungsfähigkeit beraubt, damit die Bauern jedes Jahr erneut Saatgut bei den Konzernen kaufen müssen. Saatgutkonzerne arbeiten mit statistischen Methoden, sie versuchen die Pflanzen in jeder Hinsicht zu kontrollieren, um das DUS-Kriterium des Sortenrechts einzuhalten,[28] das in den Industriestaaten für die Marktzulassung von Saatgut Voraussetzung ist. Das Sortenrecht, das zum Kauf und Anbau einer eingeschränkten Zahl von Hochleistungssorten zwingt, unterbindet traditionelle Züchtungsformen, die zu einer hohen Diversität von 'Landrassen' geführt haben. Bei der traditionellen, naturnahen Pflanzenzüchtung handelt es sich insgesamt um die kluge Anpassung menschlicher Herstellungsweisen an die Selbstorganisations-Prinzipien und ökologische Evolution der Natur, während die Agrarkonzerne mit gentechnischen Eingriffen die Pflanzen an die Chemikalien (Herbizide) anpassen, mit denen sie schon seit längerer Zeit Profit machen und das Land verpesten.[29]

Im Ergebnis führen diese Herstellungsweisen zu unterschiedlichen Ökobilanzen der Produktion und unterschiedlichen Qualitäten des Produkts. Die naturnahe Landwirtschaft erlaubt die Regenerierung der Bodenfruchtbarkeit, während Hochleistungssorten in Monokultur den Boden auslaugen. Der genetische Reichtum erhält und vergrößert sich bei der traditionellen Pflanzenzüchtung von selbst – während die Agrarindustrie die noch vorhandene Vielfalt, die zum Erhalt von Hochleistungssorten in jedem Fall erforderlich ist, durch die Tiefkühlung von Samen in sogenannten Genbanken mühsam und eventuell erfolglos zu konservieren versucht. Insofern erfüllt die naturnahe Landwirtschaft das heute vielfach (und vieldeutig) propagierte Kriterium der Zukunftsverträglichkeit ('Sustainability') und garantiert langfristige Versorgungssicherheit mit gesunden und nahrhaften Produkten. Die Erzeugnisse des Agrobusiness sind dagegen wertlos.[30]

Auf eine Formel gebracht: Gemeinschaft und Freiheit oder Konkurrenz und Ausbeutung, Frieden oder Krieg mit der Natur, langfristiger Wohlstand für alle oder kurzfristige Profite für einzelne. Dabei ist allerdings zu beachten, dass das Plakat

---

[28] DUS = distinct-uniform-stable. Eine zuzulassende Sorte muss von anderen Sorten hinreichend unterscheidbar sein, sie muss in sich selbst phänotypisch homogen sein, und sie muss über mehrere Generationen genetisch stabil sein, darf also kein rezessives Erbmaterial enthalten, das zunächst phänotypisch unbemerkt geblieben wäre, aber in den Folgegenerationen zu Abweichungen führen würde. Das Sortenrecht hat insgesamt die Funktion, Bauern mit qualitativ hochwertigem Saatgut zu versorgen – wobei 'Qualität' vorwiegend am Mengenertrag, teilweise auch an der Produktqualität ausgerichtet ist, aber kaum die ökologischen Bedingungen des Anbaus und den langfristigen Erhalt genetischer Vielfalt berücksichtigt.

[29] Die entsprechenden Gegensatzpaare sind:
precious ressource vs. raw material (wholesome) vs. control
open pollinated vs. hybridised diverse vs. distinct-uniform-stable
fertile+creative vs. sterile+passive ecological evolution vs. chemical compatible
field vs. laboratory self-organising vs. genetically engineered
(sustainable) vs. statistic

[30] Die entsprechenden Gegensatzpaare sind:
regeneration-impoverished security-(monopoly)
inherently treasured-(commodity) wholesome-(control)
sustainable-(statistic) nutritious-valueless

5.4 Die Diffusion des alteritätsorientierten Diskurses 211

grafisch als fokussierte Assoziation aufgebaut ist und nicht als Klassifikationsschema mit einer Über- und Unterordnung von Begriffen oder als Flussdiagramm mit Pfeilen für Wenn-Dann- bzw. Ursache-Wirkungsbeziehungen. Die Systematisierung, die ich hier vorgenommen habe – die Einteilung in 'soziale Koordination', 'Einstellung zur Natur' und 'Materielle Qualität der Ergebnisse' einerseits sowie die sequentielle Scheidung in Voraussetzungen und Ergebnisse andererseits – ist den Konventionen einer rationalistischen Wissenschaftssprache geschuldet, in die ich das Plakat hier zu übersetzen versuche, und eben nicht dem inhärenten Denkstil des Plakats. Innerhalb der jeweiligen Plakatseite selbst lässt sich nämlich fast keine Systematik erkennen oder anders ausgedrückt: Zentraler Bezugspunkt ist das Wort 'Seeds', denn darum ging es bei diesem Workshop, aber ansonsten bedingt sich offenbar alles wechselseitig und scheint alles mit allem verbunden.

Während das vorgestellte Plakat sich auf ein relativ komplexes und abstraktes Thema bezieht – den Welthandel mit Saatgut – werden im folgenden Gedicht das alteritätsorientierte Lebensgefühl, oder vielleicht besser gesagt, die romantischen Sehnsüchte, noch deutlicher. Es ist im 'Genetix Snowball Handbook for Action' (Kap. 8) abgedruckt – dem Handbuch für zivilen Ungehorsam in Form der oben erwähnten 'Dekontaminationen', d.h. Zerstörung von transgenen Pflanzen.[31] Als Autor des Gedichts ist dort Stephen Hancock mit Telefonnummer und E-mail-Adresse genannt – "available for performances". Es wurde erstmals beim Elder Stubbs Festival am 31. August 1996 in Oxford vorgetragen:[32]

All power to the allotments	**Alle Macht den Schrebergärten!**
humanity is born free	die Menschheit ist frei geboren,
But everywhere is in supermarket chains	ist aber überall in Supermarkt-Ketten,
buying 14.7cm long carrots	14,7 cm lange Karotten kaufend,
stripped of dirt, geography, effort, labour	gereinigt von Schmutz, Herkunft, Anstrengung und Arbeit,
stripped of content, context, joy and flavour	gereinigt von Inhalt, Kontext, Freude und Geschmack.
buying 14.7cm long carrots	14,7 cm lange Karotten kaufend,
stripped of carrothood	gereinigt von Karottenhaftigkeit

Alle Macht den Schrebergärten – das ist nicht ironisch gemeint, wie ich selbst zunächst annahm. Schrebergärten werden von der britischen Kritikerszene nicht als spießiges Gartenzwerg-Idyll verstanden, sondern als Widerstand gegen die Kommodifizierung des Lebens – und daher teilweise auch selbst betrieben. Wie man mir

---

[31] http://www.gn.apc.org/pmhp/gs/handbook/index.htm
[32] Ich habe es im Folgenden versucht zu übersetzen. Zum Teil enthält es Neologismen, die sich aus Klang- und Wortspielen ergeben, deren inhaltlicher Sinn – falls überhaupt intendiert – nur zu erahnen ist.

erzählte, dienten sie früher in der Arbeiterbewegung dem Zweck, das Haushaltsbudget aufzubessern. Die Miete für 'allotments' ist sehr niedrig. Auch traditionelle Schrebergärtner sind den Forderungen der Gentechnikkritiker sehr aufgeschlossen.

Die Menschheit ist frei geboren – das erinnert natürlich an Rousseau; das Wortspiel mit den Supermarkt*ketten* beruht implizit auf einem Marx-Zitat (von den Arbeitern, 'die nichts zu verlieren haben, außer ihren Ketten.')

Insgesamt wird die standardisierte Gesichts- und Geschmacklosigkeit von Lebensmitteln aus dem Supermarkt beklagt. Es geht also nicht zentral um Gentechnik, sondern um moderne Zucht-, Anbau-, Normierungs-, Verpackungs- und Distributionsformen generell – Gentechnik wird in diesen Kontext gestellt.

No! This Can Not Be So!	Nein! Das darf nicht sein!
This Can Not Be Right	Das kann nicht richtig sein!
Carrots have rights	Karotten haben Rechte,
essential, self-evident Carrot Rights	artentsprechende, selbstverständliche Karotten-Rechte:
to be accepted in their diversity	akzeptiert zu werden in ihrer Unterschiedlichkeit,
encouraged in their deviancy	bestärkt zu werden in ihrer Abweichung,
to be eased and shaken from their familiar earth	schüttelnd befreit zu werden von der Erde, die sie beheimatete,
with inefficient and unprofitable gratitude	mit unzweckmäßiger und unrentabler Dankbarkeit,
to be greeted by the eyes that have followed them from seed to seedling to maturity	gegrüßt zu werden von den Augen, die ihnen folgten von der Saat über den Schößling zur Reife,
to be welcomed by the eyes that will eat them	willkommen geheißen zu werden von den Augen, die sie essen werden
only thus	nur so,
only thus will we see the demise of the 14.7cm long carrotless carrot	nur so werden wir die 14,7 cm lange karottenfreie Karotte verschwinden sehen,
and carrot by carrot by carrot	und Karotte um Karotte um Karotte,
shall we pull the synthetic rugs from under the well-heeled feet of the Super Market Masters	werden wir den gutbetuchten Herren der Supermärkte den synthetischen Teppich unter den Füßen wegziehen.
So	Refrain:
More Power to Our Elbows!	Mehr Bewegungsfreiheit für uns!
& All Power to the Allotments!	& Alle Macht den Schrebergärten!

5.4 Die Diffusion des alteritätsorientierten Diskurses

Nun wird also das alteritätsorientierte Gegenbild zur herrschenden Standardisierung und Kommodifizierung entfaltet: Aufgrund einer (imaginierten) ursprünglichen Wesenhaftigkeit haben Karotten gleichsam natürliche Rechte – und zwar nicht auf Unversehrtheit, denn dann könnten Mensch und Tier sie nicht essen, sondern auf Vielfalt und Abweichung von der Norm, also auf artgerechte und naturgemäße Behandlung. Sie sollen daher nicht mit technisch und ökonomisch rationalem Mitteleinsatz bearbeitet, sondern regelrecht unbequem, d.h. mit eigener körperlicher Anstrengung und mit emotionaler Anteilnahme großgezogen und aus ihrer heimatlichen Erde geerntet werden. Gefordert wird die Beseelung der äußeren Natur, aber nicht nur um ihrer selbst willen, sondern auch, um die sinnliche Wiederaneignung der inneren Natur durch körperliche Anstrengung zu ermöglichen.

power comes from the water barrel of an allotment shed power comes from the meeting of rain and earth and sun power comes from the blade of a spade the turning of a fork the rhythm of a hoe power comes from the raw materials and means of production – seed, earth, trowel, spade, watering can – being in the hands of the proud and sweaty producer in generous, toiling, filthy, happy hands connected to generous, toiling, supple wrists connected to generous, weathered forearms connected to generous, toiling, unsung elbows Yes! More Power to Our Elbows! & All Power to the Allotments!	Macht kommt von der Wassertonne im Schuppen des Schrebergartens, Macht kommt von der Vereinigung von Regen, Erde und Sonne, Macht kommt vom Schaft des Spatens, vom Drehen der Heugabel, vom Rhythmus der Hacke. Macht kommt vom Rohmaterial und den Produktionsmitteln – Saatgut, Erde, Pflanzkelle, Spaten, Gießkanne – in den Händen des stolzen und verschwitzten Herstellers, in großzügigen, schuftenden, schmutzigen, glücklichen Händen, verbunden mit großzügigen, schuftenden, geschmeidigen Handgelenken, verbunden mit großzügigen, wettergerbten Unterarmen, verbunden mit großzügigen, schuftenden, unbesungenen Ellbogen. Ja! Mehr Bewegungsfreiheit für uns! & Alle Macht den Schrebergärten!

In dieser Strophe wird nun die Brücke zwischen innerer und äußerer Natur direkt geschlagen: Macht kommt von der äußeren Natur – Regen, Erde, Sonne – und einfachen Handwerkszeugen – Spaten, Heugabeln, Hacken etc. in Verbindung mit anstrengender und schmutziger aber zugleich glücklich machender Handarbeit, also dem Einsatz innerer Natur. Dies wird vor allem in sehr stark ästhetisierten Bildern beschrieben – zum Beispiel: Macht kommt vom Drehen der Gabeln, dem Rhythmus der Hacken. Aber zugleich – gleichsam als Stilbruch – steht mitten im Absatz eine Zusammenfassung in abstraktem, ökonomischem Jargon – Macht kommt von den Rohmaterialien und den Produktionsmitteln. Der Indikativ 'kommt' (statt 'sollte kommen') meint dabei wohl: Macht kommt *eigentlich* aus diesen Quellen und nur diese ursprüngliche Gestaltungskraft ist *legitime,* nicht-entfremdende Macht.

from each according to their agility	Jeder entsprechend seiner Beweglichkeit,
to each according to their taste	jedem nach seinem Geschmack!

this land yields food fit for a
   not a king nor a slave
   but fit for a human being
	Dieser Boden trägt Nahrung für Menschen – nicht für Könige oder Sklaven.

this land levels pretension this land plays host to the revolutions of the seasons this land cradles roots that undermine this land is shadowed by the joy of leaf and flower and fruit	Dieser Boden nivelliert Ansprüche, auf diesem Boden spielt sich der Jahreszeitenwechsel ab, dieser Boden gebiert Wurzeln die unterminieren, auf diesem Boden spielen freudig die Schatten der Blätter, Blüten und Früchte.
this land is an earthy barricade against the fascism of conformist uniformist uninformist bourgeois counter-revolutionary counter-evolutionary petite bourgeois imperialist materialist xenophobic terraphobic petty petite bourgeois consumerist illusionist confusionist reactionary refractionary petty petty petty bourgeois fascistically lit super market vegetable displays	Dieser Boden ist eine erdene Barrikade gegen den Faschismus konformistischer, vereinheitlichter, uninformierter, bürgerlicher, konterrevolutionärer, konter-evolutionärer, kleinbürgerlicher, imperialistischer, materialistischer, fremdenfeindlicher, erdfeindlicher, kleinkarierter kleinbürgerlicher, konsumgeiler, verblendeter, konfuser, reaktionärer, spalterischer (?), klein-,klein-,kleinkarierter, bürgerlicher faschistisch beleuchteter Gemüseregale in Supermärkten.
this land is an earthy barricade this land is an earthy serenade this land is an earthy cascade	Dieser Boden ist eine erdene Barrikade, dieser Boden ist eine erdene Serenade, dieser Boden ist eine erdene Kaskade

of root, fruit, shoot, leaf, flower	von Wurzeln, Früchten, Trieben, Blättern, Blumen,
of pod of sod of fodder	von Futtertrögen
for stomach, heart and soul	für Bauch, Herz und Seele.

Der eröffnende Slogan erinnert an Marx: Jeder nach seinen Fähigkeiten, jedem nach seinen Bedürfnissen!

'Dieses Land' – das ist wohl eine Anspielung auf den Song 'This land is your land' von Woody Guthrie aus der US-amerikanischen Arbeiterbewegung und erhebt einen linkspatriotischen Anspruch; das Lied war auch in der Alternativbewegung populär. 'Land' meint hier jedoch eher 'Boden', so wie er in den 'allotments' bearbeitet wird. Es wird offenbar eine soziale Revolution durch Naturkräfte ins Spiel gebracht: 'Der Boden' nivelliert Ansprüche (ohne Kapital verfügt jeder nur über seine eigene Behändigkeit), der Jahreszeitenwechsel findet in Form von Revolutionen statt, die Wurzeln der Pflanzen unterminieren die bürgerliche Herrschaft und schaffen eine alternative Versorgung für Magen, Herz und Seele.

Der Boden ist zugleich eine erdene Barrikade gegen Supermarktregale, die hier als Symbole für ein wort- und wortspielreich beschimpftes Spießbürgermilieu stehen. Gemeint sind wohl eher die eigenen Eltern, die eigene Verwandtschaft und Nachbarschaft als die Angehörigen einer anderen Klasse – der Vorwurf der Kleinkariertheit, des Materialismus und der Schmutzfeindschaft ('terraphobic') deuten in diese Richtung. Die Beschimpfung ist überaus massiv (Faschismus), aber zugleich scheint sie durch übersteigerte Intensität und die Verfremdung des vulgärmarxistischen Jargons selbstironisch gebrochen.

Comrades in spades!	Kameraden an die Spaten!
Let a hundred courgette flowers bloom!	Lasst hundert Zucchini-Blumen blühen!
let allotments roll higgledy piggledy across the land	Lasst Schrebergärten wie Kraut und Rüben über das Land wachsen,
like a harlequin's haphazard cloak of earthy hues	in erdigen Farbtupfern zusammengestückelt wie der Mantel eines Clowns!
Comrades in spades	Kameraden an den Spaten,
we have nothing to lose	wir haben nichts zu verlieren
but our neonic, demonic, necrophiliac, necrophobic	außer unseren neon-beleuchteten, dämonischen, nekrophilen, nekrophoben
supermarket chains!	Supermarkt-Ketten.
More Power to our Elbows!	Mehr Bewegungsfreiheit für uns!
All Power to the Allotments!	& Alle Macht den Schrebergärten!

| More Power to our Elbows! | Mehr Bewegungsfreiheit für uns! |
| All Power to the Allotments! | & Alle Macht den Schrebergärten! |

| More Power to our Elbows! | Mehr Bewegungsfreiheit für uns! |
| All Power to the Allotments! | & Alle Macht den Schrebergärten! |

'Comrades in spades' – das klingt wie Waffenbrüder (comrades-in-arms), aber zugleich bedeutet 'comrade' 'Genosse'. Dieser Anruf ist (selbst-)ironisch, er macht sich über den quasi-militärischen Korpsgeist der Arbeiterbewegung lustig. Die kreative Abwandlung marxistischer Kampfappelle zeigt sich im Aufruf zur Befreiung von Supermarktketten und zur Ermächtigung der Schrebergärten. Ähnliche Verballhornungen waren auch hierzulande beliebt, als in den späten 1970er und frühen 1980er Jahren die Spontibewegung die K-Gruppen verdrängte. Insgesamt fällt auf, dass in dem Gedicht zwar gelegentlich ein mehr diffuses als pathetisches 'Wir' auftaucht, die Szenerie in der Kleingartenparzelle ansonsten aber eher an eine Robinsonade (ohne Freitag) erinnert. Anders als im Plakat zuvor wird hier die eigene – erwünschte oder vermeintlich realisierte – Gemeinschaftlichkeit nicht näher charakterisiert; auch die Herrschaftsmechanismen des Gegners werden nicht näher beleuchtet. Nicht die soziale, sondern die ästhetische Dimension der Entfremdung und ihrer erstrebten Aufhebung durch naturnahe Vielfalt werden beschworen.

Die beiden vorgestellten Dokumente kommen dem Idealtyp des alteritätsorientierten Diskurses recht nahe, die 'linke' antikapitalistische Rhetorik ist entweder frühkommunistisch, also gemeinschaftlich (statt industriegesellschaftlich) ausgerichtet, oder ironisch gebrochen. Der Entstehungs- und Verbreitungskontext ist konsequent graswurzelförmig und schneeballartig, das heißt an dem Versuch orientiert, mit einem Minimum an Unterwerfung unter organisatorische Verbindlichkeiten dennoch weitreichende öffentliche Wirkung zu entfalten. Entsprechend ist der Stil auch weniger argumentativ als assoziativ: Es soll niemand auf eine feste Position eingeschworen werden, sondern zu eigener Sinnproduktion und Praxis angeregt werden. Inhaltlich betrachtet stellen die Dokumente den verabscheuten Produktions- und Konsumformen Vorstellungen von einem ganz anderen 'guten Leben' entgegen. Auffällig ist dabei, dass 'Risiken' – also die in der allgemeineren Öffentlichkeit vielfach thematisierten potentiellen Schäden – nicht im Zentrum stehen, sondern allenfalls peripher erwähnt werden. Dass die genormten Supermarktkarotten irgendwie 'schädlich' seien, wird nicht behauptet – sie sind vielmehr Symbole einer materiell wohlversorgten, langweiligen, leblosen Welt. Auch die Anklage gegen das 'Agrobusiness' konzentriert sich auf Entfremdung im Umgang mit den Mitmenschen und der Natur, während ökologische Zerstörung und soziale Ungerechtigkeit, die Standardvorwürfe in der breiteren Öffentlichkeit, hier bloß nebenbei angesprochen werden.

Dokumente dieser Art, mit einem umfassenden Entwurf positiver Gegenwelten, sind allerdings selbst bei den 'unbürgerlichen' Gruppen nur selten anzutreffen. Betrachtet man ein repräsentatives Sample von Newslettern, Flugblättern, Broschüren und Webseiten, so findet sich hier überwiegend Berichterstattung über die Aktionen und Ereignisse im Gentechnikkonflikt – natürlich auch als Spiegel des eigenen, expressiven Engagements –, viel anti-kapitalistische Rhetorik, und nicht zuletzt Informationen und Argumente zu den ökologischen Problemen der industrialisierten Landwirtschaft im Allgemeinen und der transgenen Pflanzen im Besonderen. Insofern weicht selbst in den vom Habitus und der Organisationsform her 'alteritätsorientiertesten' Teilen der Bewegung der Realtyp des Diskurses durchaus vom vorgestellten Idealtyp ab. Es soll auch nicht behauptet werden, dass der hier vorgestellte Idealtyp der *'eigentlich'* wirksame Motivkomplex sei, und alle anderen Argumente und Rhetoriken nur strategisch vorgeschoben wären. Was Menschen 'wirklich' denken entzieht sich der Beobachtung – der außenstehenden ohnehin, vielfach aber auch der eigenen. Der alteritätsorientierte Idealtyp stellt hier vielmehr einen geistigen Fluchtpunkt der Diskursanalyse dar, von dem aus einer Vielzahl von Äußerungen und Praktiken tendenziell Sinn verliehen werden kann, die ansonsten als erratisch, widersprüchlich und unverständlich erscheinen müssten: Würde man die anti-kapitalistische Rhetorik auf sozialistische Ideale bezogen interpretieren, könnte man die gleichfalls vorhandenen anti-industriellen Impulse nicht verstehen. Würde man die ökologische Rhetorik auf neo-utilitaristische Nachhaltigkeit bezogen interpretieren, könnte man nicht verstehen, warum 'rationale' Risikoforschung und Sicherheitsmaßnahmen bei vielen Kritikern auf so wenig Gegenliebe treffen (s.u.). Würde man die Graswurzel-Förmigkeit der Organisation unter der Maßgabe von Effizienzkriterien beurteilen, käme man zu dem paradoxen Ergebnis, dass sie – zumindest sporadisch – sehr effizient sein kann, gerade weil sie sich selbst nicht an Effizienzkriterien orientiert. Wenn man allerdings Hoffnungen – wie vage, skeptisch gebrochen und imaginär auch immer – auf ein ganz anderes Leben und einen ganz anderen Naturumgang unterstellt, dann kann man verstehen, warum das utilitäre Räsonnement über 'Chancen und Risiken' vielfach auf taube Ohren stößt.

5.4.2 Medienöffentlichkeit

Wenn man rückblickend, z.B. auf das Jahr 1994, die Berichterstattung im Guardian betrachtet – jener Zeitung, die später die Pressekampagne gegen transgene Nahrung anführen sollte – ist man überrascht, in welch ruhigem Ton die meisten Artikel gehalten sind. Typischerweise wird berichtet, dass ein neues Gen entschlüsselt und daher einerseits Hoffnung auf verbesserte Heilungschancen für eine Krankheit bestünden, andererseits aber auch gewisse ethische Probleme aufgeworfen würden. Oder dass in der Grundlagenforschung bestimmte Durchbrüche erzielt wurden. Oder man liest im Wirtschaftsteil, dass das Unternehmen X die Firma Y aufgekauft habe. Man schreitet Schritt für Schritt voran, konkrete Chancen nutzend und konkrete Risiken meidend. Große, in die Zukunft ausgreifende Horizonte von der Biotechnologie als 'Goldenem Füllhorn', von der Arbeitsplätze schaffenden 'Schlüsseltechnologie' werden kaum ausgemalt. Die positive, aber nüchterne Grundstimmung ist offenbar schon (und noch) so selbstverständlich, dass sie implizit bleiben kann. Anknüpfend an Ergebnisse aus der humangenetischen Forschung ist das Nature-

Nurture-Thema als Grundsatzdebatte dauernd und aus deutscher Perspektive erstaunlich präsent[33] – wahrscheinlich weil man in einer radikal marktliberalen Gesellschaft wie Großbritannien einerseits krasse Ungleichheiten, andererseits aber selbst die vergleichsweise geringen Sozialausgaben ständig rechtfertigen muss. Die Diskussion um ökologische und gesundheitliche Risiken spielt noch kaum eine Rolle.[34] Allerdings finden sich schon 1994 im Guardian gelegentlich längere Artikel, die sich gerade in ihrer Form radikal unterscheiden, indem sie nämlich in ganz umfassender, in alle möglichen Bereiche ausgreifender Weise das Für und Wider der Gentechnik erörtern.[35] Dabei ist die Balance des Pro und Contra (wie sie in vielen Medienanalysen gemessen wird) für die Wirkung vermutlich viel weniger wichtig als die Entgrenzung und Ent-Systematisierung des Themas: Indem der Leser von allen Seiten in für ihn unüberschaubarer Weise mit widersprüchlichen und heterogenen Argumenten bombardiert wird, verliert er schnell den Überblick und muss vermutlich zu dem Eindruck gelangen, dass der Gegenstand nicht nur für ihn, sondern auch für die Experten nur schwer zu überschauen und daher auch kaum zu kontrollieren ist.[36]

Soweit zur 'Vorzeit'. 1997 entfaltet sich dann im Guardian der Konflikt. Zwar gibt es auch weiter die von 1994 bekannte Berichterstattung über die Erfolge der Wissenschaft. Aber nun werden die Debatten-Beiträge zahlreicher, indem man Kritikern wie Befürwortern ein Forum bietet oder ihre Argumente ausführlich referiert. Zugleich nimmt nun die Berichterstattung über die politischen Ereignisse infolge der Einfuhr von transgenem Mais und Soja breiten Raum ein. In diesem Rahmen kommt es nun zur Risikodebatte im engeren Sinne, in der sich drei wichtige semantische Prozesse vollziehen: die Abgrenzung von Natur und Technik, die Einebnung der Grenze zwischen Wissen und Nichtwissen sowie die Ausbildung von Brückenargumenten.

5.4.2.1 Die Abgrenzung von Natur und Technik
Die Kritiker gehen davon aus, dass die Gentechnik unnatürlich *und* vollkommen neu sei:

> "Genetic engineering crosses a fundamental threshold in the human manipulation of the planet – changing the nature of life itself." (Guardian 22.12.98: 17, Leserbrief).

> "Biologists have traditionally been passive observers of the natural world, content merely to describe what they see through their binoculars or microscope. But 20 years ago, some

---

[33] In der Times ist diese Frage – ob menschliche Eigenschaften erblich oder umweltbedingt seien – geradezu eine Obsession.

[34] Bei dieser Darstellung handelt es sich um eine vereinfachende Zuspitzung: Die Thematisierung betriebswirtschaftlicher Transaktionen und der Nature-Nurture-Debatte wird besonders intensiv in der Times betrieben, im Guardian ist sie nur in abgeschwächter Form zu finden. Die Medienanalyse von Bauer et al. (1998a: 166f.) deutet darauf hin, dass diese Art der Berichterstattung für die gesamte Vorzeit des Konflikts typisch ist.

[35] Vgl. v.a. John Vidal/John Carvel: Lambs to the gene market, The Guardian 12/11/94: 25. Sowie Colin Spencer: Designer genes, The Guardian 24/9/1994: 58.

[36] Dass der Tenor der Berichterstattung auf das Urteil des Medienrezipienten keinen Einfluss hat, wurde jüngst von Peters (1999) gezeigt. Über die angesprochene Wirkung der Form des Argumentationsflusses liegen (mir) keine empirischen Untersuchungen vor.

5.4 Die Diffusion des alteritätsorientierten Diskurses 219

biologists began to use new knowledge to pioneer a radical form of engineering whose aim was to design and build new forms of life." (Guardian 8.9.98: 7)

"His 'orange pippins', presumably Cox's, were produced by cross-breeding apples and only apples, a completely natural process. Genetically-modified vegetable and fruit, on the other hand, are frequently altered by inserting totally alien genetic material, often from animals or fish, into their DNA." (Guardian 12.8.98: 17, Leserbrief)

Interessant ist, dass diese Behauptung in sehr zugespitzter Form artikuliert wird. Tatsächlich stellt sie nämlich eine Reaktion auf den Versuch dar, Gentechnologie in eine Reihe mit natürlicher Fortpflanzung und traditionellen Züchtungsmethoden zu stellen:

"It has often been said – usually in ignorance – that geneticists are "playing God" or, in less tabloid fashion, that they are "usurping the role of God in the creation of life". The fact of the matter, however, is that sexual reproduction shows that human beings have always had a significant role to play in creation." (Times 17.10.98: 17)

"The Advisory Committee on Novel Foods and Processes, including scientists and academics, said in an unpublished paper that conventional methods of crop improvement, including using wild relatives and different species, already had the potential to introduce risks into the food chain and change quantities of DNA, the building block of life." (Guardian 31.12.97: 4)

Diese Assimilation an Natur und Tradition erfolgt also, um den Vorwurf der moralischen Grenzüberschreitung und eines wesentlich erhöhten Risikos abzuwehren. Tatsächlich werden damit aber bereits Konzessionen an identitäts- und alteritätsorientierte Überzeugungen gemacht. Es wird nämlich implizit akzeptiert, dass es Grenzen der menschlichen Verfügung über die Natur geben solle und dass die Natur dem Menschen zuträglich sei. Letzteres ist die zentrale Annahme, die dem Streit über transgene Lebensmittel zugrunde liegt:

"The profound influence food has on the human organism is under the control of nature, and nature alone. Science still does not know all the ingredients in foods. More frightening still is that science does not know fully how food interacts within the system. Nature does." (Guardian 12.8.98: 17, Leserbrief)

Natur wird hier als ein gleichsam göttliches Wesen – allwissend und wohlwollend – vorgestellt. Technische Eingriffe hingegen sind gefährlich, weil sie auf unvollständigem Wissen beruhen.

Diese Annahme steht im diametralen Gegensatz zu der in Großbritannien immer noch häufig geäußerten Behauptung, dass Natur und Tradition schädlich, Wissenschaft und Technik dagegen (über-)lebensnotwendig seien. Geradezu idealtypisch wird im Folgenden die utilitätsorientierte Naturvorstellung präsentiert:

"If the anti-progress groups are allowed to mount the loudest argument, mankind may be deprived of a great contribution, not just to the quality of our lives, but to the defeat of two of the apocalyptic threats to human survival – famine and disease." (Times 23.6.98: 23, Leserbrief)

Die Gentechnik sei – aufgrund ihrer Exaktheit – sehr viel weniger gefährlich als traditionelle Züchtungstechniken oder gar die wilde Natur:

"Genetic engineering is far more precise – and thus predictable – than the gene movements which occur in nature. When plants fertilise, cross-fertilise and hybridise in the wild, large numbers of genes are transferred in a haphazard fashion. Even traditional plant breeders, who harness these processes, cannot avoid mobilising many more genes than they wish." (Guardian 18.12.97: 5)

Dabei richtet sich diese Argumentationslinie allerdings nicht mehr gegen den Umweltschutz, sondern wird neo-utilitaristisch reformuliert. Einerseits sei die Gentechnik selbst eine Umweltschutzmaßnahme, indem sie schädliche Chemikalien, also ältere Technik ersetzt:

"'Environmentalists' (and I am one) should applaud the principle of genetically engineered food crops. It offers the prospect of nitrogen-fixing, pest-resistant strains which are vastly preferable to the costly fertiliser and pesticide used now. These chemicals cause huge damage to wildlife and its habitats. I don't know what they do to people." (Times, 13.6.98: 23, Leserbrief)

Andererseits sei sie von Fall zu Fall zu kontrollieren. Jedenfalls solle Umweltschutz nicht auf irrationaler Naturverehrung gründen:

"If we are concerned for the environment, we will choose which genetic modifications to oppose, and which not to worry about. As a whole, the vociferous movement against genetic modification is only secondarily concerned for the environment. Its primary motive is a superstitious fear of 'interfering with nature'". (Guardian 11.8.98: 13, Leserbrief)

Wie man sieht, stehen sich hier, jedenfalls in den Extremformen, vollkommen unvereinbare, aber auf der Basis ihrer jeweiligen normativen Prämissen – 'Natur ist gut' versus 'Technik ist gut' – durchaus schlüssige Auffassungen gegenüber. Die utilitaristische Auffassung nimmt natürliche Bedrohungen zum Ausgangspunkt, verweist darauf, dass man diese nur mit positivem Wissen beeinflussen könne, und vertraut darauf, dass sich Technikfolgen wiederum mit weiterem wissenschaftlichem und technischem Fortschritt beherrschen lassen. Die Auffassung 'Nature knows best' unterstellt eine segensreiche Natur und wird gegen technische Eingriffe immer darauf beharren, dass alles positive Wissen stets unvollständig und vorläufig bleibe und dass es in der Vergangenheit, trotz aller gegenteiligen Versicherungen, immer wieder zu technisch und industriell verursachten Katastrophen gekommen sei.

Diese normativen Grundüberzeugungen haben sich nicht erst in der Gentechnikdebatte entwickelt – so kurzfristig lassen sich fundamentale Konzepte nicht 'konstruieren' – sondern sind vorgängig in den jeweiligen Anwendungsbereichen anzutreffen.[37] Im Gesundheitsbereich sind gentechnisch hergestellte Heilmittel mittlerweile fast vollständig akzeptiert (vgl. Kapitel 4). Zwar gibt es auch dort naturheilkundliche Vorstellungen und Verfahren, aber die wenigsten Menschen greifen ausschließlich auf diese zurück. *Krankheit* wird im Allgemeinen als Angriff aus der äußeren oder Versagen der inneren Natur verstanden – der 'schlechten' Natur soll hier mit 'guten' (gen-)technischen Mitteln begegnet werden. Wie wir aber oben

---

[37] Das zeigt sich auch daran, dass diese Einstellungen zur Natürlichkeit der Nahrung und die daraus resultierende Abwehr gegen transgene Nahrungsmittel in Fokusgruppen-Interviews bereits vor dem Ausbruch des Konflikts in Großbritannien ermittelt wurden (Grove-White et al. 1997).

5.4 Die Diffusion des alteritätsorientierten Diskurses

(Kap. 5.2) gesehen haben, hat sich dagegen im Landwirtschafts- und Nahrungsmittelbereich in postindustriellen Gesellschaften, in denen man *Hunger* fast nur noch aus den Geschichtsbüchern kennt, eben weitgehend die Norm durchgesetzt, dass Natur und Tradition segensreich und gut seien.

In der Gentechnikdebatte ging es also nicht darum, eigene Wertungsmuster herzustellen, wohl aber darum, wie an die vorhandenen anzuknüpfen sei. Im Nahrungsmittelbereich hatten die Plädoyers für die Gentechnik wohl von vornherein einen schlechten Stand. Weil es keine natürliche Bedrohung mehr gibt, gerät die kohärente, gradlinige Version des Utilitarismus in Schwierigkeiten. Zwar wird versucht, hier ersatzweise den 'Hunger in der Dritten Welt' zu mobilisieren, aber dieses Argument sticht kaum, weil es, auch im wörtlichen Sinne, 'weit hergeholt' ist – sei es, dass es den aktuellen Solidarisierungshorizont übersteigt, oder dass es mit Hinweis auf die herrschenden Verteilungsmechanismen zurückgewiesen wird. Am ehesten scheint es noch bei regelmäßigen Kirchenbesuchern auf Resonanz zu stoßen, wie ein Fokusgruppen-Experiment der Universität Lancaster zeigt: Hier findet sich tatsächlich eine Kombination von weitem Solidaritätshorizont mit starker Technologiegläubigkeit (Grove-White et al. 1997: 41f.).

Da die direkte utilitaristische Rechtfertigung also auf wenig Resonanz stößt, versucht man die Gentechnik als naturverbundenes Unternehmen zu verstehen und darzustellen.[38] Dem kommt entgegen, dass transgene Organismen sich phänomenologisch kaum oder gar nicht von anderen Organismen unterscheiden, äußerlich also ohne weiteres 'biologisch', 'organisch' und 'natürlich' erscheinen. Diese Diskursstrategie hat auch im Hinblick auf die rechtliche Regulierung Vorzüge, weil dort natürliche und traditionelle Gefahren im Allgemeinen nachsichtiger behandelt werden als technisch herbeigeführte Risiken. Allerdings gerät man mit dieser Assimilationsstrategie in Widersprüche. Man kann dann nämlich kaum noch erklären, inwiefern die Gentechnik technisch innovativ und ökonomisch erfolgversprechend sein soll. Gerade die Anmeldung von Patenten für gentechnische Verfahren und transgene Substanzen setzt voraus, dass es sich um 'Erfindungen' und eben nicht um Entdeckungen handelt. Widersprüche, die in der Öffentlichkeit nicht unbemerkt bleiben:

> "It declares an organism "novel" when it wants to claim it as property, and as "natural" when it wants to avoid the responsibility of risk." (Guardian 18.12.97:5)

Ergebnis der Redefinitionskämpfe in der Gentechnikdebatte der späten 90er Jahre scheint jedenfalls zu sein, dass die Demarkation zwischen Natur und Technik haltbarer denn je ist. Es gelang den Kritikern sogar, den Term 'genetische Verschmutzung' zu etablieren. Mitte der 90er Jahre hat das selbst unter kritischen Experten niemand mehr für möglich gehalten. Denn nachdem sich seit Ende der 80er Jahre sukzessive gezeigt hatte, dass bei Freisetzungen die Ausbreitung von genetischem Material kaum zu kontrollieren ist, setzte sich bei den Regulierungsbehörden allmählich die Auffassung durch, dass nicht schon die Ausbreitung, sondern erst ein konkretes Schadenspotential ein Hinderungsgrund für den Einsatz von transgenen Organismen

---

[38] Vgl. z.B. auch Winnacker, E.L.: Der 8. Tag der Schöpfung, in: Bild der Wissenschaft 2/1987, S.40ff.

sei (Gill et al. 1998: Kap. 8). Nun wird aber, auch ohne konkreten Schadenshinweis, das transgene Material als solches als unwiderrufliche 'Verunreinigung' gewertet:

> "Environmentalists say the scale of the testing is endangering the countryside. 'This genetic pollution is irrevocable and unlike an oil spill it cannot be cleaned up,' said Adrian Bebb of Friends of the Earth." (Observer 12.4.98: 8)

Die politische Wirksamkeit dieser Formel wird erst in ästhetischer Perspektive nachvollziehbar: Natur soll möglichst rein bleiben, um als imaginative Gegenwelt fungieren zu können. Genetische Verunreinigung als Zivilisationsspur würde die Grenze zwischen Welt und Gegenwelt aufheben und damit die Imagination zerstören. Die Tatsache, dass man genetische Verunreinigung, anders als anderen in die Landschaft geworfenen Zivilisationsmüll, nicht sieht, verstärkt den Effekt – man muss dann nämlich überall damit rechnen.

5.4.2.2 Die Erosion der Grenze zwischen Wissen und Nichtwissen

Während also die Grenze zwischen Natur und Technik gegen alle Subversionsversuche verstärkt wurde, wurde im Verlauf der Debatte die Grenze zwischen Wissen und Nichtwissen tendenziell eingeebnet. Diese Grenze ist eine zentrale Obsession des Utilitarismus, gerade auch dann, wenn durchaus eingeräumt wird, dass Schäden nicht nur von der Natur, sondern auch von der Technik herrühren können. Denn wenn eine potentielle Gefährdung nicht klar umrissen werden kann, lässt sich keine Schadens-Nutzen-Abwägung vollziehen; es kann auch nicht mit wohlbemessenen Abwehrmaßnahmen reagiert werden. Im Zweifel gilt dann doch Fortschrittsoptimismus – spekulative Risikoszenarien oder gar ein ganz allgemeiner Hinweis auf die 'Ungewissheit' des Ausgangs eines neuen Projekts waren früher schlicht indiskutabel (vgl. Wildavsky 1991). In der Debatte um transgene Pflanzen und Lebensmittel wird nun Ungewissheit, mit all ihren paradoxen Implikationen, zum gewichtigen Argument und selbst in der Times diskursfähig:

> "We simply do not know the long-term consequences for human health and the wider environment of releasing plants bred in this way (...) The lesson of BSE and other entirely man-made disasters on the road to 'cheap food' is surely that it is the unforeseen consequences which present the greatest cause for concern. Even the best science cannot predict the unpredictable." (Times, 8.6.98: 1)

Bestritten wird auch die Behauptung, dass die Gentechnik besonders präzise sei:

> "Doug Parr, author of the Greenpeace report, Genetic Engineering: Too Good to Go Wrong?, said the advisers had 'missed the essential criticism – that genetic engineering is an unpredictable technique'. He argued that introducing new DNA was a random process, and disrupting genes in host organisms had unknown consequences." (Guardian 31.12.97: 4)

Diese pauschale, ans Grundsätzliche rührende Argumentationsform ist in den späten 90er Jahren zentral geworden und ersetzt teilweise die Mobilisierung von konkreteren Einwänden. Auf diese kann aber auch nicht ganz verzichtet werden, weil sonst die Ungewissheit ihre bedrohliche Einfärbung verlieren würde und auch als Chance begriffen werden könnte. Indem die Hinweise auf Schadenspotentiale gelegentlich

5.4 Die Diffusion des alteritätsorientierten Diskurses

recht monströs ausfallen ("'superweed nightmare' confirmed"), bizarre gentechnische Veränderungen hervorgehoben ("tomatoes spliced with fish") und sinistre Urheber ("'greed driven' companies") stilisiert werden, wird selbst in der seriösen Presse die Tür für unheimliche Bedrohung und schwarze Romantik geöffnet:

> "Will 'Frankenstein foods' cause two-headed rabbits to sprout in fields otherwise denuded of life except for giant tomatoes?" (Guardian, 20.2.1999: 7)

Ähnlich wie schon die Befestigung der Grenze zwischen Natur und Technik, ist auch die diskursive Öffnung der Grenze zwischen Wissen und Nichtwissen nicht ein voraussetzungsloses Ergebnis der jüngeren Gentechnikdebatte. Schon seit den 1970er Jahren verschiebt sich, aufgrund der Erosion des Fortschrittsglaubens und wegen leidvoller Erfahrungen, generell die Beweislastverteilung zu mehr Vorsicht (Morone/Woodhouse 1986; Gill 1999). Auch in Großbritannien wurde in dieser Hinsicht bereits vor dem akuten Ausbruch der BSE-Krise über das ungewissheitsbasierte Vorsorge-Prinzip (Precautionary Principle) diskutiert (vgl. O'Riordan/Cameron 1994). Aber erst im Rahmen der BSE-Krise wurde aus einer akademischen Diskussion eine öffentliche Debatte, wobei wiederum interessant ist, dass erst 1998 die Kopplung zwischen den beiden Themen breiter vorgenommen, oder anders ausgedrückt, die 'Lehre aus BSE' für transgene Nahrung thematisiert wurde.[39]

An diesem Punkt ist es auch interessant, über das Verhältnis der beiden Grenzen – Natur-Technik einerseits, Wissen-Nichtwissen andererseits – nachzudenken. Im utilitaristischen Diskurs gilt zunächst eine Präferenz für Technik (Zivilisation) und gegen Natur (Wildheit). Aber rational betrachtet – und zwischen Utilitarismus und Rationalismus besteht Wahlverwandtschaft (Kap. 2.3) – ist die Natur nicht immer schädlich und die Technik nicht immer unschädlich. Es kommt vielmehr darauf an, *zu wissen*, was schadet und was nützt. Insofern wird die Grenze zwischen Natur und Technik in ihrer Bedeutung relativiert. In diesem aufklärerischen Sinne ist auch der Verweis auf 'Natur' als Entschuldigung bei entsprechenden Katastrophen-Phänomenen, wie z.B. Erdbeben, immer weniger wirksam, wenn 'die Verantwortlichen' vorher davon wussten – oder eben *gewusst haben könnten* – und *technisch mögliche*

---

[39] In den eindeutig auf Biotechnologie bezogenen Artikeln des Guardian ist BSE 1994 einmal und selbst 1997 erst zweimal erwähnt (der Höhepunkt der BSE-Krise war 1996/97). Für 1998 sind dann 18 und bis Ende September 1999 17 Nennungen zu verzeichnen. Die Tatsache, dass die Reaktion gegenüber 'Frankenfood' in Großbritannien seit 1996 immer heftiger wurde und in ihrer Heftigkeit alle europäischen Partnerländer übertraf, die Reaktion gegenüber BSE andererseits nach 1996 abflaute, obwohl erst seit diesem Zeitpunkt allmählich klar wurde, welche massiven Folgen für die menschliche Gesundheit zu befürchten sind und wie die Öffentlichkeit systematisch getäuscht worden war, ist eventuell als 'Übersprungshandlung' zu deuten: BSE war hausgemacht und ein Angriff auf 'British Beef', d.h. ein Nationalheiligtum. Zudem war hier 'das Kind schon in den Brunnen gefallen', das meiste infizierte Fleisch schon gegessen und insofern die Vorstellung naheliegend, dass die Übertragung auf den Menschen schon stattgefunden haben würde – wenn sie denn in dem befürchteten Maße stattgefunden haben sollte. Das könnten Gründe gewesen sein, BSE doch lieber wieder in den Hintergrund zu drängen. Transgene Soja, transgene Pflanzen und Nahrungsmittel insgesamt dagegen bedrohten überwiegend von außen. Man musste auf nichts verzichten, wenn man sie boykottierte. Und man konnte Einfuhr, Anbau und Verbreitung noch verhindern, weil sie im Wesentlichen erst bevorstanden. Zudem werden BSE und 'Frankenfood' als Symbol für die gleichen fehlgeleiteten Agrarstrukturen gesehen. Man kann also 'Nonsanto' peitschen und BSE meinen, ohne sich dabei allzu sehr ins eigene Fleisch zu schneiden.

Vorkehrungen unterlassen hatten (Gill 1997). Aber immer dann, wenn die Grenze zwischen Wissen und Nichtwissen nicht mit Verweis auf die Autorität der nächstbesten Expertenmeinung abgesteckt werden kann, herrscht Ungewissheit. Das ist nach dem Verlust eines unhinterfragten und generalisierten Fortschrittskonsenses, der selbst schon die Privilegierung der Technik über die Natur bedeutete, häufig der Fall. Bei Ungewissheit aber besteht ein Bedarf an Entscheidungskriterien a priori – und als solches rückt dann wieder die Unterscheidung zwischen Natur und Technik ins Zentrum, nur diesmal mit umgekehrten normativen Vorzeichen.

Systematischer ausgedrückt: Die Debatten *Natur vs. Technik* und *Nichtwissen vs. Wissen* sind logisch aufeinander bezogen und stellen in bestimmten Kontexten funktionale Äquivalente dar. Fällt die Entscheidung zugunsten der Technik, dann ist das Nichtwissen-Argument irrelevant, weil der heroische Zweck – technischer Fortschritt um seiner selbst willen – die nicht-intendierten Nebenfolgen heilt und heiligt. Berücksichtigt werden dann nur konkrete, auf Wissen beruhende Einwände. Nichtwissen wird erst dadurch zum Argument, dass 'Natur' – also die Unterlassung von technischen Innovationen – ohnehin präferiert wird. Wenn die Wertentscheidung Natur vs. Technik von vornherein eindeutig wäre, bräuchte man sich also über Nichtwissen vs. Wissen überhaupt nicht zu streiten. Nun ist es aber so, dass sich auch die meisten 'Naturfreunde' von technischen Projekten überzeugen lassen, wenn deren allseits erwünschte Folgen bekanntermaßen groß und unerwünschte Nebenfolgen nach heuristischen Prinzipien weitgehend auszuschließen oder sicher zu kontrollieren sind. Auch viele 'Technikfreunde' sind eventuell zur Vorsicht gegenüber bloß geahnten Gefahren zu bekehren, wenn nach heuristischen Prinzipien mit schweren und irreversiblen Folgen zu rechnen ist. Da man für oder gegen Werte wie Natur vs. Technik nicht gut argumentieren kann – entsprechende Überzeugungen bilden sich eher narrativ als argumentativ –, verlagert sich der Streit oft auf die Ebene von Nichtwissen vs. Wissen. Es ist daher auch nicht erstaunlich, dass gerade in Fachöffentlichkeiten der Kampf um *Wissen versus Nichtwissen* dominiert, während der Kampf um *Technik versus Natur* oft implizit bleibt.

Entsprechend wird letzterer auch, wie wir oben gesehen haben, eher in Leserbriefen als in redaktionellen Beiträgen explizit – dort wirken die professionellen Hemmungen gegenüber dem bloßen Meinen, das nicht aus dem Mund eines Akteurs, sondern aus der Feder eines Journalisten stammt. Aber letztlich ist die Wertungsebene entscheidend: Bei medizinischen Anwendungen der Gentechnik spielt der Diskurs über Nichtwissen praktisch keine Rolle mehr, weil sich dort die Vorstellung durchgesetzt hat, dass Technik immer noch besser sei als der (natürliche) Tod (vgl. Kapitel 4).

5.4.2.3 Brückenargumente

Wie wir gerade gesehen haben, ist schon die Thematisierung von Ungewissheit zweideutig: Im alteritätsorientierten Diskurs knüpft sie an das Motiv des diffus Ungeheuerlichen, gleichsam in Form der Nouvelle Vague an, im neo-utilitaristischen Diskurs stellt sie eine aus rationalen Gründen gebotene Vorsicht dar. Die Forderung nach mehr Wissenschaft zum Zwecke der Risikoforschung kann für sich genommen vielerlei bedeuten: (1) Ein strategisches Zugeständnis des traditionellen Utilitarismus, um Zeit zu gewinnen. (2) Gekoppelt mit einer Moratoriumsforderung, eine strategische Selbstrücknahme des alteritätsorientierten Diskurses, um breitere Resonanz zu finden. (3) Oder ein neo-utilitaristisch inspirierter Lerneffekt, geboren aus der Einsicht, dass die Beachtung früher Warnungen besser ist als späte Reue.

In dieser Art gibt es eine ganze Reihe weiterer Brückenargumente, die Anschlüsse und Wiedererkennungseffekte in mehrere Richtungen erlauben. So wird nicht nur in der Bewegungs-, sondern auch in der allgemeinen Medienöffentlichkeit vielfach Kritik an den Praktiken von Konzernen geäußert. Auch sie ist nach mehreren Seiten hin resonanzfähig: Im alteritätsorientierten Diskurs mit der Anspielung auf Zwang, Entfremdung und Kontrolle über 'Leben'; im traditionell linken Diskurs mit der Anspielung auf Ausbeutung; und im wirtschaftsliberalen Diskurs mit dem Hinweis auf Monopolbildung und 'gekaufte' Politik. Gefordert wird regelmäßig ein strengeres Vorgehen gegen Interessenverquickung sowie eine transparentere und unabhängigere Besetzung der einflussreichen externen Beratungsgremien.

Ähnlich hat sich auch in der Patentierungsdebatte eine Diskurskoalition mit einem gemeinsamen Ziel, aber gegensätzlichen Werthorizonten gebildet: Die NGOs sehen in der 'Patentierung von Leben' die kommerzielle Aneignung der Natur und eine Lizenzierung der Gentechnik. Aber auch viele Genforscher wenden sich gegen Patentierung, weil sie den freien Austausch unter Wissenschaftlern erschwert. Und die Schwellenländer sehen sich durch Patente in ihren eigenen biotechnologischen Aufholbemühungen behindert.

Durch diese Brückenargumente eröffnet sich für die Gentechnikkritik ein verzweigtes Netz von teilweise durchaus überraschenden Diskurskoalitionen.

5.5 Überschreitung der Artgrenzen als Provokation des identitätsorientierten Diskurses

Die positive Bewertung der Natur und die Anerkennung der Grenzen unseres Wissens kann sowohl aus eher alteritäts- wie auch aus eher identitätsorientierten Motiven erfolgen. In einer allgemeineren Form hatten wir schon oben (in Kap. 4.3.1) angesprochen, dass vielfach die Vorstellung zu finden ist, 'Gottes Schöpfung' oder anders ausgedrückt, der 'natürlichen Evolution' wohne eine Weisheit inne, die vom Menschen – auch von 'der Wissenschaft' – nur unzureichend begriffen werden kann. Es gibt aber noch eine spezifischere Form, wie identitätsorientierte Naturvorstellungen im Gentechnikkonflikt diskursiv ins Spiel kommen: bei der Aversion gegen die Überschreitung der Artgrenzen. Besonders deutlich wird dieser Aspekt bei Fokusgruppen-Diskussionen, wie sie von der Universität von Lancaster im Auftrag des Lebensmittelkonzerns Unilever und mit Unterstützung von Umweltgruppen durchgeführt wurden (Grove-White et al. 1997). Dabei kommen Laien aus unterschiedlichen Milieus zu Wort, indem sie auf die Stichwortvorgaben eines Moderators hin eine Diskussion beginnen – es handelt sich hierbei um eine etwas andere Erhebungsmethode als Fragebögen oder offene Interviews, wie sie in Großbritannien relativ häufig praktiziert wird, um 'dem Volk' wissenschaftlich kontrolliert 'aufs Maul zu schauen'. Während der Mediendiskurs eher strategisch gefilterte Meinungen von Eliten zum Ausdruck bringt, spiegelt der Fokusgruppen-Diskurs stärker die Sichtweisen in Alltagsdiskussionen wieder.

Zunächst einmal wird hier sichtbar, was Giddens die Sicherung des 'ontologischen Vertrauens' durch Alltagsroutine nennt (vgl. Kap. 2.2). Gegen gentechnische Manipulation der Nahrung spricht zunächst einmal, dass hier etwas verändert werden soll, das man nicht zu verändern braucht:

> "Well what's wrong with how things have been for years and years? What's wrong with a tomato, or what's wrong with the banana (...)" (Lancashire Working Women; in: Grove-White et al. 1997: 41)

Man kann in diesem Sinn auch von einem Essenzialismus des Alltagslebens sprechen. Die Dinge sollen so bleiben wie sie sich über die Zeit hin eingespielt haben:

> "But I also think it can go a bit too far, because a tomato is a tomato really isn't it, and I think that they're trying to do so much, and make food so much better, I think they don't know what they're getting rid of and I think they can tamper too much (...) Well I don't think it's right because like it's saying they're changing the actual species, and each species has adapted for its own life, and it isn't fair to change that so we can see something that looks nicer." (Lancashire School Girl; ebd.: 39)

Die Nahrung, die man 'Jahre über Jahre' gegessen hat, wird als natürlich aufgefasst. Aber die Leute wissen sehr wohl, dass sie das im materiellen Sinne nicht ist. 'Natürlich' meint vielmehr 'traditionell eingewöhnt'. Interessant, wie in diesem Sinne eine Linie zwischen die bisher schon hochgradig synthetische und die transgene Nahrung getrieben wird:

> F: "I was just thinking though about, like food that's in the supermarkets now, pre-processed or pre- (...) you know, so you don't have to do all the fiddly bits yourself, but I don't think of it as being scientific. I mean you're transferring [genes] (...) I think that's something completely different."
> F: "It's like pre-processed isn't it, so they've cooked it for you."
> F: "They've done things you would do to it." (...)

Industriell prozessierte Nahrung wird also lediglich als vorgekocht aufgefasst, so als ob bei der Zubereitung und Konservierung nichts anderes geschähe als im eigenen Haushalt. Mehrfach wird geäußert, dass bei der transgenen Nahrung dagegen Gene im Spiel seien und dass das 'wissenschaftlich' sei – also unnatürlich. Hier hakt der Moderator nach:

> Mod: "So what's totally different here, why is this suddenly totally different?"
> F: "Because they're talking about genes."
> F: "Basic ingredients isn't it?"

F: "What are they trying to do, are they trying to put sort of animal genes, mix sort of two sorts of animals?"
F: "And plants."
F: "Or mix sort of two sorts of plants."
F: "Animal or plants."
F: "You don't, like, we have pets, we have babies but we don't mix their genes."
(North London Working Mothers; ebd.: 40)

Mit der herkömmlich schon industriell prozessierten Nahrung geschehen also (vermeintlich) nur Dinge, die man auch selbst tun würde, aber Gene würde man niemals mixen. Dabei kommt häufig die Assoziation ins Spiel, dass man von diesen Manipulationen über die Assoziationskette 'Pflanzen-Tiere-Menschen' schließlich selbst betroffen sein könnte:

"They're messing with food, the next thing is going to be human beings." (Lancashire Church Goers; ebd.: 50)

Pflanzen und Tiere sollen bleiben wie sie sind, damit man sich selbst gleich bleiben kann. Insofern sichern die Artgrenzen auch die Grenzen der eigenen Identität. Regelrechten Abscheu ruft das vom Moderator vorgestellte Projekt hervor, Schweinen menschliche Gene einzupflanzen, damit sie schneller wachsen. Die Forschungsgruppe fasst die Reaktion zusammen:

"There was overwhelming shock at the proposal to genetically modify pigs in this way. The strong feeling expressed ranged from revulsion at the prospect, to concerns for the animals involved. Indeed people tended to become more sceptical about genetic modification in total when the pig example was raised, as it seemed to raise questions concerning the trustworthiness of those involved: if they were doing this, what else would they do and where would it lead? Thus for many participants, the tenor of the discussion changed from one of ambivalence or fair-mindedness, to one of outrage and disgust. All except two groups raised the issue of cannibalism – eating human genes felt fundamentally wrong. It was both disgusting and immoral." (ebd.: 46)

Die massivsten Bedrohungsgefühle scheint also die Überschreitung der Grenze zwischen Mensch und Tier auszulösen. Dieser Befund deckt sich auch mit der Beobachtung, dass es starke Vorbehalte gegen die Xenotransplantation gibt, also der Übertragung von tierischen Organen auf Menschen, obwohl hier ein therapeutischer und daher allgemein akzeptierter Zweck vorliegt.

Insgesamt zeigt sich also, dass besonders in Laienöffentlichkeiten identitätsorientierte Einwände gegen die Gentechnik besonders deutlich zum Ausdruck kommen.

5.6 Institutionelle Veränderungen als neo-utilitaristische Adaption der Kritik

Der alteritätsorientierte Diskurs hat im Verlauf der Jahre 1997 und '98 weitgehend die Lufthoheit in den Medien gewonnen (oben, Kap. 5.4); er ist dabei auf starke Resonanz in der Bevölkerung getroffen, die ihrerseits allerdings eher identitätsorientiert als alteritätsorientiert zu sein scheint (oben, Kap. 5.5). Aber deswegen allein muss sich am Lauf der Dinge nichts ändern – Talk ist nicht Action. Die Frage ist also, ob und wie verschärfte Bewertungsstandards etabliert und Handlungsroutinen dauerhaft verändert werden. Hier würde man wohl erwarten, dass am ehesten die gewählten Politiker reagieren – zunächst mit symbolischen Zugeständnissen und, wenn es gar nicht anders geht, mit tatsächlich wirksamen Eingriffen. Wie oben schon angedeutet, verhält es sich aber genau umgekehrt. Auf der symbolischen Ebene stand die Regierung Blair lange Zeit treu zur Gentechnik, während sie sich hinter den nationalen Kulissen im Rat der Umweltminister dem de-facto-Moratorium nicht widersetzt und auch 'zuhause' in Großbritannien den administrativen Vollzug beinahe 'klammheimlich' verschärft hat – vermutlich in der Hoffnung, restriktivere Bestimmungen würden die Akzeptanz verbessern helfen. Wohl noch viel nachhaltiger geändert haben sich die Bedingungen für transgene Pflanzen und transgene Lebensmittel aber durch die Konkurrenz der Supermarktketten, die darum wetteiferten, gentechnikfreie Waren anbieten zu können.

5.6.1 Die Erweiterung des administrativen Schadensbegriffs

Schon die seit 1990 EG-weit gültige Freisetzungsrichtlinie (90/220) geht weit über herkömmliches utilitaristisches Gefahrenrecht hinaus, und zwar in zweierlei Hinsicht: (1) Es handelt sich um eine ungewissheitsbasierte Regulierung nach dem Precautionary Principle mit offenem Suchhorizont, d.h. ohne vorab festgelegte Kriterien, was als gefährlich zu gelten hat und was nicht. (2) Nicht nur utilitäre Güter wie menschliches Leben und Eigentum, sondern auch die 'übrige' Natur wird geschützt. Es bleibt dabei offen, welche Veränderungen an der wilden Natur als Schaden anzusehen sind.

Auf Basis dieser Rechtslage erteilte das britische Umweltministerium Mitte der 1990er Jahre, gestützt durch das Votum einer wissenschaftlichen Kommission (ACRE)[40], eine Genehmigung zum kommerziellen Anbau von herbizidresistentem Raps, die – allerdings erst nach kontroverser Diskussion – auf EG-Ebene bestätigt wurde. Dabei wurden fünf Einwände erörtert, von denen vier ohne größere Schwierigkeiten zurückgewiesen werden konnten (Levidow et al. 1997; ACRE 1999a):

1) Einwand: Es kommt zum 'Durchwuchs' von herbizidresistentem Raps in der Folgekultur (z.B. in Hafer). Dieser Durchwuchs stellt selbst eine Verunkrautung dar. Aufgrund der Herbizidresistenz kann er nicht mit dem Komplementärherbizid bekämpft werden, oder anders ausgedrückt, das Komplementärherbizid wird in der Folgekultur nutzlos.
Bewertung: Es sind andere chemische oder mechanische Methoden zur Bekämpfung verfügbar.
2) Einwand: Transgener Pollen wird vom Wind oder durch Bienen auf nicht-transgene Rapsfelder gebracht und kann so die transgene Eigenschaft dorthin ü-

---

[40] ACRE: Advisory Committee on Releases to the Environment.

bertragen. Es ergeben sich im Prinzip die gleichen Probleme wie beim 'Durchwuchs', allerdings ist u.U. ein anderer Landwirt davon betroffen.
Bewertung: Hier sind ggf. entsprechende Sicherheitsabstände zum Nachbargrundstück einzuhalten.
3) Einwand: Raps steht, anders als nicht-einheimische Nutzpflanzen wie Mais oder Kartoffel, mit einer Reihe von Wildpflanzen in genetischem Austausch. Auf diese Weise können artverwandte herbizidresistente Unkräuter entstehen, die sich mit dem Komplementärherbizid dann nicht mehr bekämpfen lassen.
Bewertung: Dieses Problem gibt es auch schon bei nicht-transgenen Pflanzen. Es entsteht regelmäßig bei dauerhafter Verwendung des gleichen Herbizids, d.h. vor allem dann, wenn kein Fruchtwechsel stattfindet. Das ist unter europäischen Anbaubedingungen unwahrscheinlich.
4) Einwand: Ausbreitungsmöglichkeit der transgenen Pflanzen jenseits der Felder auf Ackerrändern, Feldwegen und Brachen.
Bewertung: Transgener Raps ist nicht invasiver als nicht-transgener Raps. Die Herbizidresistenz stellt hier keinen besonderen Selektionsvorteil dar, weil auf diesen Flächen keine Herbizide ausgebracht werden.

Hartnäckig gehalten hat sich dagegen der fünfte Einwand, dass es insgesamt zu einem fortgesetzten und eventuell sogar verstärkten Herbizideinsatz komme. Da durch die Herbizidresistenz der Einsatz von Breitbandherbiziden wie 'Round-Up' und 'Basta' möglich wird, die alle nicht-resistenten Pflanzen im Einsatzbereich töten und damit auch Lebensraum und Nahrungsreserven von Insekten und Vögeln vernichten, würde insgesamt die Biodiversität auf landwirtschaftlichen Flächen verringert. Diese Bedenken wurden nicht nur von den britischen Umweltschutzverbänden, sondern auf EG-Ebene auch von den Skandinavischen Ländern vorgetragen. Sie konnten nicht überzeugend entkräftet werden. Im britischen und EG-weiten Genehmigungsverfahren setzte sich allerdings die Auffassung durch, dass diese Bedenken nicht in den Regelungsbereich der Freisetzungsrichtlinie fielen, da es sich nicht um eine Wirkung des transgenen Organismus, sondern des Herbizids handele und hier andere Gesetze und Behörden zuständig seien. Allerdings war die Pestizidzulassung – in Großbritannien durch das Landwirtschaftsministerium – bis dahin nur darauf eingestellt, die 'Wirksamkeit' und die 'Sicherheit', d.h. vor allem seine direkte Schädlichkeit für Tiere, zu überprüfen. Auf die Kontrolle der Verwendungsmuster und Gesamtmengen, die sich durch die neuartigen Pflanze/Wirkstoff-Kombination potentiell verändern würden, war auch sie nicht eingestellt. Kritiker monierten hier entsprechend eine 'regulatorische Lücke' (z.B. GeneWatch 1998).

Zu diesem Zeitpunkt existierte 'die Natur' also schon als Schutzgut, es gab auch ein relativ aufwändiges Verfahren zur Vorabschätzung möglicher Auswirkungen. In diesem Verfahren wurde aber – anders als im Mediendiskurs – deutlich zwischen 'Exposition' (d.h. der Verbreitung des transgenen Materials) und Risiko unterschieden. Daher kam es nicht auf die 'Reinheit der Natur' an – die von den Kritikern vorgebrachten Hinweise auf 'Kontaminationen' wurden lediglich als 'Expositionen' aufgefasst. Daraus möglicherweise erwachsende definierbare Schadenspotentiale ('hazard') wurden jedoch entweder geleugnet oder in administratives Niemandsland abgeschoben.

Im Februar 1999 kam es dann zu einer Re-Evaluation dieser Bewertung durch das Umweltministerium und ACRE in Form von zwei Berichten. In einem Bericht wird die Genehmigung von 1994 im Licht neuester wissenschaftlicher Erkenntnisse diskutiert, die von den Kritikern auch oft zitiert wurden, um die Gefährlichkeit transgener Pflanzen zu belegen. Der Bericht kommt nach sehr umfangreichen Erörterungen zu dem Schluss, dass demnach zwar Pollenflug über größere Distanzen und Hybridisierung von Raps mit Wildpflanzen wahrscheinlicher sei als ursprünglich angenommen (vgl. oben Punkt 2 und 3), dies aber an der Gesamtbewertung letztlich nichts ändere. Für die Berücksichtigung des Herbizidgebrauchs (Punkt 5) sei man nach wie vor nicht zuständig; diese sei erst möglich, wenn die Novellierung der Freisetzungsrichtlinie auf EG-Ebene in dieser Hinsicht abgeschlossen sei. Der Bericht kommt zu dem etwas gewundenen Schluss:

> "We suggest that ACRE's review of its advice on the release of the PGS oilseed rape must consider whether it agrees with the conclusion that the risk to human health and the environment is low, or, if greater than we suggest, that it is a risk which can readily be managed." (ACRE 1999a: 5)

Indem sich also ACRE einer wissenschaftlichen Neubewertung verweigerte und insofern *diese* Begründungsmöglichkeit für einen Politikwechsel abschnitt, kam einem zweiten Bericht, obwohl vorsichtig als 'Diskussionspapier' bezeichnet,[41] eine erheblich größere öffentliche Bedeutung zu. Er wurde bei seinem Erscheinen in der Presse sofort umfassend kommentiert; Vertreter der alt-etablierten Naturschutzverbände sprachen von einem 'U-turn' der Regierung und selbst *Friends of the Earth* begrüßten ihn als 'Schritt in die richtige Richtung'.

In diesem Papier wurde der Aspekt einer geänderten Herbizidverwendung – sowie allgemeiner die aus der Verwendung des transgenen Organismus resultierenden indirekten Effekte – explizit anerkannt und in die administrative Zuständigkeit einbezogen:

> "It has been suggested that a number of potential adverse effects may arise from the release of GM crops into the environment. The likelihood of these effects occurring depends on the plant which was modified, the novel characteristics introduced by the genetic modification, *and the way that the GM plant is used.* (Herv. von mir, B.G.; ACRE 1999b: §12)

Rechtlich wurde die Ausweitung der Zuständigkeit durch eine Rückbesinnung auf die Bestimmungen zum Schutz der Biodiversität begründet:

> "In 1994, the UK Biodiversity Action Plan (UKBAP) was published (...) to implement the UK commitments under the Convention on Biological Diversity. This year DETR issued a consultation paper 'Making Biodiversity Happen', which was a supplement to the 'Op-

---

[41] Interessant ist auch, dass hier ein Autor namentlich angegeben ist (beinahe so, als ob es sich um eine Privatmeinung handelte); zudem ist bemerkenswert, dass er nicht aus dem Kreis der ACRE-Mitglieder, also aus der von der Regierung unabhängigen Kommission, sondern aus dem Umweltministerium stammt.

portunities for Change' document issued on 4 February 1998 which invited views on a revised strategy for sustainable development." (ebd.: § 18)

Man griff also auf rechtliche Ressourcen aus einer anderen, gleichwohl inhaltlich einschlägigen Regulationsdomäne zurück, die man natürlich, entsprechenden politischen Willen vorausgesetzt, auch schon früher, spätestens seit 1994, hätte in Anschlag bringen können. Zugleich wurde – implizit im Widerspruch zum ersten Bericht – darauf hingewiesen, dass schon die derzeitige Fassung der Freisetzungsrichtlinie der EU nationale Ausnahmen erlaube und insofern die Aussetzung von EG-weit erteilten Genehmigungen und die Erweiterung des Beurteilungsbereichs keine Kollision mit gültigem EG-Recht darstelle.

Ausgangspunkt des Berichts ist die relativ dramatische Darstellung des Rückgangs der Vogelpopulationen in Großbritannien, die auf die Intensivierung der Landwirtschaft zurückgeführt wird. Wie wir uns erinnern, ist die *Royal Society for the Protection of Birds* eine sehr alte und die größte Naturschutzorganisation in Großbritannien – Vögel sind also eine Art Nationalheiligtum der Briten. Alle übrige, durch die Intensivierung der Landwirtschaft unmittelbarer beeinträchtigte 'Biodiversität' – Wildpflanzen und Insekten – werden dazu als Nistplätze und Nahrungsressourcen ins Mittel gesetzt. Es kommt hier also zur Kopplung von älterem, alteritätsorientiertem Naturschutz als der emotional und medial eingängigen Besorgnis um 'charismatic megafauna' und neo-utilitaristisch motiviertem Umweltschutz, der auf den Erhalt von Artenvielfalt und der genetischen Ressourcen abzielt und in wissenschaftlichen und administrativen Kreisen stärker resonanzfähig ist, indem er sich auf abstraktere Konzepte von ökologischer Resilience und zukünftigem Bedarf von Wildgenen für die Einzüchtung in Kulturpflanzen bezieht.

Besonders interessant ist aber die Tatsache, dass es nicht einfach um den Schutz von 'Wildlife', sondern ausdrücklich von '*Farmland* Wildlife' geht – so schon im Titel. Hier wird eine bislang häufig praktizierte Sektoren-Trennung aufgehoben, nämlich zwischen 'sauberen', d.h. aufgrund von Pestiziden – "Round-Up"! -ausschließlich von Nutzpflanzen besiedelten Äckern einerseits, auf denen einzig das Gebot der Ertragssteigerung gilt, und der 'freien, wilden Natur' andererseits, die, sich selbst überlassen, als Rückzugsraum biologischer Vielfalt und alteritätsorientierter Projektionen dient. Diese Trennung sei in Großbritannien nicht möglich:

> "Approximately 75% of the UK land surface is farmed; one third for crops and set aside and two thirds for grassland and rough grazing. (...) The fact that most of our countryside is farmed, has to a large extent shaped our fauna and flora and therefore farms play a crucial role in sustaining wildlife diversity and abundance as a whole in the UK. Farming must therefore co-exist with nature conservation." (ebd.: § 12)

Mit anderen Worten: 'Unkräuter', oder wie es dann besser heißen muss: Nutzpflanzenbegleitflora hat eben auch ihren Sinn, selbst wenn sie der unmittelbaren Ertragssteigerung im Wege steht. Damit werden zugleich auch administrative Zuständigkeitsgrenzen überschritten, indem sich nun die Naturschutzbehörden in Belange einmischen können, für die ehedem nur das Landwirtschaftsministerium zuständig war.

Allerdings wird betont, dass man damit nur einer Besonderheit europäischer Kulturlandschaft Rechnung trage, während in den USA und Kanada, aufgrund der Weite des Landes andere natürliche Voraussetzungen gegeben seien:

> "This is an important feature of farming in the UK and other European countries, compared to the USA and Canada where GM crops are already widely grown. In these countries, large areas of land are dominated by farming, but large areas are also set aside for nature conservation. However, in many European countries farming takes place in the countryside and crops are close to semi-natural habitats. The potential effects of GM crops on biodiversity in North America and Europe should not be compared too closely because of this fundamental difference." (ebd.: § 12)

Wichtig zu wissen: In den USA und Kanada werden transgene Pflanzen bereits in größerem Umfang angebaut. Dennoch ist nicht unmittelbar klar, weshalb darauf Bezug genommen wird und warum dieser defensive Einschub erfolgt. Will man keine zu starken Differenzen im wissenschaftlich-technischen Modernisierungsprojekt aufkommen lassen? Scheut man im angelsächsischen Mutterland die politische Auseinandersetzung mit der großen Tochter? Eine spezifischere Erklärung ergibt sich aus dem Kontext der Kabinettspolitik: Die Befürworter der Gentechnik haben dort immer behauptet, dass eine restriktivere Haltung der britischen Regierung zu einem Handlungskonflikt mit den USA führen müsste. Offenbar will man hier Argumenten entgegentreten, die USA und Kanada könnten erfolgreich die WTO anrufen.[42]

In jedem Fall bemüht sich das Papier, den Grund der Besorgnis auf 'biologische Vielfalt in Großbritannien und Europa' zu beschränken und den Eindruck einer grundsätzlicheren Opposition gegen die Gentechnik möglichst zu vermeiden. So wird betont, dass es keineswegs erwiesen sei, dass der Anbau herbizid- oder insektizidresistenter Pflanzen zu einer weiteren Reduktion biologischer Vielfalt führe. Im Gegenteil, es sei durchaus möglich, dass durch die Substituierung anderer Pflanzenschutzmittel sogar ökologische Verbesserungen erreicht würden. Die Gentechnik wird auch in gewohnter Weise in einem Atemzug mit herkömmlichen Züchtungstechniken genannt, allerdings mit dem 'kleinen' Unterschied, dass hier nicht einfach ihre 'Natürlichkeit' behauptet, sondern sie ans Ende eines graduellen Übergangs vom Natürlichen zum Technischen gestellt wird:

> "Agricultural crops are the product of several centuries of plant breeding where desired traits have been selected to enhance yield, disease resistance and agronomic performance. Plant breeding techniques have become increasingly sophisticated since 1900 and have routinely employed techniques such as cell fusion (since 1909), mutation via X rays (since

---

[42] Nach den Regeln der WTO haben gesundheitlich oder ökologisch motivierte Einfuhrbeschränkungen nur dann Bestand, wenn sie auf 'wissenschaftlichem Nachweis' beruhen. Wenn dieser, wie im vorliegenden Fall, umstritten ist, liegt es nahe, sich auf nationale Besonderheiten zurückzuziehen. So verteidigten die Vertreter der EU auf dem Welthandelsgipfel in Seattle im November 1999 ihre Praxis der Agrarsubventionen ebenfalls mit der in Europa kulturell bedingten Multifunktionalität der Landwirtschaft – sie fungiere nicht nur als Nahrungsmittelproduktion, sondern sei auch unter dem Gesichtspunkt der Landschaftspflege und des Umweltschutzes zu betrachten.

1927) and embryo rescue (since the 1960s). The latest technique to be introduced is genetic modification." (ebd.: § 1)

Auch im Hinblick auf ihre Schadenspotentiale wird eine leichte Verschiebung zur üblichen Naturalisierungs-Rhetorik vorgenommen. Zwar heißt es zunächst wie gewohnt:

"[The] potential adverse effects are not unique to genetically modified crops and may be just as likely to occur as a result of conventional plant breeding programmes (...)

allerdings mit dem Zusatz:

(...) which are using increasingly sophisticated techniques to develop new crop varieties." (ebd.: § 20)

Zudem wird darauf hingewiesen, dass mit der Gentechnik ein gegenüber natürlichen Bedingungen und herkömmlicher Züchtung radikal erweiterter Austausch von genetischem Material möglich sei:

"Because genetic modification techniques enable the transfer of genetic material between unrelated organisms which would not cross under natural conditions, many countries, including the UK, consider it important to take a precautionary approach by implementing regulatory mechanisms." (ebd.: § 20)

Das Umweltministerium macht sich damit die von der 'Ecological Society of America' (Tiedje et al. 1989) vertretene 'mittlere Linie' zu Eigen, die zwar der Gleichsetzung der Gentechnik mit herkömmlicher Züchtung widerspricht, andererseits aber auch nicht – wie viele Kritiker in Europa – behauptet, dass schon der gentechnische Eingriff als solcher gefährlich sei, unabhängig von den Eigenschaften des übertragenen Materials (vgl. Gill et al. 1998: Kap. 2).

Indem er diese 'mittlere Linie' verfolgt, stellt der Bericht aber – was bei der öffentlichen Rezeption übergangen wurde – nicht einfach nur einen Kompromiss zwischen der utilitaristischen und der alteritätsorientierten Position dar. Vielmehr entfaltet sich hier ein umweltbewusster *und technikfreundlicher* Neo-Utilitarismus, der das Paradigma der 'Sustainability' zugleich als Rechtfertigung für die *Ausdehnung administrativer Planungshoheit* benutzt:

"The present legislation does not take a strategic approach to regulating GMOs and reacts to developments by assessing applications for research releases or marketing of GMOs as they are submitted on a 'first come first served' basis. Government needs to consider whether more could be done with the industry, farmers and conservation groups to identify the scope for certain types of GMOs to play a positive role in developing sustainable farming systems which enhance farmland wildlife. (...) The mechanism which allows the best environmental options to be identified needs to be developed. Simply not allowing GM crops to be used commercially in the UK or the EC will not solve the existing wider problems of biodiversity decline in farmland." (ACRE 1999b: §§ 27, 28)

In diesem Sinne wird auch vorgeschlagen, die ökologischen Auswirkungen des Anbaus transgener Pflanzen in dreijährigen, großflächigen und realitätsnahen Feldversuchen zu beobachten, um auf dieser Basis schließlich erneut über die Marktzulassung zu entscheiden. Klargestellt wird dabei auch von vornherein, dass nicht der organische Landbau oder die in vielen Staaten angestrebte Reduktion des Pestizideinsatzes, sondern die gegenwärtige Praxis den Vergleichsmaßstab für Verbesserungen oder Verschlechterungen darzustellen habe:

> "It has to be accepted that all agricultural activities have some level of environmental impact. Any assessment of harm by a GM crop must take into account the level of harm currently associated with the crop it may replace." (ebd.: § 26)

Die Debatte über die Gentechnologie wird also auf eine empirische Frage enggeführt, die dann, auf der vom Umweltministerium vorgegebenen normativen Basis, mit wissenschaftlichen Mitteln entschieden werden soll. Das Umweltministerium versucht, auf diese Weise Zeit zu gewinnen und den Streit zu entpolitisieren, weil dann absehbar nicht mehr über die normativen Annahmen, sondern über die Aussagekraft und Validität von wissenschaftlichen Beobachtungen gestritten wird.

Während Monsanto einige Tage vor Erscheinen des Berichts noch angekündigt hatte, gegen ein mehrjähriges britisches Moratorium die EU anzurufen, signalisierte das Unternehmen jetzt Einverständnis; Monsantos Haltung sei in den Medien missverständlich dargestellt worden:

> "We would not want to introduce any product into farmland that damaged the environment, we are a responsible company, we would not want to make a bad situation worse either. We believe our products benefit the environment by enabling farmers to use less pesticides and herbicides and gain greater yields. What we are saying is that it would require scientific evidence that there was harm before our products could be withdrawn. To date there is none." (Guardian 19.2.99: 1)

Selbst Monsanto – und die übrigen Unternehmen wie AgrEvo, die ohnehin immer eine vorsichtigere Linie verfolgt haben – geben also zu verstehen, dass sie die vorgeschlagenen normativen Kriterien und das empirische Entscheidungsverfahren anerkennen wollen. Während die Umweltschützer anfangs über das in Aussicht gestellte Moratorium begeistert waren (s.o.), änderten sie im Sommer 1999 teilweise ihre Meinung. Die alt-etablierten Naturschutzverbände entsandten Wissenschaftler in das Steuerungskomitee und plädierten für eine 'rigoros wissenschaftliche' Durchführung der Versuche; sie stellten aber auch in Frage, ob man denn transgene Pflanzen überhaupt brauche. Die neu-etablierten Verbände und die Graswurzel-Gruppen hingegen kritisierten massiv die Pläne der Regierung. Es handele sich um eine 'Kommerzialisierung durch die Hintertür', die Versuche seien ihrerseits bereits gefährlich und ohnehin überflüssig, weil niemand transgene Lebensmittel kaufen wolle. Zudem besäßen sie keine hinreichende Aussagekraft, weil sie nur einen einzigen Aspekt und diesen nur in einer kurzen Zeitspanne beobachten würden, der tatsächliche Herbizidgebrauch in der Praxis – also unbeobachtet – anders aussehe als in den Versuchen, und die gegenwärtige Praxis intensiven Pestizidseinsatzes kein sinnvoller Vergleichsmaßstab für Verbesserungen sei. Schließlich bestehe auch der Verdacht, dass die Ökologen, die die Versuche betreuten, kommerziell beeinflusst seien (vgl. z.B. Sue Mayer von GeneWatch im Guardian, 18.8.99: 4).

In diesem Sommer waren die ersten Großversuche dann auch das bevorzugte Ziel von großen Protest- und Zerstörungsaktionen, ohne dass – infolge des darob erhobenen Vorwurfs eines Ausweichens vor der 'wissenschaftlichen Wahrheit' – die öffentliche Stimmung gegen die Protestierenden gekippt wäre. Die wissenschaftliche Engführung und Entscheidung durch 'empirischen Beweis' wurde vom großen Publikum offenbar nicht als überzeugendes Verfahren angesehen.

5.6.2 Ökonomischer Domino-Effekt und die Segregation transgener Nährstoffe

Ob transgene Pflanzen angebaut werden dürfen, ist in der EU, wie wir im voranstehenden Abschnitt gesehen haben, von staatlichen Genehmigungen abhängig. Ob sie als transgene Lebensmittel schließlich aber auch verkauft werden können, entscheidet sich in einer anderen institutionellen Sphäre, der des Handels. Gentechnikbefürworter wie Gentechnikkritiker sind sich offenbar darin einig, dass die Einführung der Gentechnik ökonomische Vorteile bringt – von Wohlstand und Arbeitsplätzen sprechen die einen, von skrupelloser Profitgier die anderen. Damit erscheint die Situation wie schon immer vorentschieden: Am Ende gibt es wieder tumbe, utilitaristische Gewinner und traumtänzerische Verlierer, es sei denn die Menschen entschieden sich (ausnahmsweise) gegen die Logik der Ökonomie. So betrachtet muss es überraschen, dass sich gerade in der Sphäre des Handels aufgrund betriebswirtschaftlicher Kalküle das Blatt gegen die Einführung transgener Lebensmittel gewendet hat.

Wie oben schon angedeutet, stand der Handel in der EU von Beginn an der Einführung transgener Soja skeptisch gegenüber, und zwar vor allem wegen der fehlenden Kennzeichnung. Aufgrund von Umfragen war klar, dass transgene Lebensmittel nicht von allen Verbrauchern begrüßt wurden und Umwelt- und Verbraucherverbände bereits alarmiert waren. Die Kennzeichnung hätte für den Handel die Möglichkeit eröffnet, die Verantwortung auf Hersteller und Verbraucher überzuwälzen, und gegebenenfalls, bei sehr verbreiteter Ablehnung, entsprechende Produkte 'auszulisten', d.h. gar nicht erst anzubieten.

Die Biotechnologie-Unternehmen vertraten die Auffassung, dass eine Kennzeichnung zu teuer, wenn nicht gar unmöglich sei. Dabei fürchteten sie auch die 'Stigmatisierung' ihrer Produkte. Da Soja und Mais (der etwas später hinzukam) in einer Vielzahl von prozessierten Lebensmitteln wie Schokolade, Margarine, Speiseöl, Fertigpizza etc. enthalten ist und die Produktions- und Vertriebswege für die Zutaten sehr weitläufig und komplex sind, ist es tatsächlich nicht ganz einfach, transgene und nicht-transgene Produkte vom Acker bis zum Ladenregal auseinander zu halten, also eine 'Segregation' vorzunehmen. Hier kommt es zu einer ganzen Reihe technischer Probleme und daraus resultierender Koordinationsschwierigkeiten. Handels- und Verbraucherverbände forderten staatliche Kennzeichnungspflichten, über die im Verlauf der Jahre 1997 und 1998 intensiv beraten wurde. Dabei entstand eine Reihe von augenscheinlich paradoxen und verwirrenden Situationen:
- Die Förderer der Gentechnik schlugen vor, einfach ein 'may contain GMO'-Label einzuführen, um alle Schwierigkeiten des Nachweises zu umgehen – die Verbraucherverbände und der Handel wiesen dies zurück, weil dann praktisch alle Waren so gekennzeichnet worden wären und dem Verbraucher keine Wahl

geblieben wäre. Es gab dann eine Reihe weiterer Vorschläge, welche Waren mit 'GM' gekennzeichnet werden *mussten* und welche, aufgrund weitergehender Kriterien, umgekehrt als 'gentechnik-frei' gekennzeichnet werden *durften*.
- Es war (und ist) umstritten, welcher Grad an unbeabsichtigter Verunreinigung für gentechnik-freie Waren zulässig sein sollte. Anfangs forderten gerade die Befürworter niedrige Grenzwerte in der Hoffnung, dass bei einer ausreichenden Durchsetzung von transgenen Produkten Verunreinigungen auf den jeweiligen Produktionsstufen – beim Anbau durch Pollenflug, beim Transport, in den Ölmühlen etc. – nur unter sehr hohen Kosten gering zu halten wären und die gentechnikfreien Ware unbezahlbar machen würden.
- Die Befürworter forderten, dass nur ein möglichst schmales Segment an Waren gekennzeichnet werden sollte – nur solche, die transgenes Material noch direkt enthalten –, während die Kritiker auch für die Kennzeichnung von weiterprozessierten Produkten wie Derivaten und Enzymen und von transgenen Futtermitteln eintraten.[43]
- Es gibt unterschiedlich sensible, zuverlässige und kostenintensive Nachweistechniken. Sie weisen verschiedenes nach – veränderte Proteine oder transgene DNA, was wiederum bei Derivaten einen Unterschied macht. Außerdem werden die Nachweistechniken, die auch erst seit kurzem entwickelt werden, immer sensibler, wovon gerade auch die Lebensmittelhersteller und -händler negativ betroffen sind, die sich ernsthaft um eine Vermeidung transgener Bestandteile bemühen.

Es geht hier letztlich um zwei Fragen – wie teuer wird die Segregation und wer zahlt die Kosten? Beides hängt wiederum im Wesentlichen von Mengeneffekten ab: Solange die Nachfrage nach explizit nicht-transgenen Produkten gering ist, ist die Segregation teuer und ihre Kosten entfallen auf den Nischenmarkt. Ist die Nachfrage hingegen groß, sinken die Segregationskosten und werden auf transgene Soja übergewälzt, das dann als potentielle Verunreinigung gilt.[44] Andererseits hing die zu erwartende Nachfrage anfangs wiederum davon ab, ob die Segregationskosten prohibitiv hoch ausfallen würden.

---

[43] Diese Strategie steht nur scheinbar im Widerspruch zum vorgenannten Punkt: Es geht in beiden Fällen darum, den potentiellen Markt für nicht-transgene Ware möglichst klein zu halten.

[44] Bis heute ist die Situation nicht geklärt. In einer Presserklärung vom 4.1.2000 sagt die American Corn Grower Association eine Reduzierung der Anbaufläche in den USA für transgene Pflanzen um 25% voraus und weist zugleich auf viele ungeklärte Fragen hin, u.a.: "Who is legally responsible for contamination of a neighbor's field? Will farmer begin suing farmer over cross-pollination or will the liability rest with the seed corn companies where it belongs? On the issue of segregation and certification, who will bear the financial burden of testing crops and the added expense of keeping GMOs separate from non-GMOs?" Die US-amerikanischen Landwirte sehen sich hier "caught in the middle of this dispute between seed dealers, chemical companies, grain exporters and processors, foreign consumers and U.S. trade policy." (http://www.acga.org./news/). Nachtrag im Mai 2001: Den aktuellsten Gesamtüberblick gibt eine Studie des Generaldirektorats Landwirtschaft der EU-Kommission (EU-Kommission 2001). Darin wird deutlich, dass die Entscheidung über die Marktgröße von transgenen versus nicht-transgenen Pflanzen – insbesondere bei Mais und Soja – sehr stark vom Futtermittelmarkt abhängt (s.u.).

5.6 Institutionelle Veränderungen als neo-utilitaristische Adaption der Kritik 237

In dieser Situation strategischer Ungewissheit verhielten sich viele Lebensmittelhersteller und Supermarktketten verständlicherweise zunächst abwartend und zeigten sich gegenüber der Öffentlichkeit möglichst bedeckt, während die Politik auf EU-Ebene unklar lavierte. Nur *Iceland*, eine kleinere Supermarktkette, die vor allem Tiefkühlkost vertreibt, bezog seit Ende 1997 öffentlich Stellung gegen transgene Lebensmittel. Im Mai 1998 begann das Unternehmen, einen Großteil seiner Waren 'gentechnikfrei' zu kennzeichnen.[45] Gleichzeitig verteilte es Informationsbroschüren, die vor den Risiken der Gentechnik warnten und vertrieb einen Einkaufsführer der *Food Commission*, einer gentechnik-kritischen Verbraucherorganisation. Bereits 18 Monate zuvor, also seit Beginn der Soja-Importe, hatte man begonnen, Lieferbeziehungen für gentechnikfreie Waren zu organisieren. Zu diesem Zweck gründete Iceland auch eine eigene Import-Export-Firma, die gentechnikfreie Soja direkt in den Herstellerländern aufkauft und die unter Vertrag genommenen Lebensmittelhersteller damit versorgt.

Iceland war mit seinem Vorstoß kommerziell sehr erfolgreich und konnte seinen Umsatz 1998 um ca. zehn Prozent steigern, während sich der Wert der Aktie in zwei Jahren verdreifachte. Es stellte sich heraus, dass die Etablierung gentechnikfreier Vertriebswege nicht so teuer war, wie anfangs befürchtet und von der Biotech-Industrie aus nun immer durchsichtiger und fadenscheiniger werdenden Gründen behauptet. Und es war klar, dass sie im Lauf der Zeit und mit wachsender Abnehmerzahl immer günstiger würde. Die anderen britischen Supermärkte, die sich anfangs nur auf eine Kennzeichnung bis Ende 1998 festgelegt hatten, folgten dem Beispiel und bemühten sich ebenfalls um ein möglichst breites 'gentechnikfreies' Sortiment. Dabei mag eine Rolle gespielt haben, dass die großen britischen Supermärkte im Anschluss an die BSE-Krise unter öffentlichem Beschuss standen, durch ihre überlegene Marktmacht und Preisdrückerei nicht nur für den Untergang von kleineren Lebensmittelfachgeschäften, sondern auch für die Industrialisierung und die schmutzigen Produktionspraktiken in der Landwirtschaft verantwortlich zu sein (Guardian, 4.1.99: 2). Wie wichtig im Konkurrenzkampf die Vermeidung transgener Lebensmittel, jedenfalls in der Wahrnehmung der Supermarkt-Manager, geworden war, zeigte sich an der Auseinandersetzung über eine Werbekampagne, in der Sainsbury im Sommer 1999 behauptete, die erste Kette zu sein, die die Gentechnik aus den Ladenregalen gebannt habe – wogegen neben Iceland auch Waitrose protestierte.

Im Laufe des Jahres 1999 veröffentlichten nicht nur britische Supermärkte, sondern Händler und Hersteller in ganz Europa und im Fernen Osten, namentlich Japan, ihre oftmals schon viel früher einsetzenden, aber zunächst eher verdeckt gehaltenen

---

[45] Vgl. im Folgenden besonders: Freezer store cold shoulders genetically modified food (Guardian, 19.3.98: 2); Food with modified genes sold unlabelled (Sunday Times, 24.5.98: 5); Testing times for firms that say no to gene foods (Observer, 7.3.99: 4); Environment: Retail ethics: Model trade (Guardian, 17.3.99: 10); Iceland sales rise 9 per cent after the ban on GM foods (Observer, 21.3.99: 1); Profits surge as Iceland freezes out GM foods (Guardian, 24.3.99: 24); Stockwatch/Business (Observer, 30.5.99: 6); Rivals maul Sainsbury GM ad (Guardian, 19.8.99: 20); 'Green' Iceland goes online (Guardian, 8.9.99: 24).

Bemühungen, gentechnikfreie Vorprodukte zu beschaffen. Infolgedessen konnten die Landwirte für gentechnikfreie Ware einen zehn Prozent besseren Preis erzielen, wodurch der Produktionsvorteil durch transgen induzierte Eigenschaften meistens mehr als wett gemacht wurde. Daraufhin kippte die Stimmung auf den Getreidemärkten der Herstellerländer. Die Farmer waren zum Jahresbeginn 2000 vielfach verunsichert, ob sie noch transgenes Saatgut aussähen sollten, weil sie nicht wussten, ob die Getreidespeicher in ihrer Reichweite im Herbst transgene Ware annehmen würden. Die *American Corn Growers Association* riet, im Zweifelsfall auf gentechnikfreies Saatgut auszuweichen (Pressemitteilung, 4.1.00).

Von dieser Entwicklung blieb auch die Agrarbiotechnologie nicht unberührt. Wie oben schon erwähnt, sank der Börsenkurs der beteiligten Unternehmen, die sich daraufhin alle von ihren Agrarsparten trennten. Börsenanalysten bewerten diese Transaktionen einhellig als Versuch, das florierende Pharmageschäft gegen die Verluste und Imageschäden im Agrargeschäft abzuschotten. Die Verluste resultieren zwar nicht allein aus der bislang nicht so erfolgreichen Einführung transgener Pflanzen – hinzu kommen fallende Weltmarktpreise, Einschnitte bei den Subventionen für Landwirte, der Rückgang der bebauten Flächen und auslaufende Patente bei Pestiziden. Aber in jedem Fall wurden die Erwartungen enttäuscht, biotechnische Innovationen könnten diese Entwicklungen wettmachen.

Auf diese Weise sind die Auseinandersetzungen in der politischen Arena teilweise irrelevant geworden, oder zumindest in den Hintergrund gedrängt worden. Da die Kennzeichnungsregelung der EU nur sehr langsam und – aufgrund der starken Biotech-Lobby in Brüssel – nur in verwässerter Form zustande kam, entwickelten die Handelsketten ihre eigenen Standards, die sie ihren Zulieferern auf vertraglichem Wege auferlegten.[46] Auch die Auseinandersetzungen um die Legalisierung des *zukünftigen* Anbaus in Europa erwecken teilweise den Eindruck eines Rückzuggefechts, wenn schon der *gegenwärtig* legale Anbau in Amerika wegen Absatzschwierigkeiten unter Druck gerät.

Nachtrag im Mai 2001: Über den Umfang des Anbaus für transgene und gentechnikfreie Pflanzen entscheidet wesentlich auch die Nachfrage nach Futtermitteln. Der Futterpflanzenanbau umfasst – insbesondere bei Mais und Soja – größere Flächen und Mengen als der Anbau von Pflanzen für den direkten menschlichen Verzehr (EU-Kommission 2001). Es bleibt abzuwarten, inwieweit die Verbraucher Fleisch von Tieren akzeptieren, die mit transgenen Futtermitteln gemästet wurden. Bisher wurde diese Frage im öffentlichen Diskurs nicht sehr hartnäckig thematisiert. Allerdings hat die BSE-Krise eine umfassendere Auseinandersetzung über Tierhaltung und -ernährung in Gang gesetzt.

---

[46] Vermutlich ist es auf Dauer für alle Beteiligten einfacher und kostengünstiger, wenn staatliche Standards etabliert werden (vgl. in dieser Hinsicht die unterschiedlichen Fallbeispiele in Mayntz/Scharpf 1995). Dies setzt aber voraus, dass diese Standards auch von der überwiegenden Mehrheit der Verbraucher akzeptiert werden.

5.6.3 Handelsketten als Herolde des Boykotts

Die Blockade transgener Lebensmittel in der EU beruht auf einem ungewöhnlichen und einem ungewöhnlich erfolgreichen Boykott. Verglichen mit anderen Boykotten (Smith 1990) sticht er durch seine weltweite Ausbreitung und anhaltende Wirkung hervor, die sich nicht nur – wie sonst meist üblich – in Imageschäden, sondern auch in durchschlagenden ökonomischen Verlusten manifestiert. Ungewöhnlich ist er insofern, als er weniger von den Verbrauchern selbst, als vielmehr von den Disponenten großer Handelsfirmen ausgeübt wird, die auf der Basis von Marktforschung einem tatsächlichen Verbraucherboykott zuvorkommen. Damit werden die Transaktionskosten nicht-institutioneller kollektiver Aktionen,[47] die meist auch rasch zum Erlahmen von Boykotten führen, deutlich verringert. Da die Preisdifferenz zwischen boykottiertem und alternativem Produkt in der Wertschöpfungskette weitgehend verpufft und allenfalls unmerklich auf den Endverbrauchermarkt durchschlägt,[48] konnten alle Unternehmen, gleichgültig ob sie auf höhere oder niedrigere Preissegmente ausgerichtet sind, ganz auf Imagegewinn setzen. Durch die hohe Konzentration im Handelssektor verfügen die einzelnen Unternehmen über eine hohe Marktmacht gegenüber ihren Zulieferern; dennoch konnten sie, zumindest anfangs, gentechnik-freie Inhaltsstoffe nur bei ihren Eigenmarken durchsetzen, die allerdings bei den britischen Supermärkten einen vergleichsweise hohen Marktanteil haben.

Prohibitiv war für die Handelsunternehmen allerdings die anfängliche Ungewissheit in Bezug auf Segregationskosten, Testsicherheit und anhaltende Dauer des gentechnik-kritischen Meinungsklimas. In dieser Hinsicht aber glich die Situation vor dem Boykott den aus der Innovationsforschung bekannten Problemen bei der Einführung von Neuerungen – auch von gentechnischen Neuerungen (vgl. Hasse/Gill 1994): Die Situation ist unberechenbar und daher erscheint es in ökonomischer Hinsicht oft rationaler abzuwarten, bis sich andere aus der Deckung wagen. Es bedarf hier außerrationaler Anstöße, Unternehmungsgeist im Schumpeter'schen Sinne, um das Risiko des 'first mover' auf sich zu nehmen. Insofern erscheint es auch durchaus glaubwürdig, wenn Malcolm Walker, der Gründer und Chefmanager von Iceland, sich in den Medien als Greenpeace-Mitglied und 'grüner Überzeugungstäter' porträtieren lässt, zumal das Unternehmen auch eine ganze Reihe anderer ökologischer Initiativen ergriffen hat:

"Michael Crichton's introduction to Jurassic Park ('genetic research is done in secret, and in haste and for profit') helped persuade him to change, but Hamlet played his part. 'To thine ownself be true,' he quotes. 'It sounds bullshit, but it's a powerful sentiment. There's

---

[47] Zu deutsch: Alle müssen Bescheid wissen und immer daran denken, sorgfältig die hieroglyphenartigen Kennzeichen studieren und nötigenfalls weitere Wege in Kauf nehmen, und schließlich darauf hoffen, dass auch alle anderen genau dasselbe tun werden.

[48] Die oben erwähnte Preisdifferenz von ca. 10 Prozent für 'identy-preserved' Soja bezieht sich auf den *Rohstoffmarkt*, auf dem bekanntermaßen die Preise relativ zu den Endverbraucherpreisen sehr viel niedriger sind. Das gilt insbesondere für stark weiterverarbeitete Produkte, die in unserem Fall eine besonders wichtige Rolle spielen. Im Zuge der Weiterverarbeitung und -distribution, etwa von Rohsoja zu Schokolade im Supermarkt, sind so viele Kostensprünge enthalten, dass die Ausgangsdifferenz praktisch verloren geht.

a line beyond which you just do not go. I joined Greenpeace a few years ago and I'm proud of it. I like to tell people that I'm a member, just to shock them, but no one can argue with what they are saying. Their methods are right up my street. They're prepared to stand up.' He has been accused by other supermarkets of pursuing a personal cause. 'Yes, it is a bit personal,' he admits. 'But if you're an entrepreneur, you're not normal and well-balanced. I am a bit extreme in some areas, a bit obsessive and excessive.'" (Guardian, 1.4.98: 4)

Walkers 'grünes' Sendungsbewusstsein gleicht insofern spiegelbildlich Robert Shapiros missionarischem Eifer, mit dem er als Vorstandsvorsitzender von Monsanto das Unternehmen, die Branche und die Regierungen in den Industriestaaten auf den neuen biotechnologischen Kurs einschwören wollte. Insofern ist der Ausgang des 'Innovationsprozesses' – sei es die Etablierung eines breiten neuen Marktes für 'identity preserved', also gentechnikfreie Lebensmittel, oder sei es die Diffusion und allgemeine Durchsetzung von transgenen Lebensmitteln – wirtschaftlich nicht determiniert, sondern hängt letztlich von den subjektiven Überzeugungen der Akteure ab. Entscheidend ist also die Wahl der Kosmologie, während die daraus erst abgeleitete ökonomische Bewertung sekundär ist.

Auffällig ist dabei, dass wissenschaftliche Argumente über die gesundheitliche Bedenklichkeit oder Unbedenklichkeit von transgenen Lebensmitteln eine minder wichtige Rolle gespielt haben – im Unterschied zu der wissenschaftlich hoch elaborierten Debatte über die Umweltwirkungen von transgenen Pflanzen. In den administrativen Verfahren nach Freisetzungsrichtlinie und Novel Food-Verordnung wurden diesbezügliche Bedenken – erhöhte Allergenität, Toxizität und die Ausbreitung von Antibiotikaresistenzen – meistens relativ zügig beiseite geräumt. Man könnte das einerseits darauf zurückführen, dass die hier vorgebrachten Einwände und offenen Fragen tatsächlich unsubstantiiert seien – aber unsubstantiiert erschienen lange Zeit auch die ökologischen Bedenken. Man könnte andererseits annehmen, dass es an öffentlichem Interesse mangele, diese Einwände und Fragen ernsthaft zu verfolgen. Nur ist das nicht der Fall. In einer Umfrage nannten 61 % der Befragten Gesundheitsbedenken (wobei natürlich unklar bleibt, ob von den Befragten ein 'wissenschaftliches' oder ein 'organisches' Gesundheitsmodell in Anschlag gebracht wird), 40 % sorgten sich um die Lebensmittelsicherheit, während nur 31 % ökologische und 25 % ethische Bedenken geltend machten (Guardian, 4.6.98: 14).

Insofern erscheint eine institutionelle Erklärung hier am einleuchtendsten: Verfassungsrechtlich betrachtet ist das administrative Verfahren zur Marktzulassung ein staatlicher Freiheitseingriff. Die Nicht-Zulassung, also das Verbot, kann nur erfolgen, wenn ausreichende wissenschaftliche Gründe entgegenstehen. Selbst ein von nationalen Parlamenten oder dem EG-Ministerrat verabschiedetes Gesetz gegen Gentechnik könnte auf verfassungsrechtliche Vorbehalte stoßen. Daher ist in der politisch-administrativen Arena die Hinwendung zu wissenschaftlichen Argumenten institutionell vorprogrammiert. In der (privat-)wirtschaftlichen Arena gibt es diese wissenschaftlichen Begründungspflichten nicht. Die Handelsunternehmen können und müssen sich an den Vorstellungen ihrer Kunden orientieren und interessieren sich für Wissenschaft nur insofern, als diese auf die Vorstellungen ihrer Kunden durchzuschlagen vermag. Den Verbrauchern reichten aber für ihre Ablehnung vage Hinweise auf die Analogie zu BSE, auf Ungewissheit, auf Allergien aus. Die oben erwähnte Fokusgruppen-Untersuchung zu den Reaktionen der Verbraucher zeigt zudem die enge Verknüpfung von 'Unnatürlichkeit' und 'Schädlichkeit' bei transgenen Lebensmitteln – zumal auch BSE auf die 'unnatürliche' karnivore Ernährung von Rindern zurückgeführt wird (Grove-White et al. 1997). Weil die Handelsunternehmen zügig und responsiv reagierten, trat die praktische Bedeutung der lebensmittelrechtlichen Genehmigung in den Hintergrund. Andernfalls, so meine Vermutung, wäre es hier zu einer ähnlichen Verwissenschaftlichung gekommen, wie das bei den umweltrechtlichen Verfahren der Fall ist.

Ist der Handel also eine alteritätsorientierte Institution und Supermarktkette *Iceland* dabei, in Großbritannien die oben beschriebene Schrebergartenidylle zu verwirklichen? Iceland verkauft vornehmlich Tiefkühlkost, zielt also auf ein Publikum, das auf bequeme Nahrungsmittelzubereitung angewiesen ist – typischerweise vollbeschäftigte Singles und Doppelverdiener. Es hat einen Internet-Bestell-Dienst eingerichtet, um die Kunden (die einen Internet-Anschluss haben) zuhause zu beliefern. Es spielt seine Marktmacht aus, um die Zulieferer zu ökologischen Zugeständnissen zu zwingen und organische Produkte aus Regionen zu beziehen, wo sie kostengünstiger angebaut werden können. Schon fragt *The Nation*, ein linkes US-amerikanisches Journal, besorgt:

> "Are we looking at a new United Fruit scenario, in which tropical islands grow wall-to-wall organic pineapples for Northern supermarkets while their people eat genetically engineered mush peddled by Monsanto's subsidiaries?" (27.12.99, Maria Margaronis: As biotech Frankenfoods are stuffed down their throats, consumer rebel)

Kurz: Auch mit Iceland wird es weiterhin den Kapitalismus und unglückliche Karotten geben, nicht 14,7 cm lang, sondern tiefgefroren in exakt 14,7 mm langen Stücken, aber sie werden dafür organisch angebaut und gentechnikfrei sein.

5.6.4 Bedingungen der institutionellen Responsivität

Der relative Erfolg des Protestes hängt nicht allein von seiner Stärke ab, sondern auch von der Umsetzungsbereitschaft der Adressaten. Diese war bei den Handelsketten weitaus größer als bei der staatlichen Administration. Insofern wurde der Konflikt, institutionell besehen, im Wesentlichen in der Sphäre der Ökonomie und nicht in der Politik entschieden.[49] Dennoch ist auch die Reaktion bzw. Nichtreaktion der Administration von Interesse. Bezeichnend ist, dass hier die Breite des Diskurses gefiltert und eingeengt wird. Offiziell zur Kenntnis genommen wird schließlich ein Szenario, bei dem eine relativ klar definierte und in absehbarer Zeit empirisch überprüfbare Schadensprognose in Rede steht. Die Verwaltung, und in gewisser Weise selbst die parlamentarische Politik, sind an konstitutionelle oder durch internationale

---

[49] Inwieweit diesbezüglich aus dem Einzelfall weitergehende Schlüsse über die Einflussmöglichkeiten von Protestakteuren gerade unter Bedingungen wirtschaftlicher Globalisierung zu ziehen sind, habe ich (zusammen mit Marion Dreyer) an anderer Stelle analysiert (Dreyer/Gill 2000b).

Verträge (WTO) verbürgte Freiheitsgarantien gebunden, die für ein Verbot einen wissenschaftlichen Risikonachweis erforderlich machen. Institutionell kommt hier also die genuine Wertpräferenz des aufgeklärten und liberalen Staates für die Freisetzung von Technik und Gewerbefleiß, also Utilitarismus, zum Ausdruck. Allerdings sind die ehedem fast grenzenlosen Freiheitsgarantien in der Umweltgesetzgebung der letzten 30 Jahre, insbesondere aber bei der Gentechnik in der EU durch ein ungewissheitsbasiertes Vorsorgeprinzip eingeschränkt worden, das der Administrative wieder einen weiteren Wertungs- und Handlungsspielraum eröffnet (Gill et al. 1998).

Diesen hat sie sich bei dem beschriebenen Politikwechsel auch zu Eigen gemacht. Überraschend ist dabei, dass dieser nicht mit 'neuen wissenschaftlichen Erkenntnissen' begründet wurde, sondern eine 'normative Ressource', das Abkommen zur Biologischen Vielfalt, dafür mobilisiert werden musste – das schon länger besteht und deswegen auch schon vorher hätte befolgt werden müssen. Aber offenbar hat sich die wissenschaftliche Kommission (ACRE) in ihrer damaligen Zusammensetzung nicht zu einer entsprechenden Neuinterpretation des wissenschaftlichen Sachstandes bewegen lassen (vgl. oben, Kap. 5.6.1) – unterdessen ist sie, auf politischen Druck hin, um ökologischen Sachverstand erweitert und von Mitgliedern mit allzu engen kommerziellen Bindungen gereinigt worden. Hier zeigt sich also, dass der Politikwechsel und mit ihm wohl auch die längerfristige Verschiebung des Werthorizonts keineswegs materiell von der Natur erzwungen, sondern aktuell durch politischen Druck und längerfristig durch kulturelle Verschiebungen zustande kommt (vgl. Kap. 1). Allerdings wirken sich diese auch nicht einfach gradlinig in Richtung Alteritätsorientierung, also einer von Technik befreiten Natur, aus. Auf Seiten der Verwaltung kommt es zur Emergenz eines neo-utilitären Nachhaltigkeits-Diskurses, der sehr stark wissenschafts- und technikorientiert ist und die Prärogative für staatliche Planung zu erweitern trachtet.

Ein spiegelbildliches Entwicklungsphänomen lässt sich bei den Umweltgruppen beobachten. Bezeichnenderweise werden die von der Verwaltung schließlich anerkannten Einwände von den alt-etablierten Verbänden entwickelt, die auch in den Beratungszirkeln am stärksten beteiligt sind. Eine ähnliche Einbindung wurde auch den seit den 1960er Jahren neu-etablierten Verbänden in anderen Zusammenhängen nachgesagt (Macnaghten/Urry 1998). Im Gentechnikkonflikt jedoch ist festzustellen, dass die neu-etablierten sich – bei zunehmender Stärke der Bewegung – teilweise wieder radikalisieren, indem sie die für den empirischen Schiedsspruch vorgesehenen Großen Feldversuche nicht nur infrage stellen, sondern sich ganz offen – Greenpeace sogar mit dem Einsatz einer Mähmaschine – an ihrer Zerstörung beteiligen. Auch an diesem Vorgang zeigt sich, dass 'Wissenschaft', jedenfalls die realexistierende, von den neu-etablierten NGOs als parteiliches Terrain des hegemonialen Kommunikationsmodus angesehen wird, das nur betreten wird, wenn die Machtverhältnisse dies erzwingen.

In der ökonomischen Arena schließlich zeigt sich, dass wissenschaftliche Argumente, die in 'Risikokonflikten' sonst, eben aufgrund der administrativen Logik, eine

5.6 Institutionelle Veränderungen als neo-utilitaristische Adaption der Kritik

so zentrale Rolle spielen (vgl. Beck 1986), kaum in Anschlag gebracht wurden. Es wurde also in diesem Rahmen kein Streit über eine differierende Einschätzung von Fakten ausgetragen, sondern das Werturteil der Konsumenten kam hier ohne 'sachrationale' Verkleidung zum Ausdruck. Dies ist aber andererseits auch nicht so verwunderlich, denn aus dem Blickwinkel der Ökonomie betrachtet haben die Konsumenten einfach eine klare Präferenz für gentechnik-freie Lebensmittel zum Ausdruck gebracht, die sie ebenso wenig begründen müssen wie die Vorliebe für einen anderen Lippenstift. Hier wird erneut deutlich, dass der 'Risikokonflikt' als Streit über 'wissenschaftlich erwiesene' und vermeintlich wertungsunabhängige Bedrohungen bloß eine institutionell erzwungene Maskerade darstellt, die in einem anderen institutionellen Kontext verzichtbar ist und dann auch nicht eingehender bemüht wird.

Aber unsere Fallstudie birgt noch eine weitere Überraschung. Entgegen dem landläufigen und in den gängigen Modernisierungstheorien auch wissenschaftlich verfestigten Vorurteil der Kopplung von technischem Fortschritt und wirtschaftlichem Wachstum ist hier festzustellen, dass sich die Ökonomie gegenüber transgenen und gentechnikfreien Lebensmitteln offenbar weitgehend gleichgültig verhält und keinen sehr verfestigten strukturellen Bias zugunsten transgener Innovationen aufweist. Selbstverständlich war es wichtig, dass die Handelsketten, die den Boykott antizipierend exekutierten, über Marktmacht verfügen und die involvierten Biotech-Konzerne die Saatgutproduktion erst teilweise unter ihre Kontrolle gebracht hatten. Aber auf gesamtwirtschaftliches Wachstum bezogen ist die Entscheidung zwischen transgenen und *explizit* gentechnikfreien Lebensmitteln gleichgültig, auch wenn hier zwei verschiedene Wachstumspfade beschritten werden.

Wachstum findet statt, wenn entweder mehr oder bessere Güter oder Dienstleistungen hergestellt bzw. erbracht werden. Durch den Einsatz transgener HR-Pflanzen können bei gleicher Arbeitsleistung größere Mengenerträge erwirtschaftet werden, bzw. bei Sättigung des Marktes die gleiche Menge mit weniger Arbeit. Es handelt sich also um eine Rationalisierung. Die freiwerdende Arbeitsleistung kann dann – unter Umständen –[50] in andere Produkte investiert werden. Durch die Abwehr von transgener Soja auf den EU-Märkten kommt es andererseits zu Wachstum durch Qualitätssteigerung. Im Unterschied zu Mengensteigerung, die objektiv feststellbar ist, sind Qualitätsverbesserungen eine subjektive Angelegenheit. Was zählt, ist allein die Zahlungsbereitschaft des Verbrauchers. In unserem Fall sind die Preise zwar nicht erhöht worden. Aber die Supermärkte haben bei den Verbrauchern Ab- bzw. Zuwanderungsbereitschaft unterstellt oder erfahren – die Verbraucher schienen also bereit, für gentechnikfreie Waren höhere Transaktionskosten (längere Wege, Neuorientierung im Sortiment) in Kauf zu nehmen.

Natürlich ist die 'identity preserved' Soja materiell nichts anderes und nicht besser als einfache Soja vor Einführung der Gentechnik. Aber sie hat nun einen anderen

---

[50] Einerseits wird den Arbeitskräften Qualifikationsanstrengungen und Mobilitätsbereitschaft abverlangt, andererseits muss dafür gesorgt werden, dass aufgrund der (vorübergehenden) Freisetzungen die Nachfrage nicht abbricht.

Konnotationsgehalt. Sie ist sozusagen mit Informationen aufgeladen und stellt die Abwehr einer als materiell wahrgenommen Gefahr dar – beides zusammen macht nun, gegenüber der vormals normalen Soja, ihre besondere Qualität aus.[51] Es ist eben eine Charakteristik der Wissensökonomie, dass man deren Produkte mit den an Tonnage und Stückzahl ausgerichteten Maßstäben der Industriegesellschaft nicht mehr sinnvoll einschätzen kann. Und es ist schon immer ein Charakteristikum der Ökonomie gewesen, dass es auf subjektive Wahrnehmung und nicht auf 'objektive' wissenschaftliche Wahrheit bei der Wertschätzung der Produkte ankommt. Daher ist es kurzschlüssig, 'Wissensökonomie' mit einem Einflusszuwachs von 'objektiver Wissenschaft' gleichzusetzen; es handelt sich vielmehr um eine Differenzierung von Märkten und eine Pluralisierung von Sichtweisen. So zeigt sich, dass auch die Abwehr von dem, was Proponenten 'wissenschaftlichen und technischen Fortschritt' nennen, mit Wirtschaftswachstum verbunden sein kann.

5.7 Zusammenfassung

Wie wir gesehen haben, besitzen also auch die Briten romantische Traditionen, die im Konflikt um transgene Nahrungsmittel als starke Alteritätsorientierung in Erscheinung treten. Um den historischen Kontext des Konfliktes zu studieren, habe ich zwei Praxisfelder betrachtet – die Entwicklung des Umweltschutzes und der Ernährungsgewohnheiten (vgl. im Folgenden Tabelle 5.4). In beiden Feldern ist in den letzten 30 Jahren eine Abkehr von industriegesellschaftlichen Deutungs- und Verhaltensmustern festzustellen. Im Umweltschutz, also in Bezug auf die Nebenfolgen der Produktion, wird die ehemalige Beschränkung des Natur- und Heimatschutzes auf den Erhalt einzelner Naturareale und Kulturdenkmäler aufgegeben, indem sich zunehmend zeigt, dass die Ansprüche auf rekreative Naturnutzung wachsen und zugleich die Umweltzerstörung sich überall ausbreitet. Deswegen wird die ehemalige räumliche, mentale und institutionelle Trennung von (minimaler) Gewerbehygiene und Naturschutz durchbrochen – die Tatsache, dass die neue Umweltschutzbewegung die beiden Felder synthetisiert, darf nicht als Friedensschluss verstanden werden. Es handelt sich vielmehr um eine Verschärfung des Konflikts, indem der Naturschutz nicht mehr bloß kompensatorisch auftritt, sondern nun ein Umsteuern des Produktionssystems und ganz andere Lebens- und Konsumformen gefordert sind. In Bezug auf die Ernährungspräferenzen ist eine Abkehr von der eiweiß-, fett- und zuckerreichen Diät und von den häuslich eingenommenen Familienmahlzeiten zu beobachten. An ihre Stelle tritt die Nachfrage nach Fast-Food für die Bequemen, nach Designer-Food für ein neo-utilitaristisches Schlankheits- und Gesundheitsbewusstsein, sowie nach natürlichen Lebensmitteln und fremdländischen Rezepturen,

---

[51] Das ist eigentlich nichts Besonderes. Bekanntermaßen geht auch die Abwehr von Umweltgefahren und die Restitution von Umweltschäden, wenn sie denn erfolgt, positiv in die Rechnung des Bruttosozialproduktes ein, auch wenn kein 'substantieller' Reichtumsgewinn zu verzeichnen ist.

5.7 Zusammenfassung

Tabelle 5.4: Tableau der Diskurse zu transgenen Nahrungsmitteln, Teil I – Umweltschutz- und Ernährungsphilosophien vor und nach den 1970er Jahren

Idealtypen Diskursfelder	Identitätsorientiert (Prinzip Herkunft)	Utilitätsorientiert (Prinzip Nutzen)	Alteritätsorientiert (Prinzip Sehnsucht)
Umweltschutz vor den 1970er Jahren (Kap. 5.1.)		Gewerbehygiene: Schutz der jeweils dominanten Wirtschaftszweige und der besser gestellten Schichten vor Immissionen	Natur- und Heimatschutz: Schutz von einzelnen Naturarealen und Kulturdenkmälern vor industrieller Vernutzung
Umweltschutz seit den 1970er Jahren (Kap. 5.1.)		Ubiquitäre Umweltverschmutzung und wachsende rekreative Ansprüche auf unbeeinträchtigte Natur: Emergenz des ökologischen Neo-Utilitarismus	
Ernährungsphilosophien bis in die 1970er Jahre (Kap. 5.2.)	'Was der Bauer nicht kennt, das frisst er nicht': Präferenz für traditionelle 'Hausmannskost' in der weniger weltläufigen Bevölkerung	'Viel hilft viel': Präferenz für eine eiweiß-, fett- und zuckerreiche Diät in allen Schichten – aber schichtabhängige Ressourcenknappheit	Interesse für fremdländische oder naturbelassene Speisen noch selten
Ernährungsphilosophien seit den 1970er Jahren (Kap. 5.2.)	Klage über die Auflösung des ‚family meal'.	schlankheits- und gesundheitsbewusster Neo-Utilitarismus: wissenschaftlich empfohlene Diät – 'Designer-Food'	Starkes Interesse für fremdländische und naturbelassene Speisen in den urbanen Mittel- und Oberschichten

die die stärksten Imaginationen auf sich ziehen und das Ideal des kultivierten Essens darstellen.

Die Akzeptanzkrise in der Öffentlichkeit war so nachhaltig, dass sie eine Reihe ziemlich weitreichender institutioneller Veränderungen nach sich zog (vgl. ab hier Tabelle 5.5). Die Umweltverwaltung rückte daraufhin von ihrer bisherigen Linie ab, transgene Pflanzen nur anhand ihrer unmittelbaren Effekte zu beurteilen. Einbezogen in den Betrachtungshorizont wurden nun die zu erwartenden Wechselwirkungen beim Anbau, insbesondere die Möglichkeit eines verstärkten Herbizideinsatzes. Zudem wird nun Ackerland nicht mehr nur als Produktionsstätte für Nahrungsmittel, sondern auch als Rückzugsraum für 'Wildlife', insbesondere für die von den Engländern so geliebten Vögel betrachtet. Es ziehen also Gesichtspunkte des Naturschutzes und der 'Biodiversity' in einen ehedem nur unter betriebswirtschaftlichen Effizienzgesichtspunkten betrachteten Produktionsprozess ein.

Damit ist freilich keine Abkehr von der Idee technologischer Innovation und wissenschaftlicher Kontrolle verbunden, im Gegenteil – die Reform ist vielmehr von der Idee inspiriert, im Geiste der 'Sustainability' mit einer Art Superrationalismus auch die Nebenfolgen des utilitären Fortschrittsprozesses zu kontrollieren. Auf EG-Ebene ist mit Unterstützung der britischen Regierung ein Zulassungsmoratorium in Kraft getreten und die Novellierung der Freisetzungsrichtlinie in Gang gesetzt worden mit dem Ziel, transgenes Material auch nach der Marktzulassung detailliert zu beobachten und gegebenenfalls auch wieder aus dem Verkehr ziehen zu können. Zuvor haben auf institutioneller Ebene aber schon die großen europäischen Handelsketten reagiert.

Käuferboykotte antizipierend haben sie auf zivilrechtlichem Wege ihre Zulieferer zur Trennung von transgenem und gentechnikfreien Material gezwungen. Daraufhin sind die Aktien der letztlich betroffenen Chemie- bzw. Life-Science-Konzerne abgestürzt, so dass sich diese gezwungen sahen, ihre Agrarsparten abzustoßen, um das Verlustrisiko zu begrenzen. Mit der weitgehenden Verbannung der Gentechnik aus den Ladenregalen ist jedoch nicht die Verwirklichung sozialromantischer Ländlichkeit und auch nicht die Abkehr von modernen Produktions- und Distributionsprozessen verbunden. Man gewinnt eher den Eindruck, dass die genauere Kontrolle von Anbau, Verarbeitung, Handelswegen und Rezepturen dazu führen wird, dass schließlich auch im Lebensmittelsektor verstärkt postfordistische Produktions- und Konsummuster einziehen werden: Nicht mehr die Versorgung mit Standardware ist gefragt, sondern die flexible Reaktion auf differenzierte und schnell sich wandelnde Imaginationen der Kunden (vgl. Harvey 1990: Teil II).

Zur Analyse des Falles und zu seiner Präsentation sei hier eine methodologische Klarstellung nachgetragen: Es sollte nicht der Eindruck erweckt werden, als ob die Akteure durchgängig oder auch nur überwiegend so sprächen, wie ich sie hier zitiert habe. Ich habe das durchgesehene Material stark gefiltert und präsentiere hier nur, was mir im Hinblick auf die Illustrierung meines Deutungsvorschlags interessant erscheint. Mein Anliegen war es nicht, die Oberfläche des Diskurses maßstabsverkleinert, aber ansonsten naturgetreu abzubilden. Rein mengenmäßig betrachtet kommen an der Oberfläche der Gentechnikkritik überwiegend andere Motive vor: (Populär-)Wissenschaftliche Argumente über Risiko und Nutzen, Kapitalismuskritik, Regierungsschelte. Das ist in Großbritannien auch nicht viel anders als hierzulande - der Blick ins Ausland sollte eher die Normalität der deutschen Gentechnikkritik zeigen als umgekehrt Großbritannien zum Zauberland verklären. Die Akteure selbst sprechen also keineswegs von 'Utilität', von 'Identität' oder 'Alterität'; sie würden wohl zunächst auch kaum verstehen, was gemeint ist. Es handelt sich nämlich – jedenfalls ist das meine Behauptung – um Tiefenstrukturen, die ihnen selbst normalerweise kaum bewusst sind. Das hat zwei Gründe:

5.7 Zusammenfassung

Tabelle 5.5: Tableau der Diskurse zu transgenen Nahrungsmitteln, Teil II

Idealtypen \ Diskursfelder	Identitätsorientiert (Prinzip Herkunft)	Utilitätsorientiert (Prinzip Nutzen)	Alteritätsorientiert (Prinzip Sehnsucht)
Bewegungsöffentlichkeit (Kap. 5.4.1.)			'Romantische Landkommune': Aufhebung der Entfremdung zwischen Mensch und Natur
Medienöffentlichkeit (Kap. 5.3., Kap. 5.4.2.)	gelegentlich anti-amerikanische und anti-globalistische Töne	Times (und Guardian bis 1997): Pro Gentechnik – bringt Reichtum, Arbeitsplätze, Fortschritt, Wissenschaft, Effizienz, Hygiene	Guardian seit 1997: 'Frankenfood' dient nur der Profitgier der Konzerne und der Fortsetzung einer fehlgesteuerten Landwirtschaft
Laienöffentlichkeit (Kap. 5.5.)	'Du bist, was Du isst': Artübergreifender Gentransfer als Angriff auf vertraute Alltagsstrukturen und die menschliche Identität		
Administrative Adaption (Kap. 5.6.1.)		Ökologischer Neo-Utilitarismus: Erweiterung der Schadensdefinition – Landwirtschaft soll Biodiversität gewährleisten	
Adaption seitens des Handels (Kap. 5.6.2.)		Ökologischer Neo-Kapitalismus: Supermärkte zwingen Zulieferer zur Kennzeichnung; gentechnikfreies Fast-Food	
Adaption seitens der Biotech-Industrie (Kap. 5.3.)		Abtrennung der Agrarsparten, um die Mutterkonzerne vor weitergehenden finanziellen Verlusten zu schützen.	

- Die von mir für die Fremddeutung verwendeten Idealtypen sind zu abstrakt, als dass sie – normalerweise – zur Selbstdeutung und Selbstexplikation herangezogen würden. Die Idealtypen bilden – näherungsweise – grundlegende Denkmuster der Akteure ab, die diese zur Deutung neuer Situationen aktivieren und die ihnen dabei aber nie als Deutendes, sondern immer erst in Form des konkreten Deutungsproduktes präsent werden. Existenz und Wirkung kognitiver Tiefenstrukturen würden auch erklären, warum über große zeit-räumliche Distanzen hinweg und in den verschiedensten Themengebieten immer wieder ähnliche Reaktionen auftauchen.
- In vielen Themengebieten hat ein bestimmter Diskurs gleichsam 'das Hausrecht'. Die anderen Diskurse können dann nur opportunistisch verkleidet und maskiert auftreten. Doch nicht immer ist der utilitaristische Diskurs hegemonial. Beim Thema 'Kochen und Essen' zum Beispiel ist der alteritätsorientierte Diskurs dominant – jedenfalls würde man hier selbst in der Times mit dem traditionell utilitaristischen Diskurs über ausreichende Nahrungsmittelversorgung wegen 'Unkultiviertheit' nur noch redaktionelles Kopfschütteln erzeugen (vgl. oben, Kap. 5.2.). Aber beim Thema 'Einführung einer technologischen Innovation' – und in dieser Perspektive wird die Diskussion über transgene Nahrungsmittel häufig angegangen ('gerahmt') – beherrscht eben immer noch der utilitaristische Effizienzdiskurs das Feld. Entsprechend wird hier von 'Risiken' gesprochen, weil man nicht sagen darf, dass man transgene Nahrung 'unkultiviert' findet.

Daher kann die hier vorgeschlagene Deutung kaum auf die Zustimmung der Akteure rechnen und den Häufigkeitsnachweis nur antreten in Feldern, wo der jeweilige Diskurs unzensiert auftreten kann – wie das etwa in der Rubrik 'Kochen und Essen' der Fall war. Wie lässt sich dann aber insgesamt für die Wirksamkeit der behaupteten 'Tiefenstrukturen' gegenüber den häufig dominanten 'Oberflächenstrukturen' empirische Plausibilität reklamieren? Wie mir scheint, ist das möglich, weil viele Oberflächenphänomene – wie etwa die Kapitalismuskritik – sonst keinen Sinn ergeben würden. Zum Beispiel die Rhetorik der 'greed driven company': Will die Mehrheit der Bevölkerung in Großbritannien das profitorientierte Wirtschaften abschaffen? Oder die Schelte über ‚Interessenfilz' zwischen Regulierern und Regulierten: Würde man sich in anderen Bereichen gleichermaßen aufregen? Diese Vorbehalte werden offensichtlich *nicht* aktiviert, wenn das entsprechende Projekt positiv bewertet wird – bei der Solarenergie zum Beispiel, die allseits ein hohes Ansehen genießt, klagt man eher, dass die Privatunternehmen keine Gewinne machen und sich deshalb mit Investitionen zurückhalten. Ebenso würde man nicht von Interessenfilz, sondern von Praxisnähe und Kompetenztransfer bei der Regulierung sprechen, wenn man die einzuführenden Projekte gutheißt – obwohl es sich beides Mal um den selben Sachverhalt handeln kann, indem z.B. Vertreter aus der Industrie in den administrativen Beratungsgremien sitzen.

Erst im Rekurs auf Naturvorstellung als Tiefenstrukturen wird verständlich, warum Kritik mobilisiert wird: Je nachdem, wie ein Projekt als kompatibel oder inkompatibel mit der im jeweiligen Praxisfeld vorherrschenden Tiefenstruktur wahr-

5.7 Zusammenfassung

genommen wird, trifft es auf Zustimmung oder Ablehnung. Welche Tiefenstruktur im jeweiligen Anwendungsfeld einer Technologie zum fraglichen Zeitpunkt dominant ist und welcher Konnex hergestellt wird, ist eine empirische Frage. Allerdings scheint die Tiefenstruktur im Praxisfeld relativ fest verankert und längerfristig festzustehen. Nur die Entscheidung darüber, ob eine Innovation als kompatibel oder inkompatibel (mit der jeweils dominanten Tiefenstruktur) gelten soll, steht aktuell zur Disposition und kann von den beteiligten Akteuren mit Aussicht auf Erfolg beeinflusst (,konstruiert') werden. Für therapeutische Anwendungen, von denen im letzten Kapitel die Rede war, gelten hier offenbar andere Bedingungen als für transgene Lebensmittel:

- Im medizinischen Feld ist die utilitätsorientierte Kosmologie dominant – Krankheit und Tod gelten heute vielleicht mehr noch als früher als essentielle Bedrohung. Alteritätsorientierte Kritiker hatten hier gegenüber der Biomedizin anfangs ebenfalls versucht, den Konnex 'profitgierige Industrie zerstört natürliche Lebensformen' herzustellen, sind aber dabei gescheitert. Der Biomedizin gelang es, einen direkten Konnex zwischen der Utilitätsorientierung der Klienten und der Biomedizin zu etablieren – und zwar vor allem dadurch, dass sie den angestammten Paternalismus abstreifte, also die Interessen der Klienten in den Mittelpunkt rückte.
- Im Feld 'Kochen und Essen' sind dagegen der schlankheitsbewusste Neo-Utilitarismus und die Alteritätsorientierung vorherrschend. Auch im Feld Landwirtschaft erfolgt allmählich – als Reaktion auf überschüssige Produktion und auf Nebenfolgen wie BSE – eine Abkehr vom traditionellen Utilitarismus, der Hunger als essentielle Bedrohung sieht. Die Gentechnikindustrie hat daher von vornherein versucht, transgene Pflanzen und transgene Nahrungsmittel als 'natürlich' und 'ökologisch' zu deklarieren, also einen Konnex zu den in diesen Feldern neuerdings, d.h. in den letzten 10 bis 20 Jahren dominant werdenden Tiefenstrukturen herzustellen. Dieser Versuch ist gescheitert.[52] Vielmehr konnten die Kritiker die Deutung durchsetzen, dass transgene Nahrungsmittel die im Feld hegemoniale Kosmologie stören und die dort herrschende Werteordnung verletzen.

Die von der Akzeptanzforschung festgestellten Unterschiede in den einzelnen Anwendungsbereichen der Gentechnik (z.B. Hampel/Renn 1999; Gaskell et al. 2000) lassen sich also mit dem hier vorgeschlagenen Deutungsansatz zwanglos erklären. Bezugspunkt der Zustimmung oder Ablehnung ist nicht die in Rede stehende Technik, sondern die in den Anwendungsbereichen vorherrschenden Bewertungsmuster. Selbstverständlich spielen dabei auch national unterschiedliche Ausgangsbedingun-

---

[52] Interessant ist in diesem Zusammenhang ein Ergebnis der 1999 europaweit durchgeführten Eurobarometer-Umfrage: 53 % lehnen transgene Lebensmittel ab, 25 % sind 'risiko-tolerante' Unterstützer und 22 % unterstützen sie vorbehaltlos. Überraschend ist nun, dass auch diejenigen, die die Gentechnik generell unterstützen, überwiegend der Meinung sind, dass transgene Lebensmittel 'trotz Vorteilen fundamental unnatürlich' seien (57%) und dass sie 'die natürliche Ordnung gefährden' (54%). Bei den generellen Gegnern der Gentechnik liegen die entsprechenden Werte selbstverständlich noch höher – 92% und 89% (Gaskell et al. 2000: 937).

gen und institutionelle Strukturen, sowie zufällige Begebenheiten eine Rolle – in Großbritannien etwa die zeitliche Koinzidenz des Höhepunktes der BSE-Krise und der Ankunft transgener Soja. Entscheidend sind aber die Tiefenstrukturen, die sich in jüngerer Zeit offenbar in allen OECD-Ländern mehr oder weniger verschoben haben: Es kommt in bestimmten Praxisfeldern zur Herausbildung von Reservaten des Natürlichen in einer ansonsten technisierten Lebenswelt.

Wie ist diese Verschiebung nun zu interpretieren? Großbritanniens Votum für gentechnikfreie Lebensmittel stellt sich in der Sicht konventioneller Modernisierungstheorie als Sieg 'der neuen Kräfte der Dunkelheit' dar, wie etwa die Times den Politikwechsel kommentierte.[53] Im europäischen Vergleich, basierend auf der ausgesprochen breiten und differenzierten Datengrundlage von Durant et al. (1998), wird dagegen deutlich, dass, bei allen Eigenheiten im Detail, frühe und intensive Opposition gegen die Gentechnik gerade nicht mit technologischer und ökonomischer Rückständigkeit korreliert, sondern im Gegenteil als Ausweis postindustrieller Entwicklung (Bauer at al. 1998b: 224).

Bei allen national spezifischen Gründen, die sich für den Zeitpunkt und die Intensität der britischen Debatte finden lassen,[54] scheint sich in der Biotechnologie, speziell im Umgang mit transgenen Lebensmitteln, eine gesamteuropäische (EU-)Sichtweise anzudeuten, die teilweise auch auf Ostasien und die USA übergreift (Macer/Ng 2000; Priest 2000).

---

[53] Times v. 28.2.00, Mick Hume: Blair's policy shift on GM foods, widely welcomed as proof of the greening of his government, looks more like evidence that it has turned yellow.

[54] Für den Zeitpunkt und die besondere Intensität des Konflikts sind wahrscheinlich auch folgende Faktoren verantwortlich:
  - Die noch sehr frische Erinnerung an BSE und die Gelegenheit, BSE durch ein ähnlich gelagertes Thema zu verdrängen, das den Nationalstolz der Briten weniger kränkt als BSE.
  - Die lange Phase der Nicht-Responsivität der Regierung Blair (im Vergleich zu Frankreich, wo sich Präsident Chirac in gewisser Weise an die Spitze der Bewegung setzte).
  - Keine Vorab-Responsivität der Supermärkte wie in Deutschland, wo das Thema in der Öffentlichkeit nie richtig aufkam, weil man von vornherein vorsichtiger war.
  - Farmland ist nicht nur Produktionsstätte, sondern auch als Rekreationsraum, als 'Landscape/Countryside' sehr bedeutsam – im Unterschied zu den USA und Deutschland, wo diese Rolle im kulturellen Gefühlshaushalt stärker von der wirtschaftlich nicht angeeigneten 'wilden' Natur bzw. vom Wald eingenommen wird.
  - In anderen Ländern, wie z.B. Dänemark und Deutschland, wurde der Konflikt schon früher durchgearbeitet, weshalb er bei der Ankunft der transgenen Soja dann weniger heftig ausgefallen ist (Zeitverlaufstheorie).

Kapitel 6: Naturkonflikte als Ausdruck einer anderen Moderne?

Ich habe also zu zeigen versucht, dass der Umgang mit Natur von verschiedenen Typen kosmologischen Denkens geleitet ist. Entsprechend habe ich – exemplarisch – den Konflikt um die Biomedizin und den Konflikt um transgene Lebensmittel als Widerstreit zwischen den Kosmologien gedeutet. Hier nun, im letzten Kapitel, soll der Versuch unternommen werden, die Überlegungen und Befunde im breiteren gesellschaftlichen Rahmen einzuordnen. Wir werden also zunächst die Fallbeispiele in einer Synopse betrachten: Was haben sie gemeinsam, was unterscheidet sie? Wie sind die ersten Schritte auf dem Weg ins 'biotechnische Zeitalter' zu beurteilen? Von dieser empirischen Grundlage ausgehend, soll dann die in Kapitel 2 entfaltete Typologie der Naturvorstellungen und gesellschaftlichen Orientierungen im Hinblick auf ihre Anknüpfungsmöglichkeiten an aktuelle Gesellschaftstheorien und Zeitdiagnosen diskutiert werden. Zentrale Frage ist dabei: Sind die gegenwärtigen Technik- und Umweltkonflikte Ausdruck einer 'anderen' Moderne – in normativ-politischer Hinsicht unterschieden durch andere als die üblicherweise verfolgten Handlungsorientierungen, in historisch-empirischer Hinsicht unterschieden durch andere als die mit der Industriegesellschaft verbundenen Lebensbedingungen? Besonderes Augenmerk gilt dabei der Entfaltung des alteritätsorientierten Diskurses, weil dieser Diskurs neuer und daher interpretationsbedürftiger erscheint als der identitätsorientierte Diskurs, der als konservatives Element in der Moderne und gegen die Moderne immer wieder – und gerade nach dem 11. September 2001 verstärkt – aufflackert (vgl. Habermas 2001), aber wissenschaftlich schon von vielen Seiten beschrieben wurde und wird (z.B. Castells 2002).

Entsprechend sollen die drei vorgestellten Weltbilder sowohl in einer synchronen als auch in einer diachronen Perspektive verortet werden: Zum einen kann man die drei Kosmologien – etwa im Sinne von Jürgen Habermas' Sozialer Welt, Objektiver Welt und Innerer Welt – in ein grundsätzlich komplementäres Beziehungsgefüge stellen. Zum anderen können die Kosmologien auch an die zeitliche Abfolgen von Epochen geknüpft werden – im Sinne von Ulrich Becks starker Version der Ablösung einer Ersten durch eine Zweite Moderne (mit einer immer wieder aufflackernden Gegenmoderne), oder in den etwas schwächeren Versionen des postmateriellen, postindustriellen und postfordistischen Wandels. Solche Fragen können aber nicht nur theoretisch diskutiert werden, sie sollten auch empirisch untersucht werden – entsprechend wird zu erörtern sein, wie über die vorgestellten Falluntersuchungen hinaus quantitative, und damit stärker verallgemeinerungsfähige Studien vorzunehmen wären. Schließlich wird aber noch zu fragen sein: Was sollen (und können) wir tun? Denn was schließlich der Fall sein wird, ist kein handlungsenthobenes Naturgeschehen, sondern hängt auch von unserem politischen und kulturellen Gestaltungswillen ab.

Abbildung 6.1: Zentrale Spannungsmomente zwischen den Naturvorstellungen

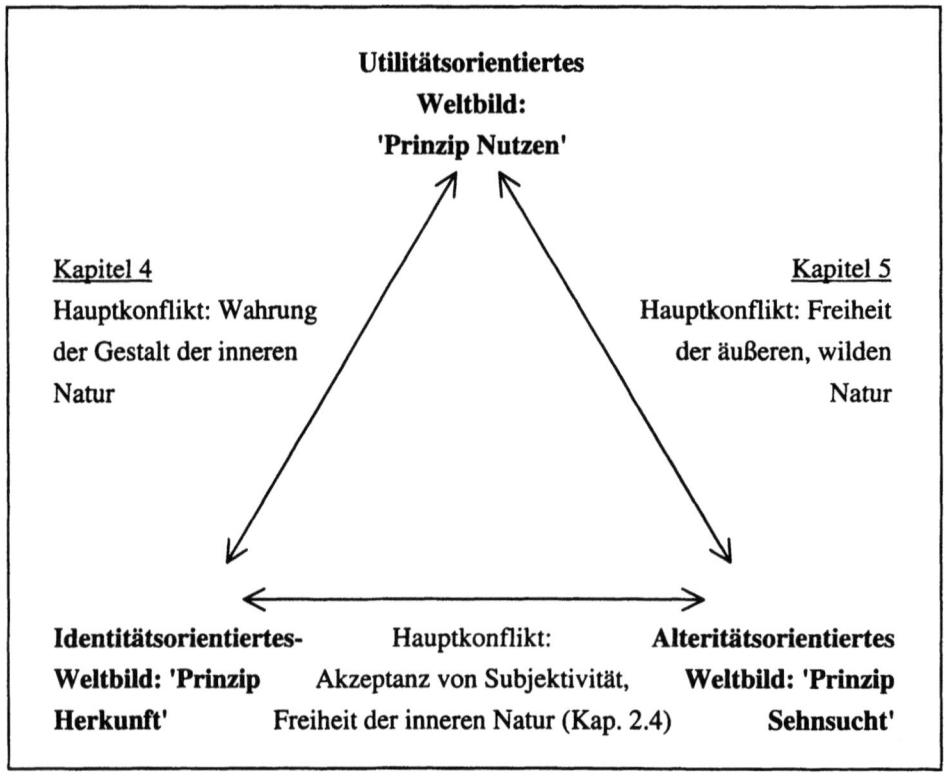

Bevor wir nun aber zur Synopse der empirischen Fallbeispiele übergehen, sei im folgenden Diagramm (Abbildung 6.1) noch einmal kurz und zugespitzt an die Typologie aus Kapitel 2 erinnert, die das konzeptionelle Scharnier zwischen empirischer Analyse und theoretischer Erörterung bildet. Die Pfeile bezeichnen dabei die zentralen Gegensätze, zu denen der jeweils dritte, vom jeweiligen Pfeil nicht direkt angesprochene Idealtyp eine ambivalente Stellung einnimmt: In diesem Sinne besteht einer der Konflikte darin, dass die technische und ökonomische Wachstumsdynamik, die in utilitätsorientierter Einstellung entfaltet wird, die innere Natur als Basis von Identität und sozialer Ordnung zu beschädigen droht und deswegen aus identitätsorientierter Sicht zurückgedrängt werden muss. Zu dieser Frage verhält man sich in alteritätsorientierter Einstellung eher distanziert und ambivalent, weil hier weder der Erhalt der sozialen Ordnung noch die Entfaltung von Gewerbefleiß zur Verbesserung der materiellen Bequemlichkeit des Lebens – also die Obsessionen der anderen beiden Weltbilder – ein besonderes Anliegen darstellen. Spiegelbildliches gilt für den Konflikt um die äußere, nicht-menschliche Natur, die vor allem aus alteritätsorientierten Motiven gegen ihre Vereinnahmung, Verwandlung und Zerstörung durch Technik und Industrie verteidigt wird. Hier nimmt das identitätsorientierte Weltbild eine distanziertere Position ein, weil die äußere Natur im hochkulturellen (im Unterschied zum magischen) Denken für die Begründung von Ordnung nicht mehr zentral ist, aber eben dennoch als Schöpfung und nicht – wie im utilitären Denken – einfach als 'Materiallager' (und Müllplatz) angesehen wird. Die Konflikte um die innere und die äußere Natur – die jeweils gegen den in der Industriemoderne hegemonialen utilitären Typus gerichtet sind – wurden beispielhaft in Kapitel 4 und Kapitel 5 beschrieben. Der Konflikt zwischen identitäts- und alteritätsorientierter Einstellung um die Entfaltung rebellischer Subjektivität wurde in Kapitel 2.4. angedeutet, aber nicht in einem eigenen Fallbeispiel berücksichtigt. Konkret illustrieren ließe er sich aber etwa an der Auseinandersetzung um 'sexuelle Befreiung', wie sie in den entwickelten Ländern seit den 1960er Jahren verstärkt geführt wird. Hier nimmt das utilitätsorientierte Denken eine distanziertere Position ein, indem es sich einerseits nicht so sehr auf den Erhalt sozialer Ordnung fixiert, aber andererseits auch die vom Alteritätsprinzip propagierte Überschreitung der Rationalität ablehnt.

Selbstverständlich sind diese Typen als Idealtypen zu verstehen – hier sei noch einmal auf Kapitel 2.6 verwiesen: In der Realität kommen diese Naturvorstellungen im Allgemeinen in abgewandelten und gemischten Formen zum Ausdruck. Daher ist es auch nicht zwingend, die Typologie genau so und nicht anders zu schneiden. Ohne Typisierung jedoch würde man sich ganz unvermittelt in der Mannigfaltigkeit empirischer Einzelheiten verlieren – und müsste auf theoretische Bezugnahmen sowie die Reflexion der eigenen Wahrnehmungs- und Deutungsmuster verzichten.

6.1 Synopse der Fallstudien zur Biomedizin und zu transgenen Lebensmitteln

6.1.1 Biomedizin

Erinnern wir uns: In Kapitel 4 wurden die Widerstände gegen die Innovationen der Biomedizin – gegen Humangenetik, Reagenzglasbefruchtung, Organtransplantation etc. – vor allem auf identitätsorientierte Naturvorstellungen zurückgeführt. Die identitätsorientierte Kosmologie zeichnet sich dadurch aus, dass sie religiöse und ethnisch-kulturelle Wir-Gefühle in einer Schöpfungsordnung widerspiegelt. Folglich entwickelt sich hier eine spezifische Sensibilität gegen Eingriffe, die diese Ordnung stören könnten. Da – zum Beispiel – die katholische Kirche Leib und Seele des Menschen als Einheit begreift, die zudem stets auf Gott als höheres Wesen – oder mit Durkheim gesprochen: als Kollektivgeist – bezogen bleiben muss, erscheint die in der Biomedizin anvisierte grenzenlose Selbstverfügung moralisch höchst anstößig. Indem also Zeugung und Empfängnis als sakramentaler, eben auf ein höheres Wesen bezogener Akt verstanden werden, wird die Pränataldiagnose und Reagenzglasbefruchtung abgelehnt – wie im Übrigen auch die Abtreibung, die meisten Verhütungsmittel und die Masturbation. Erstaunlich ist indes, dass auch viele Liberale gegenüber den angekündigten oder bereits eingeführten Innovationen skeptisch reagieren. Sie sorgen sich um die individuelle Integrität der Person und die auf gleichen Rechten und Pflichten gegründete demokratische Gemeinschaft, die sie in der menschlichen Natur als Zone der Unverfügbarkeit begründet sehen wollen – nun, da die Unverfügbarkeit der individuellen und der gemeinsamen Menschennatur nicht mehr als selbstverständlich vorausgesetzt werden kann.

Die Aversionen in einer breiteren Öffentlichkeit beruhen offenbar auf ähnlichen, wenn auch – auf den ersten Blick – nicht ganz konsistenten Motiven. Vorstellungen von 'Manipulation' erregen starke Horrorgefühle, während 'Therapien' fast frenetisch herbeigesehnt werden – weil nämlich Gesundheit offenbar gerade in einer individualisierten und zunehmend kinderlosen Gesellschaft zum zentralen Wert aufrückt. Biotechnologische Großvisionen, die als großspurige Heilsversprechen bei der Einwerbung von Forschungsgeldern in den USA, dem Mutterland der Entwicklung, sehr nützlich sind, lösen häufig hierzulande im breiteren Publikum Manipulationsängste aus. Dabei wird nicht unbedingt die Überwältigung durch eine autoritäre Macht unterstellt, aber selbst unter der Bedingung formaler Freiwilligkeit haben die biotechnologischen Großphantasien etwas Dämonisches: Man kann kaum darin einstimmen, sich mit einem Schlag vollständig verändern zu lassen, weil dann das Ich, das ursprünglich zugestimmt hätte, nicht mehr existierte und den Prozess, dessen Ausgang ja unübersehbar ist, nicht mehr kontrollieren könnte. Die Ergebnisse des Forschungsprozesses, die immer nur schrittweise herauskommen, sind gegenüber den Großvisionen für das Publikum jedoch leichter 'verdaubar' – sie stellen in ihrer Reichweite und Wirkung bisher immer überschaubare und letztlich meist akzeptierte Therapieangebote dar.

Entsprechend gestaltet sich auch die deutsche (und kontinentaleuropäische) Politik: Gegenüber den Großvisionen, wie sie für das Forschungsstadium typisch sind, reagiert sie zunächst mit Restriktionen wie etwa dem Embryonenschutzgesetz – und oftmals mit dem Pathos, dass hier ein für allemal Grenzen zu errichten seien, die nie und nimmer überschritten werden dürften. Wenn dann aber konkretere therapeutische Angebote zur Verfügung stehen, findet gleichsam ein Gestaltwechsel von der identitätsorientierten zur utilitätsorientierten Sichtweise statt – im Vordergrund stehen dann die Vorzüge für die Gesundheit und die Hilfe, die man den Individuen nicht versagen dürfe, und entsprechend werden die Vorschriften gelockert. Man mag diese Reaktionsweisen als kurzsichtig oder als opportunistisches Krisenmanagement betrachten, aber im Effekt wird so Zeit für die öffentliche Debatte gewonnen, in der die Vorstellung von der 'Normalnatur' des Menschen sukzessive umgearbeitet wird – im Rahmen lautstarker Aushandlung zwischen Wissenschaftlern und Publikum, die zu einem wechselseitigen Anpassungsprozess von Techniken, Normen und Wahrnehmungsformen führt.

'Natur' ist hier also ein normativer Standard, der keineswegs ein für allemal feststeht, sondern sich zusammen mit den kulturell akzeptierten medizinischen Behandlungsmethoden ändert. Denn selbstverständlich leben wir schon seit langem mit künstlichen Hilfsmitteln, aber wir 'naturalisieren' sie auch – in genau dem gleichen

Sinne wie man früher bei der Aufnahme von Immigranten von 'Naturalisierung' sprach: sie werden als unserer Identität und unserer durchschnittlichen Menschennatur zugehörig in den kollektiven oder individuellen Körper 'einverleibt'. Gelegentlich werden dabei auch Eingriffe als kulturell fremdartig und daher 'sittenwidrig' ausgeschieden – die Leihmutterschaft etwa bleibt in Europa (anders als in den USA) offenbar dauerhaft verboten. Aber im Ganzen gesehen scheinen die biotechnologischen Eingriffe am Menschen erfolgreich zu 'Therapien' zurechtgestutzt und letztlich akzeptiert zu werden. Entsprechend floriert die 'rote', also medizinische Biotech-Industrie.

6.1.2 Transgene Lebensmittel

Einen anderen Verlauf nimmt offenbar der Widerstand gegen transgene Lebensmittel, der in Kapitel 5 vor allem auf alteritätsorientierte Naturvorstellungen zurückgeführt wurde. In der alteritätsorientierten Kosmologie fungiert 'Natur' nicht als Bezugspunkt und feste Basis des Eigenen, sondern als das Andere einer als eng empfundenen Zivilisation – Natur wird hier zur ersehnten Gegenwelt. Am deutlichsten sichtbar wird diese Konzeption in der Bewegungsbohème, jenem Netzwerk von Graswurzelgruppen, die den Protest gegen transgene Pflanzen und transgene Lebensmittel besonders engagiert zum Ausdruck bringen. Gentechnik wird hier als Angriff der hierarchisch organisierten Habgier auf edle und wilde Natur verstanden, die man in 'organisch' angebauten Nahrungspflanzen und Nahrungsmitteln verkörpert sieht. Die Konzerne, die diesen Übergriff organisieren, werden dabei auch als Synonym für neoliberale Globalisierung und die kapitalistische Gesellschaft als Ganzes angeprangert.

In ihrer zugespitzten Form findet sich diese Sichtweise, gekoppelt mit radikalen Lebensformen und politischer Entschlossenheit bis hin zum zivilen Ungehorsam, nur bei einer kleinen Minderheit. Aber in abgemilderter Tönung hat sie eine sehr breite Resonanz in den Medien gefunden und sich in Reaktion auf die ersten Lieferungen von transgener Soja von Großbritannien aus über ganz Europa und teilweise auch in Ostasien sowie den USA selbst verbreitet. Das ist aus der Perspektive des wirtschaftsliberalen Standortdiskurses der Regierungen durchaus erstaunlich, weil hier Gentechnik als Synonym für Rationalität, Fortschritt und Prosperität gilt. Aber vom Wandel der Ernährungsgewohnheiten her betrachtet, ist dieses Reaktion ziemlich naheliegend: Bis etwa in die 1970er Jahre hinein gab es eine latent ungesättigte Nachfrage nach Lebensmitteln – sichtbar etwa daran, dass Fleisch als 'kostbar' galt und entsprechend der Fleischverbrauch (pro Kopf) in den oberen Einkommensschichten den Fleischverbrauch in den unteren Schichten überstieg. Aber ca. in den 1970er Jahren ist in den Industrieländern der Zeitpunkt erreicht worden, an dem praktisch alle Gruppen in der Bevölkerung – erstmals in der Geschichte der Menschheit! – ausreichend und zuverlässig mit Nahrungsmitteln versorgt wurden.

Hunger war von da an kein Thema mehr, sondern eher Übernährung. Korpulenz, früher ein Ausweis von Wohlstand und Gesundheit, galt seither als hässlich und als Erkrankungsrisiko. Bei weiterhin steigendem Wohlstand wird nicht mehr Quantität, sondern Qualität nachgefragt – und als qualitativ hochwertig gelten vor allem frische und möglichst naturbelassene Lebensmittel. Vor diesem Hintergrund ist es nicht verwunderlich, dass die alte utilitaristische Fortschrittsgleichung "Technik = Wohlstand / Natur = Hunger" nicht mehr gilt und allein schon die Ungewissheit über mögliche Auswirkungen der Gentechnik – noch vor jedem 'bewiesenen' Risiko – den Verbrauchern für eine Ablehnung hinreichender Grund ist.

Unterdessen sind aber die Produktionsstrukturen und die Mentalität im Agrarsektor nach wie vor weitgehend auf Masse statt Qualität ausgerichtet – wie sich nicht nur an der Diskussion um BSE zeigt. Auch der bisherige Einsatz der Gentechnik – vor allem Herbizid- und Insektenresistenz – ist auf die Rationalisierung der Produktion ausgerichtet. So gibt es zwar für die Landwirte einen Anreiz, auf die transgenen Sorten umzusteigen, für die Verbraucher könnte aber allenfalls von Interesse sein, dass die Lebensmittel dadurch (theoretisch) etwas billiger werden könnten. Diese Aussicht scheint aber bei der Mehrheit der Verbraucher nicht ins Gewicht zu fallen angesichts der Tatsache, dass in den OECD-Ländern durchschnittlich nur noch 10-20 Prozent der Haushaltseinkommen für Lebensmittel ausgegeben wird – früher waren es im Allgemeinen mehr als 50 Prozent.

Auf die gerade in Großbritannien sehr vehement vorgetragenen Proteste hat die Regierung Blair zunächst äußerst abweisend reagiert, weil sie sich – eben der Standortrhetorik folgend – von der Gentechnik generell ökonomischen Segen versprach. Andere Europäische Regierungen waren von vornherein responsiver – auf diese Weise kam relativ schnell auf EU-Ebene ein Moratorium und eine dem neoliberalen Deregulierungstrend entgegengesetzte *Re*regulierung der Freisetzungsrichtlinie zustande. Zudem wurde eine Kennzeichnungspflicht für transgene Bestandteile eingeführt. Aber generell sind die Manövrierräume der Politik im liberalen Verfassungsstaat beschränkt – Verbote können aufgrund der Markt- und Gewerbefreiheit nur auf der Basis nachgewiesener Risiken, nicht schon wegen unspezifischer Ungewissheit und ästhetischem Unbehagen verhängt werden. Private Akteure sind an diese Restriktionen nicht gebunden. Daher kamen die entscheidenden Schläge gegen die Einführung transgener Lebensmittel von den Supermarktketten, die sich von ihren Boykottaktivitäten Konkurrenzvorteile versprachen. Aufgrund der hohen Konzentration und Marktmacht der Handelsketten ist es für die Lebensmittelhersteller und die Landwirte seither ökonomisch naheliegend, transgene und gentechnikfreie Produkte separat anzubauen, zu lagern, zu transportieren und zu prozessieren. Noch ist unklar, wie stark sich dieser Trend von Europa auch auf andere kaufkräftige Regionen der Welt und von Lebensmitteln auf Tierfutter ausdehnt. Es besteht die Möglichkeit, dass letztlich nicht die gentechnikfreien, sondern die transgenen Pflanzen im Weltmarkt nur ein Nischendasein führen werden. Entsprechend sind die Aktien der Unternehmen der 'grünen' Biotechnologie in den Keller gefallen. Um die Risiken und Verluste zu beschränken, haben sich die großen Chemie- und Pharmakonzerne von ihren Tochterunternehmen in der Agrarbiotechnologie getrennt.

6.1.3 Wie ist der offensichtliche Unterschied zwischen den Reaktionsweisen zur Biomedizin und zu transgenen Lebensmitteln zu erklären?

Was unterscheidet nun die Fallbeispiele, was haben sie gemeinsam? Offensichtlich gibt es erhebliche Unterschiede – die Verbraucher lehnen nicht 'die' Gentechnik ab, sondern reagieren je nach Anwendungsbereich ganz unterschiedlich. Das bedeutet auch, dass die Individuen nicht einer Kosmologie fest angehören, wie die Cultural Theory in ihrer bisherigen Form unterstellt, sondern je nach Handlungsbereich mehr von der einen oder mehr von der anderen Naturvorstellung eingenommen sind. Aber warum ist das so? Und warum ist es ausgerechnet so, dass transgene Pflanzen und Lebensmittel vehement abgelehnt werden, obwohl argumentativ nur recht schwache Gründe angeführt werden – fiktive Reinheitsvorstellungen und diffuse Befürchtungen über ökologische Langzeitwirkungen –, während die Biomedizin letztlich akzeptiert wird, obwohl hier, prima facie, nichts weniger als das abendländische Menschenbild auf dem Spiel steht? Zudem sind die Risiken im biomedizinischen Bereich erheblich, wie sich an einer Reihe von Zwischenfällen bereits konkret gezeigt hat.

Die naheliegendste Erklärung ist, dass es hier nicht so sehr um das Gewicht der Einwände, sondern um den erwartbaren Nutzen geht: Hunger ist ein begrenztes, Gesundheit ein unbegrenztes Bedürfnis. Man kann nicht mehr essen, als bis man satt ist – eine weitere Steigerung kann dann nur in der qualitativen Dimension erfolgen. Die Gesundheit ist hingegen, gerade mit höherem Alter, immer gefährdet. Daher gibt es eine unerschöpfliche Nachfrage für Mittel, die Schutz und Heilung versprechen. Zugleich besteht eine extreme Experimentier- und Risikobereitschaft angesichts des ohnehin drohenden Todes. Dies würde sich absehbar erst ändern, wenn die Menschen eine andere kulturelle Einstellung zu Krankheit und Tod fänden – wenn sie zum Beispiel 'lebenssatt' sterben könnten.

Ein zweiter Erklärungsversuch ist etwas komplizierter: Im Gesundheitsbereich bestand nie ein Zweifel, dass transgene Produkte oder humangenetische Dienstleistungen als solche erkennbar sein müssen – entsprechend ist niemand gezwungen, sie zu nutzen. Im Nahrungsmittelbereich werden große Mengen Getreide, Sojabohnen, Raps etc. in Schiffen, Silos und Mühlen verladen und verarbeitet, wo man sich normalerweise, anders als etwa in der Arzneimittelproduktion, nicht die Mühe macht, Herkunft, Verarbeitungsstufen und Vertriebswege minutiös zu überwachen. Das wird nun erforderlich, ist aber mit einem gewissen zusätzlichen Aufwand verbunden. Die Gentechnikindustrie hat anfangs mit dem Argument, dass eine solche Trennung nicht möglich sei, die Kennzeichnung und die damit verbundenen Boykottmöglichkeiten der Verbraucher zu hintertreiben versucht. Insofern hatte der Widerstand hier noch ein zusätzlich politisches Motiv jenseits der Frage, ob man persönlich transgene Lebensmittel kaufen wollte oder nicht – es ging gegen den Oktroi einer noch im Tonnagedenken befangenen Industriebranche und die Etablierung einer Wahlmöglichkeit, wie sie einer entwickelten Marktgesellschaft entspricht. Aber vielleicht kann man den Unterschied auch nicht (restlos) erklären: Die Kultur ist eben so, wie sie sich kontingenterweise entwickelt.

6.1.4 Hintergründige Gemeinsamkeiten I: Emanzipation der Laien von der Expertenherrschaft

Trotz der offensichtlichen Unterschiede gibt es aber auch wichtige Gemeinsamkeiten zwischen den beiden Fallstudien. In beiden Branchen, im Medizin- wie im Lebensmittelzweig, werden die propagierten Segnungen des Fortschritts etwa seit den 1970er Jahren nicht mehr unkritisch und ungeprüft akzeptiert. Ein Missverständnis wäre es, hier von pauschaler, gleichsam vormoderner Technikfeindschaft zu sprechen. In immer größeren Kreisen der Bevölkerung breitet sich vielmehr der Anspruch aus, selbst zu entscheiden, was man als nützlich empfindet und was nicht. Diese Haltung löst aber immer noch Irritationen gerade bei Wissenschaftlern aus, die es gewohnt sind, dass ihr Expertenurteil von Laien nicht infrage gestellt wird. Entsprechend arrogante Reaktionen waren allenthalben zu Beginn der Gentechnikdebatte zu beobachten, zum Teil aber auch bei der Einführung transgener Lebensmittel in Europa, als Monsanto, ein im Mittleren Westen, dem Korngürtel der USA, ansässiger Konzern, offenbar zum ersten Mal mit Verbraucherkritik konfrontiert wurde. Bei den jüngeren oder mit den Publikumsreaktionen vertrauteren Wissenschaftlern scheint sich allmählich die Erkenntnis durchzusetzen, dass es hier nicht um 'Aufklärung des Publikums' gehen kann, dem man von der höheren Warte der Wissenschaft aus beizubringen hätte, was objektiv gut sei, sondern dass sie in wechselseitige Kommunikation darüber eintreten müssen, was wünschbar und was machbar ist – und dass das Publikum in der Demokratie und Marktgesellschaft via Vergabe von Forschungsgeldern, gesetzlichen Restriktionen und Verbraucherakzeptanz letztlich am längeren Hebel sitzt.

6.1.5 Hintergründige Gemeinsamkeiten II: Wertkonflikte statt Interessenkonflikte

Eine weitere Gemeinsamkeit besteht darin, dass es hier – in dem von mir vorgeschlagenen Interpretationsrahmen – nicht um Interessen- oder Risikokonflikte innerhalb der utilitätsorientierten Kosmologie geht, sondern um Wertkonflikte *zwischen* den verschiedenen Naturvorstellungen. Beim Konflikt um die Biomedizin ist dies ohnehin recht offensichtlich: Zwar spielt es auch hier eine Rolle, ob etwa Eingriffe in die Keimbahn nicht ohnehin zu riskant sind, indem sie zu Missbildungen führen können. Die eigentliche Kontroverse dreht sich jedoch um die Frage, ob die Technik auch nach Ausschluss aller größeren Risiken überhaupt erlaubt werden sollte, weil Menschen dann im umfassenderen Sinne über das genetische Schicksal ihrer Nachkommen entscheiden würden und schließlich der menschliche Leib mit technischen Mitteln beliebig gestaltbar wäre.

Beim Konflikt um transgene Lebensmittel könnte man vordergründig auch von einem Risikokonflikt sprechen, weil die dort gebrauchte Rhetorik zum Teil auf ökologische und gesundheitliche 'Risiken' abhebt. Wenn man aber unter Risiken – dem in der Industriemoderne eingeübten Sprachgebrauch folgend – *berechenbare* Beeinträchtigungen eines *utilitären* Nutzens versteht, wird die Differenz und damit die Diskontinuität zur herkömmlichen Prävention deutlich: Der Konflikt entsteht, weil die Beeinträchtigungen, wie die Kritiker selbst vorbringen, *'unberechenbar'* sind oder sich, im Sinne 'genetischer Verschmutzung', auf *alteritätsorientierte* Güter wie die 'Natürlichkeit' der Umwelt und der Nahrung beziehen.

Damit entziehen sich aber beide Kontroversen den üblichen institutionellen Vorkehrungen des Interessenausgleichs und der Risikoregulierung, wie sie zur Schlichtung der zentralen Konflikte der Industriemoderne geschaffen wurden, nämlich diverse Modi der *Umverteilung* auf der Basis von möglichst *enthemmtem Wachstum* (vgl. zum Beispiel für die Sozialversicherung Ewald 1993). Das heißt zwar nicht, dass unversöhnliche Glaubenskriege unausweichlich wären, wohl aber, dass Kompromisse nur auf der Basis der *Beschränkung oder Modifikation* des utilitätsorientierten Expansionsdrangs gefunden werden können.

6.1.6 Hintergründige Gemeinsamkeiten III: Kein 'Ende der Natur' – die Grenzen zwischen Natur und Technik werden nicht aufgelöst, sondern immer wieder neu erfunden.

Wenn die Gentechnikkontroverse als Konflikt zwischen Naturvorstellungen zu verstehen ist, dann erscheint weder die moderne, noch die postmoderne Rede vom 'Ende der Natur' gerechtfertigt. Die moderne Version vom 'Ende der Natur' beruhte auf der Überzeugung, dass man Natur – in der materiellen Dimension – vollständig berechenbar und kontrollierbar machen könnte, und damit – in der geistigen Dimension – der (vermeintlich) vormoderne und atavistische Rekurs auf Natur obsolet würde. Die postmoderne Version, wie sie etwa von Donna Haraway (1995) vorgetragen wird, geht ihrerseits davon aus, dass durch die *jüngsten* Innovationsschübe in den Informations- und Biotechnologien Natur als Gegenwelt der Moderne aufgelöst und ideologisch grundlegende semantische Unterscheidungen – zwischen Mann und Frau, Mensch und Tier, Geist und Körper, Mensch und Maschine – zusammenbrechen würden. Wie sich an den Fallbeispielen (in meiner Theorie-Perspektive) zeigt, sind beide Versionen falsch, weil sie einen Kurzschluss zwischen materiellen Veränderungen und semantischen Reaktionen unterstellen. Sie verkennen beide, dass sowohl die identitäts- als auch die alteritätsorientierten Naturkonstrukte in den semantischen Kämpfen, die wir hier beobachten, stets aufs Neue in die materiell sich ständig verändernde Welt hineingemeißelt werden.

Für die Medizin lässt sich nämlich konstatieren, dass die *ursprüngliche* Grenze zwischen Natur und Technik schon seit langem immer weiter überschritten wird, aber dieser Vorgang semantisch und institutionell keine *nachhaltige* Bedeutung hat, weil durch technische Routinisierung und kulturelle Aneignung die medizinischen Standards naturalisiert und damit die Grenze beständig verschoben wird. Es ist – aus meiner persönlichen Sicht – durchaus wünschenswert, wenn Akteure – als Akteure! – angesichts der gegenwärtigen Innovationsschübe in der Biomedizin hier vor dem 'moralischen Dammbruch' warnen, weil es tatsächlich Kräfte gibt, die völlig besinnungslos dem utilitaristischen Machbarkeits- und Kontrollideal folgen. Aber aus der Perspektive sozialwissenschaftlicher Beobachtung ist deswegen längst nicht ausgemacht, dass allein auf der Basis technologischer Entwicklung tatsächlich 'ein

Dammbruch' erfolgen müsste – das wäre ein Technikdeterminismus von sehr modernistischer Denkart, wie er gerade in der postmodern inspirierten Techniksoziologie eigentlich längst verabschiedet ist. Vielmehr ist zu erwarten, dass der 'Damm' im Widerstreit zwischen identitäts- und utilitätsorientierten Kräften verschoben und an anderer Stelle wieder errichtet wird. Vom antagonistischen Kräfteverhältnis wird es abhängen, wie schnell, wie weit und in welche Richtung er verrückt wird – und selbstverständlich wird es dabei zu Turbulenzen, Inkonsistenzen und anomischen Situationen kommen.

Ähnliches hat sich auch im Fall transgener Lebensmittel gezeigt. Selbstverständlich ist die Lebensmittelproduktion längst künstlich – in gewisser Weise schon seit der Neolithischen Revolution mit dem Übergang zu Ackerbau und Viehzucht. Darauf haben die Protagonisten der Gentechnologie auch immer wieder verwiesen in ihrem Versuch, transgene Pflanzen und Lebensmittel als 'natürlich' erscheinen zu lassen. Dem alteritätsorientierten Diskurs ist es aber gelungen, hier einen semantischen und institutionellen Keil zwischen die bisherigen und die neuen Züchtungsmethoden – und damit zwischen 'Natur' und 'Technik' – zu treiben. Gentechnik wird eben mehrheitlich als 'unnatürlich' angesehen und auch gesetzlich anders behandelt als herkömmliche Züchtungstechniken, obwohl auch diese – mit der radioaktiv beschleunigten Mutagenese, der chemisch propagierten Protoplastenfusion und ähnlichem – schon längst von Natur im ursprünglichen Sinne himmelweit entfernt sind. Um hier an die metaphorische Terminologie des ersten Fallbeispiels anzuschließen: Es ist von den Gentechnik-Kritikern ein Damm gegen den Fluss des technischen Fortschritts errichtet worden, und wenn die gegenwärtigen Zeichen nicht trügen, so ist es gar nicht unwahrscheinlich, dass dieser Damm sogar in die andere Richtung verschoben wird – indem eben auch schon länger gebräuchliche agrarindustrielle Praktiken wieder zurückgedrängt werden. (Dabei ist das 'vor' und 'zurück' – also die Fortschrittsmetaphorik – vieldeutig, weil die ökologische Landwirtschaft sich von der vor-industriellen Landwirtschaft in vieler Hinsicht deutlich unterscheidet, und ihrerseits gegenüber der gegenwärtigen agrarindustriellen Massenproduktion auch als 'fortschrittliche' Qualitätsproduktion bezeichnet werden kann.)

Allerdings ist Haraway – und der postmodernen Vision – insofern Recht zu geben, als die derzeitigen Innovationsschübe auch nicht folgenlos bleiben, indem sie eben neue semantische und institutionelle Arrangements erzwingen, bei denen einiges durcheinander gerät. In diesem Sinne ist es auch sehr wahrscheinlich, dass die für die Industriemoderne typischen Konnotationsketten 'Geist=Mann=Rationalität / Natur=Frau=Emotion' oder 'Mensch=Geist / Tier=Körper=Maschine' auseinanderbrechen werden. In den Prozessen des Umbruchs und des Neu-Arrangements gibt es natürlich Situationen, bei denen man von Pluralisierung, vom Uneindeutigwerden oder der Verwischung der Grenze sprechen kann – aber ob sich deswegen die Grenze langfristig *auflöst*, ist damit noch längst nicht ausgemacht. Ähnlich wie Traditionen nicht 'seit alters her' lebendig sind, sondern je neu aus verstreuten und längst vergessenen Überlieferungen nach aktuellem Bedürfnis und Geschmack zurechtgemacht werden (vgl. Hobsbawm/Ranger 1993), so wird auch die Natur schon seit

Anbeginn der Moderne in immer neuen Wellen wiedererfunden – sei es als das Eigene oder das Andere, als Identität oder Alterität. Es scheint allerdings, dass die Wellen derzeit höher branden als in den Hochzeiten der Industriemoderne, als die kulturelle Hegemonie des Utilitarismus beinahe unumstritten war.

Gerade heute ist Natur daher in den Diskursen der *Akteure* sehr lebendig – und es ist höchst unwahrscheinlich, dass sie sich aufgrund modern-rationalistischer Aufklärung oder postmodern-sozialkonstruktivistischer Ironie von ihrem Rekurs auf Natur abbringen lassen: Akteure können nur überzeugend auftreten, indem sie selbst von der ontologischen Festigkeit ihrer Konzeptionen ausgehen. Nur indem sie den Akt der Deutung (auch sich selbst gegenüber) unsichtbar machen, können sie die Welt leidenschaftlich mit Bedeutungen aufladen.

6.1.7 Hintergründige Gemeinsamkeiten IV: Der Kopf ist rund, damit das Denken die Richtung ändern kann – Naturvorstellungen in Diskursen und Praxen

Herkömmlicherweise gehen die Sozialwissenschaften, wie auch das Alltagsdenken, von der Idee aus, dass Menschen ein über die Zeit und wechselnde Situationen hin stabiles Set von 'Einstellungen' besitzen und dass sie Widersprüche zwischen diesen Einstellungen untereinander und zum jeweils zugehörigen Verhalten – 'kognitive Dissonanz' – zu vermeiden suchen. Ferner nimmt man an, dass diese Einstellungen mehr oder minder mit 'sozialen Milieus' korrespondieren, in denen der oder die Einzelne lebt. Diese Konzeption ist auch bezogen auf Naturvorstellungen nicht ganz falsch – sicher gibt es Menschen, die – in einer bestimmten Phase ihres Lebens! – insgesamt entweder mehr dem identitätsorientierten, mehr dem utilitätsorientierten oder mehr dem alteritätsorientierten Typ von Naturvorstellungen zuneigen. Und sicher gibt es auch soziale Kreise, in denen der eine oder andere Typ stärker verbreitet ist (vgl. Kapitel 3).

Aber insgesamt haben beide Fallbeispiele gezeigt, dass eher von einem situativen Wechsel der Naturvorstellungen auszugehen ist. Die Biomedizin wird nicht nur akzeptiert, sondern teilweise sehnlichst herbeigewünscht – aber nicht unbedingt deswegen, weil ihre (potentiellen) Klienten feste Anhänger einer utilitätsorientierten und rationalistischen Schulmedizin wären, sondern weil und soweit sie Heilung verspricht. Wie man besonders an chronisch Kranken und absehbar totgeweihten Patienten beobachten kann, wird vielfach ebenso auf fernöstliche, esoterische und traditionelle Heilverfahren zurückgegriffen, wenn die Schulmedizin nicht weiterhilft (oder umgekehrt: zur Schulmedizin gegriffen, wenn andere Heilverfahren versagen). Häufig versucht man auch, sich mit Krankheit und Tod als Schicksal oder als Anderssein zu arrangieren – oft eben im Wechsel mit der Suche nach Heilverfahren gleichgültig welcher Provenienz. Im Verlauf eines chronischen Krankheitsprozesses wechselt man eventuell auch mehrfach das Milieu – indem man die hoffentlich heilsame Wirkung verschiedener Lebensstile und Glaubensgemeinschaften ausprobiert.

Transgene Nahrungsmittel werden im Allgemeinen abgelehnt, weil sie als irgendwie 'künstlich' und 'widernatürlich' angesehen werden. Aber auch hier gibt es kein konsistentes Verhalten: Gerade in post-industriellen Milieus findet man sehr häufig Haushalte, in denen beide Partner arbeiten. Hier bevorzugt man zwar eindeutig biologisch erzeugte Nahrungsmittel und ist auch bereit, dafür mehr Geld auszugeben. Aber man hat wenig Zeit für die Haushaltsführung. Da es aber im Bereich des 'Convenience-Food' – also der Fertiggerichte – nur ganz selten Erzeugnisse aus biologischem Anbau gibt, greift man unter Woche notgedrungen zu 'Junk-Food' und kocht eben nur am Wochenende mit 'natürlichen Lebensmitteln' (Marris et al. 2001).

Es erscheint daher sinnvoll, anstatt des Kategorienkomplexes 'Milieus – Einstellungen – Verhalten' vor allem den Komplex 'Diskurse – Praxen' zu betrachten: Jeder und jede von uns nimmt tagtäglich an verschiedenen widersprüchlichen Diskursen und Praxen teil, die ihre eigene, kollektive Logik haben und von den Individuen – zumindest als Individuen – nicht ohne weiteres beeinflusst werden können. Naturvorstellungen und Kosmologien sind also nicht so sehr fest in den Köpfen und sozialen Kreisen, als eher im Motivkanon der Gespräche und in milieuübergreifenden Handlungszusammenhängen verortet.

6.2 Synchrone Perspektive – Die Theorie kommunikativen Handelns (Jürgen Habermas)

Konventionelle Modernisierungstheorien (inklusive Realmarxismus), die sich ganz dem Utilitarismus der Industriemoderne verschrieben haben, sind – wie schon mehrfach angemerkt – mit meinem Deutungsvorschlag inkompatibel, und zwar aus zwei Gründen:
- Der nicht-szientistische Rekurs auf Natur ist kein atavistisches Relikt, das im Zuge fortschreitender Industrialisierung und Rationalisierung verschwindet – von Verschwinden kann empirisch nicht die Rede sein, normativ wäre es meines Erachtens nicht wünschenswert, und funktionalistisch betrachtet ist es vielleicht auch gar nicht möglich (aber die Evolution lässt sich natürlich nicht vorhersagen).
- Der nicht-szientistische Rekurs auf Natur ist nicht notwendigerweise identitätsorientiert, wie meistens suggeriert wird – und zwar nicht nur von den konventionellen Modernisierungstheorien, sondern auch von vielen postmodernen Schriften (zur Kritik vgl. Soper 1995). Es gibt davon deutlich abweichende Formen der Objektkonstitution verbunden mit diametral anderen gesellschaftlichen Orientierungen. Um eben diesem Unterschied Rechnung zu tragen, habe ich den Begriff der 'Alteritätsorientierung' eingeführt.

Kritische Modernisierungstheorien sollen demgegenüber Theorien heißen, die Modernisierung nicht in Industrialisierung und szientistisch verstandener Rationalisierung aufgehen lassen, sondern insgesamt komplexer und spannungsvoller ansetzen. Oder einfacher ausgedrückt: Denen es nicht so sehr um ökonomisches Wachstum, sondern um Emanzipation geht (vgl. Therborn 2001). Hier ergeben sich Anknüpfungsmöglichkeiten – in synchroner Perspektive an Jürgen Habermas' Theorie des

6.2 Synchrone Perspektive – Die Theorie kommunikativen Handelns (Jürgen Habermas)

kommunikativen Handelns (TkH)[1] und in diachroner Perspektive an Theorien des Wandels in der Moderne, namentlich also an Ulrich Beck, Ronald Inglehart, Jean Fourastié und David Harvey. Diese Anknüpfungsmöglichkeiten sind in zwei Richtungen zu entfalten – einmal im Hinblick auf das mögliche Anregungspotential, zum anderen in Hinblick auf den Diskussions- und Abgrenzungsbedarf, der sich hier ergibt. Dabei wird es nicht darum gehen können, diese Theorien umfassend darzustellen noch ihre Unterschiede im Einzelnen zu diskutieren. Es werden sich auch durch das Anknüpfen an *verschiedene* Theorien Widersprüche und Spannungen ergeben, die hier nicht im einzelnen ausdiskutiert werden sollen. Vielmehr soll ein *Korridor* skizziert werden, wie meine Konzeption der Naturvorstellungen im Dialog mit bestimmten, hier anschlussfähig erscheinenden Gesellschaftstheorien und Zeitdiagnosen weiterentwickelt werden könnte.

Mit diesem Anknüpfen an Gesellschaftstheorie soll auch der in Kapitel 1.5. erhobene Anspruch eingelöst werden, von Weltbildern als einem gemeinsamen Deutungsrahmen für Natur *und* Gesellschaft zu sprechen. Denn meine Untersuchung bezog sich überwiegend auf Naturvorstellungen, aber kaum auf zugehörige Sozialstrukturen und gesellschaftliche Orientierungen. Durch das Anknüpfen an Gesellschaftstheorien werden Möglichkeiten des Ideentransfers und Perspektiven des weiteren Ausbaus sichtbar, wobei natürlich – wie im Folgenden angedeutet – auch entsprechende Anpassungen und Umdeutungen vorzunehmen sind.

6.2.1 Soziale Welt, objektive Welt, innere Welt – und die Trias der Weltbilder

Anknüpfungsmöglichkeiten ergeben sich hier unmittelbar zur 'Drei-Welten-Lehre', wie ich eine Grundkonzeption in Habermas' Theorie des kommunikativen Handelns nennen möchte. Der Dreifaltigkeit des Wahren, Guten und Schönen bei Kant entspricht – in der von Habermas entwickelten Genealogie – bei Weber die Differenzierung der kulturellen Wertsphären von Wissenschaft und Technik, Recht und Moral, Kunst und Literatur (TkH I: 225ff.). Habermas entwickelt daraus den Begriff der objektiven, der sozialen und der inneren Welt, denen ein Handeln in kognitiv-instrumenteller, moralisch-praktischer oder ästhetisch-expressiver Einstellung entspricht. Die objektive Welt(sicht) besteht demnach aus dem, was der Fall ist. Instrumentelles Handeln versucht in Ermittlung eines gangbaren, eventuell auch des effizientesten Weges sachliche Unterschiede herbeizuführen – ich handle instrumentell, indem ich zum Beispiel das Licht anmache. Die soziale Welt(sicht) wird durch Normen konstituiert, und moralisch-praktisches Handeln besteht demnach in der Diskussion über die Geltung, Auslegung und Befolgung von Normen – ich handle moralisch-praktisch, indem ich (mit Rekurs auf eine allgemeinere Norm) fordere, dass in unserem Stadtteil Licht gelegt wird. Die innere Welt konstituiert sich durch die Eindrücke, die die objektive und die soziale Welt im Individuum hinterlassen und in den Ausdrucksformen, mit denen es reagiert – der Aspekt des ästhetisch-

---

[1] Im Folgenden zitiert als TkH I/II nach der Auflage von 1987.

expressiven Moment des Handelns wird deutlich, wenn ich *mit lauter und empörter Stimme* fordere, dass in unserem Stadtteil *endlich* Licht gelegt wird.

Natürlich sind diese 'Welten' nicht geografisch – wie die Erste, Zweite und Dritte Welt – unterschieden, sondern stellen nur analytisch zu trennende Momente oder Dimensionen desselben raumzeitlichen Vorgangs dar – in unserem Beispiel legen die Stadtwerke Strom, weil die Bewohner das im unabweisbaren Rekurs auf geltende Normen sehr nachdrücklich gefordert haben. Diese 'Welten' korrespondieren, jedenfalls in Habermas' basalen Ausführungen (TkH I: 114ff.) auch nicht mit Weltbildern – deswegen kann man sie nicht unmittelbar mit den Kosmologien meines Entwurfs verbinden.

Eine Kosmologie umfasst eigentlich immer alle drei Aspekte – eine eigene Tugendlehre, eine eigene Erkenntnisweise, und einen eigenen Kreis von Empfindungs- und Ausdrucksformen, die alle drei im holistischen Sinn wechselseitig aufeinander verweisen und sich gegenseitig stützen. Da ich die 'Kosmologien' aber nicht als abgeschlossene Kulturen verstanden wissen möchte, kann man sie durchaus mit Habermas' Sichtweise in Verbindung bringen: Die Kosmologien betonen nämlich in unterschiedlicher Weise die drei Aspekte - einer der Aspekte geht jeweils in Führung und dominiert die beiden anderen Aspekte. Daher ergeben sich folgende Entsprechungen:

Identitätsorientiertes Weltbild	~	Primat der Sozialen Welt und des normengeleiteten Handelns
Utilitätsorientiertes Weltbild	~	Primat der Objektiven Welt und des instrumentellen Handelns
Alteritätsorientiertes Weltbild	~	Primat der Inneren Welt und des expressiven Handelns

So betrachtet stehen im identitätsorientierten Weltbild – oder offener formuliert: in identitätsorientierter Einstellung – moralische Fragen im Mittelpunkt. Es geht zentral um die gute, beziehungsweise gerechte Gesellschaft – und instrumentelle und ästhetische Fragen werden diesem Anliegen untergeordnet. Entsprechend wird auch die Natur aus moralischem Blickwinkel wahrgenommen – sie interessiert, soweit sie die bestehende (oder angestrebte) Ordnung stützt oder gefährdet. Wenn man diese Wendung vollzieht, wird die identitätsorientierte Kosmologie von einem ausschließlichen Bezug auf traditionalistische, konservative oder kommunitaristische Konnotationen distanziert. Es ist dann auch nicht mehr erstaunlich, dass selbst Liberale – wie zum Beispiel eben Habermas – gegen einige Ansinnen der Biotechnologie schwere Bedenken vorbringen, weil sie hier die materiellen Voraussetzungen von personaler Integrität, Vertragsfreiheit und Demokratie gefährdet sehen (vgl. Kap. 2.2 und Kap. 4.6).

In utilitätsorientierter Einstellung werden Fragen der instrumentellen Kontrolle in den Vordergrund gerückt. Es geht zentral um die Sicherung und Verbesserung der materiellen Lebensbedingungen, was im Sinne der 'Protestantischen Ethik' in die Steigerung des Reichtums um des Reichtums willen mündet (vgl. TkH I: 299ff.). Wie Habermas selbst mehrfach ausführt und kritisiert, führt das Überhandnehmen dieser Handlungsperspektive zu einer spezifischen Blindheit gegenüber der sozialen Welt: Personen werden in strategischer beziehungsweise sozialtechnologischer Einstellung wie Sachen behandelt – man versucht sie zu manipulieren, statt sie als Kommunikationspartner wahrzunehmen. Entsprechend verhält man sich gegenüber sozialen Normen nicht mehr emphatisch – indem man sie aus Überzeugung befolgt oder kritisiert –, sondern bloß zynisch – indem man sie wie objektive Tatsachen behandelt und den Nutzen der Normübertretung gegen die Entdeckungswahrscheinlichkeit und die Höhe der Strafe abwägt. Diese Denkweise des *Homo oeconomicus* wird in kruden Versionen des Rational Choice auch zum menschlichen Denken schlechthin verklärt (vgl. Weise 1989). In ähnlicher Weise können ästhetisch-expressive Lebensmomente instrumentalisiert oder marginalisiert werden. Werbung wird bekanntlich in diesem Sinne eingesetzt. Die innere wie die äußere Natur wird dann ausschließlich unter dem Aspekt von Nützlichkeit und Schädlichkeit betrachtet.

In ästhetisch-expressiver Einstellung wird Selbstverwirklichung – in einem spezifischeren Sinne – in den Mittelpunkt gerückt. Dieser spezifischere Sinn ergibt sich aus dem Umstand, dass weder die moralische Richtigkeit noch die instrumentelle Wahrheit – weder gute Gesellschaft noch Reichtum, d.h. Erfolg durch Anpassung an die soziale und objektive Welt – garantieren können, dass ein Individuum sich selbst dabei als authentisch empfindet. Es kann zu dem Schluss gelangen, dass die äußeren Eindrücke blass und die inneren Regungen unzugänglich bleiben – bei allem von außen zugeschriebenem Glück sich kein subjektives Glücks*empfinden* einstellen will. Es kann dann geneigt sein, sich über alle Fragen der Moral und Nützlichkeit hinwegzusetzen auf der Suche nach einem möglichst unverstellten Austausch zwischen seiner inneren und äußeren Welt. Die innere wie die äußere Natur interessiert dann nur im Hinblick auf ihren Erlebnisaspekt.

Diese Anknüpfungsmöglichkeiten zwischen meiner Typologie der Naturvorstellungen und Habermas' Typologie der Handlungsmomente ergeben sich wahrscheinlich nicht ganz zufällig. Wenn man unterstellt, dass die philosophische Trias des Guten, Wahren und Schönen – von Ethik, Erkenntnistheorie und Ästhetik – die Weltkonstitution des (modernen) Menschen umfassend und angemessen beschreibt und durch diese Beschreibung auch wiederum reflexiv festgelegt hat, dann können die Naturvorstellungen nicht ganz anders ausfallen als die allgemeinen lebensweltlichen Handlungsorientierungen.

6.2.2 Naturzerstörung als 'Kolonialisierung der Lebenswelt'

Habermas verbindet mit seiner Typologie der Handlungsrationalitäten auch ein normatives, kritisches Anliegen. Indem er den Handlungsbegriff – gegenüber den weniger komplexen und meist instrumentellen Versionen – mehrdimensional auffächert, macht er den Blick frei für entsprechende Vereinseitigungen und vor allem die Überwucherung der moralisch-praktischen und der ästhetisch-expressiven Dimension durch kognitiv-instrumentelle Einstellungen. Entsprechend habe ich auch den Konflikt um die innere und die äußere Natur, um die rote und die grüne Biotechnologie, als Auseinandersetzung zwischen den Wertsphären beschrieben – zwischen einem heute mehr neoliberal als staatlich-korporatistisch propagierten Utilitarismus auf der einen und dem bürgerschaftlichen Engagement für die beiden marginalisierten Zugangsweisen zur Natur auf der anderen Seite.

Darüber hinaus könnte man aber auch an den vielgescholtenen[2] Kolonialisierungsbegriff anknüpfen, also der Verselbstständigung der über Macht, Geld und Information gesteuerten Systeme der Handlungskoordinierung (bürokratische Apparate und kapitalistische Wirtschaft) und der damit drohenden Zerstörung der Lebenswelt als eigenständiger, an herrschaftsfreier Kommunikation ausgerichteter Sphäre der kulturellen Reproduktion. In dieser Perspektive fällt zunächst auf, dass die Gentechnologie, gerade im medizinischen Bereich, zwar an lebensweltlich durchaus vorhandenen utilitaristischen Handlungsmotiven ansetzt, diese aber zugleich angebotsorientiert überformt – zum Beispiel wenn sie die eher diffusen Ängste vor Behinderung mit ihrem Angebot an humangenetischer und sonstiger vorgeburtlicher Diagnostik stimuliert und in bestimmte Richtungen kanalisiert (nämlich auf die Angebote, mit denen man derzeit Geld verdienen oder wissenschaftliche Reputation gewinnen kann).

Aber man kann den Kolonialisierungsvorwurf auch auf die beiden anderen Wertsphären übertragen. Dann wird sichtbar, dass die Identitäts- und Zugehörigkeitsbedürfnisse der Individuen vor allem von bürokratischen Machtapparaten, nicht nur des Nationalstaats selbst, sondern ebenso von Parteien, Gewerkschaften und Kirchen, kanalisiert und für Zwecke des Machterhalts instrumentalisiert werden. Auf unser Fallbeispiel der medizinischen Biotechnologie angewandt, könnte man dann auch behaupten, dass ein Teil des Protests so anachronistisch wirkt, weil dogmatische Starrheit zwangsläufige Begleiterscheinung und vielleicht auch zwingendes Reproduktionserfordernis der Hierarchie der katholischen Amtskirche ist. Parallel könnte man diskutieren, ob ein ähnlicher Vorwurf im Hinblick auf die Vereinnahmung von lebensweltlichen Alteritätsorientierungen an Greenpeace und ähnliche multinationale Konzerne der 'Protestindustrie' zu richten wäre (Mohr/Schneidewind 1996).[3] Augenfällig ist aber in jedem Fall, dass Alteritätsbedürfnisse von der Un-

---

2 Vgl. Honneth/Joas 1986. Die soziologische Kritik (z.B. Hans Joas) wirft Habermas hier vor allem eine Dichotomisierung von 'Lebenswelt' und 'System' vor und verweist darauf, dass man sich System und Lebenswelt empirisch als ineinander verschränkt vorzustellen habe. Es wird deutlich gemacht, dass die systemische Handlungskoordinierung über Medien – Macht und Geld – an lebensweltlichen Handlungsorientierungen ansetzen muss, um wirksam zu werden. Bei Habermas hingegen werde die Lebenswelt als rein und gut, die Systeme dagegen gleichsam als das selbsttätig wuchernde Böse dargestellt. Der schematische und verdinglichende Sprachgebrauch generell und einige Passagen in der Theorie des kommunikativen Handelns laden tatsächlich zu dieser Interpretation ein. Ich möchte dagegen eine andere Lesart vorschlagen, in der der Begriff der Lebenswelt nicht so sehr empirisch, sondern eher normativ, als regulative Idee verstanden wird. Lebenswelt ist dann vorzustellen als eine ideale Sphäre herrschaftsfreier, unverstellter Kommunikation, wie sie sich nur aus dem Sinn der Sprache und aus glücklichen Momenten gelingender Verständigung herausdestillieren lässt.

3 In diesem Sinne könnte man der Partei der Grünen auch vorwerfen, dass sie mit ihrer Haltung zu Biotechnologie und Abtreibung sowohl von Identitäts- als auch von Alteritätsbedürfnissen im Sinne der Wählerstimmenvermehrung zu profitieren versucht und deshalb die sich hier ergebenden Widersprüche bezüglich des Lebensschutzes ideologisch zukleistert (vgl. Kap. 4.5).

terhaltungs- und Tourismusbranche aufgegriffen und auf kulturell möglichst billige und ökonomisch möglichst profitable Art im wahrsten Sinne des Wortes 'abgelenkt' werden.

In kritischer Absicht käme es also darauf an, durch Erziehung, Bildung und Öffentlichkeit die zivilgesellschaftliche Verständigung der Bürger untereinander über ihre Bedürfnisse zu fördern und so die Nachfrageseite gegenüber den Service- und Ideologieangeboten seitens macht- und profitorientierter Apparate zu stärken.

6.2.3 Kommunikative Rationalität oder kultureller Eigensinn?

An zwei Punkten möchte ich meinen Vorschlag jedoch deutlich von Habermas absetzen – im Hinblick auf den überwölbenden Begriff der 'kommunikativen Rationalität', der die in der Moderne angelegten Spannungen zu schnell überbrückt, und im Hinblick auf Habermas' implizite Vernachlässigung des ästhetisch-expressiven Handlungsmoments, das wohl nicht ganz zufällig mit der Marginalisierung der ökologischen Krise in seinem Werk einhergeht.

Habermas ist von sozialkonstruktivistischer Seite aus für seinen 'Rationalismus' schon häufig kritisiert worden. Zunächst ist dagegen festzuhalten, dass Habermas' sehr spezifische Version des Rationalismus nicht wie üblich monologisch angelegt ist, sondern dialogisch – Aussagen sind nicht per se rational, sondern werden es erst dadurch, dass sie auf Nachfrage hin begründet werden. Dabei ist niemand im Besitz der Wahrheit, sondern Wahrheit fungiert als regulative Idee des Dialogs – die Beteiligten bemühen sich im Prozess herrschaftsfreier Rede und Gegenrede der Wahrheit nahe zu kommen, ohne sich jemals sicher sein zu können, sie auch erreicht zu haben (vgl. TkH I: 25ff.). Sein Rationalitätsbegriff ist vom Grundansatz her auch nicht szientistisch verengt, weil er sich – wie oben ausgeführt – nicht auf die objektive Welt beschränkt.

Nachdem er zunächst die Widersprüche in der Moderne spannungsreich entfaltet, überschätzt Habermas allerdings die Möglichkeiten der Wiedervereinigung im Konsens, der durch überwölbende, nämlich 'kommunikative Rationalität' gestiftet werden soll – schon unter idealiter herrschaftsfreien, erst recht aber unter realen Bedingungen. In der wirklichen Welt treffen Akteure aufeinander, die mit Geld, Macht und Information verschieden ausgestattet sind, die auf Drohungen, Lügen und Bestechung nicht unbedingt verzichten, und die Zeitbeschränkungen unterliegen. Aber selbst wenn man von diesen Einschränkungen absieht und auch die Kontroverse über die soziale und kulturelle Bedingtheit des naturwissenschaftlichen Wissens, also des kognitiv-instrumentellen Handlungstypus, beiseite lässt – gibt es wirklich zwingende Argumente für oder gegen divergierende Gerechtigkeitskonzepte oder gar Geschmacksurteile? Sind diese nicht zu stark in Weltbildern, Lebensformen, Symbolsystemen – das heißt in *holistischen* Verweisungszusammenhängen – verankert und verflochten, als dass sie durch Argumentation im Sinne der Prüfung von *isolierten Einzelaussagen* zu Fall gebracht werden könnten?

Allerdings sollte man den Holismus (und den daraus folgenden Relativismus) auch nicht zu weit treiben – 'Kulturen' sind nämlich keine *geschlossenen* Verweisungszusammenhänge. Andernfalls wäre der 'clash of civilizations' (Huntington) – letztlich also Krieg – unvermeidlich. Empirisch betrachtet ist ein Dialog zwischen den Kulturen, Kosmologien, Diskursen etc. eher die Regel als die Ausnahme – nicht nur im gleichen Land, sondern sogar im selben Kopf (vgl. Kap. 3.2). Und es gibt dabei *nicht nur* Missverständnisse. Aber erstens kann ich das Gerechtigkeitskonzept oder Geschmacksurteil des Anderen vielleicht sehr gut verstehen, ohne es deshalb schon selbst übernehmen zu müssen. Und zweitens kommt die Übernahme von Gerechtigkeits- oder Geschmackskonzepten – wenn man Geld, Macht und Lügen weiterhin ausgeklammert lässt – wohl eher durch Überredung, das heißt durch die Leuchtkraft von Paradigmen zustande (Rorty 1989), und nicht so sehr durch Überzeugung, also den 'zwanglosen Zwang des besseren Arguments' (Habermas).

6.2.4 Die Marginalisierung der ästhetisch-expressiven Wertsphäre und die Vernachlässigung der Konflikte um die äußere Natur

Wahrscheinlich hängt es mit Habermas' Fixierung auf Rationalität und *inter*subjektive Argumentation zusammen, dass er dem ästhetisch-expressiven Handlungsaspekt und damit der *subjektiven* Sphäre wenig Eigengewicht verleiht und ihr insgesamt auch wenig Aufmerksamkeit schenkt. Um die 'innere Welt' an den Rationalitätskosmos anzuschließen, argumentiert Habermas, dass zwar das Individuum hier einen privilegierten Zugang besitze, dass sie aber wenigstens indirekt der therapeutischen Kritik und der Kunstkritik zugänglich sei (TkH I: 128ff., 447f.). Man könne die Wahrhaftigkeit des Ausdrucks von 'impression management' in täuschender oder selbsttäuschender Absicht unterscheiden, indem man die präsente Ausdrucksform mit dem Verhalten in anderen Situationen oder mit anderen Aspekten des künstlerischen Werks vergleiche und am Kriterium der inneren Konsistenz messe. Aber warum soll ein Subjekt, ein Werk immer konsistent sein? Liegt die Wahrhaftigkeit des Subjekts nicht gerade in seiner Fragmentierung, die es gegenüber den Konsistenzzwängen der sozialen und objektiven Welt mühsam kaschiert? Wo bleibt Raum für die Subversivität, Kreativität und Verspieltheit, die sich aus den inneren Widersprüchen speist, und deren *Eigensinn* vielleicht gerade darin besteht, alle rationalen Identifizierungsversuche und Begründungszwänge zu unterlaufen?

Freilich teilt Habermas die Missachtung und Verkennung der ästhetisch-expressiven Lebensmomente mit der überwiegenden Mehrheit der Philosophen und Soziologen[4] – sei es, weil sie dem Moralismus, oder sei es, weil sie dem Kognitivismus zuneigen. Symptomatisch ist hier Max Webers Bannspruch gegen eine ästhetisch-emphatische Moderne:[5]

---

4 Habermas merkt in der 'Theorie des kommunikativen Handelns' auch selbst an, dass er bei der Beschreibung des ästhetisch-expressiven Handelns kaum auf geeignete soziologische Studien zurückgreifen kann.
5 Ähnlich Daniel Bell in seinem Urteil über die Moderne insgesamt, die er als Verlagerung der Autorität vom Sakralen zum Profanen deutet:
"Das Profane kann nur in zwei Richtungen führen: in ein Leben von Neuartigkeit und Hedonismus (und schließlich Ausschweifung) oder zu dem von Hegel als 'sich unendlich setzenden Geist' bezeichneten Streben des Menschen nach dem absoluten, gottähnlichen Wissen." (1991: 191)

"Gegen diese innerweltliche irrationale Erlösung muß sich jede rationale religiöse Ethik wenden als gegen ein Reich des, von ihr aus gesehen, verantwortungslosen Genießens und: geheimer Lieblosigkeit. In der Tat neigt ja die Ablehnung der Verantwortung für ein ethisches Urteil, wie sie intellektualistischen Zeitaltern, infolge teils subjektivistischer Bedürfnisse, teils der Angst vor dem Anschein traditionell-philiströser Befangenheit, zu eignen pflegt dazu: ethisch gemeinte Werturteile in Geschmacksurteile umzuformen ('geschmacklos' statt 'verwerflich'), deren Inappellabilität die Diskussion ausschließt." (zit. n. Bohrer 1989: 307)

Furor und Missachtung gegenüber der ästhetisch-expressiven Wertsphäre sind dann eventuell auch mitverantwortlich für die in der Soziologie übliche Marginalisierung des Konflikts um die äußere Natur. Ich habe hier vorgeschlagen, dass die moderne Umweltkrise, vor allem soweit es typischerweise um ungewisse und dem utilitären Verständnis nach eher abseitige Folgen geht, als ästhetisch-expressiv motivierter Konflikt zu deuten ist (vgl. Kap. 2.5, Kap. 5). Wenn ich mit dieser Interpretation richtig liege, dann ist es wissenssoziologisch betrachtet nicht verwunderlich, dass die Soziologie diesem Konflikt keine größere systematische Beachtung geschenkt, oder ihn, in der Risikosoziologie, meistens utilitaristisch umgedeutet hat. Auch Habermas hat sich nie eingehender mit dem Konflikt um die Zerstörung der äußeren Natur befasst (Eckersley 1994). Die Soziologie war bisher, im Kern, die Wissenschaft der Industriegesellschaft. *Industria* bedeutet Fleiß – entsprechend passt dieser Konflikt nicht in das Aufmerksamkeits- und Begriffsraster der Wissenschaft derjenigen Gesellschaftsformation, die vom asketischen Ideal der Selbstentsagung und der Ernsthaftigkeit geprägt war. Dies scheint auch der Grund zu sein, warum Alteritätsorientierungen, bloß weil sie nicht-utilitaristisch sind, so häufig als Identitätsbestrebungen missverstanden werden – die Soziologie kennt eben nichts anderes als Moderne und Tradition, Utilität und Identität (vgl. Kap. 5.2.3).[6]

Die schwache Sensibilität für ästhetisch-expressive Bedürfnisse ist insofern zwar verständlich, als Geschmacksurteile öffentlich wenig Gewicht haben und aufgrund mangelnder Rationalisierbarkeit auch für die modernen staatlichen Institutionen schwer zu handhaben sind. Meine Vermutung ist allerdings, dass Motive der Alteritätsorientierung zunehmend für die Entscheidungen der Individuen und den Lauf der Dinge wichtig werden – dieser Vermutung will ich im Folgenden, in diachroner Perspektive, weiter nachgehen.

Auch Gerhard Schulze (1994) scheint sich als Soziologe der 'Erlebnisgesellschaft' auf seinen Gegenstand wenig emphatisch eingelassen zu haben, wenn er in ihr fast nur Konsumwut und naive Versuche der Erlebnissteigerung erkennen kann.

6   Es ist interessant festzustellen, dass der Alteritätsbegriff in der Literaturwissenschaft, Ethnologie, Philosophie und Psychoanalyse – also den mit den ästhetisch-expressiven Lebensmomenten näher befassten Fächern – schon länger in dem von mir verwendeten Sinn gebräuchlich ist.

6.3 Diachrone Perspektive I – Die Theorie reflexiver Modernisierung (Ulrich Beck)

Es gibt zur Theorie reflexiver Modernisierung (Beck 1983, 1986, 1993, 1996, 2001b) – nach meiner Wahrnehmung – zwei sich überlagernde Auslegungsmöglichkeiten, und zwar im Sinne einer präskriptiven und einer empirisch-analytischen Lesart. Viele Formulierungen schließen tendenziell an Habermas' Idee von der Moderne 'als unvollendetem Projekt' an – die Industriemoderne wird als 'halbierte Moderne' bezeichnet, weil sie wesentliche moderne Rechtsansprüche nur halbiert gewährt; zum Beispiel den Frauen die männlichen Freiheitsrechte versagt, indem sie sie an den Herd der bürgerlichen Kleinfamilie kettet. Es bleibt dann zunächst offen, ob die 'andere', vollständigere Moderne nun – im deskriptiven bzw. prognostischen Sinne – *ohnehin kommt*, oder ob sie – im präskriptiven Sinne – *eintreten soll,* weil man sie für eine wünschenswerte Verfassung der Gesellschaft hält.

Gegen diesen häufig kritisierten Doppelcharakter der Theorie reflexiver Modernisierung habe ich grundsätzlich nichts einzuwenden. Alle Modernisierungstheorien sind normativ, ob sie sich das eingestehen oder es funktionalistisch mystifizieren.[7] Wenn man nun mit der eingeschlagenen oder mehrheitlich propagierten Entwicklungsrichtung unzufrieden ist (was ja in der modernen im Unterschied zur traditionellen Gesellschaft erlaubt sein sollte), *ohne* dabei in utopisch-realitätsfernes Predigen verfallen zu wollen, dann ist diese Doppelperspektive sogar unabweisbar: Man fragt – empirisch-analytisch – welche Tendenzen und Kräfteverhältnisse in der Gesellschaft wirksam sind, um dann, im Wechselspiel mit normativen Begründungen, präskriptive Vorschläge zu entwickeln, die, wenn sie aufgegriffen werden, auch wiederum empirische Wirkung entfalten. Natürlich muss man dabei acht geben, dass man eine Entwicklung nicht schon deshalb empirisch-analytisch für gegeben hält, weil sie normativ wünschenswert erscheint, oder – umgekehrt – für normativ wünschenswert hält, weil sie, empirisch-analytisch betrachtet, ohnehin kommt. Hier sauber zu argumentieren ist aber eher ein handwerkliches als ein theoretisches Problem – und es ist lösbar.

Allerdings ist die präskriptive Lesart relativ nah an der synchronen Perspektive, wie wir sie uns oben schon vergegenwärtigt haben – dass in der Moderne latent schon immer mehr angelegt ist, als bisher in der Industriemoderne manifest wurde. Wann und ob die Moderne im geforderten Sinn 'vollendet' wird, bleibt dabei zunächst offen. Dagegen möchte ich in den folgenden beiden Unterkapiteln die diachrone Perspektive verfolgen. Sie allein stellt eine weitergehende Herausforderung an die empirische Forschung dar: Dass *andere* Aspekte als nur rationale und utilitärasketische Momente in der Moderne latent angelegt sind, lässt sich relativ leicht zeigen – aber man möchte dann auch gerne wissen, ob und unter welchen Umständen sie langfristig stärker werden und wie man ansetzen könnte, um ihnen zum Durchbruch zu verhelfen.

---

7 Zur Kritik des Funktionalismus vgl. z.B. Giddens 1988.

6.3.1 Erste Moderne, Zweite Moderne, Gegenmoderne – und die Trias der Weltbilder

Beck unterscheidet in seiner Version der Theorie reflexiver Modernisierung zwischen Gegenmoderne, Erster Moderne und Zweiter Moderne. Hierzu lässt sich die folgende Anknüpfung diskutieren:

Gegenmoderne ~ Identitätsprinzip
Erste Moderne ~ Utilitätsprinzip
Zweite Moderne ~ Alteritätsprinzip

Die *Gegenmoderne* ist – vergleichbar etwa mit dem Konservativismus, der als Reaktion auf die französische Revolution entstand – der immer wieder erneuerte Versuch des Anknüpfens an die Vormoderne, an die Fraglosigkeit von Tradition und Natur (Beck 1993: 99ff.). Die Ironie der Gegenmoderne besteht darin, dass sie, im Unterschied zur Vormoderne, auf *hergestellter* Fraglosigkeit beruht – eben in aktiver Abwehr der Orientierungsunsicherheit, die sich aus dem modernen Recht alles zu hinterfragen und in Frage zu stellen ergibt. In diesem Sinne wären dann auch die seit 1989 verstärkt sichtbar werdenden Tendenzen ethnisierter Konflikte nicht, wie in konventionellen Modernisierungstheorien, als Begleiterscheinung nachholender Nationalstaatsbildung, sondern als Gegenbewegung zur Globalisierung zu deuten (vgl. Kaldor 2000).[8]

Hier gibt es offensichtlich eine große Nähe zur identitätsorientierten Kosmologie (vgl. Kap. 2.2). Ein Unterschied besteht allerdings darin, dass Beck den Begriff der Gegenmoderne ausschließlich für den konservativ-autoritären Rekurs auf Natur und Tradition verwendet, wie er etwa bei der Begründung des Nationalismus, der Naturalisierung traditioneller Männer- und Frauenrollen und im Ansinnen einer Ökodiktatur zum Ausdruck kommt. Dagegen ist mein Begriff der Identitätsorientierung allerdings weniger polemisch, indem meine Argumentation Ähnlichkeiten mit einer zentralen These des Kommunitarismus aufweist. So wie dieser behauptet, dass *auch der liberale Staat* zwangsläufig auf eingelebten Traditionen beruht (und sein Anspruch auf Universalismus sich daher als eurozentrisch erweist), so habe ich zu zeigen versucht, dass *auch die liberale Verfassung* auf eingelebten Naturvorstellungen in Bezug auf Gestalt und Wesen einer Person gründet und Naturalisierung daher wohl in *jeder* sozialen Ordnung – in der einen oder eben anderen Form – unvermeidlich ist (vgl. Kap. 4).

Die *Erste Moderne* wird von Beck auch häufig als Industriemoderne bezeichnet. Sie gründet auf den Institutionen der Kleinfamilie, der Klassen und sozialmoralischen Milieus, des Normalarbeitsverhältnisses, und des Nationalstaats und beruht auf einem wissenschaftlichen Rationalitätskonzept, dass von der Kontrollierbarkeit von Gesellschaft und Natur ausgeht (Beck et al. 2001). Der zentrale Konflikt der Industriemoderne ist der Verteilungskonflikt – insbesondere der Klassenkonflikt. Offensichtlich gibt es hier ziemlich auffällige Entsprechungen zur utilitätsorientier-

---

8 Es ist klar, dass die Theorie reflexiver Modernisierung, im Unterschied zu konventionellen Modernisierungstheorien, *in dieser Hinsicht* nicht diachronistisch, sondern synchronistisch argumentiert.

ten Kosmologie. Allerdings ist darauf hinzuweisen, dass Identitätsorientierung und Utilitätsorientierung deutlicher voneinander geschieden sind als Gegenmoderne und Industriemoderne – die Institutionen der Kleinfamilie und des Nationalstaats sowie die hergestellten Traditionen der sozialmoralischen Milieus werden nämlich unter beiden Labels verhandelt, wobei der Unterschied darin zu bestehen scheint, dass ihre konservativ-autoritäre Auslegung der Gegenmoderne, ihre sozialdemokratisch-traditionalistische Auslegung der Industriemoderne zugeschlagen wird.

Dagegen ist die utilitätsorientierte Kosmologie sehr viel weniger auf bestimmte historische Formen von sozialen Institutionen fixiert. Sie ist zwar inkompatibel mit Institutionen, die die Erwerbsorientierung und die Steigerung von Nutzen und Komfort verhindern. Wie aber die Aktualisierung der Utilitätsorientierung im neoliberalen Diskurs und den entsprechenden Lebensformen zeigt, können mit dem Wegfall der industriegesellschaftlichen Kleinfamilie nun auch die Frauen für die Steigerung der Erwerbstätigkeit mobilisiert werden; die ausfallende familiare Reproduktionstätigkeit kann durch Zuwanderung aufgefangen werden; die sozialmoralischen Milieus werden durch die Steigerung und Differenzierung des Konsums in fluktuierende und fragmentierte Lebensstile zersetzt; und der Nationalstaat, insbesondere in seiner Ausgestaltung als Wohlfahrtsstaat, ist ohnehin der nun global agierenden Wirtschaft längst zur Fessel geworden. 'Radikalisierung der Moderne' kann also auch deskriptiv – wie wir unten (Kap. 6.4.4.) noch näher diskutieren werden – als radikalisierte Verwirklichung des Wachstumsideals verstanden werden, das von den konventionellen Modernisierungstheorien ins Zentrum gerückt wird (vgl. Therborn 2001).

Die *Zweite Moderne* soll nun, historisch besehen, die Industriemoderne ablösen. Reflexive Modernisierung als der Prozess, der in die Zweite Moderne führen soll, beruht auf zwei Dynamiken – der emphatisch verstandenen Radikalisierung der Moderne und der Selbstverunsicherung durch die Nebenfolgen fortlaufender Modernisierung, wie sie ohnehin geschieht (Beck 1996). Mit dem Begriff der 'Radikalisierung der Moderne' knüpft Beck, wie oben schon angedeutet, an links-liberale beziehungsweise radikaldemokratische Traditionen und an das *Emanzipationsideal* kritischer Modernisierungstheorien an. In der Regel betont Beck gegenüber diesem eher normativistischen Argumentationsstrang allerdings mehr die Dynamik der Selbstverunsicherung durch Nebenfolgen – wie er sie insbesondere in der Phänomenologie der 'Risikogesellschaft' (Beck 1986, 1988, 1996) entfaltet hat. Die Zweite Moderne, so könnte man salopp paraphrasieren, kommt so oder so, ob Ihr wollt oder nicht; denn gerade indem Ihr an Euren angestammten Zielen – mehr Sicherheit, mehr Wachstum, mehr Kontrolle – festhaltet, produziert ihr die Nebenfolgen, die unweigerlich zum Epochenbruch führen müssen. Anknüpfungsmöglichkeiten zwischen reflexiver Modernisierung und dem Alteritätsprinzip können nun im Hinblick auf vier Stichworte entfaltet und diskutiert werden: Individualisierung, Subpolitik, Kosmopolitisierung und Risikokonflikt.

6.3.2 Individualisierung als Selbstverwirklichung und Alteritätsorientierung

Selbstverständlich war Modernisierung und Industrialisierung von Anbeginn mit Individualisierung verbunden. Die Theorie reflexiver Modernisierung behauptet nun einen zusätzlichen, zweiten Individualisierungsschub seit ca. den 1960er Jahren – nämlich die Herauslösung aus gegebenen Familien-, Verwandtschafts- und Nachbarschaftsstrukturen, Normalarbeitsverhältnissen, klassen- und regionalspezifischen sozialmoralischen Milieus, vielleicht sogar aus dem Nationalstaat, also insgesamt aus den in der Industriemoderne hergestellten Traditionen, in die man hineingeboren wurde und die den Lebenslauf fest strukturierten. Diese 'Zwangsvergemeinschaftungen' wurden auf der einen Seite durch 'Wahlverwandtschaften' ersetzt – durch selbst gewählte und im Lebensverlauf auch vielleicht öfter gewechselte Lebensstile, variable Liebschafts- und Freundschaftsnetzwerke, und durch Beteiligung in spontanen Bürgerinitiativen anstelle der Mitgliedschaft in bürokratischen Verbänden wie Kirchen, Gewerkschaften und Parteien. Auf der anderen Seite sind die Individuen durch den Wegfall der auf reziproker Verbindlichkeit beruhenden alten Vermittlungsinstanzen nun viel unmittelbarer von zentralen und abstrakten Institutionen abhängig – namentlich vom Bildungs- und Arbeitsmarkt sowie der Sozialversicherung; und, so müsste man ergänzen, auch stärker abhängig vom Markt der Medienkommunikation anstelle von face-to-face-Kontakten, wodurch sich die politischen Vermittlungsformen ebenfalls nachhaltig verändern (Greven 1997).

In dieser Allgemeinheit betrachtet hat der gegenwärtige Individualisierungsschub noch nicht viel mit dem Alteritätsprinzip zu tun. Aber die Herauslösung aus *verbindlichen* Familien-, Nachbarschafts- und Milieustrukturen, wie sie sich gerade um das mythische Jahr "1968" vollzog, hat zur Bildung eines Selbstverwirklichungsmilieus geführt, das eine verhältnismäßig große Zahl nicht nur von Jugendlichen in seinen Bann zog und eine sehr viel breitere Ausstrahlung hatte als die gegenkulturellen Strömungen in der Zwischenkriegszeit und vor dem Ersten Weltkrieg (vgl. Kap. 2.4). Die Bindekraft und Mobilisierungsfähigkeit der Hippie- und Alternativkulturen ist zwar in Deutschland mittlerweile ziemlich schwach geworden, scheint aber in Großbritannien durchaus noch (oder gerade erst jetzt) wirksam zu sein (vgl. Kap. 5.4). Natürlich sind und waren diese gegenkulturellen Milieus zahlenmäßig trotz allem recht klein. Jedoch scheinen, gerade durch die Auflösung beziehungsweise 'Verbürgerlichung' der Bewegungsbohème, viele alteritätsorientierte Motive in breitere Kreise der Bevölkerung und damit in die Mainstream-Kultur diffundiert zu sein.

Dabei ist auch zu bedenken, dass es sich vor allem um einen Schub *weiblicher* Individualisierung handelt – und die romantische Gegenkultur in der bürgerlichen Gesellschaft in freilich sehr entschärfter und aufs Kompensatorische reduzierter Form vor allem in der weiblich dominierten Privatsphäre gepflegt wurde (Kap. 2.4). Weibliche Individualisierung bedeutet, dass Frauen nicht mehr von männlicher Versorgung abhängig sein wollen, dass sie nun häufig die besseren Bildungsabschlüsse erzielen als Männer, verstärkt ins Erwerbsleben drängen, und in der Dienstleistungsgesellschaft zukünftig wohl auch einflussreichere Stellungen als bisher erringen werden. Das heißt für sich genommen natürlich noch nicht, dass dadurch traditionale weibliche Werte nun unmittelbar den öffentlichen Raum erobern würden, weil der Eintritt ins Erwerbsleben und zumal in einflussreiche Stellungen eher umgekehrt Anpassungen an das in den Erwerbsstrukturen sedimentierte utilitäre Ethos erzwingt. Allerdings ist es relativ wahrscheinlich, dass das utilitäre Ethos der Industriegesellschaft in der Dienstleistungsgesellschaft wenigstens partiell durchbrochen wird (vgl. unten, Kap. 6.4.2.). Zudem könnte der Eintritt der Frauen ins Erwerbsleben auch bedeuten, dass sich Männer verstärkt um den privaten Reproduktionsbereich kümmern und mit den dort sedimentierten Sinnstrukturen näher in Berührung kommen. Durch die eigenständige Erwerbsbeteiligung der Frauen entfällt auch zunehmend die Utilitätsorientierung als Motiv zum Anknüpfen und Aufrechterhalten von Partnerschaften – und kann verstärkt dem Identitätsprinzip oder dem Alteritätsprinzip Platz machen (vgl. Lenz 1998).

Die Bildungsexpansion, die Herauslösung aus Standardbiografien und der Zusammenbruch des Vertrauens in lebenslange Normalarbeitsverhältnisse scheinen auch mit einem verstärkten habituellen Wandel einherzugehen. Alteritätsorientierung war früher sehr stark auf die Adoleszenzphase konzentriert. Mit der Bildungsexpansion hat sich nun die Adoleszenzphase für breite Bevölkerungskreise verlängert, ablesbar auch am gestiegenen Heiratsalter. Die Option beziehungsweise der Zwang zum lebenslangen Lernen, die Option beziehungsweise der Zwang öfters den Lebenspartner zu wechseln, scheinen in ähnlicher Weise zu wirken – allerdings nicht so sehr in Form *verlängerter* Adoleszenz, sondern in Form latenter *Dauer*adoleszenz. Zusammengenommen: *Bestimmte* Aspekte des gegenwärtigen Individualisierungsschubs scheinen eine verstärkte Alteritätsorientierung wahrscheinlich zu machen.

6.3.3 Subpolitische Demokratisierung und die Durchsetzung ästhetisch-expressiver Handlungsziele

Mit Subpolitik meint Beck (1993: 149ff.) die Unterwanderung der bisherigen von Parteien und Verbänden dominierten Politik durch die Partizipationsansprüche der Individuen – innerhalb und außerhalb staatlicher Organisationen. In jüngerer Zeit thematisiert er im Zusammenhang mit der Globalisierung auch verstärkt ein weiteres Phänomen, nämlich die transnationale Verflechtung von Unternehmen und von Nichtregierungsorganisationen, die er als translegale Herrschaft bezeichnet. Zusammengenommen kann man hier von einer Entstaatlichung der Politik sprechen, indem staatliche Entscheidungssouveränität durch beide Prozesse gleichsam *unter*laufen und *über*gangen wird.

Dieser Souveränitätsverlust wurde auch in unseren beiden Fallbeispielen sichtbar – am deutlichsten natürlich beim Konflikt um die Einführung transgener Lebensmittel in Großbritannien. Dabei ist das Einknicken der Regierung Blair gegenüber den Graswurzelorganisationen und dem Widerstand in der Öffentlichkeit – trotz gesicherter Parlamentsmehrheit – nicht einmal das prägnanteste Phänomen. Systematisch weitreichender – und im konkreten Fall entscheidend – ist die Wirkung des Boykotts transgener Lebensmittel seitens der Supermarktketten, weil dadurch die

6.3 Diachrone Perspektive I – Die Theorie reflexiver Modernisierung (Ulrich Beck)

politische beziehungsweise administrative Entscheidung über die Zulassung oder Nicht-Zulassung praktisch mehr oder weniger bedeutungslos wurde. Im Fall der Biomedizin ist das staatliche Verhalten nicht nur durch Einknicken vor der normativen Kraft des Faktischen, sondern auch durch antizipative Nicht-Entscheidung gekennzeichnet (vgl. Gill 1991, May/Brummet 2000). Das Problem ist nicht nur, dass man hier in die Privatsphäre der Bürger eingreifen würde und dass außerdem die öffentliche Akzeptanz von Restriktionen zweifelhaft wäre. Man müsste wohl auch damit rechnen, dass Technologieverbote massenhaft durch die Fahrt ins Ausland unterlaufen würden – so wie auch das Verbot der Abtreibung – und daher praktisch wirkungslos oder sogar kontraproduktiv wären.

Im Fall der Biomedizin handelt es sich jedoch um einen Konflikt, der vom Staat grundsätzlich so oder so, tendenziell zugunsten des Identitäts- oder des Utilitätsprinzips entschieden werden könnte, weil beide Prinzipien in der Verfassung verankert sind. Dagegen kann das Alteritätsprinzip – wie auch im Fall transgener Lebensmittel – häufig nur *am Staat vorbei* durchgesetzt werden – weil zum Beispiel der Natur- und Umweltschutz noch kaum in der Verfassung und Gesetzgebung verankert und dort weitgehend auf utilitäre Aspekte reduziert ist (vgl. Kap. 5.6). Geschmacksurteile können aber sehr wohl, entgegen der üblichen Annahme (vgl. oben, Kap. 6.2), auf die mediale Öffentlichkeit und die allgemeinen Lebensbedingungen durchschlagen. Allerdings handelt es sich dabei *nicht um kollektiv bindende Entscheidungen* – Geschmacksurteile kollektiv bindend zu machen wäre auch wohl eher vormodern zu nennen. Das Alteritätsprinzip, soweit es sich auf Geschmacksurteile beschränkt, kann entsprechend gar nicht anders als eben nur am modernen Staat vorbei durchgesetzt werden.

Die quasi-politische Wirksamkeit kommt hier nicht durch staatliche, sondern durch die Kumulation gleichgerichteter privater Entscheidungen zustande – und ist daher auch auf *Produktpolitik* beschränkt. Sie war in diesem Fall möglich, weil man transgene Lebensmittel – ähnlich wie potentiell BSE-behaftetes Rindfleisch, ein anderes *Produkt* – durch individuellen Kaufentscheid aus dem eigenen Lebensbereich bannen kann. Soweit greift also die quasi-politische Wirkung der sogenannten 'Life Politics' (Giddens 1996, vgl. Berger 1995). In vielen anderen Bereichen stellt sich dagegen das *Allmende-Problem*, wie zum Beispiel bei der Klimapolitik – von den Folgen sind alle gleichermaßen betroffen, gleichgültig, ob sie sich vorbildlich verhalten oder nicht. Dort wird man auch weiterhin auf kollektiv bindende Entscheidungen und damit zumeist auf den Staat – sowie intergouvernementale Verträge und supranationale Organisationen – angewiesen sein.[9]

---

9 Der Fall der 'Brent Spar', das heißt die faktische Durchsetzung eines Verklappungsverbots für Bohrinseln in der Nordsee mittels des von Greenpeace organisierten Verbraucherboykotts, ist insofern eine Ausnahme (vgl. Mohr/Schneidewind 1996). Die Boykottchancen waren hier aufgrund spezifischer Umstände im Vergleich zu vielen anderen Fällen (Smith 1990) besonders günstig.

6.3.4 Kosmopolitisierung, ökologische Globalität und die Achtung der Anderen (als Verschiedene und nicht nur als Gleiche)

Die Kosmopolitisierung ergibt sich, Beck (2000, 2001a) zufolge, durch die Öffnung und Dezentrierung ehemals nationalstaatlich gefasster und zentrierter Gesellschaften im Zuge der Globalisierung. Verbunden ist damit nicht nur der zunehmende grenzüberschreitende Kontakt, sondern auch die verstärkte Wahrnehmung der durch Migration schon seit längerem erfolgenden ethnischen Durchmischung – gleichsam als Globalisierung von innen.

Kosmopolitisierung konvergiert hier mit Alteritätsorientierung, nämlich als derjenigen Handlungsorientierung, die diesen Prozess begrüßt – indem sie dem Anderen, Fremden mit Interesse und Spannung gegenübertritt. Hier lässt sich folgende sozialphilosophische Gleichung aufmachen: Unter dem Primat des Identitätsprinzips – in der Vormoderne – war Gleichheit noch nicht denkbar, weil die Menschen in verschiedene Stämme und Stände hineingeboren waren. Es regierte der partikularistische Ausschluss und die Nicht-Anerkennung des Anderen. Erst mit dem Primat des Utilitätsprinzips – in der Industriegesellschaft – wird Gleichheit denkbar: als Gleichheit vor dem Gesetz, im Sinn sozialer Mindestsicherung und Teilhaberechte, und auch im Sinn der Angleichung der sozialen Ausgangspositionen und Lebenschancen. Hier regiert, dem Anspruch nach, der universalistische Einschluss der Anderen – unter Absehung von Rasse, Religion, Geschlecht etc. – also unter Nicht-Anerkennung ihrer Verschiedenheit. Erst mit dem Alteritätsprinzip wird nun die Anerkennung von Verschiedenheit denkbar – und zwar, wie ich gegen manche postmoderne Vorstellungen betonen möchte, nur auf der Ausgangsbasis von Gleichheit und Gewaltverzicht.[10]

Der *monologische* und eurozentrische Universalismus des Utilitätsprinzips, der auf der Basis der europäischen Tradition von Wissenschaft, Staat und Recht grundsätzlich immer schon im Voraus berechnen kann, was wahr und gerecht ist, wird hier durch einen *dialogischen* Universalismus abgelöst, dem bewusst ist, dass er kein gemeinsames Apriori unterstellen darf, aber im Unterschied zum postmodernen *Anything goes* sich auch darüber im Klaren ist, dass dennoch Lösungen gefunden werden müssen, die von den Beteiligten als wahr und gerecht anerkannt werden können.

Diese Haltung ist im Unterschied zum monologischen Universalismus auch mit veränderten Einstellungen zu Raum und Zeit verbunden. Mit der Globalisierung machen wir uns zunehmend die Endlichkeit des Raumes bewusst (vgl. Albrow 1996). Darauf gründet auch die moderne Umweltbewegung – dass wir nämlich den ökologischen Nebenfolgen nicht mehr durch räumliche Verlagerung ausweichen können (vgl. Kap. 2.5). Die Industriemoderne – auch die Romantik (Bohrer 1989) – hat Freiheit stets mit Unendlichkeit verbunden. Alteritätsorientierung in der Zweiten Moderne wäre dann aber nicht die Rückkehr zur endlichen und geschlossenen Welt

---

10 Mit dem Gewaltverzicht ist dann selbstverständlich auch die Absage an sezessionistische Identitätsbewegungen verbunden (vgl. Kap. 2.2).

der Vormoderne, sondern der Versuch der Erfindung einer *offenen Welt auf einem endlichen Globus* – die Inversion der Freiheit sozusagen, die das Neue und Andere durch die Veränderung des eigenen Blicks eher vor der Haustür als im 'Go West', der Urbarmachung der scheinbar unendlichen Weite des Raumes sucht.

Im Hinblick auf die Zeit sticht natürlich ins Auge, dass Folgenorientierung Zukunftsorientierung ist, besonders exponiert in der ökologischen Sorge um zukünftige Generationen (vgl. Rayner 1984). Beck leitet daraus für die Kosmopolitische Orientierung generell einen Zukunftsbezug her. Aber im Hinblick auf das Alteritätsprinzip ist diese Aussage zu spezifizieren. Denn gerade das Utilitätsprinzip war – zumindest in der Industriemoderne mit ihrem asketischen Produktivismus und Monumentalismus – stets aufs Pläneschmieden, auf Kontrollutopien und auf zukünftigen Genuss programmiert (vgl. Bauman 1994). Nur gegenüber den ökologischen Nebenfolgen hat sie systematisch die Augen verschlossen. Daher müsste man wohl sagen: ein ökologisch aufgeklärtes Alteritätsprinzip sucht, wiederum in einer Inversionsbewegung, den *Genuss in der Gegenwart und achtet die Folgen in der Zukunft* (soweit das eben möglich ist). Inwieweit eine solche kosmopolitische und alteritätsorientierte Handlungsorientierung eintreten wird, ist allerdings – nach meinem Dafürhalten – eine empirisch offene Frage (vgl. unten, Kap. 6.4.4. und 6.5.).

6.3.5 Risiko als Umwertung: der Natur, der Ungewissheit und des Schicksals der Anderen

Beck (1986) zufolge lösen in der Zweiten Moderne Risikokonflikte, d.h. Konflikte über *nicht-intendierte* Handlungsfolgen, Verteilungskonflikte, d.h. Konflikte über die Zuteilung der *intentional* produzierten Güter, als Motor des sozialen Wandels der Tendenz nach ab. Zwar habe es – selbstverständlich – auch in der Industriemoderne nicht-intendierte Handlungsfolgen gegeben; diese seien aber durch Versicherung aufgefangen worden. In der Risikogesellschaft seien die Nebenfolgen hingegen so enorm gestiegen, dass sie unversicherbar geworden seien. Daher würde der Epochenwechsel zur Zweiten Moderne sich auch ungewollt, also gerade unter Beibehaltung der herkömmlichen Handlungsorientierungen der Industriemoderne vollziehen.

Wie schon mehrfach angedeutet ist diese Argumentation im Lichte der von mir eingenommenen Theorieperspektive zu spezifizieren. Moderne ökologische Konflikte, um die es hier ja im Kern geht, beruhen meines Erachtens nicht, oder jedenfalls nicht allein auf einer Steigerung der Schadenshöhe (und Eintrittswahrscheinlichkeit) – die Geschichte der Menschheit war immer wieder von extremen und irreversiblen Umweltschäden begleitet (Radkau 2000). Entscheidend ist hier eine – vornehmlich in alteritätsorientierter Einstellung erfolgende – *dreifache Umwertung*: von Natur, von Ungewissheit, und dem Schicksal der Anderen.

Natur wird nicht mehr, wie unter dem Utilitätsprinzip, als Bedrohung, sondern als Bereicherung wahrgenommen und gegenüber Technik und Zivilisation aufgewertet. Damit verlieren Eingriffe in die Natur tendenziell ihren positiven Nimbus, weshalb die Ungewissheit über Nebenfolgen verstärkt thematisiert werden kann (vgl. Kap. 5.4.2). *Ungewissheit* wird nun nicht mehr ignoriert, sondern aktiv thematisiert, eventuell (klammheimlich) sogar als ordnungssprengend und freiheitsstiftend begrüßt. Erst aufgrund dieser Thematisierungsbereitschaft – und nicht allein schon wegen der Steigerung der Schadenspotentiale – kommt es zur Unversicherbarkeit. Die Höhe des Haftungsrahmens kann nämlich politisch begrenzt werden – im deutschen Gentechnikrecht zum Beispiel wurde sie auf 160 Millionen DM festgesetzt. Unversicherbar war und ist jedoch das, was für die Versicherungen nicht berechenbar ist (Schmidt 1997: 296ff.) – eben die *unkalkulierbaren* Risiken, die früher einfach ignoriert wurden.[11] Die *Sorge um das Schicksal der Anderen* ist insofern von Belang, als in der Industriemoderne die ökologischen Nahfolgen dadurch bewältigt wurden, dass man sie bedenkenlos auf weitere Räume oder fernere Zeiten – also auf andere Völker, andere Generationen – überwälzte (Gill 1999). Nur unter der Bedingung, dass der früher selbstverständliche Ethnozentrismus und Gegenwartsbezug schwindet, werden diese Überwälzungsvorgänge skandalisierbar.

Nehmen wir als Beispiel die gegenwärtige Klimapolitik der USA (April 2001). Die Bush-Administration entzieht sich den internationalen Abkommen, weil sie den CO_2-Ausstoß der USA nicht drosseln möchte. Das neue umweltpolitische Manifest der Republikaner zeigt, dass sie die bisher erfolgten alteritätsorientierten Umwertungsschritte rückgängig machen wollen: Umweltpolitik soll auf das Management klar erkennbarer Nahfolgen beschränkt werden (vgl. Kap. 2.5). Wer oder was könnte sie zu einem anderen Verhalten zwingen? Militärisch ist die USA unbezwingbar, außenpolitisch neigt die gegenwärtige Regierung mit der Rückkehr zur Monroe-Doktrin zum Isolationismus. Und die 'Gegenmacht der Gefahr' (Beck 1988)? Dass die Meeresspiegel steigen, die Stürme zunehmen, die Temperaturen sich erhöhen und die Malaria sich wieder ausbreitet, trifft andere mehr als die USA – dort schützt man sich mit den Mitteln des Reichtums, der Technik und des klimaschädlichen Energieverbrauchs: Küstenbefestigungen, Klimaanlagen und Insektiziden. Dass die Entwicklungschancen der anderen, die noch nicht so reich und mächtig sind, damit erst recht abgeschnitten werden, kann man auch zynisch als einen erwünschten Effekt ansehen – sie könnten sich, wie etwa China, andernfalls als gefährliche Rivalen entpuppen.

Die USA setzen damit gegenwärtig fort, was in der Industriemoderne schon immer das gängige Muster des Umgangs mit ökologischen Nebenfolgen war, die bereits im 19. Jahrhundert örtlich oft ein extremes Ausmaß angenommen hatten – sie

---

11 Soweit die in der Zweiten Moderne thematisierten Schadenspotentiale unkalkulierbar sind, kann die These von ihrer Steigerung schon aus systematischen Gründen kaum belegt werden. Es ist nämlich auch nicht so, dass mehr Wissen *automatisch* mehr thematisierungsrelevante Ungewissheit erzeugt (vgl. Beck 2001a). Formal besehen ist es zwar richtig, dass die erkennbaren Wissenslücken sich, gleichsam wie Köpfe einer Hydra, mit jeder weiteren Untersuchung vermehren. Aber es kommt immer darauf an, welche Wissenslücken als *relevant* angesehen werden – und das ist zweifellos eine normative Frage. Nur in Fällen, in denen die Kontroversen um Fakten von einem Wertkonflikt geschürt wird, werden die Wissenslücken der Gegenpartei regelmäßig genutzt, um die Debatte permanent offen zu halten und die Entscheidung zu torpedieren. In Fällen, in denen keine stärkeren Wertkonflikte oder Interessendivergenzen bestehen, können Kontroverse sehr wohl durch die Bereitstellung von Wissen geschlossen werden, das dann konsensuell als relevant angesehen wird (vgl. Abraham 1994).

werden von Nahfolgen in Fernfolgen verwandelt und entsprechend übergewälzt (Gill 1999): in entferntere Gefilde oder andere Umweltmedien (räumliche Dimension), von den Bessergestellten auf die Schlechtergestellten (soziale Dimension), von den gegenwärtigen Nutznießern auf zukünftige Generationen (zeitliche Dimension). Heute tritt eine neue, neo-utilitaristische Strategie hinzu: *Bekannte* Nebenfolgen versucht man mittels des Einsatzes neuer Technologien zu minimieren oder zu vermeiden – sie werden damit in noch unbekannte Nebenfolgen transformiert (kognitive Dimension).

Ökologische Nebenfolgen rufen also per se keine anderen Handlungsorientierungen hervor. Sie können zwar Lerneffekte auslösen, wie zum Beispiel die Idee des Sustainable Developments. Aber die Lernmuster scheinen durch die kosmologischen Grundorientierungen vorgezeichnet – entsprechend kann 'Sustainable Development' sowohl in eher neo-utilitaristischer als auch in eher alteritätsorientierter Form ausbuchstabiert werden (vgl. Kap. 2.5). Es lässt sich zwar beobachten, dass unter dem Einfluss des Alteritätsprinzips eine verstärkte *Thematisierung* von (entfernteren und ungewissen) ökologischen Folgen stattfindet. Aber das heißt umgekehrt noch nicht, dass eine Zunahme der Umweltverschmutzung auch eine verstärkte Alteritätsorientierung, also einen Wechsel zwischen den kosmologischen Grundprinzipien hervorrufen muss.

6.4 Diachrone Perspektive II – Postmaterialismus, Postindustrialismus, Postfordismus

Wie man mit ökologischen Nebenfolgen, ihrer Zunahme und eventuell ihrer qualitativen Veränderung umgeht – ob man sie wahrnimmt und wie man reagiert –, ergibt sich also nicht von selbst, sondern wird durch die verschiedenen Typen der Naturvorstellung und Handlungsorientierung vorstrukturiert. Die Zunahme ökologischer Folgen ruft per se keine Alteritätsorientierung hervor, aber umgekehrt lässt eine verstärkte Alteritätsorientierung einen sensibleren Umgang mit ökologischen Folgen erwarten. Welche Faktoren kommen dann aber für einen verstärkten Einfluss des Alteritätsprinzips in Betracht?

Die drei Theorien, die wir hier diskutieren können, haben neben dem Präfix "post" alle eine mehr oder weniger ökonomistische Denkweise gemeinsam, jedenfalls in ihren Frühversionen, die oft den ersten Eindruck und die ersten Reaktionen geprägt haben. Ansonsten sind sie aber recht unterschiedlich, und zwar weniger von ihren empirischen Befunden, als von ihren zum Teil heftig widerstreitenden theoretischen und weltanschaulichen Hintergründen her. In der Diskussion dieser Ansätze gilt noch mehr als bisher: Ich werde mich hier nicht endgültig entscheiden und die verbleibenden Widersprüche als produktive Spannung in Kauf nehmen.

6.4.1 Postmaterialismus – Wohlstandssteigerung und Wertewandel

Die ursprüngliche Fassung der Postmaterialismus-Theorie von Ronald Inglehart (1977: 22ff.) baut auf Abraham Maslows psychologischer Hypothese von der Bedürfnishierarchie des Menschen auf: Zuerst kommen die materiellen Bedürfnisse nach Nahrung und Sicherheit, dann postmaterielle Bedürfnisse, nämlich einerseits die sozialen Bedürfnisse nach Zugehörigkeit, Liebe und Anerkennung und andererseits die kreativen und ästhetischen Bedürfnisse der 'Selbstaktualisierung'. Auch hier ist die von mir vorgeschlagene Dreier-Typologie wiederzuerkennen, nämlich in einer zweipoligen Skala gefasst – mit dem Utilitätsprinzip auf der einen Seite (Materialismus) und dem Identitätsprinzip und Alteritätsprinzip *gemeinsam* auf der anderen Seite (Postmaterialismus).

In der Nachkriegszeit hätten nun zunächst die materiellen Werte und daraus abgeleiteten politischen Ziele im Vordergrund gestanden: Ökonomische Stabilität und Wachstum, innere und militärische Sicherheit. Seit den 1970er Jahren aber seien die postmateriellen Werte und daraus hergeleitete politisch-kulturelle Forderungen wichtiger geworden – nach mehr Mitsprache in Politik und Beruf, nach mehr menschlicher Nähe, nach intellektueller und künstlerischer Freiheit, nach schöneren Städten und einer möglichst unzerstörten Natur. Erklärt wird dieser Wertewandel mit der ökonomischen Prosperität und militärischen Stabilität des Westens – die Grundbedürfnisse seien nun befriedigt und deshalb träten nun die höheren Bedürfnisse verstärkt zutage. Ähnlichkeiten mit der ökonomischen Grenznutzentheorie sind offensichtlich (vgl. Kap. 2.3). Dieser Wertewandel zeige sich insbesondere in der jüngeren Generation, während die Angehörigen der älteren Generation noch in anderen Umwelten aufgewachsen und sozialisiert seien und deshalb zumeist an materialistischen Werten festhielten.

In einem zwanzig Jahre später erschienenen Buch 'Modernization and Postmodernization' hat Inglehart seine These auf eine breitere Datenbasis gestellt – sie umfasst jetzt den Zeitraum seit den 1970er Jahren sowie 43 Länder, die ca. 70 Prozent der Weltbevölkerung repräsentieren (Inglehart 1997; vgl. Inglehart et al. 1998). Zudem hat er sie vom psychologischen und ökonomischen Reduktionismus frei gemacht und argumentiert jetzt stattdessen modernisierungstheoretisch. Die bei den einzelnen Personen – mittels Fragebogen – gemessenen Einstellungen werden nun nicht mehr primär psychologisch-individuell aufgefasst, sondern als kulturell vermittelt konzipiert. Auch die Vorstellung von einer einseitigen Determination des Wertewandels durch materielle Veränderungen wird aufgegeben – der Übergang zu postmaterialistischen Werten vollziehe sich *im Wechselspiel* mit politischer Demokratisierung und postindustrieller Wertschöpfung. Denn aus historischer und kultureller Perspektive ist Maslows Bedürfnishierarchie keineswegs einleuchtend, sondern erweist sich als Verkörperung des idiosynkratischen Selbstverständnisses der Industriegesellschaft: Alle Gesellschaften außer der Industriegesellschaft haben den Gemeinsinn erfolgreich gegen die individuelle Nutzenorientierung ausgespielt. Danach kommt zuerst die Moral und dann erst das 'Fressen' – vgl. Brechts Diktum.

6.4 Diachrone Perspektive II – Postmaterialismus, Postindustrialismus, Postfordismus

Dies gilt auch in evolutionärer Perspektive – Menschen überleben im Kollektiv und nicht als Robinson Crusoe (vgl. Habermas 1987/II: Kap.1).

Abbildung 6.2: Ingleharts Wertecluster (ovale Formen) auf der Basis des 1990-93 World Values Survey (vgl. 1997: 82)[12] – Korrespondenz zu unserer Typologie der Weltbilder und Naturvorstellungen (rechteckige Formen)

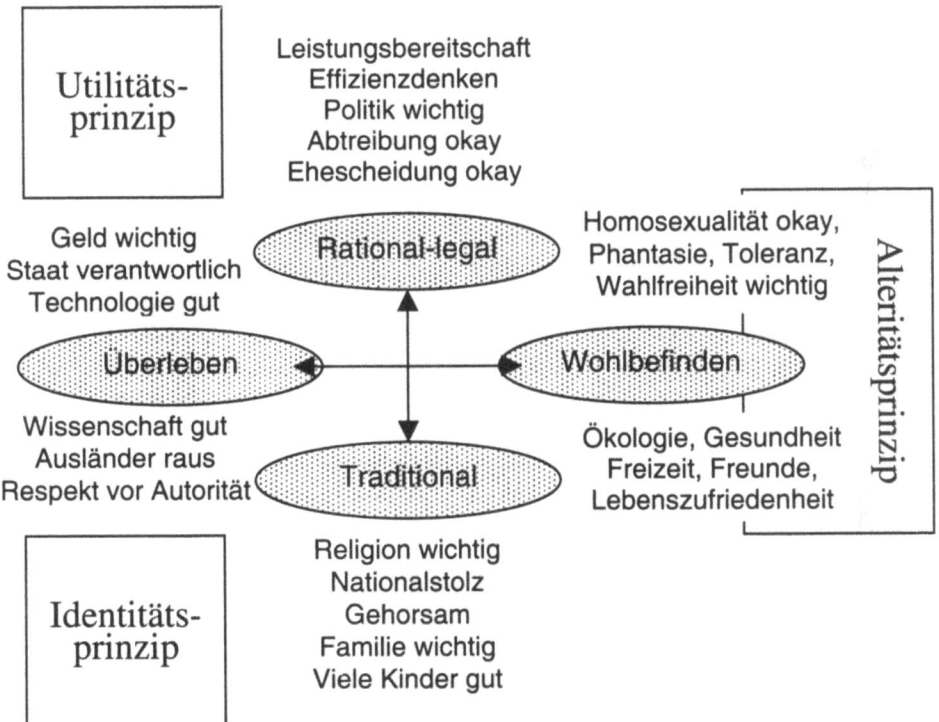

Daher hat Inglehart nun, um globale und längerfristige Entwicklungen einzubeziehen, die soziale Dimension von der Materialismus-Postmaterialismus-Dimension abgekoppelt. Entsprechend hat er eine zweite Skala eingeführt, die zwischen traditionalen versus säkularen Formen des Gemeinsinns und der politischen Orientierung unterscheidet. So kommt er mittels Faktoranalyse, die die Häufigkeit gleichgerichteter Antworten zu den Frage-Items ermittelt, zu einem vierpoligen Wertetableau – vgl. Abbildung 6.2.

Wie hier erkennbar wird, positioniert Ingleharts Analyse also die Items, die unserem Identitätsprinzip (in seiner partikularistischen Form) am nächsten kommen,

---

[12] Copyrigt der Vorlage benutzt mit Erlaubnis von Princeton University Press.

unten und links: Religiöser Glaube, nationaler Stolz, Familienorientierung, Respekt vor Autoritäten, traditionelle Geschlechtsrollen und Abwehr gegenüber Anderen. Unser Utilitätsprinzip findet dagegen links und oben Entsprechungen: Wissenschafts- und Technologiegläubigkeit, Orientierung an Arbeit und Geld, Sparsamkeit, Aufstiegswille und Leistungsbereitschaft. Das Alteritätsprinzip hat seine Korrespondenzen im rechten Feld: Toleranz gegenüber Anderen, Emanzipation von traditionellen Geschlechtsrollen, Interesse am Umweltschutz, Freundschaftsorientierung (statt Familie), Innenweltbezug im Sinne der Kultivierung von Phantasien und Gefühlen.[13] Interessant ist nun, wo die einzelnen Länder auf diesem Wertetableau positioniert sind (Abbildung 6.3).

Fraglich ist hier zunächst, ob die vorgenommene Anpassung der Frage-Items kulturell immer kontextsensibel war – dass ausgerechnet China und die ostasiatischen Länder insgesamt in diametraler Entgegensetzung zu familiaren Werten stehen sollen, ist nicht ganz nachvollziehbar.[14] Auch die Positionierung der USA – so weit entfernt vom Utilitarismus – ist überraschend.[15] Aber im Ganzen bestätigt das Bild – und Inglehartes Datensatz insgesamt – in recht plausibler Weise die These, dass mit zunehmendem Entwicklungsgrad einer Gesellschaft eine verstärkte Hinwendung zum Postmaterialismus und zum Alteritätsprinzip zu beobachten ist (soweit diese beiden Kategorien ineinander übersetzbar sind). Zu bedenken ist allerdings, dass die Daten 1981 und 1990 erhoben wurden, also noch vor dem Aufflammen des neoliberalen Globalisierungs-Diskurses. Für Deutschland jedenfalls ist nach 1989 wieder ein Rückgang postmaterialistischer Wertorientierungen zu verzeichnen (Weßels 1997: 212; vgl. van Deth 2001) – allerdings vor allem aufgrund der materiellen und kulturellen Folgen des Mauerfalls, also einem Ereignis, das die meisten anderen Länder nicht in diesem Maße betroffen hat.

Bemerkenswert erscheint mir bei Inglehartes Resultaten, dass die skandinavischen Länder in der Hinwendung zum Postmaterialismus führend sind – das könnte bedeu-

---

13 Das Grundgerüst mit den beiden Skalen passt hingegen nicht so gut zu meiner dreipoligen Typologie. Allerdings wäre es denkbar, meine Typologie auf drei Skalen abzubilden (was dann natürlich grafisch nicht mehr so einfach darstellbar ist). Entsprechend wäre es dann auch besser möglich, die in meiner Untersuchung festgestellten Mischtypen in einem dreidimensionalen Raum zu verorten.
14 Inglehart (1997: 96f.) erklärt die antireligiöse Stellung mit der alten bürokratisch-rationalen Herrschaftsform im Konfuzianismus und der gegenwärtigen Orientierung am Wirtschaftswachstum.
15 Überraschungen kommen eventuell dadurch zustande, dass Inglehart Einstellungen misst, während das Bild eines Land meistens mehr durch seinen Eliten-Diskurs und die tatsächliche Politik geprägt wird. Beides kann in den USA, wo bekanntlich die Wahlbeteiligung sehr niedrig ist, systematisch auseinanderfallen. Gerade im Hinblick auf die Biotechnologie-Politik ist die Stellung der USA verwunderlich – da die USA auf Inglehartes Tableau dem traditionalen Identitätsprinzip recht nahe stehen, sollte man mehr Widerstand gegenüber der 'roten' Biotechnik und der Veränderung der inneren Natur erwarten; und da sie dem Alteritätsprinzip recht nahe stehen, müsste mehr Widerstand gegen die 'grüne' Biotechnik und die Veränderung der äußeren Natur spürbar werden. Problematisch ist die Umfrage eventuell auch in der hermeneutischen Dimension: Z.B. hat Westdeutschland einen überraschend niedrigen Wert für Umweltschutz (Inglehart et al. 1998). Das liegt wohl an der Frageformulierung: Es wird hier vor allem gefragt, ob man bereit sei, mehr Geld für die Umwelt zu zahlen – eine solche Frage passt aber besser in den wirtschaftsliberalen Kontext der angelsächsischen Länder als nach Deutschland, wo Umweltschutz nicht im Sinne von Zahlungsbereitschaft, sondern eher im Sinne von rechtlichen und moralischen Verhaltensauflagen für Industrie und Bürger konzipiert wird.

Abbildung 6.3.: Positionierung von Ländern und Erdteilen auf Ingleharts Wertetableau (vgl. 1997: 93) – korrespondierend dazu unsere Typologie der Weltbilder und Naturvorstellungen (Copyrigt der Vorlage benutzt mit Erlaubnis von Princeton University Press)

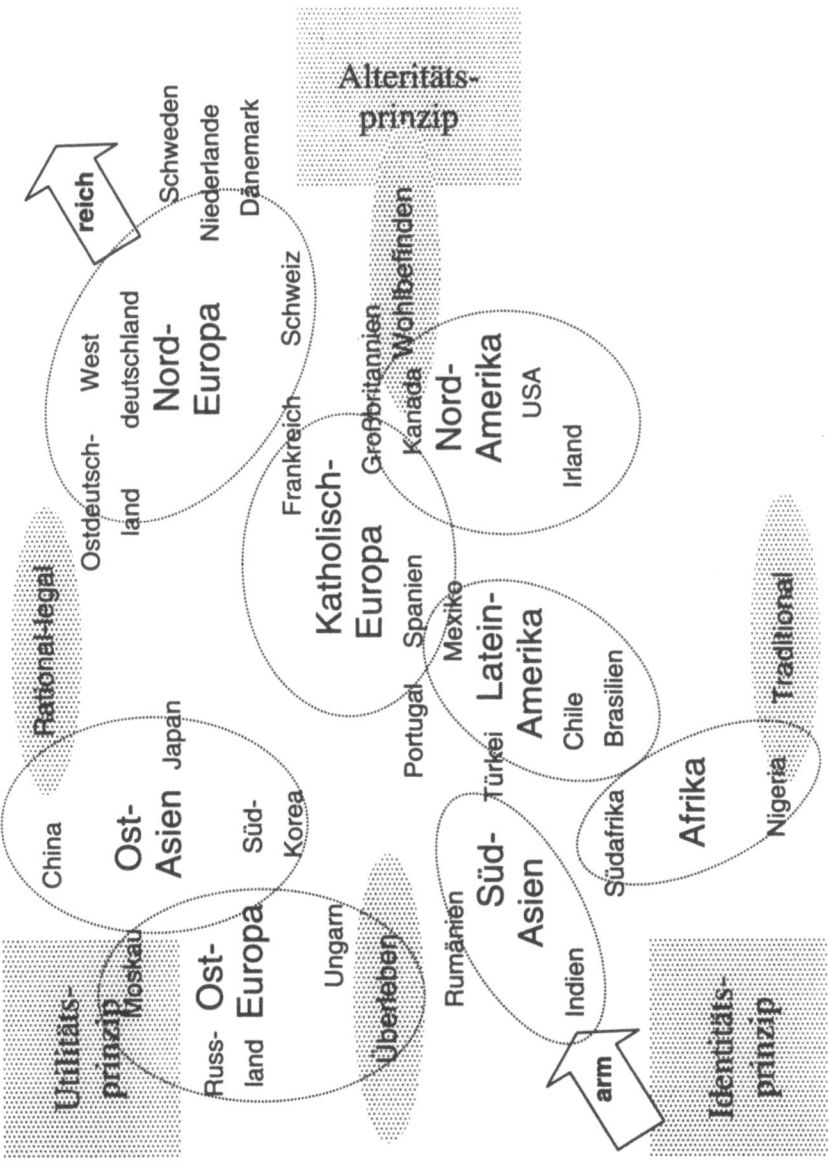

ten, dass nicht nur ökonomischer Reichtum, sondern auch die *spezifische Form* der Demokratie und des Wohlfahrtsstaats, die Inglehart nicht berücksichtigt, hier eine wichtige Rolle spielt. Wahrscheinlich entscheidet nämlich auch das Maß sozialer Ungleichheit und der damit verbundenen Unsicherheit darüber, ob Individuen und Gesellschaften mit steigendem Reichtum am Utilitätsprinzip zäh festhalten oder sich verstärkt am Alteritätsprinzip orientieren. Denn in ungleichen Gesellschaften, wie zum Beispiel den USA, bleibt auch für die relativ Reichen die Kontrasterfahrung der Armut. Die öffentliche Sicherheit ist dort stärker gefährdet und die Infrastruktur wird vernachlässigt. Dort macht es weiterhin Sinn, Reichtum anzuhäufen, ihn demonstrativ zu zeigen, und mit diesem Reichtum für den eigenen Schutz, Komfort und das Fortkommen der Kinder zu sorgen (Privatschulen). In Gesellschaften mit einer egalitäreren Kultur und daher höherer Umverteilungsrate, wie in Skandinavien, können aufgrund der guten sozialen und materiellen Infrastruktur auch die weniger Reichen relativ gut leben. Reichtum zu zeigen gilt hier als protzig. Die Kriminalitätsrate ist niedriger, weil die soziale Marginalisierung geringer und die materiellen Anreize für Eigentumsdelikte schwächer sind. Positiv formuliert: Die materiellen Grundbedürfnisse sind hier tatsächlich so weitgehend befriedigt, dass eine stärkere Hinwendung zum Alteritätsprinzip möglich wird. Oder anders ausgedrückt: Sie ist sogar erforderlich, wenn man nicht vor Langeweile sterben will.

6.4.2 Postindustrielle Dienstleistungsgesellschaft – Vom 'Spiel gegen die technisierte Natur' zum 'Spiel zwischen Personen'

Jean Fourastié hatte schon 1949 die Prognose aufgestellt, dass der rasante Produktivitätsfortschritt der Industriearbeit zwangsläufig zu deren Rückgang führen müsse: Immer mehr Güter könnten mit immer weniger Arbeitskraft hergestellt werden. Die im Agrar- und Industriesektor freiwerdenden Arbeitskräfte könnten dann Dienstleistungen verrichten – die Schätzung für den Zuwachs im Dienstleistungssektor beliefen sich damals auf 80 Prozent der Beschäftigten. In den 1970er Jahren begann dann tatsächlich – in den Noch-und-bald-nicht-mehr-Industrieländern – die Zahl der Beschäftigten im Dienstleistungssektor die Zahl der Beschäftigten im Industriesektor zu übersteigen; die Beschäftigung im Agrarsektor war zu diesem Zeitpunkt ohnehin schon auf ein sehr geringes Level gefallen. Inzwischen sind die Zahlen in den avancierteren OECD-Ländern, abhängig auch von der statistischen Definition und der Form der Erhebung, auf 60 bis 75 Prozent angewachsen. Die Industrieländer sind – obwohl sie das vielfach selbst noch nicht recht begriffen haben – zu Dienstleistungsgesellschaften geworden. Dieser Übergang ist auch von einem starken Anstieg der Erwerbstätigkeit der Frauen begleitet.[16]

---

16 Die relative Zunahme der Beschäftigung im Dienstleistungssektor beruht daher nicht nur auf einer absoluten Abnahme im Industriesektor, sondern auch auf einer Zunahme der Gesamtbeschäftigung. Zudem ist die absolute Abnahme im Industriesektor nicht nur – wie in Fourastiés Prognose – auf die Rationalisierung der Industriearbeit zurückzuführen, sondern auch auf deren partielle Auslagerung in 'Billiglohnländer'.

6.4 Diachrone Perspektive II – Postmaterialismus, Postindustrialismus, Postfordismus

In den 1970er Jahren hat Daniel Bell die These von der 'postindustriellen Gesellschaft' in breiteren Kreisen bekannt gemacht.[17] Bell war auch der erste, der mit diesem Wandel eine umfassendere kulturelle Vision verband – aus dem 'Spiel gegen die technisierte Natur' werde in der nachindustriellen Gesellschaft ein 'Spiel zwischen Personen'; hier würden die Menschen 'miteinander reden, statt auf eine Maschine zu reagieren' (Bell 1985: 116f., 168). Diese These wurde verschiedentlich aufgegriffen (z.B. Offe 1984). Alan Gartner und Frank Riessman (1978) haben sie besonders pointiert ausgearbeitet: Die personenbezogenen Dienstleistungen seien durch humanistische Orientierung, wohltätige Absicht und persönliches Engagement charakterisiert. Häufig tendierten sie dazu, die Konsumenten – zum Beispiel die Schüler – in die Produktion mit einzubeziehen, weil dadurch die Produktivität und Kundenzufriedenheit gesteigert werde könne. Auf dieser Basis finde in der Gesellschaft eine partizipatorische und antibürokratische Transformation statt.

Hier kann man nun fragen, ob eine Schwächung des Utilitätsprinzips und eine stärkere Orientierung am Alteritätsprinzip eventuell auch mit den neuen Tätigkeitsformen zusammenhängt. Allerdings sollte man nicht so weit gehen, gleich den Himmel auf Erden herbeizuwähnen. 'Spiel zwischen Personen' kann nämlich zweierlei heißen: Handeln in kommunikativer Einstellung, in der sich Subjekte als Subjekte begegnen und gegenseitig annehmen, oder strategisches Handeln, bei dem mindestens einer der Beteiligten insgeheim die anderen zu manipulieren versucht (vgl. Habermas 1987/I). Aber: Nicht nur die Kommunikation mit, auch die Manipulation von Personen setzt andere Fertigkeiten und Einstellungen voraus als der instrumentelle Umgang mit Sachen. Manipulieren kann man Personen nämlich nur dadurch, dass man ihnen Kommunikation glaubhaft vorspielt.

Auf der Grundlage dieser Überlegung können wir folgende idealtypische Gegenüberstellung vornehmen:
- Die Mentalität der Industriegesellschaft ist sachrational und objektivistisch. Produktivitätsfortschritte werden dadurch gewonnen, dass Dinge und Prozesse aus ihrem angestammten Kontext gelöst und in standardisierter Fabrikumgebung in möglichst großem Umfang möglichst effektiv hergestellt werden. Hier darf man sich – zum Beispiel als Industriearbeiter oder Ingenieur – nicht von seinen Gefühlen leiten lassen, sondern muss wissen, wie die Dinge funktionieren. Entsprechend umfasst das Arbeitsethos Ziele wie Selbstbeherrschung, Exaktheit, Regelwissen und Abstraktionsvermögen.
- Die Mentalität der Dienstleistungsgesellschaft ist dramaturgisch und subjektorientiert. Produktivitätsfortschritte beruhen hier darauf, mit den Klienten zusammen eine als kontextadäquat empfundene Lösung zu erarbeiten. Man muss sich –

---

17 Dabei ist sie vielfach auf Skepsis und Ablehnung gestoßen. Ein wichtiger Grund für die Ablehnung des Konzepts der Dienstleistungsgesellschaft ist die marxistische Prägung der Industriesoziologie gewesen. Man beobachtete, dass Angestelltenarbeit, anders als Industriearbeit, kaum gewerkschaftlich und klassenkämpferisch zu organisieren war. Aber man glaubte, dass sich Marx' Vorhersage von der Proletarisierung des Mittelstandes doch noch erfüllen werde – zum Beispiel mit der Einführung der EDV, die als 'Taylorisierung der Büroarbeit', also gleichsam als Industrialisierung des Dienstleistungssektors aufgefasst wurde (Littek et al. 1991: 13ff.).

zum Beispiel im Marketing oder in Bildungsberufen - in Personen einfühlen und selbst Gefühle zeigen, um andere zu motivieren. Entsprechend umfasst das Arbeitsethos hier eher Eigenschaften wie Charisma, Kreativität, Empathie und Assoziationsfähigkeit.

Oder anders ausgedrückt: Beim 'Spiel gegen die technisierte Natur' kommt es darauf an, selbst zu wissen, was der Fall ist; beim 'Spiel mit Personen' muss man sich auf das einstellen, was die anderen glauben, was der Fall sei.

Entsprechend kann man auch sagen: Das Arbeitsethos der Industriegesellschaft ist 'männlich', das Arbeitsethos der Dienstleistungsgesellschaft 'weiblich' – 'männlich' und 'weiblich' verstanden im Sinne traditioneller Geschlechtsrollen-Stereotype. Entsprechend ist es vielleicht kein Zufall, dass eine radikalere Infragestellung der herkömmlichen Geschlechtsrollen gleichzeitig mit dem Umschlag zur Dienstleistungsgesellschaft in Gang kam – und sich in der Regel diejenigen Männer am wenigsten dagegen sperren, die selbst in personenbezogenen Dienstleistungsberufen arbeiten. Ebenfalls in dieser Zeit haben sich auch die Erziehungsideale in den Familien und die Lehrpläne in den Schulen ziemlich nachhaltig geändert. Diese Veränderung scheint auch vor den Wissenschaften selbst nicht halt zu machen: Der Cultural turn, die Wende zur postempiristischen Wissenschaftstheorie und zum Sozialkonstruktivismus wären dann, wissenssoziologisch betrachtet, als Veränderungen in der geistes- und sozialwissenschaftlichen Denkform aufzufassen, die einem allgemeineren Umschlag im gesellschaftlich dominanten Arbeitsethos entsprechen – indem nun das in den 1920er Jahren formulierte Thomas-Theorem in allen seinen theoretischen und methodologischen Konsequenzen realisiert wird: Es kommt nicht so sehr darauf an, was 'objektiv' – nach Ansicht sachrationaler Wissenschaft – der Fall ist, sondern was die Menschen glauben, was der Fall sei (vgl. Einleitung und Kap. 1.2).

Es wäre sicher zu undifferenziert, dieses neue Arbeitsethos mit dem Alteritätsprinzip unvermittelt in eins setzen zu wollen. Zwar gibt es viele Dienstleistungstätigkeiten – zum Beispiel in der Unterhaltungs-, Werbe-, Tourismus- und Gastronomiebranche – die darauf abzielen, den Alteritätsorientierungen der Klienten oder Adressaten entgegenzukommen. Andere Dienstleistungstätigkeiten – wie zum Beispiel in den Pflegeberufen – sind ihrer Zielrichtung nach jedoch kaum als alteritätsorientiert aufzufassen. Zudem handelt es sich in allen Fällen um professionelle Arbeit, das heißt um die disziplinierte Ausübung spezialisierter Routinen: Für den Theaterzuschauer ist die Vorstellung – wenn sie gut ist – voller Überraschungen. Der Schauspieler hingegen muss, wenn er gut sein will, jeden Abend die gleiche, seine Mitspieler hoffentlich nicht so sehr überraschende Performance leisten. Daher kann es keinen ganz einfachen Bezug zwischen neuem Arbeitsethos und Alteritätsprinzip geben. Dennoch kann man annehmen, dass das neue Arbeitsethos dem Alteritätsprinzip wohlwollender gegenübersteht als das Arbeitsethos der Industriegesellschaft.

Die These von einem neuen Arbeitsethos und neuen gesellschaftlichen Umgangsformen wurde allerdings auch nachhaltig attackiert (z.B. Gross 1983: 79ff.). Zwei Argumente werden dabei sehr häufig ins Spiel gebracht:

- Dienstleistungstätigkeit sei eben auch Arbeit, und als solche von bürokratischen Organisationen, Asymmetrien und Kommerzialisierung durchherrscht.
- Ein großer Anteil der Dienstleistungstätigkeiten sei weiterhin auf die Industrieproduktion und nicht auf Personen bezogen.

Der erste Einwand erscheint vor allem gerechtfertigt gegenüber einer 'Friede-Freude-Eierkuchen-Version' der Dienstleistungsgesellschaft, wie sie etwa von Gartner und Riessman geliefert wurde. Ich habe ihn in der soeben skizzierten Fassung des neuen Arbeitsethos zu berücksichtigen versucht. Das zweite Argument erscheint mir zu pauschal und zu stark einer sektoriellen[18] Denkweise verhaftet: Die Ausweitung der produktionsbezogenen Dienstleistungstätigkeiten ist in drei Feldern zu beobachten – in Forschung und Entwicklung, beim wirtschaftlichen und rechtlichen Management, sowie beim Marketing. In letzterem Feld geht es ganz eindeutig, in den beiden anderen Feldern immerhin gelegentlich um Kreativität und 'Impression management'.

Zudem stellt sich die Frage nach der praktischen Durchschlagskraft und tatsächlichen Reichweite der Einwände. Leider gibt es, soweit ich sehen kann, keine umfassenderen empirischen Untersuchungen in diesem Bereich – zu den kulturellen Orientierungen von Beschäftigten in verschiedenen Berufen, in unterschiedlichen betrieblichen Organisationsformen etc. Indirekte Hinweise ergeben sich aber aus den Studien zum klassenspezifischen Wahlverhalten. Grundsätzlich wird eine abnehmende Klassenspaltung im Wahlverhalten konstatiert, was auch damit zusammenhängt, dass die stark anwachsende 'Neue Mittelklasse' – also die qualifizierten Dienstleistungsberufe – in aggregierter Form kein eindeutiges Wahlverhalten zeigt. Walter Müller (1998) hat demgegenüber den Versuch unternommen, die Neue Mittelklasse entsprechend ihrer Haltung zur Beschäftigungsorganisation und deren hierarchisch-bürokratischen Belangen aufzuspalten:

- Administrative Dienstklasse: Teilhabe an der Macht innerhalb der Befehlsstruktur der Beschäftigungsorganisation. Orientierung hauptsächlich an den Belangen der Organisation.
- Experten: Tätigkeiten im Technik- und Ingenieurwesen, in den Natur- und Wirtschaftswissenschaften. Orientierung an den Normen der Profession (= Spannung zu Belangen der Organisation).
- Soziale und kulturelle Dienste: Tätigkeiten im Bildungswesen, Gesundheitsversorgung, Sozialarbeit, Kunst und Kultur, Medien etc. Orientierung an den Normen der Profession und den Bedürfnissen der Klienten (= stärkere Spannung zu Belangen der Organisation).

Er kommt für die Bundesrepublik zu dem Ergebnis, dass gerade die Angehörigen der sozialen und kulturellen Dienste, zum Teil auch die 'Experten', einer Neuen Politik zuneigen, wie sie namentlich von den Grünen und einem Teil der SPD seit

---

18 Der Wandel zur Dienstleistungsgesellschaft wurde, gerade in Deutschland, lange Zeit auch deshalb heruntergespielt, weil die entsprechenden Statistiken einer sektoriellen und nicht einer funktionalen Unterscheidung gefolgt sind – d.h. sie haben nach Betrieben und Branchen aufaddiert und nicht beachtet, welche Tätigkeiten im einzelnen in den Betrieben ausgeübt werden.

den 1980er Jahren vertreten wird – also jener Politik, die sich für Ökologie, individuelle Emanzipation und Menschenrechte einsetzt und weniger die kollektiven sozialen Rechte im Auge hat, für die sich die traditionelle, industriegesellschaftliche Linke stark gemacht hat (in der SPD bezeichnet man den von den Industriearbeiterbelangen sich abwendenden Flügel als 'Toskana-Fraktion'). Insofern scheint sich also auch empirisch eine Verbindung zwischen dem Anwachsen bestimmter Dienstleistungstätigkeiten und einer verstärkten Alteritätsorientierung zu ergeben.

Auch auf der Ebene des internationalen Vergleichs gibt es einen interessanten empirischen Befund – es gibt nämlich zwei ganz unterschiedliche Formen der Dienstleistungsgesellschaft. Deren Idealtyp lässt sich am besten anhand einer theoretischen Rückblende herausschälen: Gegen die Prognose von Fourastié hatte William Baumol 1967 eingewandt, dass eine Ausweitung des Dienstleistungssektors nicht bezahlbar sei, weil Dienstleistungsarbeit nicht wie Industriearbeit rationalisiert werden könne (vgl. Häußermann/Siebel 1995). Zwei Prämissen lagen dem Argument zugrunde: (1) Die Löhne für Dienstleistungen orientieren sich an den Industrielöhnen und steigen entsprechend. (2) Dienstleistungen werden privat nachgefragt und bezahlt. Nun gibt es auch zwei ökonomische Strategien, diese 'Kostenfalle' zu umgehen – und jede setzt an einer der beiden Prämissen an:

- Im ersten Fall, verkörpert durch das liberale Wirtschaftsmodell und das weitgehende Fehlen des Sozialstaats wie zum Beispiel in den USA, werden die Löhne für Dienstleistungen von den Industrielöhnen entkoppelt. Aufgrund einer starken Spreizung der Einkommen können dann die Begüterten auf viele niedrig bezahlte Dienstbotentätigkeiten zugreifen.
- Im zweiten Fall, verkörpert durch den skandinavischen Typus des Sozialstaats, subventioniert man die Dienstleistungstätigkeiten durch den Staat – indem man die rationalisierungsbedingt steigenden kommerziellen Einnahmen fiskalisch abschöpft und für die Finanzierung von professionellen und semiprofessionellen Diensten im sozialen und kulturellen Bereich verwendet.[19] Dienstboten stehen dagegen aufgrund relativ hoher Mindestlöhne kaum zur Verfügung.

Man kann die beiden Idealtypen auch von Seiten der Konsummuster aus beschreiben (vgl. Gershuny 2000: 33ff.). In den liberalen Ökonomien – also bei Einkommens-Spreizung – besteht die Tendenz, die materiellen Bedürfnisse vor allem unter dem Einfluss des Utilitätsprinzips weiter zu steigern – mehr Essen, größere Häuser, größere Autos etc. Alteritätsbedürfnisse beschränken sich hier bei der Mehrheit der Bevölkerung auf anspruchslose Fernsehprogramme und auf Fast-Food-Restaurants. Es entsteht damit eine Nachfrage, die vor allem schlecht bezahlte und langweilige Jobs schafft. In den Ökonomien skandinavischen Typs – also bei Umverteilung – entfaltet sich dagegen tendenziell eine diversifizierte Nachfrage nach sozialen und

---

19 Der skandinavische Typ des Sozialstaates beruht vor allem auf dem kostenlosen Angebot von Service-Einrichtungen wie Kindertagesstätten, Pflegediensten etc. – und weniger, wie beim kontinentaleuropäisch-konservativen Typ (inklusive Deutschland), auf direktem Einkommenstransfer (vgl. Esping-Anderson 1991). Deswegen hat der skandinavische Typ auch stärkere (inländische) Beschäftigungseffekte als der kontinentaleuropäische Typ (Häußermann/Siebel 1995).

kulturellen Dienstleistungen, die für ihre Produzenten anregende und gut bezahlte Tätigkeitsformen darstellen.

Hier ist ein allgemeinerer Zusammenhang zu konstatieren: In Gesellschaften, in denen breite Bevölkerungskreise eine relativ niedrige Bildung haben, dominiert anspruchsloser Service, der auf Seiten der Konsumenten auch keine stimulierenden Rückwirkungen auf das Bildungsniveau hat. Die Dienstboten als Produzenten verfügen selten über Geld und Motivation für größere Bildungsinvestitionen, die sich – mangels Nachfrage – auch nicht unmittelbar lohnen würden. In Gesellschaften, in denen breite Bevölkerungskreise (aufgrund entsprechender Sozialpolitik) eine relativ hohe Bildung haben, werden häufig anspruchsvollere Dienste verlangt. Das Angebot an anspruchsvolleren Jobs stimuliert die Nachfrage nach höherer Bildung. Entsprechend schließt sich der Kreis von kultureller Stagnation oder Weiterentwicklung. Entweder: Niedrige Bildung $\Rightarrow$ anspruchsloser Konsum $\Rightarrow$ anspruchslose Tätigkeiten $\Rightarrow$ Niedrige Bildung. Oder: Hohe Bildung $\Rightarrow$ anspruchsvoller Konsum $\Rightarrow$ anspruchsvolle Tätigkeiten $\Rightarrow$ Hohe Bildung. Bei Jonathan Gershuny (2000: 16ff.) blitzt hier eine neue Fortschrittsvision auf: In der Agrargesellschaft habe die Geburt über die Position in der Gesellschaft entschieden, in der Industriegesellschaft der Besitz. In der Postindustriellen Gesellschaft (skandinavischen Typs) ergebe sich die Stellung der Individuen aus ihrer Bildung und ihrem Wissen. Da man Wissen immer nur mit eigener Anstrengung erwerben könne, sei diese Gesellschaftsform gleichsam von Natur aus egalitärer als die beiden vorangegangenen.

Es gibt also zwei unterschiedliche Entwicklungsrichtungen für die Dienstleistungsgesellschaft – die Dienstbotengesellschaft und die allseits gebildete Gesellschaft. Viele Einwände gegen 'die' Dienstleistungsgesellschaft scheinen vor allem auf die Dienstbotengesellschaft abzuzielen, übersehen aber notorisch die andere Entwicklungsmöglichkeit. Zeitweilig war das skandinavische Modell von der neoliberalen, am Modell der USA orientierten Rhetorik auch schon totgesagt worden. Zu unrecht: Die skandinavischen Länder waren zwar aufgrund des Schwindens der Industriearbeit und wegen der Globalisierung gezwungen, einige Reformen am Sozialstaat vorzunehmen. Im Ganzen konnten sie aber an ihrem Modell festhalten. Sie erreichen, nach leichten Einbrüchen in den 1990er Jahren, jetzt wieder einen sehr hohen Beschäftigungsstand. Es sind auch keine systematischen ökonomischen Gründe in Sicht, warum das nicht so bleiben sollte – in der Konkurrenz am Weltmarkt schneidet die Industriearbeit in den sozialdemokratischen Ländern im Ganzen deutlich besser ab als etwa die USA (Scharpf 2000; Leborgne/Lipietz 1996). Die Krise des kontinentaleuropäischen Sozialstaats kann also in zwei Richtungen überwunden werden: Deregulierung entsprechend wirtschaftsliberaler Maßstäbe oder Umbau nach dem Vorbild des skandinavischen Modells. Das bedeutet in gewisser Weise auch: Wahl zwischen dem Utilitätsprinzip und dem Alteritätsprinzip, und Wahl zwischen einer anspruchsloseren und einer anspruchsvolleren Version der Alteritätsorientierung.

6.4.3 Postfordismus – Von der Quantität zur Qualität: Kulturalisierung und Immaterialisierung des Konsums

Ist der gesellschaftliche Wandel also nur eine Frage der Kultur? Marxisten erinnern zurecht daran, dass es trotz allem sozialen und kulturellen Wandel den Kapitalismus und damit den Drang zur Verwertung des Werts nach wie vor gibt – und nach 1989 vielleicht mehr denn je, da sich der Kapitalismus aus dem Korsett des Nationalstaats zu entfesseln versucht. Aber zugleich muss man auch aus marxistischer Perspektive konstatieren, dass sich kulturell manches geändert hat – diesem Wandel versucht der postfordistische Ansatz mit seiner Theorie historischer Regulationsmodelle Rechnung zu tragen (Harvey 1989, Hirsch/Roth 1986, Leborgne/Lipietz 1996).

Demnach wurde die wirtschaftliche Depression der Zwischenkriegszeit, zunächst in den USA, nach dem 2.Weltkrieg auch in Westeuropa, durch die Ausweitung des Massenkonsums gelöst. Paradigmatisch ist hier der Ausspruch von Henry Ford: "Autos kaufen keine Autos!" Bis dato waren das Auto und ähnliche Güter als Luxusprodukte einer kleinen Schicht von Begüterten vorbehalten – der Kapitalismus dadurch aber auch in eine Absatzkrise geraten. Ford ließ nun ein Auto für den Massenkonsum entwickeln – das berühmte Modell T – und zahlte seinen Arbeitern hohe Löhne, damit sie sich dieses Modell auch kaufen konnten. Staatliche Interventionen und Umverteilung zur Förderung des Absatzes wurden von John M. Keynes in den 1930er Jahren systematisch begründet. Präsident Roosevelts 'New Deal', ebenfalls in den 1930ern initiiert, führte erst während des Krieges zum Erfolg, weil es erst unter den Bedingungen der nationalen Herausforderung gelang, den Widerstand gegen eine höhere Staatsquote und veränderte Arbeitsbeziehungen zu brechen. Von da an wurde das neue Wirtschaftsmodell zum Exportschlager – in Westeuropa vor allem angeschoben durch den *European Recovery Fund* (Marshall-Plan). Die Massenproduktion ließ sich, gemäß der Ökonomie hoher Stückzahlen (economies of scale), gut rationalisieren: Die wissenschaftliche Arbeitsplanung – der Taylorismus – hielt Einzug in die Betriebe; auf der Basis der tayloristischen Zerlegung und Standardisierung der Arbeitsschritte konnte dann auch die Mechanisierung und Automatisierung vorangetrieben werden. Auf der Grundlage rationalisierter Massenproduktion und sozialdemokratischer Umverteilungspolitik – wie sie von *allen* westlichen Regierungsparteien betrieben wurde – verbreitete sich bis in die 1970er Jahre ein standardisierter Massenkonsum mit ebenfalls recht standardisierten kleinfamiliären Lebensformen.

Aber zunehmend geriet das fordistisch regulierte Wachstum an seine Grenzen, und zwar aus zwei Gründen – die inneren Märkte waren zunehmend gesättigt. Automatisierung und Auslagerung von Arbeit in Niedriglohnländer führte zunehmend zur Freisetzung von Arbeitskräften. Da es in den weniger entwickelten Ländern keine Umverteilungsmechanismen gab, konnte das keynesianische Modell nicht auf die internationale Ebene übertragen und entsprechend weitergeführt werden. In der Folge brach die Nachkriegs-Finanzordnung von Bretton Woods zusammen. In den neuen turbulenten Umwelten wurde die fordistische Produktionsweise als zu unflexibel angesehen – denn sie erforderte rigide Festlegungen des Kapitals und führte zu hochregulierten Arbeitsmärkten. Das korporatistische Bündnis zwischen Arbeitgebern, Gewerkschaft und Nationalstaat wurde aufgekündigt – namentlich von den Regierungen Thatcher und Reagan.

Nach 1989 führte das Ende – und offensichtliche Desaster – der kommunistischen Herausforderung dann auch andernorts zur offensiven ideologischen Formierung des Neoliberalismus, also zur Forderung nach Deregulierung der Finanz-, Arbeits-, Sozial- und Umweltpolitik. Entsprechend beobachten wir zum Beispiel gegenwärtig in Deutschland die Entflechtung der wechselseitigen Beteiligungen von Finanzwirtschaft und Industrie – und damit die Auflösung des 'Rheinischen Kapitalismus' (vgl. Streeck 1998). Das Kapital ist nun beinahe bindungslos geworden und zirkuliert beschleunigt um den Globus auf der Suche nach lukrativen Spekulationsgeschäften oder Anlagemöglichkeiten (Altvater 1999).

Wie wird nun aber die Stagnation des Konsums überwunden? Der Keynesianismus beruhte seinerzeit auf der Beobachtung, dass ärmere Schichten Einkommenszuwächse sofort ausgeben, während reichere Schichten sie sparen. Diese Feststellung und die daraus resultierende Notwendigkeit der Umverteilung galt aber nur unter Bedingungen des Industriezeitalters – also in asketischeren und allgemein kargeren Zeiten. Wenn es nämlich gelingt, die reicheren Schichten zum Mehrkonsum anzustacheln, ist Umverteilung *wirtschaftlich* besehen nicht mehr erforderlich. Wie bringt man nun die wohlhabenderen Bevölkerungsschichten zum Mehrkonsum? Die Antwort im postfordistischen Zeitalter: Durch die (vermeintliche) Individualisierung des Geschmacks und die daraus folgende Diversifizierung, Beschleunigung und Immaterialisierung des Konsums!

Die Diversifizierung und Beschleunigung wird zum Beispiel erkennbar an der immer breiteren und immer schneller wechselnden Modellpalette der Autohersteller. Diese erfordert teilweise[20] auf Seiten der Produktion – entsprechend der Ökonomie des gezielten Zuschnitts (economies of scope) – flexiblere Organisationsweisen, sei es in Form von qualifizierter Gruppenarbeit oder sei es in Form von unqualifizierter Arbeit auf Abruf. Die Immaterialisierung wird erkennbar an der Tatsache, dass sich viele Produkte in Qualität und Herstellungsweise kaum mehr unterscheiden; umso wichtiger wird das Image und das Lebensgefühl, das sie vermitteln – und damit jene Assoziationen, die durch Werbung, Marketing, 'Branding' und die gesamte Kulturindustrie evoziert werden. Auch der Übergang vom Produkt zum 'Event' oder generell zur Dienstleistung stellt eine solche Immaterialisierung und Beschleunigung dar – werden letztere doch, anders als Industriegüter, schon im Moment ihrer Herstellung augenblicklich 'verbraucht'. Aus der postfordistischen Perspektive ist der 'Postmodernismus' dann – nach dem marxistischen Schema von Basis und Überbau – die passende Ideologie zu den neuen Erfordernissen flexibler Akkumulation und diversifizierter Produktion: Die Forderung nach sozialer Gerechtigkeit wird von der Feier

---

20 Zugleich ist aber auch zu bemerken, dass – vorangetrieben durch die großen Fusionen – viele Einzelteile und Baueinheiten in immer größeren Stückzahlen produziert werden. Insoweit ist also die Rationalisierung über die *Economies of scale* noch nicht an ihr Ende gekommen.

der kulturellen Vielfalt und Fragmentierung abgelöst, Kritik wird durch Ironie ersetzt (vgl. auch Jameson 2001).

Aber was hat das nun mit unseren Überlegungen zu tun? Ein interessantes Licht wirft der postfordistische Scheinwerfer auf den Konflikt um die 'grüne Gentechnik' – wie in Kapitel 5 schon angedeutet.[21] Dort hatten wir gesehen, dass die Chemie- und Pharmamultis ihre Agrarbiotechnologie recht schnell veräußerten, als sie der Hartnäckigkeit des Widerstands gewahr wurden. Zudem hatten wir festgestellt, dass die britische Regierung die Blockadeaktionen der Gentechnikgegner nicht mit allen polizeilichen und rechtlichen Mitteln bekämpft hat. Diese Reaktionen passen zwar vielleicht nicht in ein traditionell 'linkes' Weltbild, aber sehr gut zum Modus der 'flexiblen Akkumulation': Die 'Shareholder' und ihre Analysten lassen sich, anders als früher die 'Hausbanken', nicht mehr in eine technologiegläubige Unternehmenskultur einbinden. Ihnen ist es einfach in *jeder* Hinsicht gleichgültig, wie Industrieunternehmen ihr Geld verdienen – Hauptsache sie verdienen es nur recht bald. Die Regierungen ihrerseits haben gelernt, dass der korporatistische Schulterschluss brüchig geworden ist und dass es wenig Sinn macht, gegen allen öffentlichen Widerstand 'an Recht und Gesetz' festzuhalten, wenn die Unternehmen ohnehin über kurz oder lang einlenken und die Staatsgewalt im Regen stehen lassen – wie dies etwa Shell beim Konflikt um die Versenkung seiner Bohrinsel 'Brent Spar' mit der britischen Regierung getan hat.

Außerdem hatten wir festgestellt, dass transgene Lebensmittel nun gekennzeichnet werden und dass daher transgene und nicht-transgene Pflanzen und ihre Produkte separat gehandhabt werden müssen. Das passt sehr gut in das postfordistische Konzept der Diversifizierung und Immaterialisierung der Warenwelt: Die Agrarbranche steht, konserviert vor allem durch das kurz nach dem Zweiten Weltkrieg eingerichtete Subventionierungssystem, noch weitgehend im Bann der fordistischen Massenproduktion. So kommt eine ökonomische Analyse der EU-Agrarkommission zu dem Ergebnis, dass die Segregation der transgenen Produkte volkswirtschaftliche Verluste verursache – die Ökologie also für die Ökonomie schädlich sei.[22] Tatsächlich werden hier aber neue Märkte geschaffen – und das Wissen, dass die Ware

---

21 Man kann den 'Scheinwerfer' auch auf Kapitel 4, also auf die 'rote Gentechnik' und die Technologisierung der inneren Natur richten: Bis vor kurzem funktionierte auch hier die biopolitische Formierung und Standardisierung eines 'normalen Massenleibes' – mittels der Kliniken, die wie fordistische Fabriken arbeiteten, und mittels der Sozialversicherung, die die Segnungen der Medizin für alle Menschen in den Industriestaaten zugänglich machte. Der neue Technologieschub scheint hier zu einer Diversifizierung und daher zum Konflikt zwischen verschiedenen Körperpolitiken zu führen – bedingt auch durch die Überlastung des Sozialversicherungssystems, das absehbar viele der neuen Therapieangebote nicht mehr wird zahlen können.

22 In sich ist das schlüssig, weil man hier das Kriterium einer möglichst billigen Versorgung zum Maßstab nimmt: "The effect [of the segregation] will be a reduction of quantity produced and an increase in prices on both markets. In general, losses in economic welfare can be expected because the potential for trade and specialisation gains will remain partially unused." (EU-Kommission 2001: 26). Man argumentiert also gleichsam als müsse man die Bevölkerung noch möglichst preisgünstig mit Fords *Modell-T* (oder *Volkswagen*) ausstatten. Das Wissen, dass die Ware gentechnikfrei sei, kostet zwar etwas, aber es stellt im neuen Kontext eben auch einen Wert dar – deshalb sind die Supermarktketten auch so schnell auf den Zug aufgesprungen.

'identity preserved', also gentechnikfrei sei, ist eben auch etwas wert, auch wenn dieser Wert immateriell bleibt (vgl. Kap. 5.6.4). In diesem Sinne ist die Ökologisierung von Teilen der Agrar- und Lebensmittelbranche als – längst fällige – postfordistische Diversifizierung zu verstehen, die völlig im Einklang mit der übrigen ökonomischen Entwicklung steht.

Aus dieser Perspektive betrachtet handelt es sich auch bei dem postulierten Übergang – von materialistischen zu postmaterialistischen Werten, von der Industriearbeit zur Dienstleistungstätigkeit, vom Utilitätsprinzip zum Alteritätsprinzip – um Kapitalismus *as usual*, nur eben auf einem neuen Wachstumspfad. Alles fällt demnach der Kommerzialisierung anheim und wird als Ware dargeboten – auch die Natur, die Fremden, das Andere (Harvey 1989: 299ff.). Damit trifft die postfordistische Kritik einen wichtigen Punkt: Alterität wird durch ihre warenförmige Verabreichung vielfach verkrüppelt. Alterität und Warenform stehen prinzipiell in einem Gegensatz – weil die Warenform verlangt, dass der Gebrauchswert der Ware feststeht und als solcher zuverlässig angeeignet werden kann, während beim Alteritätsprinzip im Gegenteil die Überraschung gesucht wird.[23] Was diese Kritik aber vollständig übersieht: Bei vielen Dienstleistungen ist die Warenform brüchig geworden, eben weil ihr Wert nicht a priori feststeht.[24] Gerade im kulturellen Bereich erfordern Dienstleistungen vom Konsumenten oft ein erhebliches Maß an Mitproduktivität und kreativer Eigenleistung, um einen Gebrauchswert zu entfalten – sei es bei einem Musikkonzert oder in einer Lehrveranstaltung.[25] Darin unterscheiden sie sich der Tendenz nach deutlich von Industriegütern, die vom Verbraucher idealiter nur verlangen, dass er die Packung aufmacht. Das Wachstum vor allem der Lebensmittel-, Tourismus-, Sport-, Kultur- und Bildungsbranche ist also ambivalent zu beurteilen – die postfordistische Kritik macht deutlich, das sich unter einer (vermeintlichen) Alteritätsorientierung auch sehr abgeschmackte Spielarten von 'Kulturindustrie' verbergen können.

6.4.4 Resümee der diachronen Perspektive (I + II)

Andeutungsweise scheint sich also zu zeigen, dass in postindustrieller Gesellschaft – also in den entsprechenden sozialen Umgebungen, wie man sie heute vermehrt in

---

23 Nehmen wir zum Beispiel das Marketing für die heute bei 'Yuppies' so 'hip' gewordenen Risikosportarten in der freien Natur. Der Programmkatalog 'Adventure World' verspricht: "Übrigens – der Triple Challenge garantiert Thrill und Action im Multipack. Canyoning, River Rafting und Bungy Jumping am selben Tag zusammen." (zit. n. Siegrist 1998: 248). Hier wird die ersehnte Alterität unter der Warenform geradezu erschlagen: Man kann sich schon vorstellen, wie die Teilnehmer an einem solchen 'Event' von aufgedrehten Animateuren permanent 'angetörnt' werden, die 'Action' 'super geil' zu finden (und sich nicht etwa 'uncool' zu fürchten).
24 Deshalb fällt – im Unterschied zur Industriearbeit – auch ihre Eingruppierung in Lohnstufen nicht leicht (Offe 1984; Littek et al. 1991).
25 Man sollte allerdings versuchen, soziologische Beobachtung vom Dünkel der höheren Bildungsschichten freizuhalten: In Milieus mit nicht so hoher formaler Bildung gibt es einen anderen Habitus und andere alltagsästhetische Leitorientierungen – mit einer einfacheren, direkten, deutlich betonten Körperlichkeit (Schmidt 1999). Maßstab einer angemessenen Kommerzialsierungskritik sollte die Mitproduktivität und Eigenkreativität der Aneignung sein – nicht der eigene Geschmack (vgl. auch Roth/Rucht 2000).

den OECD-Ländern antrifft – die kulturellen Handlungsorientierungen tendenziell vom Utilitätsprinzip auf das Alteritätsprinzip überschwenken *können*. Vor allem scheint dies in den skandinavischen Ländern, d.h. im Rahmen einer spezifischen Form des Sozialstaates der Fall zu sein. Die drei erörterten sozioökonomischen Theorien kann man – unter Absehung von ihrem jeweiligen Determinismus – so zusammenfassen, dass sie sich im Ergebnis ergänzen: Mit steigender Produktivität kam es zu steigendem Reichtum und einer Sättigung der materiellen Grundbedürfnisse in breiten Kreisen der Bevölkerung. Das *kann* – muss aber nicht – einen Übergang zu postmaterialistischen Werten hervorrufen. Der Reichtum *kann* – muss aber nicht – eine verstärkte Nachfrage nach professionellen sozialen und kulturellen Dienstleistungen und eine Aktivierung der Konsumenten zur Folge haben. Er *kann* aber auch durch eine angebotsseitig propagierte Diversifizierung von Industriegütern, von billigen Dienstbotentätigkeiten und dem Tand und Firlefanz der Kulturindustrie geschluckt werden.

Die diachrone Perspektive insgesamt – also auch mit Blick auf die Theorie reflexiver Modernisierung – zusammenfassend, kann man sagen, dass der Kapitalismus sich nicht durch exogene Kräfte, sondern durch seine eigenen Folgen verändert. Aber nicht nur die Umweltverschmutzung oder die Sprengung des Nationalstaats, auch der allgemeine Reichtum ist eine Folge mit offenbar zersetzenden und transformierenden Wirkkräften. Gegen jeden ökologischen oder ökonomischen Determinismus – und gegen entsprechende Formulierungen in allen vier erörterten Theorien des diachronen Wandels – muss jedoch aus der Perspektive der 'Theorie der Strukturierung' (Giddens) angemerkt werden, das diese Kräfte nicht automatisch wirken und sich daher aus keiner der Theorien die Zukunft von selbst ergibt (vgl. Kap. 1.5).

Handlungsfolgen können kulturellen Wandel nämlich immer nur im Verein mit veränderten kollektiven Deutungsmustern und Handlungsorientierungen hervorrufen. Deutungsmuster und Handlungsorientierungen müssen den Individuen nicht explizit bewusst sein – sie sind normalerweise nur implizit, im 'praktischen Bewusstsein' wirksam, und werden nur selten ins 'diskursive Bewusstsein' gehoben, wie Giddens (1988: 55ff.) sagen würde. Gleichgültig ob sich die Individuen dessen bewusst werden oder nicht: Gesellschaftlicher Wandel ist nur möglich, wenn auch in den Köpfen eine Veränderung stattfindet. Denn es mag sich 'hinter dem Rücken der Individuen' abspielen und zusammenbrauen was will: es kann für sich genommen allenfalls einen materiellen Zusammenbruch, aber nie einen gesellschaftlichen Umbruch erzeugen.[26]

Die Verzauberung von Handlungsfolgen in gute oder böse Dämonen, die scheinbar an unserem kollektiven Willen vorbei unser Schicksal bestimmen, ist in den Sozialwissenschaften weit verbreitet – schon Adam Smith hat mit seiner *Invisible hand* diese Denkfigur eingeführt. Aber auch der Markt als *das* Paradigma des systemischen Denkens ist erst durch einen Umwertungsvorgang in die Welt gekommen: Markteffekte als Nebenfolgen von wirtschaftlichem Tauschhandeln hat es immer wieder gegeben. Man hat sie aber bis ins 17./18. Jahrhundert hinein als eher

---

26 Vgl. im Hinblick auf Marktmechanismen Reckwitz 1997: 160ff.

unangenehme Zeiterscheinung betrachtet; entsprechend hat man systematisches Erwerbsstreben, d.h. explizite Markt(=Nebenfolgen)-Orientierung negativ konnotiert. Durch den moralischen Diskurs Montesquieus, Mandevilles, Smiths etc. hat sich das dann geändert – die Entfesselung der Marktkräfte galt fortan als opportun; Erwerbsinteressen waren nunmehr ehrbarer als adelige oder religiöse Leidenschaften (Hirschman 1980).

Abbildung 6.4: Die Zweite Moderne als empirisch-analytischer Zeitabschnitt – mit normativ-kulturellen Spannungsmomenten und politischen Entwicklungsalternativen

	Vormoderne	
	Religiös integrierte Gesellschaft	
	Primat des Identitätsprinzips	
	Erste Moderne	
Kultur der Industriegesellschaft		Romantische Gegenkultur
Identitätsprinzip ⇔ *Utilitätsprinzip*		*Alteritätsprinzip*
	Zweite Moderne	
Neokonservativer Partikularismus	Neoliberaler Globalismus	Kosmopolitische Ökologisierung
Identitätsprinzip	*Utilitätsprinzip*	*Alteritätsprinzip*

Genauso wenig wie diese Marktkräfte aus sich heraus in die Welt kommen – oder von sich aus zum Sozialismus drängen (Marx) –, sowenig führen sie per se zur ökologischen Revolution, zum Postmaterialismus oder zur Dienstleistungsgesellschaft.[27] Man muss vielmehr die materiellen mit den kulturellen Dynamiken, die 'Kumulation nicht-intendierter Nebenfolgen' mit der 'Radikalisierung der Moderne' ins rechte Verhältnis setzen. 'Radikalisierung der Moderne' kann im Wortsinn vielerlei bedeuten – auch die Steigerung des Weiter-Höher-Schneller. Mit Blick auf vorhandene politisch-kulturelle Handlungsorientierungen lässt sich 'Radikalisierung' – in der Zweiten Moderne – in drei Richtungen ausbuchstabieren (vgl. Abbildung 6.4): Im Sinne der Alteritätsorientierung als subjektorientierte Individualisierung, Demokratisierung, Kosmopolitisierung und Ökologisierung. Im Sinne der Utilitätsorientierung als neoliberaler Marktradikalismus – wie oben ausgeführt. Und im Sinne der Identitätsorientierung als neuer Autoritarismus – der, wie seinerzeit der deutsche

---

27 Strenger gefasst würde man sagen: Es gibt *koordinierte* Handlungsfolgen in Form von Systemen – sie machen die gesellschaftliche Ordnung im Sinne der Systemintegration aus. Es gibt auch *unkoordinierte* Handlungsfolgen – wie z.B. ökologische Nebenfolgen –, die gesellschaftlichen Umbruch hervorrufen können. Beides aber, Ordnung wie Umbruch, setzt eine Unterstützung durch entsprechende Deutungsmuster und Handlungsorientierungen voraus.

Faschismus, in Reaktion auf die soziokulturell desintegrativen Nebenfolgen des Marktgeschehens gegenmoderne Ziele mit den modernsten Mitteln verfolgt.[28]

Es gibt also keinen Nebenfolgen-Automatismus als Deus ex machina. Die 'Zweite Moderne', empirisch-analytisch verstanden als Zeitabschnitt,[29] könnte daher ebenso schreckensreich werden wie die Erste Moderne. Als Ausgestaltung einer präskriptiven Idee von einer 'Anderen Moderne' ist sie hingegen nicht ohne politisch-moralische Anstrengung zu haben.

6.5 Alteritätsorientierung – ein ökologischer Hoffnungsschimmer?

Die Geschichte ist zwar kein willenloses Naturgeschehen, aber wir haben sie auch nicht im Griff, weil 'wir' nicht wirklich über uns selbst, die Außenwelt und einen gemeinsamen Willen verfügen.[30] Dennoch: Ob eine mehr am Alteritätsprinzip ausgerichtete Moderne kommt oder nicht, das ist – wie schon mehrfach angedeutet – nicht nur eine empirische, sondern auch eine politisch-moralische Frage: Was wollen wir? Was spricht aber normativ für das Alteritätsprinzip? Eine mögliche Begründung, ich habe sie oben schon angesprochen, liegt in der Entfaltung der menschlichen Sensibilität und des menschlichen Ausdrucksvermögens um ihrer selbst willen – also in Bezug auf Werte, die gemeinhin als *privat* angesehen werden. Eine andere, vielleicht zwingendere Begründung ergibt sich über die Frage nach potentiellen Lösungen für die heraufziehende ökologische Krise – die Begründung erfolgt dann in Hinblick auf Gerechtigkeit und Freiheit, Prinzipien die im All*gemeinen* als öffentliche Werte angesehen werden.

Wenn wir von ökologischer Krise sprechen, dann muss es vor allem um eine kosmopolitische und eine in Zukunft gerichtete Betrachtung gehen. Die Krise ergibt sich absehbar aus der Tatsache, das eine immer noch wachsende Erdbevölkerung den immer noch wachsenden materiellen Lebensstandard der reichsten Bevölkerungsgruppen anstrebt. Ein Fünftel der Erdbevölkerung, die OECD-Welt, beansprucht derzeit vier Fünftel der natürlichen Ressourcen und Senken[31] (BUND/MISEREOR 1996). Wenn *nur* alle derzeitigen Erdbewohner *nur* den derzeitigen Lebens-

---

28 Schon die Autoren der 'konservativen Revolution' waren von der modernen Idee der *Herstellbarkeit der Geschichte* besessen (vgl. Breuer 1990). Sie wollten die Restauration der Vergangenheit mit *revolutionären Mitteln* erreichen – eine für den Konservativismus im dezidiert antirevolutionären Geiste Edmund Burkes undenkbare Vorstellung (vgl. Fritzsche 1977). Der deutsche Faschismus hat dann diese Idee mit den modernsten Organisationsformen und Technologien umzusetzen versucht.

29 Ob der sozio-kulturelle Umbruch seit den 1970er Jahren genau die Zahl 'Zwei' rechtfertigt – angesichts anderer gravierender kultureller Einschnitte und angesichts der Heterogenität der Modernen (Plural!) in nicht-eurozentrischer Perspektive – sei dahingestellt (vgl. Toulmin 1994, Therborn 2001). Ich verstehe die Zahl 'Zwei' hier als bloße Nummerierung eines Zeitabschnitts, der sich von der Nachkriegsgeschichte in Europa, den 1950er und 60er Jahren, mit ihrem Selbstverständnis als 'Industriegesellschaft' deutlich unterscheidet.

30 Wer soll zum 'Wir' gehören, wer fühlt sich selbst zugehörig? Was wollen wir – alle zusammen? Könnten wir unseren Willen mit der inneren und äußeren Natur restlos in Einklang bringen?

31 'Senken' sind im ökologischen Sinn die Verbleibsorte der Nebenprodukte und Abfälle von Produktion und Konsum.

standard des reichsten Fünftels erreichten, würde die gegenwärtig schon nicht unproblematische, zum Beispiel im beschleunigten Klimawandel sichtbar werdende Umweltbelastung um das vierfache steigen. Grundsätzlich gibt es drei Ansatzpunkte, hier gegenzusteuern – bei der Bevölkerungszahl, beim materiellen Verbrauch pro Person, und bei der Effizienz der Produktion. Derzeit werden vor allem Strategien propagiert und verfolgt, die am dritten Punkt ansetzen: Energie und Güter sollen technologisch effizienter hergestellt und genutzt werden (Weizsäcker et al. 1995).

Was aber, wenn die Effizienzsteigerung sich nicht im erforderlichen Ausmaß realisieren lässt, nicht schnell genug vonstatten geht oder nur Spielraum schafft für die weitere Steigerung des materiellen Konsumniveaus – über das derzeit vom reichsten Fünftel bereits erreichte Maß hinaus? An den beiden anderen Punkten anzusetzen ist normativ besehen nicht unproblematisch: Die hier propagierten Strategien – und ein Teil der sich ohnehin vollziehenden Entwicklungen – sind in hohem Maße repressiv und/oder ungerecht. Das Bevölkerungswachstum scheint zwar im postindustriellen Entwicklungsstadium von selbst – auf historisch sehr hohem Niveau – rückläufig zu werden, in Agrar- und Industrieländern kann es aber offenbar nur durch Zwangsmaßnahmen oder Umweltkatastrophen, Hunger und Seuchen begrenzt werden. Die Beschränkung des materiellen Konsumniveaus vollzieht sich in vielen Teilen der Welt zwar von selbst aufgrund endogener und exogener Faktoren, die die wirtschaftliche Entwicklung hemmen (Bornschier/Trezzini 1996) – aber das ist normativ besehen ungerecht und muss empirisch besehen auch nicht so bleiben. Die gezielte Beschränkung des materiellen Konsumniveaus der Reichen wäre zwar gerecht im Sinne eines Ressourcenkommunismus, aber eben auch nur wieder mit Zwangsmaßnahmen durchzusetzen. Da es – wie etwa beim Klimawandel – die global *Schwächeren* sind, die aus systematischen Gründen von den Folgen des Konsums der global Stärkeren in höherem Maße betroffen sind (und dadurch eventuell noch schwächer werden), wäre eine weltumspannende Ökodiktatur auch machtpolitisch besehen kaum realisierbar.[32]

Daher kann man – im Hinblick auf Bevölkerungswachstum und materielles Konsumniveau – nur auf den kulturellen Wandel setzen. Vielfach wird das so verstanden, als wolle oder müsse man hier Armut, Askese und ein vormodernes Leben predigen, also gleichsam 'das Rad der Geschichte' zurückdrehen und den Primat des Identitätsprinzips wieder einführen. Das erscheint mir weder wünschenswert noch aussichtsreich. Daher meine Überlegungen zu einem *anderen, kulturellen Fortschritt*: Ist Emanzipation auch ohne – oder gerade ohne – die Steigerung des materiellen Konsumniveaus möglich? Gibt es auch andere, von hohem materiellen Ressourcenverbrauch weitgehend unabhängige Genüsse? Gibt es auch andere als identi-

---

32 Die Folgen verteilen sich zunächst einmal ungleich. Das hat aber nur geografische, also zufällige Ursachen (z.B. flache Küsten sind stärker von Überflutung gefährdet als steile Küsten). Aber die Reichen & Starken können sich aus systematischen Gründen gegen die Folgen besser schützen als die Armen & Schwachen. Reicher & Stärker sind sie aber eben – von Varianzen in der Ressourceneffizienz einmal abgesehen – genau aufgrund ihres ungleich höheren Ressourcenverbrauchs. Realpolitisch (also a-moralisch) betrachtet, gibt es keine Gründe, warum sie ihr Verhalten ändern sollten.

täts- und utilitätsorientierte Antriebe in der menschlichen Natur, die man entdecken und entfalten könnte?

Ich habe die Idee des anderen Fortschritts hier ganz vorläufig mit dem Terminus der 'Alteritätsorientierung' zu umschreiben versucht. Wenn es solche alteritätsorientierten Antriebe gibt, muss man den ökologischen Wandel vielleicht nicht als Zwangsaskese begreifen. Bleibt aber zu fragen: Sind die alteritätsorientierten Praktiken tatsächlich mit geringerem materiellem Ressourcenverbrauch verbunden? Die Antwort haben wir schon mehrfach gestreift: Nicht automatisch! Es gibt ökologisch extrem problematische Formen der Alteritätsorientierung – zum Beispiel spritdurstige Geländewagen in der Stadt oder landschaftszerfressende Eigenheime im Grünen. Aber alteritätsorientierter Reichtum ist offenbar nicht so stark und nicht so zwingend wie utilitätsorientierter Reichtum an den Verbrauch materieller Ressourcen gekoppelt. Höhere Bildung, bessere Unterhaltung, schmackhafteres Essen und sportlichere Fortbewegung kosten mehr Initiative und mehr Zeit, sind aber nicht zwangsläufig mit höheren Energie- und Materialflüssen verbunden. Was schließlich als Reichtum verstanden wird – größere Häuser und Autos oder die letztgenannten Güter – ist eine kulturelle und keine ökonomische Frage. Das lässt hoffen.

Literaturverzeichnis

Abraham, J., 1994: Distributing the Benefit of the Doubt: Scientists, Regulators, and Drug Safety, in: Science, Technology & Human Values, vol.19/4, 493-522.

Ackerknecht, E., 1992: Geschichte der Medizin, Stuttgart: Enke.

ACRE 1999a: Environmental Risks of Herbicide-Tolerant Oilseed Rape. A Review of the PGS Hybrid Oilseed Rape (zu finden auf der Website des UK Department of the Environment, Transport and the Regions: http://www.environment.detr.gov.uk/acre/index.htm).

ACRE 1999b: The Commercial Use of Genetically Modified Crops in the United Kingdom: the Potential Wider Impact on Farmland Wildlife. A discussion paper prepared by the Secretariat to the Advisory Committee on Releases to the Environment (zu finden auf der Website des UK Department of the Environment, Transport and the Regions: http://www.environment.detr.gov.uk/acre/index.htm).

Adorno, T.W., 2000: Ästhetische Theorie, hrsg. aus dem Nachlaß von G.Adorno und R.Tiedemann, Frankfurt/M.: Suhrkamp [1970].

Albrow, M., 1996: The Global Age – State and Society Beyond Modernity, Cambridge: Polity Pr.

Alexander, J., 1994: Modern, Anti, Post und Neo – How Social Theories Have Tried to Understand the 'New World' of 'Our Time', in: Zeitschrift für Soziologie, Jg.23, 165-197.

Alexander, J.C./Smith, P., 1996: Social Science and Salvation: Risk Society as Mythical Discourse, in: Zeitschrift für Soziologie, Jg.25, 251-262.

Altvater, E., 1999: Wirtschaftspolitik im Globalisierungstrilemma, in: Blätter für deutsche und internationale Politik 9/99, 1074-1082.

Andersen, A., 1994: Historische Technikfolgenabschätzung – Das Beispiel des Metallhüttenwesens und der Chemieindustrie, in: Abelshauser, J. (Hrsg): Umweltgeschichte, Göttingen: Vandenhoek & Ruprecht, 76-105.

Anderson, F.W., 1991: Genetik und die Verformbarkeit des Menschen, in: Sass, H.M. (Hrsg.): Genomanalyse und Gentherapie. Ethische Herausforderungen in der Humanmedizin, Berlin: Springer, 17-24.

Angerer, M.L., 1994: It's so queer! Verschiebungen in der Differenz-Debatte im Rahmen einer feministisch-postmodernen Liaison, in: Österreichische Zeitschrift für Politikwissenschaft, Jg.23, 195-203.

Aristoteles, 1971: Politik, eingeleitet, übersetzt und kommentiert von Olof Gigon, Zürich: Artemis.

Bacon, F., 1959: Neu-Atlantis, ins Deutsche übertragen von G. Gerber, Berlin: Akademie-Verlag [1623].

Bacon, F., 1990: Neues Organon; lateinisch-deutsch; hrsg. und mit e. Einl. von W. Krohn, Hamburg: Meiner [1620].

Barber, B./Lally, J./Makarushka, J.L./Sullivan, D., 1979: Research on Human Subjects. Problems of Social Control in Medical Experimentation, New Brunswick: Transaction Books.

Barber, B.R., 1995: Jihad vs. McWorld, New York: Times Book.

Bargatzky, T., 1986: Einführung in die Kulturökologie – Umwelt, Kultur, Gesellschaft, Berlin: Reimer.

Bauer et al. 1998a: Bauer, M.W./Durant, J./Gaskell, G./Liakopoulos, M./Bridgman, E., 1998: United Kingdom, in: Durant et al. 1998, 162-176.

Bauer et al. 1998b: Bauer, M.W./Durant, J./Gaskell, G, 1998: Biotechnology in the public sphere: a comparative review, in: Durant et al. 1998, 217-230.

Bauman, Z., 1994: Tod, Unsterblichkeit und andere Lebensstrategien, Frankfurt/M.: Fischer.

Bechmann, G., 1993 (Hrsg.): Risiko und Gesellschaft, Opladen: Westdt. Vlg.

Beck, U., 1983: Jenseits von Stand und Klasse, in: Kreckel, R. (Hrsg.): Soziale Ungleichheiten, Soziale Welt Sonderband Nr.2, Göttingen: Schwartz, 35-74.

Beck, U., 1986: Risikogesellschaft – Auf dem Weg in eine andere Moderne, Frankfurt/M.: Suhrkamp.

Beck, U., 1988: Gegengifte – Die organisierte Unverantwortlichkeit, Frankfurt/M.: Suhrkamp.

Beck, U., 1993: Die Erfindung des Politischen, Frankfurt/M.: Suhrkamp.

Beck, U., 1996: Weltrisikogesellschaft, Weltöffentlichkeit und globale Subpolitik, in: Diekmann, A./Jaeger, C.C. (Hrsg.): Umweltsoziologie, Sonderheft 36 der Kölner Zeitschrift für Soziologie und Sozialpsychologie, Opladen: Westdt. Vlg., 119-147.

Beck, U., 1998: Risk Society Revisited. Theory, Politics, Critiques and Research Programmes (Manuskript).

Beck, U., 2001a: Risk and Power. The Loss of Confidence and the Fragility of Global Markets in the World Risk Society, Lecture at Harvard University, April 2001 (Manuskript).

Beck, U., 2001b: Cosmopolitan Manifesto. The Cosmopolitan Society and its Enemies, Manuskript, erscheint in Theory, Culture & Society.

Beck, U./Bonß, W./Lau, C., 2001: Theorie reflexiver Modernisierung – Fragestellungen, Hypothesen, Forschungsprogramm, Einleitungskapitel in: Beck, U., Bonß, W. (Hrsg.): Die Modernisierung der Moderne, Frankfurt/M.: Suhrkamp (in Vorbereitung).

Beck-Gernsheim, E., 1995 (Hrsg.): Welche Gesundheit wollen wir?, Frankfurt/M.: Suhrkamp.

Beecher, H.K., 1966: Ethics and Clinical Research, in: New England Journal of Medicine, vol.272/no.24: 1354ff.

Bell, D., 1985: Die nachindustrielle Gesellschaft, Frankfurt/M.: Campus [1973].

Bell, D., 1991: Die kulturellen Widersprüche des Kapitalismus, Frankfurt/M.: Campus [1976].

Bérard, L./Marchenay, P., 1995: Lieux, temps et preuves. La construction sociale des produits de terroir, in: Terrain, vol.24, 153-164.

Berger, J., 1996: Was behauptet die Modernisierungstheorie wirklich – und was wird ihr bloß unterstellt? in: Leviathan, Jg.24, 45-62.

Berger, P.A., 1995: "Life politics". Zur Politisierung der Lebensführung in nachtraditionalen Gesellschaften, in: Leviathan, Jg.23, 445-458.

Berger, P.L./Luckmann, T., 1980: Die gesellschaftliche Konstruktion der Wirklichkeit. Eine Theorie der Wissenssoziologie, Frankfurt/M.: Fischer [1966].

Bessière, J., 1998: Local Development and Heritage: Traditional Food and Cuisine as Tourist Attractions in Rural Areas, in: Sociologia Ruralis, vol.38/1, 21-34.

Betz, H.G., 1998: Rechtspopulismus – Ein internationaler Trend?, in: Aus Politik und Zeitgeschichte, B9-10/98, 3-12.

Beusmann, V., 1994: Betriebs- und volkswirtschaftliche Aspekte des Einsatzes herbizidresistenter Nutzpflanzen (HR-Technik). Berlin, WZB-papers FS II 94-315.

Biebelriether, H./Schreiber, R.L., 1989 (Hrsg.): Die Nationalparke Europas, München: Süddeutscher Vlg.

Bloor, D., 1976: Knowledge and social imagery, London: Routledge & Kegan Paul.

Blumenberg, H., 1997: Die Vollzähligkeit der Sterne, Frankfurt/M.: Suhrkamp.

Bode, C., 1993: Aldous Huxleys 'Brave New World', München: Fink.

Böhme, G., 1980: Alternativen der Wissenschaft, Frankfurt/M.: Suhrkamp.

Böhme, G., 1992: Natürlich Natur. Über Natur im Zeitalter ihrer technischen Reproduzierbarkeit, Frankfurt/M.: Suhrkamp.

Böhme, G./Daele, W.v.d./Hohlfeld, R./Krohn, W./Schäfer, W./Spengler, T., 1978: Die gesellschaftliche Orientierung des wissenschaftlichen Fortschritts (Starnberger Studien I), Frankfurt/M.: Suhrkamp.

Bohrer, K.H., 1989: Die Kritik der Romantik. Der Verdacht der Philosophie gegen die literarische Moderne, Frankfurt/M.: Suhrkamp.

Bonß, W., 1995: Vom Risiko – Unsicherheit und Ungewißheit in der Moderne, Hamburg: Hamburger Edition.

Bora, A./Döbert, R., 1993: Konkurrierende Rationalitäten, in: Soziale Welt, Jg.44, 75-97.

Bornschier, V./Trezzini, B., 1996: Jenseits von Dependencia- versus Modernisierungstheorie: Differenzierungsprozesse in der Weltgesellschaft und ihre Erklärung, in: Müller, H.P. (Hrsg.): Weltsystem und kulturelles Erbe. Gliederung und Dynamik der Entwicklungsländer aus ethnologischer und soziologischer Sicht, Berlin: Reimer, 53-80.

Böschen, S., 2000: Risikogenese. Prozesse gesellschaftlicher Gefahrenwahrnehmung: FCKW, DDT, Dioxin und Ökologische Chemie, Opladen: Leske + Budrich.

Bourdieu, P., 1992: Die verborgenen Mechanismen der Macht. Schriften zu Politik & Kultur 1, Hamburg: VSA Verlag.

Bower, T., 1987: Verschwörung Paperclip. NS-Wissenschaftler im Dienst der Siegermächte, München: List.

Brand, K.W./Eder, K./Poferl, A., 1997: Ökologische Kommunikation in Deutschland, Opladen: Westdt. Vlg.

Breuer, S., 1983: Metamorphosen des Naturrechts, in: Kritische Justiz, Jg.16, 127-144.

Breuer, S., 1990: Die 'konservative Revolution' – Kritik eines Mythos, in: Politische Vierteljahresschrift, 31. Jg., 585-607.

Brickman, R./Jasanoff, S./Ilgen, T., 1985: Controlling Chemicals – The Politics of Regulation in Europe and the United States, Ithaca.

Brüggemeier, F.J., 1996: Das unendliche Meer der Lüfte. Luftverschmutzung, Industrialisierung und Risikodebatten im 19. Jahrhundert, Essen: Klartext.

Brummet, C./May, S., 2000: Möglichkeiten und Probleme der rechtlichen und politischen Steuerung medizintechnischer Optionen am Beispiel der Humangenetik. Forschungsbericht, LMU München: Inst. f. Soziologie.

Bühl, W.L., 1986: Soziologie und Systemökologie, in: Soziale Welt, Jg.37/4, 363-389.

BUND/MISEREOR, 1996 (Hrsg.): Zukunftsfähiges Deutschland, Basel: Birkhäuser.

Busch, W., 1997 (Hrsg.): Landschaftsmalerei. Geschichte der klassischen Bildgattungen in Quellentexten und Kommentaren, Berlin: Reimer.

Butler, O.E., 1991: Xenogenesis-Trilogie, Bd.1: Dämmerung [Dawn, 1987], Bd. 2: Rituale [Adulthood Rites, 1988], Bd.3: Imago [Imago, 1989], dt. München: Heyne.

Callon, M./Latour, B., 1992: Don't Throw the Baby Out with the Bath School, in: Pickering, A. (Ed.): Science as Practice and Culture, Chicago: Univ. of Chicago Pr., S.343-368.

Campbell, C., 1987: The Romantic Ethic and the Spirit of Modern Consumerism, Oxford: Basil Blackwell.

Caplan, P., 1997 (Ed.): Food, Health and Identity, London: Routledge.

Castells, M., 2002: Das Informationszeitalter. Wirtschaft, Gesellschaft, Kultur., Band 2: Die Macht der Identität, Opladen: Leske + Budrich.

Catenhusen, W.M., 1996: Probleme der politischen Konsensbildung in Fragen der Reproduktionsmedizin, in: Bayertz, K. (Hrsg.): Moralischer Konsens. Technische Eingriffe in die menschliche Fortpflanzung als Modellfall, Frankfurt/M.: Suhrkamp, 127-136.

Catton, W.R./Dunlap, R.E., 1978: Environmental Sociology. A New Paradigm, in: The American Sociologist, vol.13, 41-49.

Charsley, S., 1997: Marriages, weddings, and their cakes, in: Caplan 1997, 50-70.

Clapp, B.W., 1994: An Environmental History of Britain since the Industrial Revolution, London: Longman.

Clarke, N.J., 1987: Advertising of food, in: Cottrell 1987, 187-198.

Colman, D.R., 1987: Consequences of national and European pricing policy for nutrition and the food industry, in: Cottrell 1987, 119-138.

Corn, J.J., 1986 (Ed.): Imagining Tomorrow. History, Technology and the American Future, Cambridge (Mass.): MIT Pr.

Cottrell, R. (Ed.): Food and Health. Now and the future, Carnforth: Parthenon.

Crosby, A.W., 1986: Ecological Imperialism. The biological expansion of Europe 900 – 1900, Cambridge: Cambridge Univ. Pr.

Descola, P., 1996: In the Society of Nature. A Native Ecology in Amazonia, Cambridge (UK): Camb. Univ. Pr. [1986].

Descola, P., 1996a: Constructing natures: symbolic ecology and social practice, in: Descola, P./Pálsson, G. (Eds.): Nature and Society. Anthropological Perspectives, London: Routledge, 82-102.

Dethlefsen, T./Dahlke, R., 1994: Krankheit als Weg. Deutung und Be-deutung der Krankheitsbilder, München: Bertelsmann [1983].

di Lampedusa, G.T., o.J..: "Ich sucht ein Glück, das es nicht gibt ..." Byron – Shelley – Keats, Berlin: Wagenbach.

Di Trocchio, F., 1994: Der grosse Schwindel. Betrug und Fälschung in der Wissenschaft, Frankfurt/M.: Campus.

Diekmann, A., 1995: Empirische Sozialforschung. Grundlagen, Methoden, Anwendungen, Reinbek b. Hamburg: Rowohlt.

Diekmann, A., 1996: Homo ÖKOnomicus. Anwendungen und Probleme der Theorie rationalen Handelns im Umweltbereich, in: Diekmann, A./Jaeger, C.C. (Hrsg.): Umweltsoziologie, Sonderheft 36 der Kölner Zeitschrift für Soziologie und Sozialpsychologie, Opladen: Westdt. Vlg., 89-118.

Diekmann, A./Preisendörfer, P., 1992: Persönliches Umweltverhalten. Diskrepanz zwischen Anspruch und Wirklichkeit, in: Kölner Zeitschrift für Soziologie und Sozialpsychologie, Jg.44, 226-251.

Dienel, H.L., 1997: Herrschaft über die Natur? Naturvorstellungen deutscher Ingenieure 1871-1914, Bassum: Verl. f. Geschichte der Naturwissenschaften und Technik.

Dierkes, M./Fietkau, H.J., 1988: Umweltbewußtsein – Umwelthandeln, Kohlhammer Vlg. (o.O.).

Dinges, M., 1996 (Hrsg.): Medizinkritische Bewegungen im Deutschen Reich (ca. 1870 – ca. 1933), Stuttgart: Steiner.

Douglas, M., 1982: Cultural Bias, in: dies., In the Active Voice, London: Routledge & KeganPaul, 183-254.

Douglas, M./Wildavsky, A., 1983: Risk and Culture. An Essay on the Selection of Technological and Environmental Dangers, Berkeley: Univ. of California Pr.

Dreyer, M./Gill, B., 2000: Die Vermarktung transgener Lebensmittel in der EU – Die Wiederkehr der Politik aufgrund regulativer und ökonomischer Blockaden in: Spök, A./Hartmann, K./Loing, A./Wagner, C./Wieser, B. (Hrsg.): GENug gestritten? Gentechnik zwischen Risikodiskussion und gesellschaftlicher Herausforderung, Graz: Leykam, 125-148.

Dreyer, M./Gill, B., 2000a: Germany – 'elite precaution' alongside continued public opposition, in: Journal of Risk Research, vol.3, no.3, 219-226.

Duby, G., 1999: Die Zeit der Kathedralen. Kunst und Gesellschaft 980-1420, Frankfurt/M.: Suhrkamp [1966-67].

Dunlap, R.E./Mertig, A.G., 1996: Weltweites Umweltbewußtsein. Eine Herausforderung für die sozialwissenschaftliche Theorie, in: Diekmann, A./Jaeger, C.C. (Hrsg.): Umweltsoziologie, Sonderheft 36 der Kölner Zeitschrift für Soziologie und Sozialpsychologie, Opladen: Westdt. Vlg., 193-218.

Durant, J./Bauer, M.W./Gaskell, G., 1998 (Eds.): Biotechnology in the Public Sphere, London: Science Museum.

Durkheim, E., 1965: Die Regeln der soziologischen Methode, Neuwied: Luchterhand [1895].

Durkheim, E., 1977: Über die Teilung der sozialen Arbeit, Frankfurt/M.: Suhrkamp [1893].

Durkheim, E., 1998: Die elementaren Formen des religiösen Lebens, Frankfurt/M.: Suhrkamp [1912].

Eckersley, R., 1994: Wo bleibt die Emanzipation der Natur? Habermas' kritische Theorie aus ökozentrischer Sicht, in: Zierhofer, W./Steiner, D. (Hrsg.): Vernunft angesichts der Umweltzerstörung, Opladen: Westdt. Verl.; 119-158; zuerst erschienen unter dem Titel "Habermas and green political thought. Two roads diverging" in: Theory and Society, vol.19, 1990, 739-776.

Elias, N., 1976: Über den Prozeß der Zivilisation. Soziogenetische und psychogenetische Untersuchungen, 2 Bände, Frankfurt/M.: Suhrkamp [1939].

Elster, J., 1983: Sour Grapes. Studies in Subversion of Rationality, Cambridge: Cambridge Univ. Pr.

Engelhardt, H.T. jr., 1987a: Entscheidungsprobleme konkurrierender Interessen von Mutter und Fötus, in: Braun, V./Mieth, D./Steigleder, K. (Hrsg.): Ethische und rechtliche Fragen der Gentechnologie und der Reproduktionsmedizin, München: Schweitzer, 150-159.

Engelhardt, H.T. jr., 1987b: Gentherapie an menschlichen Keimbahnzellen – Kann und soll die 'Schöne neue Welt' verhindert werden?, in: Braun, V./Mieth, D./Steigleder, K. (Hrsg.): Ethische und rechtliche Fragen der Gentechnologie und der Reproduktionsmedizin, München: Schweitzer, 255-262.

Eser, A./Bosch, J./Alsalihi, D., 1988 (Hrsg.): Schwangerschaftsabbruch im internationalen Vergleich. Rechtliche Regelungen, soziale Rahmenbedingungen, empirische Grundlagen, 2 Bde. 1988/89 Baden-Baden: Nomos.

Esping-Anderson, G., 1991: The Three Worlds of Welfare Capitalism, Cambridge: Polity Pr.

EU-Kommisson 2001: Economic Impacts of Genetically Modified Crops on the Agri-Food Sector. A Synthesis, Working Document of the Directorate General for Agriculture, Januar 2001, http://europa-eu.int/comm/agriculture/publi/gmo/gmo.pdf.

Eurobarometer 1991, 1993, 1996, 1999 (Nr.35.1, 39.1, 46.1, 52.1): How Europeans think about Biotechnology and Genetic Engineering in 1991/in 1993/in 1996/in 1999, EC-Commission, Bruxelles.

Evers, A./Nowotny, H., 1987: Über den Umgang mit Unsicherheit, Frankfurt/M.: Suhrkamp.

Ewald, F., 1993: Der Vorsorgestaat, Frankfurt/M.: Suhrkamp, [L'Etat Providence, 1986].

Fehér, F./Heller, A., 1995: Biopolitik, Frankfurt/M.: Campus.

Felt, U./Nowotny, H./Taschwer, K., 1995: Einführung in die Wissenschaftsforschung, Frankfurt/M.: Campus.

Feyerabend, P.K., 1976: Wider den Methodenzwang. Skizze einer anarchistischen Erkenntnistheorie. Frankfurt/M.: Suhrkamp.

Fine, B./Heasman, M./Wright, J., 1996: Consumption in the Age of Affluence. The World of Food, London: Routledge.

Firchow, P.E., 1984: The End of Utopia. A Study of Aldous Huxley's 'Brave New World', London: Associated Univ. Pr.

Fischer-Kowalski, M./Weisz, H., 1998: Gesellschaft als Verzahnung materieller und symbolischer Welten, in: Brand, K.W. (Hrsg.): Soziologie und Natur. Theoretische Perspektiven, Opladen: Leske + Budrich, 145-172.

Fleck, L., 1980: Entstehung und Entwicklung einer wissenschaftlichen Tatsache, Frankfurt/M.: Suhrkamp [1935].

Flick, U., 1995: Qualitative Forschung. Theorie, Methoden, Anwendung in Psychologie und Sozialwissenschaften, Reinbek b. Hamburg: rororo.

Flitner, M./Görg, C./Heins, V., 1998 (Hrsg.): Konfliktfeld Natur. Biologische Ressourcen und globale Politik, Opladen: Leske + Budrich.

Foucault, M., 1976: Die Geburt der Klinik. Eine Archäologie des ärztlichen Blicks, Frankfurt/M.: Ullstein.

Foucault, M., 1977: Sexualität und Wahrheit, Band 1: Der Wille zum Wissen, Frankfurt/M.: Suhrkamp.

Frewer, A./Winau, R., 1997 (Hrsg.): Geschichte und Theorie der Ethik in der Medizin, Erlangen: Palm & Enke.

Fritzsche, K., 1977: Konservativismus, in: Neumann, F. (Hrsg.): Politische Theorien und Ideologien, 2. Auflage, Baden-Baden: Signal, 53-85.

Gamson, J., 1995: Must Identity Movements Self-Destruct? A Queer Dilemma, in: Social Problems, vol.42, 390-407.

Gartner, A./Riessman, F., 1978: Der aktive Konsument in der Dienstleistungsgesellschaft. Zur politischen Ökonomie des tertiären Sektors, Frankfurt/M.: Suhrkamp [Orig. New York 1974].

Gaskell, G./Allum, N./Wagner, W./Nielsen, T.H./Jelsoe, E./Kohring, M./Bauer, M., 2001: In the public eye: representations of biotechnology in Europe, in: Gaskell, G./Bauer, M.W. (Eds.): Biotechnology 1996 – 2000. The Years of Controversy, London: Science Museum, 53-79.

Gaskell, G. et al. (22 weitere Namen), 2000: Biotechnology and the European public, in: Nature Biotechnology, vol.18, 935-938.

Gaskell, G./Bauer, M.W./Durant, J., 1998: Public perceptions of biotechnology in 1996. Eurobarometer 46.1, in: Durant et al. 1998; 189-214.

Geissler, C./Oddy, D.J., 1993 (Eds.): Food, Diet and Economic Change. Past and Present, Leicester: Leicester Univ. Pr.

Geißler, R., 2000: Facetten der modernen Sozialstruktur – Modelle und Kontroversen, in: Informationen zur politischen Bildung Nr.269, 56-61.

Gellner, E., 1995: Bedingungen der Freiheit. Die Zivilgesellschaft und ihre Rivalen, Stuttgart: Klett-Cotta [1994].

Genetix Snowball, 1998: Handbook for Action. A campaign of nonviolent civil responsibility, One World Centre, Manchester, www.gn.apc.org/pmhp/gs.

GeneWatch, 1998: Genetically engineered oilseed rape. Agricultural saviour or new form of pollution? Genewatch, Buxton.

Georgescu-Roegen, N., 1968: Utility, Artikel zum Stichwort, in: International Encyclopedia of the Social Sciences (ed. by D.S. Sills), vol.16, o.O.: Macmillan, 236-267.

Gerhards, J., 2002: Diskursanalyse als systematische Inhaltsanalyse. Die öffentliche Debatte über Abtreibungen in den USA und in der Bundesrepublik im Vergleich, in: Keller, R./Hirseland, A./Schneider, W./Viehöfer, W. (Hrsg.): Handbuch Sozialwissenschaftliche Diskursanalyse, Bd.2: Exemplarische Anwendungen, Opladen: Leske + Budrich (in Vorbereitung).

Gerhardt, U., 1996: "Ideal Type" and the Construction of the Life Course. A New Look at the Micro-Macro Link, in: Weymann, A./Heinz, W.R. (Eds.): Society and Biography. Interrelationships between Social Structure, Institutions and the Life Course, Weinheim: Deutscher Studien Verlag, 21-50.

Gershuny, J., 2000: Changing Times. Work and Leisure in Postindustrial Society, Oxford: Oxford Univ. Pr.

Giddens, A., 1988: Die Konstitution der Gesellschaft. Grundzüge einer Theorie der Strukturierung, Frankfurt/M.: Campus.

Giddens, A., 1996: Leben in einer posttraditionalen Gesellschaft, in: Beck, U./Giddens, A./Lash, S. (Hrsg.): Reflexive Modernisierung – Eine Kontroverse, Frankfurt/M.: Suhrkamp, 113-194.

Gill, B., 1988: Das Embryonenschutzgesetz, in: vorgänge Nr.92 (Heft 2/88), 72-87.

Gill, B., 1991: Gentechnik ohne Politik – Wie die Brisanz der Synthetischen Biologie von wissenschaftlichen Institutionen, Ethik- und anderen Kommissionen systematisch verdrängt wird, Frankfurt/M.: Campus.

Gill, B., 1992a: Leibesvisitationen – Zur technischen Reproduzierbarkeit der Körper, in: Österreichische Zeitschrift für Geschichtswissenschaft, Jg.3, 367-374.

Gill, B., 1992b: Kettenmoleküle und Assoziationsketten – Metaphern in der Gentechnologie und Genomanalyse, in: Prokla, 22.Jg./Nr.88, 413-433.

Gill, B., 1997: Vom Ende der Natur als Begründungsressource in spätmodernen Gesellschaften, in: Rehberg, K.S. (Hrsg.): Differenz und Integration. Die Zukunft moderner Gesellschaften. 28. Kongreß der Deutschen Gesellschaft für Soziologie – Dresden 1996, Frankfurt/M.: Campus, 765-769.

Gill, B., 1998: Paradoxe Natur. Zur Vieldeutigkeit der Unterscheidung von Natur und Gesellschaft, in: Brand, K.W. (Hrsg.): Soziologie und Natur. Theoretische Perspektiven, Opladen: Leske + Budrich, 223-248.

Gill, B., 1998a: Ungewißheit, administrative Entscheidung und Demokratie – die neuen Anforderungen durch die Gentechnik, in: Österreichische Zeitschrift für Politikwissenschaft, Jg.27, 29-45.

Gill, B., 1999: Reflexive Modernisierung und technisch-industriell erzeugte Umweltprobleme. Ein Rekonstruktionsversuch in präzisierender Absicht, in: Zeitschrift für Soziologie, Jg.28, 182-196.

Gill, B./Becker, C./Ehrke, C./Schweitzer, T./Zimmermann, M., 1992: Von der Eiweißlücke zum Umweltdesaster – Scheitern eines biotechnologischen Großversuchs, in: Forum Wissenschaft, Jg.9 (1), 40-44.

Gill, B./Bizer, J./Roller, G., 1998: Riskante Forschung. Zum Umgang mit Ungewißheit am Beispiel der Genforschung in Deutschland. Eine sozial- und rechtswissenschaftliche Untersuchung, Berlin: edition sigma.

Gingras, Y., 1995: Following Scientists through Society? Yes, but at Arm's Length!, in: Buchwald, J.Z. (Ed.): Scientific Practice, Chicago: Univ. of Chicago Pr., 123-148.

Greven, M., 1997: Politisierung ohne Citoyens. Über die Kluft zwischen politischer Gesellschaft und gesellschaftlicher Individualisierung, in: Klein, A./Schmalz-Bruns, R. (Hrsg.): Politische Beteiligung und Bürgerengagement in Deutschland, Bonn, Bundeszentrale für politische Bildung, 231-251.

Groh, R./Groh, D., 1991: Weltbild und Naturaneignung. Zur Kulturgeschichte der Natur, Frankfurt/M.: Suhrkamp.

Groh, R./Groh, D., 1991a: Von den schrecklichen zu den erhabenen Bergen. Zur Entstehung ästhetischer Naturerfahrung, in: dies., Weltbild und Naturaneignung. Zur Kulturgeschichte der Natur, Frankfurt/M.: Suhrkamp, 92-149.

Groh, R./Groh, D., 1991b: Religiöse Wurzeln der ökologischen Krise. Naturteleologie und Geschichtsoptimismus in der frühen Neuzeit, in: dies., Weltbild und Naturaneignung. Zur Kulturgeschichte der Natur, Frankfurt/M.: Suhrkamp, 11-91.

Gross, P., 1983: Die Verheißungen der Dienstleistungsgesellschaft. Soziale Befreiung oder Sozialherrschaft?, Opladen: Westdt. Vlg.

Grove-White, R., 1994: Großbritannien, Kap. 3 in Hey, C./Brendle, U.: Umweltverbände und EG. Strategien, politische Kulturen und Organisationsformen, Opladen: Westdt. Vlg.

Grove-White, R./Macnaghten, P./Mayer, S./Wynne, B., 1997: Uncertain World. Genetically Modified Organisms, Food and Public Attitudes in Britain. A report by the Centre for the Study of Environmental Change in association with Unilever, and with help from the Green Alliance and a variety of other environmental and consumer non-governmental organisations (NGOs), University of Lancaster.

Grundmann, R./Stehr, N., 1997: Klima und Gesellschaft, soziologische Klassiker und Außenseiter, in: Soziale Welt, Jg.47, 85-100.

Habermas, J., 1973: Technik und Wissenschaft als 'Ideologie', Frankfurt/M.: Suhrkamp [1968].

Habermas, J., 1987: Theorie des kommunikativen Handelns – Handlungsrationalität und gesellschaftliche Rationalisierung (2 Bde.), Frankfurt/M.: Suhrkamp, zit. in Kap. 6.3. als TkH I/II [1981].

Habermas, J., 1998a: Sklavenherrschaft der Gene, in: Süddeutsche Zeitung v. 17./18.1.1998 (Feuilleton).

Habermas, J., 1998b: Biologie kennt keine Moral, in: Die ZEIT v. 19.2.1998, 34.

Habermas, J., 1998c: Zwischen Dasein und Design, in: Die ZEIT v. 12.3.1998, 41.

Habermas, J., 2001: Glauben und Wissen, Dankesrede anlässlich der Verleihung des Friedenspreises des dt. Buchhandels am 14.10.2001 in der Frankfurter Paulskirche, Manuskript.

Hager, F.P., 1984: "Natur" (in der Antike), Stichwort in: Ritter, J./Gründer, K. (Hrsg.): Historisches Wörterbuch der Philosophie, Darmstadt: Wissenschaftliche Buchgesellschaft, 1971ff., Bd. 6, 422-442.

Hajer, M., 1995: The Politics of Environmental Discourse. Ecological Modernization and the Policy Pr., Oxford: Clarendon.

Hamilton, D.B., 1987: Institutional Economics and Consumption, in: Journal of Economic Issues, vol.XXI, 1531-1553.

Hampel, J./Pfenning, U., 1999: Einstellungen zur Gentechnik, in: Hampel/Renn (Hrsg.): 28-55.

Hampel, J./Renn, O., 1999 (Hrsg.): Gentechnik und Öffentlichkeit. Wahrnehmung und Bewertung einer umstrittenen Technologie, Frankfurt/M.: Campus.

Hannigan, J., 1995: Environmental Sociology. A Social Constructionist Perspective, London: Routledge.

Haraway, D.J., 1984: Lieber Kyborg als Göttin! – Für eine sozialistisch-feministische Unterwanderung der Gentechnologie, in: Argument-Sonderband Nr.105 (hrsg. v. Bernd-Peter Lange und Anna Maria Stuby), Berlin, 66ff.

Haraway, D.J., 1995: Die Neuerfindung der Natur, Frankfurt/M.: Campus.

Harris, M., 1979: Cultural materialism. The struggle for a science of culture, New York: Random House.

Hartmann, I., 1979: Der Englische Park, in: Breitenstein, R.: DuMont-Richtig Reisen: Großbritannien. England, Wales, Schottland, Köln: DuMont, 92-95.

Harvey, D., 1990: The Condition of Postmodernity. An Enquiry into the Origins of Cultural Change, Cambridge: Basil Blackwell.

Harwood, J., 1989: 'Gesellschaftsstruktur als Analogie: Genetiker stellen sich die Zelle vor', Berichte zur Wissenschaftsgeschichte, Jg.12, 157ff.

Hasse, R./Gill, B., 1994: Biotechnological Research in Germany – Problems of Political Regulation and Public Acceptance, in: Schimank, U./Stucke, A. (Eds.): Coping with Trouble – How Science Reacts to Political Disturbances of Research Conditions, Frankfurt/M.: Campus, 253-292.

Hasse, R./Krücken, G./Weingart, P., 1994: Laborkonstruktivismus – eine wissenschaftssoziologische Reflexion, in: Rusch, G./Schmidt, S.J. (Hrsg.): Konstruktivismus und Sozialtheorie, Frankfurt/M.: Suhrkamp, 220-262.

Häußermann, H./Siebel, W., 1995: Dienstleistungsgesellschaften, Frankfurt/M.: Suhrkamp.

Hayles, K.N., 1995: Searching for Common Ground, in: Soulé, M./Lease, G. (Eds.): Reinventing Nature?, Washington D.C.: Island Pr., 47-64.

Heins, V., 1996: Macht, Demagogie und Argumentation in der globalen Umweltpolitik. Das Beispiel der UN-Konvention über biologische Vielfalt, in: von Prittwitz, V. (Hrsg.): Verhandeln und Argumentieren, Opladen: Leske + Budrich, 239-259.

Heitmeyer, W., 1995: Gewalt. Schattenseiten der Individualisierung bei Jugendlichen aus unterschiedlichen Milieus, Weinheim: Juventa.

Hennen, L./Petermann, T./Sauter, A., 2000: Stand und Perspektiven der genetischen Diagnostik, Sachstandsbericht des Büro für Technikfolgen-Abschätzung beim Deutschen Bundestag, TAB-Arbeitsbericht Nr.66, Berlin.

Hennen, L./Stöckle, T., 1992: Gentechnologie und Genomanalyse aus der Sicht der Bevölkerung. Ergebnisse einer Bevölkerungsumfrage des TAB, Bonn: Büro für Technikfolgen-Abschätzung beim Deutschen Bundestag, TAB-Diskussionspapier Nr.3.

Hennig, C., 1989: Die Entfesselung der Seele. Romantischer Individualismus in den deutschen Alternativkulturen, Frankfurt/M.: Campus.

Heuser, M.L., 1991: Was grün begann endete blutig rot. Von der Naturromantik zu den Reagrarisierungs- und Entvölkerungsplänen der SA und SS, in: Hassenpflug, D. (Hrsg.): Industrialismus und Ökoromantik, Wiesbaden: DUV, 43-64.

Hirsch, F., 1980: Die sozialen Grenzen des Wachstums. Eine ökonomische Analyse der Wachstumskrise, Reinbek bei Hamburg: Rowohlt [1976].

Hirsch, J./Roth, R., 1986: Das neue Gesicht des Kapitalismus. Vom Fordismus zum Post-Fordismus, Hamburg: VSA.

Hirschman, A.O., 1980: Leidenschaften und Interessen. Politische Begründungen des Kapitalismus vor seinem Sieg, Frankfurt/M.: Suhrkamp [1977].

Hirschman, A.O., 1988: Engagement und Enttäuschung. Über das Schwanken der Bürger zwischen Privatwohl und Gemeinwohl, Frankfurt/M.: Suhrkamp [1982].

Hirschman, A.O., 1992: Denken gegen die Zukunft. Die Rhetorik der Reaktion, München: Hanser.

Hirschman, E.C./Holbrook, M., 1982: Hedonic Consumption – Emerging Concepts, Methods and Propositions, in: Journal of Marketing, vol.46, 92-101.

Hitzler, R./Pfadenhauer, M., 1998: "Let your body take control!" Zur ethnographischen Kulturanalyse der Techno-Szene, in: Bohnsack, R./Marotzki, W. (Hrsg.): Biographieforschung und Kulturanalyse. Transdisziplinäre Zugänge qualitativer Forschung, Opladen: Leske + Budrich, 75-92.

Hobbes, T., 1959: Vom Menschen. Vom Bürger, eingel. und hrsg. von G.Gawlick, Hamburg: Meiner [1647-1658].

Hobsbawm, E./Ranger, T., 1993 (Eds.): The Invention of Tradition, Cambridge: Cambridge Univ. Pr. [1983].

Hohlfeld, R., 1988: Biologie als Ingenieurskunst. Zur Dialektik von Naturbeherrschung und synthetischer Biologie, in: Ästhetik und Kommunikation, 18.Jg/Nr.69, 61-70.

Hohlfeld, R., 1990: Die Enquete-Kommission 'Chancen und Risiken der Gentechnologie' des Deutschen Bundestages im Spannungsfeld von Politik und Wissenschaft, in: Fülgraff, G./Falter, A. (Hrsg.): Wissenschaft in der Verantwortung – Möglichkeiten der institutionellen Steuerung, Frankfurt/M.: Campus, 205-217.

Honneth, A., 1990: Die zerrissene Welt des Sozialen. Sozialphilosophische Aufsätze, Frankfurt/M.: Suhrkamp.

Honneth, A., 1990a: Eine Welt der Zerrissenheit. Zur untergründigen Aktualität von Lukacs' Frühwerk, in: ders. 1990, 9-24.

Honneth, A./Joas, H., 1986 (Hrsg.): Kommunikatives Handeln, Frankfurt/M.: Suhrkamp.

Hösle, V., 1990: Natur und Naturwissenschaft in Vicos neuer Wissenschaft vom Geist, in: Bubner, R./Gladigow, B./Haug, W. (Hrsg.): Die Trennung von Natur und Geist, München: Fink, 55-77.

Hradil, S., 1987: Die 'alten' Klassen- und Schichtmodelle und ihre Mängel, in: ders., Sozialstrukturanalyse in einer fortgeschrittenen Gesellschaft. Von Klassen und Schichten zu Lagen und Milieus, Opladen: Leske + Budrich, 59-96.

Hradil, S., 1992: Alte Begriffe und neue Strukturen: Die Milieu-, Subkultur- und Lebensstilforschung der 80er Jahre, in: ders. (Hrsg.): Zwischen Bewußtsein und Sein, Opladen: Leske + Budrich, 15-55.

Huber, P., 1999: Hard Green. Saving the Environment from the Environmentalists. A Conservative Manifesto, New York: Basic Books.

Hughes, G., 1995: Authenticity in tourism, in: Annals of Tourism Research, vol.22, 781-803.

Huizinga, J., 1969: Herbst des Mittelalters. Studien über Lebens- und Geistesformen des 14. und 15. Jahrhunderts in Frankreich und in den Niederlanden, hrsg. von Kurt Köster, Stuttgart: Kröner [1923].

Hunt, L., 1991: Secret agenda. The United States government, Nazi scientists, and project paperclip, 1945-1990, New York: St. Martin's Pr.

Hutchins, E., 1995: Cognition in the wild, Cambridge (Mass.): MIT Pr.

Huxley, A., 1985: Schöne neue Welt, Frankfurt/M.: Fischer [1932].

Hviding, E., 1996: Nature, culture, magic, science. On meta-languages for comparison in cultural ecology, in: Descola, P./Pálsson, G. (Eds.): Nature and Society. Anthropological Perspectives, London: Routledge, 165-184.

Imhof, A.E., 1983: Unterschiedliche Einstellungen zu Leib und Leben in der Neuzeit, in: ders. (Hrsg.): Der Mensch und sein Körper. Von der Antike bis heute, München: Beck, 65-81.

Immler, H., 1984: Ist nur die Arbeit wertbildend?, in: Schmied-Kowarzik, W./Immler, H.: Marx und die Naturfrage, Hamburg: VSA, 21-44.

Inglehart, R., 1997: Modernization and Postmodernization. Cultural, Economic, and Political Change in 43 Societies, Princeton: Princeton Univ. Pr.

Inglehart, R./Basanez, M./Moreno, A., 1998: Human Values and Beliefs. A Cross-Cultural Sourcebook, Ann Arbor: Univ. of Michigan Pr.

Jahn, I./Löther, R./Senglaub, K., 1985: Geschichte der Biologie, Jena: Gustav Fischer.

James, A., 1997: How British is British food?, in: Caplan 1997, 71-86.

Jameson, F., 2001: Immer engere Räume. Der amerikanische Literaturwissenschaftler Frederic Jameson über die Kulturalisierung der Welt und fehlende Orte für kritische Intellektuelle (Interview), in: Der Freitag v. 02.03.2001, 13.

Jännicke, M., 1998: Umweltpolitik – Global am Ende oder am Ende global?, in: Beck, U. (Hrsg.): Perspektiven der Weltgesellschaft, Frankfurt/M.: Suhrkamp, 332-344.

Jasanoff, S./Markle, G.E./Petersen, J.C./Pinch, T., 1994: Handbook of Science and Technology Studies, London: Sage.

Jaufmann, D./Kistler, E., 1991 (Hrsg.): Einstellungen zum technischen Fortschritt. Technikakzeptanz im nationalen und internationalen Vergleich, Frankfurt/M.: Campus

Jauß, H.R., 1990: Kunst als Anti-Natur: Zur ästhetischen Wende nach 1789, in: Bubner, R. (Hrsg.): Die Trennung von Natur und Geist, München: Fink, 209-244.

Joas, H., 1986: Giddens Theorie der Strukturbildung. Einführende Bemerkungen zu einer soziologischen Transformation der Praxisphilosophie, in: Zeitschrift für Soziologie, Jg.15, 237-245.

Jonas, H., 1979: Das Prinzip Verantwortung, Frankfurt/M.: Suhrkamp.

Jungius, B., 2000: Wahrnehmung und Naturerkenntnis. Zur Darstellung des Galilei bei Brecht und Feyerabend, in: Leviathan, Jg.28, 67-86.

Jungk, R., 1988: Das umstrittene Experiment: der Mensch. 27 Wissenschaftler diskutieren die Elemente einer biologischen Revolution; Dokumentation des Ciba-Symposiums 1962 "Man and his Future", Frankfurt/M.: Schweitzer.

Kaldor, M., 2000: Neue und alte Kriege. Organisierte Gewalt im Zeitalter der Globalisierung, Frankfurt/M.: Suhrkamp.

Kaulbach, F., 1971: "Bewegung" (in der Neuzeit), Stichwort in: Ritter, J./Gründer, K. (Hrsg.): Historisches Wörterbuch der Philosophie, Darmstadt: Wissenschaftliche Buchgesellschaft, 1971ff., Bd. 1, 871-879.

Keller, R., 1998: Müll – Die gesellschaftliche Konstruktion des Wertvollen. Die öffentliche Diskussion über Abfall in Deutschland und Frankreich, Opladen: Westdt. Vlg.

Keller, R./Poferl, A., 1998: Vergesellschaftete Natur – Öffentliche Diskurse und soziale Strukturierung. Eine kritische Auseinandersetzung mit der Cultural Theory, in: Brand, K.W. (Hrsg.): Soziologie und Natur. Theoretische Perspektiven, Opladen: Leske + Budrich, 117-142.

Kepplinger, H.M./Ehmig, S.C./Ahlheim, C., 1991: Gentechnik im Widerstreit – Zum Verhältnis von Wissenschaft und Journalismus, Frankfurt/M.: Campus.

Klinger, C., 1992: Romantik und Feminismus. Zu Geschichte und Aktualität ihrer Beziehung, in: Ostner, I./Lichtblau, K. (Hrsg.): Feministische Vernunftkritik. Ansätze und Traditionen, Frankfurt: Campus, 29-52.

Knorr-Cetina, K., 1984: Die Fabrikation von Erkenntnis, Frankfurt/M.: Suhrkamp.

Kodalle, K.M., 1990: 'Natur' im Naturrechtsdenken von Thomas Hobbes, in: Bubner, R./Gladigow, B./Haug, W. (Hrsg.): Die Trennung von Natur und Geist, München: Fink, 25-53.

Kohl, N., 1988: "Du bist mein Schöpfer, aber ich bin dein Herr!" Marys Kopfgeburt und die Folgen. Nachschrift in: Shelley 1988, 301-373.

Kongregation für die Glaubenslehre, 1987: Die Unantastbarkeit des menschlichen Lebens. Zu ethischen Fragen der Biomedizin, Freiburg: Herder.

Koyré, A., 1980: Von der geschlossenen Welt zum unendlichen Universum, Frankfurt/M.: Suhrkamp [1957].

Krämer, W., 1993: Wir kurieren uns zu Tode. Die Zukunft der modernen Medizin, Frankfurt/M.: Campus.

Krimsky, S., 1982: Genetic Alchemy – The Social History of the Recombinant DNA Controversy, Cambridge (Mass.): MIT Pr.

Krohn, W., 1981: Zur Geschichte des Gesetzesbegriffs in Naturphilosophie und Naturwissenschaft, in: Hahn, M./Sandkühler, H.J. (Hrsg.): Gesellschaftliche Bewegung und Naturprozeß, Köln: Pahl-Rugenstein, 61-70.

Krohn, W., 1989: Die Verschiedenheit der Technik und die Einheit der Techniksoziologie, in: Weingart, P. (Hrsg.): Technik als sozialer Prozess, Frankfurt/M.: Suhrkamp, 15-43.

Krohn, W./Krücken, G., 1993 (Hrsg.): Riskante Technologien – Reflexion und Regulation, Frankfurt/M.: Suhrkamp.

Krolzik, U., 1990: Der Gedanke der Perfektibilität der Natur, in: Bubner, R./Gladigow, B./Haug, W. (Hrsg.): Die Trennung von Natur und Geist, München: Fink, 145-160.

Krüger, C./Müller-Hennig, M. (Hrsg.): Greenpeace auf dem Wahrnehmungsmarkt. Studien zur Kommunikationspolitik und Medienresonanz, Hamburg: LIT-Vlg.

Kuhlmann, A., 2001: Die Risiken der Leidverleugnung. Zum Diskurs über Behinderung, in: Dr. med. Mabuse – Zeitschrift im Gesundheitswesen, Jg.26/Nr.130 (März/April), 57-59.

Kuhn, T.S., 1981: Die Struktur wissenschaftlicher Revolutionen, Frankfurt/M.: Suhrkamp [1962].

Lachmund, J./Stollberg, G., 1995: Patientenwelten. Krankheit und Medizin vom späten 18. bis zum frühen 20. Jahrhundert im Spiegel von Autobiographien, Opladen: Leske + Budrich.

Lakatos, I., 1982: Falsifikation und die Methodologie wissenschaftlicher Forschungsprogramme, in: ders.: Die Methodologie wissenschaftlicher Forschungsprogramme, Braunschweig: Vieweg, 7-107.

Lange, H., 2000: Eine Zwischenbilanz der Umweltbewußtseinsforschung, in: ders. (Hrsg.): Ökologisches Handeln als sozialer Konflikt – Umwelt im Alltag, Opladen: Leske + Budrich, 13-34.

Larmore, C., 1999: The Idea of a Life Plan, in: Social Philosophy & Policy, vol.16, 96-112.

Latour, B., 1993: The Pasteurization of France, Cambridge (Mass.): Harvard Univ. Pr. [1984].

Latour, B., 1995: Wir sind nie modern gewesen. Versuch einer symmetrischen Anthropologie, Berlin: Akademie Vlg.

Latour, B., 1996: Der Berliner Schlüssel, Berlin: Akademie Vlg.

Latour, B., 1996a: Haben auch Objekte eine Geschichte? Ein Zusammentreffen von Pasteur und Whitehead in einem Milchsäurebad, in ders.: Der Berliner Schlüssel, Berlin: Akademie Vlg., 87-112.

Latour, B./Woolgar, S., 1979: Laboratory Life. The Construction of Scientific Facts, Beverly Hills: Sage.

Lau, C., 1989: Risikodiskurse – Gesellschaftliche Auseinandersetzungen um die Definition von Risiken, in: Soziale Welt, Bd.40/3, 418-436.

Lau, C., 1999: Vergesellschaftung oder Naturalisierung. Grenzkonflikte zwischen Natur und Gesellschaft, in: Honegger, C./Hradil, S./Traxler, F. (Hrsg.): Grenzenlose Gesellschaft? Verhandlungen des 29. Kongresses der Deutschen Gesellschaft für Soziologie, Opladen: Leske + Budrich, Bd. 2, 288-304.

Lave, J., 1988: Cognition in practice. Mind, mathematics and culture in everyday life, Cambridge: Cambridge Univ. Pr.

Lawrence, D.H., 1979: Lady Chatterley, Reinbek bei Hamburg: rororo.

Leborgne, D./Lipietz, A., 1996: Postfordistische Politikmuster im globalen Vergleich, in: Das Argument, Jg.38, 697-712.

Leclerc, F./Schmitt, B.H./Dubé, L., 1994: Foreign Branding and Its Effects on Product Perceptions and Attitudes, in: Journal of Marketing Research, vol.31, 263-270.

Lenz, K., 1998: Romantische Liebe – Ende eines Beziehungsideals?, in: Hahn, K./Burkart, G. (Hrsg.): Liebe am Ende des 20. Jahrhunderts. Studien zur Soziologie intimer Beziehungen; Opladen: Leske + Budrich, 65-85.

Lepenies, W., 1976: Das Ende der Naturgeschichte. Wandel kultureller Selbstverständlichkeiten in den Wissenschaften des 18. und 19. Jahrhunderts, München: Hanser.

Levidow, L., 1999: Britain's Biotechnology Controversy: Elusive Science, Contested Expertise, in: New Genetics & Society, vol.18, no.1, 47-64.

Levidow, L./Carr, S., 1996: UK – disputing boundaries of biotechnology regulation, in: Science & Public Policy, vol.23, 164ff.

Levidow, L./Carr, S., 2000 (Eds.): Precautionary Regulation: GM Crops in the European Union, in: Journal of Risk Research, vol.3, no.3 (Special Issue zum gleichnamigen Thema).

Levidow, L./Carr, S./von Schomberg, R./Wield, D., 1997: European biotechnology regulation: framing the risk assessment of a herbicide-tolerant crop, in: Science, Technology and Human Values, vol.22, 472-505.

Levine, R.J., 1988: Ethics and Regulation of Clinical Research, New Haven: Yale Univ. Pr.

Lévi-Strauss, C., 1989: Das wilde Denken, Frankfurt/M.: Suhrkamp [1962].

Littek, W./Heisig, U./Gondek, H.D., 1991 (Hrsg.): Dienstleistungsarbeit. Strukturveränderungen, Beschäftigungsbedingungen und Interessenlagen, Berlin: edition sigma.

Lübbe, K., 1989: Natur und Polis. Die Idee einer "natürlichen Gesellschaft" bei den französischen Materialisten im Vorfeld der Revolution, Wiesbaden: Steiner.

Luckmann, T., 1980: Über die Grenzen der Sozialwelt, in: ders.: Lebenswelt und Gesellschaft, Paderborn: Schöningh, 56-92 [1970].

Luhmann, N., 1986: Ökologische Kommunikation, Opladen: Westdt. Vlg.

Luhmann, N., 1991: Soziologie des Risikos, Berlin: Springer.

Luhmann, N., 1994: Systemtheorie und Protestbewegungen, in: Forschungsjournal Neue Soziale Bewegungen (Forschungsjournal NSB), Jg.7/Nr.2, 53ff. (Interview).

Lukas, W., 2000: 'Gezähmte Wildheit' – Zur Rekonstruktion der literarischen Anthropologie des 'Bürgers' um die Jahrhundertmitte (ca. 1840-1860), in: Barsch, A./Heil, P.M. (Hrsg.): Menschenbilder. Zur Pluralisierung der Vorstellung von der menschlichen Natur (1850-1914), Frankfurt/M.: Suhrkamp, 335-375.

Macer, D./Ng, M.A.C., 2000: Changing attitudes to biotechnology in Japan, in: Nature Biotechnology, vol.18, 945-947.

MacIntyre, A., 1993: Ist Patriotismus eine Tugend?, in: Honneth, A. (Hrsg.): Kommunitarismus – Eine Debatte über die moralischen Grundlagen moderner Gesellschaften, Frankfurt/M.: Campus, 84-102.

Macnaghten, P./Urry, J., 1998: Contested Natures, London: Sage.

Mähl, H.J., 1995: Friedrich von Hardenberg (Novalis), Nachwort, in: Novalis. Werke in einem Band, hrsg. von H.J. Mähl und R. Samuel, München: dtv.

Mannheim, K., 1964: Das konservative Denken. Soziologische Beiträge zum Werden des politisch-historischen Denkens in Deutschland, in: ders., Wissenssoziologie. Auswahl aus dem Werk, eingel. und hrsg. von K.H. Wolff, Berlin: Luchterhand, 408-508 [1927].

Marcuse, H., 1968: Der eindimensionale Mensch. Studium zur Ideologie der fortgeschrittenen Industriegesellschaft, Neuwied: Luchterhand [1964].

Marcuse, L., 1968: Reaktionäre und progressive Romantik, in: Prang, H. (Hrsg.): Begriffsbestimmung der Romantik, Darmstadt: Wiss. Buchgesellschaft, 377-385 [(zuerst erschienen in: Monatshefte, A Journal Devoted to the Study of German Language and Literature, vol.44, Nr.1/1952, 195-201].

Marris, C./Wynne, B./Simmons, P./Weldon, S., 2001: Public Perceptions of Agricultural Biotechnologies in Europe, Final Report of the PABE research project, http://www.lancs.ac.uk/depts/ieppp/pabe/docs/pabe_finalreport.pdf.

Marshall, T.H., 1992: Staatsbürgerrechte und soziale Klassen, in: ders., Bürgerrechte und soziale Klassen. Zur Soziologie des Wohlfahrtsstaates, Frankfurt/M.: Campus, 33-94 [1950].

Mayer-Tasch, P.C., 1965: Thomas Hobbes und das Widerstandsrecht, Tübingen: Mohr.

Mayer-Tasch, P.C., 1991a (Hrsg.): Natur denken. Eine Genealogie der ökologischen Idee, herausgegeben in Verbindung mit A. Adam und H.M. Schönherr. Bd.1: Von der Antike bis zur Renaissance.

Mayer-Tasch, P.C., 1991b (Hrsg.): Natur denken. Eine Genealogie der ökologischen Idee, herausgegeben in Verbindung mit A. Adam und H.M. Schönherr. Bd.2: Vom Beginn der Neuzeit bis zur Gegenwart.

Mayntz, R./Scharpf, F. W., 1995 (Hrsg.): Gesellschaftliche Selbstregelung und politische Steuerung, Frankfurt/M.: Campus.

Meinefeld, W., 1995: Realität und Konstruktion. Erkenntnistheoretische Grundlagen einer Methodologie der empirischen Sozialforschung, Opladen: Leske + Budrich.

Mennell, S., 1985: All Manners of Food. Eating and Taste in England and France from the Middle Ages to the Present, Oxford: Basil Blackwell.

Merton, R.K., 1970: Science, technology and society in seventeenth century England, New York: Fertig [1933].

Merton, R.K., 1985: Entwicklung und Wandel von Forschungsinteressen, Frankfurt/M.: Suhrkamp.

Michalzik, P., 1996: Dickicht, Lichtung, Holzweg. Natur als Imagination: Simon Schamas Traum von der Wildnis (Rezension), in: Süddeutsche Zeitung v. 27.3.1996, Literaturbeilage, S.XI.

Mohr, E./Schneidewind, U., 1996: Brent Spar und Greenpeace: Ökonomische Autopsie eines Einzelfalls mit Zukunft, in: Zeitschrift für Umweltpolitik & Umweltrecht 19, 141-160.

Morone, J.G./Woodhouse, E.J., 1986: Averting Catastrophe, Berkeley: Univ. of California Pr.

Moscovici, S., 1990: Versuch über die menschliche Geschichte der Natur, Frankfurt/M.: Suhrkamp [1968].

Moses, V., 1998: Looking at the biotechnology consumer. Views on the introduction of genetically modified foods and food ingredients to the European Market, expressed in 1997 by the food industry, government departments, consumer associations, environmental organisations and some others. Luxembourg: Office for Official Publications of the European Communities. EUR 18492.

Müller, A., 1976: "Kunst", Stichwort in: Ritter, J./Gründer, K. (Hrsg.): Historisches Wörterbuch der Philosophie, Darmstadt: Wissenschaftliche Buchgesellschaft, 1971ff., Bd. 4, 1357-1365.

Müller, K., 1974: Grundzüge der agrarischen Lebens- und Weltanschauung, in: Paideuma, Jg.19/20, 1973/74, 54ff.

Müller, W., 1998: Klassenstruktur und Parteiensystem. Zum Wandel der Klassenspaltung im Wahlverhalten, in: Kölner Zeitschrift für Soziologie und Sozialpsychologie, Jg.50, 3-46.

Murcott, A., 1983 (Ed.): The Sociology of Food and Eating, Aldershot: Gower.

Murcott, A., 1997: Family meals – a thing of the past?, in: Caplan 1997, 32-49.

Murphy, D., 1985: Von Aldermaston nach Greenham Common. Politischer Protest und neue soziale Bewegungen in Großbritannien, in: Brand, K.W. (Hrsg.): Neue soziale Bewegungen in Westeuropa und den USA. Ein internationaler Vergleich, Frankfurt/M.: Campus, 140-199.

Narrayan, U., 1995: Eating Cultures: Incorporation, Identity and Indian Food, in: Social Identities, vol.1/1, 63-86.

Nash, R., 1983: Wilderness and the American Mind, New Haven: Yale Univ. Pr. [1967].

Nassehi, A., 1998: Geklonte Götter, in: Ästhetik & Kommunikation, Heft 102, 29. Jg, 53-58.

Nassehi, A./Schroer, M., 1999: Integration durch Staatsbürgerschaft? Einige gesellschaftstheoretische Zweifel, in: Leviathan, Jg.27, 95-112.

Nelson, M., 1993: Social-class trends in British diet. 1860-1980, in: Geissler/Oddy 1993, 101-120.

Nicolson, M., 1993: The Art of Diagnosis. Medicine and the Five Senses, in: Bynum, W.F./Porter, R. (Eds.): Companion Encyclopedia of the History of Medicine, vol.2., London: Routledge, 801-825.

Nielsen, T.H., 1997: Behind the color code of "no", in: Nature, vol.15, 1320-21.

Nielsen, T.H./Berg, S.F., 2001: Goethe's Homunculus and Shelley's Monster. On the Romantic Prototypes of Modern Biotechnology, in: Notizie di Politeia, vol.17 (no.63), 37-50.

Nippert, I., 1997: Psychosoziale Folgen der Pränataldiagnostik am Beispiel der Amniozentese und der Chorionzottenbiopsie, in: Petermann, F./Wiedebusch, S./Quante, M. (Hrsg.): Perspektiven der Humangenetik, Paderborn: Schöningh, 107-126.

Nippert, I., 2001: Grenzen der Steuerung. Pränataldiagnostik – Was einst ein streng begrenztes, individuelles Testangebot war, hat sich mittlerweile zu einem allgemeinen Screening-Verfahren entwickelt, in: Der Freitag v. 05.01.2001, 11.

Offe, C., 1984: Arbeit als soziologische Schlüsselkategorie, in: ders., Arbeitsgesellschaft. Strukturprobleme und Zukunftsperspektiven. Frankfurt/M.: Campus, 13-43.

Ogburn, W.F., 1967: Die Theorie des 'Cultural Lag', in: Dreitzel, H.P. (Hrsg.): Sozialer Wandel, Zivilisation und Fortschritt als Kategorien der soziologischen Theorie, Neuwied: Luchterhand, 328-338 [1957].

O'Riordan, T./Cameron, J., 1994: Interpreting the Precautionary Principle, London.

Palonen, K., 1998: Das 'Webersche Moment', Opladen: Westdt. Verlag.

Pascal, B., o.J.: Gedanken, München: Borowsky (übersetzt von Heinrich Hesse) [1670].

Pernick, M.S., 1988: Back from the Grave: Recurring Controversies over Defining and Diagnosing Death in History, in: Zaner, R.M. (Ed.): Death: Beyond Whole-Brain Criteria, Dordrecht: Kluwer, 15-74.

Perrin, N., 1996: Keine Feuerwaffen mehr. Japans Rückkehr zum Schwert 1543-1879, Stuttgart: Klett-Cotta [1979].

Perrow, C., 1989: Normale Katastrophen – Die unvermeidbaren Risiken der Großtechnik, Frankfurt/M.: Campus.

Peters, H.P., 1999: Kognitive Aktivitäten bei der Rezeption von Medienberichten über Gentechnik, in: Hampel/Renn (Hrsg.): 340-382.

Pinch, T.J./Bijker, W.E., 1984: The social construction of facts and artifacts. Or how the sociology of science and the sociology of technology might benefit each other, in: Social Studies of Science, vol.14, 399-441.

Poferl, A., 2000: 'Umweltbewußtsein' und soziale Praxis. Gesellschaftliche und alltagsweltliche Voraussetzungen, Widersprüche und Konflikte, in: Lange, H. (Hrsg.): Ökologisches Handeln als sozialer Konflikt – Umwelt im Alltag, Opladen: Leske + Budrich, 35-56.

Poferl, A./Schilling, K./Brand, K.W., 1997: Umweltbewußtsein und Alltagshandeln. Eine empirische Untersuchung sozial-kultureller Orientierungen, Opladen: Leske + Budrich.

Praz, M., 1988: Liebe, Tod und Teufel. Die schwarze Romantik, München: dtv [Original: La carne, la morte e il diavolo nella letteratura romantica, Florenz 1930].

Priest, S.H., 2000: US public opinion divided over biotechnology? Although a majority of US citizens remains supportive, opposition to biotechnology is on the rise, in: Nature Biotechnology, vol.18, 939-942.

Prince, H., 1988: Art and agrian change. 1710-1815, in: Cosgrove, D./Daniels, S. (Eds.): The iconography of landscape. Essays on the symbolic representation, design and use of past environments, Cambridge: Cambridge Univ. Pr., 98-118.

Radkau, J., 1989: Technik in Deutschland – vom 18. Jahrhundert bis zur Gegenwart, Frankfurt/M.: Suhrkamp.

Radkau, J., 2000: Natur und Macht: Eine Weltgeschichte der Umwelt, München: Beck.

Ray, C., 1998: Culture, Intellectual Property and Territorial Rural Development, in: Sociologia Ruralis, vol.38/1, 3-20.

Rayner, S., 1984: Disagreeing about Risk. The Institutional Cultures of Risk Management and Planning for Future Generations, in: Hadden, S. (Ed.): Risk Analysis, Institutions and Public Policy, Port Washington: Assoc. Faculty Pr., 150-169.

Reckwitz, A., 1997: Struktur. Zur sozialwissenschaftlichen Analyse von Regeln und Regelmäßigkeiten, Opladen: Westdt. Vlg.

Reilly, J./Miller, D., 1997: Scaremonger or scapegoat? The role of the media in the emergence of food as a social issue, in: Caplan 1997, 234-251.

Reiter, J., 1999: Bioethik und Bioethikkonvention, in: Aus Politik und Zeitgeschichte, B 6/99, 3-11.

Renn, O., 1996: Rolle und Stellenwert der Soziologie in der Umweltforschung, in: Diekmann, A./Jaeger, C.C. (Hrsg.): Umweltsoziologie, Sonderheft 36 der Kölner Zeitschrift für Soziologie und Sozialpsychologie, Opladen: Westdt. Vlg., 28-58.

Reusswig, F., 1994: Lebensstile und Ökologie. Gesellschaftliche Pluralisierung und alltagsökologische Entwicklung unter besonderer Berücksichtigung des Energiebereichs, Frankfurt/M.: Vlg. für interkulturelle Kommunikation.

Reusswig, F., 2000: Vom Nutzen und Nachteil der Typenbildung in der sozialwissenschaftlichen Umweltforschung, Protokoll der Frühjahrstagung der DGS-Sektion Soziologie & Ökologie vom 25.-27.4.2000 in Berlin, in: Soziologie 4/2000, 62-77.

Rohrmoser, G., 1999: Kampf um die Mitte. Der moderne Konservativismus nach dem Scheitern der Ideologien, München: Olzog.

Rorty, R., 1981: Der Spiegel der Natur. Eine Kritik der Philosophie, Frankfurt/M.: Suhrkamp [1979].

Rorty, R., 1989: Kontingenz, Ironie und Solidarität, Frankfurt/M.: Suhrkamp.

Rosa, E.A., 1998: Metatheoretical foundations for post-normal risk, in: Journal of Risk Research, vol.1, 15-44.

Ross, A., 1996 (Ed.): Science Wars, Durham: Duke Univ. Pr.

Roth, R./Rucht, D., 2000 (Hrsg.): Jugendkulturen, Politik und Protest. Vom Widerstand zum Kommerz? Opladen: Leske + Budrich.

Ruhe, B., 1997: Dialektik der Erbsünde. Das Problem von Freiheit und Natur in der neueren Diskussion um die katholische Erbsündenlehre, Freiburg, Schweiz: Univ.-Verl.

Runte, A., 1987: National Parks. The American Experience, Lincoln: Univ. of Nebraska Pr. [1979].

Saake, I., 2000: Todesbilder in der modernen Gesellschaft. Ergebnisse einer empirischen Untersuchung, Vortrag, gehalten in der Ad-hoc-Gruppe Thanatologie auf dem Soziologentag 2000 in Köln.

Sahlins, M., 1976: Colors and Cultures, in: Semiotica, vol.16, 1-22.

Sandkühler, H.J., 1978: Historischer Materialismus und die Analogie von Natur und Gesellschaft. Zum Determinismus-Problem in der Arbeiterbewegung, in: Deutsche Zeitschrift für Philosophie, Bd. 27 (1), 31-45.

Sandner, G., 1996: Naturaneignung und Kulturmission. Diskurse über Natur und Lebensreform im sozialdemokratischen Lager Österreichs und Deutschlands (1895-1933/4), in: Österreichische Zeitschrift für Politikwissenschaft, Jg.25, 207-221.

Saretzki, T., 1989: Politische Ökologie – "Leitwissenschaft der Postmoderne" oder Bestandteil der Regierungslehre?, in: von Bandemer, S./Wewer, G. (Hrsg.): Regierungssystem und Regierungslehre, Opladen: Leske + Budrich, 97-123.

Sass, H.M., 1988 (Hrsg.): Bioethik in den USA, Berlin: Springer.

Sass, H.M., 1989: Hirntod und Hirnleben, in: ders. (Hrsg.): Medizin und Ethik, Stuttgart: Reclam, 160-183.

Sawicki, J., 1994: Foucault, Feminismus und Identitätsfragen, in: Deutsche Zeitschrift für Philosophie, Jg.42., 609-631.

Schama, S., 1996: Der Traum von der Wildnis. Natur als Imagination, München: Kindler [engl. Orig.: Landscape and Memory, 1995].

Scharpf, F.W., 2000: Sozialstaaten in der Globalisierungsfalle? Lehren aus dem internationalen Vergleich, Vortrag auf der Hauptversammlung der Max-Planck-Gesellschaft, Juni 2000, München (Bezugsquelle: Website des MPI für Gesellschaftsforschung in Köln).

Scharping, M./Görg, C., 1994: Natur in der Soziologie, in: Görg, C. (Hrsg.): Gesellschaft im Übergang, Darmstadt: Wiss. Buchgesellschaft, 179-201.

Schelsky, H., 1961: Der Mensch in der wissenschaftlichen Zivilisation, Köln: Westd. Vlg.

Schenk, H.G., 1970: Geist der Europäischen Romantik. Ein kulturgeschichtlicher Versuch, Frankfurt/M.: Minerva.

Schimank, U., 1983: Neoromantischer Protest im Spätkapitalismus, Bielefeld: AJZ Druck&Verlag.

Schimank, U., 1995: Für eine Erneuerung der institutionalistischen Wissenschaftssoziologie, in: Zeitschrift für Soziologie, Jg.24, 42-57.

Schlaeger, J., 1989: Landschaft, Natur und Individualität in der englischen Romantik, in: Weber, H.D. (Hrsg.): Vom Wandel des neuzeitlichen Naturbegriffs, Konstanz: Univ.-Vlg, 177-206.

Schlich, T., 1998: Die Erfindung der Organtransplantation. Erfolg und Scheitern des chirurgischen Organersatzes (1880-1930), Frankfurt/M.: Campus.

Schmidt, J.F.K., 1997: Politische Risikoregulierung als Risikoerzeugung? Zur Bedeutung von Gefährdungshaftung und Versicherung im Rahmen gesellschaftlicher Risikobearbeitung, in: Hiller, P./Krücken, G. (Hrsg.): Risiko und Regulierung. Soziologische Beiträge zu Technikkontrolle und präventiver Umweltpolitik, Frankfurt/M.: Suhrkamp, 279-308.

Schmidt, R., 1999: Die Konvergenz von Pop- und Sportkultur, in: Berliner Debatte INITIAL, Jg.10, Heft 6, 30-40.

Schnädelbach, H., 2000: Der Fluch des Christentums – die sieben Geburtsfehler einer alt gewordenen Weltreligion , in: Die Zeit v. 11.5.2000 (Nr.20), 41-42.

Schneider, W., 1998: "So tot wie nötig – so lebendig wie möglich!" – Sterben und Tod in der fortgeschrittenen Moderne. Eine Diskursanalyse am Beispiel der öffentlichen Diskussion um den Hirntod in Deutschland, Habilitationsschrift, LMU München.

Schouten, J.W., 1991: Selves in Transition: Symbolic Consumption in Personal Rites of Passage and Identity Reconstruction, in: Journal of Consumer Research, vol.17, 412-425.

Schulze, G., 1993: Die Erlebnisgesellschaft. Kultursoziologie der Gegenwart, Frankfurt/M.: Campus.

Schulze, G., 1994: Das Projekt des schönen Lebens, in: Bellebaum, A./Barheier, K. (Hrsg.): Lebensqualität, Opladen: Westdt. Vlg., 13-40.

Schwarz, M./Thompson, M., 1990: Divided We Stand. Redefining politics, technology, and social choice, Philadelphia: Univ. of Pennsylvania Pr.

Sellert, W., 1984: Das Tier in der abendländischen Rechtsauffassung, in: Tierärztliche Hochschule Hannover: Studium Generale, Vorträge zum Thema (...), Hannover: Schaper, 66-84.

Shelley, M.W., 1988: Frankenstein oder Der moderne Prometheus, Frankfurt/M.: Insel [1818].

Shils, E., 1972: Metropolis and Province in the Intellectual Community, in: ders., The Intellectuals and the Powers. And other essays, Chicago: Univ. of. Chicago Pr., 355-371.

Siegrist, D., 1998: Extremtrends im Naturtourismus. Eine kulturwissenschaftliche Annäherung an den Risikonatursport, in: Tourismus Journal, Jg.2, 237-252.

Siep, L., 1999: Klonen. Die künstliche Schaffung des Menschen?, in: Aus Politik und Zeitgeschichte, B 6/99, 22-29.

Sierck, U./Radtke, N., 1988: Die Wohltäter-Mafia. Vom Erbgesundheitsgericht zur Humangenetischen Beratung, Frankfurt/M.: Mabuse Vlg.

Singer, P., 1984: Praktische Ethik, Stuttgart: Reclam.

Smith, N.C., 1990: Morality and the Market. Consumer Pressure for Corporate Accountability, London: Routledge.

Soeffner, H.G., 1989: Alltagsverstand und Wissenschaft. Anmerkungen zu einem alltäglichen Mißverständnis von Wissenschaft, in: ders., Auslegung des Alltags – Der Alltag der Auslegung. Zur wissenssoziologischen Konzeption der sozialwissenschaftlichen Hermeneutik, Frankfurt/M.: Suhrkamp, 10-50.

Soeffner, H.G., 1992: Stil und Stilisierung. Punk oder die Überhöhung des Alltags, in: ders., Die Ordnung der Rituale. Die Auslegung des Alltags 2, Frankfurt/M.: Suhrkamp, 76-101.

Sokal, A.D./Bricmont, J., 1999: Eleganter Unsinn. Wie die Denker der Postmoderne die Wissenschaften mißbrauchen, München: Beck.

Sontag, S., 1987: Krankheit als Metapher, Frankfurt/M.: Fischer [1977].

Soper, K., 1995: What is Nature? Culture, politics and the non-human, Oxford: Blackwell.

Spaemann, R., 1994: Natur, in: ders., Philosophische Essays, Stuttgart: Reclam, 19-40 [1973].

Spaemann, R., 1994a: Sein und Gewordensein. Was erklärt die Evolutionstheorie?, Stuttgart: Reclam [1984].

Srubar, I., 1979: Die Theorie der Typenbildung bei Alfred Schütz. Ihre Bedeutung und ihre Grenzen, in: Sprondel, W.M./Grathoff, R. (Hrsg.): Alfred Schütz und die Idee des Alltags in den Sozialwissenschaften, Stuttgart: Enke, 43-64.

Stollberg, G., 1997: Haben messende Verfahren die Lebenswelt der Patienten kolonisiert? Überlegungen auf der Basis von Autobiographien, in: Hess, V. (Hrsg.): Normierung der Gesundheit. Messende Verfahren der Medizin als kulturelle Praktik um 1900, Heft 82 der Abhandlungen zur Geschichte der Medizin und der Naturwissenschaften, 125-135.

Streeck, W., 1998 (Hrsg.): Internationale Wirtschaft, nationale Demokratie, Frankfurt/M.: Campus.

Strohmann, R., 1994: Epigenesis – The Missing Beat in Biotechnology?, in: Bio/Technology, vol.12, 1994, 156ff.

Stürner, W., 1975: Natur und Gesellschaft im Denken des Hoch- und Spätmittelalters, Stuttgart: Klett.

Suhrbier, B.M., 1998: Die Macht der Gegenstände. Menschen und ihre Objekte am oberen Xingú (Brasilien), Marburg: Curupira.

Szerzinski, B., o.J.: Strategies of Environmental Communication in the UK, Manuskript im Rahmen des vom Europäischen Hochschulinstituts in Florenz, Klaus Eder, koordinierten Forschungsprojekts 'Framing and Communicating Environmental Issues' (ca. 1996).

Teubert, W., 1999: Korpuslinguistik und Lexikographie, in: Deutsche Sprache, Jg.27 (4), 292-313.

Teubert, W., 2002: A Province of a Federal Superstate, Ruled by an Unelected Bureaucracy. Keywords of the Eurosceptic Discourse in Britain, in: Keller, R./Hirseland, A./Schneider, W./Viehöfer, W. (Hrsg.): Handbuch Sozialwissenschaftliche Diskursanalyse, Bd.2: Exemplarische Anwendungen, Opladen: Leske + Budrich (in Vorbereitung).

Therborn, G., 2001: Modernities are Global, Manuskript präsentiert bei der Tagung "Discontinuities of Modernity?", München 3.-4. April 2001.

Tiedje, J.M. et al., 1989: The Planned Introduction of Genetically Engineered Organisms: Ecological Considerations and Recommendations, in: Ecology, vol.70/2, 298-315.

TkH I/II: Habermas, J., 1987: Theorie des kommunikativen Handelns – Handlungsrationalität und gesellschaftliche Rationalisierung (2 Bde.), Frankfurt/M.: Suhrkamp [1981].

Toulmin, S., 1994: Kosmopolis – Die unerkannten Aufgaben der Moderne, Frankfurt/M.: Suhrkamp.

Twigg, J., 1983: Vegetarianism and the Meanings of Meat, in: Murcott 1983, 18-30.

van den Daele, W., 1987: Der Traum von der 'alternativen' Wissenschaft, in: Zeitschrift für Soziologie, Jg.16, 403-418.

van den Daele, W., 1989: Kulturelle Bedingungen der Technikkontrolle durch regulative Politik, in: Weingart, P. (Hrsg.): Technik als sozialer Prozeß, Frankfurt/M.: Suhrkamp, 197-230.

van den Daele, W., 1991: Kontingenzerhöhung. Zur Dynamik von Naturbeherrschung in modernen Gesellschaften, in: Zapf, W. (Hrsg.): Die Modernisierung moderner Gesellschaften, Verhandlungen des 25. dt. Soziologentages, Frankfurt/M.: Campus, 584-603.

van den Daele, W., 1992: Concepts of Nature in Modern Societies and Nature as a Theme in Sociology, in: Dierkes, M./Bievert, B. (Eds.): European Social Science in Transition, Frankfurt/M.: Campus, 526-560.

van den Daele, W., 1996: Objektives Wissen als politische Ressource: Experten und Gegenexperten im Diskurs, in: van den Daele, W./Neidhardt, F. (Hrsg.): Kommunikation und Entscheidung, WZB-Jahrbuch 1996, Berlin: sigma, 297-326.

van den Daele, W., 1996a: Soziologische Beobachtung und ökologische Krise, in: Diekmann, A./Jaeger, C.C. (Hrsg.): Umweltsoziologie, Sonderheft 36 der Kölner Zeitschrift für Soziologie und Sozialpsychologie, Opladen: Westdt. Vlg., 420-440.

van Deth, J.W., 2001: Wertewandel im internationalen Vergleich. Ein deutscher Sonderweg?, in: Aus Politik und Zeitgeschichte, B29, 23-30.

Vercelli, A., 1998: Hard Uncertainty and Environmental Policy, in: Chichilnisky, F./Heal, G./Vercelli, A. (Eds.): Sustainability – Dynamics and Uncertainty, Dordrecht: Kluwer, 199-222.

Vester, M./Oerzten, P.v./Geiling, H./Herrmann, T./Müller, D., 1993: Soziale Milieus im gesellschaftlichen Strukturwandel. Zwischen Integration und Ausgrenzung. Köln: Bund-Verlag.

Viehöfer, W., 2000: Der Klimadiskurs und die Auflösung der Differenz Natur/Gesellschaft in der ersten und zweiten Moderne, Arbeitspapier 2 zum Projekt 'Vergesellschaftung der Natur und Naturalisierung der Gesellschaft' im Rahmen des Sonderforschungsbereichs 'Reflexive Modernisierung', München: Manuskript.

Virchow, R., 1856: Die Einheitsbestrebungen in der wissenschaftlichen Medizin, in: ders., Gesammelte Abhandlungen zur wissenschaftlichen Medizin, Frankfurt.

von Ditfurth, H., 1983: Im Anfang war der Wasserstoff, München: dtv.

von Prittwitz, V., 1990: Das Katastrophenparadox, Elemente einer Theorie der Umweltpolitik, Opladen: Westdt. Vlg.

Warning, R., 1990: Kulturkritik im Namen einer sentimentalen Natur (Jean-Jacques Rousseau), in: Bubner, R. (Hrsg.): Die Trennung von Natur und Geist, München: Fink, 79-92.

Weber, M., 1951: Die Grenznutzlehre und das "psychophysische Grundgesetz", in: ders., Gesammelte Aufsätze zur Wissenschaftslehre, Tübingen: Mohr, 384-399 [1908].

Weber, M., 1951a: Die "Objektivität" sozialwissenschaftlicher und sozialpolitischer Erkenntnis, in: ders., Gesammelte Aufsätze zur Wissenschaftslehre, zweite Auflage, Tübingen: Mohr, 146-214 [1904].

Weber, M., 1951b: Soziologische Grundbegriffe, in: ders., Gesammelte Aufsätze zur Wissenschaftslehre, zweite Auflage, Tübingen: Mohr, 527-565 [1921].

Weber, M., 1980: Wirtschaft und Gesellschaft, Tübingen: Mohr [1921/22].

Weber, M., 1996: Die protestantische Ethik und der 'Geist' des Kapitalismus, Weinheim: Beltz [1904-5].

Wehling, P., 1989: Ökologische Orientierung in der Soziologie, Sozialökologische Arbeitspapiere Nr.26, Frankfurt/M.: Vlg. f. Interkulturelle Kommunikation.

Wehling, P., 2000: Soziologische Konzeptionen des Nichtwissens, Manuskript für den Sonderforschungsbereich "Reflexive Modernisierung", München.

Weise, P., 1989: Homo oeconomicus und homo sociologicus. Die Schreckensmänner der Sozialwissenschaften, in: Zeitschrift für Soziologie, Jg.18, 148-161.

Weiß, J., 1986: Wiederverzauberung der Welt? Bemerkungen zur Wiederkehr der Romantik in der gegenwärtigen Kulturkritik, in: Neidhardt, F. (Hrsg.): Kultur und Gesellschaft, Sonderheft Nr.27 der Kölner Zeitschrift für Soziologie und Sozialpsychologie, 286-301.

Weizsäcker, E.U./Lovins, A.B./Lovins, L.H., 1995: Faktor Vier. Doppelter Wohlstand – halbierter Naturverbrauch, München: Droemer Knaur.

Weß, L., 1989: Die Träume der Genetik. Gentechnische Utopien von sozialem Fortschritt, Nördlingen: Greno.

Weßels, B., 1997: Politisierung entlang neuer Konfliktlinien?, in: Klein, A./Schmalz-Bruns, R. (Hrsg.): Politische Beteiligung und Bürgerengagement in Deutschland, Bonn: Bundeszentrale für politische Bildung, 205-230.

Wildavsky, A., 1991: Searching for Safety, New Brunswick: Transaction Books.

Williams, R., 1973: The Country and the City, London: Chatto & Windus.

Willke, G., 1998: Die Zukunft unserer Arbeit, Bonn: Bundeszentrale für politische Bildung.

Wilson, E., 1998: Bohemian Love, in: Theory, Culture & Society, vol.15, 111-127.

Winau, R., 1983: Die Entdeckung des menschlichen Körpers in der neuzeitlichen Medizin. in: Imhof, A. (Hrsg.): Der Mensch und sein Körper. Von der Antike bis heute, München: Beck, 209-225.

Winnacker, E.L., 1987: Der 8. Tag der Schöpfung, in: Bild der Wissenschaft 2/1987, 40ff.

Winner, L., 1986: Do Artifacts have Politics, in: ders., The whale and the reactor. A search for limits in an age of high technology, Chicago: Univ. of Chicago Pr., 19-39.

Worster, D., 1994: Nature's Economy. A History of Ecological Ideas. Cambridge (USA): Cambridge Univ. Pr. [1977].

Wyler, S., 1992: Colour and Language. Colour Terms in English, Tübingen: Gunter Narr Vlg.

Wynne, B., 1996: May the Sheep Safely Greeze? A Reflexive View of the Expert-Lay Knowledge Divide, in: Lash, S./Szerszynski, B./Wynne, B. (Eds.): Risk, Environment & Modernity, London: Sage, 44-83.

Yoxen, E., 1978: The social impact of molecular biology, Dissertation, Cambridge (UK).

Zapf, W., 1996: Die Modernisierungstheorie und unterschiedliche Pfade der gesellschaftlichen Entwicklung, in: Leviathan, 24. Jg, 63-77.

Zipfel, G., 1987 (Hrsg.): Reproduktionsmedizin. Die Enteignung der weiblichen Natur, Hamburg: Konkret.

Zwick, M.M., 1998: Wertorientierungen und Technikeinstellungen im Prozeß gesellschaftlicher Modernisierung. Das Beispiel der Gentechnik. Arbeitsbericht Nr.106 der Akademie für Technikfolgenabschätzung in Baden-Württemberg, Stuttgart.

Zwick, M.M., 1999: Gentechnik im Verständnis der Öffentlichkeit – Intimus oder Mysterium, in: Hampel/Renn (Hrsg.): 98-132.